交通运输企业安全生产标准化考评丛书

水路运输企业安全生产标准化考评指南

交通运输部安全监督司 编

人民交通出版社

内 容 提 要

本书为水路运输企业安全生产标准化考评指南,其主要内容包括:综合法律法规,安全管理内涵与基本方法,专业法律法规,水路运输企业安全管理概述,人员安全管理,装备与设施,航运企业作业现场安全生产管理,预防预控方法与应对措施,事故调查与处理,考评执业规范,交通运输企业安全生产标准化达标考评指标,考评流程与监督管理,现场考评。

本书适合水路运输企业安全生产管理人员学习参考,也可供水路运输企业安全生产标准化考评员学习使用。

图书在版编目(CIP)数据

水路运输企业安全生产标准化考评指南 / 交通运输部安全监督司编. --北京 : 人民交通出版社, 2012.8

ISBN 978-7-114-10037-6

Ⅰ.①水… Ⅱ.①交… Ⅲ.①水路运输企业-企业管理-安全生产-指南 Ⅳ.①U698-62

中国版本图书馆 CIP 数据核字(2012)第 199602 号

Shuilu Yunshu Qiye Anquan Shengchan Biaozhunhua Kaoping Zhinan

书　　名: 水路运输企业安全生产标准化考评指南
著 作 者: 交通运输部安全监督司
责任编辑: 林宇峰
出版发行: 人民交通出版社
地　　址: (100011) 北京市朝阳区安定门外外馆斜街 3 号
网　　址: http://www.ccpress.com.cn
销售电话: (010) 85285969, 85285966
总 经 销: 北京金飞图书发行中心
经　　销: 各地新华书店
印　　刷: 北京鑫正大印刷有限公司
开　　本: 787×1092　1/16
印　　张: 24.5
字　　数: 627 千
版　　次: 2012 年 8 月　第 1 版
印　　次: 2014 年 3 月　第 4 次印刷
书　　号: ISBN 978-7-114-10037-6
定　　价: 75.00 元

序 XU

近年来，党和国家越来越重视安全生产工作，把安全生产置于前所未有的高度。交通运输作为国民经济和社会发展的基础和先导性行业，其安全生产是我国安全生产的重要组成部分，直接关系到人民群众生命财产安全，关系到改革发展稳定大局，关系到党和政府形象及声誉。

交通运输部一直高度重视安全生产工作，坚决贯彻党和国家关于安全生产一系列决策部署，坚持科学发展安全发展，坚持以人为本，坚持把安全生产工作放在首位，并作为推进现代交通运输事业发展的重要前提。

企业安全生产标准化是通过建立安全生产责任制，规范生产行为，健全长效管理机制，使各生产环节中的人、机、物、环处于良好状态，并持续改进，从而不断提升企业本质安全生产水平。

为更好地指导和推动全国交通运输企业安全生产标准化建设工作，按照国务院相关部署，交通运输部相继出台了交通运输企业安全生产标准化建设实施方案、考评管理办法、考评发证实施办法、考评机构管理实施办法和考评员管理实施办法，制定了达标考评指标。并组织有关单位和专家编写了交通运输企业安全生产标准化考评丛书。该丛书共 13 册，主要供各级交通运输主管部门、交通运输企业、考评机构和考评员学习使用。

希望全国交通运输系统各部门、各单位和从事安全生产标准化考评工作的人员按照交通运输部的统一部署，把加强企业安全生产标准化建设工作作为当前和今后一个时期的重要工作任务，抓好抓细抓实、抓出成效，进一步推进交通运输安全生产持续稳定好转。

交通运输部部长 李盛霖

2012 年 7 月 27 日

交通运输企业安全生产标准化考评丛书

本书编写组

徐厚仁　李长祁　徐以刚　蔡威特　彭宏恺　程赣军　宋宏图
王嘉斌　许天慧　童学友　宋佳森　张立波　陈益群　李宏清
陈佳元　付新平　杨云超　朱汉民　徐小明　戴广超　王海燕
邹　敏　张　赫　李　晋　褚冠全　李齐成　晏　波　李　婧
周崇喜　程　鹏　张明锋　汪湘文　谢皆华　严卫康　郑宽学

鸣　　谢

北京市交通委员会

湖北省交通运输厅

重庆市交通委员会

江苏省交通运输厅

山西省交通运输厅

福建省交通运输厅

江西省交通运输厅

河南省交通运输厅

长江航务管理局

交通运输部水运科学研究院

中国船级社

中国交通建设集团

中远集团

中国外运长航集团

中国交通企业管理协会

北京交运安全卫生技术咨询中心

目 录 MULU

第一章 概 述

第一节 企业安全生产标准化的背景与意义

企业安全生产标准化就是依据国家、行业的法律、法规、规程、规章和标准制定本企业安全生产方面的规章、制度、规程、标准、办法，使企业的各项活动、工序及各个环节、岗位都规范化、制度化、标准化、科学化和法制化。安全生产标准化包括企业安全管理标准化、安全技术标准化、安全装备标准化、现场(环境)安全标准化和岗位作业安全标准化五大方面，重点是把握企业安全管理标准化、现场安全管理标准化和岗位作业安全标准化。

一、企业安全生产标准化建设的背景

安全生产事关人民群众生命财产安全，事关改革开放、经济发展和社会稳定大局，事关党和政府的形象和声誉。党中央、国务院一直高度重视安全生产工作，新中国成立后特别是改革开放以来，采取了一系列重大举措加强安全生产工作，颁布实施了《中华人民共和国安全生产法》(2002 年颁布)等法律法规，明确了安全生产责任，初步建立了安全生产监管体系，对重点行业和领域集中开展了安全生产专项整治，我国安全生产状况持续稳定好转。

早在新中国成立初期，我国就开始了安全生产标准化的研究和建设工作。2004 年，国务院发布《关于进一步加强安全生产工作的决定》(国发〔2004〕2 号)，提出“在全国所有的工矿、商贸、交通、建筑施工等企业普遍开展安全质量标准化活动”。为了贯彻落实国发〔2004〕2 号文件，国家安全生产监督管理总局下发了相关指导文件，并陆续在煤矿、金属非金属矿山、危险化学品、烟花爆竹、冶金、机械等行业开展了安全生产标准化创建活动，有效地提升了企业的安全生产管理水平。

与此同时，组织和制度建设也在同步进行。国家安全生产监督管理局于 2004 年在政策法规司设立了标准处。在国家质量监督检验检疫总局、国家标准化管理委员会的大力支持下，多年来安全生产标准一直没有代号的难题终于得以解决，安全生产标准化的领域逐步确定，为安全生产标准化工作的开展打下了良好基础。安全生产各领域都开展了卓有成效的工作，制定了大量的安全生产标准，在保障生产经营单位安全生产中发挥了重要作用，也为政府部门进行安全生产监督监察提供了重要的技术依据。

在国家标准化管理委员会的领导和支持下，经过国务院各有关部门、协会以及各标准化技术委员会的共同努力，我国制定了一大批安全生产国家标准和行业标准，基本涵盖了各有关生产领域和作业场所。安全生产作为“十一五”期间国家标准化工作的重点领域，纳入了国家《标准化“十一五”发展规划》和《安全生产“十一五”规划》。为了进一步加强安全生产标准化工作，国家标准化管理委员会会同国家安全生产监督管理总局组织编制了《全国安全生产 2007—2010 年标准化发展规划》(后根据安全工作实际需要更名为《2008—2010 年全

国安全生产（主要工业领域）标准化发展规划》）。

到了2010年，全国生产安全事故逐年下降，安全生产状况总体稳定、趋于好转，但生产安全形势依然十分严峻，事故总量仍然很大，非法、违法生产现象严重，重特大事故多发频发，给人民群众生命财产安全造成重大损失。暴露出一些企业重生产轻安全、安全管理薄弱、主体责任不落实，一些地方和部门安全监管不到位等突出问题。

为进一步加强安全生产工作，全面提高企业安全生产水平，2010年国务院印发了《国务院关于进一步加强企业安全生产工作的通知》（国发〔2010〕23号），其中要求“全面开展安全达标，深入开展以岗位达标、专业达标和企业达标为内容的安全生产标准化建设，凡在规定时间内未实现达标的企业要依法暂扣其生产许可证、安全生产许可证，责令停产整顿；对整改逾期未达标的，地方政府要依法予以关闭”，同时要求“安全生产监管监察部门、负有安全生产监管职责的有关部门和行业管理部门要按职责分工，对当地企业包括中央、省属企业实行严格的安全生产监督检查和管理，组织对企业安全生产状况进行安全标准化分级考核评价，评价结果向社会公开，并向银行业、证券业、保险业、担保业等主管部门通报，作为企业信用评级的重要参考依据”。同年，国家安全生产监督管理总局发布了行业标准《企业安全生产标准化基本规范》（AQ/T 9006—2010），在形式要求、基本内容、考评办法等方面进一步规范了企业安全生产标准化工作。

2011年5月，国务院安全生产委员会发布了《关于深入开展企业安全生产标准化建设的指导意见》（安委〔2011〕4号），阐明了深入开展企业安全生产标准化建设的重要意义，提出了总体要求、目标任务、实施方法和工作要求。

为贯彻落实《国务院关于进一步加强企业安全生产工作的通知》（国发〔2010〕23号）精神和《国务院安委会关于深入开展企业安全生产标准化建设的指导意见》（安委〔2011〕4号）的总体要求，全面推进交通运输企业安全生产标准化建设工作，2011年7月，交通运输部印发了《交通运输企业安全生产标准化建设实施方案》，明确了交通运输企业安全生产标准化建设的指导思想、工作目标，确定了实施范围、管理分工和工作内容，提出了具体工作要求。

2011年11月，国务院出台了《国务院关于坚持科学发展安全发展促进安全生产形势持续稳定好转的意见》（国发〔2011〕40号），明确要求“推进安全生产标准化建设。在工矿商贸和交通运输行业领域普遍开展岗位达标、专业达标和企业达标建设，对在规定期限内未实现达标的企业，要依据有关规定暂扣其生产许可证、安全生产许可证，责令停产整顿；对整改逾期仍未达标的，要依法予以关闭。加强安全标准化分级考核评价，将评价结果向银行、证券、保险、担保等主管部门通报，作为企业信用评级的重要参考依据”。

为规范交通运输企业安全生产标准化考评及其管理行为，2012年4月，交通运输部印发了《交通运输企业安全生产标准化考评管理办法》，对交通运输企业安全生产标准化达标等级分类、形式、考评机构与考评员条件、考评、发证、换证等做了规定；同时，印发了《交通运输企业安全生产标准化达标考评指标》，给出了5大类、共计16类企业的考评指标。另外，交通运输部还制定了《交通运输企业安全生产标准化考评发证实施办法》、《交通运输企业安全生产标准化考评机构管理实施办法》、《交通运输企业安全生产标准化考评员管理实施办法》等。至此，企业安全生产标准化建设及达标考评工作在交通运输领域全面展开。

二、交通运输行业安全生产标准化的现状及存在的问题

据统计，现行企业安全生产国家标准有近1500项，内容涉及许多行业。除国家标准外，还有数千项有关安全生产的行业标准，其中涉及交通运输安全方面的标准有50多项，针对交通运输基础设施、交通运输工具、交通运输驾驶和操作人员、交通运输环境与条件、交通运输营运管理等多个领域。

交通运输安全法律法规的贯彻实施迫切需要交通运输安全生产标准作为支撑。交通运输安全法律法规多为原则性规定，要付诸实施，必须有更为具体、更为详尽的技术性标准和规程予以支持。交通运输安全生产标准具有交通运输安全技术性法律规定的作用，是交通运输安全法律规定的延伸。交通运输安全评价需要以交通运输标准作为依据。认定交通运输企业是否具备安全条件，交通运输产品设备等是否符合安全要求，也需要交通运输标准规范和技术规程为依据。交通运输安全标准是交通运输市场准入的必要条件。标准化是交通运输社会化国际化的要求，是社会生产力发展水平的反映。

在党和政府有关部门的支持和领导下，我国交通运输企业安全生产标准化工作取得了很大的成绩，在规范交通运输生产经营单位安全生产和安全生产监管监察中发挥了重要作用，但是仍然存在一些问题：

（1）交通运输安全生产标准的种类太过庞杂、系统性差，缺少部分安全生产标准，如缺少安全监管监察部门装备配备标准、安全生产应急救援装备配备标准等，而且很多标准与其他行业的安全生产标准体系之间存在着内容重复、交叉等问题；

（2）部分交通运输安全生产标准老化、内容过时，目前我国仍存在部分标龄超过5年甚至10年以上未修订安全生产标准；

（3）国际化程度低，采用国际标准和国外发达国家标准的交通运输安全生产标准的比率较低；

（4）交通运输安全生产标准化体系、方法和技术等基础理论研究不足，在标准制定之前没有进行足够的系统研究。许多标准的制定体系混乱，方法也欠科学，缺乏逻辑性，技术上也不太成熟，导致实施起来有困难。

三、企业安全生产标准化建设的重要意义

企业安全生产标准化建设对于进一步规范我国企业安全生产行为，改善安全生产条件，强化安全基础管理，有效防范和坚决遏制重特大事故的发生，具有十分重要的意义。

（1）落实企业安全生产主体责任的必要途径。国家有关安全生产法律法规和规定明确要求，要严格企业安全管理，全面开展安全达标。企业是安全生产的责任主体，也是安全生产标准化建设的主体，要通过加强企业每个岗位和环节的安全生产标准化建设，不断提高安全管理水平，促进企业安全生产主体责任落实到位。

（2）强化企业安全生产基础工作的长效制度。安全生产标准化建设涵盖了增强人员安全素质、提高装备设施水平、改善作业环境、强化岗位责任落实等各个方面，是一项长期的、基础性的系统工程，有利于全面促进企业提高安全生产保障水平。

（3）政府实施安全生产分类指导、分级监管的重要依据。实施安全生产标准化建设考

评，将企业划分为不同等级，能够客观真实地反映出各地区企业安全生产状况和不同安全生产水平的企业数量，为加强安全监管提供有效的基础数据。

(4)有效防范事故发生的重要手段。深入开展安全生产标准化建设，能够进一步规范从业人员的安全行为，提高机械化和信息化水平，促进现场各类隐患的排查治理，推进安全生产长效机制建设，有效防范和坚决遏制事故发生，促进全国安全生产状况持续稳定好转。

第二节　企业安全生产标准化的工作原理

一、企业安全生产标准化的内涵

标准化是指通过制定、实施国家及行业等标准，来规范各种生产行为，以获得最佳生产秩序和社会效益的过程。它是一个有目的的过程，是现代化大生产的必要条件。

安全生产标准化是指通过建立安全生产责任制，制定安全管理制度和操作规程，排查治理隐患和监控重大危险源，建立预防机制，规范生产行为，使各生产环节符合有关安全生产法律法规和标准规范的要求，人、机、物、环境处于良好的生产状态，并持续改进，不断加强企业安全生产规范化建设。它涵盖了企业安全生产工作的全局，是企业开展安全生产工作的基本要求和衡量尺度，也是企业加强安全管理的重要方法和手段。

安全生产标准化的目的是严格落实企业安全生产责任制，加强安全科学管理，实现企业安全管理的规范化。加强安全教育培训，强化安全意识、技术操作和防范技能，杜绝“三违”。加大安全投入，提高专业技术装备水平，深化隐患排查治理，改进现场作业条件。通过安全生产标准化建设，实现岗位达标、专业达标和企业达标，实现各行业(领域)企业的安全生产水平明显提高，安全管理和事故防范能力明显增强的目的。

企业开展安全生产标准化工作，遵循“安全第一、预防为主、综合治理”的方针，以隐患排查治理为基础，提高安全生产水平，减少事故发生，保障人身安全健康，保证生产经营活动的顺利进行。

企业安全生产标准化工作采用“策划、实施、检查、改进”动态循环的模式，依据相关要求，结合自身特点，建立并保持安全生产标准化系统；通过自我检查、自我纠正和自我完善，建立安全绩效持续改进的安全生产长效机制。

企业安全生产标准化工作实行企业自主评定、外部考评的方式组织实施。

二、企业安全生产标准化的基本原理

企业安全生产标准化是科学系统的目标管理模式和管理体系建设模式，它要求生产经营单位分析生产安全风险，建立预防机制，健全科学的安全生产责任制、管理制度和操作规程；各生产环节和相关岗位的安全工作符合法律法规、规章规程和标准，并持续改进，控制生产安全风险，始终处于安全生产的良好状态。从安全生产标准化建设内容上看，是具有战略性系统整合能力的动态管理过程，是全面开发企业安全管理潜能、提高企业安全管理全水平、促进企业建立安全生产长效机制的有效途径。

企业安全生产标准化管理工作包括四大基本原理：

1. 明确目标,整合企业资源

要搞好企业安全生产标准化管理工作,首先要确定目标和理念,整合企业资源,将企业安全生产提升到战略高度。

1)安全管理理念是企业安全生产标准化的最终目标

安全管理理念是安全生产标准化的最终目标,是站在健康和环境的高度,超出企业追求利益最大化的角度,抛开了企业作为个体的角度,将企业个体放大到整体的层面上来谋划和设计。实际上这个终极目标也是一个企业发展壮大,或者说是企业能长久生存的至高法则。

安全生产标准化体系的建设,是以突出"安全第一、预防为主、综合治理"的方针和以人为本为宗旨,注重科学性、规范性和系统性,立足危害辨识、风险评价和隐患治理,风险管理和预防事故发生的思想,充分体现安全与效益、安全与健康、安全与环境之间的内在联系,并与生产经营单位其他方面的基础管理有机结合,是长远性战略意义的安全管理理念,通过制定、传达、评审、修订、识别、提升、跟踪和沟通等方式,使组织战略逐步得以定位和实现。它要求企业以发挥协同效应为原则,梳理部门职能和关键岗位职责,设立安全管理方针和目标,建立起安全生产标准化管理体系。

2)安全生产标准化管理的优势是整合企业资源

安全生产标准化与传统的安全管理本质的差别在于战略的关系。传统的安全管理是一个相对独立的系统,通常与组织战略、组织文化、管理者的承诺和支持等相脱离。但这些组织中的背景因素,对于成功地实施安全管理影响越来越大,安全管理必须能够衔接组织战略和企业日常管理工作。安全生产标准化系统能够完成这一任务,并且能够将企业所有的资源整合起来,做到有的放矢,齐心协力,实现安全与效益、安全与健康、安全与环境的和谐统一,为企业发展壮大保驾护航。

2. 动态循环,推行全程沟通

安全生产标准化体系是由若干个元素组成,这些元素又划分为若干个子元素;它是根据系统原理和持续改进的要求而进行的动态管理。

1)安全生产标准化体系是一个动态循环的管理系统

安全生产标准化体系是由若干个元素组成,这些元素又划分为若干子元素,是根据系统原理和持续改进的要求,引用管理学中的一个通用模型 PDCA(Plan-Do-Check-Action,即计划、执行、检查、处置)循环进行动态的循环管理。动态循环管理的理念使安全生产标准化系统蕴涵着不竭的动力。

PDCA 循环,可以使我们的思想方法和工作步骤更加条理化、系统化、图像化和科学化,是质量管理的基本方法;它既适用于整个工程项目,也适用于整个企业及内部科室、工段、班组和个人。安全标准化各子元素的策划、执行、符合、绩效四个方面,都有自己的 PDCA 循环,层层循环,形成大环套小环、小环又套更小的环的模式。大环是小环的母体和依据,小环是大环的分解和保证。各子元素的小环都围绕着上层元素的要求朝着同一方向转动,通过循环把企业安全生产管理的各项工作有机地联系起来,彼此协同和促进。

2)安全生产标准化体系是一个全程沟通的管理系统

安全生产标准化的科学性体现在:它建立了一个高效的沟通平台,沟通贯穿整个安全生产标准化管理系统,且形成闭环,问题能够有条理、按程序地解决。该机制传达信息及时,能有效落实法律法规、制度、标准，信息的及时传达和管理的高效、通畅，使生产过程各种风险得到有效的掌控。安全生产标准化体系的沟通系统能充分发挥员工的聪明才智，员工们能主动参与管理，积极提出意见和建议。

3. 科学评价，发挥员工潜能

1）安全生产标准化体系全面评价为安全管理精细化提供了条件

安全标准化的全面评价功能，塑造了企业员工的精神面貌。安全生产标准化评定实质是对企业安全管理的全面评价，涵盖企业所有生产经营活动和人员。该标准化作为评价体系，为全面、准确、真实地认识安全现状提供了有效方法，为发现和解决问题打下良好基础。改变了传统安全管理中模糊定性认识的评价方法，引入新的准确定量认识的评价方法，全面掌握了企业的安全现状，使安全管理工作尽快转移到以危险预防、预控为中心的现代化安全管理轨道上来，实现对危险的有效控制和安全管理的持续改进，企业在人、机、物、环境等环节处于良好的运行状态，为企业安全管理精细化打下坚实的基础。

2）实施安全生产标准化体系使员工潜能得到充分释放

通过安全标准化体系的有效运行，开展全面的安全评价，职工的潜能被激发出来。安全标准化体系对员工培训不生硬，员工不是填鸭式的被动接受，而是人性化、自愿地接受，并积极主动地参与管理，员工安全意识和素质得到了提高。

4. 全员参与，全面提升安全生产目标

安全标准化全员参与的要求，体现了该标准化建设过程中员工素质提升是跨越式的，安全绩效是显著的。安全标准化是一个系统工程，从管理层到普通员工，在安全标准化运行过程中有不可替代的作用。标准化的建设工作，不是一蹴而就，要长期不懈努力。从安全目标和方针的建立到生产工艺环节，从高层管理到基层员工，都是安全生产标准化工作的在控对象。方针和目标的变化、生产工艺的变化、法律法规的变化、制度的变化、规程的变化等，都需要企业员工了解和掌握。在系统运行过程中能有效的检索出薄弱环节，发现问题能及时修正，保证全体员工能力有效提升。安全标准化的良好运行，能确保企业员工每天做好每一件事，能真正达到全员、全过程、全方位的安全管理要求，形成横向到边、纵向到底的安全管理状态。

三、交通运输企业安全生产标准化的内容和程序

根据2012年交通运输部印发的《交通运输企业安全生产标准化考评管理办法》、《交通运输企业安全生产标准化达标考评指标》、《交通运输企业安全生产标准化发证实施办法》、《交通运输企业安全生产标准化考评机构管理实施办法》、《交通运输企业安全生产标准化考评员管理实施办法》等相关规定，达标考评指标共有五大类16个交通运输业被纳入安全生产标准化考评工作。

交通运输企业安全生产标准化达标等级由高到低分为一级、二级、三级（除城市轨道交通企业外）；交通运输部负责一级达标企业的考评工作；省级交通运输主管部门和长江航务管理局、珠江航务管理局负责二、三级达标企业的考评工作；主管机关或其认定的考评机构负责对交通运输企业实施考评；考评机构资质类别分为道路运输、水路运输、港口码头、城市客运、交通运输工程建设5类，资质分为一、二、三级；考评员专业类型分为道路运输、水路运

输、港口码头、城市客运、交通运输工程建设五大类;交通运输企业安全生产标准化考评的基本程序是:企业自评、企业提出申请、主管机关指定考评机构受理、考评机构核查、考评机构考评(或告知核查未通过)、考评机构提出整改意见、企业整改(或提出复核申请,主管机关组织复核)、考评机构核实、主管机关公示企业达标等级、发证(或核查)。

第三节 交通运输企业安全生产标准化的工作任务

为贯彻落实《国务院关于进一步加强企业安全生产工作的通知》(国发(2010)23 号)的精神和《国务院安委会关于深入开展企业安全生产标准化建设的指导意见》(安委〔2011〕4 号)的总体要求,全面推进交通运输企业安全生产标准化建设工作,2011 年以来,交通运输部出台了《交通运输企业安全生产标准化建设实施方案》等一系列文件,对交通运输企业安全生产标准化建设的指导思想和工作目标、实施范围、管理分工、主要内容、工作任务以及工作要求等作了具体规定。

一、指导思想和工作目标

交通运输企业安全生产标准化建设的指导思想是:以科学发展观为统领,坚持"安全第一、预防为主、综合治理"的方针,牢固树立以人为本、安全发展的理念,全面贯彻国发〔2010〕23号和安委〔2011〕4 号文件精神,以落实企业安全生产主体责任为主线,以强化安全生产"双基"(基层、基础)为重点,通过开展企业安全生产标准化建设,全面提升交通运输企业安全生产水平,为构建便捷、安全、经济、高效的综合运输体系、发展现代交通运输业提供可靠的安全保障。

交通运输企业安全生产标准化建设的工作目标:

(1)企业安全生产水平明显提升。通过开展交通运输企业安全生产标准化建设,体制机制不断完善,主体责任进一步落实,员工素质稳步提高,科技装备水平和管理能力明显提升,突出问题有效解决,企业安全生产形势持续稳定好转。

(2)各类事故明显下降。重大以上事故明显下降,到 2015 年,营运车辆万车死亡事故件数和死亡人数平均每年下降 3% ;运输船舶百万吨港口吞吐量水上交通事故件数和死亡人数平均每年下降 5%;城市客运百万车公里死亡事故件数和死亡人数平均每年下降 1%;公路水运工程建设百亿元投资死亡事故件数和死亡人数平均每年下降 1%。

(3)推进企业全面达标。交通运输企业全面开展安全生产标准化建设工作,实现企业安全管理标准化、作业现场标准化和操作过程标准化。力争使从事客运、危险化学品和烟花爆竹等重点运输企业在 2013 年底前达标,其他交通运输企业在 2015 年之前达标。

二、实施范围和管理分工

实施范围:具有独立法人资格,具体从事公路水路运输、城市客运和公路水运工程施工等生产经营建设活动的交通运输企业。

管理分工:交通运输企业安全生产标准化达标分一级、二级、三级,其中一级最高,三级最低。交通运输部负责一级企业的达标评审管理,省级交通运输主管部门和长江航务管理局、珠江航务管理局负责二级、三级企业的达标评审管理。

三、工作任务

交通运输企业安全生产标准化建设的工作任务是根据交通运输部关于企业达标的目标安排,2015 年前对全国交通运输企业进行分批、分类达标考评,并做好以后的考评工作。

1. 主管机关的工作任务

交通运输部主管全国交通运输企业安全生产标准化工作并负责一级达标企业的考评工作;省级交通运输主管部门负责本管辖范围内交通运输企业安全生产标准化工作和二、三级达标企业的考评工作;长江航务管理局、珠江航务管理局分别负责长江干线、西江干线跨省航运企业安全生产标准化工作和二、三级达标企业的考评工作。

主管机关负责对考评机构的认可、资质证书的发放和监督管理;负责考评员适任条件的审核、考试发证、注册登记等管理工作,并建立档案;负责指定企业申请受理考评机构,对企业提出的复核申请及时组织复核,向社会公示考评结果,并核查公示期间的实名举报,达标证书发放。

2. 考评机构的工作任务

按照考评管理的有关办法和程序,对申请达标的企业核查、考评,对考评员进行管理,建立考评员档案,将考评员有关材料报主管机关,进行年度考评工作总结并报主管机关。

3. 考评员的工作任务

按照考评管理的有关办法和程序,在主管机关和考评机构的统一管理下,对申请达标企业进行考评,并自觉接受主管机关、考评机构的监督管理,年度继续教育时间不少于 8 学时。

4. 水路运输企业的工作任务

按照主管机关的有关要求,深入开展企业安全生产标准化建设,并按照考评管理的有关办法和程序,申请达标等级。

四、主要内容

制定工作方案:各部门、各单位要根据本方案的内容和要求,结合本地区、本单位实际情况,制定实施方案,明确目标、任务、责任,确定标准化示范企业名单,确保标准化建设有计划、有步骤顺利开展。

建立相关制度和标准:根据国家和交通运输安全生产相关法律法规、标准和规范,制定交通运输企业安全生产标准化达标管理办法、评级程序和达标标准,明确工作流程,细化安全生产达标标准。

确定考评机构和考评员:一级安全生产标准化企业的考评机构由交通运输部确定;二级、三级安全生产标准化企业的考评机构由省级交通运输主管部门、长江航务管理局、珠江航务管理局确定,并报交通运输部备案,确定的考评机构应向社会公布。考评一级企业的考评员资质由交通运输部认可,评审二级、三级企业的考评员资质由省级交通运输主管部门、长江航务管理局、珠江航务管理局确定,并报交通运输部备案。

示范推广:交通运输部确定于 2012 年内在公路水路运输、城市客运和公路水运工程施工企业各选择 1 至 2 家作为示范,以总结经验、深入推广。省级交通运输管理部门和长江航务管理、珠江航务管理局也应结合实际，做好示范推广工作。

五、工作要求

第一，加强组织领导。部安全委员会负责全国交通运输企业安全生产标准化建设工作的组织领导，部安全委员会办公室具体负责日常工作。各部门、各单位要结合实际，明确相应的组织领导机构，认真制定工作方案，合理确定阶段目标，分阶段、分步骤实施。2011 年和 2012 年重点抓好政策法规、考评管理办法和达标考评指标（即达标考评标准）的制定及宣传推广等工作；2013 年底前完成客运、危险化学品和烟花爆竹等重点运输企业达标评级工作，其他交通运输企业成熟一批、评审一批，确保 2015 年底以前达标。

第二，加强工作指导。各部门、各单位要按照方案要求，指导和督促企业、评审单位积极开展安全生产标准化建设和评审工作，按期完成工作任务，确保工作质量。要实行分类指导，加强对评审单位和评审人员的专题培训，研究解决安 全生产标准化建设工作中的新问题；要开展示范推广，发挥榜样作用，创新体制机制，加强经验交流，以点带面、推动企业全面达标，为企业安全生产标准化建设提供有效的指导服务。

第三，加强跟踪管理。各部门、各单位要加强跟踪和监督检查，不断巩固建设成果，坚持与时俱进、突出建设重点、解决突出问题，做到持续改进和升级，切实提高企业安全生产标准化建设水平。要将安全达标与行政许可、日常安全监 管工作有机结合起来，凡不符合安全生产条件的，一律不得批准从事交通运输生产经营建设活动；凡在规定的时间内仍不能达标的企业，一律依法停业整顿直至吊扣或注销经营许可证，并在媒体公开曝光。要加强相关立法工作，以法律手段督促达标；完善考核制度，落实工作责任，以行政手段推进达标；建立有效激励机制，激发企业自觉性，以经济手段引导达标。要建立安全生产标准化建设工作信息化管理平台，加强对工作进展的实时管理，及时掌握动态信息，提高工作效率和服务水平。

第四，加大宣传力度。各部门、各单位要采取多种形式 大力开展安全生产标准化建设宣传教育活动，充分利用各种媒体，及时广泛宣传工作进展和好的经验做法，为企业安全生产标准化建设工作营造良好的氛围。凡经考评达标的企 业，要向社会公告，通过加大正面宣传力度，带动其他企业 做好安全生产达标工作。

第二章　综合法律法规

第一节　企业安全生产标准化法律法规体系构架

一、企业安全生产标准化的概念

企业安全生产标准化是指通过建立安全生产责任制，制定安全管理制度和操作规程，排查治理隐患和监控重大危险源，建立预防机制，规范生产行为，使各生产环节符合有关安全生产法律法规和标准规范的要求，人员、设备、设施、环境等处于良好的生产状态，并持续改进，不断加强企业安全生产规范化建设。

企业安全生产标准化建设体现了“安全第一、预防为主、综合治理”的方针和“以人为本”的科学发展观，强调企业安全生产工作的科学化、规范化、系统化和法制化，强化风险管理和过程控制，注重绩效管理和持续改进，符合安全管理的基本规律，代表了现代安全管理的发展方向，是先进安全管理思想与我国传统安全管理方法、企业具体实际的有机结合，能有效提高企业安全生产水平，从而推动我国安全生产状况的根本好转。

企业安全生产标准化主要内容包括：企业安全生产标准化的目标、组织机构和职责、安全生产投入、法律法规与安全管理制度、教育培训、生产设备设施、作业安全、隐患排查和治理、重大危险源监控、职业健康、应急救援、事故报告和调查处理、绩效评定和持续改进 13 个方面。

二、企业安全生产管理的组织领导

交通运输企业安全生产管理体制是由交通运输部安全生产委员会统一领导、交通运输部安全监督司具体实施的组织形式。

为加强对交通运输企业安全生产工作的统一领导，促进安全生产形势的稳定好转，保护国家财产和人民生命安全，交通运输部成立了交通运输安全生产委员会；同时，办公室设立交通运输部安全监督司作为安委会的日常办事机构。

为贯彻落实《国务院关于进一步加强企业安全生产工作的通知》（国发〔2010〕23 号）精神和《国务院安委会关于深入开展企业安全生产标准化建设的指导意见》（安委〔2011〕4 号）的总体要求，全面推进交通运输企业安全生产标准化建设工作，交通运输部制定了《交通运输企业安全生产标准化建设实施方案》，并发布了一系列交通运输企业安全生产标准化建设和考评的文件。具体内容见第四章。

三、企业安全生产标准化法律法规体系

“法”是特殊的社会规范，一般是指广义的法，即法的整体。在我国，安全生产管理的法

律法规的整体主要由法律、法规和国家行政机关颁布的规章制度所构成，一般称为群法。安全生产管理法律法规是在国家安全生产方面的法律、法规。国家行政机关颁布规章以及纳入估计法律、法规要强制执行的各种法律法规的集合。

我国的企业安全生产标准化法律法规体系大致分为五个方面：(1)全国人民代表大会及其常务委员会颁布的法律；(2)国务院颁布的行政法规及国务院文件；(3)地方人民代表大会及其常务委员会颁布的法规；(4)国家有关部委颁布的规章；(5)各安全生产标准化技术委员会公布的标准规范。

表2-1所列是一些重要的与企业安全及安全生产生产标准化有关的法律法规。

国家有关安全生产的重要法律法规列表　　表2-1

法律法规名称	颁布机关	颁布时间
中华人民共和国刑法	全国人大	1979年通过，1997年修订
中华人民共和国刑法修正案(八)	全国人大常委会	2011年通过
中华人民共和国突发事件应对法	全国人大常委会	2007年通过
中华人民共和国消防法	全国人大常委会	1998年通过，2008年修订
中华人民共和国安全生产法	全国人大常委会	2002年通过
中华人民共和国海上交通安全法	全国人大常委会	1983年通过
中华人民共和国道路交通安全法	全国人大常委会	2003年通过，2011年修订
中华人民共和国港口法	全国人大常委会	2003年通过
中华人民共和国海洋环境保护法	全国人大常委会	1982年通过，1999年修订
中华人民共和国职业病防治法	全国人大常委会	2001年通过
中华人民共和国劳动法	全国人大常委会	1994年通过
中华人民共和国标准化法	全国人大常委会	1988年通过
中华人民共和国内河交通安全管理条例	国务院	2002年通过
中华人民共和国道路交通安全法实施条例	国务院	2004年通过
中华人民共和国道路运输条例	国务院	2004年通过
中华人民共和国渔港水域交通安全管理条例	国务院	1989年通过
生产安全事故报告和调查处理条例	国务院	2007年通过
危险化学品安全管理条例	国务院	2011年通过
烟花爆竹安全管理条例	国务院	2006年通过
易制毒化学品管理条例	国务院	2005年通过
中华人民共和国标准化法实施条例	国务院	1990年通过
关于特大安全事故行政责任追究的规定	国务院	2001年通过
关于进一步加强安全生产工作的决定	国务院	国发〔2004〕2号
关于进一步加强企业安全生产工作的通知	国务院	国发〔2010〕23号
关于坚持科学发展安全发展促进安全生产形势持续稳定好转的意见	国务院	国发〔2011〕40号

第二节　企业安全生产标准化主要法律法规的基本内容

一、《中华人民共和国刑法》中有关安全生产的内容

《中华人民共和国刑法》(以下简称《刑法》)于1979年7月1日第五届全国人民代表大会第二次会议通过,1997年3月14日第八届全国人民代表大会第五次会议修订。修订后的《刑法》自1997年10月1日起施行。

《刑法》的任务,是用刑罚同一切犯罪行为作斗争,以保卫国家安全,保卫人民民主专政的政权和社会主义制度,保护国有财产和劳动群众集体所有的财产,保护公民私人所有的财产,保护公民的人身权利、民主权利和其他权利,维护社会秩序、经济秩序,保障社会主义建设事业的顺利进行。

《刑法》中有关安全生产的内容主要体现在以下几个条款中:

第一百二十五条　非法制造、买卖、运输、邮寄、储存枪支、弹药、爆炸物的,处3年以上10年以下有期徒刑;情节严重的,处10年以上有期徒刑、无期徒刑或者死刑。

非法买卖、运输核材料的,依照前款的规定处罚。

单位犯前两款罪的,对单位判处罚金,并对其直接负责的主管人员和其他直接责任人员,依照第一款的规定处罚。

第一百三十一条　航空人员违反规章制度,致使发生重大飞行事故,造成严重后果的,处3年以下有期徒刑或者拘役;造成飞机坠毁或者人员死亡的,处3年以上7年以下有期徒刑。

第一百三十二条　铁路职工违反规章制度,致使发生铁路运营安全事故,造成严重后果的,处3年以下有期徒刑或者拘役;造成特别严重后果的,处3年以上7年以下有期徒刑。

第一百三十三条　违反交通运输管理法规,因而发生重大事故,致人重伤、死亡或者使公私财产遭受重大损失的,处3年以下有期徒刑或者拘役;交通运输肇事后逃逸或者有其他特别恶劣情节的,处3年以上7年以下有期徒刑;因逃逸致人死亡的,处7年以上有期徒刑。

第一百三十四条　工厂、矿山、林场、建筑企业或者其他企业、事业单位的职工,由于不服管理、违反规章制度,或者强令工人违章冒险作业,因而发生重大伤亡事故或者造成其他严重后果的,处3年以下有期徒刑或者拘役;情节特别恶劣的,处3年以上7年以下有期徒刑。

第一百三十五条　工厂、矿山、林场、建筑企业或者其他企业、事业单位的劳动安全设施不符合国家规定,经有关部门或者单位职工提出后,对事故隐患仍不采取措施,因而发生重大伤亡事故或者造成其他严重后果的,对直接责任人员,处3年以下有期徒刑或者拘役;情节特别恶劣的,处3年以上7年以下有期徒刑。

第一百三十六条　违反爆炸性、易燃性、放射性、毒害性、腐蚀性物品的管理规定,在生产、储存、运输、使用中发生重大事故,造成严重后果的,处3年以下有期徒刑或者拘役;后果特别严重的,处3年以上7年以下有期徒刑。

第一百三十七条　建设单位、设计单位、施工单位、工程监理单位违反国家规定,降低工

程质量标准，造成重大安全事故的，对直接责任人员，处5年以下有期徒刑或者拘役，并处罚金；后果特别严重的，处5年以上10年以下有期徒刑，并处罚金。

第三百九十七条　国家机关工作人员滥用职权或者玩忽职守，致使公共财产、国家和人民利益遭受重大损失的，处3年以下有期徒刑或者拘役；情节特别严重的，处3年以上7年以下有期徒刑。本法另有规定的，依照规定。

国家机关工作人员徇私舞弊，犯前款罪的，处5年以下有期徒刑或者拘役；情节特别严重的，处5年以上10年以下有期徒刑。本法另有规定的，依照规定。

《刑法》自1997年10月1日起施行后至2011年2月25日，全国人民代表大会常务委员会通过了八个《修正案》，其中《中华人民共和国刑法修正案（六）》（2006年6月29日第十届全国人民代表大会常务委员会第二十二次会议通过）涉及安全生产的内容有如下条款：

（1）将刑法第一百三十四条修改为："在生产、作业中违反有关安全管理的规定，因而发生重大伤亡事故或者造成其他严重后果的，处3年以下有期徒刑或者拘役；情节特别恶劣的，处3年以上7年以下有期徒刑。"

"强令他人违章冒险作业，因而发生重大伤亡事故或者造成其他严重后果的，处5年以下有期徒刑或者拘役；情节特别恶劣的，处5年以上有期徒刑。"

（2）将刑法第一百三十五条修改为："安全生产设施或者安全生产条件不符合国家规定，因而发生重大伤亡事故或者造成其他严重后果的，对直接负责的主管人员和其他直接责任人员，处3年以下有期徒刑或者拘役；情节特别恶劣的，处3年以上7年以下有期徒刑。"

二、《中华人民共和国安全生产法》的基本内容

我国安全生产管理在法律层面主要依据的是《中华人民共和国安全生产法》（以下简称《安全生产法》），这是我国企业安全生产方面的综合性法律。《安全生产法》由中华人民共和国第九届全国人民代表大会常务委员会第二十八次会议于2002年6月29日通过，自2002年11月1日起施行。

1.《安全生产法》的立法背景与意义

1）《安全生产法》的立法背景

安全生产，事关人民群众生命财产安全、国民经济持续快速健康发展和社会稳定大局。《中华人民共和国安全生产法》自提出立法建议到出台，经历了21年的历程。《安全生产法》的公布施行，是我国安全生产法制进程中新的里程碑，它标志着我国安全生产法制建设进入了一个新的阶段。

改革开放以来，在党中央、国务院的领导下，我国的安全生产状况逐步好转。但安全生产形势依然严峻，重大、特大事故连续发生。为了加强安全生产监督管理，遏制事故的发生，保障人民生命安全和减少财产损失，保证社会主义现代化建设的顺利进行，党中央、国务院坚持安全第一的方针，采取了安全生产专项整治特别是加强法制等重大举措，为实现安全生产的稳定好转出创造了更好的法制环境。

为了加强安全生产监督管理，确立安全生产的基本管理制度和要求，规定针对性、可操作性较强的具体措施，加大对违法犯罪行为的处罚力度，防止和减少生产安全事故的发生，保障人民群众生命财产安全，促进经济发展和保障社会稳定，迫切需要制定一部综合性的、

适用范围宽的《安全生产法》。《安全生产法》正是在这种背景和条件下制定出台的。

2)《安全生产法》的意义

《安全生产法》作为我国安全生产的综合性法律,具有丰富的法律内涵和规范作用。《安全生产法》贯穿了"三个代表"、与时俱进和安全责任重于泰山的重要思想,反映了党和政府重视人权的社会主义本质,总结了我国安全生产正反两方面的经验,体现了依法治国的基本方略。各级领导干部、生产经营单位及其从业人员,要从讲政治、保稳定、促发展的高度,学习宣传和贯彻《安全生产法》,深刻领会其立法宗旨和精神实质。它的通过实施,对全面加强我国安全生产法制建设,激发全社会对公民生命权的珍视和保护,提高全民族的安全法律意识,规范生产经营单位的安全生产,强化安全生产监督管理,遏制重大、特大事故,促进经济发展和保持社会稳定都具有重大的现实意义,必将产生深远的历史影响。

《安全生产法》是我国第一部全面规范安全生产的专门法律,是我国安全生产法律体系的主体法。《安全生产法》的贯彻实施:

(1)有利于全面加强我国安全生产法律法规体系建设;

(2)有利于保障人民群众生命安全;重视和保护人的生命权,是制定《安全生产法》的根本出发点和落脚点;

(3)有利于依法规范生产经营单位的安全生产工作;

(4)有利于各级人民政府加强对安全生产工作的领导;

(5)有利于安全生产监管部门和有关部门依法行政,加强监督管理;

(6)有利于提高从业人员的安全素质;

(7)有利于增强全体公民的安全法律意识;

(8)有利于制裁各种安全违法行为。

2.《安全生产法》的主要内容

《安全生产法》由七个部分组成:第一章总则;第二章生产经营单位的安全生产保障;第三章从业人员的权利和义务;第四章安全生产的监督管理;第五章生产安全事故的应急救援与调查处理;第六章法律责任;第七章附则。

立法目的:为了加强安全生产监督管理,防止和减少生产安全事故,保障人民群众生命和财产安全,促进经济发展。适用范围:在中华人民共和国领域内从事生产经营活动的单位(以下统称生产经营单位)的安全生产,适用本法;有关法律、行政法规对消防安全和道路交通安全、铁路交通安全、水上交通安全、民用航空安全另有规定的,适用其规定。

生产经营的目标:安全生产管理,坚持安全第一、预防为主的方针。生产经营单位必须遵守本法和其他有关安全生产的法律、法规,加强安全生产管理,建立、健全安全生产责任制度,完善安全生产条件,确保安全生产。

从业人员的权利和义务:生产经营单位的从业人员有依法获得安全生产保障的权利,并应当依法履行安全生产方面的义务。

安全生产的监督管理:工会依法组织职工参加本单位安全生产工作的民主管理和民主监督,维护职工在安全生产方面的合法权益。国务院和地方各级人民政府应当加强对安全生产工作的领导,支持、督促各有关部门依法履行安全生产监督管理职责。县级以上人民政府对安全生产监督管理中存在的重大问题应当及时予以协调、解决。国务院负责安全生产监督管理的部门依照本法，对全国安全生产工作实施综合监督管理；县级以上地方各级人民政府负责安全生产监督管理的部门依照本法，对本行政区域内安全生产工作实施综合监督管理。国务院有关部门依照本法和其他有关法律、行政法规的规定，在各自的职责范围内对有关的安全生产工作实施监督管理；县级以上地方各级人民政府有关部门依照本法和其他有关法律、法规的规定，在各自的职责范围内对有关的安全生产工作实施监督管理。国务院有关部委应当按照保障安全生产的要求，依法及时制定有关的国家标准或者行业标准，并根据科技进步和经济发展适时修订。生产经营单位必须执行依法制定的保障安全生产的国家标准或者行业标准。各级人民政府及其有关部门应当采取多种形式，加强对有关安全生产的法律、法规和安全生产知识的宣传，提高职工的安全生产意识。依法设立的为安全生产提供技术服务的中介机构，依照法律、行政法规和执业准则，接受生产经营单位的委托为其安全生产工作提供技术服务。

安全事故的调查处理：县级以上地方各级人民政府应当组织有关部门制定本行政区域内特大生产安全事故应急救援预案，建立应急救援体系，配备必要的救援人员，以及救援器材。发生安全事故后，应及时上报，保留证据，不得隐瞒。负责安全生产监督的部门得到上报后，应按照国家规定处理不得谎报、瞒报。任何单位接到协助安生产事故的通知，应提供一切便利条件，立即赶到现场实施事故抢救。调查结果，应尊重事实、尊重科学原则，及时准确查明原因。有过失者依法追究法律责任。任何单位和个人不得阻挠和干涉对事故的依法调查处理。县级以上负责安全生产的部门应定期分析统计安全事故的情况，并向社会公布。

法律责任：国家实行生产安全事故责任追究制度，依照本法和有关法律、法规的规定，追究生产安全事故责任人员的法律责任。国家鼓励和支持安全生产科学技术研究和安全生产先进技术的推广应用，提高安全生产水平。国家对在改善安全生产条件、防止生产安全事故、参加抢险救护等方面取得显著成绩的单位和个人，给予奖励。

三、《中华人民共和国突发事件应对法》的基本内容

1.《突发事件应对法》的立法过程与重要意义

1)《突发事件应对法》的立法过程

近年来，我国重大突发事件频繁发生。各级人民政府在积极应对突发事件的过程中总结出了丰富经验，得到了许多教训。2003 年，抗击“非典”的过程给了各级人民政府许多重要启示，其中重要的一点就是要依靠法制应对突发事件。自 2003 年 5 月起，国务院有关部委成立了法律起草领导小组，着手《突发事件应对法》的研究起草工作。法律起草小组重点研究了美、俄、德、意、日等十多个国家应对突发事件的法制制度，深入全国各地开展调研，举办了多次学术研讨会，对法制基本结构和内容进行了深入研究。《突发事件应对法》草案广泛征求了全国人大、全国政协有关单位、有关社会团体、各省(自治区、直辖市)人民政府、国务院各部委，以及各方面专家学者的意见。国务院第 83 次、第 138 次常务会议，十届全国人大常委会第二十二次、第二十八次、第二十九次会议，多次深入讨论和审议《突发事件应对法》草案，对法律草案进行了大量修改和完善。因此，《突发事件应对法》的立法过程体现了党和政府对突发事件应对工作的高度重视，体现了各级各部门对突发事件应对工作规律性的认识，很好地保证了这部法律的权威性、实用性和科学性。

2)《突发事件应对法》的重要意义

突发事件应急管理是一项内容庞杂、情况多变,涉及各方面利益又需要各方面参与,理论性和实践性都很强的工作,必须在法律上对这项工作的各个方面、各个环节进行严格规范。据统计,在《突发事件应对法》出台前,全国已经制定涉及突发事件应对的法律 35 件、行政法规 37 件、部门规章 55 件。而制定和实施《突发事件应对法》,是国务院进一步加强应急管理法制建设的又一重要举措,使我国基本形成了以《突发事件应对法》为核心,以相关法律、法规和规章为基础,门类齐全、覆盖面广的应急管理法律体系。《突发事件应对法》的核心作用主要体现在以下几个方面:

(1)《突发事件应对法》是我国应急管理长期实践的高度总结。《突发事件应对法》提炼了近几年应急管理实践创新和理论创新的最新成果,很好地贯彻了科学发展观的基本内涵和根本要求。

(2)《突发事件应对法》确立了我国应急管理的基本制度。《突发事件应对法》从法律层面明确了我国统一领导、综合协调、分类管理、分级负责、属地为主的应急管理体制,以制度的形式建立了预防与应急准备、监测与预警、应急处置与救援等方面的机制,促进了党委领导下的行政领导责任制的进一步落实,从而在法律上确立了应急管理工作的基本制度。

(3)《突发事件应对法》是规范各方应对突发事件行为的基本法律。《突发事件应对法》既明确了政府在应急管理工作中的主体地位和作用,也规定了社会、公民参与突发事件应对活动的责任、权利和义务,形成了政府主导、社会支持、公众参与的应急管理工作基本格局。

(4)《突发事件应对法》是推动应急体系建设的强大动力。《突发事件应对法》对应急救援队伍、应急基础设施、物资储备、科技保障能力等应急体系建设工作作出了明确规定,这必将有力地推动各级人民政府应急体系建设。

2.《突发事件应对法》的主要内容

1)《突发事件应对法》的立法宗旨和适用范围

根据《突发事件应对法》第一条规定,该法的立法宗旨是预防和减少突发事件的发生,控制、减轻和消除突发事件引起的严重社会危害,规范突发事件应对活动,保护人民生命财产安全,维护国家安全、公共安全、环境安全和社会秩序。这充分体现了我国宪法确立的"国家尊重和保障人权"的人权原则,反映了贯彻科学发展观、推进构建社会主义和谐社会的必然要求。

根据《突发事件应对法》第二条规定,该法的适应范围是突发事件的预防与应急准备、监测与预警、应急处置与救援、事后恢复与重建等应对活动。也就是把应对突发事件的事前、事中、事后的全过程活动纳入该法的调整范围之内。

2)突发事件的内涵及其分类分级

根据《突发事件应对法》第三条规定,突发事件是指突然发生,造成或者可能造成严重社会危害,需要采取应急处置措施予以应对的自然灾害、事故灾难、公共卫生事件和社会安全事件。这一概念具有几个核心要素:一是突发事件具有明显的公共性或社会性,即属于公共危机;二是突发事件具有突发性和紧迫性;三是突发事件具有危害性和破坏性;四是突发事件必须借助于公权力(即政府权力)的介入,运用社会人力、物力才能解决。

突发事件按照其性质、过程和发生机理的不同,可以分为自然灾害、事故灾难、公共卫生事件和社会安全事件。自然灾害主要包括水旱灾害、气象灾害、地震灾害、地质灾害、海洋灾害、生物灾害和森林草原火灾等；事故灾难主要包括工矿商贸等企业的各类安全事故、交通运输事故，公共设施和设备事故，环境污染和生态破坏事件等；公共卫生事件主要包括传染病疫情、群体性不明原因疾病、食品安全和职业危害、动物疫情，以及其他严重影响公众健康和生命安全的事件；社会安全事件主要包括严重危害社会治安秩序的突发事件。按照突发事件的社会危害程度、影响范围，以及性质、可控性、行业特点等因素，原则上将各类突发事件分为特别重大、重大、较大和一般四个等级。突发事件的分级标准由国务院或国务院确定的部门制定。

3）建立健全突发事件应急预案体系

根据《突发事件应对法》第十七条和第十八条规定，国家建立健全突发事件应急预案体系。

国务院制定国家突发事件总体应急预案，组织制定国家突发事件专项应急预案；国务院有关部门根据各自的职责和国务院相关应急预案，制定国家突发事件部门应急预案。

地方各级人民政府和县级以上地方各级人民政府有关部门根据有关法律、法规、规章、上级人民政府及其有关部门的应急预案以及本地区的实际情况，制定相应的突发事件应急预案。

应急预案制定机关应当根据实际需要和情势变化，适时修订应急预案。应急预案的制定、修订程序由国务院规定。

应急预案应当根据本法和其他有关法律、法规的规定，针对突发事件的性质、特点和可能造成的社会危害，具体规定突发事件应急管理工作的组织指挥体系与职责和突发事件的预防与预警机制、处置程序、应急保障措施以及事后恢复与重建措施等内容。

4）建立全国统一的突发事件信息系统和监测预警制度

按照《突发事件应对法》，突发事件监测与预警工作主要包括建立突发事件信息系统、突发事件监测制度、突发事件预警制度三个方面内容。

《突发事件应对法》规定，县级以上人民政府及其有关部门应当根据突发事件的类型和特点，建立完善监测网络，划分监测区域，确定监测站点，明确监测项目，安排必要装备，配备专门人员，对可能发生的突发事件进行密切监测。

县级以上地方各级人民政府应当建立本地区统一的突发事件信息系统，汇集、储存、分析、传输突发事件信息。县级以上人民政府及其有关部门、专业机构应当在当地居民委员会、村民委员会和有关单位建立专、兼职信息报告员制度，多种途径收集突发事件信息。

获悉突发事件信息的公民、法人或者其他组织，应当立即向当地人民政府及有关主管部门或者指定的专业机构报告。有关单位和人员报送、报告突发事件信息，应当做到及时、客观、真实，不得迟报、谎报、瞒报、漏报。地方各级人民政府应当及时汇总分析突发事件信息，会商、评估突发事件状态和影响，并按照规定向上级人民政府报送突发事件信息，并实时预警。

《突发事件应对法》规定，可以预警的突发事件的预警级别，按照突发事件的紧急程度、发展势态和可能造成的危害程度分为一级、二级、三级和四级，分别用红色、橙色、黄色和蓝色标示，一级为最高级别。预警级别的划分标准由国务院或国务院确定的部门制定。

可以预警的突发事件即将发生或发生概率较大时，县级以上地方各级人民政府应当根据权限和程度，发布相应级别的警报，决定并宣布有关地区进入预警期，同时向上一级人民政府报告。

发布三级、四级警报，宣布进入预警期后，县级以上地方各级人民政府应当根据情况采取相应措施：一是启动应急预案；二是加强有关突发事件监测、预报和信息收集、报告工作；三是组织有关方面对突发事件信息进行分析评估，预测其发生概率、影响范围与强度；四是定时向社会发布与公众有关的突发事件预测信息和评估情况；五是向社会发布咨询电话和相关警示，宣传相关防灾、避灾常识。

发布一级、二级警报，宣布进入预警期后，县级以上地方各级人民政府除采取以上措施外，还可根据情况采取以下相应措施：一是责令应急救援队伍及相关人员进入待命状态，做好应急救援和处置准备；二是调集应急救援、处置所需物资，准备应急设施和避难场所；三是加强对重点单位、重要部位和重要基础设施的安全保卫，维护社会治安秩序；四是采取必要措施，确保城市交通、通信等生命线工程安全和正常运行；五是及时发布防灾、避灾的警示、劝告；六是转移、疏散危险地区人员和重要财产；七是关闭易受突发事件危害的场所，控制或限制公共场所活动。

5）单位和个人违反《突发事件应对法》应负的法律责任

《突发事件应对法》规定，有关单位凡未按规定及时消除已发现的可能引发突发事件的隐患，未采取预防措施，导致发生严重突发事件的；未做好应急设备、设施日常维护、检测工作，导致发生严重突发事件或突发事件危害扩大的；不及时组织开展应急救援工作，造成严重后果的，由所在地负责应对突发事件的人民政府责令停产停业，暂扣或者吊销许可证或者营业执照，并处5万元以上20万元以下的罚款，构成违反治安管理行为的，由公安机关依法给予处罚。

编造并传播有关突发事件事态发展或者应急处置工作的虚假信息，或者明知是突发事件虚假信息仍然传播的，责令改正，并给予警告；造成严重后果的，依法暂停其业务活动或者吊销其执业许可证；是国家工作人员的，要依法对其给予处分；构成违反治安管理行为的，由公安机关依法给予处罚。

单位或个人不服从所在地人民政府及其有关部门发布的决定、命令或者不配合其依法采取的措施，构成违反治安管理行为的，由公安机关依法给予处罚。单位或个人违反《突发事件应对法》规定，导致突发事件发生或者危害扩大，给他人人身、财产造成损害的，应当依法承担民事责任。

四、《中华人民共和国消防法》的基本内容

1.《消防法》的立法背景与意义

《中华人民共和国消防法》（以下简称《消防法》）由中华人民共和国第十一届全国人民代表大会常务委员会第五次会议于2008年10月28日修订通过，自2009年5月1日起施行。

《消防法》自1998年9月1日施行以来，有力地推动了我国消防法治建设、社会化消防管理、公共消防设施建设以及消防监督执法规范化、提升政府应急救援能力、火灾隐患整改

等方面的工作，对预防和减少火灾危害，保护人身、财产安全，维护公共安全，发挥了重要作用。

近年来，随着我国经济社会的发展和政府职能的转变，特别是在贯彻落实党的十七大精神的新阶段，面临着社会和广大人民群众对消防安全的新需求、新期待，面对着以人为本、保障和改善民生、强化社会管理和公共服务的新要求，原有的《消防法》的一些规定已经难以适应新时期消防工作的需要。主要表现在：一是对消防工作责任主体规定不够全面，责任不够完善和清晰，制约和影响了消防工作责任制的落实，不适应消防工作社会化的需要；二是对消防监督管理制度的设置不适应形势需要，计划经济时期包揽式管理的色彩较浓，公安机关消防机构监督职责与有关责任主体的消防安全职责不明晰，不适应转变政府职能的要求；三是缺乏运用市场机制和经济手段防范火灾风险的规定，不利于发挥市场主体在保障消防安全方面的作用；四是对违反消防法规危害公共安全的行为规定不全，处罚力度不够，缺乏必要的强制措施，不能有效消除和制止违反消防法规行为和严重危及公共安全的火灾隐患。

《消防法》的修订和重新颁布实施，有利于保障消防工作与经济建设和社会发展相适应，不断提高社会公共消防安全水平；有利于全面落实消防安全责任制，建立健全社会化的消防工作网络；有利于加强和改革消防工作制度，有效预防火灾和减少火灾危害；有利于推进利用市场机制和经济手段防范火灾风险，切实发挥市场主体在保障消防安全方面的作用；有利于加强应急救援工作，推进消防力量建设，提升火灾扑救和应急救援能力；有利于完善消防执法监督工作机制，促进公正、严格、文明、高效执法。

《消防法》是预防火灾和减少火灾危害，加强应急救援工作，维护公共安全的重要法律。《消防法》的修订和颁布实施，对加强我国消防法治建设，推进消防事业科学发展，维护公共安全，促进社会和谐，具有十分重要的意义。

2.《消防法》的主要内容

《消防法》包括七章七十四条，包括总则、火灾预防、消防组织、灭火救援、监督检查、法律责任、附则等内容。

与企业安全生产有关的内容节选如下：

第二条　消防工作贯彻预防为主、防消结合的方针，按照政府统一领导、部门依法监管、单位全面负责、公民积极参与的原则，实行消防安全责任制，建立健全社会化的消防工作网络。

第十六条　机关、团体、企业、事业等单位应当履行下列消防安全职责：（一）落实消防安全责任制，制定本单位的消防安全制度、消防安全操作规程，制定灭火和应急疏散预案；（二）按照国家标准、行业标准配置消防设施、器材，设置消防安全标志，并定期组织检验、维修，确保完好有效；（三）对建筑消防设施每年至少进行一次全面检测，确保完好有效，检测记录应当完整准确，存档备查；（四）保障疏散通道、安全出口、消防车通道畅通，保证防火防烟分区、防火间距符合消防技术标准；（五）组织防火检查，及时消除火灾隐患；（六）组织进行有针对性的消防演练；（七）法律、法规规定的其他消防安全职责。

单位的主要负责人是本单位的消防安全责任人。

消防安全重点单位除应当履行本法第十六条规定的职责外，还应当履行下列消防安全职责：（一）确定消防安全管理人，组织实施本单位的消防安全管理工作；（二）建立消防档案，确定消防安全重点部位，设置防火标志，实行严格管理；（三）实行每日防火巡查，并建立巡查记录；（四）对职工进行岗前消防安全培训，定期组织消防安全培训和消防演练。

第十九条　生产、储存、经营易燃易爆危险品的场所不得与居住场所设置在同一建筑物内，并应当与居住场所保持安全距离。

生产、储存、经营其他物品的场所与居住场所设置在同一建筑物内的，应当符合国家工程建设消防技术标准。

第二十二条　生产、储存、装卸易燃易爆危险品的工厂、仓库和专用车站、码头的设置，应当符合消防技术标准。易燃易爆气体和液体的充装站、供应站、调压站，应当设置在符合消防安全要求的位置，并符合防火防爆要求。

第二十三条　生产、储存、运输、销售、使用、销毁易燃易爆危险品，必须执行消防技术标准和管理规定。

进入生产、储存易燃易爆危险品的场所，必须执行消防安全规定。禁止非法携带易燃易爆危险品进入公共场所或者乘坐公共交通工具。

储存可燃物资仓库的管理，必须执行消防技术标准和管理规定。

五、《生产安全事故报告和调查处理条例》的基本内容

《生产安全事故报告和调查处理条例》于2007年3月28日国务院第172次常务会议通过，自2007年6月1日起施行（中华人民共和国国务院令第493号）。主要内容如下：

为了规范生产安全事故的报告和调查处理，落实生产安全事故责任追究制度，防止和减少生产安全事故，根据《中华人民共和国安全生产法》和有关法律，制定本条例。

生产经营活动中发生的造成人身伤亡或者直接经济损失的生产安全事故的报告和调查处理，适用本条例；环境污染事故、核设施事故、国防科研生产事故的报告和调查处理不适用本条例。

1. 生产安全事故等级划分

根据生产安全事故（以下简称事故）造成的人员伤亡或者直接经济损失，事故一般分为以下等级：

（1）特别重大事故，是指造成30人以上死亡，或者100人以上重伤（包括急性工业中毒，下同），或者1亿元以上直接经济损失的事故；

（2）重大事故，是指造成10人以上30人以下死亡，或者50人以上100人以下重伤，或者5000万元以上1亿元以下直接经济损失的事故；

（3）较大事故，是指造成3人以上10人以下死亡，或者10人以上50人以下重伤，或者1000万元以上5000万元以下直接经济损失的事故；

（4）一般事故，是指造成3人以下死亡，或者10人以下重伤，或者1000万元以下直接经济损失的事故。

国务院安全生产监督管理部门可以会同国务院有关部门，制定事故等级划分的补充性规定。

2. 事故报告

事故发生后，事故现场有关人员应当立即向本单位负责人报告；单位负责人接到报告

后,应当于1小时内向事故发生地县级以上人民政府安全生产监督管理部门和负有安全生产监督管理职责的有关部门报告。

情况紧急时,事故现场有关人员可以直接向事故发生地县级以上人民政府安全生产监督管理部门和负有安全生产监督管理职责的有关部门报告。

安全生产监督管理部门和负有安全生产监督管理职责的有关部门接到事故报告后,应当依照下列规定上报事故情况,并通知公安机关、劳动保障行政部门、工会和人民检察院:

(1)特别重大事故、重大事故逐级上报至国务院安全生产监督管理部门和负有安全生产监督管理职责的有关部门;

(2)较大事故逐级上报至省、自治区、直辖市人民政府安全生产监督管理部门和负有安全生产监督管理职责的有关部门;

(3)一般事故上报至设区的市级人民政府安全生产监督管理部门和负有安全生产监督管理职责的有关部门。

安全生产监督管理部门和负有安全生产监督管理职责的有关部门依照前款规定上报事故情况,应当同时报告本级人民政府。国务院安全生产监督管理部门和负有安全生产监督管理职责的有关部门以及省级人民政府接到发生特别重大事故、重大事故的报告后,应当立即报告国务院。

必要时,安全生产监督管理部门和负有安全生产监督管理职责的有关部门可以越级上报事故情况。

3. 事故报告时效

单位负责人接到报告后,应当于1小时内向事故发生地县级以上人民政府安全生产监督管理部门和负有安全生产监督管理职责的有关部门报告。

安全生产监督管理部门和负有安全生产监督管理职责的有关部门逐级上报事故情况,每级上报的时间不得超过2小时。

事故报告后出现新情况时,应当及时补报。自事故发生之日30日内,事故造成的伤亡人数发生变化的,应当及时补报。道路交通事故、火灾事故自发生之日起7日内,事故造成的伤亡人数发生变化的,应当及时补报。

4. 事故调查

(1)特别重大事故由国务院或者国务院授权有关部门组织事故调查组进行调查。

(2)重大事故、较大事故、一般事故分别由事故发生地省级人民政府、设区的市级人民政府、县级人民政府负责调查。省级人民政府、设区的市级人民政府、县级人民政府可以直接组织事故调查组进行调查,也可以授权或者委托有关部门组织事故调查组进行调查。

(3)未造成人员伤亡的一般事故,县级人民政府也可以委托事故发生单位组织事故调查组进行调查。

(4)上级人民政府认为必要时,可以调查由下级人民政府负责调查的事故。

根据事故的具体情况,事故调查组由有关人民政府、安全生产监督管理部门、负有安全生产监督管理职责的有关部门、监察机关、公安机关以及工会派人组成,并应当邀请人民检察院派人参加。

5. 事故处理

重大事故、较大事故、一般事故,负责事故调查的人民政府应当自收到事故调查报告之日起15日内做出批复;特别重大事故,30日内做出批复,特殊情况下,批复时间可以适当延长,但延长的时间最长不超过30日。

有关机关应当按照人民政府的批复,依照法律、行政法规规定的权限和程序,对事故发生单位和有关人员进行行政处罚,对负有事故责任的国家工作人员进行处分。

事故发生单位应当按照负责事故调查的人民政府的批复,对本单位负有事故责任的人员进行处理。

负有事故责任的人员涉嫌犯罪的,依法追究刑事责任。

6.法律责任

根据违规行为,对事故发生单位主要负责人、直接负责的主管人员和其他直接责任人员处上一年年收入的30%至100%的罚款。

事故发生单位对事故发生负有责任的,依照下列规定处以罚款:(1)发生一般事故的,处10万元以上20万元以下的罚款;(2)发生较大事故的,处20万元以上50万元以下的罚款;(3)发生重大事故的,处50万元以上200万元以下的罚款;(4)发生特别重大事故的,处200万元以上500万元以下的罚款。

同时,《条例》还对其他违规行为规定了处罚。

六、《危险化学品安全管理条例》的基本内容

《危险化学品安全管理条例》(中华人民共和国国务院令第591号)经2011年2月16日国务院第144次常务会议修订通过,修订后的自2011年12月1日起施行。

这次对原《危险化学品安全管理条例》的修订,是一次比较全面的修改,对危险化学品安全管理各个环节的制度和措施,都作了相应的补充、修改和完善,篇幅由原来的7章74条,修改为8章102条,修改的内容很丰富,既有填补空白、堵塞漏洞的新增制度和措施,也有对原有规定的调整和完善。主要包括以下8个方面:

(1)在行政法规层面明确了安监部门在危险化学品安全监督管理方面的职责。按照原条例规定,国务院经济贸易综合管理部门(原国家经贸委),负责危险化学品安全监督管理综合工作,地方政府经济贸易管理部门或者负责危险化学品安全监督管理综合工作的部门承担危险化学品监督管理的相关职责。根据安全生产监管体制以及国务院机构改革后有关部门职责分工的变化,上述职责已经转到了安监部门,新条例将原条例中所有的经济贸易综合管理部门、经济贸易管理部门、负责危险化学品安全监督管理综合工作的部门等称呼,统一改成了“安全生产监督管理部门”,从行政法规层面明确了安监部门的监督管理职责。

(2)建立了统一的危险化学品目录的确定和调整机制。原条例中是没有“危险化学品目录”这个概念,危险化学品被分成两部分:一部分是列入《危险货物品名表》(GB 12268)的危险化学品,另一部分则是剧毒化学品和没有列入《危险货物品名表》的其他危险化学品,其目录由国务院经济贸易综合管理部门会同国务院公安、环保、卫生、质检、交通部门确定并公布。《危险货物品名表》是从运输安全角度着眼的,而危险化学品安全管理则涉及生产、储存、经营、运输等多个环节,因此危险化学品与危险货物的范围并不完全一致,新条例明确提出了“危险化学品目录”的概念,建立了统一的危险化学品目录确定、调整机制,明确规定:危险化学品目录,由国务院安全生产监督管理部门会同国务院工信、公安、环保、卫生、质

检、交通、铁路、民航、农业部门，根据化学品危险特性的鉴别和分类标准确定、公布，并适时调整。

(3)将危险化学品生产、储存企业设立审批制度，修改为危险化学品生产、储存建设项目安全条件审查制度。原条例对设立危险化学品生产企业、储存企业实行审批制度，并规定由省级人民政府或者设区的市级人民政府负责审批，目的是严格危险化学品生产企业、储存企业的市场准入，从源头上保证危险化学品生产、储存安全。实际上，从源头上保障危险化学品生产、储存安全，关键不在于对危险化学品生产企业、储存企业的设立进行审批，而在于严格把住生产、储存危险化学品的建设项目的安全条件。同时，由省级政府或者设区的市级政府作为企业设立的审批机关，没有一个明确的部门具体负责。新条例把危险化学品生产、储存企业设立审批制度改成了生产、储存危险化学品的建设项目安全条件审查制度，规定新建、改建、扩建生产、储存危险化学品的建设项目，应当由安全生产监督管理部门进行安全条件审查，同时对安全条件审查的实施程序作了明确规定。

(4)调整了原条例关于生产、储存、使用危险化学品的单位应当对本单位的生产、储存装置定期进行安全评价的规定。生产、储存过程中的安全评价，对于保证危险化学品单位持续具备相应的安全条件非常重要。为了使安全评价制度更具有针对性，新条例对安全评价制度作了较大程度的调整完善。首先，安全评价的对象不再局限于"本单位的生产、储存装置"，而是调整为"本单位的安全生产条件"，使安全评价的对象更加全面；其次是将安全评价制度适用的主体范围限定为生产、储存危险化学品的企业，以及使用危险化学品从事生产的企业，对企业以外的储存、使用危险化学品的单位，包括教学科研医疗单位等，不再要求进行安全评价，这样更加符合实际情况。第三是明确规定安全评价需要由具备国家规定的资质条件的机构承担，进一步规范了安全评价活动，有利于安全评价的客观、公正、权威。第四是将安全评价的周期统一确定为 3 年，有利于减轻企业负担，也与《安全生产许可证条例》的有关规定相衔接。

(5)进一步强化了危险化学品使用的安全管理，确立了危险化学品安全使用许可制度。原条例对危险化学品生产、储存的安全管理制度和措施，规定得比较全面，也比较具体，对危险化学品使用的安全管理制度，则规定得相对薄弱一些。近年来的实践证明，使用危险化学品特别是使用危险化学品从事生产，在危险程度上并不亚于生产危险化学品，由此引发的事故也比较多，使用危险化学品成了危险化学品安全管理中的薄弱环节。所以，新条例对"使用安全"单设一章作了规定，突出和强调危险化学品使用的安全管理。其中更为重要的是，确立了危险化学品安全使用许可制度，从源头上保障使用危险化学品从事生产的企业的安全条件。这是条例修改中新增加的唯一一项行政许可。新条例对安全使用许可证制度的适用范围从两个方面作了限制：一是企业性质的限制。必须是使用危险化学品从事生产的化工企业；二是使用量的限制。使用量必须达到规定的数量标准。同时具有这两种情形的企业，才需要取得危险化学品安全使用许可证。

(6)进一步完善了危险化学品经营安全的制度措施。这次修改条例主要从进一步完善的角度，对有关危险化学品经营安全的规定作了相应调整。其中比较重要的有三点：

一是明确把危险化学品仓储经营纳入了危险化学品经营的范围。

二是进一步严格市场准入，在危险化学品经营企业应当具备的条件中，增加了必须有专

职安全管理人员、有应急救援预案和应急救援器材设备两项条件，进一步加强了危险化学品经营企业的安全保障。

三是为方便企业办事，适当下放了危险化学品经营许可证的审批权限，将发证机关由原来的“省级政府经济贸易管理部门”和“设区的市级政府负责危化品监管综合部门”，分别下放到“设区的市级政府安全生产监督管理部门”和“县级政府安全生产监督管理部门”，并明确规定了审批的时限。同时，为减少环节，避免对同一个企业重复许可，减轻企业负担，新条例还明确规定，依法取得危险化学品安全生产许可证、危险化学品安全使用许可证、危险化学品经营许可证、民用爆炸物品生产许可证的企业，可以直接凭相应的许可证件购买剧毒化学品、易爆危险化学品。

(7)调整完善了危险化学品内河运输安全的管理制度。新条例既没有绝对禁止通过内河运输危险化学品，也没有明确放开内河运输危险化学品，而是建立了一个科学合理并且较为严密的机制，规定由交通运输部、环境保护部、工业和信息化部、安全监管总局四个部门，根据危险化学品的危险特性、对人体和水环境的危害程度以及消除危害后果的难易程度等因素，规定禁止通过内河运输的剧毒化学品以及其他危险化学品的范围。这个机制既能满足保障人民生命健康和内河水环境安全的需要，也能顾及到企业生产经营的实际需要。对于允许通过内河运输的危险化学品，新条例还从运输企业的资质条件，运输船舶和专用码头、泊位的安全条件，各类危险化学品的运输方式、包装规范和安全防护措施，运输危险化学品的船舶的警示标志悬挂和进出港管理等，补充规定了相关的安全保障措施，以从制度上确保通过内河运输危险化学品的安全。

(8)进一步完善了危险化学品登记制度。危险化学品登记是一项基础性、长远性的工作，这项制度虽然不是一线的监管制度，但对于强化危险化学品安全管理的基础，提升危险化学品安全管理的层次和水平，具有不可或缺的重要作用。危险化学品登记工作已经开展了几年时间，取得明显成效，但仍需要进一步加强和规范。新条例对危险化学品登记制度作了进一步完善。主要有三点：

一是原条例规定需要办理危险化学品登记的主体范围是危险化学品生产企业、储存企业以及使用剧毒化学品和数量构成重大危险源的其他危险化学品的单位。考虑到危险化学品登记属于产品信息登记，为了使登记范围既全面、没有遗漏，又避免重复登记，给企业带来不必要的负担，新条例一方面增加规定危险化学品进口企业需要办理危险化学品登记，同时不再规定危险化学品储存企业以及使用剧毒化学品和数量构成重大危险源的其他危险化学品的单位办理危险化学品登记。

二是原条例没有规定危险化学品登记的具体内容，新条例增加规定了危险化学品登记的具体内容，包括危险化学品的分类和标签信息，物理、化学性质，主要用途，危险特性以及储存、使用、运输的安全要求和出现危险情况时的应急处置措施等，进一步规范危险化学品登记。

三是新条例明确规定对同一企业生产、进口的同一品种的危险化学品，不进行重复登记，避免给企业造成不必要的负担。同时，为保证实现危险化学品登记的目的，又增加规定，危险化学品生产企业、进口企业发现其生产、进口的危险化学品有新的危险特性时，应当及时办理登记内容变更手续，从而将危险化学品登记变成了一项动态性的制度。

第三节　企业安全生产标准化相关规定

一、国务院关于进一步加强安全生产工作的决定（国发〔2004〕2号）

1.《决定》出台的背景

安全生产关系人民群众的生命财产安全，关系改革发展和社会稳定大局。党中央、国务院高度重视安全生产工作，新中国成立以来特别是改革开放以来，采取了一系列重大措施加强安全生产工作。颁布实施了《安全生产法》等法律法规，明确了安全生产责任；初步建立了安全生产监管体系，安全生产监督管理得到加强；对重点行业和领域集中开展了安全生产专项整治，生产经营秩序和安全生产条件有所改善，安全生产状况总体上趋于稳定好转。

但是，目前全国的安全生产形势依然严峻，煤矿、道路交通运输、建筑等领域伤亡事故多发的状况尚未扭转；安全生产基础比较薄弱，保障体系和机制不健全；部分地方和生产经营单位安全意识不强，责任不落实，投入不足；安全生产监督管理机构、队伍建设以及监管工作亟待加强。

为了进一步加强安全生产工作，尽快实现我国安全生产局面的根本好转，国务院于2004年1月9日出台了《国务院关于进一步加强安全生产工作的决定》（国发〔2004〕2号）。

2.《决定》的内容

1）提高认识，明确指导思想和奋斗目标

（1）充分认识安全生产工作的重要性。搞好安全生产工作，切实保障人民群众的生命财产安全，体现了最广大人民群众的根本利益，反映了先进生产力的发展要求和先进文化的前进方向。做好安全生产工作是全面建设小康社会、统筹经济社会全面发展的重要内容，是实施可持续发展战略的组成部分，是政府履行社会管理和市场监督管理职能的基本任务，是企业生存发展的基本要求。我国目前尚处于社会主义初级阶段，要实现安全生产状况的根本好转，必须付出持续不懈的努力。各地区、各部门要把安全生产作为一项长期艰巨的任务，警钟长鸣，常抓不懈，从全面贯彻落实“三个代表”重要思想，维护人民群众生命财产安全的高度，充分认识加强安全生产工作的重要意义和现实紧迫性，动员全社会力量，齐抓共管，全力推进。

（2）指导思想。认真贯彻“三个代表”重要思想，适应全面建设小康社会的要求和完善社会主义市场经济体制的新形势，坚持“安全第一、预防为主”的基本方针，进一步强化政府对安全生产工作的领导，大力推进安全生产各项工作，落实生产经营单位安全生产主体责任，加强安全生产监督管理；大力推进安全生产监管体制、安全生产法制和执法队伍“三项建设”，建立安全生产长效机制，实施科技兴安战略，积极采用先进的安全管理方法和安全生产技术，努力实现全国安全生产状况得根本好转。

（3）奋斗目标。到2007年，建立起较为完善的安全生产监管体系，全国安全生产状况稳定好转，矿山、危险化学品、建筑等重点行业和领域事故多发状况得到扭转，工矿企业事故死亡人数、煤矿百万吨死亡率、道路交通运输万车死亡率等指标均有一定幅度的下降。到2010年，初步形成规范完善的安全生产法治秩序，全国安全生产状况明显好转，重特大事故得到有效遏制，各类安全生产事故和死亡人数有效大幅度的下降。力争到2020年，我国安全生产状况实现根本性好转，亿元国内生产总值死亡率、十万人死亡率等指标达到或接近世界中等发达国家水平。

2）完善政策，大力推进安全生产各项工作

（4）加强产业政策的引导。制定和完善产业政策，调整和优化产业结构。逐步淘汰技术落后、浪费资源和环境污染严重的工艺技术、装备及不具备安全生产条件的企业。通过兼并、联合、重组等措施，积极发展跨区域、跨行业经营的大公司、大集团和大型生产供应基地，提高有安全生产保障企业的生产能力。

（5）加大政府对安全生产的投入。加强安全生产基础设施和支撑体系建设，加大对企业安全生产技术改造的支持力度。运用长期建设国债和预算内基本建设投资，支持大中型国有煤炭企业的安全生产技术改造。各级地方人民政府要重视安全生产基础设施建设资金的投入，并积极支持企业安全技术改造，对国家安排的安全生产专项资金，地方政府要加强监督管理，确保专款专用，并安排配套资金予以保障。

（6）深化安全生产专项整治。坚持把矿山、道路和水上交通运输、危险化学品。民用爆破器材和烟花爆竹、人员密集场所消防安全等方面的安全生产专项整治，作为整顿和规范社会主义市场经济秩序的一项重要任务，持续不懈地抓下去。继续关闭取缔非法和不具备安全条件的小矿小厂、经营网点，遏制低水平重复建设。把安全生产专项整治与依法落实生产经营单位安全生产保障制度、加强日常监督管理以及建立安全生产长效机制结合起来，确保整治工作取得实效。

（7）健全完善安全生产法制。对《安全生产法》确立的各项法律制度，要抓紧制定配套法规规章。认真做好各项安全生产技术规范、标准的制定修订工作。各地区要结合本地实际，制定和完善《安全生产法》配套实施办法和措施。加大安全生产法律法规的学习宣传和贯彻力度，普及安全生产法律知识，增强全民安全生产法制观念。

（8）建立生产安全应急救援体系。加快全国生产安全应急救援体系建设，尽快建立国家生产安全应急救援指挥中心，充分利用现有的应急救援资源，建设具有快速反应能力的专业化救援队伍，提高救援装备水平，增强生产安全事故的抢险救援能力。加强国家、省（区市）、市（地）、县（市）四级重大危险源监控工作，建立应急救援预案和生产安全预警机制。

（9）加强安全生产科研和技术开发。加强安全生产科学学科建设，积极发展安全生产普通高等教育，培养和造就更多的安全生产科技和管理人才。加大科技投入力度，充分利用高等院校、科研机构、社会团体等安全生产科研资源，加强安全生产基础研究和应用研究。建立国家安全生产信息管理系统，提高安全生产信息系统的准确性、科学性和权威性。积极开展安全生产领域的国际交流与合作，加快先进的生产技术引进、吸收和自主创新步伐。

3）强化管理，落实生产经营单位安全生产主体责任

（10）依法加强和改进生产经营单位安全管理。强化生产经营单位安全生产主体地位，进一步明确安全生产责任，全面落实安全保障的各项法律法规。生产经营单位要根据《安全生产法》等有关法律规定，设置安全生产管理机构或者配备专职（或兼职）安全生产管理人员。保证安全生产的必要投入，积极采用安全性能可靠的新技术、新工艺、新设备和新材料，不断改善安全生产条件。改进生产经营单位安全管理，积极采用职业安全健康管理体系认

证、风险评估、安全评价等方法，落实各项安全防范措施，提高安全生产管理水平。

(11)开展安全质量标准化活动。制定和颁布重点行业、领域安全生产技术规范和安全生产质量工作标准，在全国所有工矿、商贸、交通运输、建筑施工等企业普遍开展安全质量标准化活动。企业生产流程的各环节、各岗位要建立严格的安全生产质量责任制。生产经营活动和行为，必须符合安全生产有关法律法规和安全生产技术规范的要求，做到规范化和标准化。

(12)搞好安全生产技术培训。加强安全生产培训工作，整合培训资源，完善培训网络，加大培训力度，提高培训质量。生产经营单位必须对所有从业人员进行必要的安全生产技术培训，其主要负责人及有关经营管理人员、重要工种人员必须按照有关法律、法规的规定，接受规范的安全生产培训，经考试合格，持证上岗。完善注册安全工程师考试、任职、考核制度。

(13)建立企业提取安全费用制度。为保证安全生产所需资金投入，形成企业安全生产投入的长效机制，借鉴煤矿提取安全费用的经验，在条件成熟后，逐步建立对高危行业生产企业提取安全费用制度。企业安全费用的提取，要根据地区和行业的特点，分别确定提取标准，由企业自行提取，专户储存，专项用于安全生产。

(14)依法加大生产经营单位对伤亡事故的经济赔偿。生产经营单位必须认真执行工伤保险制度，依法参加工伤保险，及时为从业人员缴纳保险费。同时，向受到生产安全事故伤害的员工或家属支付赔偿金。进一步提高企业生产安全事故伤亡赔偿标准，建立企业负责人自觉保障安全投入，努力减少事故的机制。

4)完善制度，加强安全生产监督管理

(15)加强地方各级安全生产监管机构和执法队伍建设。县级以上各级地方人民政府要依照《安全生产法》的规定，建立健全安全生产监管机构，充实必要人员，加强安全生产监管队伍建设，提高安全生产监管工作的权威，切实履行安全生产监管职能。完善煤矿安全生产监察体制，进一步加强煤矿安全生产监察队伍建设和监察执法工作。

(16)建立安全生产控制指标体系。要制定全国安全生产中长期发展计划，明确年度安全生产控制指标，建立全国和分省(区、市)的控制指标体系，对安全生产情况实行定量控制和考核。从2004年起，国家向各省(区、市)人民政府下达年度安全生产各项控制指标，并进行跟踪检查和监督考核。对各省(区、市)安全生产控制指标完成情况，国家安全生产监督管理部门将通过新闻发布会、政府公告、简报等形式，每季度公布一次。

(17)建立安全生产行政许可制度。把安全生产纳入国家行政许可的范围，在各行业的行政许可制度中，把安全生产作为一项重要内容，从源头上制止不具备安全生产条件的企业进入市场。开办企业必须具备法律规定的安全生产条件，依法向政府有关部门申请、办理安全生产许可证，持证生产经营。新建、改建、扩建项目的安全设施必须同时设计、同时施工、同时投产和使用(简称“三同时”)，对未通过“三同时”审查的建设项目，有关部门不予办理行政许可手续，企业不准开工投产。

(18)建立企业安全生产风险抵押金制度。为强化生产经营单位的安全生产责任，各地区可结合实际，依法对矿山、道路交通运输、建筑施工、危险化学品、烟花爆竹等领域从事生产经营活动的企业，收取一定数额的安全生产风险抵押金，企业生产经营期间发生生产安全事故的，转作事故抢险救灾和善后处理所需资金。具体办法由国家安全生产监督管理部门会同财政部门研究制定。

(19)强化安全生产监管监察行政执法。各级安全生产监管监察机构要增强执法意识，做到严格、公正、文明执法。依法对生产经营单位安全生产情况进行监督检查，指导督促生产经营单位建立健全安全生产责任制，落实各项防范措施。组织开展好企业安全评估，搞好分类指导和重点监管。对严重忽视安全生产的企业及其负责人或企业主，要依法加大行政执法和经济处罚的力度。认真查处各类事故，坚持事故原因未查清不放过，责任人员未处理不放过，整改措施未落实不放过，有关人员未受到教育不放过的“四不放过”原则，不仅要追究事故直接责任人的责任，同时要追究有关负责人的领导责任。

(20)加强对小企业的安全生产监管。小企业是安全生产管理的薄弱环节，各地要高度重视小企业的安全生产工作，切实加强监督管理。从组织领导、工作机制和安全投入等方面入手，逐步探索出一套行之有效的监管办法。坚持寓监督管理于服务之中，积极为中小企业提供安全技术、人才、政策咨询等方面的服务，加强检查指导，督促帮助小企业搞好安全生产。要重视解决小煤矿安全生产投入问题，对乡镇及个体煤矿，要严格监督其按照规定提取安全费用。

5)加强领导，形成齐抓共管的合力

(21)认真落实各级领导安全生产责任。地方各级人民政府要建立健全领导干部安全生产责任制，把安全生产作为干部政绩考核的重要内容，逐级抓好落实。特别要加强县乡两级领导干部安全生产责任制的落实。加强对地方领导干部的安全知识培训和安全生产监管人员的执法业务培训。国家组织对市(地)、县(市)两级政府分管安全生产工作的领导干部进行培训；各省(区、市)要对县级以上安全生产监管部门负责人，分期分批进行执法能力培训。依法严肃查处事故责任，对存在失职、渎职行为，或对事故发生负有领导责任的地方政府、企业领导人，要依照有关法律法规严格追究责任。严厉惩治安全生产领域的腐败现象和黑恶势力。

(22)构建全社会齐抓共管的安全生产工作格局。地方各级人民政府每季度至少召开一次安全生产例会，分析、部署、督促和检查本地区的安全生产工作；大力支持并帮助解决安全生产监管部门在行政执法中遇到的困难和问题。各级安全生产委员会及其办公室要积极发挥综合协调作用。安全生产综合监管及其他负有安全生产监督管理职责的部门要在政府的统一领导下，依照有关法律法规的规定，各负其责，密切配合，切实履行安全监管职能。各级工会、共青团组织要围绕安全生产，发挥各自优势，开展群众性安全生产活动。充分发挥各类协会、学会、中心等中介机构和社团组织的作用，构建信息、法律、技术装备、宣传教育、培训和应急救援等安全生产支撑体系。强化社会监督、群众监督和新闻媒体监督，丰富全国“安全生产月”、“安全生产万里行”等活动内容，努力构建“政府统一领导、部门依法监管、企业全面负责、群众参与监督、全社会广泛支持”的安全生产工作格局。

(23)做好宣传教育和舆论引导工作。把安全生产宣传教育纳入宣传思想工作的总体布局，坚持正确的舆论导向，大力宣传党和国家安全生产方针政策、法律法规和加强安全生产工作的重大举措，宣传安全生产工作的先进典型和经验；对严重忽视安全生产、导致重大事故发生的典型事例要予以曝光。在大中专院校和中小学开设安全知识课程，提高青少年在道路交通、消防、城市燃气等方面的识灾和防灾能力。通过广泛深入的宣传教育，不断增强群众依法自我安全保护的意识。

3. 国务院办公厅《关于加强中央企业安全生产工作的通知》(国办发〔2004〕52 号)

为进一步加强中央企业的安全生产工作，保护人民群众的生命和财产安全，经国务院同意，国务院办公厅于 2004 年 6 月 24 日下发了《关于加强中央企业安全生产工作的通知》(国办发〔2004〕52 号)。

《通知》规定：

(1) 中央企业是安全生产的责任主体，必须认真贯彻执行“安全第一、预防为主”的方针和国家有关安全生产的法律法规、标准等，把安全生产作为一项长期的任务，做到警钟长鸣，常抓不懈。

(2) 中央企业的主要负责人是企业安全生产的第一责任人。要全面负起责任，认真履行职责，加强对安全生产工作的领导，经常检查本单位的安全生产情况，研究解决安全生产中的重大问题，组织建立并落实各级安全生产责任制。企业党委、工会、共青团组织要充分发挥各自优势，形成齐抓共管的合力。

(3) 国防科技、公安、建设、铁道、交通、信息产业、水利、质检、环保、民航、旅游、邮政等国务院有关部门及其设在各省(区、市)、市(地)的有关机构，各省(区、市)、市(地)人民政府有关部门，负责相关行业或领域中央企业安全生产监督管理工作。电监会及其设在各区域、各省(区、市)的监管机构负责电力系统中央企业的安全生产监督管理工作。上述各有关部门要按照职责分工，对中央企业贯彻执行安全生产法律法规、规章制度等情况进行监督检查。主要内容包括企业安全生产条件、安全标准、设备设施、劳动防护用品及作业场所职业危害情况，重大危险源监控情况，安全生产专项整治情况等。

国家安全监管局及省(区、市)、市(地)安全监管部门具体负责工矿商贸中央企业的安全生产监督管理工作，除按照前款规定的监督检查内容对工矿商贸企业安全生产进行监督检查外，从综合监管的角度，负责指导、协调有关部门的安全生产监督管理工作。中央煤炭企业的安全监察工作，依据《中华人民共和国安全生产法》、《煤矿安全监察条例》等规定，由煤矿安全监察机构负责。

国资委按照国有资产出资人的职责，负责检查督促中央企业贯彻落实党和国家的安全生产方针政策及有关法律法规、标准等；督促中央企业主要负责人落实安全生产第一责任人的责任和企业安全生产责任制，搞好对企业负责人的安全业绩考核；依照有关规定，参与或组织开展中央企业安全生产检查、督查，督促企业落实各项安全防范和隐患治理措施；参与企业重特大事故的调查，负责落实事故责任追究的有关规定；督促企业搞好统筹规划，把安全生产纳入中长期发展规划，保障职工健康与安全。

(4) 中央企业要结合本企业实际，制定生产安全事故应急救援预案并进行演练，建立应急救援组织，配备必要的应急救援器材、设备。发生生产安全事故后，要迅速采取有效措施组织抢救，防止事故扩大，努力减少人员伤亡和财产损失，并按规定立即报告当地政府、安全生产监督管理部门和有关主管部门。

有关地方人民政府和负有安全生产监督管理职责的部门的负责人接到中央企业重大生产安全事故报告后，应当立即赶到事故现场，组织事故抢救并依照有关规定及时报告上级部门。

根据国务院办公厅《通知》精神，为切实加强交通运输中央企业（以下简称央企）安全生产监督管理，交通运输部于2010年9月28日下发了《关于进一步加强交通运输中央企业安全生产监督管理的通知》（交安监发〔2010〕534号），作了如下规定：

（1）交通运输部代表国家承担中国远洋运输（集团）总公司、中国海运（集团）总公司、中国外运长航集团有限公司、招商局集团有限公司、中国交通建设集团有限公司五家央企安全生产的政府监管职责。

（2）交通运输部安全监督司代表交通运输部对五家央企安全生产工作实行统一归口管理；部相关司局、质监总站、海事局根据各自职责和业务分工各司其职，对央企的相关生产经营行为进行安全监管。

（3）受交通运输部委托，各级交通运输主管部门、长江航务管理局、部直属海事局根据各自的职责和业务分工对所在地的各央企分公司、子公司及其所属单位的安全生产履行政府监管职责。

二、国务院关于进一步加强企业安全生产工作的通知（国发〔2010〕23号）

近年来，全国生产安全事故逐年下降，安全生产状况总体稳定、趋于好转，但形势依然十分严峻，事故总量仍然很大，非法违法生产现象严重，重特大事故多发频发，给人民群众生命财产安全造成重大损失，暴露出一些企业重生产轻安全、安全管理薄弱、主体责任不落实，一些地方和部门安全监管不到位等突出问题。为进一步加强安全生产工作，全面提高企业安全生产水平，国务院于2010年出台了《国务院关于进一步加强企业安全生产工作的通知》（国发〔2010〕23号），并要求各地区、各部门和各有关单位要做好对加强企业安全生产工作的组织实施，制定部署本地区本行业贯彻落实本通知要求的具体措施，加强监督检查和指导，及时研究、协调解决贯彻实施中出现的突出问题。国务院安全生产委员会办公室和国务院有关部门要加强工作督查，及时掌握各地区、各部门和本行业（领域）工作进展情况，确保各项规定、措施执行落实到位。省级人民政府和国务院有关部门要将加强企业安全生产工作情况及时报送国务院安全生产委员会办公室。

《通知》内容如下：

（一）总体要求

（1）工作要求。深入贯彻落实科学发展观，坚持以人为本，牢固树立安全发展的理念，切实转变经济发展方式，调整产业结构，提高经济发展的质量和效益，把经济发展建立在安全生产有可靠保障的基础上；坚持“安全第一、预防为主、综合治理”的方针，全面加强企业安全管理，健全规章制度，完善安全标准，提高企业技术水平，夯实安全生产基础；坚持依法依规生产经营，切实加强安全监管，强化企业安全生产主体责任落实和责任追究，促进我国安全生产形势实现根本好转。

（2）主要任务。以煤矿、非煤矿山、交通运输、建筑施工、危险化学品、烟花爆竹、民用爆炸物品、冶金等行业（领域）为重点，全面加强企业安全生产工作。要通过更加严格的目标考核和责任追究，采取更加有效的管理手段和政策措施，集中整治非法违法生产行为，坚决遏制重特大事故发生；要尽快建成完善的国家安全生产应急救援体系，在高危行业强制推行一批安全适用的技术装备和防护设施，最大程度减少事故造成的损失；要建立更加完善的技术标准体系，促进企业安全生产技术装备全面达到国家和行业标准，实现我国安全生产技术水平的提高；要进一步调整产业结构，积极推进重点行业的企业重组和矿产资源开发整合，彻底淘汰安全性能低下、危及安全生产的落后产能；以更加有力的政策引导，形成安全生产长效机制。

（二）严格企业安全管理

（3）进一步规范企业生产经营行为。企业要健全完善严格的安全生产规章制度，坚持不安全不生产。加强对生产现场监督检查，严格查处违章指挥、违规作业、违反劳动纪律的“三违”行为。凡超能力、超强度、超定员组织生产的，要责令停产停工整顿，并对企业和企业主要负责人依法给予规定上限的经济处罚。对以整合、技改名义违规组织生产，以及规定期限内未实施改造或故意拖延工期的矿井，由地方政府依法予以关闭。要加强对境外中资企业安全生产工作的指导和管理，严格落实境内投资主体和派出企业的安全生产监督责任。

（4）及时排查治理安全隐患。企业要经常性开展安全隐患排查，并切实做到整改措施、责任、资金、时限和预案“五到位”。建立以安全生产专业人员为主导的隐患整改效果评价制度，确保整改到位。对隐患整改不力造成事故的，要依法追究企业和企业相关负责人的责任。对停产整改逾期未完成的不得复产。

（5）强化生产过程管理的领导责任。企业主要负责人和领导班子成员要轮流现场带班。煤矿、非煤矿山要有矿领导带班并与工人同时下井、同时升井，对无企业负责人带班下井或该带班而未带班的，对有关责任人按擅离职守处理，同时给予规定上限的经济处罚。发生事故而没有领导现场带班的，对企业给予规定上限的经济处罚，并依法从重追究企业主要负责人的责任。

（6）强化职工安全培训。企业主要负责人和安全生产管理人员、特殊工种人员一律严格考核，按国家有关规定持职业资格证书上岗；职工必须全部经过培训合格后上岗。企业用工要严格依照劳动合同法与职工签订劳动合同。凡存在不经培训上岗、无证上岗的企业，依法停产整顿。没有对井下作业人员进行安全培训教育，或存在特种作业人员无证上岗的企业，情节严重的要依法予以关闭。

（7）全面开展安全达标。深入开展以岗位达标、专业达标和企业达标为内容的安全生产标准化建设，凡在规定时间内未实现达标的企业要依法暂扣其生产许可证、安全生产许可证，责令停产整顿；对整改逾期未达标的，地方政府要依法予以关闭。

（三）建设坚实的技术保障体系

（8）加强企业生产技术管理。强化企业技术管理机构的安全职能，按规定配备安全技术人员，切实落实企业负责人安全生产技术管理负责制，强化企业主要技术负责人技术决策和指挥权。因安全生产技术问题不解决产生重大隐患的，要对企业主要负责人、主要技术负责人和有关人员给予处罚；发生事故的，依法追究责任。

（9）强制推行先进适用的技术装备。煤矿、非煤矿山要制定和实施生产技术装备标准，安装监测监控系统、井下人员定位系统、紧急避险系统、压风自救系统、供水施救系统和通信联络系统等技术装备，并于3年之内完成。逾期未安装的，依法暂扣安全生产许可证、生产许可证。运输危险化学品、烟花爆竹、民用爆炸物品的道路专用车辆，旅游包车和三类以上的班线客车要安装使用具有行驶记录功能的卫星定位装置，于2年之内全部完成；鼓励有条件的渔船安装防撞自动识别系统，在大型尾矿库安装全过程在线监控系统，大型起重机械要安装安全监控管理系统；积极推进信息化建设，努力提高企业安全防护水平。

（10）加快安全生产技术研发。企业在年度财务预算中必须确定必要的安全投入。国家鼓励企业开展安全科技研发，加快安全生产关键技术装备的换代升级。进一步落实《国家中长期科学和技术发展规划纲要（2006～2020年）》等，加大对高危行业安全技术、装备、工艺和产品研发的支持力度，引导高危行业提高机械化、自动化生产水平，合理确定生产一线用工。“十二五”期间要继续组织研发一批提升我国重点行业领域安全生产保障能力的关键技术和装备项目。

（四）实施更加有力的监督管理

（11）进一步加大安全监管力度。强化安全生产监管部门对安全生产的综合监管，全面落实公安、交通、国土资源、建设、工商、质检等部门的安全生产监督管理及工业主管部门的安全生产指导职责，形成安全生产综合监管与行业监管指导相结合的工作机制，加强协作，形成合力。在各级政府统一领导下，严厉打击非法违法生产、经营、建设等影响安全生产的行为，安全生产综合监管和行业管理部门要会同司法机关联合执法，以强有力措施查处、取缔非法企业。对重大安全隐患治理实行逐级挂牌督办、公告制度，重大隐患治理由省级安全生产监管部门或行业主管部门挂牌督办，国家相关部门加强督促检查。对拒不执行监管监察指令的企业，要依法依规从重处罚。进一步加强监管力量建设，提高监管人员专业素质和技术装备水平，强化基层站点监管能力，加强对企业安全生产的现场监管和技术指导。

（12）强化企业安全生产属地管理。安全生产监管监察部门、负有安全生产监管职责的有关部门和行业管理部门要按职责分工，对当地企业包括中央、省属企业实行严格的安全生产监督检查和管理，组织对企业安全生产状况进行安全标准化分级考核评价，评价结果向社会公开，并向银行业、证券业、保险业、担保业等主管部门通报，作为企业信用评级的重要参考依据。

（13）加强建设项目安全管理。强化项目安全设施核准审批，加强建设项目的日常安全监管，严格落实审批、监管的责任。企业新建、改建、扩建工程项目的安全设施，要包括安全监控设施和防瓦斯等有害气体、防尘、排水、防火、防爆等设施，并与主体工程同时设计、同时施工、同时投入生产和使用。安全设施与建设项目主体工程未做到同时设计的一律不予审批，未做到同时施工的责令立即停止施工，未同时投入使用的不得颁发安全生产许可证，并视情节追究有关单位负责人的责任。严格落实建设、设计、施工、监理、监管等各方安全责任。对项目建设生产经营单位存在违法分包、转包等行为的，立即依法停工停产整顿，并追究项目业主、承包方等各方责任。

（14）加强社会监督和舆论监督。要充分发挥工会、共青团、妇联组织的作用，依法维护和落实企业职工对安全生产的参与权与监督权，鼓励职工监督举报各类安全隐患，对举报者予以奖励。有关部门和地方要进一步畅通安全生产的社会监督渠道，设立举报箱，公布举报电话，接受人民群众的公开监督。要发挥新闻媒体的舆论监督，对舆论反映的客观问题要深查原因，切实整改。

（五）建设更加高效的应急救援体系

(15)加快国家安全生产应急救援基地建设。按行业类型和区域分布,依托大型企业,在中央预算内基建投资支持下,先期抓紧建设7个国家矿山应急救援队,配备性能可靠、机动性强的装备和设备,保障必要的运行维护费用。推进公路交通、铁路运输、水上搜救、船舶溢油、油气田、危险化学品等行业(领域)国家救援基地和队伍建设。鼓励和支持各地区、各部门、各行业依托大型企业和专业救援力量,加强服务周边的区域性应急救援能力建设。

(16)建立完善企业安全生产预警机制。企业要建立完善安全生产动态监控及预警预报体系,每月进行一次安全生产风险分析。发现事故征兆要立即发布预警信息,落实防范和应急处置措施。对重大危险源和重大隐患要报当地安全生产监管监察部门、负有安全生产监管职责的有关部门和行业管理部门备案。涉及国家秘密的,按有关规定执行。

(17)完善企业应急预案。企业应急预案要与当地政府应急预案保持衔接,并定期进行演练。赋予企业生产现场带班人员、班组长和调度人员在遇到险情时第一时间下达停产撤人命令的直接决策权和指挥权。因撤离不及时导致人身伤亡事故的,要从重追究相关人员的法律责任。

(六)严格行业安全准入

(18)加快完善安全生产技术标准。各行业管理部门和负有安全生产监管职责的有关部门要根据行业技术进步和产业升级的要求,加快制定修订生产、安全技术标准,制定和实施高危行业从业人员资格标准。对实施许可证管理制度的危险性作业要制定落实专项安全技术作业规程和岗位安全操作规程。

(19)严格安全生产准入前置条件。把符合安全生产标准作为高危行业企业准入的前置条件,实行严格的安全标准核准制度。矿山建设项目和用于生产、储存危险物品的建设项目,应当分别按照国家有关规定进行安全条件论证和安全评价,严把安全生产准入关。凡不符合安全生产条件违规建设的,要立即停止建设,情节严重的由本级人民政府或主管部门实施关闭取缔。降低标准造成隐患的,要追究相关人员和负责人的责任。

(20)发挥安全生产专业服务机构的作用。依托科研院所,结合事业单位改制,推动安全生产评价、技术支持、安全培训、技术改造等服务性机构的规范发展。制定完善安全生产专业服务机构管理办法,保证专业服务机构从业行为的专业性、独立性和客观性。专业服务机构对相关评价、鉴定结论承担法律责任,对违法违规、弄虚作假的,要依法依规从严追究相关人员和机构的法律责任,并降低或取消相关资质。

(七)加强政策引导

(21)制定促进安全技术装备发展的产业政策。要鼓励和引导企业研发、采用先进适用的安全技术和产品,鼓励安全生产适用技术和新装备、新工艺、新标准的推广应用。把安全检测监控、安全避险、安全保护、个人防护、灾害监控、特种安全设施及应急救援等安全生产专用设备的研发制造,作为安全产业加以培育,纳入国家振兴装备制造业的政策支持范畴。大力发展安全装备融资租赁业务,促进高危行业企业加快提升安全装备水平。

(22)加大安全专项投入。切实做好尾矿库治理、扶持煤矿安全技改建设、瓦斯防治和小煤矿整顿关闭等各类中央资金的安排使用,落实地方和企业配套资金。加强对高危行业企业安全生产费用提取和使用管理的监督检查,进一步完善高危行业企业安全生产费用财务管理制度,研究提高安全生产费用提取下限标准,适当扩大适用范围。依法加强道路交通事故社会救助基金制度建设，加快建立完善水上搜救奖励与补偿机制。高危行业企业探索实行全员安全风险抵押金制度。完善落实工伤保险制度，积极稳妥推行安全生产责任保险制度。

(23)提高工伤事故死亡职工一次性赔偿标准。从2011年1月1日起，依照《工伤保险条例》的规定，对因生产安全事故造成的职工死亡，其一次性工亡补助金标准调整为按全国上一年度城镇居民人均可支配收入的20倍计算，发放给工亡职工近亲属。同时，依法确保工亡职工一次性丧葬补助金、供养亲属抚恤金的发放。

(24)鼓励扩大专业技术和技能人才培养。进一步落实完善校企合作办学、对口单招、订单式培养等政策，鼓励高等院校、职业学校逐年扩大采矿、机电、地质、通风、安全等相关专业人才的招生培养规模，加快培养高危行业专业人才和生产一线急需技能型人才。

(八)更加注重经济发展方式转变

(25)制定落实安全生产规划。各地区、各有关部门要把安全生产纳入经济社会发展的总体布局，在制定国家、地区发展规划时，要同步明确安全生产目标和专项规划。企业要把安全生产工作的各项要求落实在企业发展和日常工作之中，在制定企业发展规划和年度生产经营计划中要突出安全生产，确保安全投入和各项安全措施到位。

(26)强制淘汰落后技术产品。不符合有关安全标准、安全性能低下、职业危害严重、危及安全生产的落后技术、工艺和装备要列入国家产业结构调整指导目录，予以强制性淘汰。各省级人民政府也要制定本地区相应的目录和措施，支持有效消除重大安全隐患的技术改造和搬迁项目，遏制安全水平低、保障能力差的项目建设和延续。对存在落后技术装备、构成重大安全隐患的企业，要予以公布，责令限期整改，逾期未整改的依法予以关闭。

(27)加快产业重组步伐。要充分发挥产业政策导向和市场机制的作用，加大对相关高危行业企业重组力度，进一步整合或淘汰浪费资源、安全保障低的落后产能，提高安全基础保障能力。

(九)实行更加严格的考核和责任追究

(28)严格落实安全目标考核。对各地区、各有关部门和企业完成年度生产安全事故控制指标情况进行严格考核，并建立激励约束机制。加大重特大事故的考核权重，发生特别重大生产安全事故的，要根据情节轻重，追究地市级分管领导或主要领导的责任；后果特别严重、影响特别恶劣的，要按规定追究省部级相关领导的责任。加强安全生产基础工作考核，加快推进安全生产长效机制建设，坚决遏制重特大事故的发生。

(29)加大对事故企业负责人的责任追究力度。企业发生重大生产安全责任事故，追究事故企业主要负责人责任；触犯法律的，依法追究事故企业主要负责人或企业实际控制人的法律责任。发生特别重大事故，除追究企业主要负责人和实际控制人责任外，还要追究上级企业主要负责人的责任；触犯法律的，依法追究企业主要负责人、企业实际控制人和上级企业负责人的法律责任。对重大、特别重大生产安全责任事故负有主要责任的企业，其主要负责人终身不得担任本行业企业的矿长(厂长、经理)。对非法违法生产造成人员伤亡的，以及瞒报事故、事故后逃逸等情节特别恶劣的，要依法从重处罚。

(30)加大对事故企业的处罚力度。对于发生重大、特别重大生产安全责任事故或一年内发生2次以上较大生产安全责任事故并负主要责任的企业，以及存在重大隐患整改不力的企业，由省级及以上安全监管监察部门会同有关行业主管部门向社会公告，并向投资、国土资源、建设、银行、证券等主管部门通报，一年内严格限制新增的项目核准、用地审批、证券融资等，并作为银行贷款等的重要参考依据。

(31)对打击非法生产不力的地方实行严格的责任追究。在所辖区域对群众举报、上级督办、日常检查发现的非法生产企业(单位)没有采取有效措施予以查处，致使非法生产企业(单位)存在的，对县(市、区)、乡(镇)人民政府主要领导以及相关责任人，根据情节轻重，给予降级、撤职或者开除的行政处分，涉嫌犯罪的，依法追究刑事责任。国家另有规定的，从其规定。

(32)建立事故查处督办制度。依法严格事故查处，对事故查处实行地方各级安全生产委员会层层挂牌督办，重大事故查处实行国务院安全生产委员会挂牌督办。事故查处结案后，要及时予以公告，接受社会监督。

三、国务院《关于坚持科学发展安全发展促进安全生产形势持续稳定好转的意见》(国发〔2011〕40 号)

安全生产事关人民群众生命财产安全，事关改革开放、经济发展和社会稳定大局，事关党和政府形象和声誉。2011 年 11 月 16 日，国务院为深入贯彻落实科学发展观，实现安全发展，促进全国安全生产形势持续稳定好转，下发了《关于坚持科学发展安全发展促进安全生产形势持续稳定好转的意见》(国发〔2011〕40 号)，提出了以下意见：

1. 充分认识坚持科学发展安全发展的重大意义

(1)坚持科学发展安全发展是对安全生产实践经验的科学总结。多年来，各地区、各部门、各单位深入贯彻落实科学发展观，按照党中央、国务院的决策部署，大力推进安全发展，全国安全生产工作取得了积极进展和明显成效。“十一五”期间，事故总量和重特大事故大幅度下降，全国各类事故死亡人数年均减少约 1 万人，反映安全生产状况的各项指标显著改善，安全生产形势持续稳定好转。实践表明，坚持科学发展安全发展，是对新时期安全生产客观规律的科学认识和准确把握，是保障人民群众生命财产安全的必然选择。

(2)坚持科学发展安全发展是解决安全生产问题的根本途径。我国正处于工业化、城镇化快速发展进程中，处于生产安全事故易发多发的高峰期，安全基础仍然比较薄弱，重特大事故尚未得到有效遏制，非法违法生产经营建设行为屡禁不止，安全责任不落实、防范和监督管理不到位等问题在一些地方和企业还比较突出。安全生产工作既要解决长期积累的深层次、结构性和区域性问题，又要应对不断出现的新情况、新问题，根本出路在于坚持科学发展安全发展。要把这一重要思想和理念落实到生产经营建设的每一个环节，使之成为衡量各行业领域、各生产经营单位安全生产工作的基本标准，自觉做到不安全不生产，实现安全与发展的有机统一。

(3)坚持科学发展安全发展是经济发展社会进步的必然要求。随着经济发展和社会进步，全社会对安全生产的期待不断提高，广大从业人员“体面劳动”意识不断增强，对加强安全监管监察、改善作业环境、保障职业安全健康权益等方面的要求越来越高。这就要求各地区、各部门、各单位必须始终把安全生产摆在经济社会发展重中之重的位置，自觉坚持科学发展安全发展，把安全真正作为发展的前提和基础，使经济社会发展切实建立在安全保障能力不断增强、劳动者生命安全和身体健康得到切实保障的基础之上，确保人民群众平安幸福地享有经济发展和社会进步的成果。

2. 指导思想和基本原则

（1）指导思想。坚持以邓小平理论和“三个代表”重要思想为指导，深入贯彻落实科学发展观，牢固树立以人为本、安全发展的理念，始终把保障人民群众生命财产安全放在首位，大力实施安全发展战略，紧紧围绕科学发展主题和加快转变经济发展方式主线，自觉坚持“安全第一、预防为主、综合治理”方针，坚持速度、质量、效益与安全的有机统一，以强化和落实企业主体责任为重点，以事故预防为主攻方向，以规范生产为保障，以科技进步为支撑，认真落实安全生产各项措施，标本兼治、综合治理，有效防范和坚决遏制重特大事故，促进安全生产与经济社会同步协调发展。

（2）基本原则。

统筹兼顾，协调发展。正确处理安全生产与经济社会发展、与速度质量效益的关系，坚持把安全生产放在首要位置，促进区域、行业领域的科学、安全、可持续发展。

依法治安，综合治理。健全完善安全生产法律法规、制度标准体系，严格安全生产执法，严厉打击非法违法行为，综合运用法律、行政、经济等手段，推动安全生产工作规范、有序、高效开展。

突出预防，落实责任。加大安全投入，严格安全准入，深化隐患排查治理，筑牢安全生产基础，全面落实企业安全生产主体责任、政府及部门监管责任和属地管理责任。

依靠科技，创新管理。加快安全科技研发应用，加强专业技术人才队伍和高素质的职工队伍培养，创新安全管理体制机制和方式方法，不断提升安全保障能力和安全管理水平。

3. 进一步加强安全生产法制建设

（1）健全完善安全生产法律制度体系。加快推进安全生产法等相关法律法规的修订制定工作。适应经济社会快速发展的新要求，制定高速铁路、高速公路、大型桥梁隧道、超高层建筑、城市轨道交通和地下管网等建设、运行、管理方面的安全法规规章。根据技术进步和产业升级需要，抓紧修订完善国家和行业安全技术标准，尽快健全覆盖各行业领域的安全生产标准体系。进一步建立完善安全生产激励约束、督促检查、行政问责、区域联动等制度，形成规范有力的制度保障体系。

（2）加大安全生产普法执法力度。加强安全生产法制教育，普及安全生产法律知识，提高全民安全法制意识，增强依法生产经营建设的自觉性。加强安全生产日常执法、重点执法和跟踪执法，强化相关部门及与司法机关的联合执法，确保执法实效。继续依法严厉打击各类非法违法生产经营建设行为，切实落实停产整顿、关闭取缔、严格问责的惩治措施。强化地方人民政府特别是县乡级人民政府责任，对打击非法生产不力的，要严肃追究责任。

（3）依法严肃查处各类事故。严格按照“科学严谨、依法依规、实事求是、注重实效”的原则，认真调查处理每一起事故，查明原因，依法严肃追究事故单位和有关责任人的责任，严厉查处事故背后的腐败行为，及时向社会公布调查进展和处理结果。认真落实事故查处分级挂牌督办、跟踪督办、警示通报、诫勉约谈和现场分析制度，深刻吸取事故教训，查找安全漏洞，完善相关管理措施，切实改进安全生产工作。

4. 全面落实安全生产责任

（1）认真落实企业安全生产主体责任。企业必须严格遵守和执行安全生产法律法规、规章制度与技术标准，依法依规加强安全生产，加大安全投入，健全安全管理机构，加强班组安全建设，保持安全设备设施完好有效。企业主要负责人、实际控制人要切实承担安全生产第一责任人的责任，带头执行现场带班制度，加强现场安全管理。强化企业技术负责人技术决策和指挥权，注重发挥注册安全工程师对企业安全状况诊断、评估、整改方面的作用。企业主要负责人、安全管理人员、特种作业人员一律经严格考核、持证上岗。企业用工要严格依照劳动合同法与职工签订劳动合同，职工必须全部经培训合格后上岗。

(2)强化地方人民政府安全监管责任。地方各级人民政府要健全完善安全生产责任制，把安全生产作为衡量地方经济发展、社会管理、文明建设成效的重要指标，切实履行属地管理职责，对辖区内各类企业包括中央、省属企业实施严格的安全生产监督检查和管理。严格落实地方行政首长安全生产第一责任人的责任，建立健全政府领导班子成员安全生产"一岗双责"制度。省、市、县级政府主要负责人要定期研究部署安全生产工作，组织解决安全生产重点难点问题。

(3)切实履行部门安全生产管理和监督职责。健全完善安全生产综合监管与行业监管相结合的工作机制，强化安全生产监管部门对安全生产的综合监管，全面落实行业主管部门的专业监管、行业管理和指导职责。相关部门、境内投资主体和派出企业要切实加强对境外中资企业安全生产工作的指导和管理。要不断探索创新与经济运行、社会管理相适应的安全监管模式，建立健全与企业信誉、项目核准、用地审批、证券融资、银行贷款等方面相挂钩的安全生产约束机制。

5.着力强化安全生产基础

(1)严格安全生产准入条件。要认真执行安全生产许可制度和产业政策，严格技术和安全质量标准，严把行业安全准入关。强化建设项目安全核准，把安全生产条件作为高危行业建设项目审批的前置条件，未通过安全评估的不准立项；未经批准擅自开工建设的，要依法取缔。严格执行建设项目安全设施"三同时"(同时设计、同时施工、同时投产和使用)制度。制定和实施高危行业从业人员资格标准。加强对安全生产专业服务机构管理，实行严格的资格认证制度，确保其评价、检测结果的专业性和客观性。

(2)加强安全生产风险监控管理。充分运用科技和信息手段，建立健全安全生产隐患排查治理体系，强化监测监控、预报预警，及时发现和消除安全隐患。企业要定期进行安全风险评估分析，重大隐患要及时报安全监管监察和行业主管部门备案。各级政府要对重大隐患实行挂牌督办，确保监控、整改、防范等措施落实到位。各地区要建立重大危险源管理档案，实施动态全程监控。

(3)推进安全生产标准化建设。在工矿商贸和交通运输行业领域普遍开展岗位达标、专业达标和企业达标建设，对在规定期限内未实现达标的企业，要依据有关规定暂扣其生产许可证、安全生产许可证，责令停产整顿；对整改逾期仍未达标的，要依法予以关闭。加强安全标准化分级考核评价，将评价结果向银行、证券、保险、担保等主管部门通报，作为企业信用评级的重要参考依据。

(4)加强职业病危害防治工作。要严格执行职业病防治法，认真实施国家职业病防治规划，深入落实职业危害防护设施"三同时"制度，切实抓好煤(矽)尘、热害、高毒物质等职业危害防范治理。对可能产生职业病危害的建设项目，必须进行严格的职业病危害预评价，未提交预评价报告或预评价报告未经审核同意的，一律不得批准建设；对职业病危害防控措施不到位的企业，要依法责令其整改，情节严重的要依法予以关闭。切实做好职业病诊断、鉴定和治疗，保障职工安全健康权益。

6. 深化重点行业领域安全专项整治

（1）深入推进煤矿瓦斯防治和整合技改。加快建设“通风可靠、抽采达标、监控有效、管理到位”的瓦斯综合治理工作体系，完善落实瓦斯抽采利用扶持政策，推进瓦斯防治技术创新。严格控制高瓦斯和煤与瓦斯突出矿井建设项目审批。建立完善煤矿瓦斯防治能力评估制度，对不具备防治能力的高瓦斯和煤与瓦斯突出矿井，要严格按规定停产整改、重组或依法关闭。继续运用中央预算内投资扶持煤矿安全技术改造，支持煤矿整顿关闭和兼并重组。加强对整合技改煤矿的安全管理，加快推进煤矿井下安全避险系统建设和小煤矿机械化改造。

（2）加大交通运输安全综合治理力度。加强道路长途客运安全管理，修订完善长途客运车辆安全技术标准，逐步淘汰安全性能差的运营车型。强化交通运输企业安全主体责任，禁止客运车辆挂靠运营，禁止非法改装车辆从事旅客运输。严格长途客运、危险品车辆驾驶人资格准入，研究建立长途客车驾驶人强制休息制度，持续严厉整治超载、超限、超速、酒后驾驶、高速公路违规停车等违法行为。加强道路运输车辆动态监管，严格按规定强制安装具有行驶记录功能的卫星定位装置并实行联网联控。提高道路建设质量，完善安全防护设施，加强桥梁、隧道、码头安全隐患排查治理。加强高速铁路和城市轨道交通建设运营安全管理。继续强化民航、农村和山区交通、水上交通的安全监管，特别要抓紧完善校车安全法规和标准，依法强化校车安全监管。

（3）严格危险化学品安全管理。全面开展危险化学品安全管理现状普查评估，建立危险化学品安全管理信息系统。科学规划化工园区，优化化工企业布局，严格控制城镇涉及危险化学品的建设项目。各地区要积极研究制定鼓励支持政策，加快城区高风险危险化学品生产、储存企业搬迁。地方各级人民政府要组织开展地下危险化学品输送管道设施安全整治，加强和规范城镇地面开挖作业管理。继续推进化工装置自动控制系统改造。切实加强烟花爆竹和民用爆炸物品的安全监管，深入开展“三超一改”（超范围、超定员、超药量和擅自改变工房用途）和礼花弹等高危产品专项治理。

（4）深化非煤矿山安全整治。进一步完善矿产资源开发整合常态化管理机制，制定实施非煤矿山主要矿种最小开采规模和最低服务年限标准。研究制定充填开采标准和规定。积极推行尾矿库一次性筑坝、在线监测技术，搞好尾矿综合利用。全面加强矿井安全避险系统建设，组织实施非煤矿山采空区监测监控等科技示范工程。加强陆地和海洋石油天然气勘探开采的安全管理，重点防范井喷失控、硫化氢中毒、海上溢油等事故。

（5）加强建筑施工安全生产管理。按照“谁发证、谁审批、谁负责”的原则，进一步落实建筑工程招投标、资质审批、施工许可、现场作业等各环节安全监管责任。强化建筑工程参建各方企业安全生产主体责任。严密排查治理起重机、吊罐、脚手架等设施设备安全隐患。建立建筑工程安全生产信息系统，健全施工企业和从业人员安全信用体系，完善失信惩戒制度。建立完善铁路、公路、水利、核电等重点工程项目安全风险评估制度。严厉打击超越资质范围承揽工程、违法分包转包工程等不法行为。

(6)加强消防、冶金等其他行业领域的安全监管。地方各级人民政府要把消防规划纳入当地城乡规划,切实加强公共消防设施建设。大力实施社会消防安全"防火墙"工程,落实建设项目消防安全设计审核、验收和备案抽查制度,严禁使用不符合消防安全要求的装修装饰材料和建筑外保温材料。严格落实人员密集场所、大型集会活动等安全责任制,严防拥挤踩踏事故。加强冶金、有色等其他工贸行业企业安全专项治理,严格执行压力容器、电梯、游乐设施等特种设备安全管理制度,加强电力、农机和渔船安全管理。

7. 大力加强安全保障能力建设

(1)持续加大安全生产投入。探索建立中央、地方、企业和社会共同承担的安全生产长效投入机制,加大对贫困地区和高危行业领域倾斜。完善有利于安全生产的财政、税收、信贷政策,强化政府投资对安全生产投入的引导和带动作用。企业在年度财务预算中必须确定必要的安全投入,提足用好安全生产费用。完善落实工伤保险制度,积极稳妥推行安全生产责任保险制度,发挥保险机制的预防和促进作用。

(2)充分发挥科技支撑作用。整合安全科技优势资源,建立完善以企业为主体、以市场为导向、产学研用相结合的安全技术创新体系。加快推进安全生产关键技术及装备的研发,在事故预防预警、防治控制、抢险处置等方面尽快推出一批具有自主知识产权的科技成果。积极推广应用安全性能可靠、先进适用的新技术、新工艺、新设备和新材料。企业必须加快国家规定的各项安全系统和装备建设,提高生产安全防护水平。加强安全生产信息化建设,建立健全信息科技支撑服务体系。

(3)加强产业政策引导。加大高危行业企业重组力度,进一步整合浪费资源、安全保障低的落后产能,加快淘汰不符合安全标准、职业危害严重、危及安全生产的落后技术、工艺和装备。地方各级人民政府要制定相关政策,遏制安全水平低、保障能力差的项目的建设和延续。对存在落后技术设备、构成重大安全隐患的企业,要予以公布,责令其限期整改,逾期未整改的依法予以关闭。把安全产业纳入国家重点支持的战略产业,积极发展安全装备融资租赁业务,促进企业加快提升安全装备水平。

(4)加强安全人才和监管监察队伍建设。加强安全科学与工程学科建设,办好安全工程类高等教育和职业教育,重点培养中高级安全工程与管理人才。鼓励高等院校、职业学校进一步落实完善校企合作办学、对口单招、订单式培养等政策,加快培养高危行业专业人才和生产一线急需技能型人才。加快建设专业化的安全监管监察队伍,建立以岗位职责为基础的能力评价体系,加强在岗人员业务培训。进一步充实基层监管力量,改善监管监察装备和条件,创新安全监管监察机制,切实做到严格、公正、廉洁、文明执法。

8. 建设更加高效的应急救援体系

(1)加强应急救援队伍和基地建设。抓紧 7 个国家级、14 个区域性矿山应急救援基地建设,加快推进重点行业领域的专业应急救援队伍建设。县级以上地方人民政府要结合实际,整合应急资源,依托大型企业、公安消防等救援力量,加强本地区应急救援队伍建设。建立紧急医学救援体系,提升事故医疗救治能力。建立救援队伍社会化服务补偿机制,鼓励和引导社会力量参与应急救援。

(2)完善应急救援机制和基础条件。健全省、市、县及中央企业安全生产应急管理体系,加快建设应急平台,完善应急救援协调联动机制。建立健全自然灾害预报预警联合处置机制，加强安监、气象、地震、海洋等部门的协调配合，严防自然灾害引发事故灾难。建立完善企业安全生产动态监控及预警预报体系。加强应急救援装备建设，强化应急物资和紧急运输能力储备，提高应急处置效率。

（3）加强预案管理和应急演练。建立健全安全生产应急预案体系，加强动态修订完善。落实省、市、县三级安全生产预案报备制度，加强企业预案与政府相关应急预案的衔接。定期开展应急预案演练，切实提高事故救援实战能力。企业生产现场带班人员、班组长和调度人员在遇到险情时，要按照预案规定，立即组织停产撤人。

9. 积极推进安全文化建设

（1）加强安全知识普及和技能培训。加强安全教育基地建设，充分利用电视、互联网、报纸、广播等多种形式和手段普及安全常识，增强全社会科学发展、安全发展的思想意识。在中小学广泛普及安全基础教育，加强防灾避险演练。全面开展安全生产、应急避险和职业健康知识进企业、进学校、进乡村、进社区、进家庭活动，努力提升全民安全素质。大力开展企业全员安全培训，重点强化高危行业和中小企业一线员工安全培训。完善农民工向产业工人转化过程中的安全教育培训机制。建立完善安全技术人员继续教育制度。大型企业要建立健全职业教育和培训机构。加强地方政府安全生产分管领导干部的安全培训，提高安全管理水平。

（2）推动安全文化发展繁荣。充分利用社会资源和市场机制，培育发展安全文化产业，打造安全文化精品，促进安全文化市场繁荣。加强安全公益宣传，大力倡导“关注安全、关爱生命”的安全文化。建设安全文化主题公园、主题街道和安全社区，创建若干安全文化示范企业和安全发展示范城市。推进安全文化理论和建设手段创新，构建自我约束、持续改进的长效机制，不断提高安全文化建设水平，切实发挥其对安全生产工作的引领和推动作用。

10. 切实加强组织领导和监督

（1）健全完善安全生产工作格局。各地区要进一步健全完善政府统一领导、部门依法监管、企业全面负责、群众参与监督、全社会广泛支持的安全生产工作格局，形成各方面齐抓共管的合力。要切实加强安全生产工作的组织领导，充分发挥各级政府安全生产委员会及其办公室的指导协调作用，落实各成员单位工作责任。县级以上人民政府要依法健全完善安全生产、职业健康监管体系，安全生产任务较重的乡镇要加强安全监管力量建设，确保事有人做、责有人负。

（2）加强安全生产绩效考核。把安全生产考核控制指标纳入经济社会发展考核评价指标体系，加大各级领导干部政绩业绩考核中安全生产的权重和考核力度。把安全生产工作纳入社会主义精神文明和党风廉政建设、社会管理综合治理体系之中。制定完善安全生产奖惩制度，对成效显著的单位和个人要以适当形式予以表扬和奖励，对违法违规、失职渎职的，依法严格追究责任。

（3）发挥社会公众的参与监督作用。推进安全生产政务公开，健全行政许可网上申请、受理、审批制度。落实安全生产新闻发布制度和救援工作报道机制，完善隐患、事故举报奖励制度，加强社会监督、舆论监督和群众监督。支持各级工会、共青团、妇联等群众组织动员广大职工开展群众性安全生产监督和隐患排查，落实职工岗位安全责任，推进群防群治。

四、国务院安委会关于深入开展企业安全生产标准化建设的指导意见(安委〔2011〕4号)

为深入贯彻落实《国务院关于进一步加强企业安全生产工作的通知》(国发〔2010〕23号,以下简称《国务院通知》)和《国务院办公厅关于继续深化“安全生产年”活动的通知》(国办发〔2011〕11号,以下简称《国办通知》)精神,全面推进企业安全生产标准化建设,进一步规范企业安全生产行为,改善安全生产条件,强化安全基础管理,有效防范和坚决遏制重特大事故发生,经报国务院领导同志同意,国务院安全生产委员会于2011年出台了《关于深入开展企业安全生产标准化建设的指导意见》(安委〔2011〕4号)。

《指导意见》内容如下:

(一)充分认识深入开展企业安全生产标准化建设的重要意义

一是落实企业安全生产主体责任的必要途径。国家有关安全生产法律法规和规定明确要求,要严格企业安全管理,全面开展安全达标。企业是安全生产的责任主体,也是安全生产标准化建设的主体,要通过加强企业每个岗位和环节的安全生产标准化建设,不断提高安全管理水平,促进企业安全生产主体责任落实到位。

二是强化企业安全生产基础工作的长效制度。安全生产标准化建设涵盖了增强人员安全素质、提高装备设施水平、改善作业环境、强化岗位责任落实等各个方面,是一项长期的、基础性的系统工程,有利于全面促进企业提高安全生产保障水平。

三是政府实施安全生产分类指导、分级监管的重要依据。实施安全生产标准化建设考评,将企业划分为不同等级,能够客观真实地反映出各地区企业安全生产状况和不同安全生产水平的企业数量,为加强安全监管提供有效的基础数据。

四是有效防范事故发生的重要手段。深入开展安全生产标准化建设,能够进一步规范从业人员的安全行为,提高机械化和信息化水平,促进现场各类隐患的排查治理,推进安全生产长效机制建设,有效防范和坚决遏制事故发生,促进全国安全生产状况持续稳定好转。

各地区、各有关部门和企业要把深入开展企业安全生产标准化建设的思想行动统一到《国务院通知》的规定要求上来,充分认识深入开展安全生产标准化建设对加强安全生产工作的重要意义,切实增强推动企业安全生产标准化建设的自觉性和主动性,确保取得实效。

(二)总体要求和目标任务

(1)总体要求。深入贯彻落实科学发展观,坚持“安全第一、预防为主、综合治理”的方针,牢固树立以人为本、安全发展理念,全面落实《国务院通知》和《国办通知》精神,按照《企业安全生产标准化基本规范》(AQ/T 9006－2010,以下简称《基本规范》)和相关规定,制定完善安全生产标准和制度规范。严格落实企业安全生产责任制,加强安全科学管理,实现企业安全管理的规范化。加强安全教育培训,强化安全意识、技术操作和防范技能,杜绝“三违”。加大安全投入,提高专业技术装备水平,深化隐患排查治理,改进现场作业条件。通过安全生产标准化建设,实现岗位达标、专业达标和企业达标,各行业(领域)企业的安全生产水平明显提高,安全管理和事故防范能力明显增强。

(2)目标任务。在工矿商贸和交通运输行业(领域)深入开展安全生产标准化建设,重点突出煤矿、非煤矿山、交通运输、建筑施工、危险化学品、烟花爆竹、民用爆炸物品、冶金等行业（领域）。其中，煤矿要在2011年底前，危险化学品、烟花爆竹企业要在2012年底前，非煤矿山和冶金、机械等工贸行业（领域）规模以上企业要在2013年底前，冶金、机械等工贸行业（领域）规模以下企业要在2015年前实现达标。要建立健全各行业（领域）企业安全生产标准化评定标准和考评体系；进一步加强企业安全生产规范化管理，推进全员、全方位、全过程安全管理；加强安全生产科技装备，提高安全保障能力；严格把关，分行业（领域）开展达标考评验收；不断完善工作机制，将安全生产标准化建设纳入企业生产经营全过程，促进安全生产标准化建设的动态化、规范化和制度化，有效提高企业本质安全水平。

（三）实施方法

（1）打基础，建章立制。按照《基本规范》要求，将企业安全生产标准化等级规范为一、二、三级。各地区、各有关部门要分行业（领域）制定安全生产标准化建设实施方案，完善达标标准和考评办法，并于2011年5月底以前将本地区、本行业（领域）安全生产标准化建设实施方案报国务院安委会办公室。企业要从组织机构、安全投入、规章制度、教育培训、装备设施、现场管理、隐患排查治理、重大危险源监控、职业健康、应急管理以及事故报告、绩效评定等方面，严格对应评定标准要求，建立完善安全生产标准化建设实施方案。

（2）重建设，严加整改。企业要对照规定要求，深入开展自检自查，建立企业达标建设基础档案，加强动态管理，分类指导，严抓整改。对评为安全生产标准化一级的企业要重点抓巩固、二级企业着力抓提升、三级企业督促抓改进，对不达标的企业要限期抓整顿。各地区和有关部门要加强对安全生产标准化建设工作的指导和督促检查，对问题集中、整改难度大的企业，要组织专业技术人员进行“会诊”，提出具体办法和措施，集中力量，重点解决；要督促企业做到隐患排查治理的措施、责任、资金、时限和预案“五到位”，对存在重大隐患的企业，要责令停产整顿，并跟踪督办。对发生较大以上生产安全事故、存在非法违法生产经营建设行为、重大隐患限期整顿仍达不到安全要求，以及未按规定要求开展安全生产标准化建设且在规定限期内未及时整改的，取消其安全生产标准化达标参评资格。

（3）抓达标，严格考评。各地区、各有关部门要加强对企业安全生产标准化建设的督促检查，严格组织开展达标考评。对安全生产标准化一级企业的评审、公告、授牌等有关事项，由国家有关部门或授权单位组织实施；二级、三级企业的评审、公告、授牌等具体办法，由省级有关部门制定。各地区、各有关部门在企业安全生产标准化创建中不得收取费用。要严格达标等级考评，明确企业的专业达标最低等级为企业达标等级，有一个专业不达标则该企业不达标。

各地区、各有关部门要结合本地区、本行业（领域）企业的实际情况，对安全生产标准化建设工作作出具体安排，积极推进，成熟一批、考评一批、公告一批、授牌一批。对在规定时间内经整改仍不具备最低安全生产标准化等级的企业，地方政府要依法责令其停产整改直至依法关闭。各地区、各有关部门要将考评结果汇总后报送国务院安委会办公室备案，国务院安委会办公室将适时组织抽检。

（四）工作要求

（1）加强领导，落实责任。按照属地管理和“谁主管、谁负责”的原则，企业安全生产标准化建设工作由地方各级人民政府统一领导，明确相关部门负责组织实施。国家有关部门负责指导和推动本行业（领域）企业安全生产标准化建设，制定实施方案和达标细则。企业是安全生产标准化建设工作的责任主体,要坚持高标准、严要求,全面落实安全生产法律法规和标准规范,加大投入,规范管理,加快实现企业高标准达标。

(2)分类指导,重点推进。对于尚未制定企业安全生产标准化评定标准和考评办法的行业(领域),要抓紧制定;已经制定的,要按照《基本规范》和相关规定进行修改完善,规范已达标企业的等级认定。要针对不同行业(领域)的特点,加强工作指导,把影响安全生产的重大隐患排查治理、重大危险源监控、安全生产系统改造、产业技术升级、应急能力提升、消防安全保障等作为重点,在达标建设过程中切实做到"六个结合",即与深入开展执法行动相结合,依法严厉打击各类非法违法生产经营建设行为;与安全专项整治相结合,深化重点行业(领域)隐患排查治理;与推进落实企业安全生产主体责任相结合,强化安全生产基层和基础建设;与促进提高安全生产保障能力相结合,着力提高先进安全技术装备和物联网技术应用等信息化水平;与加强职业安全健康工作相结合,改善从业人员的作业环境和条件;与完善安全生产应急救援体系相结合,加快救援基地和相关专业队伍标准化建设,切实提高实战救援能力。

(3)严抓整改,规范管理。严格安全生产行政许可制度,促进隐患整改。对达标的企业,要深入分析二级与一级、三级与二级之间的差距,找准薄弱点,完善工作措施,推进达标升级;对未达标的企业,要盯住抓紧,督促加强整改,限期达标。通过安全生产标准化建设,实现"四个一批":对在规定期限内仍达不到最低标准、不具备安全生产条件、不符合国家产业政策、破坏环境、浪费资源,以及发生各类非法违法生产经营建设行为的企业,要依法关闭取缔一批;对在规定时间内未实现达标的,要依法暂扣其生产许可证、安全生产许可证,责令停产整顿一批;对具备基本达标条件,但安全技术装备相对落后的,要促进达标升级,改造提升一批;对在本行业(领域)具有示范带动作用的企业,要加大支持力度,巩固发展一批。

(4)创新机制,注重实效。各地区、各有关部门要加强协调联动,建立推进安全生产标准化建设工作机制,及时发现解决建设过程中出现的突出矛盾和问题,对重大问题要组织相关部门开展联合执法,切实把安全生产标准化建设工作作为促进落实和完善安全生产法规规章、推广应用先进技术装备、强化先进安全理念、提高企业安全管理水平的重要途径,作为落实安全生产企业主体责任、部门监管责任、属地管理责任的重要手段,作为调整产业结构、加快转变经济发展方式的重要方式,扎实推进。要把安全生产标准化建设纳入安全生产"十二五"规划及有关行业(领域)发展规划。要积极研究采取相关激励政策措施,将达标结果向银行、证券、保险、担保等主管部门通报,作为企业绩效考核、信用评级、投融资和评先推优等的重要参考依据,促进提高达标建设的质量和水平。

(5)严格监督,加强宣传。各地区、各有关部门要分行业(领域)、分阶段组织实施,加强对安全生产标准化建设工作的督促检查,严格对有关评审和咨询单位进行规范管理。要深入基层、企业,加强对重点地区和重点企业的专题服务指导。加强安全专题教育,提高企业安全管理人员和从业人员的技能素质。充分利用各类舆论媒体,积极宣传安全生产标准化建设的重要意义和具体标准要求,营造安全生产标准化建设的浓厚社会氛围。国务院安委会办公室以及各地区、各有关部门要建立公告制度,定期发布安全生产标准化建设进展情况和达标企业、关闭取缔企业名单;及时总结推广有关地区、有关部门和企业的经验做法,培育典型,示范引导,推进安全生产标准化建设工作广泛深入、扎实有效开展。

第四节　交通运输部《安全生产“十二五”规划》的基本思路

一、概述

“十一五”期是我国国民经济快速发展，也是交通运输大建设、大发展的重要时期，交通运输企业安全生产和应急工作成绩显著，“十一五”期间，我国交通运输企业安全生产工作成绩显著，法制和预案体系基本形成，体制机制逐步建立，人员队伍出具规模，装备设施建设明显加强，安全生产形势保持了总体稳定，为我国交通运输快速、健康发展提供了坚强保障。“十二五”时期是全面建设小康社会的关键时期，是深化改革开放、加快转变经济发展方式的攻坚时期，交通运输发展仍处于重要战略机遇期和科学发展的关键时期。

交通运输安全生产和应急体系是我国安全生产和应急体系重要的组成部分，是推动现代交通业发展的重要保障。随着我国经济社会的快速发展，公众对安全和应急的关注度和要求越来越高。为了进一步加强交通运输行业的安全生产和应急工作，建设畅通高效、安全绿色交通运输体系，切实保障人民群众出行安全，转变交通运输发展方式，促进国家经济社会又好又快发展，交通运输部制定印发了《交通运输安全生产和应急体系“十二五”发展规划》，该规划是《交通运输“十二五”发展规划》的重要组成部分，明确了未来五年交通运输安全生产和应急发展的指导思想、基本原则、发展目标和主要任务，并从指导“十二五”交通运输行业安全生产和应急体系发展的角度，对法规和预案体系建设、体制机制建设、信息化建设、基础设施安全保障能力建设、装备设施建设、安全生产与应急队伍建设六个方面进行了规划。

二、交通运输安全生产和应急工作总体情况

在“十一五”期间，我国交通运输的大建设大发展取得了不平凡的成就，公路水路完成固定资产投资4.7万亿元，是“十五”的2倍多；新增公路63.9万公里，沿海港口新增通过能力30亿吨，内河新增及改善航道里程4181公里，分别是“十一五”规划目标的1.7倍、1.4倍、1.1倍。这些成绩的取得得益于安全与应急的坚强保障。

交通运输安全生产和应急体系是我国安全生产和应急体系重要的组成部分，是推动现代交通业发展的重要保障。随着我国经济社会的快速发展，公众对安全和应急的关注度和要求越来越高。交通运输部安全生产和应急工作主要涉及水路、公路交通运输、城市客运、工程建设的安全生产和应急等方面，当前，安全生产工作格局是由安全监督司综合管理，各业务司局根据职责分工合作。

三、“十一五”期间交通运输安全生产形势具体情况

“十一五”期末与“十一五”初期相比，全国水上交通运输事故件数和死亡人数分别下降42.7%和30.5%，百万吨吞吐量死亡率下降68.9%。五年来，水上共成功救助101812人，搜救成功率96.3%。全国道路运输和交通运输工程建设领域安全生产形势保持了总体稳定。

“十一五”期间，我们主要做好了四个方面的工作：

一是法规和预案体系基本形成。制定并颁布了《防治船舶污染海洋管理条例》、《道路旅客运输及客运站管理规定》、《道路危险货物运输管理规定》、《国内水路运输经营资质管理规定》《老旧运输船舶管理规定》等法规和规章，出台了公路水运工程建设、养护和质量监管等一系列标准规范，修订并完善了公路、水路、海上搜救等应急预案。地方各级交通运输部门也加强了法规建设，颁布了公路桥梁养护、航道航标、渡船渡口管理、建设工程安全监管等管理规定。

二是体制机制逐步建立。各级交通运输管理部门成立了专门负责安全生产监督和应急管理的机构，进一步加强了与外交、公安、农业、国土、水利、安监、环保等部门在安全应急工作中的协调联动。海事、救捞、搜救体制不断推进，进一步完善了国家海上搜救部际联席会议制度下的协调机制。2009 年，经国务院和中央军委批准，军队和武警交通部队正式纳入国家交通运输应急救援力量体系。

三是人员队伍初具规模。直属海事系统共有 25000 多人，直属救捞系统共有 8000 多人，直属航道部门 15000 多人，直属航运公安 2700 多人。各级交通运输主管部门配备了专职安全和应急管理人员，各级公路和港航管理部门初步建立了专兼职安全生产监管与应急队伍，全国已初步建立了一支年龄结构合理、专业结构基本配套、以技术骨干为主的交通运输建设安全管理和监理专业队伍，部分交通运输企业建立了专兼职安全管理队伍。

四是装备设施建设明显加强。“十一五”期间，直属系统共增加各类监管救助船舶 400 余艘、直升机 12 架、基地 58 处，在沿海和长江干线建设了船舶溢油应急设备库 15 个，已建成 38 个重点水域船舶交通管理系统（VTS），沿海近岸和长江干线通信系统和船舶自动识别系统（AIS）基本实现连续覆盖，海事卫星地面站和搜救卫星任务中心已改造升级，立体监管救助体系初步形成。地方各级交通运输主管部门也加强了安全设施装备的建设，全国长途客车、旅游包车和危险化学品运输车辆基本安装了自动行车记录仪，内河通航水域建设了一定数量的监管救助船艇和基地，航道应急疏通工程船舶和备用航标。运输企业也加大了相关安全生产和设施装备的投入。

四、“十二五”期间交通运输安全生产与应急工作面临的新挑战

“十二五”时期，我国经济社会发展既面临着难得的发展机遇，也面临着诸多风险挑战，各类不确定因素将对我国经济社会发展产生深刻影响，交通运输安全生产和应急工作将主要面临四个方面的新挑战。

一是我国经济社会和现代交通业的发展对交通运输安全生产和应急工作提出了新要求。“十二五”时期，我国将以科学发展为主题，以加快转变经济发展方式为主线，以调整结构为主攻方向，加快改革开放和现代化建设，全面建设小康社会，这对建设安全、畅通、便捷、绿色的现代交通运输业提出更高要求。而且，随着综合交通运输体系建设的加快推进，不同运输方式将进一步有效衔接，交通运输安全生产和应急工作跨行业、跨地域、相互交叉的特征更加明显。这就要求交通运输安全生产和应急工作必须适应时代发展需要，进一步拓宽安全监管覆盖面，实现由单一监管到综合监管的转变，建立交通运输安全监管全天候、全方位、全过程无缝衔接的新模式，进一步提升应对各类突发事件的能力，建立健全反应快捷、处置高效的应急保障体系。

二是体制改革对交通运输安全生产和应急工作提出了新要求。随着大部制改革的深入推进，交通运输部新增了城市客运（含公交车、轨道交通、出租车）的运营管理职责。预计到2015年，我国城镇化率将达53%以上，城市客运量迅猛增加，特别是到2015年我国25个大中型城市将拥有72条地铁线路，城市轨道交通系统运行环境封闭、人员密集、疏散通道狭窄，运营安全防范和应急救援困难，安全保障压力越来越大。这就要求交通运输安全工作必须认真履行新的职能，借鉴国内外成功经验，加强对新领域运营安全监管的研究，不断提高安全保障能力。

三是交通运输的快速发展对交通运输安全监管和应急工作提出了新挑战。“十二五”时期是交通运输大建设大发展的重要时期。“十二五”期间，交通运输基础设施建设规模大、项目多、任务重、战线长，且建设项目中的山区公路、桥隧工程比例高、分布广、情况复杂，农村公路建设规模大、差异性大，港口工程远海孤岛分布多，处在生产安全事故的易发期和多发期。这些都给“十二五”时期的交通运输安全生产和应急工作带来巨大压力和挑战。

四是非传统安全压力对交通运输安全生产和应急工作提出了新挑战。近年来，气候变化异常，极端自然灾害频繁，给交通运输安全生产带来了极大影响。我国正处于社会转型期，影响经济安全和社会稳定的因素很多，恐怖袭击、人为破坏、公共安全等突发事件时有发生，而目前安全和应急保障的基础比较薄弱，防范和抵御非传统安全的能力比较脆弱，道路、桥梁等交通基础设施老化现象严重，各类灾害引起的次生灾害的影响大，面临着许多潜在风险和现实威胁。此外，人民的物质和文化需求不断扩大，社会交流更加频繁，各种大型公共活动越来越多，人们的安全权利意识越来越强，更加追求安全稳定、高质量的现代生活，交通运输安全已成为社会公众共同关心的重要内容，交通运输安全生产和应急工作责任越来越大。

五、“十二五”期间交通运输安全生产和应急工作的总体目标

“十二五”期间，交通运输安全生产和应急工作要坚持以人为本、全面落实科学发展观，贯彻“安全第一、预防为主、综合治理”的方针，围绕建设安全、畅通、便捷、绿色现代交通运输业的目标，以提高安全监管和应急能力为重点，构建组织健全、职责明确、覆盖全面、装备精良、监管有力、反应快捷、运转高效的交通运输安全生产和应急体系，不断提高保障人民群众安全出行和经济社会安全发展的能力。

“十二五”期间交通运输安全生产和应急工作的总体目标是：到2015年，交通运输安全生产和应急法制更加完善，体制机制更加健全，装备手段更加先进，队伍素质整体提高，安全形势总体稳定，应急能力显著增强，基本建成适应现代交通运输业发展需要的安全生产和应急体系。

公路交通运输方面要实现：营运车辆万车死亡事故件数和死亡人数平均每年下降3%；一般灾害情况下公路抢通时间不超过24小时；12小时内可集结车辆200辆以上；国省干线公路重点路段运行监测覆盖率达到60%以上。

水路交通运输方面要实现：运输船舶百万吨港口吞吐量水上交通事故件数和死亡人数平均每年下降5%，较大以上事故件数每年下降3%，特别重大事故实行零控制；24小时内可调集电煤船舶运力沿海100万载重吨、长江干线30万载重吨以上；内河航道抢通应急到达

时间不超过1小时;沿海船舶整体打捞能力由目前的5万吨提高到8万吨以上,水下探摸打捞深度由目前的200米提升到300米;沿海通航水域一次船舶溢油清除控制能力由200吨提高到500吨,重点水域一次船舶溢油清除控制能力达到1000吨;人命救助成功率大于93%。

城市客运方面:百万车公里死亡事故件数和死亡人数平均每年下降1%。工程建设方面:百亿元投资死亡事故件数和死亡人数平均每年下降1%;工程抢险救援应急联动时间不超过120分钟。

六、"十二五"交通运输安全生产和应急工作的对策措施

一是要将安全生产和应急体系建设内容纳入相关规划和建设工程。各级交通运输主管部门要将安全生产和应急信息平台和装备设施建设等作为强制性建设项目,纳入规划年度实施计划,加快相关工程的立项、投资和建设,并与公路水路交通其他专项建设规划和建设工程相衔接,同步规划设计、同步建设施工、同步验收运行,保证规划的实施。各地方交通运输主管部门应根据规划的要求,制定本地规划,做好与区域规划、部门规划的衔接,并逐条细化、逐年落实安全生产与应急具体建设任务。

二是加大安全生产和应急体系建设投入。各级政府、交通运输主管部门、交通运输企业应加大对安全生产和应急体系建设的投入,将交通运输安全生产和应急工程建设投入纳入交通运输基础设施建设总体和年度预算;将安全生产和应急方面的运行维护、科学研究、宣传教育、培训演练、应急补偿等资金纳入各级政府财政预算和企业的专项支出。按照事权划分原则,交通运输安全生产和应急工程建设项目由中央、地方和企业分别承担,并积极引导社会资金投入。

三是加大安全生产和应急工作的政策支持力度。各级政府和交通运输主管部门应加大对安全生产和应急的立法支持,切实加快相关法律立法进程;在职责配置、机构设置、人员编制、工作条件等方面给予充分支持,进一步建立健全组织机构,提高管理效能;强化队伍的培训和演练,加强人才队伍的培养和选拔,提高队伍的整体素质,并建立相应的激励约束机制,充分调动从业人员的工作积极性。

四是加强安全生产和应急方面的科学研究。要加强交通运输行业安全生产和应急管理科研,鼓励有关交通院校设立安全生产和应急相关学科。加大对交通运输生产和应急管理理论和关键技术研究开发力度,重点支持相关标准规范的制修订和防灾抗灾、应急抢险的科学研究。积极鼓励和支持研究、开发交通运输安全生产和应急领域的新产品、新工艺和新技术,实现交通运输安全生产和应急方面核心技术与重大装备研制的突破,促进科研成果的转化和推广应用。

五是加强组织领导和监督检查。交通运输部和各省级交通运输主管部门应进一步加强对本规划实施的组织领导、监督落实和沟通协调,确保本规划按进度实施,力争早完成、早见效。确保规划所有工程建设项目的落实,加强建设项目全过程有效监管,保证工程建设的规范化和制度化。2015年前,全面实现和完成各项建设目标和任务;加强对规划执行情况的评估,各省级交通运输主管部门每年要会同有关部门组织一次督促检查。2013年,交通运输部组织对本规划实施情况进行中期评估。

第三章　安全管理内涵与基本方法

安全管理是管理科学的一个重要分支，它是为实现安全目标而进行的有关决策、计划、组织和控制等方面的活动，主要是运用现代管理原理、方法和手段，在生产过程所有环节和流程，分析和研究各种不安全因素，从技术上、组织上和管理上采取有力的措施，减少和消除各种不安全因素，防止事故的发生。安全管理也是企业生产管理的重要组成部分，其对象是生产体系中一切人、物、环境的状态管理与控制，安全管理是一种动态管理，是一门综合性的系统科学。本章主要对安全管理中的战略管理、目标管理、危机管理、隐患及危险源监控、预案编制及实施管理进行介绍。

第一节　安全管理概述

20世纪初，现代工业兴起并快速发展，重大生产事故和环境污染相继发生，造成了大量人员伤亡和巨大财产损失，给社会带来了极大危害，使人们不得不在一些企业设置专职安全人员，对工人进行安全教育。20世纪30年代，很多国家设立了安全生产管理的政府机构，发布了劳动安全卫生的法律法规，逐步建立了较完善的安全教育、管理、技术体系，呈现了现代安全生产管理雏形。进入20世纪50年代，经济快速增长，人们生活水平迅速提高，就业机会创造、工作条件改进、社会财富公平分配等问题，引起了越来越多经济学家、管理学家和安全工程专家和安全管理政治家的注意。劳动者强烈要求不仅有工作机会，还要有安全健康的工作环境。一些工业化国家，进一步加强了安全生产法律法规体系建设，在安全生产方面投入大量的资金进行科学研究，加强企业安全生产管理的制度化建设，产生了安全生产管理原理、事故致因理论和事故预防原理等风险管理理论，以系统安全理论为核心的现代安全管理方法、模式、思想、理论基本形成。到20世纪末，随着现代制造业和航空航天技术的飞跃发展，人们对职业安全卫生问题的认识也发生了很大变化，安全生产成本、环境成本等成为产品成本的重要组成部分，职业安全卫生问题成为非官方贸易壁垒的利器。在这种背景下，“持续改进”、“以人为本”的安全健康管理理念逐渐被企业管理者所接受，以职业安全健康管理体系为代表的企业安全生产风险管理思想开始形成，现代安全生产管理的内容更加丰富，现代安全生产管理理论、方法、模式以及相应的标准、规范更成熟。

安全管理的主要目标是减少乃至消除事故，遵循特定的管理原理和原则，内容涵盖事故理论、战略管理、目标管理和危机管理，分别针对安全管理中出现的不同问题采取不同方法进行应对。事故理论分析事故特征和发生机理，找寻事故根源，为事故预防、事故应对提供理论支撑；安全战略管理为组织机构进行合理的安全战略定位及决策提供科学有效的工具；安全目标管理确保组织机构实施安全战略、开展日常安全生产管理，实现安全生产战略目标；危机管理使组织机构面临意外或极端危险情境时冷静应对、积极行动，有效化解危机。

一、事故理论、应对策略及安全管理原则

(一)事故理论、应对策略

1. 事故

事故是以人体为主,在与能量系统有关的系列上,突然发生的与人的希望和意志相反的事件。事故可能导致人员伤亡、职业病或设备设施等财产损失以及环境污染。事故也可以定义为:个人或集体在时间的进程中,在为了实现某一意图而采取行动的过程中,突然发生了与人的意志相反的情况,迫使这种行动暂时地或永久地停止的事件。美国安全工程师海因里希(Heinrich)认为:"事故是非计划的、失去控制的事件。"并根据后果的严重程度把事故分为三个层次,分别是:严重伤害事故、轻微伤害事故和无伤害事故,通过统计指出,三种事故发生的概率存在着一般规律——1∶29∶300。

事故现象是在人们的行动过程中发生的,如以人为中心来考察事故后果,大致有如下两种情况:伤亡事故;一般事故。

1)伤亡事故

伤亡事故,简称伤害,是个人或集体在行动过程中接触了与周围条件有关的外来能量,该能量若作用于人体,致使人体生理机能部分或全部丧失。这种事故的后果,严重时会决定一个人一生的命运,所以习惯称为不幸事故。人体本身就是一个能量体系,它把能量吸收在人体的生理机构中,并通过自身的新陈代谢消耗能量以进行各种活动,当人的行动超出了正常状态,且与生产设备的能量流动发生接触、碰撞以致遭受打击而蒙受伤害。这时也就妨碍了行动的正常进行。在生产区域中发生的和生产有关的伤亡事故,叫工伤事故。

2)一般事故

指人身没有受到伤害或受伤轻微,停工短暂或与人的生理机能障碍无关的事故。由于传给人体的能量很小,尚不足以构成伤害,习惯上称为微伤;另一种是对人身而言的未遂事故,也称为无伤害事故。

事故发生时,其结果到底是伤亡事故,还是一般事故,这完全是一个受偶然性支配的、只有毫厘之差的问题。两者的分界线不明显。把两者分开的可能性,从本质上说是一个偶然性的问题,只能用概率来加以论述。

国内一般把事故分为生产事故和企业职工伤亡事故。生产事故是指生产经营活动(包括与生产经营有关的活动)过程中,突然发生的伤害人身安全和健康或者损坏设备、设施或者造成经济损失,导致原活动暂时中止或永远终止的意外事件。而企业职工伤亡事故在《企业职工伤亡事故报告和处理规定》中将企业职工伤亡事故规定为:企业职工在劳动过程中发生的人身伤害、急性中毒事故。它的发生可能会导致生产、科研活动的暂停或造成财产损失或人身伤亡,形成某种程度的灾害,因此事故与灾害往往连在一起,所以事故也称为事故灾害。

2. 事故的基本特征

通过各种事故数据的分析,人们意识到事故有其自身特性。了解、把握事故特征对于了解事故、预防事故具有重要价值。从一般意义上来看,事故具备以下特征:

1)事故的因果性

所谓因果性就是某一现象作为另一现象发生的根据的两种现象之关联性。事故的起因是它和其他事物相联系的一种形式。事故是相互联系的诸原因的结果。事故这一现象都和其他现象有着直接的或间接的联系。在这一关系上看来是“因”的现象,在另一关系上却会以“果”出现,反之亦然。

因果关系有继承性,或称非单一性,也就是多层次的,即第一阶段的结果往往是第二阶段的原因。

给人造成直接伤害的原因(或物体)是比较容易掌握的,这是由于它所产生的某种后果显而易见。然而,要寻找出究竟为何种原因又是经过何种过程而造成这样的结果,却非易事。因为随着时间的推移,会有种种因素同时存在。并且它们之间尚有某种相互关系,同时还可能由于某种偶然机会而造成了事故后果。因此,在制定预防措施时,应尽最大努力掌握造成事故的直接和间接的原因,深入剖析其根源,防止同类事故重演。

2)事故的偶然性、必然性和规律性

从本质上讲,伤亡事故属于随机事件,其在一定条件下可能发生,也可能不发生。事故的发生包含着诸多偶然因素。事故的偶然性是客观存在的,与我们是否明了现象的原因没有关联。

事故是由于客观某种不安全因素的存在,随时间进程产生某些意外情况而显现出的一种现象。因它或多或少地含有偶然的本质,故不易决定它所有的规律;但在一定范畴内,用一定的科学仪器或手段,却可以找出近似的规律,从外部和表面上的联系,找到内部的决定性的主要关系。虽不详尽,却可知其近似规律。如应用偶然性定律,即采用概率论的分析方法,收集尽可能多的事故案例进行统计处理,并应用大数定律❶,找出带根本性的特征。

从偶然性中找出必然性,认识事故发生的规律性,把事故消除在萌芽状态之中,变不安全条件为安全条件,化险为夷。这就是防患于未然、预防为主的科学意义。科学的安全管理就是从事故的合乎规律的发展中去认识它,改造它,实现安全生产。

3)事故的潜在性、再现性和可预测性

在时间的推移中,事故会突然违反人的意愿而发生。时间,实质上是存在于一切过程的始终,是一去不复返的。无论是人的全部活动还是机械作业时的运动,在其所经过的时间内,不安全的因素是潜在的,条件成熟就会显现,绝不会脱离时间而存在。事故潜在于“绝对时间”之中;也可以说,事故是潜在于空间之中。人行动在外界条件的空间中,空间又是“相互外在性”的东西。这一本质一经破坏,在其特有的时间、场所就显现为事故。

事故包含在绝对时间之中,我们不能认识绝对时间,因而也不能认识绝对时间中的某些事故;但是,却可能认识在相对时间轨迹上相继展开的相对时间及在其中显现的事故。时间是一去不复返的,完全相同的事件也不会再次重复显现。只能说,对类似的事故阻挡其再现是可能的。

基于人们对过去的事故所积累的经验,把人作为主体,可以在自然的客体中进行预测。人们在进行有目的的活动时,也一定对自己的行动能否达到目的而进行种种预测。这种预

❶ 有些随机事件无规律可循,但不少却是有规律的,这些“有规律的随机事件”在大量重复出现的条件下,往往呈现几乎必然的统计特性,这个规律就是大数定律。

测是根据以往积累的经验和知识，通过研究所构思出来的一个模型，即所谓“预测模型”。若“预测模型”的准确性高，在实际进行中，其活动过程或结果就会接近于预测的模型。但是，如果在未来的时间里出现了与最初设想的初始条件不一致的变化情况，当对这种变化情况应对或控制不当时，活动进程相应发生变化，使外界的能量传递给人体而造成人的伤害或机械的损坏。为此，为防止事故发生，在进行生产活动开始之时，就应正确掌握当时的条件，充分运用已有的经验和知识，及时加以调整，以便将未来时间里的情况预测得更加准确。

但是，事故有其突然性，突然出现在相对时间上的事故，往往难于预测。意想不到的偶然性是存在的。集体劳动中的个人，不常是按照自然环境中的客观规律去干，而是有不少人工环境，这与人们在生活环境中所积累的经验有不同之处，有不少新的经验尚未取得，故也有难于预测之处。另外，人们通过五感（视、听、嗅、味、触）对外界条件取得信息，再经大脑综合判断而预测其结果。这种判断也离不开过去的经验。但在自然环境中，经验不起作用的事是存在的。例如煤矿的瓦斯是无色、无味、无臭的，单凭人的五感是无力预测的，只有用科学仪器来扩大人的五感的灵敏度。所以使用科学仪器和科学方法是提高预测可靠性的重要途径。

3. 事故致因理论

从事故的定义和特性可知，事故是违背人的意愿而发生的意外事件，事故具有明显的因果性和规律性。要想找出事故的根本原因，进而预防和控制事故，就必须在千变万化、各种各样的事故中发现共性的东西，把其抽象出来，即把感性的认识与积累的经验升华到理论的水平，反过来指导实践，并在此基础上，制定出事故控制的最有效的方案。阐明事故为什么会发生，是怎样发生事故的，以及如何防止事故发生的理论，被称为事故致因理论，或事故发生及预防理论。

事故致因理论是从大量典型事故的本质原因的分析中所提炼出的事故机理和事故模型。这些机理和模型反映了事故发生的规律性，能够为事故的定性定量分析、为事故的预测预防、为改进安全管理工作等从理论上提供科学的、完整的依据。随着科技和生产力水平的提升，事故发生的类型、规律不断变化，人们对事故原因的认识也不断深入，先后出现十几种具有一定代表性的事故致因理论和事故模型。下面对其作简要介绍。

1）海因里希因果连锁论

海因里希因果连锁论又称海因里希模型或多米诺骨牌理论。在该理论中，海因里希借助于多米诺骨牌形象地描述了事故的因果连锁关系，即事故的发生是一连串事件按一定顺序互为因果依次发生的结果。如一块骨牌倒下，则将发生连锁反应，使后面的骨牌依次倒下。海因里希模型这5块骨牌依次是：

①遗传及社会环境：遗传及社会环境是造成人的缺点的原因。遗传因素可能使人具有鲁莽、固执、粗心等不良性格；社会环境可能妨碍教育，助长不良性格的发展。这是事故因果链上最基本的因素。

②人的缺点：人的缺点是由遗传和社会环境因素所造成，是使人产生不安全行为或使物产生不安全状态的主要原因。这些缺点既包括各类不良性格，也包括缺乏安全生产知识和技能等后天的不足。

③人的不安全行为和物的不安全状态:即造成事故的直接原因。

④事故:即由物体、物质或放射线等对人体发生作用受到伤害的、出乎意料的、失去控制的事件。

⑤伤害:直接由于事故而产生的人身伤害。

该理论的积极意义在于,如果移去因果连锁中的任一块骨牌,则连锁被破坏,事故过程即被中止,达到控制事故的目的。海因里希还强调指出,企业安全工作的中心就是要移去中间的骨牌,即防止人的不安全行为和物的不安全状态,从而中断事故的进程,避免伤害的发生。当然,通过改善社会环境,使人具有更为良好的安全意识,加强培训,使人具有较好的安全技能,或者加强应急抢救措施,也都能在不同程度上移去事故连锁中的某一骨牌来增加该骨牌的稳定性,使事故得到预防和控制。海因里希理论不足之处在于对事故致因连锁关系描述过于简单化、绝对化,也过多地考虑了人的因素。尽管如此,由于其形象化和在事故致因研究中的先导作用,使其有着重要的历史地位。后来,博德、亚当斯等人都在此基础上进行了进一步的修改和完善,形成了博德事故因果连锁理论、亚当斯事故因果连锁理论、北川彻三事故因果连锁理论等。

2)亚当斯的事故因果连锁论

亚当斯(Edward Adams)提出了一种与博德事故因果连锁理论类似的因果连锁模型,在该理论中,事故和损失因素与博德理论相似。该模型以表3-1的形式给出:

亚当斯因果连锁模型 表3-1

管理体制	管理失误		现场失误	事故	伤害或损坏
目标组织机能	领导者在下述方面决策错误或没做决策: 政策; 目标; 权威; 责任; 职责; 注意范围; 权限授予	安全技术人员在下述方面管理失误或疏忽: 行为; 责任; 权威; 规则; 指导主动性; 积极性; 业务活动	不安全行为; 不安全状态	伤亡事故; 损坏事故; 无伤害事故	对人; 对物

在该因果连锁理论中,第四、五个因素基本上与博德的事故因果连锁理论相似。这里把事故的直接原因即人的不安全行为及物的不安全状态称作现场失误。本来,不安全行为和不安全状态是操作者在生产过程中的错误行为及生产条件方面的问题,采用现场失误这一术语,其主要目的在于提醒人们注意不安全行为及不安全状态的性质。

该理论的核心在于对现场失误的背后原因进行了深入的研究。操作者的不安全行为及生产作业中的不安全状态等现场失误,是由于企业领导者及事故预防工作人员的管理失误造成的。管理人员在管理工作中的差错或疏忽,企业领导人决策错误或没有做出决策等失误,对企业经营管理及事故预防工作具有决定性的影响。管理失误反映企业管理系统中的问题,它涉及管理体制,即有组织地进行管理工作,确定怎样的管理目标,如何计划、实现确定的目标等方面的问题。管理体制反映作为决策中心的领导人的信念、目标及规范,它决定各级管理人员安排工作的轻重缓急，工作基准及指导方针等重大问题。

3）博德事故因果连锁理论

博德(Frank Bird)在海因里希事故因果连锁理论的基础上，提出了现代事故因果连锁理论。博德事故因果连锁理论认为：事故的直接原因是人的不安全行为、物的不安全状态；间接原因包括个人因素及与工作有关的因素。根本原因是管理的缺陷，即管理上存在的问题或缺陷是导致间接原因存在的原因，间接原因的存在又导致直接原因存在，最终导致事故发生。

博德的事故因果连锁过程同样为五个因素，但每个因素的含义与海因里希的都有所不同。

(1)管理缺陷。对于大多数企业来说，由于各种原因，完全依靠工程技术措施预防事故既不经济也不现实，只能通过完善安全管理工作，经过较大的努力，才能防止事故的发生。企业管理者必须认识到，只要生产没有实现本质安全化，就有发生事故及伤害的可能性，因此，安全管理是企业管理的重要一环。安全管理系统要随着生产的发展变化而不断调整完善，十全十美的管理系统不可能存在。由于安全管理上的缺陷，致使能够造成事故的其他原因出现。

(2)个人及工作条件的原因。这方面的原因是由于管理缺陷造成的。个人原因包括缺乏安全知识或技能，行为动机不正确，生理或心理有问题等；工作条件原因包括安全操作规程不健全，设备、材料不合适，以及存在温度、湿度、粉尘、气体、噪声、照明、工作场地状况(如打滑的地面、障碍物、不可靠支撑物)等有害作业环境因素。只有找出并控制这些原因，才能有效地防止后续原因的发生，从而防止事故的发生。

(3)直接原因。人的不安全行为或物的不安全状态是事故的直接原因。这种原因是安全管理中必须重点加以追究的原因。但是，直接原因只是一种表面现象，是深层次原因的表征。在实际工作中，不能停留在这种表面现象上，而要追究其背后隐藏的管理上的缺陷原因，并采取有效的控制措施，从根本上杜绝事故的发生。

(4)事故。这里的事故被看做是人体或物体与超过其承受阈值的能量接触，或人体与妨碍正常生理活动的物质的接触。因此，防止事故就是防止接触。可以通过对装置、材料、工艺等的改进来防止能量的释放，或者操作者提高识别和回避危险的能力，佩带个人防护用具等来防止接触。

(5)损失。人员伤害及财物损坏统称为损失。人员伤害包括工伤、职业病、精神创伤等。在许多情况下，可以采取恰当的措施使事故造成的损失最大限度地减小。例如，对受伤人员进行迅速正确地抢救，对设备进行抢修以及平时对有关人员进行应急训练等。

博德的事故理论也被称为"4M"理论，因其将事故连锁反应理论中的"深层原因"进一步分析，将其归纳为四大因素，即人的因素(Man)、设备的因素(Machine)、作业环境的因素(Media)、管理的因素(Management)。

4)北川彻三事故因果连锁理论

之前几种事故因果连锁理论(海因里希因果连锁论、亚当斯事故因果连锁、博德事故因果连锁理论)把考察的范围局限在企业内部。日本的北川彻三认为，工业伤害事故发生的原因是很复杂的，企业是社会的一部分，一个国家、一个地区的政治、经济、文化、科技发展水平等诸多社会因素,对企业内部伤害事故的发生和预防有着重要的影响。北川彻三正是基于这种考虑,对海因里希的理论进行了一定的修正,提出了另一种事故因果连锁理论。该模型以表 3-2 的形式给出。

北川彻三事故因果连锁理论 表 3-2

基本原因	间接原因	直接原因		
学校教育的原因 社会的原因 历史的原因	技术的原因 教育的原因 身体的原因 精神的原因 管理的原因	不安全行为 不安全状态	事故	伤害

北川彻三事故因果连锁理论认为:事故的间接原因包括技术、教育、身体、精神上的原因。技术原因指机械、装置、设施的设计、建造、维护有缺陷;教育原因指因教育培训不充分而导致人员缺乏安全知识及操作经验;身体原因指人员的身体状况不佳;精神原因指人员的不良态度、不良性格、不稳定情绪。而事故的根本原因是管理、学校教育、社会和历史的原因。管理原因指领导者不重视,作业标准不明,制度有缺陷,人员安排不当;学校教育原因指教育机构的教育不充分;社会和历史的原因指安全观念落后,法规不全,监管不力。

在北川彻三的因果连锁理论中,基本原因中的各个因素,已经超出了企业安全工作的范围。但是,充分认识这些基本原因因素,对综合利用可能的科学技术、管理手段来改善间接原因因素,达到预防伤害事故发生的目的,是十分重要的。

除因果连锁理论外,对于事故致因人们也提出其他一些不同角度的模型和观点,如能量意外转移理论❶,基于人体信息处理的人为失误事故模型(威格尔斯沃思模型、瑟利模型、劳伦斯模型等),动态变化理论(扰动起源事故理论、变化—失误理论),轨迹交叉论❷等。不同理论从不同角度对于事故致因或事故演变机理进行分析,对于安全生产管理都具有一定的指导意义。

(二)安全管理的基本原理

安全管理是管理科学的一个重要分支,安全管理是企业生产管理的重要组成部分,是一门综合性的系统科学。安全管理的对象是生产中一切人、物、环境的状态管理与控制,安全管理是一种动态管理。安全管理,主要是组织实施企业安全管理规划、指导、检查和决策,同时,又是保证生产处于最佳安全状态的根本环节。安全管理原理是对管理学基本原理的应用和发展,主要包括系统原理、人本原理、预防原理等。

---

❶ 1961 年吉布森(Gibson)提出了事故是一种不正常的或不希望的能量释放,意外释放的各种形式的能量是构成伤害的直接原因。因此,应该通过控制能量,或控制作为能量达及人体媒介的能量载体来预防伤害事故。

在吉布森的研究基础上,1966 年美国运输部安全局局长哈登(Haddon)完善了能量意外释放理论,提出"人受伤害的原因只能是某种能量的转移。"并提出了能量逆流于人体造成伤害的分类方法,将伤害分为两类:第一类伤害是由于施加了局部或全身性损伤阈值的能量引起的;第二类伤害是由于影响了局部或全身性能量交换引起的,主要指中毒窒息和冻伤。

❷ 在事故发展进程中,人的因素运动轨迹与物的因素运动轨迹的交点就是事故发生的时间和空间,即人的不安全行为和物的不安全状态发生于同一时间、同一空间,或者说人的不安全行为与物的不安全状态相遇,则将在此时间、空间发生事故。

1. 系统原理

系统原理是现代管理学的一个最基本原理，是指人们在管理工作中，运用系统论的观点、理论和方法，对管理活动进行充分的系统分析，以达到管理的优化目标，即用系统论的原理和方法来认识和处理管理中出现的问题。

系统是由相互作用和相互依赖的若干部分组合的，具有特定功能并处于一定环境中的有机整体。任何管理对象都可以看作一个系统，系统可以分为若干个子系统，子系统可以分为若干个要素，即系统是由要素组成的。按照系统论的观点，管理系统具有六个特征，即集合性、相关性、目的性、整体性、层次性和适应性。安全生产管理系统是生产管理的一个子系统，它包括各级安全管理人员、安全防护设备与设施、安全管理规章制度、安全生产操作规范和规程以及安全生产管理信息等。安全贯穿生产活动的方方面面，安全生产管理是全方位、全天候和涉及全体人员的管理。在安全管理活动中应用系统原理应遵循以下原则：

1）整分合原则

高效的现代安全管理必须整体规划，明确分工，在分工基础上进行有效的综合，这就是整分合原则。

整体规划就是在对系统进行深入、全面分析的基础上，把握系统的全貌及其运动规律，确定整体目标，制定规划与计划及各种具体规范。明确分工就是确定系统的构成，明确各个局部的功能，把整体的目标分解，确定各个局部的目标以及相应的责、权、利，使各局部都明确自己在整体中的地位和作用，从而为实现最佳的整体效应最大限度地发挥作用。有效综合就是对各个局部必须进行强有力的组织管理，在各纵向分工之间建立起紧密的横向联系，使各个局部协调配合，综合平衡地发展，从而保证最佳整体效应的圆满实现。

整体把握、科学分解、组织综合是整分合原则的主要含义。运用整分合原则，要求企业管理者在制定整体目标和宏观决策时，必须将安全生产纳入其中，资金、人员和体系都必须将安全生产作为一项重要内容考虑。

2）反馈原则

反馈控制论和系统论的基本概念之一，是指控制过程中对控制机构的反作用。反馈普遍存在于各种系统之中，也是管理中的一种普遍现象，是管理系统达到预期目标的主要条件。由于负反馈是抵消外界因素的干扰，维持系统的稳定性，因此，为了使系统做合乎目的的运动，一般均采用负反馈。

成功的高效安全管理，离不开灵活、准确、快速的反馈。企业生产的内部条件和外部环境在不断变化，所以必须及时捕获、反馈各种安全生产信息，及时采取行动。

3）封闭原则

任何一个管理系统的管理手段、管理过程等必须构成一个连续封闭的回路，才能形成有效的管理活动，这就是封闭原则。

封闭就是把管理手段、管理过程等加以分割，使各部分、各环节相对独立，各行其是，充分发挥自己的功能。然而又互相衔接，互相制约，并且首尾相连，形成一条封闭的管理链。对于企业管理，管理系统的组织结构体系必须是封闭的，管理法规的建立和实施也必须封闭。

在企业安全生产中，各管理机构之间、各种管理制度和方法之间，必须具有紧密的联系，形成相互制约的回路，才能有效。

4）动态相关性原则

构成系统的各个要素是运动和发展的，而且是相互关联的，它们之间的相互联系又相互制约，这就是动态相关性原则。

该原则是指任何企业管理系统的正常运转，不仅要受到系统本身条件的限制和制约，还要受到其他有关系统的影响和制约，并随着时间、地点以及人们的不同努力程度而发生变化。企业管理系统内部各部分的动态相关性是管理系统向前发展的根本原因。所以，要提高安全管理的效果，必须掌握个管理对象要素之间的动态相关特征，充分利用相关因素的作用。

5）弹性原则

在对系统外部环境和内部情况的不确定性给予事先考虑并对未来演变的各种可能性及其概率分布，做较为充分认识、预判的基础上，在制定目标、计划、策略等方面，相适应地留有余地，以增强组织系统的可靠性和管理活动对未来态势的应变能力，这就是弹性原则。

弹性原则对于安全管理具有重要意义。安全管理面的形势错综复杂，在当下的风险社会和转型阶段，事故致因日趋多变，因此安全管理必须尽可能保持良好、积极的弹性。一方面不断推进安全管理科学化、现代化，加强安全分析和危险评价，尽量做到对风险因素的充分识别、应对和控制；另一方面也要采取全方位、多层次的事故预防策略，实现全面、全员及全流程的安全管理。

2. 人本原理

在过去相当长的时间内，人们曾经热衷于片面追求产值和利润，却忽视了创造产值、创造财富的人和使用产品的人。在生产经营实践中，人们越来越认识到，决定一个企业、一个社会发展能力的，主要并不在于机器设备，而在于人们拥有的知识、智慧、才能和技巧。人是社会经济活动的主体，是一切资源中最重要的资源。归根到底，一切经济行为，都是由人来进行的；人没有活力，企业就没有活力和竞争力。组织本身是一个生命体，组织中的每一个人不过是这有机生命体中的一分子，所以，管理不仅要研究每一成员的积极性、创造力和素质，还要研究整个组织的凝聚力与向心力，形成整体的强大合力。从这一本质要求出发，一个有竞争力的现代企业，就应当是齐心合力、配合默契、协同作战的团队。因此，安全管理需要以人为本。人本原理有两层含义：

（1）一切管理活动都是以人为本展开的，人既是管理的主体，又是管理的客体，每个人都处在一定的管理层面上。

（2）管理活动中，作为管理对象的诸要素和管理系统各环节，都是需要人去掌管、运作、推动和实施。

人本原理的前提是：人不是单纯的“经济人”，而是具有多种需要、复杂的“社会人”。以人为本的原理要求管理者研究人的行为，理解人的各种需要，掌握激励、沟通、领导规律和技巧；关注人、尊重人、激励人，开发利用人的创造力，满足员工合理需要，开发人的潜能，实现人的价值。在安全管理活动中必须把人的因素放在首位，体现以人为本的指导思想。具体在管理中，人本原理表现为若干原则，即是动力原则、能级原则和激励原则。

①动力原则。推动管理活动的基本力量是人，管理必须有能够激发人的工作能力的动

力，这就是动力原则。对于管理系统，有 3 种动力，即物质动力、精神动力和信息动力。

②能级原则。现代管理认为，单位和个人都具有一定的能量，并且可按照能量的大小顺序排列，形成管理的能级，就像原子中电子的能级一样。在管理系统中，建立一套合理能级，根据单位和个人能量的大小安排其工作，发挥不同能级的能量，保证结构的稳定性和管理的有效性，这就是能级原则。

③激励原则。管理中的激励就是利用某种外部诱因的刺激，调动人的积极性和创造性。以科学的手段，激发人的内在潜力，使其充分发挥积极性、主动性和创造性，这就是激励原则。人的工作动力来源于内在动力、外部压力和工作吸引力。

人本原理在安全管理中，应体现在对以人为本的安全理念的贯彻上。实现以人为本的安全管理，需要加强企业安全文化建设，严格执行各项安全生产法律法规，使安全生产成为员工的共识和主动需求，同时也要改善生产条件，加大安全投资，以保障以人为本的理念落到实处。

3. 预防原理

安全管理工作应当以预防为主，即通过有效的管理和技术手段，防止人的不安全行为和物的不安全状态出现，从而使事故发生的概率降到最低，这就是预防原理。

预防，其本质是在有可能发生意外人身伤害或健康损害的场合，采取事前的措施，防止伤害的发生。预防与善后是安全管理的两种工作方法。善后是针对事故发生以后所采取的措施和进行的处理工作，在这种情况下，无论处理工作如何完善，事故造成的伤害和损失已经发生，这种完善也只能是相对的。显然，预防的工作方法是主动的、积极的，是安全管理应该采取的主要方法。

安全管理以预防为主，其基本出发点源自生产过程中的事故是能够预防的观点。除了自然灾害以外，凡是由于人类自身的活动而造成的危害，总有其产生的因果关系，探索事故的原因，采取有效的对策，原则上讲就能够预防事故的发生。

由于预防是事前的工作，因此正确性和有效性就十分重要。生产系统一般都是较复杂的系统，事故的发生既有物的方面的原因，又有人的方面的原因，事先很难估计充分。有时重点预防的问题没有发生，但未被重视的问题却酿成大祸。为了使预防工作真正起到作用，一方面要重视经验的积累，对既成事故和大量的未遂事故（险肇事故）进行统计分析，从中发现规律。做到有的放矢；另一方面要采用科学的安全分析、评价技术，对生产中人和物的不安全因素及其后果作出准确的判断，从而实施有效的对策，预防事故的发生。应用预防原理应遵循以下原则：

1）偶然损失原则

事故所产生的后果（人员伤亡、健康损害、物质损失等），以及后果的大小如何，都是随机的，是难以预测的。反复发生的同类事故，并不一定产生相同的后果，这就是事故损失的偶然性。

关于人身事故，美国学者海因里希（Heinrich）调查指出：对于跌倒这样的事故，如果反复发生，则存在这样的后果：在 330 次跌倒中，无伤害 300 次，轻伤 29 次，重伤 1 次。这就是著名的海因里希法则，或者称为 1∶29∶300 法则。日本学者青岛贤司的调查表明，伤亡事故与无伤亡事故的比例：重型机械和材料工业为 1∶8；轻工业为 1∶32。上述比率均是调查统计的结果。实际上，这些比率随事故种类、工作环境和调查方法等的不同而不同。它们的重要意义在于指出事故与伤害后果之间存在着偶然性的概率原则。根据事故损失的偶然性，可得到安全管理上的偶然损失原则：无论事故是否造成了损失，为了防止事故损失的发生，唯一的办法是防止事故再次发生。

2）因果关系原则

因果，即原因和结果。因果关系就是事物之间存在着一事物是另一事物发生的原因这种关系。事故是许多因素互为因果连续发生的最终结果。一个因素是前一因素的结果，而又是后一因素的原因，环环相扣，导致事故的发生。事故的因果关系决定了事故发生的必然性，即事故因素及其因果关系的存在决定了事故或迟或早必然要发生。掌握事故的因果关系，切断事故因素的环链，就消除了事故发生的必然性，就可能防止事故的发生。

事故的必然性中包含着规律性。必然性来自于因果关系，深入调查、了解事故因素的因果关系，就可以发现事故发生的客观规律，从而为防止事故发生提供依据。应用整理统计方法，收集尽可能多的事故案例进行统计分析，就可以从总体上找出带有规律性的问题，为宏观安全决策奠定基础，为改进安全工作指明方向，从而做到“预防为主”，实现安全生产。

从事故的因果关系中认识必然性，发现事故发生的规律性，变不安全条件为安全条件，把事故消灭在早期起因阶段，这就是因果关系原则。

3）3E 原则

造成人的不安全行为和物的不安全状态的主要原因可归结为四个方面：

①技术的原因。其中包括：作业环境不良（照明、温度、湿度、通风、噪声、振动等），物料堆放杂乱，作业空间狭小，设备、工具有缺陷并缺乏保养，防护与报警装置的配备和维护存在技术缺陷。

②教育的原因。其中包括：缺乏安全生产的知识和经验，作业技术、技能不熟练等。

③身体和态度的原因。其中包括：生理状态或健康状态不佳，如听力、视力不良，反应迟钝，疾病、醉酒、疲劳等生理机能障碍；怠慢、反抗、不满等情绪，消极或亢奋的工作态度等。

④管理的原因。其中包括：企业主要领导人对安全不重视，人事配备不完善，操作规程不合适，安全规程缺乏或执行不力等。

针对这四个方面的原因，可以采取三种防止对策，即工程技术（Engineering）对策、教育（Education）对策和法制（Enforcement）对策。这三种对策就是 3E 原则。

技术对策是运用工程技术手段消除生产设施设备的不安全因素，改善作业环境条件，完善防护与报警装置，实现生产条件的安全和卫生。教育对策是提供各种层次的、各种形式和内容的教育和训练，使职工牢固树立“安全第一”的思想，掌握安全生产所必需的知识和技能。法制对策是利用法律、规程、标准以及规章制度等必要的强制性手段约束人们的行为，从而达到消除不重视安全、违章作业等现象的目的。

在应用 3E 原则时，应该针对人的不安全行为和物的不安全状态的四种原因，综合地、灵活地运用这三种对策，不要片面强调其中某一个对策。具体改进的顺序是：首先是工程技术措施，然后是教育训练，最后才是法制。

4）本质安全化原则

本质安全化原则来源于本质安全化理论。该原则的含义是指从一开始和从本质上实现了安全化，就可从根本上消除事故发生的可能性，从而达到预防事故发生的目的。所谓本质上实现安全化（本质安全化）指的是：设备、设施或技术工艺含有内在的能够从根本上防止发生事故的功能，具体地讲，包含两个方面的内容：

①失误—安全（Fool-Proof）功能。指操作者即使操纵失误也不会发生事故和伤害，或者说设备、设施具有自动防止人的不安全行为的功能。

②故障—安全（Fail-Safe）功能。指设备、设施发生故障或损坏时还能暂时维持正常工作或自动转变为安全状态。

上述两种安全功能应该是设备、设施本身固有的，即在规划设计阶段就被纳入其中，而不是事后补偿的。

本质安全化是安全管理预防原理的根本体现，也是安全管理的最高境界，实际上目前还很难做到，但是我们应该坚持这一原则。

（三）安全管理的基本原则

加强安全管理工作，应当坚持以下六项基本原则：

1. 管生产同时管安全

安全寓于生产之中，并对生产发挥促进与保证作用。因此，安全与生产虽有时会出现矛盾，但从安全、生产管理的目标、目的，表现出高度的一致和完全的统一。安全管理是生产管理的重要组成部分，安全与生产在实施过程，两者存在着密切的联系，存在着进行共同管理的基础。国务院在《关于加强企业生产中安全工作的几项规定》中明确指出："各级领导人员在管理生产的同时，必须负责管理安全工作"。"企业中各有关专职机构，都应该在各自业务范围内，对实现安全生产的要求负责。"

管生产同时管安全，不仅是对各级领导人员明确安全管理责任，同时，也向一切与生产有关的机构、人员，明确了业务范围内的安全管理责任。由此可见，一切与生产有关的机构、人员，都必须参与安全管理并在管理中承担责任。认为安全管理只是安全部门的事，是一种片面的、错误的认识。各级人员安全生产责任制度的建立，管理责任的落实，体现了管生产同时管安全。

2. 坚持安全管理的目的性

安全管理的内容是对生产中的人、物、环境因素状态的管理，有效地控制人的不安全行为和物的不安全状态，消除或避免事故。达到保护劳动者的安全与健康的目的。没有明确目的安全管理是一种盲目行为。盲目的安全管理，充其量只能算作花架子，劳民伤财，危险因素依然存在。在一定意义上，盲目的安全管理，只能纵容威胁人的安全与健康的状态，向更为严重的方向发展或转化。

3. 必须贯彻预防为主的方针

安全生产的方针是"安全第一、预防为主"。安全第一是从保护生产力的角度和高度，表明在生产范围内安全与生产的关系，肯定安全在生产活动中的位置和重要性。

进行安全管理不是处理事故，而是在生产活动中，针对生产的特点，对生产因素采取管理措施，有效地控制不安全因素的发展与扩大，把可能发生的事故，消灭在萌芽状态，以保证生产活动中，人的安全与健康。

贯彻预防为主，首先要端正对生产中不安全因素的认识，端正消除不安全因素的态度，选准消除不安全因素的时机。在安排与布置生产内容的时候,针对施工生产中可能出现的危险因素,采取措施予以消除是最佳选择。在生产活动过程中,经常检查、及时发现不安全因素,采取措施,明确责任,尽快、坚决地予以消除,是安全管理应有的鲜明态度。

4. 坚持"四全"动态管理

安全管理不是少数人和安全机构的事,而是一切与生产有关的人共同的事。缺乏全员的参与,安全管理不会有生气、不会出现好的管理效果。当然,这并非否定安全管理第一责任人和安全机构的作用。生产组织者在安全管理中的作用固然重要,全员性参与管理也十分重要。

安全管理涉及生产活动的方方面面,涉及从物料采购到售后服务全部过程,涉及全部的生产时间,涉及一切变化着的生产因素。因此,生产活动中必须坚持全员、全过程、全方位、全天候的动态安全管理。

只抓住一时一事、一点一滴,简单草率、一阵风式的安全管理,是走过场、形式主义,不是我们提倡的安全管理作风。

5. 安全管理重在控制

进行安全管理的目的是预防、消灭事故,防止或消除事故伤害,保护劳动者的安全与健康。在安全管理的四项主要内容中,虽然都是为了达到安全管理的目的,但是对生产因素状态的控制,与安全管理目的关系更直接,显得更为突出。因此,对生产中人的不安全行为和物的不安全状态的控制,必须看做是动态安全管理的重点。事故的发生,是由于人的不安全行为运动轨迹与物的不安全状态运动轨迹的交叉。从事故发生的原理,也说明了对生产因素状态的控制,应该作为安全管理重点,而不能把约束当做安全管理的重点,是因为约束缺乏带有强制性的手段。

6. 在管理中发展、提高

安全管理是在变化着的生产活动中的管理,是一种动态过程。这就意味着安全管理本身是不断发展变化的,以适应不断变化的生产特征,消除新的危险因素;更为重要的是应不间断的分析新情况、摸索新规律,总结管理、控制的措施与经验,指导新的环境、条件下的安全管理,从而使安全管理不断地提升到新的水平。

二、安全生产战略管理

"战略"一词,古代就有,战略原来是军事方面的术语,指的是将帅的智谋、筹划以及军事力量的运用。西方的战略概念起源于古代的战术,原指将帅本身,后来指军事指挥中的活动。英语中,战略一词来源于希腊文"Strategos",其含义是"将军"。当时这个词的意义是指挥军队的克敌制胜艺术和科学。战略一词引入到企业管理中来也只有几十年的时间。在企业管理这个范畴中,究竟什么是战略目前尚无一个统一的定义。不同的学者与企业管理人员给战略赋予不同的含义。有的认为战略应该包括目标,即广义的战略;有的则认为战略不应该包括目标,即主张狭义的战略。"企业经营战略"一词最早由安索夫在 1976 年出版的《从战略规划到战略管理》中提出:战略是一套指导企业行为的决策准则,贯穿企业活动与产品/市场之间的连线:产品/市场范围、增长向量、竞争优势、协同作用等。钱德勒的定义是:确定企业基本长期目标,选择决策行动路径和为实现这些目标进行的资源的分配。明茨博格提出战略从五个不同方面的定义，即战略是：计划（Plan）、计谋（Ploy）、模式（Pattern）、定位（Position）和观念（Perspective），即5P模型。

企业生产经营过程充满各种大大小小，不同种类的风险，既有来自企业内部环境的，也有来自企业外部的；既有企业发展战略决定主动面对的风险，也有企业无法规避，无法转嫁而不得不被动面对的风险。企业生产经营安全是企业稳定发展的基础。对于安全生产管理部门而言，根本使命在于通过各种管理措施和手段确保国家法律法规和标准规定在企业得以遵守、实施，监督机构员工做好安全生产工作。随着社会经济进入新的发展阶段，对安全生产要求将更严格，如何在新形势下做好安全生产管理工作成为广大安全生产监督和管理人员必须面对的问题。战略管理与传统安全生产管理相比视野更宽广，立足点更高，将战略管理导入安全生产管理将拓展安全生产管理理念，使得安全生产管理与机构的总体发展战略高度统一，使机构对安全生产管理的意义更加清晰。

不仅如此，安全战略同样是各类企业整体发展战略的必要组成部分。企业战略管理近期的趋势是强调企业的可持续发展，对企业员工健康和生命安全，对企业财产安全，对利益相关者（产品和劳务的购买者，股东，债权人等）和环境安全的承诺是企业可持续发展的基础条件，也是企业履行社会责任的重要内容。从更大的层面上看，生产安全战略是行业稳定发展和区域经济稳定运行的基础，同时也是行业发展战略和区域发展战略的必要组成部分。

1. 安全生产战略管理的特点

企业安全生产战略管理是关系到企业安全长期性、全局性和方向性的重大问题，是企业在复杂多变的风险环境中谋求生存和发展的一种管理方式，同一般的安全生产管理方法相比而言，企业安全生产战略管理具有如下特点：

1）全局性

企业安全生产战略是带全局性的策略，确定企业安全生产战略必须从整个企业的生存和发展来加以考虑，是以企业全局为对象，根据企业经营发展的总体发展需要而制定的。涉及企业生产经营全过程的各种活动，追求的是总体安全效果。全局性表现在两个方面，一方面，企业安全生产战略必须以企业全局分析为基础，既要分析企业内部的目标、条件，又要分析企业外部竞争威胁和机会，还要分析企业内部自身的优势和弱点，把各方面的分析结合起来才能形成制定企业安全生产战略的可靠基础；另一方面，企业安全生产战略必须是针对企业经营中涉及生产安全的全局性问题而提出来的，如果没有全局的思想，也就谈不上企业安全生产战略。

2）长期性

企业安全生产战略决策者面临的问题并不是企业明天在生产经营安全问题上应该怎么办，而是为了应付不确定的风险环境下，我们今天应该如何做？企业安全生产战略是着眼于未来，是根据过去较长一段时间企业在经营活动中总结出来的安全生产经验和教训，以及市场环境变化的总体趋势，为保障企业未来发展的可持续性而制定的安全生产长期方针和政策。其长期性表现在三个方面：一是安全目标的长期性，二是风险环境的长期性，三是安全措施的长期性。为了企业长远的生存和发展目标，要克服急功近利的短期行为，尤其是在安全目标设置和安全投入方面不能存在短视和侥幸，在长期安全与短期利益发生冲突时，要着眼于企业的未来安全，自觉地放弃无助于企业长远发展，损害企业生产安全的短期做法，而谋求企业安全生产的长期可持续性。

3)权变性

企业的经济活动就是把现在的资源运用于不确定的未来。经济活动的本质就是冒险。企业安全生产战略不能消灭风险,也难以把风险降到最小,重要的是要冒该冒之险。成功的安全生产战略具有承受更大风险的能力。所谓权变,是指要对可能发生哪些变化,各种变化将对企业安全生产形势形成何种后果,从而应采取哪些应变的战略方案都要有足够的了解和准备,并要求具备相应的应变能力。安全生产战略制定后不是一成不变的,应根据企业外部环境和内部条件的变化,适时地对其加以调整,以适应变化后的情况,这就是安全生产战略的权变性。

4)政策性

安全生产战略对企业安全生产各方面的工作具有指导意义。安全生产战略一经制定,企业上下就要为完成这个战略目标而努力。安全生产战略的政策性就是指一方面企业作为现代社会的经济细胞,企业战略应该同区域安全生产战略和国家总体安全生产战略的要求相适应,不能违反政府相关安全生产法律的规定;另一方面,企业安全生产战略确定后,还要进一步在企业内部通过宣传、培训等方式阐明企业安全生产战略的一系列政策,以保证其能正确无误地加以执行。

5)有限合理性

从企业总体出发对安全生产战略进行优化是一个重要原则,但在其贯彻中必然涉及诸多复杂因素,其中还会有相当多的因素是不确定的。由于安全生产战略决策受到时间和信息不完备的限制,往往只能在可取得的信息及时间许可的范围内寻求令人满意的方案(可能不是理论上的最优方案),此外,安全生产战略决策除理性因素外,还要受非理性因素(如组织结构和人的行为因素)的制约。以有限合理性为基础,考虑到非理性的因素,是一个重要的战略观念。

6)资源有限性

企业在经营中具有的和可取得的资源(人力、物力、财力)总是有限的。为此,在安全生产战略决策中必须有所取舍,有所为,有所不为,不应贪多求全,应把有限的资源有重点地使用在建立一些具有关键作用的安全生产保障能力,而不应去过度追求建立“100%安全”。把有限的资源用于追求“100%安全”,就可能使安全生产管理和其他生产经营任务产生激烈矛盾,在集中使用资源的诸多重点中,还应进一步分清轻重缓急,对资源的调配使用制定出优先顺序,避免因某些偶然事件的发生而导致偏离企业安全生产的方向与战略部署。

2. 安全生产战略管理的作用

1)安全生产战略是决定企业经营成败的关键

战略本身作为一项十分重大的决策,直接关系到企业的成败和兴衰,一个企业战略方向选择的正确与否,是决定企业经营成败的关键所在。正如美国未来学家托夫勒所说的那样:“如果对于将来没有一个长期明确的方向,对本企业的未来形式没有一个实在的指导方针,不管企业的规模多大,地位多稳定,都将在新的革命性的技术和经济的大变革中失去生存条件。”安全生产战略为企业未来的安全生产设定总的方针和任务,对企业持续平稳健康发展具有重要的保障作用。

2)安全生产战略是编制安全生产工作计划和制定安全生产各项制度措施的依据

从根本上来说,战略本身也是一个属于计划范畴内的概念,但战略作为企业未来发展方向的远景规划,与具体的经营计划有本质区别。一方面,战略具有方向性、长远性和不确定性,因此战略只能是一种概括性、粗线条的长远规划,并且包括许多事先难以确定的因素;而安全生产工作计划具有具体性、稳定性和可操作性,因此必须是一种明确而细致的行动计划,其中所包含的不确定因素相应也少得多。另一方面,安全生产战略作为一种远景规划,规定了企业安全生产工作长远发展方向,而安全生产工作计划作为一种执行计划,侧重于各个具体时期内沿着既定的安全生产战略方向应该达到的目标。

3)安全生产战略管理有利于企业从社会的角度来审视自身,从而建立起与社会共同发展的和谐关系

安全生产战略管理中规定了企业对员工及环境的安全责任,包括确保各种利益相关者安全的行为准则,规定了安全生产目标和安全生产关键领域,规定了企业在哪些方面应满足社会对企业安全生产经营水平的预期,所以企业安全生产战略的整个过程始终体现着企业在满足社会需求和履行社会责任的基础上,谋求自身和社会共同发展的和谐关系。

3. 安全生产战略管理过程

安全生产管理的战略管理包括四个模块:环境分析、战略的制定、战略的实施以及战略的评估与控制。图3-1展示了安全生产战略管理过程基本模块。在战略的最初阶段是进行环境分析,然后制定合适自己的战略,接下来就是积极推进战略的实施,最后还要对战略的成效进行评估,然后重新回到环境分析部分对安全生产战略进行调整和控制,很显然,这是一个循环的过程,而且是一种螺旋上升式的前进,这种模式能够保证安全生产战略与整个社会的发展同步。

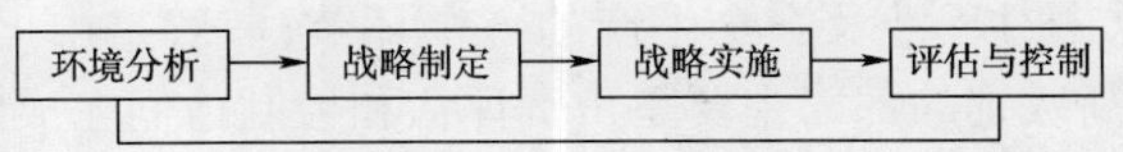

图3-1 安全生产战略管理过程模块

1)安全管理环境分析

环境分析是从外部与内部环境中监测、评估与提取信息,它是安全生产战略管理的关键因素。安全生产战略管理所面对的外部环境包括国家对安全生产总的方针政策,本地安全生产管理部门的具体措施,以及本地安全生产状况等。这里必须明确的是,只有充分了解安全生产的外界环境及其变化和发展趋势后才有可能制定出符合实际的战略目标。

进行安全生产外界环境的分析主要是为了发现机会和威胁。目前国家对安全生产很重视,如何将安全生产方针政策落实为具体的工作就是安全生产管理部门的重要使命。当然安全生产管理还要面对各种威胁,安全生产工作本身就存在一些基本理论的不完善,再加上各种事故,突发事件的发生,所以安全生产管理部门所面对的是一个动荡的环境,有很多威胁,这也是安全生产管理部门必须明确的。

安全生产管理工作不仅要了解外界的环境,同时也要清楚自身的资源。作为安全生产战略管理的制定者和执行者,如果不了解自身的资源,那么任何的决策都是没有意义的。安全生产管理工作是通过安全生产管理职能部门有限的人力、物力和资金等投入,充分发挥企业和社会对安全生产的要求,而且还必须经过不断的努力才能完成安全生产的战略目标。

通过分析自身现有的资源，识别出安全生产管理职能部门的优势和劣势，安全生产管理的战略管理才找到了真正的出发点。强化已有的优势，改进存在的劣势就成为最基本的工作起点。

通过分析外界环境和自身资源，安全生产管理部门必须重新评价安全生产战略目标。这样的方法被称为 SWOT 分析，它把对安全生产管理部门的优势（Strengths）、劣势（Weakness）、机会（Opportunities）和威胁（Threats）的分析结合在一起，以便安全生产管理部门能够制定出更有效可行的战略管理方案。在制定安全生产战略时，也需要将企业社会责任❶的要求纳入其中，并凸显企业理念中的核心价值观❷。

2）安全生产战略管理制定和实施

安全生产管理战略的制定是综合考虑安全生产管理部门的优势与劣势，为了更有效地把握机会，消除或回避危险，而开展制定的中长期安全生产规划。这个规划主要包括安全生产管理的目标、战略和政策等。

安全生产战略管理总的目标是确保广大企业的人员的安全和健康，同时还要确保国家和企业的财产不受损失。这是一个总体的概念，或者是一个最终的结果。具体的目标就还要加上完成时间，量化的指标等具体内容。

安全生产管理的战略管理简单说就是表明如何达到目标，完成使命的综合计划。一般说来，安全生产的战略管理是分层次性的，主要包括：国际安全生产管理层次、国家安全生产管理层次和地方安全生产管理层次。

安全生产战略管理的政策是把战略制定与实施连接起来指导决策的指南。安全生产管理部门正是通过一系列的政策来支持安全生产的战略管理目标。

安全生产管理战略的实施是通过安全生产的一系列行动和检查，将安全生产的战略和政策推向行动之中。这个过程涉及安全生产的各个环节，一般是由地方的安全生产管理部门和企业共同完成，更高级别的部门主要是负责评估和控制他们完成的工作。

安全生产管理战略的实施首先需要一个完整的安全生产行动计划，它描述的是安全生产战略的行动步骤，是战略实施的指导。安全生产管理战略的实施还包括各种形式的安全检查。由于安全生产所要处理问题的复杂性，再加上安全生产管理部门人力、物力、财力等的限制，安全生产战略的实施更多地只能是设计制定出标准的检查表进行，而且很多具体的检查和评估要让安全生产中介机构来完成，政府职能部门主要还是从整体上把握和控制。

安全生产战略管理的评估与控制实际上就是将安全生产的实际情况与期望的安全状况进行比较，其实这就是一个反馈与学习的过程。图 3-2 描述了一个典型的战略管理过程。

4. 安全生产战略管理的基本工具和技术

1）计划工具

---

❶ 企业社会责任（Corporate social responsibility，CSR），是指企业在其商业运作里对其利害关系人应负的责任。企业社会责任的概念是基于商业运作必须符合可持续发展的想法，企业除了考虑自身的财政和经营状况外，也要加入其对社会和自然环境所造成的影响的考虑。

❷ 核心价值观就是指企业在经营过程中坚持不懈，努力使全体员工都必须信奉的信条，是企业哲学的重要组成部分，它是解决企业在发展中如何处理内外矛盾的一系列准则，如企业对市场、对客户、对员工等的看法或态度，它是企业表明企业如何生存的主张。企业的"核心价值观"是"一个企业本质的和持久的一整套"原则。它既不能被混淆于特定企业文化或经营实务，也不可以向企业的财务收益和短期目标妥协。

安全生产管理需要通过对时间进行科学合理的分配，达到战略管理所确定的目标。具体的技术包括："甘特图"、计划评审技术等。

"甘特图"是由亨利·甘特在20世纪初提出的，其实就是通过纵向的线条表示完成工作的情况。"甘特图"直观地表明了任务计划在什么时候开始，以及目前的进度情况。❶

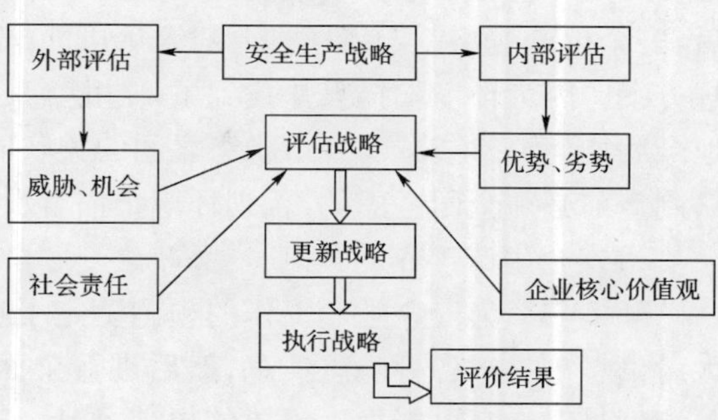

图3-2　安全生产战略SWOT分析及决策过程

随着科学技术和生产力的迅速发展，出现了许多庞大而复杂的科研和工程项目，它们工序繁多，协作面广，常常需要动用大量人力、物力、财力。因此，如何合理而有效地把它们组织起来，使之相互协调，在有限资源下，以最短的时间和最低的费用，最好地完成整个项目就成为一个重要问题。

计划评审技术❷就是在这种背景下出现的。这种计划方法是利用网络图来表达项目中各项活动的进度和它们之间的相互关系，并在此基础上，进行网络分析，计算网络中各项时间多数，确定关键活动与关键路线，利用时差不断地调整与优化网络，以求得最短周期。然后，还可将成本与资源问题考虑进去，以求得综合优化的项目计划方案。因为这种方法都是通过网络图和相应的计算来反映整个项目的全貌，所以又叫做"网络计划技术"❸。

2）环境扫描

安全生产管理工作的实践性特别强，不同的社会环境对安全生产管理所提的要求是不同的，所以必须进行全面的环境扫描❹。环境扫描（Environment Scanning）是指浏览大量的信息以察觉正在出现的趋势并形成一套设想。

由于生产过程可能出现的事故具有一个重要特征就是潜在性。在没有发生事故的时候，看上去一切都似乎"风平浪静"，但实际已经存在各种事故隐患，这里的关键问题是作为管理者是否能够及时发现并进行处理。所以，对于安全生产战略管理过程的环境扫描来说，最重要的问题就是对事故隐患的检查和扫描，这是整个环境扫描的中心环节。由于事故呈现的多样性，所以，隐患的形式也是多种多样的，如何发现这些隐患不仅是一个战略问题，同

---

❶ 甘特图，也称为条状图（Bar chart）。是在1917年由亨利·甘特开发的，其内在思想简单，基本是一条线条图，横轴表示时间，纵轴表示活动（项目），线条表示在整个期间上计划和实际的活动完成情况。它直观地表明任务计划在什么时候进行，及实际进展与计划要求的对比。管理者由此极为便利地弄清一项任务（项目）还剩下哪些工作要做，并可评估工作是提前还是滞后，亦或正常进行。甘特图事实上仅仅部分地反映了项目管理的三重约束（时间、成本和范围），因为它主要关注进程管理（时间）。

❷ PERT（Program Evaluation and Review Technique）即计划评审技术，最早是由美国海军在计划和控制北极星导弹的研制时发展起来的。PERT技术使研制北极星潜艇的时间缩短了两年。简单地说，PERT是利用网络分析制定计划以及对计划予以评价的技术。它能协调整个计划的各道工序，合理安排人力、物力、时间、资金，加速计划的完成。在计划的编制和分析上，PERT被广泛的使用，是管理的重要手段和方法。

❸ 1956年，美国杜邦公司在制定企业不同业务部门的系统规划时，制定了第一套网络计划。这种计划借助于网络表示各项工作与所需要的时间，以及各项工作的相互关系。通过网络分析研究工程费用与工期的相互关系，并找出在编制计划及计划执行过程中的关键路线。这种方法称为关键路线法（CPM）。

❹ 环境扫描的概念最早是由美国哈佛商学院教授Francis Aguilar在1967年提出的，他认为环境扫描是指获取和利用外部环境中有关事件信息、趋势信息和关系信息的行为，以协助企业的高级管理层制定其未来行动计划。

时也是一个现场安全管理的问题，这需要丰富的经验和长期知识的积累。目前安全生产中最常见的环境扫描手段就是安全检查表，这是最基本的一种系统安全工具。经过环境扫描后，安全生产战略制定者还需要对今后可能出现的问题有一个连贯性的思考，这可以称为设想方案。因为环境扫描只是找到了一些隐患，而且这些隐患暂时不会对生产过程造成危害，但今后如何消除或减弱各个隐患之间的关联以及这些隐患今后的发展趋势就是安全生产战略制定前必须全面考虑的，否则环境扫描就没有任何作用。

3）安全生产工作的预测

环境扫描为安全生产工作的预测奠定了良好的基础，安全生产战略制定者从扫描到的大量信息中找出各种隐患信息，然后进行全面的设想，这成为安全生产工作预测的前提，而预测就是对未来可能发生事故的提前预计。安全生产工作需要做大量的事前的预防工作，至于工作的最终结果如何，在很大程度上需要科学的预测技术。

选择科学合理的预测技术对安全生产管理工作十分重要。具体说来，安全生产管理工作中的评价审核，安全检查在一定程度上都属于预测工作。选择科学合理的预测技术是安全生产管理工作的重点和难点。从这个角度上说，安全技术和安全管理具有同等的重要性。

安全生产管理工作中的预测技术主要有定量预测和定性预测。定量预测是将一组数学规律运用到环境扫描所获取的信息上，目的是得到今后可能的结果。定性预测主要根据个人的知识和经验对环境扫描所获得的信息进行分析和判断。定性预测一般运用于缺乏或难以获得精确信息的场合。

定量预测技术主要包括时间序列分析和回归预测，它需要数理统计的知识、专业知识以及大量实际数据，而且对于回归分析来说，一般是不能随意外推的。虽然有很多的局限，但定量预测的最大优势就是结果比较客观、直接，对安全生产战略的制定有直接的影响。

定性预测技术主要通过专家或小组的经验和知识来进行判断，其优点是预测速度很快，可以获得多种有价值的观点和意见，适合中长期的预测。其缺点在于可能完全没有发现真正的隐患，最终导致事故发生的时候没有相应的准备。

4）安全生产工作的预算

安全生产工作需要投入各种人力、物力和财力，而且这些投入很难直接变成收入，使公司或企业的利润增加。正因为这样的原因，不少单位的安全生产预算长期不能得到有效的保证，这也是困扰安全生产工作健康发展的重要因素。安全生产战略必须对安全生产工作的预算进行明确和保证，这是开展安全生产工作的基本条件。

目前安全生产工作中最常见的预算方法是传统预算，也称为增量预算。这种预算方法具有两个显著特征。首先，资金被分配到安全生产部门，然后安全生产部门的管理者再次对有限的资金进行分配；其次，预算资金的增减是根据上一次的预算值作为参考。传统预算的不足在于，安全工作千头万绪，无论什么项目都有充分理由要求给予资金支持，如何确定各项工作的先后顺序是很困难的。安全生产涉及方面多，如果平均分配资金可能导致预算针对性不强，结果就是安全生产问题长期存在而得不到解决；如果资金采取倾斜做法，突出重点领域，可能导致原本不突出的安全隐患可能成为事故的源头，形成资金的浪费和低效率。

安全生产预算关键问题在于采取合理的排序标准，把有限的预算资金依次投入到最需要的地方，减少或消除可能出现的针对性不强或低效率问题。

5)安全生产管理投入产出分析

安全生产管理属于管理过程，为确保安全生产战略目标的实现，构建安全生产管理体系，组织人手，进行相关安全设备采购和安全设施投资，开展安全生产监督检查、宣传、培训及演练，遭遇安全生产事故时采取有效应对都需要资源投入。企业内部所掌握的资源是有限的，无论是资金、技术还是人力资源。企业安全生产管理方面的资源投入是为了获得安全保障角度的产出，或者说是安全程度的提高。了解一些安全经济学方面的内容，理解安全投入与安全产出之间的经济关系，有助于企业管理层进行合理的安全生产决策。❶

(1)安全生产管理经济分析。

安全对企业的生产和经济效益的取得具有确定的作用，安全活动应被看成一种有创造价值意义的活动，一种能带来经济效益的活动。从理论上讲，安全具有两大经济功能：第一，安全能直接减轻或免除事故或危害事件给人、社会和自然造成的损害，实现保护人类财富，减少无益消耗和损失的功能。第二，安全能保障生产经营劳动条件、服务过程，提升企业信誉，改善企业形象，实现其间接为企业和社会提供价值增值的功能。

第一种功能实际是预防事故及减少损失，可用损失函数 $L(S)$ 来表达：一般情况下，损失幅度将随着安全程度的提高而不断减少。当系统无任何安全性时($S=0$)，从理论上讲损失趋于无穷大，具体值取决于机会因素；当 S 趋于 100% 时，损失趋于零。但损失减少的趋势逐渐放缓、呈递减模式。

第二种功能是通过企业内部环境及企业与社会交互界面、过程安全程度的提高来优化企业社会责任的履行绩效，提升利益相关群体对企业的总体评价，从而间接提升企业总体价值，用增值函数 $I(S)$ 来表达：增值函数 $I(S)$ 随安全性 S 的增大而增大，但是有限的，最大值取决于社会技术系统特定时期具体特征。同样，增值幅度增加趋势逐渐放缓、呈递减模式。

提高或改变安全性，需要投入，即付出代价或成本。安全性要求越大，需要成本越高。从理论上讲，要达到 100% 的安全(绝对安全)，所需投入趋于无穷大。由此可有安全的成本函数 $C(S)$。而且，一般情况下，安全投入与安全程度之间并非线性关系，随着安全水平提升，所需的安全投入往往呈递增趋势，如图 3-3 所示。

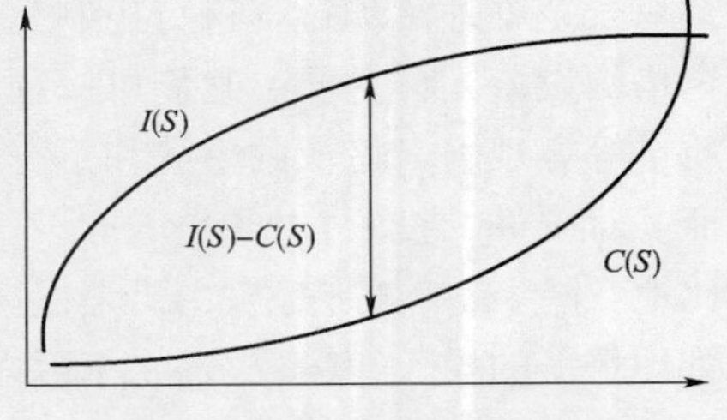

图 3-3　安全经济参数曲线图

综合安全投入和安全产出两个方面的变化趋势，可以认为，如果在特定时空条件下，只从经济角度考虑，安全投入存在一个合理区间，以使安全效益为正值。并使安全效益尽可能极大化。

(2)安全成本分析方法。

交通企业尤其是水路运输企业，近 10 余年来 SMS 运行的实践证明。安全成本管理已经成为企业进行改进安全质量管理、降低成本、提高效益，特别是衡量安全管理体系有效运行

❶ 安全经济学是研究安全的经济(利益、投资、效益)形式和条件，通过对人类安全活动的合理组织、控制和调整，达到人、技术、环境的最佳安全效益的科学。这一定义具有如下几点内涵：(1) 安全经济学的研究对象是安全的经济形式和条件，即通过理论研究和分析，揭示和阐明安全利益、安全投资、安全效益的表达形式和实现条件；(2) 安全经济学的目的是实现人、技术、环境三者的最佳安全效益；(3) 安全经济学的目标是通过控制和调整人类的安全活动来实现的。

的重要指标。

安全成本是指为了确保安全而发生的费用以及没有达到安全所造成的成本。安全成本不同于产品的制造成本,而是为确保安全的成本。一般由以下几个部分构成:①预防成本,指用于预防产生不符合规定情况或因发生设备故障而停航所需的各项费用,包括安全管理体系中为预防、保证和控制安全质量、开展安全管理所需的费用。②鉴定成本,指评定产品是否满足安全质量要求所需的费用,包括试验设备校准维护费等。③内部损失成本,指因不满足规定的安全技术质量要求而支付的费用。④外部损失成本。一般指修理费用,也包括因 PSC 检查不符而导致的滞港及船期损失等。

一般以为不合格率越低越好作为考核企业的安全指标,甚至以为不出现一个不符合更好,但实际上在航运企业经济效益上,不一定是最合理的。如图 3-4 所示,曲线 A 代表内部损失成本 + 外部损失成本。曲线 B 代表预防成本 + 鉴定成本,曲线 C 代表安全总成本。当 A 与 B 相交点之对应点 D,这便是代表最适宜的安全总成本,则其对应的安全质量最适宜水平 P 应是作为考核企业的安全指标。

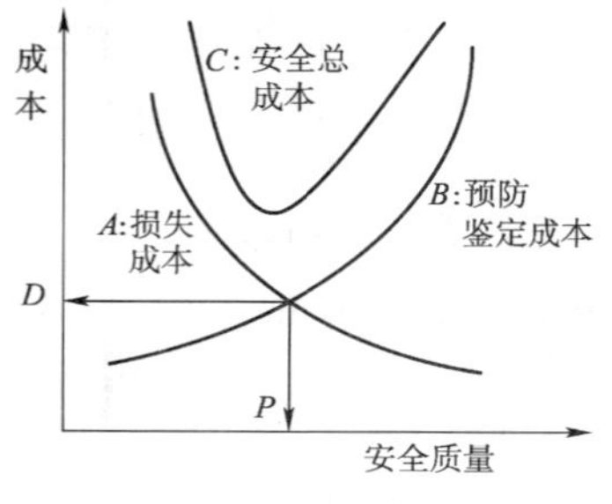

图 3-4　安全成本与安全质量关系图

以某轮大型设备更新为例。按技术规范标准应该使用的是进口备件,但是为了节省备件成本费用,采用订购国产廉价替代品的方法降低成本。由于忽视了船舶重要备件的不可替代性,备件质量不满足技术规范、工艺的要求,结果导致了设备使用寿命缩短、船员劳动强度增加,给船舶安全和防污染造成危害。再从安全技术、经济性角度分析,由于船舶的外部损失费用、内部损失费用、预防成本和鉴定成本都明显上升。反而增加了安全成本,结果是得不偿失。因此通过安全管理体系对安全管理活动过程进行控制是十分必要的。为船舶提供合格、持证、健康的船员和提供合格的设备同样重要。它们可以预防由于人为因素造成的事故/险情,也可以预防由于设备质量等客观因素造成的事故和不符合规定情况。安全可以通过硬件投入和规范管理得以保证。对硬件的投入,主要是增加设备运行的可靠性。随着投入成本的增加,事故发生率成反比地下降。对软件来说,主要是提高安全管理水平。相对而言,以同样的速度用于提高安全管理水平的投入,其事故发生率可以更快的速度下降。这是因为 ISM 规则消除的是事故发生的根本原因。事故发生率下降了,PSC 检查滞留率也会因此而下降,由事故和滞留引起的维修费、船期损失以及导致的名誉损失等将大大得到改善,从而减低了成本,提高了效益。这就是一种辩证的关系。

航运公司应采取确保最适宜的安全成本和 SMS 有效运行的预防措施,例如为船舶提供合格产品尤为重要。当前不少航运企业存在这样误区:一是不愿意安全投入。认为安全投入不能增加企业的效益,有钱也不愿花在安全上,造成船舶设备老旧现象严重,即使是一些大型企业也不同程度地存在安全投入欠账较多的问题;二是当安全与效益发生冲突时,效益优先,哪怕是船舶明显有问题,也要多跑一两个航次,结果一跑就出事了。实际上,安全成本作为生产总成本的一部分,其创造的效益也就包含在企业的生产效益之中。这是安全投入与产出、成本与效益之间的特殊表现形式。

(3)安全投入的优化。

安全活动是以投入一定的人力、物力、财力为前提的。把投入安全活动的一切人力、物力和财力的总和称为安全投资，也称为安全资源。因此，在安全活动实践中，安全专职人员的配备、安全与卫生技术措施的投入、安全设施维护、保养及改造的投入、安全教育及培训的花费、个体劳动防护及保健费用、事故援救及预防、事故伤亡人员的救治花费等，都是安全投资。而事故导致的财产损失、劳动力的工作日损失、事故赔偿等，非目的性（提高安全活动效益的目的）的被动和无益的消耗，则不属于安全投资的范畴。

根据不同的目的和用途，各种各样分类的安全投资。如按投资的作用划分，有预防性投资，包括安全措施费、防护用品费、保健费、安全奖金等超前预防性投入；控制性投资、事故营救、职业病诊治、设备（或设施）修复等。按投资的时序划分，有事前投资，指在事故发生前所进行的安全投入；事中投资，指事故发生中的安全消费，如事故或灾害抢险、伤亡营救等事故发生中的投入费用；事后投资，指事故发生后的处理、赔偿、治疗、修复等费用。按投资所形成的技术"产品"划分，有硬件投资；软件投资。按安全工作的专业类型划分，有安全技术投资；工业卫生技术投资；辅助设施投资；宣传教育投资（含奖励经费）；防护用品投资；职业病诊治费；保健投资；事故处理费用；修复投资等。

科学地进行安全投资，进行安全投资技术的研究是提高社会或企业有限安全投入效益的重要方面。要研究不同时期、不同行业和不同安全生产水平企业的安全投资强度和结构问题，如研究国家或行业的安全投资指数；预防性投资与事故投资的结构，安全措施经费与个人防护品费用的比例结构，安全技术投资与工业卫生投资的比例结构等。

三、安全生产目标管理

目标管理是以目标为导向，以人为中心，以成果为依据，而使企业和个人取得最佳业绩的现代管理方法。目标管理亦称"成果管理"，也称责任制。是指在企业员工的积极参与下，自上而下确定工作目标，并在工作中实行"自我控制"，自下而上地保证目标实现的一种管理办法。安全目标管理是目标管理在安全管理方面的应用，它是指企业内部各个部门以至每个员工，从上到下围绕企业安全生产总目标，层层展开各自的目标，确定行动计划，安排安全生产工作进度，制定实施有效管控措施，并对安全绩效严格考核的一种管理制度。安全目标管理是参与管理的一种形式，是根据企业安全工作目标来实现企业安全生产的一种科学有效的管理方法。安全目标管理的实施过程可分为四个阶段，即安全管理目标决策、建立安全目标指标体系、安全目标管理的实施、安全绩效的评价与考核。

1. 安全生产管理目标决策

安全生产目标是企业实施安全生产目标管理，控制企业安全生产活动的首要依据。确定企业安全生产目标，实际上是一个完整的决策过程，它包括搜集情报信息、拟定目标方案、评估目标方案并选择最优方案等一系列的步骤。

1）决策的依据

①国家政府有关法律法规及安全技术标准。例如，《中华人民共和国劳动法》、《中华人民共和国安全生产法》、《中华人民共和国职业病防治法》、《危险化学品安全管理条例》等；有关职工安全健康的国际条约和公约，例如，国际劳工组织关于化学品的 170 号公约，关于建筑安全和健康的 167 号公约，关于职工安全的 155 号公约和 161 号公约，国际劳工组织的

职业安全健康管理体系规则(ILO-OSH 2001)等,都是设定安全生产目标的重要参考,国际航运企业在国际市场营运,对于相关国际公约更应加以重视。

②政府及行业主管部门下达的安全生产五年计划、考核指标,尘毒达标等的要求。

③企业安全生产的现状,是指企业生产技术状况,技术装备的安全程度,人员的情况,安全生产管理的薄弱环节,主要危险因素及危险程度,企业改制的有关新情况、新问题等。

④企业中、长期安全规划、同类企业安全情况,行业安全水平,行业标杆企业安全水平等。

⑤工伤事故和职业病统计资料和数据,企业上一年度安全目标的实施情况。

⑥企业的经济条件及技术条件。

2)目标决策的原则

设定安全生产目标结合体现先进性、可行性与科学性。目标值定得过低,不经过努力就可达到,缺乏激励作用,失去了目标管理的意义。目标值定得过高,可望而不可即,做出最大努力也无法达到,就会使人丧失信心、挫伤积极性。要做到先进性和可行性的正确结合,就必须把目标值建立在科学分析论证的基础上,要充分了解自身条件和状况,要对未来做出科学的预测和决策。为此,安全生产目标的制定应遵守以下原则:❶

①符合性。安全生产目标必须符合国家法律法规和安全技术标准的要求。安全生产目标要确保政府和行业上级部门下达的安全生产考核指标实现。

②可行性。应该充分认识达到目标的有利条件和充分估计困难,目标水平不宜太低,也不宜太高,要经过一定的努力才能达到。太低,目标无刺激性,职工的潜力不能充分发挥;太高,虽经再三努力却无法实现,只会打击员工的积极性。

③明确性。安全生产目标必须具体化、定量化、数据化,不能模棱两可,目标数目不宜过多,以免努力过于分散,要突出重点、要集中明确、要有度量性。使目标的预期结果各种指标做到比去年降低,安全系数提高,以利于进行同期比较、检查和评价。

④科学性。目标应具有科学预见性,即目标高度是根据需要与可能两方面进行平衡确定,既先进又可行。

⑤系统性。目标的制定要考虑系统性,即充分考虑到企业内部上下左右之间内在联系与分工协作的关系,使目标具有可分性,而且能体现系统的组合性,以实现目标的优化。

3)目标决策的过程

确定安全目标,实际上是一个完整的决策过程,绝非是指拍板定案的瞬间,而是指制定目标前后所需进行的大量具体工作的过程。包括分析、预测、模拟、论证、定案等一系列步骤,往往是一个反复优化、逐步完善的过程。

目标决策过程中主要步骤如下:

①掌握情报信息。全面搜集、掌握企业的外部资料和内部资料。如国家方针、政策、法规,上级部门下达的安全指标,同行业各企业的安全生产状况;本企业管理水平、人员素质、安全生产的现状及存在的问题,历年的事故统计资料等。

❶ 有管理者认为设定目标应符合SMART原则:明确的(specific)、可测量的(measurable)、行动导向的(action-oriented)、务实的(realistic)、有时间表的(time-related)。

②拟定目标方案。在充分地分析及整理情报信息的基础上，提出若干个目标方案。这一工作应注意充分发动群众，找目标、提方案，并及时综合、鉴别。

③评估目标方案。即对目标进行可行性论证，这是决策的关键环节。一般采用专家意见与群众讨论相结合的方式，对拟定的多个目标方案逐一就限制因素（如经济条件、技术条件、人员素质、安全水平等）、综合效益、潜在的问题等方面广泛地征集意见，进行研究、分析、评价和估算。

④选择最优方案。在评估目标方案的基础上，用定性分析与定量分析相结合的方法，在众多方案中选出最优者。这一环节应全面权衡方案的利弊得失，有时还需要在综合原拟方案的基础上设立新方案。

4）安全生产目标的内容

制定安全生产目标包括确定企业安全生产目标方针、总体目标和制定实现目标的对策措施等三个方面。

（1）企业安全生产目标方针。

企业安全目标方针就是用简明扼要激励人心的文字、数字对企业安全生产目标所进行的高度概括，它是企业安全生产工作的指南和行动纲领。制定企业的安全生产目标方针一般首先呼应企业的经营方针目标，符合企业实际性和政府及行业上级有关部门的具体要求。

例如，2007 年某航运企业安全生产目标是不发生责任性重、特大恶性安全事故，不发生职工因工死亡事故。

某工厂安全目标方针是：加强基础抓管理、减少轻伤无死亡、改善条件除隐患、齐心协力展宏图。

（2）总体目标。

总体目标是企业安全生产目标的具体化。它具体地规定了为实现目标方针在各主要方面应达到的要求和水平。只有目标方针而没有总目标，方针就成了一句空话，也只有根据目标方针确定总目标，总目标才能有正确的方向，才能保证方针的实现。目标方针与总体目标是紧密联系、不可分割的。

总体目标由若干目标项所组成，这些目标项应既能全面反映安全工作在各个方面的要求，又能适用于国家的实际情况。

每一个目标项都应规定达到的标准，而达到的标准必须数据化，即一定要有成果的目标标准。因为只有这样才能使员工的行动方向明确具体，在实施过程中便于检查控制，在考核评比时有准确的依据。

一般来说，目标项目可以包括以下几个方面：

①各类企业职工伤亡事故指标。企业职工伤亡事故指标有千人死亡率、千人重伤率、伤害率等。根据行业特点，也可选用以产品、产量计算的死亡率（百万吨死亡率、百万公里事故率等）。

②企业职工伤亡事故造成的经济损失指标。这类指标有千人经济损失率和百万元产值经济损失率。根据企业的实际情况，为了便于统计计算，也可以只考虑直接经济损失，而以直接经济损失作为控制目标。

③尘、毒、噪声、辐射等职工危害作业点合格率。

④日常安全生产管理工作指标。对于安全生产管理的组织机构、安全生产责任制、安全生产规章制度、安全技术措施计划、安全生产培训、安全生产检查、隐患整改、安全生产档案、安全生产班组建设,以及“三同时”、“五同时”日常安全生产管理工作的各个方面均按设定目标并确定目标数值。

在具体确定安全生产目标值时可以有三种情况:

①如果只有近几年统计数据(如经济损失率最近几年才比较重视,过去数据比较少,也不准确),可以取其中均值作为初始目标值。

②对于数据比较齐全的目标项目(如千人死亡率等)可以用统计方法或其他预测方法进行定量的预测。

③对于日常安全生产管理工作的目标值,可以结合对安全生产工作的考核评价加以确定。也就是说,把对安全生产工作考核评价的指标作为安全生产管理工作的目标值。

(3)确保目标实现的对策措施。

为了保证安全生产目标的实现,在制定目标时必须制定相应的对策措施,作为安全生产目标的不可缺少的组成部分,制定对策措施应该注意重点,针对影响实现目标的关键问题,集中力量加以解决。一般而言,对策措施可以从以下方面加以考虑:组织制度;安全技术;安全教育;安全检查;隐患整改;班组建设;信息管理;竞赛、考核和评价;奖惩;其他。

制定对策措施要重视研究新的情况。对等措施逐项列出规定的措施内容、完成日期,并落实责任。

2. 安全生产目标的实施

1)目标分解的措施

安全生产目标的分解又称安全生产目标的展开,是安全生产目标的重要环节,目标的展开应遵循以下原则:

(1)安全生产目标的展开,在指导思想上要以能充分调动全体人员的主观能动性,保证实现总目标为前提。上下级之间、部门之间,必须相互理解,积极支援,一起平等协商,取得平衡,避免相互牵制或脱节。例如,不同的企业、部门,因工作任务、性质、作业条件不同,危险因素的程度会有异,达到目标的难易程度也会有所区别,那么,目标值就应体现差异,与各企业、部门的实际情况一致。同时,每一级在进行安全生产目标展开时,都要核算自己的目标值对上一级目标的保证程度。检查各种标准是否订在适当的幅度,分析主要措施的可靠性,使每一级目标既具有挑战性,又具有可行性,能够激发各个部门和员工的工作欲望,充分发挥其工作能力,真正发挥目标的激励作用。

(2)安全生产目标的展开要纵向到底,横向到边,不应遗漏任何部门和个人。且越往下目标措施应越具体,易于实施,责任明确。充分发挥每个人的智慧和力量,去实现每个人最直接的措施和目标。

(3)目标展开要贯彻责、权、利统一,使方针目标跟责任、权限、义务等密切结合,各层有各层的自主性。实行责任、权限、义务三等边的原则,这三者大小必须是像正三角形那样三条边相等。

(4)方针目标展开要结合落实安全生产责任制。在目标展开的同时要逐级签订安全生产责任状,把安全生产目标内容纳入其中,以确保目标的实现。

(5)各企业、部门在制定本单位的方针目标时,必须以总目标为依据,但不能照抄照搬,选择的问题点应是上级方针目标中问题点的展开。

安全生产目标的展开,在方法上应按企业组织结构自上而下层层展开,自下而上层层保证,展开必须纵向到底,横向到边,纵横联系,贯穿整个体系。形成层层互保的安全生产目标体系。制定切实可行的实现目标的措施,是实现安全生产目标的重要保证。企业必须从自身实际出发,对企业现状的有关数据进行充分分析、比较,应用现代管理方法和手段,进行客观的判断与科学的预测,找出影响安全生产目标实现的关键问题点,然后对存在的问题点"一追到底":是什么性质的问题,是哪个环节的问题,这个问题对安全生产的影响程度等,把问题的现状分析透彻,在此基础上提出解决问题的方法。对应达到的安全标准,负责具体工作的主办、协办单位,完成日期提出明确的要求。使制定的对策措施既科学又可行,为实现安全生产目标提供制度上的保证。

要实现总目标,关键在于科学分解。若目标分解不合适,有的完成了,有的完不成,就会造成总目标完不成。因为目标分解是"自上而下",目标的实现则是"自下而上",从个别目标的达成开始,逐级累积为部门目标与企业总目标的预期成果。目标的分解要做到人尽其才、物尽其用,要根据各部门及各人的具体情况设立分目标。因此,确定分目标时,不能领导说了算,而必须是由分目标执行部门负责人或执行者根据上一级目标及本部门或本人的工作内容、工作能力自己制定,提出具体措施,然后由上一级领导全面考虑,综合协调,最后共同确定分目标。

安全生产目标制定后,目标执行部门上下级之间应签订安全生产目标责任书。

2)实施目标管理

实施目标应与经济挂钩,每个分目标都要有具体的保证措施、责任承担者及相应的权重系数,一般保证措施由下级站在本部门的立场上,根据本部门的现状,按部门、设备、环境、工种、人员等进行展开,找出实现本部门目标的问题点,然后采取措施制定本部门的活动计划,以确保目标的实现。只有下级的保证措施做好了,分目标实现了,才有可能实现总目标。因此,目标是由上而下的层层分解,保证措施是由下而上的层层保证。

实施目标管理有一整套管理控制方法,其要点是实行自主管理和自主控制,充分放权使每个人都能发挥自己的积极性、创造性。领导主要起宏观控制作用,注意协调,防止相互干扰。

在目标管理中,上级对下级部门不是监督、干涉,下级部门也不必事事向上级请示,时时汇报工作情况。但是,"放权"不等于撒手不管。上级要对下级目标的实施进度和状况进行管理,定期深入下级部门,了解和检查目标的完成情况,与其交换意见,对其工作进行必要的具体指导。特别是出现与上下左右部门有联系、易扯皮的问题,更要发挥领导作用,进行协调,以保证目标管理的顺利实施。另外,在目标管理的实施过程中,下级执行者如遇到自己不能独立解决、对全过程有影响的问题时,应及时向上级汇报,使上级及时了解情况,尽快帮助解决,保证目标管理实施的连续性。

3. 安全生产管理绩效指标体系与考核

安全绩效是指基于安全生产理念、方针和目标,控制和消除风险取得的可测量结果。企业要保证安全理念、方针得以推行、安全目标得以现实,就必须对各级机构和人员的安全绩效进行适时考核，不断修正实施过程中的偏差，不断总结推广安全生产管理经验，不断激励各级领导干部和员工奋发进取，自觉地搞好安全生产工作。

1）建立安全绩效考核制度必须满足的要求

安全绩效考核制度必须有助于对人们的安全意识和理念的积极强化。对于安全绩效的考核可以产生两方面的效果，其一是有助于让被考核部门和人员了解什么有效、什么无效，从而有助于改进其安全工作过程。其次，有助于保持动机和努力，可以起到鼓舞作用。但并非所有的考核都会产生正面作用[❶]，其效果受多个因素影响，如所用指标的类型、衡量指标的特性，以及企业使用这些指标的方式等。因此，一个合理的安全绩效考核制度必须满足几方面的要求：

（1）一致性。考核的指标必须与企业安全目标是一致的。如果我们希望通过考核来引导人们的努力，那么对于所选指标的首要要求是它与企业安全目标的一致性。也就是说，我们所建立的考核指标体系必须能够促进企业安全目标的实现。

在现实中，有些企业并没有明确的取得共识的安全理念和方针，因此也谈不上有一套能够反映企业的安全理念、方针和目标的绩效指标。有的企业建立了整体的安全理念和方针，但却不能将其分解为一套协调一致的任务安排和评价指标。下级部门自行建立的安全绩效指标未必与企业的安全理念、方针和目标一致，因而其努力就不可能有整体的安全绩效。也有很多企业虽有明确的安全理念和方针，并分解成了一套协调一致的任务安排和绩效指标，但却未随着时间的变化而变化。安全绩效指标的一致性不是静止不变的，当环境变化时，安全理念、方针和目标都要发生相应变化。因此，必须通过定期的评审来保证安全绩效指标的有效性。

（2）完整性。安全绩效指标必须具有完整性，也就是要能够全面反映出被考核部门和人员的绩效情况。缺乏完整性的指标只能反映被考核部门和人员的安全活动及其影响的局部。而未被衡量的方面往往会受不到重视，从而导致安全管理上的漏洞和隐患，可能影响企业整体目标的实现。

（3）可控性。安全考核指标还必须具有可控性。衡量指标如果只受到被考核部门和人员可控制因素的影响，这个安全绩效指标就是可控的，它对被考核部门和人员的安全绩效的反映就是可靠的。很多情况下，这种理想状况是难以实现的。例如，一个岗位的安全运行状况受该岗位管理和操作人员的影响，但也受到相关联岗位波动的影响，而这种波动是前者所无法控制的。在其他条件相同的情况下，衡量指标受到的“外部”因素影响越大，人们的努力就越容易被这些不可控因素所压倒，这些指标所反映出的绩效状况与被考核对象的努力之间的关联性就会越差。因此，从道理上而言，对被考核部门和人员的考评只应针对他们所能控制的部分。但是，确定绩效的某个方面是否可控并非易事。绩效指标的完整性和可控性之间经常存在着矛盾。不同工作之间的依存度越高，各自的绩效就越是难以衡量。另外，绩效指标数量的增加会降低其边际效益。在有些情况下，过多的指标反而会引起负面的效果。人们只能对有限的信息加以理解和做出反应，从而只会认真对待有限的几个绩效指标。

---

❶ 安全绩效考核如果不考虑企业实际状况、安全绩效考核方法的选择以及企业文化特征，安全绩效考核将流于形式，甚至引发员工内部冲突，不仅妨碍安全生产目标完成，而且对企业发展产生阻碍。

(4)激励性和时效性。无论任何形式的考核起到的作用都是外在的激励。通过外部考核激发被考核单位和人员的内在动力,安全绩效考核才更具有意义,因此一旦被考核部门和人员做出了预期的行为就应当给予强化。对预期行为的强化,告诉了被考核部门和人员该行为是重要的。中止了对某一行为的强化,会使被考核单位和人员认为该行为已不再重要。良好的强化对于预期行为应当是积极的、具体的,应真心实意且在行为之后迅速进行。积极的后果应当成为鼓励高绩效的工作环境的组成部分。

根据实施的频次和范围,可将安全绩效考核分为日常考核、季度考核和年度考核:①日常考核:通过日常监测、观察,对各级组织和人员的安全绩效进行评价,目的在于促进各级组织和员工自我管理;②季度考核:每季度末,对各级组织和员工该季度的安全绩效进行考核;③年度考核:每年底,对各级组织和员工全年的安全绩效进行总体考评。

(5)系统的固有危险性。应考虑被考核部门和员工所管理(控制)对象(装置)的固有危险程度。对于所管理(控制)对象(装置)固有危险程度大的部门和员工比所管理(控制)对象(装置)固有危险程度小的部门和人员,取得相同的控制结果,付出的努力需要更大。在确定安全绩效指标时,合理考虑控制对象的固有危险程度,对被考核部门和人员更公平,也更能激发其安全管理热情。

2)安全绩效考核制度实施过程应注意的问题

在安全绩效考核制度实施过程中,应注意以下几个问题:

(1)正确制定安全绩效考核标准。考核标准是评价安全生产目标执行结果的基本依据,能否制定出符合客观实际的考核标准,是做好安全绩效考核工作的关键。应广泛发动员工,群策群力,做到考核尺度明确具体、项目内容全面正确,且与安全生产目标体系一直,时限要求与目标计划期一致,奖惩规定体现奖优惩劣原则。

(2)做好日常考核记录。日常考核记录是在安全生产目标实施过程中对各部门和个人实施目标情况的文字记载。是正确考核安全绩效的基础性资料。认真做好日常考核记录,才能使负责安全生产目标考核的管理者和有关部门及时正确了解各目标责任者的目标实施情况。

(3)综合采用多种考核办法。每一种安全绩效考核方法都有其优点和局限性,不太可能完全准确地反映集体或个人的工作绩效。须综合运用多种考核方法,做到上级考核与本级考核相结合,自我评价和部门评价相结合,才能达到考核目的,发挥激励作用。

(4)及时实施奖惩。奖励先进,鞭策落后,是调动员工安全生产参与积极性的重要手段。安全绩效考核结果公布后,应立即实施奖惩,做到奖惩兑现。

(5)定期总结。定期公布某个阶段的安全生产目标进展情况,考核绩效,认真总结经验、教训,把合理、可行的措施加以肯定,规范化、制度化、标准化。定期进行交叉绩效评估,对照自评结果,根据既定目标和对策措施表所须承担的内容进行经验教训总结,查找可能存在的问题,及时采取补救措施。

3)基于"平衡计分卡理论"建立安全绩效考核模式的探讨

"平衡计分卡理论"是近年来企业界非常流行的一种绩效考评模式,主张任何单一的绩效指标都难以反映出组织的绩效全貌,必须用一套"平衡的"指标体系来要求组织才能使之健康地发展。利用"平衡计分卡理论",建立安全绩效考核模式,得到由 6 大类别、22 个着重方面所构成的一个指标体系(表 3-3)构成,这 6 类要求分为 2 种类型,第 1 类称为"结果"型的要求，其余5类为“对策—展开”型的要求。

借助现代信息技术，平衡计分卡将企业的安全绩效状况综合地反映在了一份简单的电子表格上，一目了然；更为重要的是，平衡计分卡中的安全绩效指标来自于企业的安全理念、方针和目标。确定安全绩效指标的过程是一种系统的、演绎性的努力，出发点是企业所追求的安全目标，以及实现目标的关键手段。

安全绩效考核指标例表 表3-3

序号	类　别	着 重 方 面
1	安全目标(50分)	1.1 是否发生工亡事故、重伤事故、重大火灾事故、重大危化品事故、重大特种设备事故、重大交通事故
		1.2 火灾事故直接经济损是否超出企业下达的考核指标
		1.3 设备事故直接经济损失是否超出企业下达的考核指标
		1.4 环境污染事件直接经济损失是否超出企业下达的考核指标
		1.5 轻伤事故(含中毒、窒息)是否超出企业下达的考核指标
		1.6 职业病发生率是否超出企业下达的考核指标
2	安全基础管理(15分)	2.1 层层签订安全目标责任书，严格执行安全生产组织人员保证体系
		2.2 安全台账、记录等基础资料齐全、记录真实完整
		2.3 各种计划、总结、报表上报及时
		2.4 安全教育
3	安全检查和隐患治理(10分)	3.1 按规定的频次和项目要求进行安全检查，发现问题和隐患及时整改，并按要求上报
		3.2 对上级下达的隐患整改项目，落实“五定”责任制，按计划完成治理
		3.3 对暂时不具备整改条件的隐患，制定可靠的监控措施和应急方案
4	现场(作业)安全管理(15分)	4.1 严格执行危险作业许可制度，作业前进行风险分析，制定控制措施
		4.2 作业现场警示标识符合要求，配备了必要的安全防护用品(具)及消防设施与器材
		4.3 严格执行操作规程，不违章作业，不违反安全纪律、工艺纪律、劳动纪律和环保纪律
		4.4 严格进行检修作业前的安全条件确认及作业完成后的安全验收，并做到“工完、料尽、场地清”
5	职业卫生管理(5分)	5.1 做好清洁文明生产，严防“跑、冒、滴、漏”，保证岗位职业有害因素监测合格率达100%
		5.2 按要求(组织)参加职业性健康检查
		5.3 按要求对职业卫生设施进行定期检查，落实专人维护保养
6	应急管理(5分)	6.1 建立完善应急指挥与救援系统，明确职责。按照事故处理原则，对事故进行调查处理和总结
		6.2 准备足够适用的应急资源，按要求对安全防护设施及应急设施进行定期检查，落实专人维护保养
		6.3 按要求制定应急预案，定期进行应急培训和演练，并对演练效果进行评价、对预案进行评审和修订
注：总分合计100分		

平衡计分卡在企业中层层展开，从而能够使得企业的各个部门的安全管理置于企业的安全理念、方针和目标的指导之下。通过这种展开，各部门确立了适应本单位情况的绩效指标。平衡计分卡的展开一般涉及两个相关联的过程，一是直接采用有关整体安全目标的指标和本单位适用的指标；二是重新设计反映本单位特殊需要的指标。平衡计分卡就其概念而言，意味着对于安全理念、方针和目标的分解，它可以一直分解到每个员工头上。

平衡计分卡具体的评分主要依据三个尺度，这便是安全对策、展开和结果。

所谓"安全对策"便是"应对类别要求的诸方法"。对于安全对策的评估主要从四个方面来进行：

①安全对策相对于要求的适当性；

②安全对策应用的有效性及可重复、协调、一致地应用的程度，体现计划、实施、检查、改进这一循环的程度，基于可靠的信息和数据的程度；

③与企业的安全需要的协调一致；

④有益的安全创新的变革的证据。

"展开"是指"安全对策应用的程度"。对于展开的评估主要从两个方面来进行：

①安全对策在对你的组织相关且重要的类别要求方面的应用；

②所有相关的工作单位对于该安全对策应用。

"结果"是评价所依据的第三个尺度，它指的是实现1.1～1.6中的目的的成果。对于结果的评价主要从四个方面来进行：

①当前安全绩效；

②相对（他人或标杆）的安全绩效；

③安全绩效改进的速率和范围；

④安全绩效指标与基础管理、安全检查与隐患治理、现场（作业）安全、职业卫生、应急管理等方面的绩效要求之间的联系。

四、安全生产危机管理

1. *危机管理的涵义*

危机管理是企业为应对各种危机情境所进行的规划决策、动态调整、化解处理及员工培训等活动过程，其目的在于消除或降低危机所带来的威胁和损失。通常可将危机管理分为两大部分：危机爆发前的预计，预防管理和危机爆发后的应急善后管理。危机管理是专门的管理科学，它是为了应对突发的危机事件，抗拒突发的灾难事变，尽量使损害降至最低点而事先建立的防范、处理体系和应对的措施。对一个企业而言，可以称之为企业危机的事项是指当企业面临与社会大众或顾客有密切关系且后果严重的重大事故，而为了应付危机的出现在企业内预先建立防范和处理这些重大事故的体制和措施，则称为企业的危机管理。

企业安全管理最常见的活动在于对各种风险源或事故征兆进行日常的监控，一方面对风险因素或针对事故征兆（现象）进行纠正活动，防止该风险程度增加或现象的扩展蔓延，逐渐使其恢复到正确状态；另一方面则在日常对策活动中发现难以有效控制的风险源或事故征兆（现象）后对可能发生的事故状态进行假设与模拟活动，并提出对策方案，为进入"事故危机管理"阶段做好准备。

危机管理是企业日常监控活动无法有效扭转危险状态的发展,企业生产活动陷入危机状态时采取的一种特殊性质的管理,只有在特殊情况下才采用的特别管理方式。它是在企业生产安全管理系统已无法控制事故状态或企业领导层基本丧失指挥能力的情况下,以特别的危机计划、特别领导小组、紧急救援体系等介入企业领导管理过程。一旦危机状态恢复到可控状态,危机管理的任务便告完成,由日常监控环节继续履行预控对策的任务。

预控对策活动中的组织准备与日常监控活动,是执行预控对策任务的主体;危机管理活动,是特殊情况下对"日常监控"活动的一种扩展。日常监控和危机管理工作都要以"组织准备"活动为前提。而组织准备活动,不仅是联结预警分析与预控对策活动的环节,它也为整个事故预警管理系统提供组织运行规范。

2. 危机的特征

危机是危机管理的对象或所面临的处境。危机具备如下特征:

(1)突发性。危机往往都是不期而至,令人措手不及,危机发作的时候一般是在企业毫无准备的情况下瞬间发生,给企业带来的是混乱和惊恐。

(2)破坏性。危机发作后可能会带来比较严重的物质损失和负面影响,有些危机用毁于一旦来形容一点不为过。

(3)不确定性。事件爆发前的征兆一般不是很明显,企业难以做出预测。危机出现与否与出现的时机是无法完全确定的。

(4)急迫性。危机的突发性特征决定了企业对危机做出的反应和处理的时间十分紧迫,任何延迟都会带来更大的损失。危机的迅速发生引起了各大传媒以及社会大众对于这些意外事件的关注,使得企业必须立即进行事件调查与对外说明。

(5)信息资源紧缺性。危机往往突然降临,决策者必须做出快速决策,在时间有限的条件下,混乱和惊恐的心理使得获取相关信息的渠道出现瓶颈现象,决策者很难在众多的信息中发现准确的信息。

(6)舆论关注性。危机事件的爆发能够刺激人们的好奇心理,常常成为人们谈论的热门话题和媒体跟踪报道的内容。企业越是束手无策,危机事件越会增添神秘色彩引起各方的关注。

3. 危机管理的原则

企业在经营与发展过程中遇到挫折和危机是正常和难免的,危机是企业生存和发展中的一种普遍现象。那么如何建立一个有效的危机管理体系,从而能够成功地预防危机,处理危机,甚至反败为胜,在危机中恢复并得到发展,需要把握危机管理的一些基本原则。由于不同国家历史文化及企业管理理念的差异,学者和业者对于危机管理基本原则提出不同看法。比较有代表性的有6C原则和6F原则。

1)危机管理6C原则

①全面化(Comprehensive)。

危机管理的目标不仅仅是"使公司免遭损失",而是"能在危机中发展"。很多企业将危机管理与业务发展看成是一对相互对立的矛盾,认为危机管理必然阻碍业务发展,业务发展必定排斥危机管理。从而导致危机管理与业务发展被割裂开来,形成"两张皮"。危机管理机构在制定规章制度时往往不考虑其对业务发展的可能影响;而业务部门在开拓业务时则是盲目地扩张,根本不顾及危机问题。

全面化可归纳为三个“确保”,即首先应确保企业危机管理目标与业务发展目标相一致;二是确保企业危机管理能够涵盖所有业务和所有环节中的一切危机,即所有危机都有专门的、对应的岗位来负责;三是应确保危机管理能够识别企业面临的一切危机。

②价值观的一致性(Consistent values)。

危机管理有道亦有术。危机管理的“道”是根植于企业的价值观与社会责任感,是企业得到社会尊敬的根基。危机管理的“术”是危机管理的操作技术与方法,是需要通过学习和训练来掌握的。危机管理之“道”是企业危机之“术”的纲。

从根本上讲,危机就其本质而言,是无法预知的,如何处理危机根植在企业的价值体系中。

③关联化(Correlative)。

有效的危机管理体系是一个由不同的子系统组成的有机体系,如信息系统、沟通系统、决策系统、指挥系统、后勤保障系统、财物支持系统等。因而,企业危机管理的有效与否,除了取决于危机管理体系本身,在很大程度上还取决于它所包含的各个子系统是否健全和有效运作。任何一个子系统的失灵都有可能导致整个危机管理体系的失效。

④集权化(Centralized)。

集权化的实质就是要在企业内部建立起一个职责清晰、权责明确的危机管理机构。因为清晰的职责划分是确保危机管理体系有效运作的前提。同时,企业应确保危机管理机构具有高度权威性,并尽可能不受外部因素的干扰,以保持其客观性和公正性。危机的集权管理有利于从整体上把握企业面临的全部危机,从而将危机策略与经营策略统一起来。但值得注意的是,为了提高危机管理的效率和水平,不同领域的危机应由不同的部门来负责,即危机的分散管理。危机的分散管理有利于各相关部门集中力量将各类危机控制好。但不同的危机管理部门最终都应直接向高层的专门管理人员负责,即实现危机的集中管理。

⑤互通化(Communicating)。

从某种意义上讲,危机战略的出台在很大程度上依赖于其所能获得的信息是否充分。而危机战略能否被正确执行则受制于企业内部是否有一个充分的信息沟通渠道。如果信息传达渠道不畅通,执行部门很可能会曲解上面的意图,进而作出与危机战略背道而驰的行为。

有效的信息沟通可以确保所有的工作人员都能充分理解其工作职责与责任,并保证相关信息能够传递给适当的工作人员,从而使危机管理的各个环节正常运行。企业内部信息的顺畅流通在很大程度上取决于企业信息系统是否完善。因此企业应加强危机管理的信息化建设。以任何理由瞒报、迟报,甚至不报的行为都是致命的。

⑥创新化(Creative)。

危机管理既要充分借鉴成功的经验,也要根据危机的实际情况,尤其要借助新技术、新信息和新思维,进行大胆创新。切不可墨守成规,故步自封。

2)危机管理6F原则

①事先预测原则(Forecast)。

“防火”胜于“灭火”,当危机发生以后,对公众利益的伤害和企业组织形象的损失往往已经造成。这时再尽力去“补救”，是作为“消防员”在挽回损失。因而，对于任何组织和个人，最大程度减少危机损失和影响的做法便是避免危机的发生。在危机事件爆发后频频露面四处扑火的公众焦点和危急时刻挺身而出力挽狂澜的风云人物，虽然会给人留下深刻的印象，但也只是作为“消防员”在控制事态和避免损失的加剧。而危机管理的真正高手，则是通过事先分析、科学预测，防范“火警”发生的“安全员”。

管理者们应该及早发现危机的端倪，防患于未然。在危机应对中通过科学分析做出事前预测和判断，从而将事件控制在酝酿、萌芽状态，在不被人察觉中将危机化解。

危机应对的预见性原则首先体现在组织必须对可能发生危机的各个领域和环节做出事先预测和分析，制定全面、可行的危机预案和计划。危机预测原则还体现为危机事件发展前期决策者对态势的把握。在危机发展初期组织决策者必须要能够准确判断危机发展态势、影响程度和社会公众的反应，从而将危机控制在萌芽期，避免危机的进一步扩大。

②迅速反应原则(Fast)。

危机的解决，速度是关键。危机降临时，企业高层管理人员应当保持冷静，采取有效的措施，隔离危机，要在第一时间查出原因，找准危机的根源，以便迅速、快捷地消除公众的疑虑。同时，企业必须以最快的速度启动危机应变计划并立刻制定相应的对策。如果是内因就要下狠心处置相应的责任人，给舆论和受害者一个合理的交代；如果是外因要及时调整企业战略目标，重新考虑企业发展方向；在危机发生后要时刻同新闻媒体保持密切的联系，借助公证、权威性的机构来帮助解决危机，承担起给予公众的精神和物质的补偿责任，做好恢复企业的事后管理，从而迅速有效地解决企业危机。

③尊重事实原则(Fact)。

任何组织在处理危机过程中，都必须坚持实事求是的原则，这是妥善解决危机的最根本原则。犯了错误并不可怕，可怕的是不敢承认错误。从危机公关的角度来说，只有坚持实事求是、不回避问题，勇于承担责任，向公众表现出充分的坦诚，才能获得公众的同情、理解、信任和支持。

对于处于危机风波中的企业来说，最大的致命伤便是失信于民，一旦媒体和公众得知企业在撒谎，新的危机又会马上产生。世上没有不透风的墙，违背事实原则弄虚作假、封锁消息、愚弄公众，往往会产生一系列连锁反应，进一步加重危机的负面作用，以至给组织造成不可挽回的损失。

④承担责任原则(Face)。

是否遵循危机管理中的承担责任原则，实质上是考验陷于危机中的企业对于组织利益选择的不同态度。危机发生后，公众关注的焦点往往集中在两个方面：一方面是利益的问题，另一方面则是感情问题。利益是公众关注的焦点。危机事件往往会造成组织利益和公众利益的冲突激化，从危机管理的角度来看，无论谁是谁非，组织应该主动承担责任。

目光短浅的企业，为了保护自身、获取短期利益，在危机管理中往往将公众利益和社会责任束之高阁，最终却为之付出巨大代价。而具有强烈责任感的企业，宁愿以牺牲自身短暂利益换来良好的社会声誉，树立和不断提升组织和品牌形象，从而实现企业发展的可持续性。

⑤坦诚沟通原则(Frank)。

危机管理中的坦诚沟通原则是指处于危机中的企业组织要高度重视做好信息的传递发布并在组织内外部进行积极、坦诚、有效的沟通公关,充分体现出组织在危机应对中的社会责任感,从而为妥善处理危机创造良好的氛围和环境,达到维护和重树形象的目标。危机处理中,组织遵循坦诚沟通原则、及时向公众发布信息的意义在于:保障社会公众的知情权、体现组织的社会责任感、为危机应对创造良好的外部环境、维护和树立组织的良好形象。

危机沟通包含两个方面:一是危机事件中组织内部的沟通问题,二是组织与社会公众和利益相关者之间的沟通公关。概括来说,企业组织危机沟通的覆盖范围主要有:企业内部管理层和员工、直接消费者及客户、产业链上下游利益相关者、政府权威部门和行业组织、新闻媒体和社会公众等五类群体。

⑥灵活变通原则(Flexible)。

危机管理,既是一门科学,又是一门艺术。企业危机管理和危机公关,既是关系到组织生存与发展的严肃话题,又给管理者们提供了一个管理智慧和创新才能发挥的广阔空间。事实上,从危机事件爆发前的预防、危机事件发生后的应对和危机后期处理环节,既要遵循一些危机管理的基本程序和规则,又无绝对统一的模式可以照搬。危机管理高手们能结合事态形势的变化、组织自身优弱势、内外部资源条件等进行灵活处理和应对,不仅力挽狂澜成功跨越危机,甚至还将危机事件转变成提升企业形象的契机。

4. 危机管理对策

企业在生产经营中面临着多种危机,并且无论哪种危机发生,都有可能给企业带来致命的打击。企业通过危机管理把一些潜在的危机消灭在萌芽状态,把必然发生的危机损失减少到最小的程度。虽然危机具有偶然性,但是危机管理并不是无章可循。危机管理对策主要包括如下几个方面:

1)做好危机预防工作

危机产生的原因是多种多样的,不排除偶然的原因,多数危机的产生有一个变化的过程。如果企业管理人员有敏锐的洞察力,根据日常收集到的各方面信息,能够及时采取有效的防范措施,完全可以避免危机的发生或使危机造成的损害和影响尽可能减少到最小程度。因此,预防危机是危机管理的首要环节。

①树立强烈的危机意识。企业进行危机管理应该树立一种危机理念,营造一个危机氛围,使企业的员工面对激烈的市场竞争,充满危机感,将危机的预防作为日常工作的组成部分。

②建立预防危机的预警系统。预防危机必须建立高度灵敏、准确的预警系统。信息监测是预警的核心,随时搜集各方面的信息,及时加以分析和处理,把隐患消灭在萌芽状态。

③建立危机管理机构。这是企业危机管理有效进行的组织保证,不仅这是处理危机时必不可少的组织环节,而且在日常危机管理中也非常重要的。危机发生之前,企业要做好危机发生时的准备工作,建立起危机管理机构,制定出危机处理工作程序,明确主管领导和成员职责。危机管理机构的具体组织形式,可以是独立的专职机构,也可以是一个跨部门的管理小组,还可以在企业战略管理部门设置专职人员来代替。企业可以根据自身的规模以及可能发生的危机的性质和概率灵活决定。

④制定危机管理计划 。企业应该根据可能发生的不同类型的危机制定一整套危机管

理计划，明确怎样防止危机爆发，一旦危机爆发立即做出针对性反应等。事先拟定的危机管理计划应该囊括企业多方面的应酬预案。在计划中要重点体现危机的传播途径和解决办法。

2)进行准确的危机确认

危机管理人员要做好日常的信息收集、分类管理，建立起危机防范预警机制。危机管理人员要善于捕捉危机发生前的信息，在出现危机征兆时，尽快确认危机的类型，为有效的危机控制做好前期工作。

3)危机处理

有效的危机控制。危机发生后，危机管理机构快速调查事件原因，弄清事实真相，尽可能把真实的、完整的情况公布于众，各部门保证信息的一致性，避免公众的各种无端猜疑。配合有关调查小组的调查，并做好应对有关部门和媒体的解释工作以及事故善后处理工作。速度是危机控制阶段的关键，决策要快速，行动要果断，力度要到位。

迅速拿出解决方案。企业以最快的速度启动危机处理计划。每次危机各不相同，应该针对具体问题，随时修正和充实危机处理对策。主动、真诚、快速反应、公众利益至上是企业面对危机最好的策略。企业应该掌握宣传报道的主动权，通过召开新闻发布会，向公众告知危机发生的具体情况，企业解决问题的措施等内容，发布的信息应该具体、准确，随时接受媒体和有关公众的访问，以公众利益至上的原则解决问题。还可以利用权威性的机构对解决危机的作用，处理危机时，最好邀请权威人士辅助调查，以赢取公众的信任，这往往对企业危机的处理能够起到决定性的作用。

4)危机的善后工作

危机的善后工作主要是消除危机处理后遗留问题和影响。危机发生后，企业形象受到了影响，公众对企业会非常敏感，要靠一系列危机善后管理工作来挽回影响。

①进行危机总结、评估。对危机管理工作进行全面的评价，包括对预警系统的组织和工作程序、危机处理计划、危机决策等各方面的评价，要详尽地列出危机管理工作中存在的各种问题。

②对问题进行整顿。多数危机的爆发与企业管理不善有关，通过总结评估提出改正措施，责成有关部门逐项落实，完善危机管理内容。

③寻找商机。危机给企业制造了另外一种环境，企业管理者要善于利用危机探索经营的新路子，进行重大改革。这样，危机可能会给企业带来商机。

总之，危机并不等同于企业失败，危机之中往往孕育着转机。危机管理是一门艺术，是企业发展战略中的一项长期规划。企业在不断谋求技术、市场、管理和组织制度等一系列创新的同时，应将危机管理创新放到重要的位置上。一个企业在危机管理上的成败能够显示出它的整体素质和综合实力。成功的企业不仅能够妥善处理危机，而且能够化危机为商机。

第二节　安全隐患排查与治理

近年来，国家出台了一系列关于加强安全生产工作，开展各类事故隐患排查治理政策措施。事故隐患的排查和治理，已经成为提高社会和企业本质安全水平、确保社会经济和谐稳定发展的一项有效措施。随着社会经济快速发展，企业单位迅猛扩张，与此同时，由于人们安全意识淡薄、安全管理制度的缺失、日常监管手段的局限，事故隐患以各种形态大量存在。事故隐患的排查整改显得尤为重要。

一、隐患定义与分类分级

隐患是在某个条件、事物以及事件中所存在的不稳定并且影响到个人或者他人安全利益的因素，它是一种潜藏着的因素，“隐”字体现了潜藏、隐蔽，而“患”字 则体现了祸患，不好的状况。《安全生产事故隐患排查治理暂行规定》将隐患定义为：企业违反安全生产法律、法规、规章、标准、规程和安全生产管理制度的规定，或者因其他因素在生产经营活动中存在可能导致事故发生的物的危险状态、人的不安全行为和管理上的缺陷。将各种“违反”的概念规定为事故隐患，为安全生产管理领域加强对遵守各种规定的“执行力”奠定了坚实的基础。

隐患从性质上分为一般事故隐患和重大事故隐患。

一般事故隐患是指危害和整改难度较小，发现后能够立即整改排除的隐患。

重大事故隐患是指危害和整改难度较大，依照法律、法规规定应当全部或者局部停产停业，并经过一定时间整改治理方能排除的隐患，或者因外部因素影响致使企业自身难以排除隐患。是可能导致重大人身伤亡或者重大经济损失的事故隐患。

重大事故隐患根据作业场所、设备及设施的不安全状态，人的不安全行为和管理上的缺陷，可能导致事故损失的程度分为两级：

(1)特别重大事故隐患是指可能造成死亡 50 人以上或可能直接经济损失 1000 万元以上的事故隐患；

(2)重大事故隐患是指可能造成死亡 10 人以上，或可能造成直接经济损失 500 万元以上的事故隐患。

事故隐患的分级是以隐患的整改、治理和排除的难度及其影响范围为标准的。根据这个分级标准，在企业中通常将隐患分为班组级、车间级、分厂级直至厂(公司)级，其含义是在相应级别的组织(单位)中能够整改、治理和排除。其中的厂(公司)级隐患中的某些隐患如果属于应当全部或者局部停产停业，并经过一定时间整改治理方能排除的隐患，或者因外部因素影响致使企业自身难以排除的隐患应当列为重大事故隐患。

二、隐患排查及隐患治理

1. 隐患排查及治理的重要性

《安全生产法》第十七条规定企业主要负责人有“督促、检查本单位的安全生产工作，及时消除生产安全事故隐患”的职责；

《国务院关于进一步加强企业安全生产工作的通知》(国发〔2010〕23 号)进一步强调了及时排查治理安全隐患的重要性。

《通知》第 4 条要求：企业要经常性开展安全隐患排查，并切实做到整改措施、责任、资金、时限和预案“五到位”。建立以安全生产专业人员为主导的隐患整改效果评价制度，确保整改到位。对隐患整改不力造成事故的，要依法追究企业和企业相关负责人的责任。对停产整改逾期未完成的不得复产。

《通知》第 8 条要求：因安全生产技术问题不解决产生重大隐患的，要对企业主要负责人、主要技术负责人和有关人员给予处罚。

《通知》第 14 条要求：依法维护和落实企业职工对安全生产的参与权与监督权，鼓励职工监督举报各类安全隐患，对举报者予以奖励。

《通知》第 16 条要求：对重大危险源和重大隐患要报当地安全生产监管监察部门、负有安全生产监管职责的有关部门和行业管理部门备案。

《通知》第 26、30 条要求：对存在落后技术装备、构成重大安全隐患的企业，要予以公布，责令限期整改，逾期未整改的依法予以关闭；存在重大隐患整改不力的企业，由省级及以上安全监管监察部门会同有关行业主管部门向社会公告，并向投资、国土资源、建设、银行、证券等主管部门通报，一年内严格限制新增的项目核准、用地审批、证券融资等，并作为银行贷款等的重要参考依据。

《国务院安委会办公室关于实行安全生产事故隐患排查治理情况月通报的通知》(安委办〔2012〕23 号)要求：自 2012 年 7 月 1 日起，对全国安全生产事故隐患排查治理情况实行月通报。月通报主要内容是：每月汇总各地区、各有关部门和单位开展安全生产事故隐患排查治理情况，重点分析开展隐患排查治理企业和单位、一般事故隐患排查治理、重大事故隐患排查治理、重大事故隐患挂牌督办以及落实隐患治理资金等情况，查找存在的问题，提出下一阶段的工作措施。启用安全生产事故隐患排查治理信息统计网上报送系统。

可见，对于企业而言，隐患排查和治理已经成为安全生产管理的核心内容之一，企业隐患治理整改情况也是政府安全生产监督部门关注的焦点之一，企业应从安全生产制度上确保隐患排查治理的经常化，通过安全生产技术创新提高隐患排查治理绩效。

2. 隐患排查治理与安全生产标准化的关系

1）隐患排查治理是安全生产标准化工作的重要组成部分

安全生产标准化工作是我国安全生产领域在当前一段时间内的重点工作，其实施的主要依据是以《企业安全生产标准化基本规范》为主的各行业的安全生产标准化评定标准。[1] 在《规范》中提出了十三项核心要求，其他行业的相关标准也大体相似。其中第八项核心要求即为隐患排查和治理，对隐患排查、排查范围与方法、隐患治理和预测预警等四个方面做出了原则性规定。

2）隐患排查治理是安全生产标准化有关内容的具体化

隐患排查治理可以成为一个具有依据明确、结构完整、内容充实和可操作性强的独立运行的系统，是安全生产标准化的进一步细化和深化，也为安全生产标准化其他部分的核心要求开创了一个深入和具体化的先例。

3）突出了企业是隐患排查治理工作的责任主体

安全生产标准化工作所涉及的部门和单位比较多，如安全监管部门、评审组织单位、评审单位还有专业技术服务机构等，尽管企业仍是安全生产标准化的责任主体，但还需要其他

[1] 交通运输部的安全生产标准化工作是在国务院安委会的指导下展开，《企业安全生产标准化基本规范》作为一个推荐性标准，对于交通运输行业的安全生产标准化工作有一定的参考意义。尤其在隐患排查治理方面，到目前为止，交通运输部并没有制定相关标准、规范或指南，在安全生产标准化推进过程中，考虑交通行业特征，有选择地借鉴《规范》的做法是可行的。

部门和单位的具体动作和参与才能共同完成此项工作。而隐患排查治理工作则突出了企业的主体责任，自建体系、自查自改以及自己上报等工作均是其职责，还要接受政府有关监管部门的监督管理以及核查，充分体现了“安全生产法”所规定的企业对其安全生产工作负主体责任的精神。

4）隐患排查治理体系有更强的及时性

建立隐患排查治理体系的主要目的是为了更好地促进企业做好隐患排查治理工作，使政府有关监管部门能及时、准确地掌握其安全生产状况。按照《国务院安委会办公室关于实行安全生产事故隐患排查治理情况月通报的通知》要求，隐患排查治理整改情况的评估开始按月开展，并及时上报。安全生产标准化工作通常要求企业每年至少进行一次自评，安全生产标准化企业证书和牌匾有效期为 3 年，到期时企业可按有关规定申请延期，换发证书、牌匾。

3. 隐患排查治理措施与方法

隐患排查是指企业组织安全生产管理人员、工程技术人员和其他相关人员对本单位的事故隐患进行排查的行为。隐患治理就是指消除或控制隐患的活动或过程。

企业是隐患排查工作的责任主体，方法是定期组织安全生产管理人员、工程技术人员和其他相关人员排查本单位的事故隐患和鼓励、发动职工发现事故隐患，鼓励社会公众举报。此项工作通常与企业的各种安全生产检查工作相结合。对排查出的事故隐患，应当按照事故隐患的等级进行登记，建立事故隐患信息档案。根据上述要求，隐患排查的过程就是企业定期组织所属人员主动、全面地查找并发现隐患、确定其等级、建立事故隐患信息档案，同时鼓励社会公众举报。

企业对于排查出的事故隐患，应当按照事故隐患的等级进行登记，建立事故隐患信息档案，并按照职责分工实施监控治理。对于一般事故隐患，由于其危害和整改难度较小，发现后应当立即整改排除。对于重大事故隐患，由应企业主要负责人组织制定并实施事故隐患治理方案；在事故隐患治理过程中，应采取相应的安全防范措施，防止事故发生。

1）企业隐患排查治理工作的主要内容

企业是隐患排查治理工作的最直接和最重要的主体，是隐患排查治理工作的直接实施者。企业隐患排查治理工作主要包括三个方面：自查隐患、治理隐患和自报隐患。自查是为了发现自身所存在的隐患，保证全面而减少遗漏；治理是为了将自查中发现的隐患控制住，防止引发后果，尽可能从根本上解决问题；自报是为了将自查和治理情况报送政府有关部门，以使其了解企业在排查和治理方面的信息，提供监管和帮助，从企业的外部获得相关的服务。

企业在政府及其部门的统一安排和指导下，确定自身的分类分级的定位，采用其适用的隐患排查治理标准，通过全面准备、制度建设、实施排查、分析改进等步骤形成完整的系统的企业自查机制。

（1）全面准备。

为保证隐患自查工作从一开始就能够打下坚实的基础，企业必须做好与之相关的全面准备工作。隐患排查治理是涉及企业所有部门、所有生产流程、所有人员的一项系统工程，如果不做好全面的准备，那么所建立的隐患排查治理机制肯定缺乏系统性并且可操作性差，结果必然是“一阵风”式的开展一次“运动”，不能做到深入和持久地开展自查工作。

(2)制度建设。

制度是企业管理的基本依据，需要企业将法律法规和标准规范以及上级和外部的其他要求全面掌握，吃透其精神和实质，将其各项具体的规定结合自身的实际情况，通过编制工作将外部的规定转化为企业内部的各项规章制度，再经过全面地执行和落实，变成企业的管理行动。隐患排查治理工作也不例外，也基本上按这一思路展开。

(3)实施排查。

排查的实施是一个涉及企业所有管理范围的工作，不能是“一窝蜂”式的运动式排查，需要有计划、按部就班地开展。排查的实施阶段主要工作包括：排查计划、首次会议、实施排查、总结分析、末次会议和隐患治理等。

(4)上报。

企业隐患排查治理主管部门将有关排查记录等材料整理后，在企业信息管理部门的配合下，应用隐患排查治理信息管理系统，向上级单位和有关政府监管部门的上报规定的信息。

(5)改进。

全面总结分析隐患排查治理工作的情况，重点关注实际工作中的情况与隐患排查治理制度所规定的内容不相符合的地方，对制度文件进行修订，为隐患排查治理工作的常规化奠定基础。

2)隐患的日常自查

企业通过前一阶段的隐患排查治理初期工作已经初步形成了一个隐患排查治理工作框架，但还需要通过更多的日常工作才能建立比较完善、正常运转的隐患排查治理工作的实施机制，以保证此项工作的常态化和持续改进。

(1)组织机构。

形成从主要负责人到一线员工的隐患排查治理工作网络，确定各个层级的隐患排查治理职责。

领导层：主要负责人是隐患排查治理工作的第一责任人，通过安委会、办公会等形式，将隐患排查治理工作纳入到其日常工作的范围中，亲自定期组织和参与检查，及时准确把握情况，发出明确的指令。确定主管负责人，当然常见的就是主管安全生产工作的副职，要在其职责中明确有关隐患排查治理的内容，将有关情况上传下达，做好主要负责人的帮手。其他有关领导也要在各自管辖范围内做好隐患排查治理工作，至少要知道、过问、督促、确认。

管理层：安全生产管理机构和人员是隐患排查治理工作的骨干力量，编制有关制度、培训各类人员、组织检查排查、下达整改指令、验证整改效果等是主要的工作内容，还要通过监督方式对各级管理人员在隐患排查治理工作方面的履职情况进行了解，纳入考核，避免将隐患排查治理工作只限于安全部门的范围，而是要全力推动全方位和全员化。

操作层：在责任制和操作规程中明确隐患排查治理是其工作内容的不可或缺的重要组成部分，在日常的各项工作中，要有高度的隐患意识，随时发现和处理各种隐患和事故苗头，自己不能解决的及时上报，并采取临时性的控制措施，并注意做好记录，为统计分析隐患问题留下一手资料。

(2)规章制度。

与隐患排查治理工作相关的内容应包含在安全生产责任制中,并有专门的隐患排查治理制度,还要在操作规程中有所体现。

(3)隐患排查的主体。

隐患排查的主体是企业的所有人员,从领导到一线员工直到在企业工作范围内的外部人员。因为隐患的存在是广泛的,而所有人员能够在各自工作岗位上及时发现之,才能保证排查的全面性和有效性。所有人员能不能或者会不会隐患排查是有前提的,必须对其进行有针对性和有效果的教育培训,在各种安全生产教育培训工作中要将隐患排查的内容纳入,并根据需要做专门的培训,还要确认培训的效果,以保证所有人员有意识、有能力地开展隐患排查。

隐患排查的主体重点在专业技术人员和班组的一线员工。

3)隐患排查的方式方法

排查隐患前要制定隐患排查方案,明确排查的目的、范围,选择合适的排查和方法。排查方案应根据:有关安全生产法律、法规要求;涉及规范、管理标准、技术标准,行业安全生产目标。

隐患排查方式是由其组织方式决定的,主要的隐患排查方式如下:

(1)综合检查。综合性安全检查是以落实岗位安全责任制为重点、各专业共同参与的全面检查。企业至少每年组织检查或抽查一次,基础单位、班组可以增加综合检查的频次。

(2)专业检查。专业性检查主要是对锅炉、压力容器、电器设备、机械设备、安全装备、监测仪器、危险物品等系统分别进行的专业检查,及在开航前、新装置竣工及试运转等时期进行的专项安全检查。

(3)季节性检查。季节性检查是根据各季节特点开展的专项检查。春季安全大检查以防雷、防静电、防解冻跑漏为重点;夏季安全大检查以防暑降温、防食物中毒、防台风、防洪防汛为重点;秋季安全大检查以防火、防冻保温为重点;冬季安全大检查以防火、防爆、防煤气中毒、防冻防滑为重点。

(4)节假日检查。节假日检查主要是节前对安全、保卫、消防、生产设备、备用设备、应急预案等进行的检查,特别是对节日干部、检维修队伍的值班安排和原辅料、备品备件、应急预案的落实情况等应进行重点检查。

(5)日常检查。日常检查包括班组、岗位员工的交接班检查和班中巡回检查,以及基层单位领导和生产、设备、安全等专业技术人员的经常性检查。各岗位应严格履行日常检查制度,特别应对关键装置要害部位的危险点、源进行重点检查和巡查。

事故隐患排查方法有很多,有群查、点查、循章排查和类比复查等,实际排查中,可以将这几种方法组合运用。

(1)群查。群查是指调动员工预防事故的积极性和能动性,同心协力查找生产(工作)中的事故隐患,它包括部门、车间、班组内的自查互查、基层工会的监督检查等形式。群查的优点是把排查事故隐患的视线从身边逐步向远处延伸,既要做好自身岗位设备设施以及周边作业环境中事故隐患的排查,又要以此为基本依据,撒开"大网",把平时那些司空见惯、习以为常的问题都网在其中，逐一排查，防止出现漏洞。

(2)点查。点查是采取抽样的方式、不定期的“突袭排查”，也可以针对容易形成重大事故隐患的重要部位组织专人进行排查。“点查”能够发现一些平时不容易暴露或预先检查中被“掩饰”的事故隐患，掌握其真实情况，有利于纠偏和事故隐患的治理；也可以突出重点，强化地重要部位的控制和防范。

(3)循章排查。循章排查是遵循法律、法规、标准、条例和操作规程等规定，排查生产过程中的事故隐患，凡不符合法规、标准规定的，都是事故隐患，都是可能出现事故或导致伤亡，必须立即制止，坚决纠正。“循章排查”能提高企业遵纪守法的自觉性，使排查内容“合规合法”。

(4)类比复查。类比复查是借鉴事故案例，复查本单位有没有类似情况，确定事故隐患。企业应善于吸取其他单位的事故案例，将导致事故的原因“对号入座”，排查本单位是否存在这类情况，是否构成了事故隐患。同时，企业要“借题发挥”，要及时将事故案例当作一面镜子，衍射到安全生产的方方面面，反复进行排查。

“群查”与“点查”相结合的事故隐患排查方法，既可以扩大排查的面，又能突出排查中的重点：无论是“群查”还是“点查”，都应针对生产工艺和作业方式的实际，编制事故隐患排查标准，其基本内容为：排查时间、排查内容、执行人、信息交流和反馈的方式和程序等。“循章排查”和“类比复查”相结合的事故隐患排查方法，可以提高排查的科技含量和排查的合规性及针对性。

4)隐患排查的范围

交通运输企业营运过程风险种类复杂，既涉及法律风险、市场风险，也较为频繁受到自然灾害、恶劣天气和人为因素的影响，此外，设备设施的运转状态等也是重要因素。因此，交通运输企业隐患排查范围可以进行如下界定：

(1)经营资质：企业是否取得合法许可证照，经营资质，经营范围是否合法合规。

(2)人员资质及设备设施标准：各级各类从业人员是否取得合法证照及资质，各种设备设施是否符合相关法规、规范及标准要求。

(3)安全生产管理制度合规性：安全生产管理责任制建立与否，安全主体责任是否落实，是否逐级签订责任书，安全生产台账、安全生产费用是否制度化。

(4)挂靠或代管运输设备安全管理：非本企业运输设备安全管理是否落实。

(5)设备设施及作业场所、作业活动安全管理：是否制定、落实设备、设施、作业场所及关键作业活动安全管理制度。

(6)人员安全管理：是否通过培训、教育、检查及奖惩等各项措施落实安全文化建设。

(7)重大危险源管理：是否建立危险源辨识、分级及监控制度，执行是否到位，整改要求是否切实执行。

(8)应急管理：是否针对企业具体情况制定相关预案体系或专项预案，应急人员是否配备并执行应急值班、应急设备、物资是否齐备及状态正常，应急演练是否按期开展等。

(9)事故管理：是否严格执行安全生产事故责任制度。

交通运输企业在进行隐患排查时，应结合企业具体情况，针对企业业务特征科学合理确定隐患排查项目。表3-4以一个水路货运企业的隐患排查项目表为例进行说明。

隐患排查项目表 表 3-4

隐患排查项目
(1)企业市场准入的资质条件是否合法有效,安全生产规章制度、机构设置、人员、船舶等符合要求;主要管理人员(海务、机务主管)、专职管理人员的资质和配备情况,人证是否相符
(2)企业自查和上级部门的年度核查提出的整改方案是否得到切实执行
(3)企业安全主体责任是否落实,是否逐级签订安全生产责任书
(4)是否按规定提取安全生产经费,专款专用
(5)船舶雾航、避碰等安全制度的建立和落实情况,船舶通信、消防、救生等安全设备维护情况,船舶修理计划制定和落实情况
(6)安全管理体系建立和执行情况,营运船舶的各种证书是否齐全、有效
(7)船舶管理企业对代管船舶实施安全管理情况,是否存在只收取管理费用未实施安全管理问题
(8)重大危险源监控情况,重大活动安全措施部署和落实情况
(9)安全培训教育和日常安全生产检查开展情况
(10)应急救援物资、设备配备及维护情况,应急救援预案制定及演练情况,应急值班情况
(11)汛期防范措施落实和隐患点除险加固情况,防汛物资配备、应急值班、预防预警机制建立、应急队伍配备等情况

5)隐患治理与持续改进

隐患排查的目的不仅是要发现隐患,更要消除隐患,并不断改进企业安全生产水平。针对隐患排查结果,企业应采取合理的隐患治理措施进行应对。

(1)制定隐患治理方案。

制定隐患治理方案主要针对重大事故隐患来讲的。对于一般事故隐患,由企业或部门负责人或者有关人员立即组织整改。对于重大事故隐患,由企业主要负责人组织制定并实施事故隐患治理方案。重大事故隐患治理方案应当包括以下内容:

①治理的目标和任务;

②采取的方法和措施;

③经费和物资的落实;

④负责治理的机构和人员;

⑤治理的时限和要求;

⑥安全措施和应急预案。

(2)采取隐患治理措施。

在事故隐患治理过程中,应当采取相应的安全防范措施,防止事故发生。事故隐患排除前或者排除过程中无法保证安全的,应当从危险区域内撤出作业人员,并疏散可能危及的其他人员,设置警戒标志,暂时停产停业或者停止使用;对暂时难以停产或者停止使用的相关生产储存装置、设施、设备,应当加强维护和保养,防止事故发生。

重大事故隐患在治理前应采取临时控制措施并制定应急预案。

一般而言,隐患治理措施应包括:

工程技术措施;

管理措施;

教育措施;

防护措施和应急措施。

(3)自然灾害或极端环境的预防。

对于因自然灾害或极端环境可能导致事故灾难的隐患,应当按照有关法律、法规、标准和本规定的要求排查治理,采取可靠的预防措施,制定应急预案。在接到有关自然灾害或极端环境预报时,应当及时向下属单位发出预警通知;发生自然灾害或极端环境可能危及企业和人员安全情况时,应当采取撤离人员、停止作业、加强监测等安全措施,并及时向当地人民政府及其有关部门报告。

(4)验证和评估。

隐患治理情况验证和评估:治理完成后,应对治理情况进行验证和效果评估,验证治理的措施是否得当,是否达到了预期效果,隐患是否已经消除,是否满足生产安全运行,是否产生新的安全隐患等。

隐患排查治理机制的各个方面都不是一成不变的,也要随着安全生产管理水平的提高而与时俱进,借助安全生产标准化的自评和评审、职业健康安全管理体系的合规性评价、内部审核与认证审核等外力的作用,实现企业在此工作方面的持续改进。另外隐患排查治理也为整体安全生产管理提供了持续改进的信息资源,通过对隐患排查治理情况的统计、分析,能够为预测预警输入必要的信息,能够为管理的改进提供方向性的资料。这种资源在当前还没有得到充分的认识和重视,应当给予特别的关注。

6)企业隐患排查治理的制度及相关措施

企业应建立完备的隐患排查及治理制度。内容应涉及:事故隐患排查治理的档案台账制度、监控和应急管理制度、挂牌制度、限期整改销号制度、专项资金使用制度、岗位责任制度、统计分析制度、公告公示制度、定期报告和举报奖励等制度,组织事故隐患排查,及时发现并排除从业人员存在的各类违章行为和带病运行的设备、设施及场所的各类事故隐患。具体而言,需要做好以下几个方面的工作:

(1)企业主要负责人对本单位事故隐患排查治理工作全面负责。定期组织安全生产管理人员和其他相关人员排查本单位的事故隐患,并逐级落实从主要负责人到每个从业人员的隐患排查治理的范围和责任,保证不留空当,不留死角。

(2)依照有关法律法规和文件要求制定具体方案,对安全生产规章制度、落实责任、安全管理体系、资金投入、人员培训、劳动纪律、现场管理、防控手段、事故查处以及安全生产基本条件、基础设施、技术、作业环境等方面组织自查。

(3)企业接到有关部门下达的责令停产整改指令,必须立即停止经营,由主要负责人组织制定方案,并及时报送有关部门。停产整改方案应确定整改项目、整改目标、整改时限、整改作业范围、从事整改的作业人员,落实整改责任人、资金,还应包括安全技术措施和应急预案,以及职工安全教育和培训等内容。

(4)定期召开例会,企业主要负责人和内设机构负责人参加,通报隐患排查治理工作,研究解决隐患排查工作中存在的问题,安排隐患排查治理阶段性工作;安全生产小组应结合安全生产日常监管工作,组织人员,定期对企业安全生产事故隐患进行检查,发现问题及时依法查处。

(5)对本企业自查和有关部门检查发现的重大事故隐患要予以公示。对本企业存在的重大事故隐患应当在排查或检查发现的 3 日内进行公示。出现重大隐患,应主动接受社会舆论监督,及时公开重大事故隐患的治理情况。

(6)安全生产小组对单位重大事故隐患整改,要落实跟踪督办的内设机构和责任人,督促企业落实各项防范措施,对单位重大事故隐患的治理情况进行跟踪督办。督促整改的责任人应当定期进入作业现场,跟踪检查有关防范和监控措施落实情况,及时掌握重大事故隐患整改进度,督促相关部门按整改方案对重大事故隐患进行治理,彻底消除重大事故隐患。

(7)重大事故隐患整改结束后,整改单位应向督办单位提出复产验收申请。接受申请的部门组织有关人员进行现场核查。

(8)重大事故隐患在整改期限内彻底治理,经有关部门验收合格后,将有关档案整理后归档管理。

(9)应当建立隐患排查治理工作奖惩机制,对未定期排查事故隐患或未及时有效整改事故隐患的部门和个人,实施责任追究;对在隐患排查治理工作中成效突出的部门和个人给予奖励。

第三节　危险源分析与辨识

一、风险与风险管理概述

1. 风险与危险

"风险"一词的由来,最为普遍的一种说法是,在远古时期,以打鱼捕捞为生的渔民们,每次出海前都要祈祷,祈求神灵保佑自己能够平安归来,其中主要的祈祷内容就是让神灵保佑自己在出海时能够风平浪静、满载而归;他们在长期的捕捞实践中,深深地体会到"风"给他们带来的无法预测、无法确定的危险,他们认识到,在出海捕捞打鱼的生活中,"风"即意味着"险",因此有了"风险"一词的由来。比较权威的说法是来源于意大利语的"RISQUE"一词。在早期的运用中,也是被理解为客观的危险,体现为自然现象或者航海遇到礁石、风暴等事件。大约到了19世纪,在英文的使用中,风险一词常常用法文拼写,主要是用于与保险有关的事情上。现代意义上的风险一词,已经大大超越了"遇到危险"的狭义含义。经过两百多年的演化,风险一词越来越被概念化,并随着人类活动的复杂性和深刻性而逐步深化,并被赋予了从哲学、经济学、社会学、统计学甚至文化艺术领域的更广泛更深层次的含义,且与人类的决策和行为后果联系越来越紧密,风险一词也成为人们生活中出现频率很高的词。

一般认为,风险是指在某一特定环境下,在某一特定时间段内,某种损失发生的可能性。风险是由风险因素、风险事故和风险损失等要素组成。换句话说,是在某一个特定时间段里,人们所期望达到的目标与实际出现的结果之间产生的距离称之为风险。

就水上运输而言,风险主要有海上风险(marine risks)和外来风险。海上风险包括海上发生的自然灾害和意外事故。自然灾害是指由于自然界的变异引起破坏力量所造成的灾害。海运保险中,自然灾害仅指恶劣气候、雷电、海啸、地震、洪水、火山爆发等人力不可抗拒的灾害。意外事故是指由于意料不到的原因所造成的事故。海运保险中,意外事故仅指搁浅、触礁、沉没、碰撞、火灾、爆炸和失踪等。外来风险其实是指由于外来原因引起的风险。它有一般和特殊之分。比如在货物运输途中由于遭到偷窃、下雨、短量、渗漏、破碎、受潮、受热、霉变、串味、玷污、钩损、生锈、碰损等是一般外来风险。而由于战争、罢工、拒绝交付货物等政治、军事、国家禁令及管制措施所造成的风险与损失是特殊外来风险。

风险与危险两者的相同点都是可能对行为主体发生损害,不同点在于,风险是抽象的概念,由多个因素构成,其结果导致损害,也可能导致获利;但是危险通常指一种具体的概念,其结果导致损害。客观上风险或危险可能给企业或个体带来利益损失,凸显风险管理或危险因素管理的必要性。

2. 风险管理

对于风险管理,不同学者或机构有不同理解。有的认为风险管理是风险管理是指通过风险识别、风险估计、风险驾驭、风险监控等一系列活动来防范风险的管理工作。有的则认为风险管理是指如何在一个肯定有风险的环境里把风险减至最低的管理过程。

风险管理作为企业的一种管理活动,起源于20世纪50年代的美国。当时美国一些大公司发生了重大损失使公司高层决策者开始认识到风险管理的重要性。其中一次是1953年8月12日通用汽车公司在密歇根州的一个汽车变速箱厂因火灾损失了5000万美元,成为美国历史上损失最为严重的15起重大火灾之一。这场大火与50年代其他一些偶发事件一起,推动了美国风险管理活动的兴起。后来,随着经济、社会和技术的迅速发展,人类开始面临越来越多、越来越严重的风险。科学技术的进步在给人类带来巨大利益的同时,也给社会带来了前所未有的风险。1979年3月美国三里岛核电站的爆炸事故,1984年12月3日美国联合碳化物公司在印度的一家农药厂发生了毒气泄漏事故,1986年切尔诺贝利核电站发生的核事故等一系列事件,大大推动了风险管理在世界范围内的发展,同时,在美国的商学院里首先出现了一门涉及如何对企业的人员、财产、责任、财务资源等进行保护的新型管理学科,这就是风险管理。目前,风险管理已经发展成企业管理中一个具有相对独立职能的管理领域,在围绕企业的经营和发展目标方面,风险管理和企业的经营管理、战略管理一样具有十分重要的意义。

风险管理目标由两个部分组成:损失发生前的风险管理目标和损失发生后的风险管理目标,前者的目标是避免或减少风险事故形成的机会,包括节约经营成本、减少忧虑心理;后者的目标是努力使损失的标的恢复到损失前的状态,包括维持企业的继续生存、生产服务的持续、稳定的收入、生产的持续增长、社会责任。二者有效结合,构成完整而系统的风险管理目标。

风险管理的基本程序包括风险识别、风险估测、风险评价、风险控制和风险管理效果评价等环节。

(1)风险的识别:是经济单位和个人对所面临的以及潜在的风险加以判断、归类整理,并对风险的性质进行鉴定的过程。风险识别过程的活动是将不确定性转变为明确的风险陈述。

(2)风险估测或风险分析:是指在风险识别的基础上,通过对所收集的大量的详细损失资料加以分析,运用概率论和数理统计,估计和预测风险发生的概率和损失程度。风险估测的内容主要包括损失频率和损失程度两个方面。风险分析过程的活动是将风险陈述转变为按优先顺序排列的风险列表。包括确定风险的驱动因素、分析风险来源、预测风险影响、对风险按照风险影响进行优先排序。

(3)风险管理方法:分为控制法和财务法两大类,前者的目的是降低损失频率和损失程度,重点在于改变引起风险事故和扩大损失的各种条件;后者是事先做好吸纳风险成本的财务安排。

(4)风险管理效果评价:是分析、比较已实施的风险管理方法的结果与预期目标的契合程度,以此来评判管理方案的科学性、适应性和收益性。

对于航运企业而言,重大危险源管理涉及危险源辨识和控制,实质上也属于风险管理。重大危险源属于较为严重的风险因素,需要进行认真应对,以减少损失发生频率和损失程度。

二、重大危险源概念及辨识

20 世纪 80 年代以来,预防重大工业事故已成为各国社会、经济和技术发展的重点研究对象之一,引起了国际社会的广泛重视。欧盟、美国、澳大利亚、印度、泰国等国家和地区都颁布了一系列有关预防重大工业事故的法规和标准,1993 年第 80 届国际劳工大会通过了《预防重大工业事故公约》。预防重大工业事故的核心要求是辨识、评价和控制重大危险源或称重大危害设施(major hazard installations)。改革开放进入新阶段的中国,经济发展水平逐步进入中等发达国家行列,伴随生产技术水平的提高,生产过程安全管理的压力也与日俱增。重大危险源管理也开始得到广泛重视。20 世纪和 90 年代初,我国开始了重大危险源辨识、评价与控制技术研究,国家"八五"科技攻关计划中列入了"重大危险源评价和宏观控制技术研究"课题,"九五"科技攻关计划中列入了"矿山重大危险源辨识评价技术"课题,"十五"科技攻关计划中研究了"重大危险源安全规划与应急预案编制技术"。通过科技攻关和试点研究,提出了一套适合中国国情的重大事故预防体系思想和重大危险源辨识、评价、控制技术。《安全生产法》第 33 条规定:"企业对重大危险源应登记建档,进行定期检测、评估、监控,并制定应急预案,告知从业人员和相关人员在紧急情况下应当采取的应急措施。"强调了企业对重大危险源辨识、控制、告知的责任和义务。为全面推进企业安全生产标准化建设,进一步规范企业安全生产行为,改善安全生产条件,强化安全基础管理,有效防范和坚决遏制重特大事故发生,国务院安委会在《国务院安委会关于深入开展企业安全生产标准化建设的指导意见》(安委〔2011〕4 号)中指出危险源监控属于基础性工作。

在《安全生产法》和《重大危险源辨识》(GB 18218—2000)中,均把重大危险源定义为:长期地或临时地生产、搬运、使用或者储存危险物品,且危险物品的数量等于或者超过临界量的单元(包括场所和设施)。可见重大危险源是生产活动中危险物质或能量超过临界量的设备、设施或场所。重大危险源同重大事故隐患是两个既有联系又有区别的概念,前者强调设备、设施、场所中存在或固有的危险物质(能量)的多少,后者可以认为是出现明显缺陷(人的不安全行为,物的不安全状态或管理上的缺陷)的重大危险源。预防重大生产事故的基础是辨识或确认重大危险源。政府主管部门和权威机构在物质毒性、燃烧、爆炸特性基础上,规定出要重点监控的危险物质及其临界量标准。通过危险物质及其临界量标准,可以确定出要重点监控的设备、设施和场所。国际劳工组织建议:各国应根据具体的特定行业生产情况制定合适的危险物质及其临界量标准。标准的定义应能反映出当地急需解决的问题以及一个国家的行业生产模式,可能需要有一个特指的或是一般类别或是两者兼有的危险物质一览表，并列出每个物质的限额或允许的数量，设施现场的危险物质数量超过这个数量，就可以定为重大危险源。

1. 危险源辨识概述

危险源管理和风险管理类似，首先需要对危险源进行识别，这涉及危险源识别过程及识别标准，然后进行危险源监控和隐患排查。危险源识别标准是关键，但是不同行业生产过程存在差异，生产设备千差万别，很难有一个具体详细且适用所有行业的危险源识别标准。海上运输或内河运输过去有自己的安全管理体系，体系中并未明确提出重大危险源的概念和标准，因此只能借鉴其他行业的安全生产管理标准化做法进行适当的风险源辨识。

在国家标准重大危险源辨识（GB 18218—2000）中，重大危险源被定义分为生产场所重大危险源和贮存区重大危险源两种，并给出定量标准。对于普通货物运输而言，无法适用。因此，需要对危险源进行重新定义。危险源是指可能导致死亡、伤害、职业病、财产损失、工作环境破坏或上述情况组合形成的根源和状态。危险源不同于隐患，隐患是在一定程度上已经暴露出来，如不及时采取措施就会引发的不安全因素，而危险源是潜在的暂时还没有暴露出来，应当预料到，需预先采取控制措施，加以预防的不安全因素。对事故隐患的控制管理总是与一定的危险源联系在一起，因为没有危险的隐患也就谈不上要去控制它；而对危险源的控制，实际就是消除其存在的事故隐患或防止其出现事故隐患。

危险源存在于确定的系统中，不同的系统范围，危险源的区域也不同。例如，从全国范围来说，对于危险行业（如石油、化工等）具体的一个企业（如炼油厂）就是一个危险源。而从一个企业系统来说，可能是某个车间、仓库就是危险源，一个车间系统可能是某台设备是危险源；因此，分析危险源应按系统的不同层次来进行。一般来说，危险源可能存在事故隐患，也可能不存在事故隐患，对于存在事故隐患的危险源一定要及时加以整改，否则随时都可能导致事故。

根据上述对危险源的定义，危险源应由三个要素构成：潜在危险性、存在条件和触发因素。危险源的潜在危险性是指一旦触发事故，可能带来的危害程度或损失大小，或者说危险源可能释放的能量强度或危险物质量的大小。危险源的存在条件是指危险源所处的物理、化学状态和约束条件状态。例如，物质的压力、温度、化学稳定性，盛装压力容器的坚固性，周围环境障碍物等情况。触发因素虽然不属于危险源的固有属性，但它是危险源转化为事故的外因，而且每一类型的危险源都有相应的敏感触发因素。如易燃、易爆物质，热能是其敏感的触发因素，又如压力容器，压力升高是其敏感触发因素。因此，一定的危险源总是与相应的触发因素相关联。在触发因素的作用下，危险源转化为危险状态，继而转化为事故。

2. 危险源辨识方法

重大危险源在没有触发之前是潜在的，常不被人们所认识和重视，因此需要通过一定的方法进行辨识。重大危险源辨识的目的就是通过对系统的分析，界定出系统的哪些区域、部分是危险源，其危险的性质、危险程度、存在状况、危险源能量、事故触发因素等。

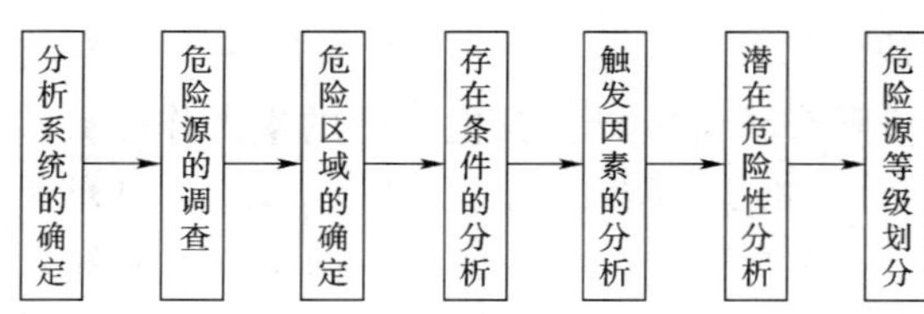

图 3-5　危险源辨识程序

重大危险源辨识的程序如图 3-5 所示。

一个更为完整的危险源辨识监控流程如

图 3-6 所示。

1)危险源辨识范围

(1)一般行业的危险源辨识范围。

危险源的辨识范围要考虑各种状态和时态及参照 GB 6441—86《企业伤亡事故分类》中分为 16 类危险源和《职业病范围和职业病处理办法的规定》中分为 7 类的危险源,即:物体打击、车辆伤害、机械伤害、起重伤害、触电、淹溺、灼烫、火灾、高处坠落、坍塌、放炮、火药爆炸、化学性爆炸、物理性爆炸、中毒和窒息以及其他伤害。危险源的识别还应包括所有进入作业场所人员的活动、作业场所内的设施,无论是企业内部的还是外部场所提供的设施均应纳入危险源的控制管理,并将已识别的危险源填入危险源调查表。

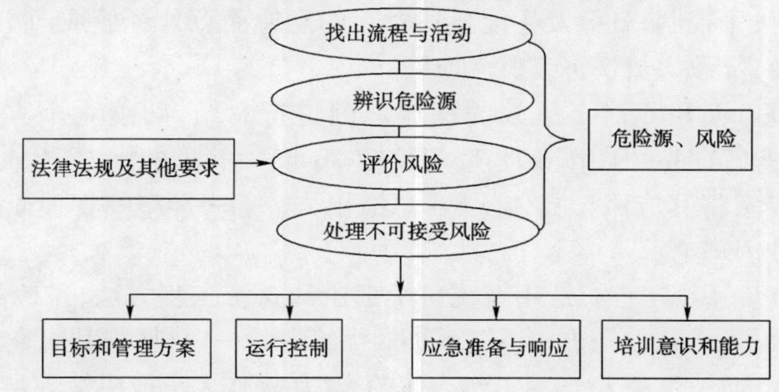

图 3-6　危险源辨识监控流程

危险源辨识的范围应覆盖:

①常规和非常规活动;

②所有进入工作场所的人员(包括承包方人员和访问者)的活动;

③人员行为、能力和其他人为因素;

④已识别的源于工作场所外、能够对工作场所内组织控制下的人员的健康安全产生不利影响的危险源;

⑤在工作场所附近,由组织控制下的工作相关活动所产生的危险源;

⑥由本组织或外界所提供的工作场所的基础设施、设备和材料;

⑦组织及其活动的变更、材料的变更,或计划的变更;

⑧职业健康安全管理体系的更改包括临时性变更等,以及对运行、过程和活动的影响;

⑨所有与风险评价和实施必要控制措施相关的适用法律义务;

⑩对工作区域、过程、装置、机器和(或)设备、操作程序和工作组织的设计,包括其对人的能力的适应性。

(2)交通运输行业的危险源辨识范围。

交通运输行业和其他生产行业在生产过程中存在巨大差异。其他行业的生产作业活动往往发生在一个相对给定的区域范围内,生产设备、设施往往处于固定状态,所处的环境相对静止。而交通运输行业除港站经营外,无论水路、道路还是航空运输,主要生产设备往往处于运动状态,所处的环境不断变化,因而已有的其他行业的危险源辨识范围很难应用于交通运输行业。此外,其他行业危险源辨识较多关注人的健康与安全,交通运输行业由于企业资产主要以运输设备的形态存在，且单价巨大，承担的外部责任较多指向承运的旅客、货物，所利用的设施以及所经过的环境，危险源辨识的重心不仅是人，交通运输企业财产损失及责任同等重要。

从交通运输企业业务分布来看，包括水路运输、道路运输、公共交通、航空运输、港口站场经营、交通基础设施建设等多种类型，很难按照统一的模式来设定危险源辨识范围。但是，无论交通运输企业营运范围属于哪一类，都可以相同的危险源辨识相关理论和原理为指导，开展行之有效的危险源辨识工作。

交通运输行业危险源辨识的相关理论和原理主要有以下几种：

①能量意外释放理论。能量意外释放理论是指人类在生产、生活中不可缺少的各种能量，如因某种原因失去控制，就会发生能量违背人的意愿而意外释放或逸出，使进行中的活动中止而发生事故，导致人员伤害或财产损失。

②4M 理论。Frank Bird 对于事故的深层原因进行总结，归纳 4 个方面：即人的因素(Man)、设备的因素(Machine)、作业环境的因素(Media)、管理的因素(Management)。交通行业一些学者和专家将其应用于具体实践，总结出人—船—环境—管理或人—车—道路—管理的交通事故致因理论。

③人—机—环境系统工程。运用系统科学理论和系统工程方法，正确处理人、机、环境三大要素的关系，深入研究人—机—环境系统最优组合的一门科学，其研究对象为人—机—环境系统。系统中的“人”，是指作为工作主体的人(如操作人员或决策人员)；“机”，是指人所控制的一切对象(如汽车、飞机、生产过程等)的总称；“环境”，是指人、机共处的特定工作条件。系统最优组合的基本目标是“安全、高效、经济”。

基于以上理论，交通行业危险源辨识范围主要涉及两个方面：一是系统中存在的、可能发生意外释放的能量或危险物质(包括各种能量源和能量载体)；二是导致约束 、限制能量措施失效破坏的各种不安全因素(包括人—运输及相关设备—管理—环境)。

第一类危险源在事故时放出的能量是导致人员伤害或财产损失的能量主体，决定事故后果的严重程度，是事故发生的前提；第二类危险源的出现破坏了对第一类危险源的控制，使能量或危险物质意外释放，是第一类危险源导致事故的必要条件。第二类危险源的出现的难易程度决定事故发生的可能性的大小。第二类危险源是围绕第一类危险源随机出现的人—运输及相关设备—管理—环境方面的问题，其辨识、评价和控制应在第一类危险源辨识、评价和控制的基础上进行；第二类危险源的辨识、评价和控制比第一类危险源辨识、评价和控制更为困难。

需要指出的是，第一类危险源属于各个不同行业带有共性的因素，第二类危险源则与具体行业、具体企业和具体业务的特征紧密联系。因此，交通行业企业危险源辨识范围应着重关注第二类危险源。如高速公路运输企业危险源辨识就应关注：

①人的因素：包含驾驶员、乘客及路人。与驾驶员有关的包括疲劳驾驶，无证驾驶、酒后开车、超速行驶、违章超车及违章装载、车辆间距过近等；乘客携带危险物品；乘车人在高速公路上随意上下车以及行为擅自在高速公路上穿行等。

②车的因素：如轮胎爆裂、发动机故障、发动机过热、电气故障、燃料用尽等。除此之外超载，偏载也是重要因素。

③路的因素:高速公路的线形设计和道路结构。其中线形设计如道路的曲率半径过小、直线距离过长、视距过小、纵坡过大、平纵线形不协调等都易引发事故。路面的强度稳定性、平整度和抗滑性也是影响高速公路安全原因。

④管理的因素:由于“一路两制”,公安部门和交通部门职责不清,使得管理容易问题。此外管理硬件设施落后,科学化管理水平低,也是影响高速公路安全的因素。

下面以水路货运企业为例,具体对危险源范围进行描述。水路货运企业危险源的范围主要包括以下几个种类:

(1)人员类。

①技术素质类:主要指从业人员知识水平、专业素质、应变技能等方面的风险源。如船员或其他水上作业人员未按规定持有合格的适任证书/特殊培训证明;超越适任证书/资格证明所载适用范围或航线任职等。

②职业道德类:主要指从业人员责任心、遵章守法意识和安全意识等方面的风险源。如船员不遵守航行、避让和信号显示规则;遇有不符合安全开航条件的情况冒险开航;抢航、抢槽等冒险航行行为;违章使用明火作业等不安全行为;未经批准从事“四超半潜”物体运输;未按照规定拖带或者非拖船从事拖带作业;擅自进出港口,强行通过交通管制区、航行条件受限区或禁航区等。

③身心素质类:主要指从业人员健康状况、心理素质等方面的风险源。如脾气暴躁、情绪易波动等。

(2)船舶(设施)类。

①船舶(设施)结构类:主要指船舶(设施)结构完好性、水密性、强度、稳性、防火结构等方面的风险源。如船舶已达到国家强制报废年限、安全通道不畅通、载重线未勘划等。

②船舶(设施)设备类:主要指船舶(设施)设备配备及维护保养方面的风险源。如消防、救生设施设备配备不足或失效等。

③船舶(设施)装载类:主要指货物装卸、积载、绑扎及载运乘客等方面的风险源。如货物不适装、积载不当或未按要求绑扎、超载等。

(3)环境类。

①航道条件类:主要指航道尺度、航标配布、水上水下设施等方面的风险源。如航道弯曲、狭窄,航道宽度、水深不足,航标发生位移、损坏、灭失,水上水下设施或沉船沉物碍航等。

②水文条件类:主要指水位、流速、流态等方面的风险源。如水位陡涨陡落,水流流速较大,水流流态紊乱等。

③气象条件类:主要指风、雨、雪、雾、霭、雷等方面的风险源。如大风、大雾、大雨、大雪等。

④作业条件类:主要指码头设施、作业水域等方面的风险源。如作业灯光未妥善遮蔽、作业场所不符合规范要求、码头前沿水深条件不足等。

⑤通航秩序类:主要指船舶交通流、船舶锚泊、水上水下施工、水上群众性活动等方面的风险源。如船舶航行、停泊秩序混乱,码头超宽靠泊,碍航施工、采砂、捕鱼等。

(4)管理类。

①自身管理类:主要指人员职责、信息传递、应急管理、设备维护等船舶(设施)自身管理

方面的风险源。如船上人员职责不明晰,信息传递不畅,设备维护保养制度未落实,未按规定开展应急演习演练,未定期检测关键性设备等。

②所有人/经营人管理类:主要指船舶(设施)所有人/经营人在安全责任制、人员配备、管理制度等方面的风险源。如安全责任制未落实、违章指挥调度船舶、未按规定配备安全管理人员及船员、内部安全管理制度不健全等。

③外部管理类:主要指政府、海事、渔政、公安等部门履责方面的风险源。如有关管理部门未按规定落实安全管理职责。

在辨识过程中,要考虑三种状态(正常、异常和紧急)和三种时态(过去、现在和将来)。三种时态包括:过去的作业活动、系统或设备等安全控制状态及发生过的人身伤害事故,并延续到现在的;作业活动、系统或设备等现在的安全状态;可以预见的作业活动发生变化、系统、设备等新产生或在维护、改进、报废等活动时产生的安全控制状态。三种状态涉及:正常状态即正常、持续的生产运行;异常状态即指生产的开车、停车、检修等情况;紧急状态指发生爆炸、火灾、洪水等重大突发性事件。危险源辨识要包括:物的不安全状态;人的不安全行动;作业环境因素;安全健康管理因素。

2)危险源辨识方法

危险源辨识的途径主要是:

询问和交流:与作业人员交流,获取信息。

现场观察:通过观察现状,进行辨识。

查阅记录:包括事故、事件、健康安全检查、设备检修记录。

向外部有关机构、上级主管部门咨询。

危险源辨识的方法很多,理论方法主要有系统危险分析、危险评价等方法和技术。表3-5列举了部分系统分析方法的目的、分析结果、所需资料和特点。实际中可根据生产系统特点选用合适的分析方法。

危险源辨识方法一览表 表3-5

安全检查表	目的	主要用于确保有关规定和标准得以实施,某些情况下,将检查表分析方法与其他安全分析方法结合起来去发现只用安全检查表分析可能无法发现的危险
	分析结果	分析人员确定标准的设计或操作以建立安全检查表,然后用它产生一系列基于缺陷或差异的问题,所完成的安全检查表包括对所提问题的回答,分析结果将作出与标准或规程是否一致的结论。此外,安全检查表分析通常提出一系列提高安全性的可靠性的可能途径
	所需资料	一份适当的安全检查表、工程设计程序和操作方法,以及分析系统的基本知识
	特点	方法简单,用途广泛,没有任何限制。
事故树分析	目的	识别导致(设想)事故的设备故障和人为失误的组合
	分析结果	发现事故发生的基本原因(人、环境和部件等方面)以及相互关系,从而(可定性和定量的)得出系统失败的可能方式和防止事故的可能措施(途径)
	所需资料	详细的装置或系统功能图、工艺图和操作程序,以及各种故障模式和它们的结果;系统培训和富有经验的分析人员
	特点	使用布尔逻辑门产生系统故障模型来描述事故的各种原因及其之间的逻辑关系,简明形象。FTA 非常适合高度复杂性的系统

续上表

原因后果分析	目的	同时识别潜在事故的原因和后果
	分析结果	描述事故顺序图和对潜在事故的定性说明
	所需资料	可能导致事故故障的工艺过程的波动知识；影响事故后果的安全系统和紧急处理预案资料；产生所有故障的原因
	特点	将 FA 和 ET 组合而成的分析方法。可作为一种交流工具；原因—后果图显示事故发展（后果）与它们的基本事件之间的关系

我们这里介绍的是基本分析法和工作安全分析法。

（1）基本分析法。

对于某项作业活动，依据“作业活动信息”（作业经过的描述），对照危险源分类和事故类型（或职业相关病症的类型），确定本项作业活动中具体的危险源。

（2）工作安全分析法。

①如果某个作业活动可以分解为若干个相连接的作业步骤：

对每个作业步骤，参考危险源类别中前两大类的分类内容，辨识出与此步骤有关的物的不安全状态和人的不安全行为，然后将各步骤中的危险源汇总。

将整个作业活动作为一个整体，参考危险源类别中后两大类的分类内容，辨识出与此作业活动有关的作业环境的缺陷和安全健康管理上的缺陷。

将上述辨识出的危险源汇总，汇总合并同类项。

②如果某作业活动不能分解成若干个相连接的作业步骤，就直接参考危险源分类的内容，辨识出与此作业活动有关的物的不安全状态、人的不安全行为、作业环境的缺陷和安全健康管理上的缺陷，确定在此活动中存在的危险源。

一个典型的危险源调查表格如表 3-6 所示。

危险源调查样表　　表 3-6

作业活动	考虑方面	危险源	可能导致的事故	时态	状态
船只进港作业	物的不安全状态	通导设备故障	碰撞		
	人的不安全行动	与邻船未保持安全间距	触碰		
	作业环境因素	瞬时强侧风	偏离航道搁浅或碰撞		
	安全健康管理因素	高级船员突发急病	船只滞留、船期损失		

在进行危险源评价前应对危险源辨识充分性进行确认，确认标准是以下两个：覆盖已发生的事故的原因（通过查阅事故档案、资料和员工的回忆，列出所有曾发生过的事故的原因。辨识出危险源应覆盖所有事故的原因，以及同行业企业已发生事故的原因）；覆盖法规要求（将辨识出的危险源与所有适用的法律、法规和其他要求相对照。除辨识出的危险源之外，不应存在其他的违法现象）。

3. 危险源评价方法

危险源评价方法很多，根据企业现状有不同选择。一般可以采取采用定性法和半定量法（LEC 法）相结合的评价方法。

1）先用定性评价，满足下列任意一项时，可直接判断为重大风险：

(1)严重不符合法律法规及其他要求;

(2)涉及发生过死亡事故、重伤事故、三次及以上轻伤事故的风险,且未采取有效的控制措施;

(3)相关方合理抱怨或要求。

2)直接判断无法判断时用半定量法进行评价(LEC 法)。

计算公式是:

$$D = LEC$$

式中:L——发生事故的可能性大小;

E——人体暴露在这种风险环境中的频繁程度;

C——一旦发生事故会造成后果的严重程度;

D——风险性分值。

参数 L 一般根据发生事故的可能性大小来赋值,分值见表 3-7。

参数 L 赋值表 表 3-7

事故发生的可能性大小	分　值	事故发生的可能性大小	分　值
完全可以预料	10	很不可能,可以设想	0.5
相当可能	6	极不可能	0.2
可能,但不经常	3	实际不可能	0.1
可能性小,完全意外	1		

参数 E 一般根据暴露于危险环境的频繁程度来赋值,分值见表 3-8。

参数 E 赋值表 表 3-8

频繁程度	分　值	频繁程度	分　值
连续处于危害环境	10	每月几次	2
每天处于危害环境	6	每年几次	1
每周几次	3	几年一次处于危害环境	0.5

注:8 小时不离岗为“连续处在危险环境中”;8 小时内有暴露次数的为“每天在有危险环境中工作”。

参数 C 一般根据发生事故可能造成的后果来赋值,分值见表 3-9。

参数 C 赋值表 表 3-9

发生事故产生的后果	分　值	发生事故产生的后果	分　值
10 人以上死亡	100	重伤	7
3~9 人死亡	40	轻伤	3
1~2 人死亡	15	微伤	1

根据事故的定义,仅有财产损失列入危害辨识的范围时,按财产损失评价,E 统一取固定值 1。

仅有财产损失评价时,C 的赋值如表 3-10 所示。

仅发生财产损失条件下参数 C 赋值表　　表 3-10

财产损失金额	分数值	财产损失金额	分数值
100 万元以上	110	3 以上至 8 万元	7
20 以上至 100 万元	55	1 以上至 3 万元	3
8 以上至 20 万元	25	1 万元及 1 万元以下	1

当人员伤害与财产损失同时存在时,以人员伤害为主进行评价。

4. 危险源等级的判断

根据经验,危险性分数在 70 以下的因素被认为是低危险性的,一般说来可以被人们所接受,定为 4、5 级。危险性分数为 70 以上,定为 1、2、3 级是不可容许的风险。危险性程度分级分数如表 3-11 所示。

危险源等级分级表　　表 3-11

D 值	危险程度	危险源等级	是否重大危险源	应对策略
320 以上	极高危险	1	是	极其危险,停止工作
161 以上至 320	高度危险	2	是	高度危险,要立即整改
71 以上至 160	显著危险	3	否	显著的危险,需要整改
20 以上至 70	一般危险	4	否	一般危险,需要注意
20 及 20 以下	稍有危险	5	否	

对危险源进行等级判定后,对于危险性程度分值大于 70 的危险源应填写《重大危险源清单》。对小于 70 的危险源填写《一般危险源清单》,发放到各相关部门。相应表格可参照表 3-12 ~ 表 3-14 所示。

安全风险评价样表　　表 3-12

序号	危险源名称	可能发生的事故	工序/活动	岗位	主要关键设备	涉及场所	风险评价得分				等级	是否重大危险源
							L	E	C	D		
	船舶航行	碰撞		船舶驾驶人员		航行区域	3	6	70	840	1	是

一般危险源清单　　表 3-13

序号	危险源名称	可能发生的事故	作业名称	涉及工序/活动	涉及岗位	控制措施
	水上作业	人员落水		船舶、平台	作业人员	穿好救生衣

重大危险源清单　　表 3-14

序号	危险源名称	可能发生的事故	作业名称	涉及工序/活动	涉及岗位	控 制 措 施
	飓风、突风	船毁人亡		船舶	船长、轮机长	制定防飓风、突风应急救援预案
	船舶航行	碰撞		航行区域	船舶驾驶人员	遵章航行,严格管理
	油污水泄漏	污染海域		海域	船长、轮机长	制定供受油及防污染应急预案

同时,对于各种重大危险源应制定《管理方案》来落实安全技术措施或采取管理措施。管理方案可参照表 3-15。

危险源管理方案 表 3-15

<table>
<tr><td colspan="2" rowspan="3">目　　标</td><td colspan="4">1. 落水和坠落死亡事故为零</td></tr>
<tr><td colspan="4">2. 杜绝人员重伤事故,人员负伤频率小于0.4‰。</td></tr>
<tr><td colspan="4"></td></tr>
<tr><td colspan="2">存在问题
薄弱环节</td><td colspan="4"></td></tr>
<tr><td>序号</td><td>措施内容</td><td>启动时间</td><td>完成时间</td><td>责任部门</td><td>经费预算</td></tr>
<tr><td></td><td></td><td></td><td></td><td></td><td></td></tr>
<tr><td colspan="3">编制:</td><td colspan="3">日期:</td></tr>
<tr><td colspan="6">实施验证:
验证人:　　　　日期:</td></tr>
</table>

对各部门的危险源辨识和评价结果进行确认后应汇总成公司危险源清单,并报公司决策部门批准。此外,随着认识的提高、生产的发展和危险控制措施的落实,危险源会发生变化,因此,需每年组织各部门对危险源再次采用作业条件危险性评价法(LEC 法)进行一次动态辨识和评价,同时修订危险源辨识与评价表、一般危险源清单、重大危险源清单、管理方案。

5. *危险源控制办法*

人的失误、管理上的疏忽、设备状态不良是重大事故发生的主要原因。为了有效地控制重大危险源,避免重大货物运输生产事故的发生,必须严格实施危险源管理。危险源的控制可从三方面进行,即技术控制、人行为控制和管理控制。

1)技术控制

即采用技术措施对固有危险源进行控制,主要技术有消除、控制、防护、隔离、监控、保留和转移等。

2)人行为控制

即控制人为失误,减少人不正确行为对危险源的触发作用。人为失误的主要表现形式有:操作失误、指挥错误、不正确的判断或缺乏判断、粗心大意、厌烦、懒散、疲劳、紧张、疾病或生理缺陷、错误使用防护用品和防护装置等。人行为的控制首先是加强教育培训,做到人的安全化;其次应做到操作安全化。

(1)加强教育培训,做到人的安全化。

危险源控制的各项措施能否得到贯彻执行,执行质量的高低,很大程度上取决于航运公司和作业人员的安全意识和对危险源控制的认识程度及有关的安全知识和操作技能的掌握程度,因此,必须对涉及危险源控制的有关管理和作业人员进行专门的安全教育和培训。培训内容应包括:危险源控制管理的意义,本单位(岗位)的主要危险类型,产生危险的主要原因,控制事故发生的主要方法及日常的安全操作要求,应急措施和各种具体的管理要求,通过教育培训使他们提高实行危险源控制管理的自觉性,掌握进行控制管理的方法和技术。

对作业人员的要求是,首先要合理选用作业人员,由于危险源多涉及重要岗位,有的操作管理技术比较复杂，对作业人员的要求较高，因此应选拔那些认真负责、技术高、能力强的人来从事重大危险源相关岗位的作业。其次应严格培训考核，加强上岗前的教育，从事危险源相关岗位工作的人员要作专门培训，加强技能训练以及提高文化素质，加强法制教育和职业道德教育等。

再次，切实做好作业人员的健康管理，减少职业病的发生率，确保交通运输的生产安全，重点是要严格把好作业人员体检质量关，正确评估其健康体能，加大健康宣教力度，普及基本急救知识，提高作业人员自我保健意识和疾病防范意识，确保生命安全和健康。

(2)操作安全化。

研究企业各项作业性质和操作的运作规律；制定合理的操作内容、形式及频次；运用正确的信息流控制操作设计；合理操作力度及方法，以减少疲劳；利用形状、颜色、光线、声响、温度、压力等因素的特点，提高操作的准确性及可靠性。

3)管理控制

可采取以下管理措施，对危险源实行控制：

(1)建立健全危险源管理的规章制度。

危险源确定后，在对危险源进行系统危险性分析的基础上建立健全各项规章制度，包括岗位安全生产责任制、危险源重点控制实施细则、安全操作规程、操作人员培训考核制度、日常管理制度、交接班制度、检查制度、信息反馈制度、危险作业审批制度、异常情况应急措施、考核奖惩制度等。

(2)明确责任，定期检查。

应根据各危险源的等级，分别确定各级负责人，并明确他们应负的具体责任。特别是要明确各级危险源的定期检查责任。除了作业人员必须每天自查外，还要规定各级管理者定期参加检查。对于重点危险源，应做到定期检查。对于低级别的危险源也应制定出详细的检查安排计划。

对危险源的检查要对照检查表逐条逐项，按规定的方法和标准进行检查，并作记录。如发现隐患则应按信息反馈制度及时反馈，促使其及时得到消除。凡未按要求履行检查职责而导致事故者，要依法追究其责任。规定各级管理者参加定期检查，有助于增强他们的安全责任感，体现管生产必须管安全的原则。也有助于重大事故隐患的及时发现和得到解决。专职安技人员要对各级人员实行检查的情况定期检查、监督并严格进行考评，以实现管理的封闭。

(3)加强危险源的日常管理。

要严格要求作业人员贯彻执行有关危险源日常管理的规章制度。搞好安全值班、交接班，按安全操作规程进行操作；按安全检查表进行日常安全检查；危险作业经过审批等。所有活动均应按要求认真做好记录。管理者和安技部门定期进行严格检查考核，发现问题及时给予指导教育，根据检查考核情况进行奖惩。

(4)抓好信息反馈，及时整改隐患。

要建立健全危险源信息反馈系统，制定信息反馈制度并严格贯彻实施。对检查发现的事故隐患，应根据其性质和严重程度，按照规定分级实行信息反馈和整改，做好记录，发现重大隐患应立即向安技部门和行政第一领导报告。信息反馈和整改的责任应落实到人。对信息反馈和隐患整改的情况各级管理者和安技部门要进行定期考核和奖惩。安技部门要定期收集、处理信息,及时提供给各级管理者研究决策,不断改进危险源的控制管理工作。

(5)搞好危险源控制管理的基础建设工作。

危险源控制管理的基础工作除建立健全各项规章制度外,还应建立健全危险源的安全档案和设置安全标志牌。应按安全档案管理的有关内容要求建立危险源的档案,并指定人专门保管,定期整理。应在危险源的显著位置悬挂安全标志牌,标明危险等级,注明负责人员,按照国家标准的安全标志表明主要危险,并扼要注明防范措施。

(6)搞好危险源控制管理的考核评价和奖惩。

应对危险源控制管理的各方面工作制定考核标准,并力求量化,划分等级。定期严格考核评价,给予奖惩并与班组升级和评先进结合起来。逐年提高要求,促使危险源控制管理的水平不断提高。

第四节　应急预案与管理

一、应急管理概述

1. 突发事件简介

应急管理的对象是突发事件。广义上,突发事件可被理解为突然发生的事情:第一层的含义是事件发生、发展的速度很快,出乎意料;第二层的含义是事件难以应对,必须采取非常规方法来处理。狭义上,突发事件就是意外地突然发生的重大或敏感事件,简言之,就是天灾人祸。前者即自然灾害,后者如恐怖事件、社会冲突、丑闻包括大量谣言等,专家也称其为“危机”。

根据中国2007年11月1日起施行的《中华人民共和国突发事件应对法》的规定,突发事件,是指突然发生,造成或者可能造成严重社会危害,需要采取应急处置措施予以应对的自然灾害、事故灾难、公共卫生事件和社会安全事件。

突发公共事件主要分成4类:自然灾害:主要包括水旱灾害、气象灾害、地震灾害、地质灾害、海洋灾害、生物灾害和森林草原火灾等;事故灾难:主要包括工矿商贸等企业的各类安全事故、交通运输事故、公共设施和设备事故、环境污染和生态破坏事件等;公共卫生事件:主要包括传染病疫情、群体性不明原因疾病、食品安全和职业危害、动物疫情以及其他严重影响公众健康和生命安全的事件;社会安全事件:主要包括恐怖袭击事件、经济安全事件、涉外突发事件等。按照各类突发公共事件的性质、严重程度、可控性和影响范围等因素,总体预案将突发公共事件分为四级,即Ⅰ级(特别重大)、Ⅱ级(重大)、Ⅲ级(较大)和Ⅳ级(一般)。

根据《交通运输突发事件应急管理规定》,交通运输突发事件,是指突然发生,造成或者可能造成交通运输设施毁损,交通运输中断、阻塞,重大船舶污染及海上溢油应急处置等,需要采取应急处置措施,疏散或者救援人员,提供应急运输保障的自然灾害、事故灾难、公共卫生事件和社会安全事件。《规定》中,交通运输突发事件并未进行分类、分级。

在《水路交通突发事件应急预案》中,水路交通突发事件是指由下列突发事件引发的、造成或可能造成航道或港口出现中断、瘫痪、重大人员伤亡、财产损失、生态环境破坏和严重社会危害,以及由于社会经济异常波动等造成重要物资需要由交通主管部门提供水路应急运输保障的紧急事件。

(1)水路运输事件:主要包括航道堵塞或中断,港口瘫痪受损,港口危险品事故,港口环境污染损害,水运施工建设事故等。

(2)社会安全事件:主要包括恐怖袭击事件,严重破坏基础设施事件,群体性事件,偷渡、走私等涉外事件等。

(3)公共卫生事件:主要包括重大传染病疫情,群体性不明原因疾病,食品安全和职业危害,动物疫情,以及其他严重影响公众健康和生命安全的事件。

(4)自然灾害:主要包括水旱灾害,气象灾害,地震灾害,地质灾害,海洋灾害,生物灾害和森林草原火灾等。

水路交通突发事件按照其性质、严重程度、可控性和影响范围等因素,一般分为四级:Ⅰ级(特别重大)、Ⅱ级(重大)、Ⅲ级(较大)和Ⅳ级(一般)。

2. 应急管理

应急管理是指政府部门及其他机构在突发事件的事前预防、事发应对、事中处置和善后管理过程中,通过建立必要的应对机制,采取一系列必要措施,保障公众生命财产安全;促进社会和谐健康发展的有关活动。危险包括人的危险、物的危险和责任危险三大类。首先,人的危险可分为生命危险和健康危险;物的危险指威胁财产和火灾、雷电、台风、洪水等事故;责任危险是产生于法律上的损害赔偿责任,一般又称为第三者责任险。其中,危险是由意外事故、意外事故发生的可能性及蕴藏意外事故发生可能性的危险状态构成。[1]

事故应急管理的内涵,包括预防、预备、响应和恢复四个阶段。尽管在实际情况中,这些阶段往往是重叠的,但他们中的每一部分都有自己单独的目标,并且成为下个阶段内容的一部分。

1)应急管理工作的意义

做好应急管理,是航运企业健康成长的一种标志和能力,更是企业承担社会责任的重要表现。同时政府在水上交通应急管理中,也需要借助航运企业资源,满足应急处置救援要求、物资需求和重建需求,航运企业日益成为政府水上交通应急管理的一支重要力量。对于企业来说应急管理系统是航运企业发展的必备系统和保障,应急管理要体现长期性、主动性及前瞻性,才能在危急关头发挥最好的作用。前瞻性要求航运企业提前介入,变事后应急为事前预防;主动性是对企业事故发生的可能性、强度、范围做出判断,主动作为;长期性意味着应急准备是一项长期的工作,目前不发生不等于永远没有事故。

---

[1] 船舶应急是指船舶进入或临近进入某种事故或紧急状态时所采取的应对措施和行动的活动过程。船舶应变的目的是为了使海上人命、财产及海洋环境能摆脱或远离事故危险,尽快恢复安全状态。成功的应急必须具备四个基本条件:(1)训练有素的人员;(2)完备的应急设施和器材,符合规范的船体结构;(3)高效率的应急预案;(4)正确果断的指挥和组织,良好的群体协同和配合。通常,船舶应变按性质可分为:消防、救生、堵漏和防污。根据ISM规则的强制性规定,船公司和船舶应对船上可能发生的各种紧急情况做好应急准备,建立应急反应程序,制定应急行动的训练和演习规定,以确保在船舶发生各种紧急情况时能迅速、有效地采取各种应变措施,最大限度地控制灾情,减少损失。

应建立健全航运企业内部应急机制。要牢固树立风险意识，做到有备无患。首先要建立企业应急管理组织体系，大型航运企业应成立应急管理机构，配备专职人员，形成总经理全面负责、分管副总具体负责、相关部门具体实施的企业应急管理组织体系。制定企业应急预案，将企业应急管理纳入企业管理的各个环节，形成上下畅通、多方联动、运转高效的企业应急管理机制，使航运企业应急管理工作规范化、制度化。

2）应急管理的原则

国家突发公共事件总体应急预案提出了多项应急管理工作的基本原则，即：以人为本，减少危害；居安思危，预防为主；统一领导，分级负责；依法规范，加强管理；快速反应，协调应对；依靠科技，提高素质。

（1）加强预防。

增强忧患意识，高度重视应急管理工作，居安思危，常抓不懈，防患于未然。坚持预防与应急相结合，常态与非常态相结合，作好应对突发事件的思想准备、预案准备、组织准备以及物资准备等。航运企业应重视企业突发事件的预防。预防是突发事件事前、事中、事后应急管理三个阶段的第一道防线。是在事件的潜伏或出现征兆阶段，通过采取有力措施，实施预警预控，防范和阻止突发事件的发生。

（2）快速反应。

突发事件应急处置的各环节都要坚持效率原则，建立健全快速反应机制，及时获取充分而准确的信息，跟踪研判，果断决策，迅速处置，最大程度地减少危害和影响。

（3）以人为本。

把保障人员健康和生命安全作为首要任务。凡是可能造成人员伤亡的突发事件发生前，要及时采取人员避险措施；突发事件发生后，要优先开展抢救人员的紧急行动；要加强抢险救援人员的安全防护，最大程度地避免和减少突发事件造成的人员伤亡和危害。

（4）损益合理。

处置突发事件所采取的措施应该与突发事件造成的危害的性质、程度、范围和阶段相适应；处置突发事件有多种措施可供选择的，应选择对公众利益损害较小的措施；对公众权利与自由的限制，不应超出控制和消除突发事件造成的危害所必要的限度，并应对利益相关者的合法利益所造成的直接损失给予适当的补偿。

（5）资源整合。

整合现有突发事件的监测、预测、预警等信息系统，建立网络互联、信息共享、科学有效的防范体系；整合现有突发事件应急指挥和组织网络，建立统一、科学、高效的指挥体系；整合现有突发事件应急处置资源，建立分工明确、责任落实、常备不懈的保障体系。

（6）依法规范。

坚持依法行政，妥善处理应急措施和常规管理的关系，合理把握非常措施的运用范围和实施力度，使应对突发事件的工作规范化、制度化、法制化。

（7）责权一致。

实行应急处置工作责任制，依法保障责任单位、责任人员按照有关法律法规和规章以及预案的规定行使权力；在必须立即采取应急处置措施的紧急情况下，有关责任单位、责任人员应视情临机决断，控制事态发展；对不作为、延误时机、组织不力等失职、渎职行为追究责任。

3）应急管理工作的内容

应急管理工作内容概括起来为“一案三制”。“一案”是指应急预案，就是根据发生和可能发生的突发事件，事先研究制定的应对计划和方案。应急预案包括各级政府总体预案、专项预案和部门预案，以及基层单位的预案和大型活动的单项预案。“三制”是指应急工作的管理体制、运行机制和法制。

（1）应急管理体制（或称应急体制）也可称为行政应急管理体制，是行政管理管理体制的重要组成部分。通常是指应急管理机构的组织形式，也就是综合性应急管理机构、各专项应急管理机构以及各地区、各部门的应急管理机构各自的法律地位、相互间的权力分配关系及其组织形式等。应急管理体制是一个由横向机构和纵向机构、政府机构与社会组织相结合的复杂系统，包括应急管理的领导指挥机构、专项应急指挥机构以及日常办事机构等不同层次。应急管理体制决定了应急管理体系的静态结构，规定了应急管理体系的潜在功能。

（2）应急管理机制可以界定为：突发事件预防与应急准备、监测与预警、应急处置与救援以及善后回复与重建等全过程中各种制度化、程序化的应急管理方法与措施。从内涵看，应急管理机制是一组以相关法律、法规和部门规章等为基础的政府应急管理工作流程；从外在形式看，应急管理机制体现了政府应急管理的各项具体职能；从功能作用看，应急管理机制侧重在突发事件防范、处置和善后处理的整个过程中，各部门和单位如何通过科学地组织和协调各方面的资源和能力，以更好地防范与应对突发事件。总的来看，应急管理机制以应急管理全过程为主线，涵盖事前、事发、事中和事后各个时间段，包括预防与应急准备、监测与预警、应急处置与救援、善后恢复与重建等多个环节。

根据国家《突发事件应对法》的相关规定，结合应急管理工作流程，可把我国应急管理机制分成如下九大部分：

一是预防与应急准备机制：通过预案编制管理、宣传教育、培训演练、应急能力和脆弱性评估等，做好各项基础性、常态性的管理工作，从更基础的层面改善应急管理。

二是监测与预警机制：通过危险源监控、风险排查和重大风险隐患治理，尽早发现导致产生突发事件苗头的信息并及时预警，减少事件产生的概率及其可能造成的损失。

三是信息报告与通报机制：按照信息先行的要求，建立统一的突发事件信息系统，有效整合现有的信息资源，拓宽信息报送渠道，规范信息传递方式，做好信息备份，实现上下左右互联互通和信息的及时交流。

四是应急指挥协调机制：通过信息搜集、专家咨询来制定与选择方案，实现科学果断、综合协调、经济高效的应急决策和处置。

五是信息发布与舆论引导机制：在第一时间通过主动、及时、准确地向公众发布警告以及有关突发事件和应急管理方面的信息，宣传避免、减轻危害的常识，提高主动引导和把握舆论的能力，增强信息透明度，把握舆论主动权。

六是社会动员机制：在日常和紧急情况下，动员社会力量进行自救、互救或参与政府应急管理行动，在应急处置过程中对民众善意疏导、正确激励、有序组织，提高全社会的安全意识和应急技能。

七是善后恢复与重建机制：积极稳妥地开展生产自救，做好善后处置工作，把损失降到最低，让受灾地区和民众尽快恢复正常的生产、生活和工作秩序，实现常态管理与非常态管理的有机转换。

八是调查评估和学习机制：遵循公平、公开、公正的原则，引入第三方评估机制，开展应急管理过程、灾后损失和需求等方面的评估，以查找、发现工作中的问题和薄弱环节，提出防范和改进措施，不断完善应急管理工作。

九是应急保障机制：建立人财物等资源清单，明确资源的征用、调用、发放、跟踪等程序，规范管理应急资源在常态和非常态下的分类与分布、生产和储备、监控与储备预警、运输与配送等，实现对应急资源供给和需求的综合协调与优化配置。

(3)应急管理法制一般分为广义与狭义两种。广义的法制是静态和动态的有机统一。从静态来看，法制是指法律和制度的总称，包括法律规范，法律组织，法律设施等。从动态来看，法制是指各种法律活动的总称，包括法的制定、实施、监督等。狭义的法制是指建立在民主制度基础上的法律制度和普遍手法，严格依法办事的原则。

(4)应急预案即预先制定的紧急行动方案，指根据国家和地方的法律、法规和各项规章制度，综合本部门、本单位的历史经验、实践积累和当地特殊的地域、政治、民族、民俗等实际情况，针对各种突发事件而事先制定的一套能切实迅速、有效、有序解决突发事件的行动计划或方案，从而使政府应急管理工作更为程序化、制度化，做到有法可依、有据可查。应急预案要求在辨识和评估潜在的重大危险、事故类型、发生的可能性、发生过程、事故后果及影响严重程度的基础上，对应急管理机构与职责、人员、技术、装备、设施(备)、物资、救援行动及其指挥与协调等预先做出具体安排，用以明确事前、事发、事中、事后各个进程中，谁来做、怎样做、何时做以及相应的资源和策略等。简言之，应急预案是针对可能发生的突发事件，为迅速、有效、有序地开展应急行动，政府组织管理、指挥协调应急资源和应急行动的整体计划和程序规范。应急预案的主要功能是以确定性应对不确定性，针对最坏的情况做最好的打算，化不确定性的突发事件为确定性的常规事件，转应急管理为常规管理。一般说来，一个完善的预案体系应包括预案制定管理、预案评估管理、基于预案的辅助决策技术等，同时预案的制定应该具有针对性、可行性、及时性和全面性等特点。

根据责任主体的不同，我国的应急预案体系包括国家总体应急预案、专项应急预案、部门应急预案、地方应急预案、企事业单位应急预案以及针对大型聚会/活动的预案等六个层次。其中，国家总体应急预案是国家应急管理的行动纲要，也是全国应急预案体系的总纲，为各地区各部门的预案提供了行动准则和基本思路。目前已完成的国家总体应急预案、25件专项应急预案、80件部门应急预案，基本覆盖了经常发生的突发事件的主要方面。此外，目前各省(区、市)也完成了省级总体应急预案编制工作，许多市、区(县)也纷纷制定了应急预案。2006年1月8日，国务院发布了《国家突发公共事件总体应急预案》，随后陆续发布了事故灾难类、自然灾害类、突发公共卫生事件类等专项应急预案。按照2006年7月《国务院关于全面加强应急管理工作的意见》所提出的要求，在“十一五”期间，我国将建成覆盖各地区、各行业、各单位的“横向到边、纵向到底”的应急预案体系。交通运输部陆续制定并发布了《水路交通突发事件应急预案》、《公路交通突发事件应急预案》、《民用航空器海上遇险应急预案》、《公路水运工程生产安全事故应急预案》等专项预案及应急处置管理规定。

3. 应急预案简介

积极有效应对突发事件有三层含义：一是预防，“凡事预则立，不预则废。”将突发事件消灭在萌芽状态，不让其发生。做好突发事件处置工作的关键和前提是思想认识的高低。二是预警。就是将一切可能导致突发事件的隐患、重大事件一一列出来，确立突发事件发生的指标体系，防止信息不对称现象发生，并将这些方面实施重点监控。在此基础上，建立健全并完善突发事件预警机制，将监督与预防措施结合起来，做到防微杜渐，"防患于未然"。三是预案。突发事件既有人为因素，也有非人为因素（包括不可抗拒的自然因素），从这个意义上说，要想完全避免突发事件是不可能的。因此必须把防范突发事件的基点放在准备工作上，其中制定应急预案是重中之重的工作。

应急预案指面对突发事件如自然灾害、重特大事故、环境公害及人为破坏的应急管理、指挥、救援计划等。是针对具体设备、设施、场所和环境，在安全评价的基础上，为降低事故造成的人身、财产与环境损失，就事故发生后的应急救援机构和人员，应急救援的设备、设施、条件和环境，行动的步骤和纲领，控制事故发展的方法和程序等，预先做出的科学而有效的计划和安排。它一般应建立在综合防灾规划上。其几大重要子系统为：完善的应急组织管理指挥系统；强有力的应急工程救援保障体系；综合协调、应对自如的相互支持系统；充分备灾的保障供应体系；体现综合救援的应急队伍等。

应急预案可以分为企业预案和政府预案，企业预案由企业根据自身情况制定，由企业负责，政府预案由政府组织制定，由相应级别的政府负责。应急预案根据内容也可以分为以下四类：

1）应急行动指南或检查表

针对已辨识的危险制定应采取的特定的应急行动。指南简要描述应急行动必须遵从的基本程序，如发生情况向谁报告，报告什么信息，采取哪些应急措施。这种应急预案主要起提示作用，对相关人员要进行培训，有时将这种预案作为其他类型应急预案的补充。

2）应急响应预案

针对现场每项设施和场所可能发生的事故情况，编制的应急响应预案。应急响应预案要包括所有可能的危险状况，明确有关人员在紧急状况下的职责。这类预案仅说明处理紧急事务的必需的行动，不包括事前要求（如培训、演练等）和事后措施。

3）互助应急预案

相邻企业为在事故应急处理中共享资源，相互帮助制定的应急预案。这类预案适合于资源有限的中、小企业以及高风险的大企业，需要高效的协调管理。

4）应急管理预案

应急管理预案是综合性的事故应急预案，这类预案详细描述事故前、事故过程中和事故后何人做何事、什么时候做，如何做。这类预案要明确制定每一项职责的具体实施程序。应急管理预案包括事故应急的4个逻辑步骤：预防、预备、响应、恢复。

二、交通运输企业预案编制

各类交通运输企业营运过程中，面对包括自然灾害及意外事故等各种复杂风险状况，随时有可能发生交通运输突发事件，企业层面的交通运输应急能力显得尤为重要。对于交通运输企业来说，提升应急能力需要做好几个方面的工作，如加强作业过程中的危险源辨识和分析，据此制定事故应急救援预案和措施，强化事故应急管理，使其成为安全生产的最后一道“防火墙”。企业应急能力的一个重要元素是应急预案。如果应急预案形式化,只注重有预案,预案要件齐全,至于预案是否切合本企业实际,是否是从本企业的事故和伤害诊断情况做出,是否具有针对性等不管不问,应急预案不是为出现事故救援设置,是为检查准备。企业应急能力将存在重大缺陷。

交通运输部2011年第9号令公布了《交通运输突发事件应急管理规定》,对于交通运输企业的应急管理工作提出了指导性意见,《规定》中对于交通运输企业预案编制及应急准备工作提出了明确要求。

第七条　交通运输企业应当按照所在地交通运输主管部门制定的交通运输突发事件应急预案,制定本单位交通运输突发事件应急预案。

第八条　应急预案应当根据有关法律、法规的规定,针对交通运输突发事件的性质、特点、社会危害程度以及可能需要提供的交通运输应急保障措施,明确应急管理的组织指挥体系与职责、监测与预警、处置程序、应急保障措施、恢复与重建、培训与演练等具体内容。

第九条　应急预案的制定、修订程序应当符合国家相关规定。应急预案涉及其他相关部门职能的,在制定过程中应当征求各相关部门的意见。

第十一条　公共交通工具、重点港口和场站的经营单位以及储运易燃易爆物品、危险化学品、放射性物品等危险物品的交通运输企业所制定的应急预案,应当向所属地交通运输主管部门备案。

第十二条　应急预案应当根据实际需要、情势变化和演练验证,适时修订。

第十三条　交通运输企业应当按照有关规划和应急预案的要求,根据应急工作的实际需要,建立健全应急装备和应急物资储备、维护、管理和调拨制度,储备必需的应急物资和运力,配备必要的专用应急指挥交通工具和应急通信装备,并确保应急物资装备处于正常使用状态。

第十四条　交通运输企业应当根据实际需要,建立由本单位职工组成的专职或者兼职应急队伍。

第十六条　交通运输企业应当将本单位应急装备、应急物资、运力储备和应急队伍的实时情况及时报所在地交通运输主管部门备案。

第二十条　交通运输企业应当按照交通运输主管部门制定的应急预案的有关要求,制定年度应急培训计划,组织开展应急培训工作。

第二十一条　交通运输企业应当根据本地区、本单位交通运输突发事件的类型和特点,制定应急演练计划,定期组织开展交通运输突发事件应急演练。

第二十三条　交通运输企业应当安排应急专项经费,保障交通运输突发事件应急工作的需要。应急专项资金和经费主要用于应急预案编制及修订、应急培训演练、应急装备和队伍建设、日常应急管理、应急宣传以及应急处置措施等。

三、水路货运企业预案编制

1.航运企业应急预案编制的必要性

根据经修正的SOLAS74公约第Ⅸ章提到的ISM规则第8章的强制性要求,1995年11月各缔约国政府大会通过的SOLAS74公约第Ⅲ章第24-2条及MARPOL 73/78公约附则Ⅰ

第26条的规定,船上应对各种紧急情况应做出应急计划准备。1998年7月1日开始实施的《国际安全管理规则》(ISM CODE)要求为确保海上人命安全,防止人员伤亡,避免对海洋环境造成污染危害、对财产造成损失,每个船舶所有人和船舶管理人都必须按照该规则建立自己的安全管理体系(SMS),并经海事局或船级社的审核合格,颁发符合证明(DOC)后方可运行,应急预案作为SMS的重要内容,不容缺失。中华人民共和国交通部于2001年7月12日发布《中华人民共和国船舶安全营运和防止污染规则》(简称《国内安全管理规则》,NSM)。应急程序、防污染措施包含在NMS的体系文件中,且从2010年起,国内所有登记船舶都需实施NSM。

2012年1月1日起施行的《交通运输突发事件应急管理规定》中明确指出:交通运输企业应当按照所在地交通运输主管部门制定的交通运输突发事件应急预案,制定本单位交通运输突发事件应急预案。此外,在应急管理和预案方面提出:

(1)交通运输企业所制定的应急预案,应当向所属地交通运输主管部门备案。

(2)根据应急工作的实际需要,建立健全应急装备和应急物资储备、维护、管理和调拨制度,并确保应急物资装备处于正常使用状态。

(3)根据实际需要,建立由本单位职工组成的专职或者兼职应急队伍。

(4)将本单位应急装备、应急物资、运力储备和应急队伍的实时情况及时报所在地交通运输主管部门备案。

(5)制定年度应急培训计划,组织开展应急培训工作。

(6)制定应急演练计划,定期组织开展交通运输突发事件应急演练。

(7)安排应急专项经费,保障交通运输突发事件应急工作的需要。

2.航运企业应急预案(应急计划)的编制要求

由于船舶营运市场范围和船舶登记注册地的差异,航运企业应急管理工作需要符合不同的安全管理体系,海外营运船舶需符合ISM规则,国内营运船舶需符合NSM规则,同时,国内营运船舶及相关船公司也要满足安全生产标准化体系的各项要求。以下是不同安全管理体系对于应急预案(应急计划)提出的要求或编制指南。

1)ISM规则对船舶应急计划的要求

《国际安全管理规则》(ISM)明确每个公司和船舶都应建立、实施保持安全管理体系(SMS),要求在SMS中有描述船上可能的紧急情况和作业的反应程序。因此统一的整体船上应急计划系统将作为国际安全管理规则的组成部分,形成公司和船舶安全管理体系(SMS)的基本组成部分。船上应急计划整体系统的结构包括下列6个模块的内容:

模块Ⅰ:引言(Introduction)

内容包含制定本系统和整体计划的用途,主要目的、最终目标,以及改进要求,为系统的实施提出简单、明确的概念。

模块Ⅱ:规定(Provisions)

在该模块中,应涉及的要素包括:(1)报告紧急情况时应遵循的程序;(2)识别、描述和对船上潜在的紧急情况反应的程序;(3)维护系统和有关计划的程序或活动。

该模块中应规定船上应急预防准备和反应行动的主要目的是建立该系统并不断得到完善,岸上公司、船上应急计划和反应的协调联系、应急程序的评价、对实施提出适当反馈信息和修改计划的程序，以改进船上的事故预防、准备和措施。

模块Ⅲ：计划、准备和培训（Planning, preparedness and training）

作为最低要求，在本模块中应提供程序、计划或行动进展的信息，目的是：

（1）使船上人员熟悉系统和计划的规定；（2）培训和教育船上新换岗人员关于系统和计划的内容；（3）做出日常训练和练习的时间表，使船员能够处理船上可能出现的紧急情况；（4）有效地协调船上人员和公司的行动包括外部应急机构可能提供的帮助；（5）准备可操作的反馈系统。

本模块应规定对船上人员进行定期培训和教育，提供信息保证船上的每个关键人物都了解计划、执行计划、履行职责、正确报告，制定训练和演习计划及反馈信息，不断改进。

模块Ⅳ：反应行动（Response actions）

船上紧急情况大致可分为4类23种：火灾和海损类、机损和污染类、货物损害类、人身安全类。在该模块中应指导建立各种应急计划的反应和具体内容，其中包括：（1）反应行动的协调；（2）对各种可能的事故的情景的反应程序，包括保护人命、海上环境和财产；（3）对各项反应行动负责的人员，能通过职务或姓名识别；（4）用于与外部应急反应专家联络的通信路线；（5）关于应急反应设备可用性和所在位置的信息；（6）船上报告和联络程序。

该模块中，对船舶在航行、停泊、系泊、锚泊、在港内或干船坞中遇到紧急情况，为保护人员、船舶、海上环境和货物而采取的最佳行动，制定计划应认真考虑，为船上人员提供指南，制定事故发生时能使损害降至最低的程序标准。为使船上和岸上具有同样的计划，计划中应明确船上人员或岸上人员是否应采取行动。在所有可能发生的情况下，要按照保护人命、海上环境和财产的顺序采取行动，因此在制定“随后反应”行动的程序时，应充分考虑“初始行动”的程序。

模块Ⅴ：报告程序（Reporting procedures）

对涉及紧急情况或海上污染事故的船舶，必须与船舶的利益联络人和沿岸国或港口联络人保持联系。因此，为了报告紧急情况，应尽一切努力保证有关信息成为系统的组成部分。保证船舶与应急控制中心、公司和国家当局（RCC控制点）建立、保持快速可靠的24h通信线路。保证电话、电传和传真号码等信息能根据人员变化情况随时更新。

报告程序可参照IMO《船上油污应急计划编制指南》等对报告行动作出充分的计划，其中包括：何时报告、如何报告、与谁联系、报告内容等。

模块Ⅵ：附录（Annexes）

除了对紧急情况成功地作出反应所要求的资料外，可能还要求有其他一些有利于提高船上人员判定和操作计划第五部分能力的规定。

该系统为船上应急计划提供了一个框架结构，把各种不同的计划综合形成一个统一模块式的结构，并且避免计划中某些单元（例如报告）的重复出现。

为了使系统和相关计划更适合各公司和船舶的操作使用，必须考虑到船舶类型、构造、货物、设备、配员和航线的差别。

2）《国内安全管理规则》（NSM）对应急准备的要求

《国内安全管理规则》的目标是为了保障水上交通安全，保护水域环境，体现了安全营运与防污染的主题思想，规则的制定是应用了《国际安全管理规则》（ISM）的原理，是引用的国际公约的原理结合到我国航运与水路交通发展情况而出台,国内规则基本上全文引用ISM规则的原文,仅作了少量的调整。

对于防污和应急准备,NSM规则要求:体系化文件中应建立船舶安全与防污染监督检查制度,确保对船舶及其设备进行有效的维护和保养。确立根据船舶的种类、航区等因素制定相应的岸基、船岸和船舶应急预案,并定期组织训练演习。航运公司应当建立程序,以标识、描述船上可能出现的紧急情况,并明确对这些紧急情况如何做出反应;公司应当制定应急行动的训练和演习计划;安全管理体系应提供措施,确保公司能在任何时候对其船舶所面临的危险、紧急情况和事故做出反应。最主要应急准备相关文件是《紧急情况的标明、描述和反应程序》及《应急训练和应急计划》。内容主要涵盖船舶紧急情况报告、及时启动反应程序、船岸应急反应部署、应急反应记录、船上日常周期演习训练及船岸联合演习等。

3)《航运企业应急预案编制指南》的要求

指南提出:应急预案体系是航运企业安全管理体系中应急准备的重要部分。建立和不断完善应急预案体系是预防和有效应对突发事件的重要保障,高级领导层的承诺和执行力度是全面做好应急管理工作的基础,全员参与和各级人员的责任心、能力、态度及主观能动性将决定应急预案管理体系有效运行的最终效果。

指南是航运企业(含水上水下施工企业)编制安全生产突发事件应急预案(以下简称应急预案)的指导性文件;明确了应急预案编制的程序、内容和要素,标明了航运企业突发事件的种类、预案类型、应对措施等。适用于在中华人民共和国注册的各类航运企业,包括船舶所有人、船舶管理人、光船租船人及其安全管理体系覆盖的所有船舶。

针对每一类事故灾难的具体相应措施可能千差万别,但其基本应急模式是一致的,可以由一个综合的标准化应急体系来完成。航运企业可结合本单位的组织结构、管理模式、风险种类、生产规模等特点,以提高可操作性、有效性、适用性为原则,对应急预案指南给出的预案种类、框架结构等要素进行适当调整。应急预案可分为综合应急预案、专项应急预案、现场处置方案。航运企业可根据企业的规模,经营的范围,编制综合应急预案和专项应急预案或现场处置方案。

(1)综合应急预案是企业的整体预案,以岸基支持与集中指挥为主,侧重在应急救援活动的组织协调,从总体上阐述事故的应急方针、政策,明确本企业应急组织结构及相关应急职责,应急行动、措施和保障等基本要求和程序,通过综合应急预案可以清晰地了解企业应急管理体系的概况,是应对各类突发事件的综合性文件,所有企业都应编写。

(2)专项应急预案是针对具体的不同突发事件类别(如海损事件、机损事件、海上污染、航运保卫、灾害性天气、群体事件等)、危险源和应急保障而制定的计划或方案,是综合应急预案的组成部分,要与综合预案相互衔接,应按照综合应急预案的程序和要求组织制定,并作为综合应急预案的附件。专项应急预案应制定明确的救援程序和具体的应急救援措施。以达到最大程度地调动和使用资源,快速、有序地发挥最佳应急救援效果,适用于大型企业或行业集团。

(3)现场处置方案是根据航运企业的经营风险,针对船舶在营运过程中发生或可能发生的各种不同的具体事故或险情制定的应急处置和预防措施。现场处置方案应根据风险评估及危险性控制措施逐一编制,做到具体、简单、针对性强,并通过应急演练,参与应急人员要做到应知应会,熟练掌握,反应迅速、正确处置。适用于直接管理船舶的企业、船舶和现场作业。

在编制指南中,对于不同类型预案编制流程提出了基本要求:编制准备、危险源与风险分析、具体编制、评审和发布。具体内容可参见《航运企业应急预案编制指南》。

3. 应急预案的结构框架

对于编制的应急预案,只要适合于各企业管理实际状况,能够指导各企业有效开展应急工作,就是好的应急预案。因此,各企业根据各自不同类型、不同规模、不同风险,针对企业实际应急需要和自身管理模式,采取不同的应急预案结构框架。目前,应急预案的结构框架有几种形式:

1)1 +4 结构

所谓"1 +4 结构",就是:综合预案 = 基本预案 +(应急功能设置 + 特殊风险管理 + 标准操作程序 + 支持附件)。"基本预案"阐明应急整体框架结构及应急原则;"应急功能设置"描述组织、领导层、部门以及关键人员等的应急职责和要求;"特殊风险"主要描述组织应急面临的各种风险状况及风险管理要求;"标准操作程序"是对"基本预案"的具体扩充,说明各项应急功能的实施细节,强调在应急活动过程中承担应急功能的组织、部门、人员的具体责任和行动;"支持附件"是各类与应急有关的技术资料、数据、信息等。应急预案的以上各部分相互联系、相互作用、相互补充,构成了一个有机整体。

"1 +4 结构"层次清晰,可操作性强,应急内容全面,预案纵横都能有效使用,但相对结构比较复杂,存在部分重复之处。因此,目前在国内只在大中型企业、集团公司以及风险比较大的企业使用。

2)总预案 + 专项预案结构

在"总预案 + 专项预案结构"中,"总预案"就是阐明应急整体框架结构及应急的基本原则;"专项预案"是根据总预案的要求,在危险分析的基础上,根据事故的种类、现场区域位置等因素,确定的子预案,如航运企业的专项预案根据事故种类分为:火灾应急专项预案、水上交通事故应急专项预案、防台风应急专项预案等;各运输船舶的专项预案根据事故种类分为:搁浅触礁应急专项预案、失去动力应急专项预案、机舱进水应急专项预案、人员落水应急专项预案等。专项预案越到基层,越具体,同时必须保证行动与总预案和上级主管部门总预案、专项预案的一致性和有机结合。

这种应急预案的结构,逻辑关系清晰,比较容易把握,操作性较强,针对特定风险或场所的应急程序比较明确,但各专项预案会有重复,因此,大多数风险较大、对区域的大中型企业,或不同事故类型应急流程差异较大的大中型企业采用这种结构。目前,航运企业预案编制工作基本上采取此种结构。

3)总预案 + 应急程序 + 应急行动说明书结构

这种应急预案的结构,是由整体到局部,"总预案"概述应急体系框架和应急基本原则,"应急程序"则明确各突发事件的应急流程或各应急部门应急工作流程,而"应急行动说明书"是具体的应急行动指导。

这种应急预案文件结构与企业建立的质量、环境和职业健康安全管理体系的文件结构形式一致,层次清晰,不同层次的人员可以有选择地使用预案文本,可操作性较强。国内大中型企业和风险较大的小型企业目前较多使用此结构。

4)单一的应急预案结构

单一的应急预案是指结合企业的实际情况,将应急预案的应急准备、应急响应、现场恢复等所有内容都融合成一个文本,该文本既阐明了应急框架和原则,又细化到了具体的应急行动。

这种应急预案结构的文本简练,重复性小,操作性比较强,比较适合分公司、大型船队以及风险较小的岸上企业。

各企业还可以采用上述应急预案结构框架中的某两种或两种以上的结构形式,将其融会贯通,联合起来使用。如:在“总预案 + 专项预案”的结构框架中,可以将“单一的应急预案”的结构融入专项预案,也可以将“总预案 + 应急程序 + 应急行动说明书”结构中的应急程序和应急行动说明书融入专项预案。

因此,各企业应结合自己生产的实际情况和管理现状,对应急预案的结构框架进行合理设计,使应急预案在实际安全生产过程中得到有效的实施。

4. 应急预案的编制要素

完整的应急预案编制应包括以下一些基本要素,即分为六个一级关键要素,包括:方针与原则;应急策划;应急准备;应急响应;现场恢复;预案评审改进。

六个一级要素之间既具有一定的独立性,又紧密联系,从应急的方针、策划、准备、响应、恢复到预案的管理与评审改进,形成了一个有机联系并持续改进的应急管理体系。根据一级要素中所包括的任务和功能,应急策划、应急准备和应急响应三个一级关键要素,可进一步划分成若干个二级小要素。所有这些要素构成了重大事故应急预案的核心要素,这些要素是重大事故应急预案编制应当涉及的基本方面。在实际编制时,根据企业的风险和实际情况的需要,也为便于预案内容的组织,可根据企业自身实际,将要素进行合并、增加、重新排列或适当的删减等。编制应急预案必须考虑企业的现状和需求,在事故风险分析的结果上,大量收集和参阅已有的应急资料,以尽可能地减少工作环节。

1)方针与原则

无论是何级或何类型的应急救援体系,首先必须有明确的方针和原则,作为开展应急救援工作的纲领。方针与原则反映了应急救援工作的优先方向、政策、范围和总体目标,应急的策划和准备、应急策略的制定和现场应急救援及恢复,都应当围绕方针和原则开展。

事故应急救援工作是在预防为主的前提下,贯彻统一指挥、分级负责、区域为主、单位自救和社会救援相结合的原则。其中预防工作是事故应急救援工作的基础,除了平时做好事故的预防工作,避免或减少事故的发生外,还要落实好救援工作的各项准备措施,做到预先有准备,一旦发生事故就能及时实施救援。

2)应急策划

应急预案最重要的特点是要有针对性和可操作性。因而,应急策划必须明确预案的对象和可用的应急资源情况,即在全面系统地认识和评价所针对的潜在事故类型的基础上,识别出重要的潜在事故及其性质、区域、分布及事故后果,同时,根据危险分析的结果,分析评估企业中应急救援力量和资源情况,为所需的应急资源准备提供建设性意见。在进行应急策划时,应当列出国家、地方相关的法律法规,作为制定预案和应急工作授权的依据。因此,

应急策划包括危险分析、应急能力评估(资源分析),以及法律法规要求等三个二级要素。

3)应急准备

主要针对可能发生的应急事件,应做好的各项准备工作。能否成功地在应急救援中发挥作用,取决于应急准备的充分与否。应急准备基于应急策划的结果,明确所需的应急组织及其职责权限、应急队伍的建设和人员培训、应急物资的准备、预案的演习、公众的应急知识培训和签订必要的互助协议等。

4)应急响应

企业应急响应能力的体现,应包括需要明确并实施在应急救援过程中的核心功能和任务。这些核心功能具有一定的独立性,又互相联系,构成应急响应的有机整体,共同完成应急救援目的。应急响应的核心功能和任务包括:接警与通知,指挥与控制,警报和紧急公告,通信,事态监测与评估,警戒与治安,人群疏散与安置,医疗与卫生,公共关系,应急人员安全,消防和抢险,泄漏物控制等。当然,根据企业风险性质的不同,需要的核心应急功能也可有一些差异。

5)现场恢复

现场恢复是事故发生后期的处理。比如泄漏物的污染问题处理、伤员的救助、后期的保险索赔、生产秩序的恢复等一系列问题。

6)预案管理与评审改进

强调在事故后(或演练后)的对于预案不符合和不适宜的部分进行不断的修改和完善,使其更加适宜于企业的实际应急工作的需要,但预案的修改和更新要有一定的程序和相关评审指标。

四、预案实施与管理

在《交通运输突发事件应急管理规定》中,交通运输部对于企业预案实施与管理提出了明确意见。包括如下几个方面:

(1)交通运输企业应当组织开展企业内交通运输突发事件危险源辨识、评估工作,采取相应安全防范措施,加强危险源监控与管理,并按规定及时向交通运输主管部门报告。

(2)交通运输企业应当建立应急值班制度,根据交通运输突发事件的种类、特点和实际需要,配备必要值班设施和人员。

(3)交通运输企业应当加强对本单位应急设备、设施、队伍的日常管理,保证应急处置工作及时、有效开展。

(4)交通运输突发事件应急处置过程中,交通运输企业应当接受交通运输主管部门的组织、调度和指挥。

从企业层面来看,交通运输企业应急预案的实施与管理主要涉及以下几个方面的具体工作。

1. 建立组织,明确职责

企业应明确本企业应急组织形式,如领导小组、专家小组、现场处置小组等。应指明各级应急指挥机构的构成部门(单位)或人员,并明确每一级机构负责单位或人员和每一具体行动的负责人及替代关系,并尽可能以结构图的形式表示出来。

明确应急指挥机构的主要职责，以及总指挥和副总指挥的相应职责。企业视情可建立应急抢险专家库，以便指挥机构在必要时成立专家小组，为现场应急工作提供应急救援建议和技术支持。指挥机构的职责主要包括：研究政策、落实措施、批准预案、启动和终止预案、协调和指挥抢险、发布信息和组织演练等。应急指挥机构根据事故类型和应急工作需要，可以设置相应的专项应急处置工作小组，并明确各小组负责人和各小组的工作任务及职责。

2. 严密监控，科学预警，及时响应

明确本企业对危险源监测监控的方式、方法，以及采取的预防措施。企业应针对可能发生的各类突发事件，完善预防与预警机制，开展安全风险评估，做到早发现、早报告、早处置并制定有效的预防措施。按职开展安全监督、检查，坚决制止"三违"行为。对可能引发各类突发事件的预测、预警信息要及时上报。明确事故预警的条件、方式、方法和信息的发布程序。企业可通过搜集和研究可能导致安全生产突发事件的内部信息和外部信息，及早提示、预警并采取有效的应对措施，以预防事件的发生。

当发生突发事件时，应密切跟踪事态发展，做好应急准备工作，并向有关单位发布预警信息。当事件发展符合本级预案启动条件时立即发出启动本预案指令，按照预案程序和规定通知相关机构或部门立即进入应急工作状态。当事态发展认为需要支持时应及时请求上一级应急救援指挥机构协调和指导。

根据本企业的组织结构、职能分配和所属单位情况，明确已划分各级别突发事件响应程序。包括明确各级别事件应急预案的启动条件、响应的基本原则、突发事件响应等级递进规定和响应过程的联系方式等，以及明确各响应等级的应急指挥、应急行动、资源调配、应急避险等响应程序。在制定响应程序时应当注意，如果超出本级应急处置能力时，要及时请求上一级应急指挥机构启动应急预案实施救援。

3. 及时上报，信息通畅

各企业要建立、完善先进的应急通信系统，并做好平时的管理和维护工作，确保应急通信24小时畅通。明确企业24小时应急值守电话、事故信息接收和通报程序。包括公示企业全天候值班电话、明确员工报警的标准、方式、信号、相互认可的报告、报警形式和内容（避免误解）、应急反应人员向外求援的方式，以及信息在事发企业与上一级企业和事发企业内部各级应急机构间的传递和处置等；报告内容包括常规信息、事件信息、人员信息、措施信息等。

明确事故发生后向上级主管部门和地方人民政府，以及有关单位报告事故信息的流程、内容和时限。当突发事件发生后，企业在视情启动应急预案的同时，应按照有关规定及时如实向上一级企业和当地政府或主管部门报告，不得迟报、谎报、瞒报和漏报。报告内容主要包括时间、地点、信息来源、事件性质、危害程度、事件发展趋势和已经采取的措施等。

4. 合理配员，保障物资及经费

明确各类应急响应的人力资源，包括专业应急队伍、兼职应急队伍的组织与保障方案。企业应按照各行业有关规定配备应急救援队伍，以专职和兼职应急救援队伍为基础，加强应急队伍业务培训和演练，强化全员应急能力建设。加强对外交流和与合作，不断提高本企业应急队伍综合素质。

明确应急救援需要使用的应急物资和装备的类型、数量、性能、存放位置、管理责任人及其联系方式等内容。明确应急专项经费来源、使用范围、数量和监督管理措施，保障应急状态时企业应急经费的及时到位。

5. 强化训练，及时更新

明确对本企业人员开展的应急培训计划、方式和要求。企业每年应按照有关规定结合本单位实际情况制定应急培训计划，对全体员工进行应急培训教育（包括应急预防、避险、避灾、自救、互救等有关应急综合素质培训）。应急指挥机构负责制定专职或兼职应急人员培训计划，并列入各级行政管理培训课程计划。如果预案涉及社区和居民，要做好宣传教育和告知等工作。

明确应急演练的规模、方式、频次、范围、内容、组织、评估、总结等内容。企业各级应急指挥机构应结合本单位的实际情况按照国际公约、法规及有关规定，定期或不定期组织应急演习以保证各级应急预案的有效实施，如应规定每年至少进行一次专项应急演练。要做好应急演练的组织、策划、实施工作，并作好演练结束后的总结评估及改进等各项工作。演练的总结和评估要向上一级单位报告。

明确应急预案维护和更新的基本要求，定期进行评审，实现可持续改进。本预案所依据的公约、法律法规、所涉及的机构和人员发生重大改变或在执行中发现存在重大缺陷时，本企业应及时组织修订，定期组织对本预案进行评审。并将预案纳入企业的日常管理规章，并接受有关机构的监督、审核和检查，不断自我改进。当本预案有变动时应重新向上一级单位和主管机构报备。

此外，在应急预案的实施过程中，应明确事故应急救援工作中奖励和处罚的条件和内容。企业突发事件应急处置工作，应实行行政领导负责制和责任追究制。对突发事件应急管理工作中作出突出贡献的先进集体和个人要给予表彰和奖励。对迟报、谎报、瞒报和漏报突发事件重要情况或者应急管理工作中有其他失职、渎职行为的，按照企业有关规定对有关责任人给予行政处分。构成犯罪的移送司法机关依法追究刑事责任。

第四章 专业法律法规

第一节 水路运输安全生产法律法规与规章概述

现代社会管理强调的是依法行政,我国交通行政主管部门对水路运输行业安全生产的管理,必须以法律法规为依据。改革开放以来,我国在水路运输企业安全生产管理方面制定了一系列法律法规,并不断加以修改和完善。1983 年全国人大常委会通过了《海上交通安全法》,1986 年国务院通过了《内河交通安全管理条例》(2002 年修订),这些是我国水路运输的基本法律规范。

水路运输行业与其他行业相比,由于其与水域环境的密切相关性,水路运输企业在安全生产管理过程中不仅要关注对人身安全、财产安全的保护,还需要关注对水域环境的保护,所以,在水路运输行业安全生产管理工作中做好防治水域污染也是一项非常重要的内容。因此,1982 年全国人大通过了《海洋环境保护法》(1999 年修订)。

依据上述法律和条例,国务院和交通运输部又相继制定了一系列的有关水上交通安全管理的配套法规、规章,交通运输部和中国海事局还发布了大量的有关安全生产管理的规范性文件。此外,一些地方人大和政府还制定了适用于本地区的有关水路运输安全生产管理的地方性法规、规章和规范性文件。

水路运输安全生产的重要法律法规和规章按照“运政管理、海事管理、航道管理、治安消防”四个方面列表如表 4-1 ~ 表 4-4 所示。

水路运输安全生产相关法律法规和规章列表:运政管理 表 4-1

法律法规名称	颁布机关	颁布时间
中华人民共和国海商法	全国人大常委会	1992 年通过
中华人民共和国海域使用管理法	全国人大常委会	2001 年通过
中华人民共和国水路运输管理条例	国务院	2008 年第 544 号令
中华人民共和国国际海运条例	国务院	2001 年第 335 号令
中华人民共和国水路运输服务业管理规定	交通运输部	2009 年第 5 号令
水路运输管理条例实施细则	交通运输部	2009 年第 6 号令
国内水路运输经营资质管理规定	交通运输部	2008 年第 2 号令
中华人民共和国国际海运条例实施细则	交通运输部	2003 年第 1 号令

水路运输安全生产相关法律法规和规章列表:海事管理 表 4-2

法律法规名称	颁布机关	颁布时间
中华人民共和国海上交通安全法	全国人大常委会	1983 年通过
中华人民共和国港口法	全国人大常委会	2003 年通过

续上表

法律法规名称	颁布机关	颁布时间
中华人民共和国海洋环境保护法	全国人大常委会	1982年通过,1999年修订
中华人民共和国内河交通安全管理条例	国务院	2002年通过
中华人民共和国渔港水域交通安全管理条例	国务院	1989年通过
中华人民共和国航标条例	国务院	1995年第187号令
中华人民共和国船舶登记条例	国务院	1994年通过
中华人民共和国船舶和海上设施检验条例	国务院	1993年第109号令
中华人民共和国船员条例	国务院	2007年第494号令
防治船舶污染海洋环境管理条例	国务院	2009年第561号令
危险化学品安全管理条例	国务院	2011年第591号令
中华人民共和国海上交通事故调查处理条例	国务院批准	1990年交通部第14号令
中华人民共和国海上航行警告和航行通告管理规定	国务院批准	1993年交通部发布
长江三峡水利枢纽水上交通管制区域通航安全管理办法	交通部	2003年第6号令
船舶引航管理规定	交通部	2001年
中华人民共和国内河避碰规则	交通部	2003年
国内船舶管理业规定	交通运输部	2009年第1号令
老旧运输船舶管理规定	交通运输部	2009年第14号令
中华人民共和国船舶安全检查规则	交通运输部	2009年第15号令
中华人民共和国防治船舶污染内河水域环境管理规定	交通部	2005年第11号令
水路危险货物运输规则	交通部	1996年第10号令
港口危险货物安全管理规定	交通运输部	2011年
中华人民共和国船舶载运危险货物安全监督管理规定	交通部	2003年第10号令
中华人民共和国船舶安全营运和防污染管理规则	交通部	2001年
中华人民共和国航运公司安全与防污染管理规定	交通部	2007年第6号令
中华人民共和国海上海事行政处罚规定	交通部	2003年第14号令
中华人民共和国内河海事行政处罚规定	交通部	2004年13号令
水上交通事故统计办法	交通部	2002年第5号令

水路运输安全生产相关法律法规和规章列表:航道管理 表4-3

法律法规名称	颁布机关	颁布时间
中华人民共和国河道管理条例	国务院	1988年第3号令
中华人民共和国航道管理条例	国务院	2008年第545号令
中华人民共和国航标条例	国务院	1995年第187号令
沿海航标管理办法	交通部	2003年第7号令
内河航标管理办法	交通部	1996年第2号令
海区航标设置管理办法	交通部	1996年第12号令
中华人民共和国航道管理条例实施细则	交通运输部	2009年第9号令

水路运输安全生产相关法律法规和规章列表:治安消防 表4-4

法律法规名称	颁布机关	颁布时间
中华人民共和国治安管理处罚法	全国人大常委会	2008年通过
中华人民共和国消防法	全国人大常委会	2008年通过
机关、团体、企业、事业单位消防安全管理规定	公安部	2001年第61号令
消防监督检查规定	公安部	2009年第107号令
火灾事故调查规定	公安部	2009年第108号令
社会消防安全教育培训规定	公安部等九部门	2008年第109号令

第二节 水路运输安全生产主要法律法规简介

水上交通安全管理的范围包括海上(水上)交通运输、船舶技术监控、生产作业安全以及海事行政处罚等,支撑的法规可分为由全国人民代表大会及其常务委员会制定的相关法律、国务院发布的相关行政法规、交通运输部根据国家法律和行政法规制定的相关规章以及各省、自治区、直辖市依据法律法规的基本原则而制定的地方性安全管理规定。本节重点介绍我国的水上交通安全法规体系及《中华人民共和国海上交通安全法》及《中华人民共和国内河交通安全管理条例》,其他有关船舶登记、检验以及安全作业等法规在其他有关章节中介绍。

一、水上交通安全法规体系

交通安全从广义上讲从属于生产安全的范畴,但我国的安全生产法允许消防安全和道路交通安全、铁路交通安全、水上交通安全、民用航空安全在其原则基础上另行制定专门的法律法规。

1. 水上交通安全法律及行政法规

为维持水上交通秩序、保障水上交通安全,我国在水上交通安全方面专门制定了一系列的法律及行政法规,主要有:

1983年9月2日第六届全国人民代表大会常务委员会第二次会议通过的《中华人民共和国海上交通安全法》(以下简称《海上交通安全法》),为我国的海上(水上)交通安全方面的专门法。《海上交通安全法》目前正在修订过程中,以适应航运发展的需要。

1986年12月16日国务院发布的《中华人民共和国内河交通安全管理条例》,是我国进行内河交通安全管理的最高行政法规。自2001年8月1日起实行新条例,原条例同时废止。

1990年1月11日经国务院批准和施行的《中华人民共和国海上交通事故调查处理条例》,是依据《海上交通安全法》的有关规定之内制定的一部以规范海上交通事故调查处理的行政法规。

1993年2月14日国务院发布的《中华人民共和国船舶和海上设施检验条例》,是为保证船舶、海上设施和船运货物集装箱具备安全航行、安全作业的技术条件,保障人民生命财产的安全和防止水域污染而制定的行政法规。

1994 年 6 月 2 日国务院发布的《中华人民共和国船舶登记条例》，是国家规范船舶的监督管理、保障船舶登记有关各方的合法权益的行政法规。

此外，我国在有关港口、航道及航标以及渔港水域乃至船员管理等方面亦制定有专门的法律或管理条例。

2. 交通运输部规章

交通运输部在海上(水上)交通安全方面专门制定的法规文件主要有：

《中华人民共和国船舶安全检查规则》、《中华人民共和国船舶安全营运和防止污染管理规则》、《中华人民共和国船舶签证管理规则》、《中华人民共和国外国籍船舶管理规则》、《中华人民共和国非机动船舶海上安全航行暂行规则》、《中华人民共和国海上海事行政处罚规定》、《中华人民共和国海上航行警告和航行通告管理规定》、《中华人民共和国海上交通事故调查处理条例》、《中华人民共和国内河避碰规则》、《中华人民共和国水上水下施工作业通航安全管理规定》、《船舶引航管理规定》、《船舶载运危险货物安全监督管理规定》、《高速客船安全管理规则》、《国际航行船舶进出中华人民共和国口岸检查办法》等。交通运输部制定的法规文件在水上交通安全管理法规体系中占了相当大的比重，是为实施法律法规，或在遵循宪法、法律、行政法规基本原则基础上，在有关船舶安全管理方面做出的比较具体的规定。

二、海上交通安全法

《中华人民共和国海上交通安全法》于 1984 年 1 月 1 日起实施。它是我国有关海上交通安全管理的第一部法律，也是海事主管机关对海上交通安全实施行政管理的基本法律依据，是调整和制约各种海上交通行为和相互关系的准则。现行《海上交通安全法》共有 12 章 53 条，主要内容包括以下几个方面：

1. 适用范围

适用的水域：《海上交通安全法》适用的水域是我国的沿海水域。“沿海水域”是指我国沿海的港口、内水和邻海以及国家管辖的一切其他海域。

适用对象：《海上交通安全法》适用在沿海水域航行、停泊和作业的一切船舶、设施和人员以及船舶、设施的所有人、经营人。“船舶”是指各类排水或非排水船、筏、水上飞机、潜水器和移动式平台。“设施”是指水上水下各种固定或浮动建筑、装置和固定平台。

2. 主管机关

对沿海水域的交通安全实施统一监督管理的主管机关是中华人民共和国海事局。而以渔业为主的渔港水域内，国家渔政渔港监督管理机构行使主管机关的职权。

3. 船舶和人员

船舶必须具有船舶国籍证书，或船舶登记证书，或船舶执照，船舶和船上有关航行安全的重要设备必须具有船舶检验部门签发的有效技术证书，并应当按照标准定额配备足以保证船舶安全的合格船员，按照国家规定，配备掌握避碰、信号、通信、消防、救生等设施的专业技能的人员。

高级船员，包括船长、轮机长、驾驶员、轮机员、无线电员、话务员以及水上飞机、潜水器的相应人员，必须持有合格的职务证书，其他船员必须经过相应的专业技术训练。船舶、设施上的人员必须遵守有关海上交通安全的规章制度和操作规程，保障船舶或设施航行、停泊和作业的安全。

4. 航行、停泊和作业

船舶或设施航行、停泊和作业，必须遵守中华人民共和国的有关法律、行政法规和规章。

(1)进出港

国际航行船舶进出中华人民共和国港口，必须接受主管机关的检查，本国籍国内航行船舶进出港口，必须办理进出港签证。大型设施和移动式平台的海上拖带，必须经过船舶检验部门拖航检验，并报主管机关核准。

船舶进出港口或者通过交通管制区、通航密集区和航行条件受到限制的区域时，必须遵守我国政府或主管机关公布的特别规定。除经主管机关特别许可外，禁止船舶进入或穿越禁航区。

主管机关认为船舶对港口的安全具有危险时，有权禁止其进港或令其离港；发现船舶的实际情况同证书所载不相符合时，有权责成其申请重新检验或者通知其所有人或经营人采取有效的安全措施。船舶、设施有下列情况之一的，主管机关有权禁止其离港，或令其停航、改航、停止作业：违反我国有关的法律、行政法规和规章；处于不适航或不适拖状态；发生交通事故。手续未清的；未向主管机关或有关部门交付应承担的费用，也未提供适当担保；主管机关认为有其他妨害或者可能妨害海上交通安全的情况。

(2)外国籍船舶

外国籍非军用船舶，未经主管机关批准，不得进入中华人民共和国的内水和港口，但是，因人员病急、机械故障、遇难、避风等意外情况，未及获得批准，可以在进入的同时向主管机关紧急报告，并听从指挥。外国籍船舶进出中华人民共和国港口或者在港内航行、移泊以及靠离港外系泊点、装卸站等，必须由主管机关指派引航员引航。

外国派遣船舶或飞机进入中华人民共和国领海或领海上空搜寻救助遇难的船舶或人员，必须经主管机关批准。外国籍军用船舶，未经中华人民共和国政府批准，不得进入中华人民共和国领海。

5. 安全保障

中华人民共和国海事局按照国家规定，负责统一发布航行警告和航行通告。

船舶、设施发现下列情况，应当迅速报告主管机关：助航标志或导航设施变异、失常；有妨碍航行安全的障碍物、漂流物；其他有碍航行安全的异常情况。另外，船舶在下列情况下也应报告主管机关：发生交通事故、遇难时；收到他船求救信号或发现有人遭遇生命危险时；外国籍非军用船舶未获得批准进入我国内水和港口时。

船舶损坏助航标志和导航设施的，应当立即向主管机关报告，并承担赔偿责任。船舶、设施发生事故，对交通安全造成或可能造成危害时，主管机关有权采取必要的强制性处置措施。

6. 危险货物运输

船舶或设施储存、装卸、运输危险货物，必须具备安全可靠的设备和条件，遵守国家关于危险货物管理和运输的规定。船舶装运危险货物，必须向有关主管机关办理申报手续，经批准后，方可进出港口或装卸。

7. 海难救助

发生碰撞的船舶、设施应当互通名称、国籍和登记港，并尽一切可能救助遇难人员。在不严重危及自身安全情况下，当事船舶不得擅自离开事故现场。

遇难船舶、设施或飞机及其所有人、经营人应当采取一切有效措施组织自救。船舶、设施或飞机遇难时，除发出呼救信号外，还应当以最迅速的方式将出事的时间、地点、受损情况、救助要求以及发生事故的原因，向主管机关报告。

事故现场的船舶、设施，收到求救信号或发现有人遭遇生命危险时，在不严重危及自身安全的情况下，应当尽力救助遇难人员，并迅速向主管机关报告现场情况和本船或设施的名称、呼号和位置。

主管机关接到求救报告后，应当立即组织救助。有关单位和事故现场附近的船舶、设施，必须听从主管机关的统一指挥。

8. 交通事故的调查处理

船舶、设施发生交通事故，应当向主管机关递交事故报告书和有关资料，并接受调查处理。船舶、设施发生的交通事故，由主管机关查明原因，判明责任。事故的当事人和有关人员，在接受主管机关调查时，必须如实提供现场情况和与事故有关的情节。

9. 法律责任

对违反《海上交通安全法》的，主管机关可视情节，给予下列一种或几种处罚：警告、扣留或吊销职务证书、罚款。

当事人对主管机关的罚款、吊销职务证书的处罚不服的，可以在接到处罚通知之日起15天内，向人民法院起诉；因海上交通事故引起的民事纠纷，可以由主管机关调解处理，不愿意调解或调解不成的，当事人可以向人民法院起诉；涉外案件的当事人，还可以根据书面协议提交仲裁机构仲裁。

对违反《海上交通安全法》构成犯罪的人员，由司法机关依法追究其刑事责任。

三、内河交通安全管理条例

《中华人民共和国内河交通安全管理条例》于1986年12月16日由国务院发布，是为加强内河交通安全管理，维护内河交通秩序，保障人民群众生命、财产安全而制定的行政性法规。现行条例于2002年6月19日国务院第60次常务会议通过，2002年6月28日中华人民共和国国务院第355号令公布，自2002年8月1日起施行，原条例同时废止。

《内河交通安全管理条例》共11章95条，涉及运输船舶的主要包括以下内容：

1. 适用范围

该条例适用中华人民共和国内河通航水域。“内河通航水域”是指由海事主管机关认定的可供船舶航行的江、河、湖泊、水库、运河等水域。适用对象为在内河通航水域从事航行、停泊和作业以及与内河交通安全有关活动的船舶、浮动设施。其中“船舶”是指各类排水或者非排水的船、艇、筏、水上飞行器、潜水器、移动式平台以及其他水上移动装置，“浮动设施”是指采用缆绳或者锚链等非刚性固定方式系固并漂浮或者潜于水中的建筑、装置。

军事船舶在内河通航水域航行，应当遵守内河航行、避让和信号显示规则。军事船舶的检验、登记和船舶的考试、发证等管理办法，按照国家有关规定执行。渔船的检验、登记以及进出渔港签证,渔船船员的考试、发证,渔船之间交通事故的调查处理,以及渔港水域内渔船的交通安全管理办法,由国务院渔业行政主管部门依据本条例另行规定。

2. 主管机关

国务院交通运输主管部门管理全国内河交通安全工作。国家海事管理机构在国务院交通运输主管部门的领导下,负责全国内河交通安全监督管理工作。

国务院交通运输管理部门在中央管理水域设立的海事主管机关和省、自治区、直辖市人民政府在中央管理水域以外的其他水域设立的海事管理机构(以下统称海事管理机构)依据各自的职责权限,对所辖内河通航水域实施水上交通安全监督管理。

3. 船舶和人员

船舶须具备合格的船舶检验证书、船舶登记证书并按规定配备合格船员及必要的航行资料方可航行。浮动设施须具备合格的检验证书、登记证书并按规定配备掌握水上交通安全技能的船员方可从事有关活动。船舶、浮动设施应当保持适于安全航行、停泊或者从事有关活动的状态,配载和系固应当符合国家安全技术规范。

船员经水上交通安全专业培训及相应的特殊培训,并经海事管理机构考试合格,取得相应的适任证书或者其他适任证件,方可担任船员职务。

船舶、浮动设施的所有人或者经营人,应当加强对船舶、浮动设施的安全管理,建立、健全相应的交通安全管理制度,并对船舶、浮动设施的交通安全负责;不得聘用无适任证书或者其他适任证件的人员担任船员;不得指使、强令船员违章操作。船舶、浮动设施的所有人或者经营人,应当根据船舶、浮动设施的技术性能、船员状况、水域和水文气象条件,合理调度船舶或者使用浮动设施。

4. 航行、停泊和作业

1)航行

船舶在内河航行,应当悬挂国旗,标明船名、船籍港、载重线,并应当保持正规瞭望,采用安全航速航行,谨慎驾驶,保障安全。船舶航行、避让和信号显示的具体规则,由国务院交通主管部门制定。

外国籍船舶、通航条件受限制的船舶、国务院交通运输主管部门规定应当申请引航的客船、载运危险货物的船舶在内河航行,应当向引航机构申请引航。除船长驾驶同一类型的海上机动船舶在同一内河通航水域航行与上一航次间隔 2 个月以内的之外,1000 总吨以上的海上机动船舶在内河航行也应当向引航机构申请引航。

船舶在内河通航水域载运或者拖带超重、超长、超高、超宽、半潜的物体,必须在装船或者拖带前 24 小时报海事管理机构核定拟航行的航路、时间,并采取必要的安全措施,保障船舶载运或者拖带安全。船舶需要护航的,应当向海事管理机构申请护航。

遇有恶劣天气、大范围水上施工作业、影响航行的水上交通事故、水上大型群众性或者体育比赛以及对航行安全影响较大的其他情形,海事管理机构可以根据情况采取限时航行、单航、封航等临时性限制、疏导交通的措施,并予公告。

2)进出港口

船舶进出内河港口,应当向海事管理机构办理船舶进出港签证手续。

船舶进出港口和通过交通管制区、通航密集区或者航行条件受限制的区域,应当遵守海事管理机构发布的有关通航规定。任何船舶不得擅自进入或者穿越海事管理机构公布的禁航区。

船舶应当在码头、泊位或者依法公布的锚地、停泊区、作业区停泊；遇有紧急情况，需要在其他水域停泊的，应当向海事管理机构报告。船舶停泊，应当按照规定显示信号，不得妨碍或者危及其他船舶航行、停泊或者作业的安全，留有足以保证船舶安全的船员值班。

3）影响通航安全的作业

在内河通航水域或者岸线上进行可能影响通航安全的作业或者活动的，应当在进行作业或者活动前报海事管理机构批准；需要进行可行性研究的，在进行可行性研究时应当征求海事管理机构的意见；依照法律、行政法规的规定，需经其他有关部门审批的，还应当依法办理有关审批手续。

在内河通航水域进行可能影响通航安全的作业，应当在进行作业前向海事管理机构备案。

5. 危险货物监管

从事危险货物装卸的码头、泊位，必须符合国家有关安全规范要求，并征求海事管理机构的意见，经验收合格后，方可投入使用。

载运危险货物的船舶应当遵守下列要求：必须持有经海事管理机构认可的船舶检验机构依法检验并颁发的危险货物适装证书；按照国家有关危险货物运输的规定和安全技术规范进行配载和运输；进出港口，应当将危险货物的名称、特性、包装、装卸或者过驳作业或者进出港口（定船、定线、定货的船舶可以定期报告）；在航行、装卸或者停泊时，按照规定显示信号。

6. 通航保障

内河通航水域的航道、航标和其他标志的规划、建设、设置、维护，应当符合国家规定的通航安全要求。

任何单位和个人发现航道变迁或航道水深宽度发生变化、妨碍通航安全的物体、航标位移或损坏灭失以及妨碍通航安全的其他情况，应当迅速向海事管理机构报告。

7. 事故调查处理

船舶、浮动设施发生交通事故，其所有人或者经营人必须立即向交通事故发生地海事管理机构报告，并做好现场保护工作。接受海事管理机构调查、取证的有关人员，应当如实提供有关情况和证据，不得谎报或者隐匿、毁灭证据。

海事管理机构应当在内河交通事故调查、取证的有关人员，应当如实提供有关情况和证据，不得谎报或者隐匿、毁灭证据。

海事管理机构应当在内河交通事故调查、取证结束后30日内，依据调查事实和证据做出调查结论，并书面告知内河交通事故当事人。

8. 监督检查

海事管理机构依照本条例实施监督检查时，可以根据情况对违反本条例有关规定的船舶，采取责令临时停航、驶向指定地点，禁止进港、离港，强制卸载、拆除动力装置、暂扣船舶等保障通航安全的措施。

海事管理机构的工作人员依法在内河通航水域对船舶、浮动设施进行内河交通安全监督检查,任何单位和个人应当接受海事管理机构依法实施的安全监督检查,并为其提供方便。

9.法律责任

船舶、浮动设施违反规定在内河航行或者作业,根据违规性质、情节严重程度等,由海事管理机构依法采取警告、责令停航或者停止作业、没收或暂扣、责令限期改正、罚款、暂扣船员适任证书或者其他适任证件等行政处罚措施,并依法承担相应的法律责任。

四、海洋环境保护法

我国在船舶对环境污染的保护及管理方面制定的综合性或专门法律及行政法规主要有:1989年12月26日第七届全国人民代表大会常务委员会第十一次会议通过的《中华人民共和国环境保护法》;1982年8月23日第五届全国人民代表大会常务委员会第二十四次会议通过,并于1999年12月25日第九届全国人民代表大会常务委员会第十三次会议修订的《中华人民共和国海洋环境保护法》(简称《海洋环境保护法》);2009年9月9日发布的《防治船舶污染海洋管理条例》(简称《船舶防污染管理条例》);1985年3月6日国务院发布的《中华人民共和国海洋倾废管理条例》(简称《海洋倾废管理条例》);其他有关海岸工程、陆源污染、海洋石油工程对海洋环境的污染管理的法规以及与船舶有关的大气污染管理法规等。本节重点介绍《中华人民共和国海洋环境保护法》。

《中华人民共和国海洋环境保护法》是为保护海洋环境及海洋资源,防治污染损害,维护生态平衡,保障人体健康,促进经济和社会的可持续发展而制定的。现行《海洋环境保护法》内容包括总则、海洋环境监督管理、海洋生态保护、防治;陆源污染物对海洋环境的污染损害、防治海岸工程建设项目对海洋环境的污染损害、防治海洋工程建设项目对海洋环境的污染损害、防治倾倒废弃物对海洋环境的污染损害、防治船舶及有关作业活动对海洋环境的污染损害、法律责任、附则,共10章98条。

1.适用范围

《中华人民共和国海洋环境保护法》适用于中华人民共和国内水、邻海、毗连区、专属经济区、大陆架以及中华人民共和国管辖的其他海域,并适用在中华人民共和国管辖海域以外,造成中华人民共和国管辖海域污染的情况。

《中华人民共和国海洋环境保护法》适用的对象包括在中华人民共和国管辖海域内从事航行、勘探、开发、生产、旅游、科学研究及其他活动,或者在沿海陆域内从事影响海洋环境活动的任何单位和个人,并适用在中华人民共和国管辖海域外,造成中华人民共和国管辖海域污染的任何单位和个人。

一切单位和个人都有保护海洋环境的义务,并有权对污染损害海洋环境的单位和个人,以及海洋环境监督管理人员的违法失职行为进行监督和检举。

2.主管机关

国务院环境保护行政主管部门作为对全国环境保护工作统一监督管理的部门,对全国海洋环境保护工作实施指导、协调和监督,并负责全国防治陆源污染物和海岸工程建设项目对海洋污染损害的环境保护工作。

国家海事行政主管部门负责所辖港区水域内非军事船舶和港区水域外非渔业、非军事船舶污染海洋环境的监督管理,并负责污染事故的调查处理。对在中华人民共和国管辖海域航行、停泊和作业的外国籍船舶造成的污染事故登船检查处理。船舶污染事故给渔业造成损害的,应当吸收渔业行政主管部门参与调查处理。

海洋环境的监督管理,组织海洋环境的调查、监测、监视、评价和科学研究由国家海洋行政主管部门负责,包括全国防治海洋工程建设项目和海洋倾倒废弃物对海洋污染损害的环境保护工作。

渔港水域内非军事船舶和渔港水域外渔业船舶污染海洋环境的监督管理、渔业水域生态环境保护工作以及除国家海事行政主管部门负责以外的渔业污染事故由国家渔业行政主管部门负责。

军事船舶污染海洋环境的监督管理及污染事故的调查处理由军队环境保护部门负责。

沿海县级以上地方人民政府行使海洋环境监督管理权的部门的职责,由省、自治区、直辖市人民政府根据本法及国务院有关规定确定。

3. 海洋环境监督管理

国家海洋行政主管部门会同国务院有关部门和沿海省、自治区、直辖市人民政府拟定全国海洋功能区划,报国务院批准。国家根据海洋功能区划制定全国海洋环境保护规划和重点海域区域性海洋环境保护规划。

国家根据海洋环境质量状况和国家经济、技术条件,制定国家海洋环境质量标准。沿海省、自治区、直辖市人民政府对国家海洋环境质量标准中未做规定的项目,可以制定地方海洋环境质量标准。

向海洋倾倒废弃物,必须按照国家规定缴纳倾倒费,排污费、倾倒费必须用于海洋环境污染的整治。

国家根据防止海洋环境污染的需要,制定国家重大海上污染事故应急计划。国家海洋行政主管部门负责制定全国海洋石油勘探开发重大海上溢油应急计划,报国务院环境保护行政主管部门备案。国家海事行政主管部门负责制定全国船舶重大海上溢油污染事故应急计划,报国务院环境保护行政主管部门备案。沿海可能发生重大海洋环境污染事故的单位,应当依照国家的规定,制定污染事故应急计划,并向当地环境保护行政主管部门、海洋行政主管部门备案。沿海县级以上地方人民政府及其有关部门在发生重大海上污染事故时,必须按照应急计划解除或者减轻危害。

4. 海洋生态保护

国务院和沿海地方各级人民政府应当采取有效措施,保护红树林、珊瑚礁、滨海湿地、海岛、海湾、入海河口、重要渔业、水域等具有典型性、代表性的海洋生态系统,珍稀、濒危海洋生物的天然集中分布区,具有重要经济价值的海洋生物生存区域及有重大科学文化价值的海洋自然历史遗迹和自然景观。对具有重要经济、社会价值的已遭到破坏的海洋生态,应当进行整治和恢复。

国务院有关部门和沿海省级人民政府应当根据保护海洋生态的需要,选划、建立海洋自然保护区。国家鼓励建立海洋特别保护区、发展生态渔业建设,禁止可能对海洋生态系统造成危害或造成海洋环境污染的海洋资源的开发利用、海洋动植物物种引进以及海水养殖等。

5. 防治倾倒废弃物对海洋环境的污染损害

任何单位未经国家海洋行政主管部门批准,不得向中华人民共和国管辖海域倾倒任何废弃物。禁止中华人民共和国境外的废弃物在中华人民共和国管辖海域倾倒。

国家海洋行政主管部门根据废弃物的毒性、有毒物质含量和对海洋环境影响程度，制定海洋倾倒废弃物评价程序和标准。

向海洋倾倒废弃物，应当按照废弃物的类别和数量实行分级管理。

国家海洋行政主管部门按照科学、合理、经济、安全的原则选划海洋倾倒区，经国务院环境保护行政主管部门提出审核意见后，报国务院批准。

获准倾倒废弃物的单位，必须按照许可证注明的期限及条件，到指定的区域进行倾倒，并详细记录倾倒的情况，并在倾倒后向批准部门做出书面报告。废弃物装载之后，批准部门应当予以核实。明文禁止在海上焚烧废弃物、处置放射性废弃物或者其他放射性物质。

6. 防治船舶及有关作业活动对海洋环境的污染损害

在中华人民共和国管辖海域，任何船舶及相关作业不得违反本法规向海洋排放污染物、废弃物和压载水、船舶垃圾及其他有害物质。从事船舶污染物、废弃物、船舶垃圾接受以及船舶清舱、洗舱作业活动的单位，必须具备相应的接受处理能力。

船舶必须按照有关规定配置相应的防污设备和器材，持有防止海洋环境污染的证书与文书，在进行涉及污染物排放及操作时，应当如实记录。船舶应当遵守海上交通安全法律法规的规定，防止因碰撞、触礁、搁浅、火灾或者爆炸等引起的海难事故，造成海洋环境的污染。船舶发生海难事故，造成或者可能造成海洋环境重大污染损害的，国家海事行政主管部门有权强制采取避免或者减少污染损害的措施。

船舶进行下列活动，应当事先按照有关规定报经有关部门批准或者核准：船舶在港区水域内使用焚烧炉；船舶在港区水域内进行洗舱、清舱、驱气，排放压载水、残油，含油污水接受，舷外拷铲及油漆等作业；船舶、码头、设施使用化学消油剂；船舶冲洗沾有污染物、有毒有害物质的甲板；船舶进行散装液体污染危害性货物的过驳作业；从事船舶水上拆解、打捞、修造和其他水上、水下船舶施工作业。

载运具有污染危害性货物进出港口的船舶，其承运人、货物所有人或者代理人，必须事先向海事行政主管部门申报。经批准后，方可进出港口、过境停留或者装卸作业。交付船舶装运污染危害性货物的单证、包装、标志、数量限制等，必须符合对所装货物的有关规定。需要船舶装运污染危害性不明的货物，应当按照有关规定事先进行评估。装卸油类及有毒有害货物的作业，船岸双方必须遵守安全防污操作规程。装卸油类的港口、码头、装卸站和船舶必须编制溢油污染应急计划，并配备相应的溢油污染应急设备和器材。

国家应完善并实施船舶油污损害民事赔偿责任制度。按照船舶油污损害责任由船东和货主共同承担风险的原则，建立船舶油污保险、油污损害赔偿基金制度。实施船舶油污保险、油污损害赔偿基金制度的具体办法由国务院规定。

所有船舶均有监视海上污染的义务，在发现海上污染事故或者违反海洋环境保护法规定的行为时，必须立即向就近的依照海洋环境保护法规定行使海洋环境监督管理权的部门报告。

7. 法律责任

对于单位或个人的排放污染、不符合标准、违反报告、违法工程建设规定、妨碍执法以及其他造成环境污染或破坏的违法行为，有关主管部门有权依法采取警告、责令限期改正和采取补救措施、没收其违法所得、罚款等行政处罚或行政处分，对造成重大海洋环境污染事故，致使公私财产遭受重大损失或者人身伤亡严重后果的，依法追究刑事责任。

造成海洋环境污染损害的责任者，应当排除危害，并赔偿损失；完全由于第三者的故意或者过失，造成海洋环境污染损害的，由第三者排除危害，并承担赔偿责任。对破坏海洋生态、海洋水产资源、海洋保护区，给国家造成重大损失的，由依照本法规定行使海洋环境监督管理权的部门代表国家对责任者提出损害赔偿要求。

完全属于战争、不可抗拒的自然灾害以及负责灯塔或者其他助航设备的主管部门在执行职责时的疏忽或者其他过失行为，经过及时采取合理措施，仍然不能避免对海洋环境造成污染损害的，有关责任者免予承担责任。

第三节　水路运输安全生产标准规范与要求

根据《中华人民共和国标准化法》和《中华人民共和国标准化法实施条例》，为了加强交通标准化的管理工作，规范交通标准化各参与方的行为，明确交通标准化工作程序，促进交通技术进步，在我国交通主管部门的大力支持下，交通标准化工作得到了推进。

交通标准化是交通科学技术工作的重要组成部分，交通标准是交通科技成果和技术进步的重要体现，科技成果可形成标准的应及时制定标准，标准制定应纳入标准化管理程序。交通标准的制定应当贯彻国家的有关方针、政策、法律、法规，积极采用国际标准和国外先进标准，充分考虑使用要求，做到技术先进、经济合理、协调配套、适用可行。交通标准化工作的任务是研究交通标准化基础理论和技术，制定交通行业的国家标准和行业标准(简称交通标准)，组织实施标准和对标准的实施进行监督。

有关安全生产标准的分类号和标准号的规定：

按照中国标准文献分类法中的规定，交通标准中有关安全生产标准的分类号主要有三类，分别是：

(1)“R 公路、水路运输”，其中：

00/09　公路、水路运输综合

10/19　公路运输

20/29　水路运输

30/39　船舶维护与修理

40/49　港口装卸

50/59　救助、打捞与潜水

60/69　航道与航标

80/89　交通管理

(2)“U 船舶”，其中：

00/09　船舶综合

10/19　船舶总体

20/29　舾装设备

30/39　船舶专用装备

40/49 船用主辅机

50/59 船舶管路附件

60/69 船舶电气、观通、导航设备

(3)“Z 环境保护”,其中:

00/09 环境保护综合

10/39 环境保护采样、分析测试方法

50/59 环境质量标准

60/79 污染物排放标准

对于交通标准中标准号的理解,通常情况下,标准号至少由标准的代号、编号、发布年代三部分组成。如“GB 2604—1999”,其中的 GB 是代号,2604 是编号,1999 是发布年代。代号有统一的规定。GB:国家标准(国标),CB:船舶行业标准(船标),JT:交通行业标准,通常是用汉字拼音的首字母表示。编号是该类标准的顺序号。发布年代是标准发布的时间。有的标准代号后面有“/T”,表示是推荐性标准。

水路运输行业安全生产的主要标准规范与要求如表 4-5 所示。

水路运输行业安全生产的主要标准规范 表 4-5

序号	分类号	标 准 号	中文名称
1	R01/P67	JT/T 335—1997	水上安全监督站配布条件及设施设备配备要求
2	R04	GB 25347—2010	船舶油品供应术语
3	R04	JT/T 311—1997	油船油舱静电测量方法
4	R04	JT/T 451—2009	港口码头溢油应急设备配备要求
5	R04	JT/T 555—2004	港口计量术语
6	R06	GB/T 25346—2010	船舶供受燃油程序及检测方法
7	R06	JT/T 12—2004	运输船舶油耗计量仪表配备技术要求
8	R06	JT/T 25—2009	港口企业能量平衡导则
9	R06	JT/T 38—2008	石油及液体石油产品船舶舱计量交接要求
	R06	JT/T 339—1997	船舶供受燃油管理规程
	R07	JT/T 19—2001	运输货物分类和代码
	R07	JT/T 24—2002	中国港口代码
	R07	JT/T 36—2006	交通汉语主题词表编制与标引规则
	R09	JT/T 786—2010	滚装船舶载运危险货物车辆积载与隔离技术要求
	R09	JT/T 787—2010	船舶修造和拆解单位防污染设施设备配备及操作要求
	R09	JT 154—1994	油船洗舱作业安全技术要求
	R09	JT 195—1995	海船机舱消防应急操作规程
	R09	JT 196—1995	海船机舱进水应急操作规程
	R09	JT 197—1995	油船静电安全技术要求
	R09	JT 556—2004	港口防雷与接地技术要求
	R09	JT 558—2004	船舶消防演习操作规程

续上表

序号	分类号	标　准　号	中文名称
	R09	JT/T 560—2004	船用吸油毡
	R09	JT/T 660—2006	水上加油站安全与防污染技术要求
	R09	JT/T 661—2006	散装液体危险货物码头安全与防污染管理体系要求
	R09	JT/T 673—2006	船舶污染物接收和船舶清舱作业单位接收处理能力要求
	R09	GB/T 16559—2010	船舶溢油应变部署表
	R22	GB 17566—2010	海洋运输船舶应变部署表
	R22	JT/T 95—1994	海船航海图书资料配备要求
	R22	JT/T 419—2000	内河船舶航行资料配备要求
	R22	GB 16557—2010	海船救生安全标志
	R30	GB/T 23438—2009	船舶维修保养体系检验导则
	R34	JT/T 219—1996	船用通信、导航设备安装、使用、维护、修理技术要求　全球定位系统(GPS)接收机
	R55	GB/T 16560—2011	甲板减压舱
	R56	JT/T 662—2006	船用保温救生服
	R61	JT/T 702—2007	沿海港口航道图改正通告编写规范
	R62	GB 5863—1993	内河助航标志
	R62	GB 5864—1993	内河助航标志的主要外形尺寸
	R63	GB 24418—2009	中国海区可航行水域桥梁助航标志
	R63	GB/T 26781—2011	海区浮动助航标志配布导则
	U04	JT/T 7—2008	船舶液货舱容积测量与计算
	U10	GB/T 23432—2009	三峡枢纽过坝江海直达货船尺度系列
	U10	GB/T 23433—2009	三峡枢纽过坝载货汽车滚装船船型尺度系列
	U65	JT/T 73—2007	船用雷达性能监测器
	U65	JT/T 74—2007	雷达指向标
	Z64	GB 3552—1983	船舶污染物排放标准
	Z64/R09	JT/T 458—2001	船舶油污染事故等级
			危险货物限制数量及运输要求
			危险货物例外数量及运输要求
		GB 12268—2005	危险货物品名表

第四节　水路运输安全生产相关国际公约和规则

一、国际海事组织及其与海上安全有关的国际公约和规则

与海上航行安全有关的国际法律法规主要包括联合国、国际海事组织以及国际劳工组

织等国际组织的国际公约和规则，比如 1982 年通过的《联合国海洋法公约》(United Nations Convention on the Law of the Sea, UNCLOS 1982)、联合国《关于危险货物运输的建议书 规章范本》(第 16 修订版)(UN Recommendations on the Transport of Dangerous Goods, 16th Revised Edition, 2009)等。限于篇幅，这里重点介绍国际海事组织有关海上航行安全的国际公约和规则。

国际海事组织(International Maritime Organization, IMO)是一个促进各国政府和各国航运业界在改进海上安全，防止海洋污染以及海事技术合作的国际组织，原为 1958 年 3 月成立的政府间海事咨询组织，1959 年成为联合国的一个专门机构，1975 年 11 月，该组织第九届大会决定改名为国际海事组织，总部设在英国伦敦。

国际海事组织成立之后所组织制定和修改的公约、议定书、规则等有将近 50 个，主要涉及海上交通安全、环境保护、责任与赔偿等方面的法律规范，其中与水路运输安全有关的最重要的有：

(1)《国际海上人命安全公约》(The International Convention for the Safety of Life at Sea, SOLAS 74/78)；

(2)《海员培训、发证和值班标准国际公约》(The International Convention on Standards of Training, Certification and Watchkeeping for Seafarers, STCW, 1978)；

(3)《1972 年国际海上避碰规则公约》(Convention on the International Regulations for Preventing Collisions at Sea, COLREG 1972)；

(4)《1979 年国际海上搜寻救助公约》(International Convention on Maritime Search and Rescue, SAR 1979)；

(5)《国际船舶安全营运和防止污染管理规则》(The International Management Code for the Safe Operation of Ships and for Pollution Prevention, ISM 规则)；

(6)《国际船舶和港口设施保安规则》(International Code for the Security of Ships and Port Facilities, ISPS 规则)

(7)《1976 年国际海事卫星组织公约》(International Maritime Satellite Organization, INMARSAT 1976)；

(8)《国际防止船舶造成污染公约》(The International Convention for the Prevention of Pollution From Ships, 1973 as modified by the Protocol of 1978, MARPOL 73/78)等。

下面对其中主要的法律法规文件分别作简要介绍。

二、1974 年国际海上人命安全公约(SOLAS 74 /78)

《国际海上人命安全公约》(SOLAS)及其历年的修正案被普遍认为是涉及海上安全的各种国际公约中最为重要的一个公约。从 1914 年产生以来，已经经过多次修改，现行版本是 1974 年通过的于 1980 年生效的版本。同时请参看：2012 年 7 月 6 日交通运输部公告“关于国际海事组织《〈1974 年国际海上人命安全公约〉1988 年议定书》修正案生效的公告”(2012 第 20 号)和交通运输部公告“关于国际海事组织经修正的《1974 年国际海上人命安全公约》修正案生效的公告”(2012 第 22 号)。

1. 公约产生的背景和发展概况

SOLAS 公约的制定与 1912 年发生的“泰坦尼克”号灾难有着密切的关系。该惨剧引起了全世界对海上安全的关注，制定一部世界认可的安全准则成为海运界当时最迫切的任务。1913年底，在英国伦敦召开了第一次国际海上人命安全会议，讨论制定安全规则。1914年1月20日，出席本次会议的13个国家代表签订了世界上第一个认可的海上安全准则《国际海上人命安全公约》。公约重点对客船提出了安全要求，其中对船舶构造、分舱、救生及防火和救生设备做出了严格的规定，并要求配备无线电设备。事实证明，该公约的诞生，规范了船舶建造技术，改善了海上交通安全水平。

但是，在运用中也不断发现公约本身的不完善之处，且随着科学技术的进步，造船和航海技术也在不断提高，原制定的公约亟须修改完善。1929年，在伦敦召开了第二次国际海上人命安全会议，有18个国家的代表参加了会议，于同年5月1日通过了《1929年国际海上人命安全公约》。修改后的公约对技术规范更为具体，并要求货船也配备无线电设备。

1929年之后，特别是第二次世界大战期间，科学技术发展突飞猛进，为了总结第二次世界大战期间的经验教训，1948年在伦敦召开了第三次国际海上人命安全会议，会上通过了取代1929年公约的《1948年国际海上人命安全公约》，将稳性标准、必要的应急设备维护、防火结构等要求引入公约，增加了谷物装运和危险货物装运及核能船舶的章节，同时规定500总吨及以上的货船需要持有"国际设备安全证书"。

第四次国际海上人命安全会议于1960年5月17日在伦敦召开，55个国家的代表参加了本次会议，会议在原公约的基础上制定并通过的《1960年国际海上滕明安全公约》，对船舶构造、救生、消防、无线电设备、航行安全、谷物装运、危险货物装运和核能安全等做了更加详细的规定，许多原来适用于客船的规定也被扩大到货船。

20世纪60年代之后，科技发展更快，船舶加速大型化、专业化、自动化、同时海上交通事故发生的频率居高不下，造成的后果更为严重。SOLAS 1960公约虽然经过多次修改，但难以满足航运发展的需求，进行革命性的修改势在必行。

1974年10月21日在伦敦召开了SOLAS 1960公约缔约国外交大会，71个国家的代表出席了会议，会议最后通过了《1974年国际海上人命安全公约》(International Convention for the Safety of Life at Sea ,1974,SOLAS 1974)。该公约于1980年5月25日生效，我国于1980年1月7日加入该公约，公约生效之日起同时在我国生效。截止到2011年1月，SOLAS 1974的缔约国数量已达到169个，占世界上船舶总登记吨位的99.4%。

SOLAS 1974后经1978年和1988年两次议定书的修订，并按第八条的规定，以海上安全委员会扩大会议的形式或以SOLAS 1974缔约国政府间会议的形式，做了多次修改。1974年通过并经两次议定书的修改和多次修正之后的《国际海上人命安全公约》由公约部分的13个条款、1978年议定书、1988年议定书以及一个附则组成。公约规定附则是公约的组成部分，各缔约国有义务实施公约和附则，凡是引用公约，同时就是应用附则。

2. SOLAS 1974 公约的主要内容

SOLAS 1974的主要目的是规定与安全相关的船舶构造、设备及操作的最低标准，由船旗国负责确保悬挂其国旗的船舶达到这一要求，船舶必须持有公约规定的证书，作为该船已达到公约标准的证明。SOLAS 1974公约正文部分的13个条款规定了缔约国的法律义务，包括颁布一切必要的法律、法令、命令和规则，并采取一切必要的其他措施，使公约充分和完全有效，以便从人命安全的观点出发，保证船舶适合其预定的用途。确定了公约的使用范围。允许船舶在紧急情况下载运多于公约规定允许的人数，要求各缔约国将认可组织的名单，就公约范围内所颁布法律、法规、命令和规则文本送交IMO保存，规定了SOLAS 1974与以往公约、协定等之间的关系，明确了公约的修改、批准、接受、加入、文本等事宜。SOLAS 1974除了将过去的修改内容容纳进新版公约外，还增加了默认接受程序，使今后的公约修正案能够尽快生效。

3. SOLAS 1974公约1978年议定书

SOLAS 1974公约一直到1980年才生效，在这期间发生的一系列海上事故，特别是1976至1977年间的油船污染事故，迫使国际社会采取行动以弥补SOLAS 1974的不足。1976年3月，"奥林匹克勇敢"号油船在法国海岸处遭遇暴风袭击，船身断为两截，船上25万吨原油全部倾泻入海。1976年5月12日，油船"乌尔奎啦"号在西班牙的科罗那爆炸，10万吨原油泄入海中。在SOLAS 1974生效前，无法对其进行修改，只好采取议定书的形式进行修改。1978年2月6日至17日，在伦敦召开了国际油船安全和防污染会议，会议对SOLAS 1974和MARPOL 1973做了一些重要修改，通过了《1978年国际油轮安全和防污染会议最终议定书》(含3个附件)，其附件一即是"关于《1974年国际海上人命安全公约》的1978年议定书"，该议定书于1981年5月1日生效。我国于1982年12月17日加入该议定书，1983年3月17日对我国生效。截止到2011年1月，加入SOLAS 1978议定书的国家已经达到114个，占世界上船舶总登记吨位的96.16%。

议定书的主要内容涉及油船安装惰性气体系统、设备雷达、遥控操舵装置系统，并通过了一些改进船舶检验和发证的重要规则。

4. SOLAS公约1988年议定书

1988年议定书对SOLAS公约的修改引入了"全球海上遇险与安全系统"(GMDSS)和"检验与发证协调系统"(HSSC)。HSSC系统在通过1978年议定书的会议上就已经提出，当时已经认识到实施SOLAS 1974、《经1988年议定书修正的1966年国际载重线公约》(LL 66/88)、《经1978年议定书修正的1973年国际防止船舶造成污染公约》(MARPOL 73/78)这三个公约的检验和发证的要求的困难。三个公约都要求在签发证书前进行船舶检验，而检验又可能会造成停航，而三个公约要求的检验日期和间隔又可能不一，给航运生产带来极大不便。会议呼吁LOM研究一个协调系统以使三个公约要求的检验能同时进行。由于SOLAS 1974和LL公约的检验和发证条款不能采用默认接受程序来修改，所以决定通过议定书的形式给这两个公约引入协调系统。两个议定书的生效条件是合计商船吨位不少于世界商船总吨位的50%的15个国家接受12个月后生效，且两个议定书必须同时生效。这样，SOLAS 1988议定书自1988年11月11日通过后，直至11年后的2000年2月3日才生效。生效后在1988议定书缔约国之间废止1978议定书。我国于1995年2月3日加入该议定书，2000年2月3日议定书同时对我国生效。截止到2011年1月，加入SOLAS 1988议定书的国家已经达到96个，占世界上船舶总登记吨位的94.4%。

5. SOLAS公约附则主要内容

公约附则是公约的核心内容，实施公约的技术性要求都由该附则表达出来。附则中的有些章节还有专门的规则作为技术支撑。

SOLAS 1974及其1988年议定书自制定和生效后，随着海上安全和保安形式的发展，又经过多次修改。目前的综合文本中,公约附则共包括12章和一个附录。附则包括:总则、构造(2-1结构、分舱与稳性、机电设备;2-2防火、探火和灭火)、救生设备与装置、无线电通信设备、海上安全、货物装运、危险货物的载运、核能船舶、船舶安全运营管理、高速船安全措施、加强海上安全和保安的特别措施、散货船安全附加措施。

SOLAS 1974附则附录向缔约国提供了船舶安全证书的标准格式。提供格式的证书包括:客船安全证书、货船构造安全证书、货船设备安全证书、货船无线电安全证书、货船安全证书、免除证书、核动力客船安全证书、核动力货船安全证书等。

6. SOLAS 1974公约发展趋势

科学技术的进步,社会经济的发展,安全需求的提高,促使SOLAS公约不断被修改。目前涉及SOLAS公约的热点问题包括IMO成员国资源审核机制(Voluntary IMO Member state Audit Scheme)、目标型新船建造标准(Goal-Based New Ship Construction Standards, GBS)、综合安全评价(Formal Safety Assessment, FSA)、海上保安、客船安全、海上事故调查、人的因素等。从发展趋势看,今后公约的修改将会更加注重高新科技的应用,更加注重全球统一规范标准,更加注重对公约实施的监督,更加注重对人的因素负面影响的抑制,更加注重以人为本。

三、1978年海员培训、发证和值班标准国际公约(STCW 1978)

1. STWC公约产生的背景和发展

历年海事统计分析表明,80%以上的海事与人的因素有关,其中相当大的比例与海员的知识能力不足有关。然而,IMO组织制定的《国际海上人命安全公约》(SOLAS 1974)、《国际载重线公约》(LL 66/88)等却主要是从船舶设计、设备等方面作出规定,对国际海员管理、海员的知识与技能要求没有统一的准则,各国政府对海员培训、发证和值班标准的规定各行其是。为了实现国际海上人命与财产的安全和保护海洋环境的目的,1960年SOLAS公约缔约国外交大会通过了一项关于海员教育与培训的决议;1964年IMO海上安全委员会(简称海安会,MSC)和ILO理事会联合成立了海员培训委员会,为培训海员使用助航设施、救生设备、消防设备等草拟了《1964年指南文件》;1971年,由于重大事故不断发生并造成严重的社会影响,IMO理事会要求海安会对此问题采取紧急行动,这导致了培训与值班分委会(STW分委会)的成立。1978年IMO召开了历史上最大的外交大会,来自72个成员国的代表参加了会议,7月7日,会议通过了《1978年海员培训、发证和值班标准国际公约》(International Convention on Standard of Training, Certification and Watchkeeping for Seafarers, 1978, STCW 1978),公约于1984年4月28日生效。我国于1981年6月8日加入该公约,根据公约规定,该公约对我国同时生效。

STCW 1978公约第一次对船员的技术标准要求法规化、全球化;要求值班高级船员必须持有适任证书,参加值班的普通船员必须接受规定的培训;对不同等级证书相应的基础知识和海上资历做了规定。虽然一些国家的标准比公约更高,但是,它提升了全球的船员标准,这是当时能够被普遍接受的最高可行标准。

STCW 1978公约生效后,虽经1991年与1994年两次修改,但随着航运业的发展变化,传统航运国家的船队规模缩小,船员供应来源东移,船员国际多元化,公约存在的问题愈加突出,主要表现在:公约标准缺乏精确性,“使主管机关满意”等含糊的措辞,给主管机关在履约时留有太多的空间，导致各国对公约标准不同的解释和运用；公约没有规定缔约国履约的责任和义务，许多缔约国没有有效管理和贯彻公约的要求。

鉴于此，1995 年 IMO 组织有关方面对 STCW1978 公约进行了比较彻底的修改。1995 年 6 月 22 日至 7 月 7 日在伦敦召开了 STCW1978 公约缔约国外交大会，通过了 1995 年修正案，该修正案采取默认接受，于 1997 年 2 月 1 日生效。STCW 78/95 允许 5 年的宽限期，2002 年 2 月 1 日起，所有海员须按照 STCW 78/95 的要求接受培训。

截止到 2011 年 1 月，经修正的 STCW 1978 的缔约国数量已达到 154 个，占世界商船总登记吨位的 99.15%。

2. 经 1995 年修正的 STCW 1978 公约主要内容

STCW 1978 公约，除正文条款外，经 1995 年修正案的修改，原附则和大会决议均重新起草，并新增了与公约和附则相对应的、更为具体的 STCW 规则（含 A、B 两部分）。

经 1995 年修正后的 STCW 1978 公约正文共有 17 条，同 STCW 1978 公约正文，包括：公约的一般义务，定义，适用范围，资料交流，其他条约与解释，证书，过渡规定，免除，等效，监督，促进技术合作，修正案，签字、批准、接受、核准和加入，生效，退出，保管和登记，文字等。

1995 年修正后的 STCW 附则共有八章。其中，第一章总则共有 15 个规则，第二章船长与甲板部共有 4 个规则，第三章轮机部共有 4 个规则，第四章无线电通信和无线电人员有 2 个规则，第五章特定类型船舶的船员特殊培训要求有 2 个规则，第六章应急、职业安全、医护和救生职能有 4 个规则，第七章可供选择的发证有 3 个规则，第八章值班有 2 个规则。

STCW 规则 A 部分，是强制性标准，它与附则的各章一一对应，共有八章，详述了附则中需要制定的标准、规定、理解和熟练要求程度，表明适任的方法以及评价适任的标准，并用列表的方式给出。在第二章、第三章、第四章有关最低适任标准对应表中细化了任职适任条件，便于操作、培训、考核。在第五章中还列出对液货船船长、高级船员和普通船员培训的纲要、操作的原则和程序。

STCW 规则 B 部分是关于公约及其附则的建议指导。它也与公约附则的各章相对应，补充说明公约条款、内容指导，虽然不作为强制性条款，但它的指导符合海上交通安全与污染的总原则，与其他国际公约相呼应。

STCW 1978 的 95 修正案通过后，公约和 STCW 规则又先后被修改过 5 次。其中 1997 年修正案新增了对滚装客船外的其他客船的人员培训和资格的强制性最低要求；1998 年修正案涉及船员处理货物装卸、积载、系固的最低适任标准；2004 年修正案对救生艇筏和除快速救助艇以外的救助艇的最低适任标准进行了适当的修改；2006 年修正案为配合《国际船舶和港口设施保安规则》（简称 ISPS 规则）的制定和 SOLAS 公约的修改，将 ISPS 规则的概念和对船舶保安员的要求加入到 STCW 规则中来。2006 年修正案于 2008 年 1 月 1 日起生效。

3. 经 2010 年修正的 STCW 1978 公约（马尼拉修正案）主要内容

STCW 1995 修正案通过 10 年后，IMO 认为有必要对 STCW 公约和 STCW 规则进行全面审议。2006 年，海上安全委员会第 81 次会议决定在船员培训和值班标准分委会的工作计划中加入“对 STCW 公约和规则全面审议”的高优先权议题。2010 年 6 月 21 ~ 25 日，STCW 公约缔约国外交大会在菲律宾马尼拉召开，通过了对 STCW 公约和规则的修正案，简称“马尼拉修正案”。

马尼拉修正案在保留 STCW 公约 1995 年修正案的结构与目标、不降低现有标准、不修改公约条款的前提下，主要做了如下修改：

（1）理顺并规范了三种证书（适任证书、培训合格证书及书面证明）的要求，规定适任证书及油船、化学品船、液化气船船长和高级船员的培训合格证应由海事主管机关签发。

（2）新增证书的签发和登记条款，对海上服务资历的认可、培训课程的确认、登记的电子查询、证书注册数据库的开发都做了明确规定。

（3）明确了海员健康标准及健康证书的签发要求。

（4）增加了独立评价报告内容的明确要求，对最初资料交流（履约报告）、后续报告（独立评价报告）及有资格人员的小组等做了明确规定。

（5）增加了公司的责任。公司应确保其指派到任一船上的海员均接受了公约要求的知识更新的培训，任何时候都必须按 SOLAS 公约对航行安全的规定，确保其在船上能进行有效的口头交流。

（6）修正了休息时间的量化标准，以力求与《2006 年海事劳工公约》一致。

（7）强调团队精神、领导力和团队工作技能的要求，将驾驶台资源管理和机舱资源管理作为强制性要求。

（8）增加了电子员的培训与适任要求，强调了对 ECDIS 和其他船用电子设备与系统的有关知识与技术的理解和熟练掌握。

（9）加强了海洋环境保护意识方面的培训要求，强调与明确了保安要求。

4. STCW 1978 公约的发展趋势

STCW 公约的发展是因海上安全水平、航运发展、经济发展、科技进步等因素的影响而不断修改发展的。目前，海事界特别关注的问题包括船舶保安（防海盗）、压载水和沉积物控制盒管理问题、普通船员的适任问题、客船安全和搜救系统问题、电子员和安全代表问题等。随着船舶科技的不断发展和越来越多新问题的出现，海员的培训和值班标准也越来越高。海事界将根据不同时代特征对船员的要求，定期对公约进行修改和完善，以适应航运业对船员要求的不断变化，使船员满足安全、环保、保安的高效航运的要求。

四、1972 年国际海上避碰规则公约（COLREG 1972）

1. 公约产生的背景及其发展

海上事故统计表明，船舶碰撞时发生率最高的一种事故。特别是随着国际贸易量的增加，海上运输船舶无论是船舶数量、航行速度还是船舶吨位都在上升，海上通航密度随之提高，船舶航行中碰撞的风险也在增加。为了避免碰撞，人们认识到必须建立统一的规则和制度。

事实上，避碰规则的形成于发展经过了一段漫长的历史，自史前的“罗德海法”至《1972 年国际海上避碰规则》以及以后的各修正案，整整经过了两千多年的历史演变，其成为国际性的海事法规，也有百年历史。

1972 年 10 月，IMO 在伦敦召开了修改避碰规则的外交大会，会议通过了《1972 年国际海上避碰规则》。出于对海上碰撞及其严重后果的重视，会议决定，将规则从 SOLAS 公约中独立出来，另行签署了《1972 年国际海上避碰规则公约》（Convention on the International Regulations for Preventing Collisions at Sea ,1972,COLREG 1972)。该公约于1977年7月15日生效,我国于1980年1月7日加入该公约,公约于同日对我国生效。截止到2011年1月,避碰规则公约的缔约国达到153个,占世界商船总登记吨位的98.36%。

COLREG 1972生效以来,又进行了多次修正。1981年11月对规则适用范围以及号灯号型的规定做了适当的修改,该修正案于1983年6月1日生效。1987年11月对规则第十条分道通航制进行了修改,增加了不应妨碍条款,内容涉及沿岸通航带,该修正案于1994年4月19日正式生效。1993年11月,对规则第26条以及4个附录进行了修改,内容涉及号灯位置,该修正案于1995年11月4日生效。2001年11月,由于新兴船舶地效翼船的出现,IMO再次组织有关方面对规则进行了修改,内容涉及总则、驾驶和航行规则、号灯和号型、声响和灯光信号以及附录。最近的修正是2007年11月29日,IMO以A.1004(25)号决议形式做出的,新修正案对规则附录4遇险信号进行了修改,该修正案已于2009年2月1日生效。

2. 公约的主要内容

COLREG 1972由正文和附则两部分组成。公约正文部分共9条,包括公约制定的目的、缔约国的一般义务、公约的生效、对公约或规则的修订、公约的加入与退出、公约的交存以及公约的文字等内容。该正文部分自生效至今,未进行过修改。

公约附则即避碰规则是公约的核心内容。该规则共分5章38条,外加4个附录。第一章为总则,包括适应范围、责任和一般定义等3条;第二章是驾驶和航行规则,分为船舶在任何能见度情况下的行动规则、船舶在互见中的行动规则、船舶在能见度不良时的行动规则等3节,共16条(4~19条);第三章为号灯号型,规定了各类船舶在各种情况下使用的号灯号型,共12条(20~31条);第四章为声响和灯光信号,给出了各种情况下应使用的声响和灯光信号的规定,共6条(32~37条);第五章为豁免条款(第38条),规定了豁免事项。4个附录分别为:号灯和号型的位置和技术细节;在相互临近处捕鱼的渔船额外信号;声号器具的技术细节;遇险信号。

3. 公约在实施中存在的问题

避碰规则公约对改善海上安全形势发挥了巨大作用,碰撞事故率得到抑制,但是,不可否认,碰撞事故仍然是海上交通中的主要事故,在一些地区仍然频繁发生。从事故分析中可以看到碰撞事故的不断发生与公约实施有很大关系。目前公约实施中仍然存在如下一些问题。

履约不到位是主要问题。有关部门对船员的培训监管机制不完善,船员是否充分理解规则、是否具有谨慎果断的心理素质难以测评。船旗国和港口国对船舶是否满足公约要求的检查和监督手段不足,对号灯、号型、声号器具的技术要求难以核实,对船舶航行的动态信息难以掌握,对船舶报告数据是否真实难以确定。船舶公司对船员避碰行为监管不力。

此外,船厂、船级社、船东、保险公司在船舶制造、检验;保险方面也存在问题,造成低标准船舶投入营运,给海上避碰带来隐患。

五、1979年国际海上搜寻救助公约(SAR 1979)

1. 公约产生的背景和发展

海上航行船舶对来自其他船舶的遇险信号做出响应是一个古老传统,也是法律所规定的义务。SOLAS 1974 公约明确规定:“海上船舶的船长在收到船舶、艇或救生筏遇险信号时,必须全速驶向遇险者并提供援助,可能时,应通知遇险者他自己正在前往。如果船长不能前往援助,或因情况特殊,认为前往不合理或不必要,他必须将未能前往援助遇险人员的理由载入航海日志。”

有关海上救助义务的规定不仅约束海上船舶,而且也约束沿海国家及沿岸的相关机构。SOLAS 1974 公约要求各缔约国“安排必要的沿岸值守并救助其沿岸海上的遇险者”。

为了发挥国际搜救力量,早在1910 年,国际社会就制定了《1910 年统一关于海上搜救打捞若干规则的国际公约》。1979 年 4 月,IMO 在德国汉堡召开了国际海上搜寻救助外交大会,通过了《1979 年国际海上搜寻救助公约》(International Convention on Maritime Search and Rescue ,1979,SAR 1979),使得搜寻和救助标准化和规范化。该公约于 1985 年 6 月 22 日正式生效。我国于 1985 年 6 月 24 日加入该公约,1985 年 7 月 24 日起对我国生效。截止到 2011 年 1 月,SAR 公约的缔约国达到 98 个,占世界上船舶总登记吨位的 60.84%。

应形势发展的需要,SAR 1979 生效后又经过了两次修改。1998 年修正案主要涉及附则的第二章组织与协调、第三章国家间合作、第四章操作程序(包括原公约第四章准备措施和第五章操作程序内容)以及第五章的船舶报告系统(原第六章)。该修正案已经于 2000 年 1 月 1 日开始生效。2004 年修正案主要涉及获救人员中海上非法移民和偷渡人员的安置问题,明确了海上遇险人员的概念。该修正案已经于 2006 年 7 月 1 日生效。

2. 公约的主要内容

经修正后的公约及负责组成。公约共有 8 条,内容包括:一般业务;与其他公约的关系解释;修正程序;签署、批准、接受、核准和加入;生效条件;退出;保存和登记;文字。

附则部分经修改后共有五章。其内容主要包括:第一章,名词与定义;第二章,组织与协调,主要内容有合法机构、责任和权力划分、可利用的资源、通信设施、运行和协调的职责以及改善服务的程序,该章明确了政府职责,要求缔约国建立搜寻和救助服务基础设施,规划如何安排搜寻和救助服务,做好人员培训和值班工作,确保海上与航空间密切可行的协调;第三章,国家间的合作,要求缔约国应与邻近国家合作履行 SAR 公约;第四章,操作程序,规定每个搜救中心应有本地区的搜救设施和通信设备的最新信息;第五章,船舶报告制度,要求各缔约国建立船舶报告系统。

3. 公约未来发展趋势

从公约的修改状况以及当前搜救所涉及的对象看,SAR 1979 将会向以下几个方向发展:在全球范围内全面推进 SAR 服务;通过 IMO 成员国自愿审核机制,强化公约实施和履约监督;注重新科技的运用,船载自动识别系统(AIS)、船舶远距离识别和跟踪系统(LRIT)将会得到充分的应用;客船安全将会得到高度关注。

六、国际船舶安全营运和防止污染管理规则(ISM 规则)

1. ISM 规则产生的背景

ISM 规则的产生,是国际航运界在航运安全管理方面多年反思的结果。随着人们对安全水平的要求越来越高,对有关海上安全的公约规则的修改也日益频繁,船舶技术标准不断提高,船舶设备越来越先进,但船舶交通事故和污染事故仍频繁发生,不仅造成了巨大的财产损失，还不时造成严重的海洋污染。人们认识到，过于侧重于船舶结构和船舶设备等工程技术的提高，并不能完全解决安全问题。无论是对事故个案的分析，还是事故统计，均表明事故与人有极大的关系。基于事故数据的研究表明，80%以上的海上事故与人为因素有关，且其中大多数又与公司和船员对船舶管理和操作不当有关。为解决此问题，IMO 致力于寻找有效控制公司和船员的人为因素的途径。在借鉴国际标准化组织的 ISO 9000 标准的基础上，组织起草并推出了 ISM 规则。

1993 年 11 月 4 日，在 IMO 第 18 届大会上以大会 A.741(18)号决议形式通过了 ISM 规则(International Management Code for Safe Operation of Ships and for Pollution Prevention ,ISM 规则)。为保证 ISM 规则能被广泛实施，1994 年 5 月 17 日至 24 日，在 SOLAS 1974 缔约国外交大会上，决定在 SOLAS 1974 公约附则中新增第九章"船舶安全运营管理"，使 ISM 规则得以于 1998 年 7 月 1 日起对客船、高速船和 500 总吨级以上的油船、化学品船、气体运输船、散货船(第一批船)及其公司强制实施，于 2002 年 7 月 1 日起对 500 总吨及以上的其他货船和移动式近海钻井装置(第二批船)及其公司强制实施。

ISM 规则生效后，IMO 又分别在 2000 年的 MSC.104(73)号决议通过了 ISM 规则第 1、7、13、14、15 和 16 款的修正案；在 2004 年的 MSC79 次会议上以 MSC.179(79)号决议通过了 ISM 规则 DOC 和 SMC 证书格式修正案，该修正案已于 2006 年 7 月 1 日生效。

2. ISM 规则的主要内容

ISM 规则由前言和正文 13 条组成，包括总则；安全和环境保护方针；公司的职责和权力；指定人员；船长的责任和权力；资源和人员；船上操作方案的制定；应急准备；不符合规定的情况、事故和险情报告和分析；船舶和设备维护；文件；公司审核、复查和评价以及发证、审核和监督。

总而言之，ISM 规则的目标是保证海上安全，防止人员伤亡，避免对环境特别是海洋环境造成危害以及对财产造成损失。为此，规则要求公司和船舶建立安全管理体系，要求公司和船舶必须持有相关的符合证明，要求公司不断提高岸上及船上人员的安全管理技能，要求确立船长的绝对权力和责任，要求公司配备合格的人员、船长及船员并建立船岸联动机制，确保相关人员熟悉和了解公司的安全管理体系，确保公司和船舶的营运特别是安全管理和防污染工作按体系的要求进行运作，避免重效益不重安全的倾向。

3. ISM 规则的特点

ISM 规则具有以下特点：(1)针对性强，重点从船舶安全管理、船舶安全操作和防止船舶污染三个方面提出管理要求；覆盖面全，涉及对象不仅有全体船员和公司管理人员，还涉及船旗国、港口国的主管机关；(2)系统性严，将船舶安全和防污染管理作为一个系统对待，采用科学系统的管理方法对该系统进行管理；(3)指导力大，使船员在船上的各项操作，做到有章可循，且方便港口国和船旗国检查和监督船舶安全管理状况。

七、国际船舶和港口设施保安规则(ISPS 规则)

1. ISPS 规则产生的背景

ISPS 规则的产生与海盗猖獗有关，因"9·11"事件而加速形成。

统计表明，从 20 世纪 80 年代初开始到 2002 年 ISPS 规则通过，每年发生在海上的海盗袭击船舶事件平均高达100起以上。印度尼西亚、孟加拉国、索马里等国家的附近海域是海盗最为猖獗的。海盗活动不但频率高,而且手段越来越残忍,从劫持财务发展到杀害无辜船员。加强海上保安,确保人员和货物安全的要求日益迫切。

2011年,“9.11”事件发生,恐怖分子袭击美国世贸大厦,震惊全球。反恐成为各国关注的头等大事。防止恐怖分子利用船舶实施恐怖活动列入联合国和IMO的议事日程。作为“9.11”事件的受害者,美国在倡导海上保安方面态度积极。

2001年11月,IMO对美国的倡导做出迅速反应,在22次大会上通过了“审议防止威胁乘客、船员和船舶安全的恐怖行为的措施和程序”的大会决议(A.924(22)),呼吁对IMO现有文件进行紧急审议,制定必要的措施以保证海上反恐的需要。会间成立了海上保安会间工作组,负责起草SOLAS公约有关保安条文的修正案以及ISPS规则。

2002年2月,海上保安会间工作组召开了第一次会议,原则同意修改SOLAS附则第五章和第十一章,制定“船舶和港口设施保安国际规则”作为第十一章的强制性规则。

IMO于2002年12月在伦敦召开了《1974年国际海上人命安全公约》缔约国外交大会,以外交大会第1号决议的形式通过了一套关于海上保安的公约修正案,并以第2号决议的形式通过了《国际船舶和港口设施保安规则》(International Ship and Port Facility Security Code ,ISPS规则)。该修正案于2004年7月1日生效,ISPS规则也同时生效。

2. ISPS规则的主要内容

ISPS规则由A、B两个部分组成,其中A部分为强制性要求,B部分为对实施A部分的指导。主要内容包括三个方面:对缔约国的要求,对公司和船舶的要求以及对港口设施的要求。

对缔约国的要求包括:批准“船舶保安计划”及其后的修改;审核船舶是否符合SOLAS第XI-2章和ISPS规则部分的规定,并向船舶签发“国际船舶保安证书”;为船舶规定保安等级并向船舶那个包有关保安信息(ISPS规则规定了3个国际通用的保安级别。保安等级1,船舶和港口设施通常要在这个等级上运作;保安等级2为加强状态,此等级适用于保安事件风险加大的情况;保安等级3为一段时间内的特殊状态,适用于有发生保安事件的可能性或出现迫在眉睫的保安威胁时);规定船舶何时应要求签署“保安声明”;向IMO通报公约和ISPS规则要求的保安信息。

对公司和船舶的要求规定:船公司要为公司指定名或数名公司保安员,为每艘船指定一名保安员。公司保安员的职责是确保船舶开展保安评估、制定“船舶保安计划”。船舶保安员主要负责船舶日常营运的保安工作。ISPS规则还规定船舶须持有“国际船舶保安证书”,要求所有船舶按规定装设船舶保安警报系统,强调了船长对船舶安全和保安的决定权,要求船上相关人员必须持有保安员证书等。

对港口设施的要求规定,各缔约国政府应确保对港口设施开展港口设施保安评估并加以审查和批准。“港口设施保安计划”应指出港口应采取的操作性和物理保安措施以确保其在保安等级1的水平营运,指出为了升级到保安等级2港口设施所需采取的额外或加强保安措施,还应指明港口设施可以进行的准备工作,以能在保安等级3时为应对保安事件或威胁可能发出的指令做出迅速反应。港口设施保安员应执行经批准的计划的规定,并监控计划的持续有效性和相关性,包括对计划的执行情况开展独立的内部审核。

3. ISPS 规则的实施对航运业的影响

实施 ISPS 规则可以增强海运人员的保安意识，有效遏制海上恐怖活动的发展，促进船舶安全管理体系中各项治安措施的实施，有助于保安通信系统的建立，促进船港之间的信息交流，有利于船员掌握不同保安等级下的保安措施，增强船舶抗保安风险的能力。当然，实施 ISPS 也会导致公司成本的增加，增加船舶营运风险，加大船舶安全管理的难度，并会增加船员调配的难度。

八、其他有关安全的公约和规则

IMO 组织制定的安全方面的公约还有很多，如《经 1988 年议定书修正的 1966 国际载重线公约》(LL 66/88)，《1969 年国际船舶吨位丈量公约》(TONNAGE 1969)，《1976 年国际海事卫星组织公约》(INMARSAT 1976)等，这些公约或规则正在不断得到修改以适应保障海上交通安全需要。一些新的公约或规则也在制定或酝酿过程中。限于篇幅，这里就不一一作介绍了。

第五章　水路运输企业安全管理概述

企业安全管理是指以国家的法律、规定和技术标准为依据，采取各种手段，对企业生产的安全状况，实施有效制约的一切活动。改革开放以来，党和国家对安全工作十分重视，在安全生产方面制定了一系列方针政策和法律法规，不断加强和完善市场准入制度，督促企业建立安全生产管理机构和安全资金投入，强化企业安全主体责任落实。随着我国水路运输企业的不断发展壮大，许多企业在自身发展过程中逐步建立了一系列行之有效的安全生产管理体系，有效地保证了企业生产安全。

第一节　企 业 资 质

根据《中华人民共和国安全生产法》和有关法律法规规定，生产经营单位应当具备有关法律、行政法规和国家标准或者行业标准规定的安全生产条件；不具备安全生产条件的，不得从事生产经营活动。我国施行安全生产行政许可制度，把安全生产纳入国家行政许可的范围，在各行业的行政许可制度中，把安全生产作为一项重要内容，从源头上制止不具备安全生产条件的企业进入市场。开办企业必须具备法律规定的安全生产条件，依法向政府有关部门申请、办理安全生产许可证，持证生产经营。

1987 年国务院发布的《中华人民共和国水路运输管理条例》（该条例分别于 1997 年和 2008 年经国务院两次修订），对水路运输企业必须具备的资质和条件作了具体规定。规定设立水路运输企业必须具备下列 5 个条件：具有与经营范围相适应的运输船舶；有较稳定的客源或货源；经营旅客运输的，应当落实客船沿线停靠港（站）点，并具备相应的服务设施；有经营管理的组织机构和负责人；有与运输业务相适应的自有流动资金。交通运输主管部门对批准设立的水路运输企业和其他从事营业性运输的单位、个人，发给运输许可证；对批准设立的水路运输服务企业，发给运输服务许可证。取得运输许可证和运输服务许可证的单位和个人，凭证向当地工商行政管理机关申请营业登记，经核准领取营业执照后，方可开业。

一、水路运输企业经营资质要求

对于我国沿海、江河、湖泊及其他通航水域内从事营业性运输的企业和个人的经营资质管理，交通运输部发布了专门的管理规定。2008 年交通运输部根据《中华人民共和国水路运输管理条例》和有关法律、法规，发布了《国内水路运输经营资质管理规定》（2008 年第 2 号令），其中规定，经营国内水路运输的企业和个人，必须达到并保持以下经营资质条件：

（1）除经营单船 600 总吨以下的内河普通货船运输外，经营国内水路运输应当取得企业法人资格。自然人经营单船 600 总吨以下的内河普通货船运输应当办理个体工商户登记。

(2)从事国内水路运输的企业应当具备下列经营资质条件:

①拥有与经营区域范围、经营业务相适应的自有并经营的适航船舶,且上述船舶总运力规模满足第八条的要求;

②有满足经营需要和安全管理要求的经营、海务、机务、船员管理等组织机构、固定办公场所和国家规定的注册资本;

③有健全的安全生产责任制度、安全生产规章制度和操作规程以及生产安全事故应急救援预案等安全管理与生产经营管理制度,并且按照《中华人民共和国航运公司安全与防污染管理规定》的要求建立安全管理体系;

④有与经营船舶种类、经营规模相适应的经营、海务、机务专职管理人员,相关专职管理人员应当满足本规定第九条的要求;

⑤经营客船运输的,应当落实船舶靠泊、旅客上下船所必需的服务设施和安全设施。

(3)除在省、自治区、直辖市行政区域内的封闭通航水域经营客船运输外,国内水路运输企业自有并经营的适航船舶总运力规模应当分别满足下列最低要求:

①经营省、自治区、直辖市之间(以下简称"省际")沿海普通货船运输的:普通货船2000总吨;

②经营省、自治区、直辖市内(以下简称"省内")沿海普通货船运输的:普通货船1000总吨;

③经营内河普通货船运输的:普通货船600总吨;

④经营省际沿海散装液体危险品船运输的:危险品船2000总吨,其中经营液化气体船运输的:舱容3000立方米;

⑤经营省内沿海散装液体危险品船运输的:危险品船1000总吨,其中经营液化气体船运输的:舱容1000立方米;

⑥经营省际内河散装液体危险品船运输的:危险品船1000总吨,其中经营液化气体船运输的:舱容500立方米;

⑦经营省内内河散装液体危险品船运输的:危险品船500总吨,其中经营液化气体船运输的:舱容300立方米;

⑧经营省际沿海客船运输的:普通客船400客位,高速客船200客位,客滚船3000总吨并且400客位;

⑨经营省内沿海客船运输的:普通客船200客位,高速客船100客位,客滚船1000总吨并且100客位;

⑩经营省际内河客船运输的:普通客船200客位,高速客船100客位,客滚船1000总吨并且50客位;

⑪经营省内内河客船运输的:普通客船100客位,高速客船50客位,客滚船300总吨并且50客位。

同时经营油船和化学品船运输或者同时经营普通客船和高速客船运输的,总运力规模可以合并计算,但每一船舶种类应当至少拥有一艘自有并经营的适航船舶。

(4)从事国内水路运输的企业应当至少配备1名经营专职管理人员,并配备满足下列数量要求的海务、机务专职管理人员:

①经营沿海普通货船1至10艘的,至少分别配备1人;11至20艘的,至少分别配备2人;21至30艘的,至少分别配备3人;30艘以上的,至少分别配备4人;

②经营内河普通货船1至10艘的,至少分别配备1人;11至50艘的,至少分别配备2人;51至100艘的,至少分别配备3人;100艘以上的,至少分别配备4人;

③经营沿海散装液体危险品船或者客船1至5艘的,至少分别配备1人;6至10艘的,至少分别配备2人;11至20艘的,至少分别配备3人;20艘以上的,至少分别配备4人;

④经营内河散装液体危险品船或者客船1至10艘的,至少分别配备1人;11至20艘的,至少分别配备2人;21至30艘的,至少分别配备3人;30艘以上的,至少分别配备4人。

前款规定的专职管理人员应当与企业签订一年以上全日制用工的劳动合同,在合同期限内不得在船上或者其他企业兼职。

经营普通货船运输企业的海务、机务专职管理人员应当具有与所经营船舶种类和航区相对应的不低于大副、大管轮任职的从业资历。

经营客船、散装液体危险品船运输企业的最高管理层中至少有1人专职负责安全管理工作并具有与所经营船舶种类和航区相对应的船长或者轮机长任职的从业资历;其海务、机务专职管理人员应当具有与其所经营船舶种类和航区相对应的船长、轮机长任职的从业资历。

(5)经营国内水路运输的船舶应当持有配发的《船舶营业运输证》,并持有有效的《船舶所有权登记证书》、《船舶国籍证书》、《船舶检验证书》或者《船舶入级证书》、《船舶最低安全配员证书》。《中华人民共和国航运公司安全与防污染管理规定》适用范围内的船舶还应当持有有效的"安全管理证书"或者"临时安全管理证书"。

二、经营资质审批

申请经营国内水路运输或者扩大国内水路运输经营范围,应当根据不同情况,提交下列相应申报材料:

(1)申请书,包括申请的经营范围、运力规模及其来源;

(2)可行性报告,包括客货源市场分析及落实情况、资金来源及落实情况、营运经济效益分析;

(3)《企业法人营业执照》或《营业执照》(筹建的提供《企业名称预先核准通知书》即可)及其复印件;

(4)企业股东的基本情况和说明股东投资情况的证明文件,法人股东提供《企业法人营业执照》及其复印件,自然人股东提供身份证及其复印件;

(5)公司章程及其复印件,固定办公场所使用证明及其复印件;

(6)组织机构的设置和本规定第九条要求的专职管理人员配备情况的证明文件,包括专职管理人员名单、任职文件、身份证、任职资历材料、劳动合同(筹建的提供意向协议即可)等及其复印件;

(7)包括生产经营管理与安全管理制度在内的企业基本管理制度;

(8)按照《中华人民共和国航运公司安全与防污染管理规定》需要建立安全管理体系的,应当提供有效的"符合证明"或者"临时符合证明"证书及其复印件;符合本规定第十条规定的,应提供其与船舶管理企业签订的安全与防污染管理协议、船舶管理企业的《水路运输服务许可证》和有效的“符合证明”或者“临时符合证明”证书及其复印件;

(9)拟由其经营并投入国内水路运输的船舶来源证明文件和有效的《船舶所有权登记证书》、《船舶国籍证书》、《船舶检验证书》或者《船舶入级证书》、《船舶最低安全配员证书》及其复印件,《中华人民共和国航运公司安全与防污染管理规定》适用范围内的船舶还应当提供有效的“安全管理证书”或者“临时安全管理证书”及其复印件;

(10)经营客船运输的,应当提供与经营航线停靠站点的港口经营人达成的靠泊港航协议及其复印件,或者已经对客船靠泊、旅客上下船所必需的服务设施、安全设施作出安排的其他证明文件;

(11)个体运输经营者,提供本人身份证及其复印件和本规定第十一条要求的相关证明文件及其复印件。

企业筹建应当提交上述第(1)项至第(7)项、第(10)项规定的申报材料。

企业开业应当提交上述第(1)项至第(10)项规定的申报材料,有筹建环节的需要提供《水路运输许可证(筹建专用)》及筹建批准文件复印件。

已经取得国内水路运输经营资质的企业扩大经营范围,应当提交上述第(1)项、第(2)项、第(6)项至第(10)项规定的申报材料及原批准文件复印件和《水路运输许可证》(副本)。个体运输经营者申请从事国内水路运输应当提交上述第(1)项、第(9)项、第(11)项规定的申报材料。

三、经营国内船舶管理业资质规定

2001 年交通部发布的《国内船舶管理业规定》(2009 年作了修改),对国内船舶管理业务经营和监督管理活动作了规定。

(1)经营船舶管理业,应当具备下列条件:

①有符合国家规定的注册资本;

②有符合本规定的专职管理人员;

③有与经营业务相适应的设备、设施;

④有符合国家规定的船舶安全与防污染管理体系;

⑤法律、行政法规规定的其他条件。

(2)从事国内船舶管理业务的企业应当根据其提供海务管理、机务管理服务的船舶艘数,配备满足下列数量要求的海务、机务专职管理人员:

①管理沿海普通货船 1 至 10 艘的,至少分别配备 1 人;11 至 20 艘的,至少分别配备 2 人;21 至 30 艘的,至少分别配备 3 人;30 艘以上的,至少分别配备 4 人;

②管理内河普通货船 1 至 10 艘的,至少分别配备 1 人;11 至 50 艘的,至少分别配备 2 人;51 至 100 艘的,至少分别配备 3 人;100 艘以上的,至少分别配备 4 人;

③管理沿海散装液体危险品船或者客船 1 至 5 艘的,至少分别配备 1 人;6 至 10 艘的,至少分别配备 2 人;11 至 20 艘的,至少分别配备 3 人;20 艘以上的,至少分别配备 4 人;

④管理内河散装液体危险品船或者客船 1 至 10 艘的,至少分别配备 1 人;11 至 20 艘的,至少分别配备 2 人;21 至 30 艘的,至少分别配备 3 人;30 艘以上的,至少分别配备 4 人。

规定要求的海务、机务专职管理人员应当具有与其所管理船舶种类和航区相对应的船长、轮机长任职的从业资历；并与该船舶管理企业签订一年以上全日制用工的劳动合同，在合同期限内不得在船上或者其他企业兼职。

四、安全生产标准化达标规定

《中华人民共和国安全生产法》中明确规定“矿山建设项目和用于生产、储存危险物品的建设项目，应当分别按照国家有关规定进行安全条件论证和安全评价”，“承担安全评价、认证、检测、检验的机构应当具备国家规定的资质条件，并对其作出的安全评价、认证、检测、检验的结果负责”。

《国务院关于进一步加强企业安全生产工作的通知》(国发〔2010〕23 号)再次提出：“严格安全生产准入前置条件。把符合安全生产标准作为高危行业企业准入的前置条件，实行严格的安全标准核准制度。矿山建设项目和用于生产、储存危险物品的建设项目，应当分别按照国家有关规定进行安全条件论证和安全评价，严把安全生产准入关。凡不符合安全生产条件违规建设的，要立即停止建设，情节严重的由本级人民政府或主管部门实施关闭取缔。降低标准造成隐患的，要追究相关人员和负责人的责任。”

第二节　安全生产制度和责任

为加强作业活动的安全管理，规范作业行为，控制生产作业风险，保障企业及作业员工的生命财产安全，企业应积极建立全面的安全生产作业管理制度并严格执行。

一、企业安全生产制度的重要性

建章立制是企业搞好安全生产，实现科学管理的重要手段。企业的安全生产制度是做好企业各项安全工作的基础和保障，企业只有建立健全安全生产规章制度，才能保证安全生产的有序进行，才能堵塞安全管理漏洞，才能有效监控重大危险源，整改事故隐患，保证生产经营作业正常、安全地运行。

(1)企业安全生产制度是贯彻落实我国有关法律法规和部门规章制度的重要形式。企业根据相关法律法规和规章制度，结合自身实际，制定一系列符合自身实际的安全生产规章制度，把国家的法律法规和部门规章制度体现在企业自身管理制度中，从而得以贯彻落实。

(2)企业安全生产制度是企业自身安全生产管理的需要。企业安全生产制度作为企业管理的一个重要组成部分，贯穿于企业生产活动的整个过程，作用于企业生产工作的每一个人，对于加强企业内部管理，确保企业安全稳定运行具有不可替代的作用。

(3)企业安全生产制度建设是企业自身发展的需要。安全是发展的前提和基础，企业要想实现可持续发展，并不断地做大、做强，必然离不开安全稳定的生产形势，而安全稳定的生产形势只有通过不断地建立健全安全生产制度才能得以实现。

(4)加强企业安全生产制度建设是企业社会责任的体现。企业安全生产形势不仅影响到企业自身发展，也影响到社会的发展和稳定。安全生产事关人民群众生命财产安全，党和国家领导人一直高度重视安全生产工作，把安全生产提到了事关改革开放、经济发展和社会稳定大局的高度。因此,企业加强安全生产制度建设也是企业社会责任的体现。

二、企业安全生产制度的相关规定

我国一直高度重视企业安全生产制度建设工作,制定了一系列法律法规和部门规章对企业安全生产制度做出了相关规定。

《中华人民共和国安全生产法》规定:"生产经营单位必须遵守本法和其他有关安全生产的法律、法规,加强安全生产管理,建立、健全安全生产责任制度,完善安全生产条件,确保安全生产"。该条规定,确定了以企业作为主体、以依法生产经营为规定、以安全生产责任制为核心的安全生产管理制度。该项制度包括了四个方面的内容:一是确定了生产经营单位(即企业)在安全生产中的主体地位。企业是生产经营活动的直接承担者,能否确保安全生产,第一位的、决定的因素是企业的安全生产条件和安全管理状况。只有企业实现"人、机、环"三要素的统一,才能从根本上避免、预防和消除生产安全事故。二是规定了依法进行安全生产是企业的行为准则。现行安全生产法律、法规从各个方面制定了保障安全生产的法律规范。依法从事生产经营是法律为企业设定的义务,必须坚决履行。三是强调了加强管理、建章立制、改善条件,是企业实现确保安全生产的必要措施。四是明确了确保安全生产是建立、健全安全生产责任制度的根本目的。

《国务院关于进一步加强企业安全生产工作的通知》(国发〔2010〕23 号)要求"进一步规范企业生产经营行为。企业要健全完善严格的安全生产规章制度,坚持不安全不生产。"

《中华人民共和国航运公司安全与防污染管理规定》(交通部 2007 年第 6 号令)规定:"航运公司应当建立、健全安全与防污染管理制度,完善安全与防污染条件,保障船舶安全,防止船舶污染水域环境。"

三、水路运输企业安全生产制度的主要内容

水路运输企业应建立健全安全生产规章制度,并发放到相关工作岗位,规范从业人员的生产作业行为。安全生产规章制度至少应包含下列内容:安全生产职责、安全生产投入、文件和档案管理、隐患排查与治理、安全教育培训、特种作业人员管理、设备设施安全管理、建设项目安全设施"三同时"管理、生产设备设施验收管理、生产设备设施报废管理、施工和检维修安全管理、危险物品及重大危险源管理、作业安全管理、相关方及外用工管理,职业健康管理、防护用品管理,应急管理,事故管理等。

1. 企业安全生产责任制

安全生产制度的重要内容和首要任务就是要规定和落实企业安全生产责任制。安全生产责任制是指建立和实施企业的全员、全过程、全方位的安全生产责任制度,即是明确企业各级负责人、管理人员、从业人员的安全岗位责任制,将安全生产责任层层分解落实到企业的各个场所、各个环节、各有关人员。安全生产责任制是按照"安全第一、预防为主"的安全生产方针和"管生产的同时必须管安全"的原则,将各级负责人员、各职能部门及其工作人员和各岗位生产人员在安全生产方面应做的事情和应负的责任加以明确规定的一种制度。

安全生产责任制是企业保障安全生产的最基本、最重要的管理制度,最各项安全生产规章制度的核心。建立安全生产责任制的目的,一方面是增加企业各级负责人员、各职能部门

及其工作人员和各岗位生产人员对安全生产的责任感;另一方面明确企业中各级负责人员、各职能部门及其工作人员和各岗位生产人员在安全生产中应履行的职责和应承担的责任,以充分调动各级人员和各部门在安全生产方面的积极性和主观能动性,确保安全生产。

1)企业主要负责人的安全生产责任

企业主要负责人(法人代表、独立行使决策权的总经理或经理、资产所有人或生产经营负责人)是安全生产第一责任人,对企业安全生产全面负责,负责安全生产重大事故的决策并组织实施,根据《中华人民共和国安全生产法》规定,须履行以下职责:

(1)建立、健全本单位安全生产责任制;

(2)组织制定本单位安全生产规章制度和操作规程;

(3)保证本单位安全生产投入的有效实施;

(4)督促、检查本单位的安全生产工作,及时消除生产安全事故隐患;

(5)组织制定并实施本单位的生产安全事故应急救援预案;

(6)及时、如实报告生产安全事故。

2)企业有关负责人的安全生产责任

企业副职负责人或者技术负责人按照分工,协助主要负责人对安全生产专职负责。

3)企业安全管理机构负责人及其安全管理人员安全生产责任

企业专设或者指定的负责安全管理的机构负责人、安全管理人员,应当按照分工,负责日常安全管理工作。

4)生产一线负责人(班组长)的安全生产责任

生产一线负责人(班组长)是生产经营作业的直接执行者,负责一线安全生产管理,责任重大。应当经常检查、督促从业人员遵守安全生产规章制度和操作规程,遵守劳动纪律,不违章指挥、不强令工人冒险作业,对本班组的安全生产责任。

5)岗位职工的安全生产责任

从事生产经营作业的职工应当遵守安全生产规章制度和操作规程,服从管理,坚守岗位,不违章作业,对本岗位安全生产责任。

2. 企业安全生产预警机制

《国务院关于进一步加强企业安全生产工作的通知》(国发〔2010〕23 号)要求"建立完善企业安全生产预警机制。企业要建立完善安全生产动态监控及预警预报体系,每月进行一次安全生产风险分析。发现事故征兆要立即发布预警信息,落实防范和应急处置措施。对重大危险源和重大隐患要报当地安全生产监管监察部门、负有安全生产监管职责的有关部门和行业管理部门备案"。

3. 安全生产投入和使用管理制度

《中华人民共和国安全生产法》第十八条规定:生产经营单位应当具备的安全生产条件所必需的资金投入,由生产经营单位的决策机构、主要负责人或者个人经营的投资人予以保证,并对由于安全生产所必需的资金投入不足导致的后果承担责任。

《国务院关于加强安全生产工作的决定》(国发〔2004〕2 号)第 13 条建立企业提取安全费用制度。为保证安全生产所需资金投入,形成企业安全生产投入的长效机制,借鉴煤矿提取安全费用的经验,在条件成熟后,逐步建立对高危行业生产企业提取安全费用制度。企业安全费用的提取,要根据地区和行业的特点,分别确定提取标准,由企业自行提取,专户储存,专项用于安全生产。

《国务院关于进一步加强企业安全生产工作的通知》(国发〔2010〕23号)提出"加大安全专项投入。加强对高危行业企业安全生产费用提取和使用管理的监督检查,进一步完善高危行业企业安全生产费用财务管理制度,研究提高安全生产费用提取下限标准,适当扩大适用范围。高危行业企业探索实行全员安全风险抵押金制度。完善落实工伤保险制度,积极稳妥推行安全生产责任保险制度"。

2012年2月14日,财政部、安全监管总局印发的《企业安全生产费用提取和使用管理办法》对安全费用的提取标准、安全费用的使用、监督管理等做出了明确规定。

4.安全生产教育和培训制度

企业的安全生产教育和培训工作是贯彻企业方针、目标,实现安全生产,提高员工安全意识和安全素质,防止产生不安全行为,减少人为因素的重要途径。进行安全生产教育,首先要提高企业管理者及员工的安全生产责任感和自觉性,认真学习国家有关安全生产的法律、法规和安全生产基本知识;其次是普及和提高员工的安全技术知识,增强安全操作技能,从而保护自己和他人的安全与健康。

《中华人民共和国安全生产法》对企业的安全生产教育和培训作了规定。生产经营单位的主要负责人和安全生产管理人员必须具备与本单位所从事的生产经营活动相应的安全生产知识和管理能力。危险物品的生产、经营、储存单位以及矿山、建筑施工单位的主要负责人和安全生产管理人员,应当由有关主管部门对其安全生产知识和管理能力考核合格后方可任职。生产经营单位应当对从业人员进行安全生产教育和培训,保证从业人员具备必要的安全生产知识,熟悉有关的安全生产规章制度和安全操作规程,掌握本岗位的安全操作技能。未经安全生产教育和培训合格的从业人员,不得上岗作业。生产经营单位采用新工艺、新技术、新材料或者使用新设备,必须了解、掌握其安全技术特性,采取有效的安全防护措施,并对从业人员进行专门的安全生产教育和培训。生产经营单位的特种作业人员必须按照国家有关规定经专门的安全作业培训,取得特种作业操作资格证书,方可上岗作业。特种作业人员的范围由国务院负责安全生产监督管理的部门会同国务院有关部门确定。生产经营单位应当教育和督促从业人员严格执行本单位的安全生产规章制度和安全操作规程;并向从业人员如实告知作业场所和工作岗位存在的危险因素、防范措施以及事故应急措施。从业人员应当接受安全生产教育和培训,掌握本职工作所需的安全生产知识,提高安全生产技能,增强事故预防和应急处理能力。

《国务院关于进一步加强企业安全生产工作的通知》(国发〔2010〕23号)对强化职工安全培训也做了要求。要求"企业主要负责人和安全生产管理人员、特殊工种人员一律严格考核,按国家有关规定持职业资格证书上岗;职工必须全部经过培训合格后上岗。企业用工要严格依照劳动合同法与职工签订劳动合同。凡存在不经培训上岗、无证上岗的企业,依法停产整顿。没有对井下作业人员进行安全培训教育,或存在特种作业人员无证上岗的企业,情节严重的要依法予以关闭"。

《中华人民共和国航运公司安全与防污染管理规定》(交通部2007年第6号令)规定"航运公司应当建立教育培训制度,加强和规范安全与防污染知识的教育和培训,确保相关人员熟悉安全与防污染的有关规定和操作规程，掌握相应的操作技能，并提高对船舶安全与防污染的应急反应能力”。

企业进行安全生产教育和培训内容，必须符合法律、法规的要求，满足下列 3 个方面：

(1)学习必要的安全生产知识，包括学习有关安全生产法律、法规，了解和掌握有关法律规定，依法从事生产经营作业；学习有关生产经营作业过程中的安全知识；学习有关事故应急救援和撤离的知识。

(2)熟悉有关安全生产规章制度和安全操作规程。

(3)掌握本岗位安全操作技能。

培训对象和培训时间规定：

企业主要负责人和安全生产管理人员初次接受安全生产教育和培训时间不得少于 32 学时，每年再培训时间不得少于 12 学时。高危企业主要负责人和安全生产管理人员安全资格培训时间不得少于 48 学时，每年再培训时间不得少于 16 学时。

企业新上岗的从业人员(包括调换工作岗位、离岗 6 个月以上重新回到原工作岗位或者采用新工艺、新技术、新材料、新设备时的有关从业人员)、外包工程施工单位人员、劳务派遣员工、农民工，初次接受安全生产教育和培训时间不得少于 40 学时，每年再培训时间不得少于 16 学时。高危企业新上岗的从业人员应当进行强制性安全培训，安全培训时间不得少于 72 学时，每年再培训时间不得少于 20 学时。

有关法律法规、国家标准和行业标准对安全生产培训另有规定的，从其规定。

企业应严格落实企业负责人、安全生产监督管理人员、特种作业人员的持证上岗制度和培训考核制度；严格落实从业人员的安全生产教育培训制度。

5. 安全生产作业管理范围

安全生产作业管理制度涵盖企业生产作业的各个环节，水上运输企业的作业管理包括现场作业管理、安全值班、相关方管理、进出港作业管理、消防管理、防污染管理和警示标志管理等方面。

(1)现场作业管理。现场作业管理应严格执行操作规程和安全生产作业规定，严禁违章指挥、违章操作、违反劳动纪律；严禁无关人员进入影响船舶航行安全的工作区域；制定至少包括危险区域动火作业、进入受限空间作业、高处作业、装卸危险品货物作业以及其他危险生产作业的安全监督管理制度，明确责任部门、人员、许可范围、审批程序、许可签发人员。

(2)安全值班管理。安全值班管理应建立船舶航行值班制度、交接班制度、停泊值班制度、开航前安全检查制度、轮驾两部联系制度、机舱巡回检查制度、航次作业会议制度等相关安全值班制度，重要时期实行领导到岗带班制，并进行完善的值班记录。

(3)相关方管理。相关方管理应制定经营相关方、外来参观、学习等人员安全管理制度，明确安全职责和可能接触到的危害，告知应急避险知识。

(4)进出港作业管理。进出港作业管理应制定详细的船舶靠离码头及锚泊作业安全规范，实现安全规范化操作。

(5)消防管理。消防管理应建立防火安全管理制度、船舶使用明火作业申报制度，并贯彻落实；制定固定灭火系统安全操作程序；定期开展消防安全检查，统计分析消防工作现状，完善消防工作措施；船舶应配有火灾应急应变部署表、船舶防火控制图；消防器材要定期检测保养，使之保持良好状态并合理放置。

（6）防污染管理。《中华人民共和国航运公司安全与防污染管理规定》（交通部2007年第6号令）第十六条要求防污染管理应制定船舶防油污染应急计划，并得到主管机关批准。企业应制定垃圾管理制度，实行分类收集存放管理；防污染设备设施应配备齐全，并建立使用维护管理制度；制定加装燃润油和油污水、生活污水处理程序，并严格执行；保证油类记录和生活垃圾处理记录齐全。

（7）警示标志管理。警示标志管理应在存在危险因素的作业场所和设备设施处设置明显的安全警示标志，警示、告知危险种类、后果及应急措施。

6. 安全生产专题会议制度

交通部2006年3月1日发布《交通行业中央企业安全工作考核管理办法》规定，"建立安全生产专题会议制度。每年召开不少于1次安全生产工作会议；每季度至少召开1次安全生产工作例会。"

7. 生产安全事故报告制度

为了保证生产安全事故报告的及时准确，减少人员伤亡和财产损失。企业必须按照《中华人民共和国安全生产法》和其他法律、法规及国家有关规定，建立生产安全事故报告制度。

《中华人民共和国安全生产法》第七十条规定"生产经营单位发生生产安全事故后，事故现场有关人员应当立即报告本单位负责人。单位负责人接到事故报告后，应当迅速采取有效措施，组织抢救，防止事故扩大，减少人员伤亡和财产损失，并按照国家有关规定立即如实报告当地负有安全生产监督管理职责的部门，不得隐瞒不报、谎报或者拖延不报，不得故意破坏事故现场、毁灭有关证据。"

《中华人民共和国航运公司安全与防污染管理规定》（交通部2007年第6号令）第十三条规定："中国籍船舶发生事故、重大险情或者被滞留时，航运公司应当尽快向船籍港所在地的交通部直属海事管理机构或者省级交通主管部门所属的海事管理机构报告。"

8. 重大危险源的辨识、监控和管理制度

重大危险源的辨识、监控和管理，不仅是要预防重大事故发生，而且做到一旦发生事故，能将事故危害限制到最低程度。

企业对本单位安全生产负主要责任。在对重大危险源进行辨识和评价后，应针对每一个重大危险源制定出一套严格的安全管理制度，通过技术措施和组织措施，对重大危险源进行严格控制和管理。

《中华人民共和国安全生产法》第三十三条规定"生产经营单位对重大危险源应当登记建档，进行定期检测、评估、监控，并制定应急预案，告知从业人员和相关人员在紧急情况下应当采取的应急措施。生产经营单位应当按照国家有关规定将本单位重大危险源及有关安全措施、应急措施报有关地方人民政府负责安全生产监督管理的部门和有关部门备案。"

水上货物运输企业应根据工作需要建立相应重大危险源监督管理工作机构，建立健全重大危险源安全管理规章制度，落实重大危险源安全管理与监控责任制度，明确所属各部门和有关人员对重大危险源日常安全管理与监控职责，制定重大危险源安全管理与监控实施方案。并针对船舶航区、生产作业现场环境特点，制定安全生产预防措施或制度。其中至少包括：船舶防碰撞、防搁浅、防触礁、防火、防人身伤害、防食物中毒和防风防台、海啸、山体滑坡、泥石流等自然灾害及防触损大桥船闸码头、防断链丢锚、防污染、防海盗、开辟航线等安全措施，恶劣天气、能见度不良情况下的安全航行措施，并贯彻落实。

安全生产危险源识别应从以下方面进行制度建设：

(1)重大危险源普查登记。水上货物运输企业应单位必须按照《安全生产法》、《重大危险源辨识》(GB 18218—2000)和申报登记范围的要求对本单位的重大危险源进行登记建档，并填写《重大危险源申报表》，报当地安全监管部门。企业应根据工作需要，建立健全重大危险源管理数据库、档案库和定期报告制度，实现自身重大危险源的简易辨识与危险源的危险等级初次评估。

(2)重大危险源监控评估。水上货物运输企业应对重要的船舶设备、设施以及生产过程中的危险源、危险物质进行定期检测，建立健全重大危险源评估监控的日常管理体系。并建立重大危险源档案，重大危险源档案应包括：重大危险源安全评估报告，重大危险源安全管理制度和重大危险源安全管理与监控实施方案。每两年至少对本单位的重大危险源进行一次安全评估，并出具评估报告。安全评估工作应由注册安全评价人员或注册安全工程师主持进行，或者委托具备安全评价资格的评价机构进行。安全评估报告应包括安全评估的主要依据，重大危险源的基本情况，危险、有害因素辨识。

(3)重大危险源的管理。按照重大危险源的种类和能量在意外状态下可能发生事故的最严重后果，重大危险源分为以下四级：一级重大危险源，可能造成特别重大事故的；二级重大危险源，可能造成特大事故的；三级重大危险源，可能造成重大事故的；四级重大危险源，可能造成一般事故的。对新产生的重大危险源，应当及时报送安全生产监督管理部门备案；对已不构成重大危险源的，生产经营单位应当及时报告安全生产监督管理部门核销。公司及所属企业的决策机构或主要负责人应当保证重大危险源安全管理与监控所需资金的投入。各单位应将重大危险源可能发生事故的应急措施，特别是避险方法书面告知相关单位和人员。在重大危险源现场应设置明显的安全警示标志，并加强对重大危险源的监控和对有关设备、设施的安全管理。

(4)重大危险源缺陷和隐患治理整顿。水上货物运输企业应健全重大危险源缺陷和隐患的立项、监控、整改、审核、销项工作制度。对构成重大事故隐患的重大危险源，必须根据实际情况责令其暂停经营、限期整改，经评定合格后，方可投入使用。公司及所属企业应当制定重大危险源应急救援预案，并报当地安全监管部门和公司安全生产管理部门备案。应急救援预案应当包括以下内容：重大危险源基本情况及周边环境概况，应急机构人员及其职责，危险辨识与评价，应急设备与设施。各企业应当根据应急救援预案制定演练方案和演练计划，每两年进行一次实战演练或模拟演练。

9. 生产安全事故隐患排查和治理工作制度

《国务院关于进一步加强企业安全生产工作的通知》(国发〔2010〕23 号)第 4 条及时排查治理安全隐患。企业要经常性开展安全隐患排查，并切实做到整改措施、责任、资金、时限和预案“五到位”。建立以安全生产专业人员为主导的隐患整改效果评价制度，确保整改到位。对隐患整改不力造成事故的，要依法追究企业和企业相关负责人的责任。对停产整改逾期未完成的不得复产。企业要规范各级生产安全事故隐患排查的频次、控制管理原则、分级管理模式、分级管理内容等，对排查出的隐患要落实专项治理经费和专职负责人，按时完成整改。

水上货物运输企业应当制定合理的隐患排查工作方案，明确排查的目的和范围，选择合适的排查方法定期开展安全生产自查自纠工作，及时发现安全管理缺陷和漏洞，消除安全隐患，并将检查及处理情况应当记录在案，对各种安全检查所查出的隐患进行原因分析，进而制定针对性控制对策。并依此制定完善的隐患治理方案，包括目标和任务、方法和措施、经费和物资、机构和人员、时限和要求等，按规定对隐患排查和治理情况进行统计分析，并向有关部门报送书面统计分析表，建立隐患治理台账和档案。

1）安全隐患排查

（1）安全生产事故隐患（以下简称事故隐患），是指不符合安全生产法律、法规、规章、标准和安全生产管理制度的规定，或者因其他因素在生产经营活动中存在可能导致事故发生的物的危险状态、人的不安全行为和管理上的缺陷。

（2）事故隐患分为一般事故隐患和重大事故隐患。一般事故隐患，是指危害和整改难度较小，发现后能够立即整改排除的隐患。重大事故隐患，是指危害和整改难度较大，应当全部或者局部停产停业，并经过一定时间整改治理方能排除的隐患。

（3）企业成立由部门经理和有关职能人员参加的安全检查（事故隐患排查）组织，除进行经常性的检查外，还应进行综合检查、专业检查、季节性检查和日常检查，做到认真检查、落实整改、及时总结和推广先进经验。

（4）安全检查（事故隐患排查）必须有明确的目的、要求、内容和具体计划，将检查内容编制成《安全检查表》进行逐项检查并不断对检查表进行完善补充。

（5）安全检查（事故隐患排查）的主要任务是进行危险源识别，排查事故隐患，对所查出的隐患进行原因分析，提出整改措施，并对整改情况进行验证。

（6）任何人发现事故隐患都应立即进行处理，并向本单位领导报告，均有权向安委会和有关职能部门报告。

2）事故隐患排查及建档监控

（1）安全检查（事故隐患排查）应认真填写检查记录，发现事故隐患的，立即报告上级领导和相关职能部门。

（2）各级领导和相关职能部门接到事故隐患报告后，应立即组织处理。

（3）企业级综合检查、专业检查、季节性检查、管理人员检查发现的隐患和问题，应以情况简报或安全检查隐患问题整改通知单形式通知被检单位，严重威胁安全生产的隐患项目，应下达《隐患整改通知书》，被检单位应签字确认。

（4）企业级（包括各专业部门）均应建立隐患整改台账，对事故隐患进行有效监控，落实责任人。台账内容包括隐患名称、检查日期、原因分析、整改措施、计划完成日期、实际完成日期、整改负责人、整改确认人、确认日期、备注等项目内容，并在备注项目中注明发现隐患的个人或组织。

（5）各级单位应当定期对安全检查和隐患治理情况进行统计分析，并向上级领导和有关部门报告。

①各部门每周、每月、每年对本专业部门事故隐患排查治理情况进行统计分析，并分别于下月初或次年初向领导、安委会和有关职能部门报送书面统计分析表。统计分析表由部门主要负责人签字。

②对于重大事故隐患，除依照上述规定报送外，应当及时向领导、安委会和相关部门报告，安委会汇总并存档。重大事故隐患报告内容应当包括：隐患的现状及其产生原因；隐患的危害程度和整改难易程度分析；隐患的治理方案。

③安委会每季、每年对企业事故隐患排查治理情况进行统计分析，统计分析表报项目经理签字确认。

④对于重大事故隐患，除依照上述规定报送外，应当及时向安全生产监督管理部门报告。

3）安全隐患整改及验收

（1）对于检查中发现的所有问题，责任单位对查出的隐患和问题都要逐项分析研究，及时拿出落实措施，落实整改措施。

（2）对于一般事故隐患，部门负责人或者有关人员立即组织整改。

（3）对严重威胁安全生产，有整改条件的隐患项目，应下达《隐患整改通知书》，定项目措施、定时间、定人员、定资金来源限期整改。隐患整改通知单要存档备查。

（4）各专业检查的隐患整改通知单由安委会下达，经主管领导签署意见后发出；隐患所在部门负责人签收，不按期整改或由于不抓紧整改而酿成事故的要追究有关领导的责任。

（5）对于重大事故隐患，项目经理组织制定并实施事故隐患治理方案。重大事故隐患治理方案包括以下内容：治理的目标和任务；采取的方法和措施；经费和物资的落实；负责治理的机构和人员；治理的期限和要求；安全措施和应急预案。

（6）各单位在事故隐患治理过程中，应当采取相应的安全防范措施，防止事故发生。事故隐患排除前或者排除过程中无法保证安全的，应当从危险区域内撤出作业人员，并疏散可能危及的其他人员，设置警戒标志，暂时停产或者停止使用；对暂时难以停产或者停止使用的相关生产储存装置、设施、设备，应当加强维护和保养，防止事故发生。

（7）对因物质、技术所限暂时不具备整改条件的重大隐患，必须在期限前2天将原因书面报安委会，同时必须采取应急的防范措施。项目部应将此纳入年度技术措施、安全措施、计划检修和大修计划内，限期解决或停产。确因非公司因素而不具备整改能力的，上报上级有关部门。

（8）对隐患和问题的整改情况，应进行复查（验收），跟踪督促落实，形成闭环管理。

（9）各项检查结果、隐患整改情况、验收结果应及时报安委会，安委会登记安全检查、事故隐患整改台账。

10. 安全生产考核和责任追究制度

现有企业发生的生产安全事故，绝大多数是人为责任事故，是由于企业或者从业人员在生产经营过程中违反法律、法规国家标准或者行业标准和规章制度、操作规程所出现的失误和疏忽而导致的事故。

国家实行生产安全事故责任追究制度，将依法追究负有法律责任的生产经营单位主要负责人、主管人员、管理人员和从业人员。生产安全事故责任者所承担的法律责任的主要形式包括行政责任、民事责任和刑事责任。

《中华人民共和国安全生产法》规定,国家实行生产安全事故责任追究制度,依照本法和有关法律、法规的规定,追究生产安全事故责任人员的法律责任。

《国务院关于进一步加强企业安全生产工作的通知》(国发〔2010〕23 号)要求"加大对事故企业负责人的责任追究力度。企业发生重大生产安全责任事故,追究事故企业主要负责人责任;触犯法律的,依法追究事故企业主要负责人或企业实际控制人的法律责任。发生特别重大事故,除追究企业主要负责人和实际控制人责任外,还要追究上级企业主要负责人的责任;触犯法律的,依法追究企业主要负责人、企业实际控制人和上级企业负责人的法律责任。对重大、特别重大生产安全责任事故负有主要责任的企业,其主要负责人终身不得担任本行业企业的矿长(厂长、经理)。对非法违法生产造成人员伤亡的,以及瞒报事故、事故后逃逸等情节特别恶劣的,要依法从重处罚。"同时,要求"加大对事故企业的处罚力度。对于发生重大、特别重大生产安全责任事故或一年内发生 2 次以上较大生产安全责任事故并负主要责任的企业,以及存在重大隐患整改不力的企业,由省级及以上安全监管监察部门会同有关行业主管部门向社会公告,并向投资、国土资源、建设、银行、证券等主管部门通报,一年内严格限制新增的项目核准、用地审批、证券融资等,并作为银行贷款等的重要参考依据。"

11. 安全监督检查制度

《中华人民共和国航运公司安全与防污染管理规定》(交通部 2007 年第 6 号令)第十一条规定"航运公司应当建立船舶安全与防污染监督检查制度,确保对船舶及其设备进行有效的维护和保养。"

安全监督检查是对生产过程及安全管理中可能存在的隐患、有害与危险因素、缺陷等进行查证,以确定隐患或有害与危险因素、缺陷的存在状态,以及它们转化为事故的条件,以便制定整改措施,消除隐患或有害与危险因素,确保生产的安全。

安全监督检查的类型包括:

(1)定期安全监督检查;

(2)经营性安全监督检查;

(3)季节性及假日前后安全监督检查;

(4)专项性安全监督检查;

(5)综合性安全监督检查;

(6)职工代表不定期对安全生产的巡查。

检查的内容包括:

软件系统,主要是查思想、查意识、查制度、查事故处理、查隐患、整改;

硬件系统,主要是查生产设备、查辅助设备、查安全生产设施、查作业环境。

12. 安全生产应急管理与事故奖惩制度

为增强水上货物运输企业应急管理工作,提高应急救援、应对突发事件的快速反应和处置能力,预防和控制次生灾害的发生,保障安全生产和企业员工及公众的生命安全,最大限度地减少财产损失、环境污染和社会影响,水上货物运输企业应积极建立安全生产应急管理制度。其中预案的编制和管理主要依据《中华人民共和国突发事件应对法》,《1974 年国际海上人命安全公约》,《国际船舶防止污染公约》,《中华人民共和国安全生产法》,《中华人民共和国消防法》,《中华人民共和国海上交通安全法》,《中华人民共和国环境保护法》,《国家突发公共事件总体应急预案》、《生产经营单位安全生产事件应急预案编制导则》等相关法律法规。

13. 设备设施、电气线路、消防设施维护保养制度

《中华人民共和国安全生产法》第二十九条规定"安全设备的设计、制造、安装、使用、检测、维修、改造和报废,应当符合国家标准或者行业标准。生产经营单位必须对安全设备进行经常性维护、保养,并定期检测,保证正常运转。维护、保养、检测应当做好记录,并由有关人员签字。"

企业安全生产中普遍存在的一个突出问题,是其安全生产设备设施的设计、制造、安装、使用、检测、维修、改造和报废,不符合国家标准或者行业标准。许多安全生产设备设施处于不安全状态,埋下了很多事故隐患。因此,为了保证安全生产设备设施达到国家标准或者行业标准和严格管理,企业必须建立安全生产设备设施维护保养制度,对安全设备进行经常性维护、保养,并定期检测,保证正常运转。维护、保养、检测应当做好记录,并由有关人员签字。

第三节　安全生产管理机构

企业安全生产管理工作涉及面广、工作量大、任务重,如果没有专门的管理机构,企业安全生产的各项工作将难以落实。为全面贯彻《中华人民共和国安全生产法》,加强对企业安全生产工作的领导和监督管理,防止和减少生产安全事故,保障生命和财产安全,水上运输企业应坚持贯彻"安全第一、预防为主、综合治理"的安全生产方针,依据国家有关法律、法规以及企业的组织形式特点,建立健全有系统、分层次的安全生产保证体系和安全生产监督体系,设置与企业规模相适应且独立的安全生产管理机构,并按规定足额配备专职安全生产和应急管理人员。

一、企业安全生产管理机构设置的相关规定

企业安全生产管理机构和人员的设置在《中华人民共和国安全生产法》中有明确规定:矿山、建筑施工单位和危险物品的生产、经营、储存单位,应当设置安全生产管理机构或者配备专职安全生产管理人员。前款规定以外的其他生产经营单位,从业人员超过 300 人的,应当设置安全生产管理机构或者配备专职安全生产管理人员;从业人员在 300 人以下的,应当配备专职或者兼职的安全生产管理人员,或者委托具有国家规定的相关专业技术资格的工程技术人员提供安全生产管理服务。生产经营单位依照前款规定委托工程技术人员提供安全生产管理服务的,保证安全生产的责任仍由本单位负责。

其中,中央企业在《中央企业安全生产监督管理暂行办法》(国务院国有资产监督管理委员会 2008 年第 21 号令)中规定中央企业必须建立健全安全生产的组织机构。一是安全生产工作的领导机构——安全生产委员会(以下简称安委会),负责统一领导本企业的安全

生产工作，研究决策企业安全生产的重大问题。安委会主任应当由企业安全生产第一责任人担任。安委会应当建立工作制度和例会制度。二是与企业生产经营相适应的安全生产监督管理机构，主业从事煤炭及非煤矿山开采、建筑施工、危险物品的生产经营储运使用、交通运输的企业，应当设置负责安全生产监督管理工作的独立职能部门。安全生产监督管理职能部门或者负责安全生产监督管理工作的职能部门是企业安全生产工作的综合管理部门，对其他职能部门的安全生产管理工作进行综合协调和监督。

《中华人民共和国航运公司安全与防污染管理规定》（交通部2007年第6号令）规定航运公司应当具有适任的安全与防污染管理人员，并明确其岗位职责。航运公司的主要安全与防污染管理人员不得在船上兼职或者跨航运公司兼职。

二、水路运输企业安全管理机构设置

安全生产管理机构的设立按照安全管理委员会（以下简称"安委会"）与岗位分级责任制相结合的原则，依据企业现有的组织架构进行合理设置。

安委会作为企业非常设机构，在企业的统一领导下组织和指导企业安全生产工作，研究安全生产工作中的重大决策、决定和措施，协调和解决安全生产工作中存在的重大问题。岗位分级责任制是指根据企业内部岗位级别分别赋予其不同等级的安全管理职责，实行安全管理逐级负责。

1.安全管理委员会

安全管理委员会（以下简称安委会）通常作为企业的非常设机构，主要任务是在企业领导班子的领导下，贯彻国家关于安全生产的法律法规和行政条例，研究安全生产工作中的重大措施，协调、解决安全生产中的重大问题，指导企业的安全生产工作，针对安全生产中带有普遍性和倾向性的问题提出指导性意见。公司安委会是公司的非常设机构，不代替公司各有关职能部门的安全生产和监督职能。安委会在公司统一领导下，组织和指导公司安全生产工作，研究安全生产工作中的重大决策、决定和措施，协调和解决安全生产工作中存在的重大问题。

1）安委会组成

安委会由主任、委员、办公室主任及办公室成员组成。安委会主任由企业主管安全生产工作的副总经理担任，并代行总经理对安全生产的领导职责。委员由各部门经理、有关中心主任和企业二级单位分管安全生产的负责人担任。安委会委员因工作变动由接替人员自动接替，并经安委会主任同意后，由安委会报企业人力资源部审核。安委会办公室（以下简称安委办）是安委会的日常工作机构，安委办设在企业安监处，安委办主任由一名安委会委员兼任，安委办副主任由相关处室负责人担任。

2）安委会工作职责

安委会主要履行以下职责：

（1）在企业分管安全副总经理的直接领导下，认真贯彻执行国家安全生产的方针、政策、法律、法规及企业各项安全生产管理制度，落实各级党委、政府、行业管理部门和企业安委会的指示、决议，并监督各单位贯彻执行。

（2）负责制定企业安全目标、管理规划和有关安全工作措施。在推行目标管理过程中，按期检查各项指标的控制情况和安全工作的开展情况，并采取对策和措施，及时整改企业各个时期安全生产中出现的问题。

(3)协调安委会各成员单位或部门的安全生产工作，并对各成员单位或部门安全生产工作进行监督、检查。必要时，协调企业整体资源，避免发生重大安全生产事故或险情。

(4)定期分析企业安全生产形势，对重大事故、重大安全生产问题、重大事故隐患进行调查、研究、评估，提出解决方案。向企业领导班子报告安全生产工作情况、提出问题和建议。

(5)做好企业安全宣传教育，开展管理者和员工的安全培训，不断增强全员安全意识，提高管理水平。

(6)根据企业的相关安全评估与处罚规定，对发生生产事故成员单位或部门领导做出处罚决定。

(7)领导企业在安全生产方面的科研活动，指导各单位或部门引进、运用新的科技成果，提高安全管理水平。

安委办主要履行以下职责：

(1)在安委会主任(副主任)领导下，处理日常安全生产工作，承办安委会交办的重要事项。

(2)定期召开安全生产研究会、总结会。因特殊情况或工作需要，向安委会主任报请召开特别会议。

(3)定期向安委会汇报安全生产情况，评估企业安全生产形势，提出安全工作要求和改进方案，及时向安委会汇报。

(4)组织企业各单位的安全大检查和有关安全检查工作。

3)安委会工作制度

(1)安委会会议定期召开，原则上每季度召开一次，会议由安委会主任或主任委托的副主任主持，会议议题由主持人确定。会议的形式可采用电视电话会议或指定地点形式等。安委会下属安全管理分支机构每月至少召开一次安全工作例会。

(2)安委会主任认为必要时可召开临时全体会议或由有关职能(生产)单位参加的专题会议。

(3)生产单位委员每月向安委会报告本单位安全生产形势，年终总结本年度安全生产情况及下一年度安全生产工作计划。

(4)安委会文件由主任或主任委托的副主任，或委托安委办主任签发。

2. 安全生产管理机构与人员

水路运输企业应当按照国家有关法律、法规规定，依法设置专(兼)职分管安全生产管理工作的负责人、安全生产管理机构、配齐安全生产管理人员，保证有效地开展安全生产管理工作。

(1)从事客船、高速客船、旅游船、客滚船、危险船(油船、液化气船、化学品船)运输的高危行业企业或从业人员超过300人以上的运输企业必须设置安全生产管理机构或者配备专职安全管理人员；生产经营规模小、无法设置安全生产管理机构的企业，应当配备专职安全管理人员。

(2)上款强制性规定必须设置安全生产管理机构或者配备专职安全管理人员以外的运输企业或从业人员在300人以下的运输企业,可以不设专门机构,但应当配备专职或者兼职的安全生产管理人员,或者委托具有国家规定的相关专业技术资格的工程技术人员提供安全生产管理服务。

目前我国水路运输企业的管理模式大致有两种模式,一种是船舶所有人自管模式,船舶所有人为企业独立法人,成立航运管理、船舶管理、船员配备等于一身形式的航运公司,其组织采用职能组织管理形式,独立承担船舶管理责任及国际公约、船旗国法规的责任和义务。另一种是委托管理模式,船舶所有人作为出资人,提供船舶,自身不承担船舶管理责任,而是委托给船舶管理公司管理,船舶管理公司具有独立法人地位,其组织也基本采用职能组织管理形式,其主要从事船舶安全、机务、船员等方面事务管理。而有关货物运输管理,有的接受船东委托,经营货物运输。有的则是船东自身或是委托他人经营。在这种情况下,船舶管理公司承担了船舶所有人的船舶管理责任,同时也承担国际公约、船旗国法规规定的责任和义务。

图5-1为水路运输企业安全管理机构组织结构及职能分配图,包括了一般水路运输企业代表性活动。

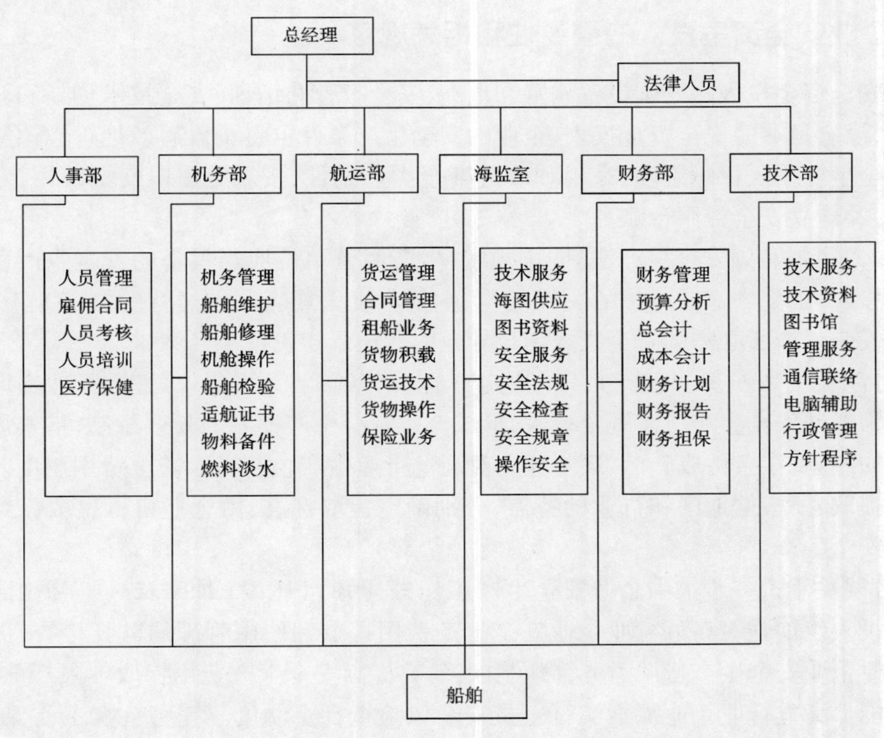

图5-1 水路运输企业安全管理机构组织结构及职能分配图

目前我国水路运输企业涉及船舶安全和防污染管理的主要组织机构有海务安全管理、机务安全管理和人事管理等部门,通常由公司最高管理层、指定人员、经营业务部(航运部)、人力资源部(人事部)、海务部和机务部组成。其一般组织机构设置如图5-2所示。

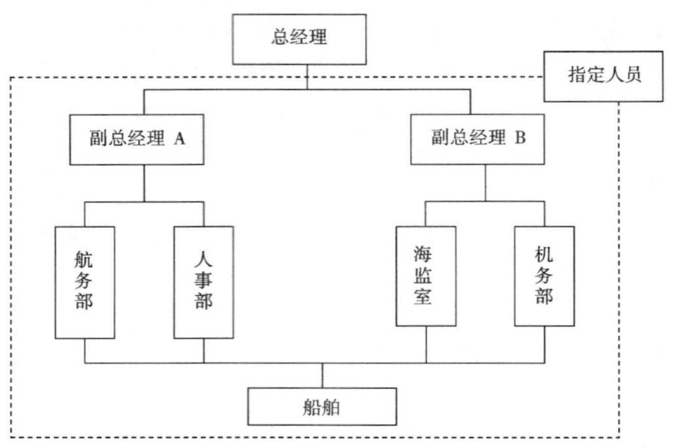

图 5-2　水路运输企业管理组织结构图

第四节　安全资金投入与科技创新

一、企业安全资金投入的重要性和相关规定

企业安全资金投入是安全设备购置和更新、安全教育和培训、安全技术创新和开发等的有力保障，没有足够的安全资金投入，企业的安全生产条件也将难以有效地得以改善。企业应建立安全生产投入保障制度，完善和改进安全生产条件，按规定提取安全费用，专项用于安全生产，并建立安全费用台账。

《中华人民共和国安全生产法》明确规定：生产经营单位应当具备的安全生产条件所必需的资金投入，由生产经营单位的决策机构、主要负责人或者个人经营的投资人予以保证，并对由于安全生产所必需的资金投入不足导致的后果承担责任。

《国务院关于加强安全生产工作的决定》(国发〔2004〕2 号)要求"建立企业提取安全费用制度。为保证安全生产所需资金投入，形成企业安全生产投入的长效机制，借鉴煤矿提取安全费用的经验，在条件成熟后，逐步建立对高危行业生产企业提取安全费用制度。企业安全费用的提取，要根据地区和行业的特点，分别确定提取标准，由企业自行提取，专户储存，专项用于安全生产。"

《国务院关于进一步加强企业安全生产工作的通知》(国发〔2010〕23 号)提出要"加大安全专项投入。加强对高危行业企业安全生产费用提取和使用管理的监督检查，进一步完善高危行业企业安全生产费用财务管理制度，研究提高安全生产费用提取下限标准，适当扩大适用范围。高危行业企业探索实行全员安全风险抵押金制度。完善落实工伤保险制度，积极稳妥推行安全生产责任保险制度。"

2012 年 2 月 14 日，财政部、安全监管总局发布了《企业安全生产费用提取和使用管理办法》，其中对安全费用的提取标准、安全费用的使用、监督管理等作了规定。其中规定：

1. 安全费用的提取标准

交通运输企业以上年度实际营业收入为计提依据，按照以下标准平均逐月提取：

(1)普通货运业务按照1%提取;

(2)客运业务、管道运输、危险品等特殊货运业务按照1.5%提取。

中小微型企业和大型企业上年末安全费用结余分别达到本企业上年度营业收入的5%和1.5%时,经当地县级以上安全生产监督管理部门、煤矿安全监察机构商财政部门同意,企业本年度可以缓提或者少提安全费用。

企业规模划分标准按照工业和信息化部、国家统计局、国家发展和改革委员会、财政部《关于印发中小企业划型标准规定的通知》(工信部联企业〔2011〕300号)规定执行。

企业在上述标准的基础上,根据安全生产实际需要,可适当提高安全费用提取标准。

新建企业和投产不足一年的企业以当年实际营业收入为提取依据,按月计提安全费用。

混业经营企业,如能按业务类别分别核算的,则以各业务营业收入为计提依据,按上述标准分别提取安全费用;如不能分别核算的,则以全部业务收入为计提依据,按主营业务计提标准提取安全费用。

2.安全费用的使用

交通运输企业安全费用应当按照以下范围使用:

(1)完善、改造和维护安全防护设施设备支出(不含"三同时"要求初期投入的安全设施),包括道路、水路、铁路、管道运输设施设备和装卸工具安全状况检测及维护系统、运输设施设备和装卸工具附属安全设备等支出;

(2)购置、安装和使用具有行驶记录功能的车辆卫星定位装置、船舶通信导航定位和自动识别系统、电子海图等支出;

(3)配备、维护、保养应急救援器材、设备支出和应急演练支出;

(4)开展重大危险源和事故隐患评估、监控和整改支出;

(5)安全生产检查、评价(不包括新建、改建、扩建项目安全评价)、咨询和标准化建设支出;

(6)配备和更新现场作业人员安全防护用品支出;

(7)安全生产宣传、教育、培训支出;

(8)安全生产适用的新技术、新标准、新工艺、新装备的推广应用支出;

(9)安全设施及特种设备检测检验支出;

(10)其他与安全生产直接相关的支出。

企业提取的安全费用应当专户核算,按规定范围安排使用,不得挤占、挪用。年度结余资金结转下年度使用,当年计提安全费用不足的,超出部分按正常成本费用渠道列支。

主要承担安全管理责任的集团公司经过履行内部决策程序,可以对所属企业提取的安全费用按照一定比例集中管理,统筹使用。

3.监督管理

企业应当建立健全内部安全费用管理制度,明确安全费用提取和使用的程序、职责及权限,按规定提取和使用安全费用。

企业应当加强安全费用管理,编制年度安全费用提取和使用计划,纳入企业财务预算。企业年度安全费用使用计划和上一年安全费用的提取、使用情况按照管理权限报同级财政部门、安全生产监督管理部门、煤矿安全监察机构和行业主管部门备案。

企业提取的安全费用属于企业自提自用资金，其他单位和部门不得采取收取、代管等形式对其进行集中管理和使用，国家法律、法规另有规定的除外。

各级财政部门、安全生产监督管理部门、煤矿安全监察机构和有关行业主管部门依法对企业安全费用提取、使用和管理进行监督检查。

企业未按本办法提取和使用安全费用的，安全生产监督管理部门、煤矿安全监察机构和行业主管部门会同财政部门责令其限期改正，并依照相关法律法规进行处理、处罚。

二、水路运输企业科技创新与信息化

1. 企业科技创新与信息化的重要性和相关规定要求

科技创新与信息化是实现安全生产的重要手段。实现安全生产，必须依靠科技创新和信息化，先进的安全生产科学技术对提高安全生产水平具有不可替代的重要作用。随着社会经济的发展，各种生产经营活动的安全生产，离不开先进的科学技术的保证。只有重视和鼓励安全生产科学技术的研究，推广先进的安全生产技术，才能不断改善安全生产条件，不断装备先进、可靠的安全设施、设备，加强预防生产安全事故和消除事故隐患的手段和能力，实现科技兴安、科技保安。只有充分依靠科学技术的手段，生产过程的安全才有根本的保障。因此国家鼓励和支持安全生产科学技术研究和安全生产先进技术的推广应用，从根本上改进当前安全生产科学技术相对落后的状况。

《中华人民共和国安全生产法》规定：国家鼓励和支持安全生产科学技术研究和安全生产先进技术的推广应用，提高安全生产水平。

《国务院关于进一步加强企业安全生产工作的通知》（国发〔2010〕23 号）要求，“加快安全生产技术研发。国家鼓励企业开展安全科技研发，加快安全生产关键技术装备的换代升级。加大对高危行业安全技术、装备、工艺和产品研发的支持力度，引导高危行业提高机械化、自动化生产水平，合理确定生产一线用工。”

2. 水路运输企业在实施科技创新方面的主要做法

随着水路运输企业的不断发展，越来越多的企业采用先进实用的生产技术，组织安全生产技术研究开发和重大安全技术攻关，采用行业安全技术标准、规范，努力提高水路运输企业安全生产技术水平，充分运用科技创新与信息化，保障安全生产。目前，水路运输企业在实施科技创新与信息化方面的主要做法是：

（1）针对企业安全生产中存在的问题和难点，积极组织开展安全生产课题研究或攻关活动（包括有课题立项文件或协议、建立 QC 质量管理小组、课题组人员名单、研究过程记录、结题报告、相关组织评审或鉴定结果和成果汇编）。

（2）引进或运用先进的安全科研攻关成果；使用先进的、安全性能可靠的新技术、新工艺、新设备和新材料，优先选购安全、高效、节能的先进设备；创新安全管理方法，不断提高安全生产保障能力（包括有引进或运用成果名称、运用单位、运用过程记录、产生效益的认定组织和结论、提高安全生产保障能力的数据实例和组织结论；使用先进的、安全性能可靠的新技术、新工艺、新设备和新材料，选购安全、高效、节能的先进设备的名称，产生的提高安全生产保障能力的效果）。

（3）建立卫星通信系统、“3G”系统、AIS、GPS、船岸移动通信网（甚高频和高频）、传输基础网、电话交换网、数据通信网、计算机网络技术等互为补充的船舶航行安全监控网络系统，随时掌握公司船舶运行动态。

(4)建立公司到船舶的安全生产管理和指挥系统，及时准确向船舶传递航道、水位、气象、保安、交通管制、灾害预报、航行通告等动态安全生产信息。

(5)建立安全生产管理系统或平台，以及包括值班、办理、警报、投诉、督查等安全视频监管信息系统。

第五节　安全教育与文化建设

水路运输企业的安全教育与文化建设包括企业安全队伍建设，安全文化建设制度，安全教育培训制度等，它们通过为企业的安全生产管理提供基础支持，保障企业的安全生产工作得到全面开展。

一、企业安全教育制度

1. 企业安全教育的重要性

企业安全教育是安全管理的一项重要工作，其目的是提高职工的安全意识，增强职工的安全操作技能和安全管理水平，最大程度减少人身伤害事故的发生。它真正体现了"以人为本"的安全管理思想，是搞好企业安全管理的有效途径。

《中华人民共和国安全生产法》对企业的安全生产教育和培训作了相应的法律规定。其中规定生产经营单位应当对从业人员进行安全生产教育和培训，保证从业人员具备必要的安全生产知识，熟悉有关的安全生产规章制度和安全操作规程，掌握本岗位的安全操作技能。未经安全生产教育和培训合格的从业人员，不得上岗作业。生产经营单位采用新工艺、新技术、新材料或者使用新设备，必须了解、掌握其安全技术特性，采取有效的安全防护措施，并对从业人员进行专门的安全生产教育和培训。生产经营单位的特种作业人员必须按照国家有关规定经专门的安全作业培训，取得特种作业操作资格证书，方可上岗作业。

水路运输企业要充分认识到安全教育的重要性，按照相关规定和标准，切实做好企业安全生产教育和培训工作。安全教育涉及企业上上下下：

(1)企业负责人、分管领导负责本企业安全教育培训的组织和实施。

(2)新员工上岗培训教育由人力资源部门负责制定教育培训计划并组织员工参加，安全部门负责选择或编制教育培训材料和开展教育培训活动并监督各级教育培训的实施。

(3)员工应积极主动参加各级安全教育培训，掌握安全知识，加强危险辨识能力，防范事故，保护生命安全。

就一般情况而言，企业安全教育主要应做好以下几个方面：

(1)应确定安全教育培训主管部门，按规定及岗位需要，定期识别安全教育培训需求，制定、实施安全教育培训计划，提供相应的资源保证。

(2)应做好安全教育培训记录，建立安全教育培训档案，实施分级管理，并对培训效果进行评估和改进。

(3)水路运输企业的主要负责人和安全生产管理人员，须具备与本单位所从事的生产经营活动相适应的安全生产知识和管理能力。法律法规要求必须对相关人员进行安全生产知识和管理能力进行考核的,须经考核合格后方可任职。

(4)应对操作岗位人员进行安全教育和生产技能培训,使其熟悉有关的安全生产规章制度和安全操作规程,并确认其能力符合岗位要求。未经安全教育培训,或培训考核不合格的从业人员,不得上岗作业。

(5)在新工艺、新技术、新材料、新设备设施投入使用前,应对有关操作岗位人员进行专门的安全教育和培训。

(6)操作岗位人员转岗、离岗一年以上重新上岗者,应进行相关安全教育培训,经考核合格后,方可上岗工作。

(7)从事特种作业的人员应取得特种作业操作资格证书,方可上岗作业。

2. 企业安全教育培训的内容

(1)企业级安全教育培训主要内容:劳动安全卫生法律、法规;通用安全技术、劳动卫生和安全文化的基本知识;本企业劳动安全卫生规章制度及状况、劳动纪律和有关事故案例等项内容。

(2)部门级安全教育培训内容:本部门劳动安全卫生状况和规章制度;主要危险危害因素及安全事项;预防工伤事故和职业病的主要措施;典型事故案例及事故应急处理措施等项内容。

(3)班组级安全教育培训内容:遵守企业内、部门内和班组内的规章制度和劳动纪律;岗位安全操作规程;岗位间工作衔接配合的安全卫生事项;典型事故案例;劳动防护用品的性能及正确使用方法等。

(4)日常安全教育内容:有关职业健康安全方面的法律、法规;上级文件;安全生产规章制度;安全生产知识和技能;安全生产形势及对策;安全事故教训;事故急救与应急处理措施。

3. 安全教育培训组织管理

(1)安全教育培训计划必须纳入企业培训教育的年度规划和中、长期规划中,并提供资金、人员和物资保障。

(2)安全教育培训应根据需要开展,日常安全教育应至少每月进行一次。

(3)建立完善的安全教育培训档案。

(4)对安全教育培训有突出贡献或通过培训教育避免事故发生的部门或个人应给予表彰和奖励。

(5)对未履行安全教育培训职责而导致发生人员伤亡、财产损失和给企业带来不良影响的单位和个人,视情况给予有关部门或个人相应处罚。

4. 船舶消防救生演习、训练与培训制度

基于水上货物运输企业的特殊性,除常规安全培训制度外,还应加强船舶安全管理培训制度的建立,强化船舶安全生产相关的训练、演习与培训,提高整体安全生产意识和安全生产能力。

1)船舶演习制度

(1)船长应根据本船实际状况制定船舶消防、救生演习预案;由三副负责在开航前编妥

“货船应变部署表”和“船员应变卡”,“货船应变部署表”由船长审批、签名批准后张贴在驾驶台、机舱集控室和餐厅等公共场所。

(2)船舶消防器材、设备实际位置应与防火控制图相符,防火控制图应在公共场所张贴并在舷梯附近专用水密筒内存放,其内应存放一份最新的船员名单。

(3)在开航前,每名船员应熟悉自己的应急职责,船员要熟悉各种应急信号的含义,熟悉使用不同类型的消防、救生器材及其操作方法。

(4)船舶每月至少进行一次弃船演习和一次消防演习。若有25%以上的船员未参加该船前一个月的弃船和消防演习,应在该船离港后24小时内举行这两项演习。如果船舶在经过重大改装后首次营运或有新船员,这些演习应在开航前进行。如果此项要求对某种船舶是不可行的,主管机关可以接受其他至少是等效的安排。

(5)对于货船,应使船员熟悉货船装货处所的探火和灭火系统。

(6)船舶应备有船岸应急计划,应急计划中所涉及的船岸通信使用的电话、电传、传真号码如有变动应及时更新。

(7)进行应变演习的时间、地点、演习的细节,以及船上其他应急训练应记入主管机关规定的航海日志内。若未按规定进行上述演习,则应在航海日志内记述其原因。

2)救生和弃船演习

(1)每次救生或弃船演习应包括的内容:使用通用应急报警系统、有线广播或其他通信系统通知演习将乘客和船员召集到集合地点;到集合地点报到后,准备执行应变部署表中所述任务;现场指挥负责检查船员的穿着是否正确;参与演习人员现场熟悉、操作自己的应急职责;完成降落准备工作后,至少降下1艘救生艇;启动并操作救生艇发动机;放下和回收救生艇筏架,检查吊艇和刹车装置;如进行救生演习或进行脱钩训练,则模拟搜救被困人员;介绍无线电救生设备的使用。

(2)救生艇操作的一般要求:每艘救生艇(含救生艇兼救助艇)每3个月至少降落下水1次,并在水面操纵;自由降落救生艇每6个月至少降落下水1次,并在水面操纵;专用救助艇每个月降落下水1次,并在水面操纵,无论如何这一要求每3个月至少举行一次;航行中进行弃船演习应在天气条件允许的情况下或在遮蔽的水域,减速停车,并在有经验的驾驶员监督下进行,应遵守国际海事组织建议的《从行进船上降放救生艇和救助艇的船员培训指南》的要求;水面操纵要在具有经验的高级船员的监督下,在风平浪静并水面无障碍的条件时进行;操练开始前,艇长应将操纵程序和须知通知艇员;可行时,操纵应在母船处于最小干舷时进行。在艇下水之前,艇的发动机要启动;除非是全封闭艇,否则应戴头盔;应穿救生衣,如适当的话穿上防浸水服;艇中船员应为适当于训练的最小数目;全封闭救生艇,除了为更好地观察降落情况可打开舵手舱口外,其余一切开口均应关闭;从降落开始前整个过程中,负责降放的高级船员与驾驶台和艇之间应用双向无线电话保持通信;如可行,在降艇、收艇以及艇靠近船舶时,应采取措施确保船舶的推进器不在转动;做好向在训练操纵中的艇提供援助的准备工作,如可行应做好降下第二艘艇的准备工作;每次弃船演习应试验供集合和弃船用的应急照明系统;演习中所使用的设备应立即放回原处,并保持随时可用状态;在演习中发现错误和不足应及时纠正,演习结束后,应进行现场讲评和总结。

(3)救生艇操作的时间要求:两名艇员能在5分钟内完成登乘降落准备工作;在船长下

达放艇命令后,5 分钟内将艇放至水面;发出弃船演习信号后的 10 分钟内,所有救生艇筏能够载足全部成员及属具降落水面;发出登艇指令后的 3 分钟内,艇员登艇完毕;浸水服在两分钟内穿着完毕。

3)船舶消防演习

(1)船舶消防的原则:船员无论在什么场所发现明火或烟雾,首先立即用现场附近的消防器材、设备去扑灭火灾,同时拉响就近的火警报警器并大声呼喊,向驾驶台及全体船员报警;制定消防演习计划应充分考虑因船舶类型和所载货物不同可能发生的各种紧急情况下的常规操作。

(2)每次消防演习应包括的内容:使用通用应急报警系统、有线广播或其他通信系统通知演习将船员召集到集合地点;到集合地点报到后,准备执行应变部署表中所述任务;启动消防泵,至少使用 2 支水枪,以显示该系统处于正常的工作状态;检查消防员装备及其他人员的救助设备;操作试验通信设备,应急信号和通用报警装置;检查、操作演习区域的水密门、防火门、挡火风闸和通风系统主要进出口的可操作性;试验探火系统的可操作性,讲授船上灭火设备;检查供随后弃船用的必要装置。

(3)消防演习的一般要求:演习尽可能按实际应变情况进行;船上每月定期组织船员进行消防演习;船员应知道在发生火灾的情况下各自的职责;船员熟悉船舶的布置,以及可能要使用的消防设施和灭火位置所在,灭火设施和器材的性能特点和使用方法;船长应能熟练地向地方主管机关及公司报告,向可能提供帮助的有关单位进行联络;对于货船,应使船员熟悉货船装货处所的探火和灭火系统;船长通过培训和演习对船员的胜任情况定期进行评估,发现问题及时改进。

(4)消防演习的时间要求:听到消防警报后 2 分钟内到达集合地点;应急消防泵在 5 分钟内(人员集合后 3 分钟内)启动,皮龙出水;探火员应在警报响起 5 分钟内(人员集合后 3 分钟内)穿妥消防员装备。

4)船舶训练与培训

(1)培训制度:船员应定期进行专业知识、技能的培训,加强安全与防污染培训;在新船员上船后,应尽快安排其进行使用船舶救生设备(其中包括艇筏属具)和使用船舶灭火设备的训练;船舶应定期讲授救生消防设备的用法和海上救生须知方面的课程,其间隔期与演习间隔相同;每次授课可包括船舶救生和灭火设备的不同部分,但是船舶的所有救生和灭火设备的授课内容应在 2 个月期间内完成;每次授课有未参加听课的值班人员应专门补课并做好记录;根据公约要求编写的训练手册应存放在船员餐厅、娱乐室、船员舱室及其他公共场所。

(2)培训内容:

①船员有关专业知识的培训:船舶经营人或管理人应对船员加强有关专业知识的培训和考核,使其熟悉所运输货物的特性、操作规程及应急预案。

②安全与防污染培训:航运公司应当建立教育培训制度,加强和规范安全与防污染知识的教育和培训,确保相关人员熟悉安全与防污染的有关规定和操作规程,掌握相应的操作技能,并提高对船舶安全与防污染的应急反应能力;航运公司应当建立船舶安全与防污染监督检查制度,确保对船舶及其设备进行有效的维护和保养;各航运公司应当根据船舶的种类、

航区等因素制定相应的岸基、船岸和船舶应急预案，并定期组织训练演习。

③训练手册救生部分：弃船、救生演习程序和步骤；救生艇筏和救助艇的登乘、降落和离开，包括海上撤离系统的使用；封闭艇在艇内的降落方法，如何从降落设备上脱开；救生艇筏和救助艇的回收，包括存放和系固；艇机启动及附件的使用方法；船舶气胀式救生筏的操作与使用；暴露的危险和穿保温服的必要性及救生衣、救生服、浸水保温服和抗暴露服的穿着方法；低温保护、低温急救护理以及其他合适的急救方法；在恶劣气候和恶劣海况中，船舶救生设备的正确使用；降落区域照明和防护设备的用法；海锚及艇内所有救生属具的用法；无线电救生设备的用法；拯救的方法，包括直升机救助装置，连裤救生圈、海岸救生工具和船舶抛绳设备的用法；应变部署表与应变须知所列出的所有其他措施；救生设备的应急修理须知。

④训练手册消防部分：不同部位消防演习的程序和步骤；灭火系统和消防设备的操作与使用；消防员装备包括自给式呼吸器的使用和联系方法；有关烟气的危害、电气火灾、易燃液体和船上类似的常见危险的一般防火安全实践和预防手段；有关灭火行为和灭火程序的一般性应知、应会的内容，包括火灾报告及使用手动报警按钮的程序；火的类型、灭火原理及应选用的灭火介质，辨别火源，判断火势的扩延，和爆炸可能；防火门的操作和使用；挡火闸、挡烟闸的操作和使用；脱险通道系统和设备的使用；紧急逃生呼吸装置的使用训练；在注满烟气的封闭处所如何采取安全措施；厨房火灾的应急处理；机器处所火灾的应急处理。

⑤防火安全操作手册的内容：生活区和住舱防火须知；明火作业安全操作须知；船舶涂装作业须知；燃油、滑油加装安全须知；船舶日常防火规定；船舶锅炉安全操作规定；油漆间安全管理；货物装卸安全管理；航行期间防火安全管理；厨房安全管理；船舶火灾应急须知。

二、企业安全文化建设的重要性和主要内容

企业文化就是一个企业的灵魂，是提高企业整体素质和核心竞争力的重要内容，是构建和谐企业的关键因素，体现了“以人为本”的管理思想，是社会文化的一部分。企业安全文化是企业文化的重要组成部分，它对调动广大职工的安全生产积极性有着重要的激励作用，而浓厚的安全文化氛围对企业人员形成正确的安全生产行为有着很强的导向作用和规范作用。企业的安全文化是个体和团体价值、态度、观念、能力和行为方式的产物，决定着人们对组织安全管理的决心、安全管理的方式和效率。安全文化建设着重于建立和培养符合时代要求，塑造企业精神，突出企业特点的企业文化，从而为企业的生存发展提供精神动力和智力支持。

2011 年，党的十七届六中全会作出了深化文化体制改革推动社会主义文化大发展大繁荣若干重大问题的决定。根据该决定，中共交通运输部党组印发了《关于深入贯彻十七届六中全会精神进一步推进交通运输文化建设的实施意见》（交党发〔2012〕12 号），提出：党的十七届六中全会及其《决定》，为加快推进交通运输文化建设指明了方向，贯彻落实十七届六中全会精神是当前全行业一项重大而紧迫的政治任务，全行业各部门各单位要体现高度的文化自信和文化自觉，兴起学习宣传贯彻全会精神的热潮，加大力度，抓住重点，全面推进，彰显特色，进一步推进交通运输文化建设，为交通运输科学发展、安全发展，不断提高交通运输公共服务的能力和水平，为实现社会主义文化大发展大繁荣做出应有的贡献。

水路运输企业应通过安全文化建设，促进安全生产工作。企业应采取多种形式的安全

文化活动,引导全体从业人员的安全态度和安全行为,逐步形成为全体员工所认同、共同遵守、带有本单位特点的安全价值观,实现法律和政府监管要求之上的安全自我约束,保障企业安全生产水平持续提高。要以落实安全生产主体责任、以提高全员安全意识和防范技能为重点,突出事故预防、提高风险控制能力,推进安全文化理论和建设手段创新,增强安全文化建设工作的实效性和针对性,构建自我约束、持续改进的安全文化建设长效机制,不断提高安全文化建设水平,切实发挥安全文化对安全生产工作的引领和推动作用,促进加强和创新安全生产工作。

1. 安全文化建设意义

1)安全文化建设适应我国安全生产法规的需要

近几年来,国务院在安全生产方面采取了一系列重大举措,建立健全安全生产监管机构。《中华人民共和国海上交通安全法》、《中华人民共和国海洋环境保护法》、《中华人民共和国水污染防治法》、《中华人民共和国内河交通安全管理条例》是我国水上运输企业安全工作的基本法则,企业加强安全文化建设是适应我国安全生产法规的迫切现实需要。

2)安全文化建设是适应国际海事组织履约要求的需要

国际海事组织不断出台、完善涉及安全、环保、培训与保安等方面的公约、规则和标准,对水上运输企业的安全工作提出了越来越高的要求。除了 SOLAS 74 公约、MARPOL 73/78 公约、STCW 78/95 公约、ISM 规则等公约规则以外,2002 年底出台的《国际船舶和港口设施保安规则》(ISPS),2004 年 7 月 1 日已经生效;2004 年 3 月份又通过了《控制和管理船舶压载水和沉积物公约》。新公约不断出台,港口国检查日益严格,对我国水上运输企业安全工作提出了更高的管理要求。

3)安全文化建设是适应外部环境对安全生产要求的需要

海盗活动猖獗,特别是近期东南亚发生特大海啸灾难后,海盗袭击商船更是变本加厉,给船员人命安全和船舶安全带来了危害。全球气候变化异常,恶劣气象条件对船舶安全的影响越来越大。加强水上运输企业的安全文化建设是适应外部环境对安全生产要求的需要。

2. 安全文化建设内容

企业安全文化通常是由精神文化、制度文化、行为文化和物质文化等四个层次构成的。其根本是以科学的安全质量管理,推动安全基础上台阶;以充足的安全资金投入,保证安全设施正常运转;以全方位的安全教育,提高全体员工的安全意识。强调过程控制的航运企业安全文化建设流程如图 5-3 所示。

1)安全精神文化建设

建设企业的精神文化是用以指导企业开展生产经营活动的各种行为规范、群体意识和价值观念,是以企业精神为核心的价值体系。企业精神是企业价值观的核心。企业精神是企业广大员工在长期的生产经营活动中逐步形成的,并经过企业家有意识的概括、总结、提炼而得到确立的思想成果和精神力量,它是企业优良传统的结晶,是维系企业生存发展的精神支柱。本来只有人才具有精神,企业精神这一概念的自身就是把企业人格化了,它是由企业的传统,经历,文化和企业领导人的管理哲学共同孕育的,集中体现了一个企业独特的,鲜明的经营思想和个性风格,反映着企业的信念和追求,也是企业群体意识的集中体现。企业精神具有号召力、凝聚力和向心力,是一个企业最宝贵的经营优势和精神财富,它不是可有可无,而是必不可少。正如美国IBM的董事长小托马斯沃森所说:一个组织与其他组织相比较取得何等成就,主要决定于它的基本哲学、精神和内在动力,这些比技术水平、经济资源及组织机构和选择时机等重要得多。以中远为例,企业安全精神可概括为:两个规律,三个关系,八个观点。中远集团公司企业安全精神已成为其全体员工的基本安全价值观。航运企业应切合自身条件,归纳提炼企业安全精神,来形成号召力、凝聚力和向心力。

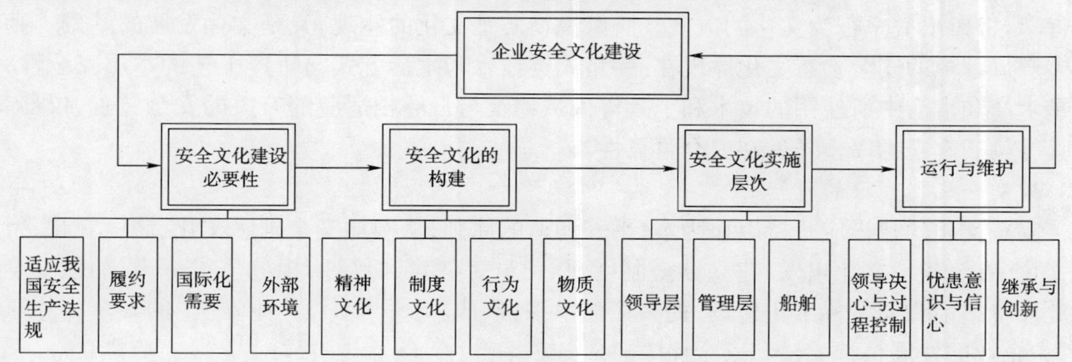

图5-3 航运企业安全文化建设流程

2)安全制度文化建设

企业的制度文化是由企业的法律形态、组织形态和管理形态构成的外显文化,它是企业文化的中坚和桥梁,企业的制度文化一般包括企业法规、企业的经营制度和企业的管理制度。在企业文化的建设过程中,必然涉及与企业有关的法律和法规、企业的经营体制和企业的管理制度等问题。企业的法律形态体现了社会大文化对企业的制约和影响,反映了企业制度文化的共性。进行企业安全文化制度建设,主要体现在企业安全生产理念及规章制度的建立以及企业安全文化宣传教育制度上的创新和发展。

ISM规则要求航运公司建立并在船岸实施安全管理体系(SMS),来保证船舶操作符合强制性国际公约、规则和国内法规、规章所规定的船舶技术和操作标准,并通过PSC检查及定期进行评审以判断其遵守执行的情况。另外应有相应的制度来跟踪法律、法规的变化,以保持企业能持续有效地遵守各项法律法规要求。企业应落实《安全生产法》,制定和实施安全生产责任制和问责制,形成严密的责任制体系,把安全责任落实到企业决策、执行和监督各个层面和生产经营各个环节。把安全控制指标分解落实到基层,厉行考核奖惩,逐级负责。公司可成立安全委员会并由领导亲自挂帅,来统领全公司的安全工作。安全委员会采取与责任人签订安全生产责任书,与员工签订安全承诺书,全面推动公司安全生产。船舶应坚持航前会议、航次安全会议、安全演练、安全例行检查与安全评估等制度。

3)安全行为文化

安全行为文化是指企业员工在生产经营、学习娱乐中产生的活动文化。它包括企业经营、教育宣传、人际关系活动、休闲活动所产生的文化现象。它是企业经营作风、精神面貌、人际关系的动态体现,也是企业精神、企业价值观的折射。从人员结构上划分,企业行为中又包括企业家的行为、企业精英人物的行为、企业员工的行为等。在具有优秀安全企业文化的企业中,最受人敬重的是那些集中体现了企业安全价值观的企业精英人物。这些模范人物使企业的安全价值观"人格化",他们是企业员工学习的榜样,他们的行为常常被企业员工作为仿效的行为规范。企业员工是企业的主体,企业员工的群体行为决定企业整体的精神风貌和企业安全文明的程度。

4)安全物质文化

安全物质文化是安全文化的表层部分,它是形成观念文化和行为文化的条件。从安全物质文化中往往能体现出组织或企业领导的安全认识和态度,反映出企业安全管理的理念和哲学,折射出安全行为文化的成效。所以说物质是文化的体现,又是文化发展的基础。企业生产过程中的安全物态文化体现在:一是人类技术和生活方式与生产工艺的本质安全性;二是生产和生活中所使用的技术和工具等人造物及与自然相适应的有关的安全装置、仪器、工具等物态本身的安全条件和安全可靠性。

3.安全文化建设的目标

安全文化的建设应坚持以人为本,平安和谐的原则,从构建安全理念文化、制度文化、行为文化、安全环境文化出发,建立健全制度,强化员工教育和培训,规范员工行为,加强安全生产环境整治和质量标准化建设,提高管理水平,形成"珍爱生命,关注安全"的安全文化氛围,为企业的发展精神支柱和安全保障。

安全文化建设的总体目标:

(1)建立健全制度,以质量标准化建设、安全宣传教育为载体,树立企业形象,初步构建企业特色的安全文化结构和模式。

(2)通过安全文化建设,提高全员特别是管理者安全意识,树立正确的安全意识、态度与价值观念,正确处理安全与发展、安全与效益、安全与改变的关系。

(3)加强安全管理制度建设与实施,树立全员法制观念,自觉遵章守纪,严格执行规程、措施,按章操作,强化安全监督、检查和管理,减少直至杜绝"三违"和受伤事故的发生。

(4)开展职工教育与培训,使员工培训、安全宣传与教育规范化、制度化。规范员工操作行为,提高全员安全意识和安全素质。

(5)通过安全文化的实施,加大安全投入,加强安全技术管理,改善安全生产环境,全面推进安全文化建设,提升安全管理水平,推动安全过程管理与考核,实现安全生产。

4.安全文化建设的方法

水路运输企业可通过设立安全文化廊、安全角、黑板报、宣传栏等员工安全文化阵地,加强对企业安全文化的宣传;企业主要负责人与部门、船舶应每年开展一次安全承诺活动;加强警示职能,强化安全意识,总结运用典型事故案例,坚持以案说法,深入剖析,注重用事故教训推动工作,强化安全生产警示教育,筑牢安全生产思想防线,始终做到警钟长鸣,常抓不懈;编制危险货物运输安全知识手册、安全生产警句,并发放到职工;组织开展安全生产年/月活动、安全生产竞赛活动,职工安全技能比武等活动,有方案、有总结;每年对在安全工作中做出显著成绩的集体、个人给予表彰、奖励,并与其经济利益挂钩;积极参加主管机关安全诚信公司、安全诚信船舶、安全诚信船长、五星级船长/轮机长评选活动,努力创建安全文件氛围;每年对安全生产进行检查、评比、考评,总结和交流经验,推广安全生产先进管理方法;公开安全生产举报电话号码、通信地址或者电子邮件信箱。鼓励群众和新闻媒体对安全生产领域的非法违法现象、重大安全隐患和危险源及事故进行监督、举报,对接到的安全生产举报和投诉及时予以调查和处理,落实和完善举报奖励制度。

第六章　人员安全管理

第一节　职 业 健 康

1950 年由国际劳工组织和世界卫生组织的联合职业委员会给出了职业健康的定义:职业健康应以促进并维持各行业职工的生理、心理及社交处在最好状态为目的;并防止职工的健康受工作环境影响 ;保护职工不受健康危害因素伤害;并将职工安排在适合他们的生理和心理的工作环境中。

船员的职业健康日益受到各级管理机构高度重视。由于船员的工作环境较复杂,难免会发生突发、偶发故障,若船舶本身设计存在先天缺陷,船员所面临的压力就更难承受。船舶配员减少,船员工作量、责任范围加大,休息时间、睡眠质量难免下降,可能导致船员身心疲惫,体力、精力难以适应船舶安全管理的要求,尤其是涉及体力消耗的设备维护保养。IMO 秘书长米乔普勒斯先生指出:海上事故的发生与船员的工作条件及劳累程度有直接的关系,大约 80% 的海上事故是由船员疲劳造成。因此,关注船员的职业健康,包括身体健康和心理健康是保证船舶安全航行的必要条件之一。

一、船员健康问题概述

1. 身体健康问题

由于在船工作的特殊性,船员面临着更多的劳动伤害的威胁,例如船舶的关键性操作,在限制水域和交通密集区域航行;能见度不良条件下航行;气象恶劣的条件下航行;危险货物和有害物质的装卸和积载;气体化学品船和油船的货物操作;机舱工作和明火作业等,即使是普通的系解缆也可能发生伤亡事故。

此外,由于船员疏忽大意造成的伤害也屡屡发生,由于工作量的增大,船员疲惫或船员本身马虎大意,对船舶安全问题不能引起足够的重视,很容易发生意外伤害事故。而船舶本身医疗条件有限,所以发生伤害的第一时间不能提供很好的治疗也会影响病情。

大多数的意外伤害是缺乏或不遵守安全管理和操作规章导致的。例如机舱违章烧焊管系引燃管内油气,上溯至空油舱发生爆炸,不系安全带高空作业而从高空摔下,或在舷外作业时坠入海中;不带安全帽作业而被高空坠落物砸伤或砸死等。

2. 心理健康问题

航海职业的动荡性、风险性、艰苦性、独立性与多变性都会对船员心理产生较大的影响,使船员需要承受比其他职业更多的心理压力,从而直接影响船员的心理健康。船员的心理健康问题日益得到关注。国际海事组织(IMO)在不断改善船舶性能、船体结构的同时,也更注重人为因素的研究,因此出台了一系列国际公约及法规,通过这些措施解决船员的一些技术问题和管理缺陷,但到目前为止,对船员心理因素这一根本问题却无法解决。尽管各国对船员的身体素质有严格的医学标准，但是对于心理素质却还未出台公认的可行标准。因此关注在职船员及在校航海类学生心理健康状况，重视船员心理素质培养，对维护船员身心健康，培养船员的特殊心理品质具有极其重要的意义，同时对选拔高素质的海员，保持船员队伍的可持续发展，也起到积极的作用。

这种“心理障碍”虽然不是病，但对人的身体和工作却会带来很大的负面影响，轻的会对工作失去兴趣，产生很强的疲劳感，还会出现消极怠工；严重的会出现嗜睡或者失眠、记忆力下降、精神恍惚、食欲降低。长期处于这种“亚健康”状态，不仅会诱发出各种慢性疾病，对船舶安全生产和船员安全也是一大隐患。

二、船员职业健康管理

1. 船员健康管理机构

根据《中华人民共和国职业病防治法》的规定：企业应当根据国家有关法律法规的规定，设置或者指定职业健康管理机构或者组织，配备专职或者兼职的职业健康专业管理人员，负责本单位的职业健康管理工作，并制定下列防治管理措施：

(1)制定职业病防治计划和实施方案；

(2)建立、健全职业健康管理制度和操作规程；

(3)建立、健全职业健康档案和劳动者健康监护档案；

(4)建立、健全工作场所职业病危害因素监测及评价制度；

(5)建立、健全职业病危害事故应急救援预案。

实际操作中，企业可以结合管理架构和工作实际，指定相关的部门和人员负责职业健康管理，可不单独设立机构，一般可由劳动安全管理部门负责管理，各企业可根据企业的具体情况，确定管理部门和人员。

2. 健康标准

船员在船上任职期间，船舶经常远离陆地，在大洋中长时间航行，食品的供应难以确保新鲜、充足和品种多样；船舶航行期间，船员经常要面临着与恶劣的天气和海况搏斗；船员在船舶航行期间受伤、生病，往往很难及时得到陆地医疗机构的救助，船上的医疗条件仅仅能对一些小的疾病和受伤进行简单的处理。船员的职业特点要求船员必须具有健康的体魄，从事船员职业的人员应符合船员健康要求。

《中华人民共和国船员条例》规定：申请船员注册，应当符合船员健康要求。

《中华人民共和国海船船员适任考试和发证规则》规定：取得适任证书，应当符合国家海事管理机构规定的海船船员任职岗位健康标准。

《中华人民共和国内河船舶船员适任考试和发证规则》规定：取得《适任证书》，应当符合国家海事管理机构规定的内河船舶船员适任岗位健康标准。

《中华人民共和国海船船员健康证书管理办法》规定：海船船员在船工作期间应持有有效的健康证书。海船船员申请健康证书，应当到海事管理机构公布的具备船员职业健康状况鉴定能力的体检机构进行健康体检。

关于船员健康的标准，内河船员与海船船员有所差异，船员体检的要求也不完全一样。内河船员仅需要到一定资质的医院进行体检；海船船员不仅需要到海事管理机构认可的医院进行体检，还需要由具备资格的主检医师签发健康证书。

企业应当根据国家制定的船员健康要求，制定企业具体的健康管理制度、措施以及具体标准。管理制度应包括船员健康日常管理、监控制度以及船员健康状况出现问题时的处理方案；措施应包括船员伙食、工作环境、体检、休假、疗休养等，危险化学品、液化气、油品运输等对船员身体危害较大，应有更严格的健康保证措施；船员健康标准应包括各岗位船员的身体各项指标值及功能要求，不同航线、不同船种的船舶，体检的标准应有所差异。

3. 船员健康保障

企业应当定期组织船员到具备一定资质的医院进行体检，保证船员适合船员工作岗位要求，同时，还应当根据船员工作岗位的特点，适时开展船员预防接种免疫。

危险化学品、液化气、油品运输企业安排船员体检的频次应高于普通货物运输企业，船员体检的项目应有明显的针对性。

除定期安排船员体检外，企业还应当为船员在船工作期间提供必要的生活用品、防护用品、医疗用品，建立船员健康档案，对船员健康状况进行跟踪、管理。

同时，企业还应保证船员在船工作时间符合国务院交通主管部门规定的标准，不得疲劳值班，依法保障船员的工作时间。航运企业的安全管理规定中也多对保障船员的身体和心理健康做出了明确规定，预防和控制船舶安全事故的发生。如：

(1)船员的配备不得低于主管安全机关颁发的最低安全配员证书中所列数目和级别的船员；

(2)船长应采取有效措施防止船员疲劳操作，所有参加值班人员在 24 小时内必须由 10 小时的休息时间，次休息时间可以分开，但不超过两段，其中一段时间至少 6 小时；

(3)10 小时的最短时间可以降到 6 小时，但这种降低不能超过 2 天，并且 7 天内的休息时间不少于 70 小时；

(4)一定时间内的平均工作时间最长不超过 12 小时；

(5)严禁船员酗酒，值班人员在值班前 4 小时内禁止喝酒，并且在值班期间血液中的酒精浓度不得超过 0.08%；

(6)严禁船员服用可能导致不能安全值班的药物等。

4. 船员健康保险

依照《中华人民共和国社会保险法》、《工伤保险条例》、《中华人民共和国船员条例》的规定，船员有享受工伤保险和医疗保险待遇的权利，企业应当按规定为船员办理工伤保险、医疗保险和其他社会保险，并依法按时足额缴纳各项保险费用。

船员在船工作期间患病或者受伤的，企业应当及时给予救治；船员失踪或者死亡的，企业应当及时做好相应的善后工作。

船员发生工伤事故后，企业应将从社会保险机构获得的赔偿金，全额支付给船员本人或其受益人，企业不得占用和截留。

为船员办理工伤保险、医疗保险和其他社会保险，是企业最基本的法定义务。

除此之外，《中华人民共和国船员条例》还规定：企业应当为在驶往或者驶经战区、疫区或者运输有毒、有害物质的船舶上工作的船员，办理专门的人身、健康保险。

企业可根据需要，为船员购买意外伤害保险或商业责任保险，作为对工伤保险的补充，为船员提供更为充分的保障。

5. 危害告知

船舶作为一个独立于陆地的工作场所,配备了比较完备的设备和设施,包括锅炉、机电设备、缆绳、装卸货设备等,这些设施和设备的使用都具有一定的危险性,另外,船舶所装载的货物如危险化学品、原油、成品油等属于有毒有害物质,如实告知船员所面临的工作危害是必需的,也是必要的。关于上岗前工作危害的告知要求,国家相关法律法规作出了较为详细的规定。

《中华人民共和国安全生产法》规定:

第二十一条　生产经营单位应当对从业人员进行安全生产教育和培训,保证从业人员具备必要的安全生产知识,熟悉有关的安全生产规章制度和安全操作规程,掌握本岗位的安全操作技能。未经安全生产教育和培训合格的从业人员,不得上岗作业。

船员在上岗工作前,企业应组织开展上岗前培训,告知与工作岗位相关的危害性和安全防护要求。

第二十二条　生产经营单位采用新工艺、新技术、新材料或者使用新设备,必须了解、掌握其安全技术特性,采取有效的安全防护措施,并对从业人员进行专门的安全生产教育和培训。

第二十八条　生产经营单位应当在有较大危险因素的生产经营场所和有关设施、设备上,设置明显的安全警示标志。

第三十六条　生产经营单位应当教育和督促从业人员严格执行本单位的安全生产规章制度和安全操作规程;并向从业人员如实告知作业场所和工作岗位存在的危险因素、防范措施以及事故应急措施。

企业应当履行法定告知义务,开展船员上岗前职业健康培训,如实告知其作业场所和工作岗位存在的危险因素和职业危害,使其了解基本的防范措施及应急处理措施、降低或消除危害后果的事项等,上岗前培训应该进行考核,经合格后方可安排船员上岗。

企业应当对船舶危险性较大的设备、设施,设置明显的警示标志,采取隔离、阻断等必要的防护措施,防止出现误操作或操作失误时,船员身体受到伤害。

企业使用新工艺、新技术、新材料或者使用新设备,应当事先对其特点和危害性进行分析,制定有效的防范措施,并在船员使用前,组织对船员开展专门培训,使其熟悉安全操作规程后,方可开始使用。

企业应经常性开展对船员的安全生产教育和培训,提高船员的安全意识和操作技能,尤其是要提高船员面对危害时的自我保护能力,最大限度地预防和减少船员伤害事故的发生。

企业应制定船员培训的计划、方案,培训和考核应由相关的专业人员实施,相关部门应保存培训的相关记录。

6. 工作环境与条件

船舶作为水上流动的生产工具,工作环境和条件特殊,如何保证能达到合理的要求,需要一定的保障措施,国家有关法律法规作出了规定。

《中华人民共和国安全生产法》第三十七条规定:生产经营单位必须为从业人员提供

符合国家标准或者行业标准的劳动防护用品，并监督、教育从业人员按照使用规则佩戴、使用。

《中华人民共和国职业病防治法》规定：

第三十条　用人单位与劳动者订立劳动合同（含聘用合同，下同）时，应当将工作过程中可能产生的职业病危害及其后果、职业病防护措施和待遇等如实告知劳动者，并在劳动合同中写明，不得隐瞒或者欺骗。

劳动者在已订立劳动合同期间因工作岗位或者工作内容变更，从事与所订立劳动合同中未告知的存在职业病危害的作业时，用人单位应当依照前款规定，向劳动者履行如实告知的义务，并协商变更原劳动合同相关条款。

用人单位违反前两款规定的，劳动者有权拒绝从事存在职业病危害的作业，用人单位不得因此解除或者终止与劳动者所订立的劳动合同。

第三十一条　用人单位的负责人应当接受职业卫生培训，遵守职业病防治法律、法规，依法组织本单位的职业病防治工作。

用人单位应当对劳动者进行上岗前的职业卫生培训和在岗期间的定期职业卫生培训，普及职业卫生知识，督促劳动者遵守职业病防治法律、法规、规章和操作规程，指导劳动者正确使用职业病防护设备和个人使用的职业病防护用品。

劳动者应当学习和掌握相关的职业卫生知识，遵守职业病防治法律、法规、规章和操作规程，正确使用、维护职业病防护设备和个人使用的职业病防护用品，发现职业病危害事故隐患应当及时报告。

劳动者不履行前款规定义务的，用人单位应当对其进行教育。

《中华人民共和国船员条例》规定：

第二十五条　船员用人单位应当为在驶往或者驶经战区、疫区或者运输有毒、有害物质的船舶上工作的船员，办理专门的人身、健康保险，并提供相应的防护措施。

第二十六条　船舶上船员生活和工作的场所，应当符合国家船舶检验规范中有关船员生活环境、作业安全和防护的要求。

船员用人单位应当为船员提供必要的生活用品、防护用品、医疗用品，建立船员健康档案，并为船员定期进行健康检查，防治职业疾病。

船员在船工作期间患病或者受伤的，船员用人单位应当及时给予救治；船员失踪或者死亡的，船员用人单位应当及时做好相应的善后工作。

企业应当为船员提供符合职业健康要求的工作环境，包括船员工作区域、生活场所，充分考虑船员工作中面临的工作强度、噪音、湿度、温度、光照等，在船舶设计、建造过程中应提前予以考虑，并根据船员对工作环境要求的提高，为船舶配置改善工作环境的相关设施和设备。

企业应当根据船舶在航行中所面临的外部条件，如大风、辐射、结冰、结冻、高温、暴晒等，配备工作服、工作帽、手套、防滑鞋等防护设施设备和工具。危险化学品、液化气、油品运输企业，还应根据其特点，配备相应的特种防护设施设备和工具。

企业应当制定保障船员工作环境和条件的制度，督促船员正确穿戴工作服和使用防护设施设备、工具。

第二节　安全管理人员

一、安全管理人员定义及职责

安全生产管理人员是企业专门负责安全生产管理的人员，是国家有关安全生产法律、法规、方针、政策在企业的具体贯彻执行者，是企业安全生产规章制度具体落实者，是企业安全生产的保护神。安全生产管理人员知识水平的高低、工作责任心的强弱，对企业的安全生产起着重要作用。

安全生产管理人员，既包括安全生产管理机构的负责人，也包括企业主管安全生产的负责人，既指专职的安全生产管理人员，也指兼职的安全生产管理人员。作为一名安全生产管理人员，必须具备与企业所从事的生产经营活动相应的安全知识和管理能力，只有这样，才能保障生产经营单位的安全生产。

企业法人和总经理是安全生产的第一责任人，应按照安全生产法律法规赋予的职责，对安全生产负全面组织领导、管理责任和法律责任，并严格履行安全生产的责任和义务。分管安全生产的领导是安全生产的重要负责人，对安全生产负重要管理责任。公司其他领导和全体员工实行"一岗双责"，对业务范围内的安全生产工作负责。各级安全生产管理机构、各职能部门、生产基层单位、各级管理人员及从业人员应明确自己的安全职责。通过逐级签订安全生产责任书的形式层层落实，并作为安全生产责任考核和奖惩的依据。

国家及行业管理部门对安全管理人员的配备数量和资质要求，均有比较明确的规定。

二、有关安全管理人员配备的法律法规

1.《安全生产法》的相关规定

第十九条 矿山、建筑施工单位和危险物品的生产、经营、储存单位，应当设置安全生产管理机构或者配备专职安全生产管理人员。

前款规定以外的其他生产经营单位，从业人员超过300人的，应当设置安全生产管理机构或者配备专职安全生产管理人员；从业人员在300人以下的，应当配备专职或者兼职的安全生产管理人员，或者委托具有国家规定的相关专业技术资格的工程技术人员提供安全生产管理服务。

第二十条 生产经营单位的主要负责人和安全生产管理人员必须具备与本单位所从事的生产经营活动相应的安全生产知识和管理能力。

2.《国内水路运输经营资质管理规定》的相关规定

第九条　从事国内水路运输的企业应当至少配备1名经营专职管理人员，并配备满足下列数量要求的海务、机务专职管理人员：

(1)经营沿海普通货船1至10艘的，至少分别配备1人；11至20艘的，至少分别配备2人；21至30艘的，至少分别配备3人；30艘以上的，至少分别配备4人；

(2)经营内河普通货船1至10艘的，至少分别配备1人；11至50艘的，至少分别配备2人；51至100艘的，至少分别配备3人；100艘以上的，至少分别配备4人；

(3)经营沿海散装液体危险品船或者客船1至5艘的,至少分别配备1人;6至10艘的,至少分别配备2人;11至20艘的,至少分别配备3人;20艘以上的,至少分别配备4人;

(4)经营内河散装液体危险品船或者客船1至10艘的,至少分别配备1人;11至20艘的,至少分别配备2人;21至30艘的,至少分别配备3人;30艘以上的,至少分别配备4人。

前款规定的专职管理人员应当与企业签订一年以上全日制用工的劳动合同,在合同期限内不得在船上或者其他企业兼职。

三、安全管理人员配备的基本要求

一般来说,企业主要负责人、分管领导和专(兼)职安全管理人员,应经行业主管部门培训合格并取得培训合格证。配备的专(兼)职安全管理人员,应具备相应安全生产管理知识、能力和经验,熟悉各岗位的安全生产业务和操作规程,运用专业知识和规章制度开展安全生产管理工作,并保持安全生产管理人员的相对稳定。

经营普通货船运输企业的海务、机务专职管理人员应当具有与所经营船舶种类和航区相对应的不低于大副、大管轮任职的从业资历。经营客船、散装液体危险品船运输企业的最高管理层中至少有1人专职负责安全管理工作并具有与所经营船舶种类和航区相对应的船长或者轮机长任职的从业资历;其海务、机务专职管理人员应当具有与其所经营船舶种类和航区相对应的船长、轮机长任职的从业资历。也就是说根据国家法律法规的有关规定,水路货运企业应当配备与船舶种类、航区、航线相适应,资质符合要求的专职安全生产管理人员。

四、水路运输安全管理人员的职责

根据水路运输企业的岗位设置情况,应分别对总经理、部门经理(或处室主任)、企业安全员、和船长的安全生产职责进行界定。

1.总经理安全生产职责

(1)总经理对本企业生产安全负总责任。

(2)坚持执行和督促所属部门执行党和国家安全生产方针、政策、法令以及各项安全生产制度。

(3)组织编制安全生产工作长远规划、年度计划并纳入任期目标和单位生产经营、定期检查、考核、实施。

(4)编制实施安全技术措施计划,按国家规定提取改善劳动条件的安全技术措施经费,保证专款专用。

(5)定期召开安全生产会议,分析安全生产情况,研究制定相应措施,对重大问题及时做出决策。

(6)组织参加重伤以上事故的抢救以及调查处理,同时要认真吸取教训,制定改进措施,防止重复事故发生。

(7)组织推广安全生产先进经验和成果,表彰奖励先进单位和个人。

(8)定期向职工代表大会报告安全生产和劳动保护工作情况,并接受其监督。

2.部门经理(或处、室主任)安全生产职责

(1)部门经理或(室)主任对本部门(或处、室)安全生产负主要责任。

(2)认真执行企业安全生产规章制度以及有关安全生产的规定和要求。

(3)经常向职工进行安全思想、劳动纪律和安全生产技术教育以及有关安全生产的规定和要求。

(4)合理安排劳动组织,搞好均衡生产,做好作业前的准备工作。

(5)认真组织安全大检查,对查出的问题及时要求整改。一时难以整改的要认真研究,定措施、定人员、定期解决。

(6)把安全工作纳入生产经营指标中严格考核,执行安全生产“五同时”规定。

(7)对职工伤亡事故和险遭事故的应按“三不放过”的原则,参加或者组织调查、分析、处理,不隐瞒,不拖延报告。

(8)认真组织各项规章制度的落实,制止违章作业、违章指挥、保证设备、工具、工装上岗前个人防护用品的穿戴符合安全要求。

3. 企业安全员安全生产职责

(1)贯彻执行上级安全生产方针、法律、法规、政策,在单位和安全生产委员会的领导下,负责企业的安全管理监督工作。

(2)负责对职工进行安全教育和培训,新入职员工的安全教育,作业人员的安全技术培训和考核。组织开展各种安全活动,办好安全教育室,制定安全活动计划,对领导参加情况进行检查考核。

(3)组织制定、修订本企业安全技术规程,编制安全技术措施计划,并监督检查执行情况。

(4)组织安全大检查,执行事故隐患整改制度,协助和督促有关部门对查出的隐患制定防范措施,检查督促隐患整改工作的完成情况。

(5)监督检查监督有关部门和单位搞好安全设备的维护保养、管理工作,使其符合职业安全卫生技术要求。

(6)会同设备管理部门负责设备安全监督管理工作。

(7)深入现场监督检查,督促并协助解决有关安全问题,纠正违章作业。遇有危及安全生产紧急情况,有权令其停止作业,并立即报告有关领导。

(8)负责各类事故总汇、统计上报工作,主管人身伤亡、火灾、爆炸事故的调查处理,参加各类事故的调查、处理和工伤鉴定,发生重大事故,组织到公司汇报。

(9)负责对企业各单位安全工作进行考核评比,对在安全生产中有贡献者或事故责任者,提出奖惩意见。会同工会等部门认真开展安全生产竞赛活动,总结交流安全生产先进经验。开展安全技术研究,推广安全生产科研成果、先进技术及现代安全管理办法。

4. 船长安全生产职责

(1)负责生产现场安全管理工作,确保生产按照公司规定标准执行,如发现问题及时沟通并上报上级领导进行解决。

(2)负责检查设备的日常运行情况,监督设备维修保养情况,在设备进行大修或者更换前做好充分准备及调度安排,确保生产的正常进行。

(3)对现场的生产安全负责,制定安全生产规章制度、安全技术规程,并对其实施监督检查。

(4)认真执行安全生产规章制度和标准,努力创建无事故船舶。

(5)强化安全管理,纠正违章作业和不安全行为。遵守安全制度、操作规程正确使用个人防护用品。

(6)经常检查、维护生产设备和安全卫生防护措施,使之保持完好正常运行。发现事故隐患及时向上级报告,并在力所能及的范围内主动进行处理。

(7)经常向船员进行安全教育,提高船员安全意识;做好新船员、复工船员进行安全教育;新船员未经考核合格不准上船操作。

(8)检查船上系统设备是否正常运行,发现问题及时解决,确保生产用水、电气正常供应。

(9)对船上的设备定期进行日常保养,确保船上设备正常运行。

(10)配合上级单位督检船上各项工作,及时解决生产过程中出现的问题。

第三节　一线作业人员

运输船舶是航运企业的基本生产单位。由于航行条件复杂而且变化无常,船上全体人员对全船生命财产的安全负有重大的责任。为了保证船舶正常生产,安全航行,又节约船舶营运费用,对每艘船舶根据其营运及技术条件,科学合理地配备船员也是船舶适航的重要条件,配备足够的持有证书的船员和备有船员名册,也是船舶签证时的重要内容。

一、船员定义及配置

1. 船员编制的一般要求

《中华人民共和国海商法》对船员的定义,是指包括船长在内的船上一切任职人员。

《中华人民共和国船员条例》对船员的定义,是指依照该条例经船员注册取得船员服务簿的人员,包括船长、高级船员、普通船员。船长,是指依照本条例取得船长任职资格,负责管理和指挥船舶的人员。高级船员,是指依照本条例取得相应任职资格的大副、二副、三副、轮机长、大管轮、二管轮、三管轮、通信人员以及其他在船任职的高级技术或者管理人员。普通船员,是指除船长、高级船员外的其他船员。

每艘船舶船员配备的数量,主要取决于船舶的用途、航行距离、船舶大小、动力装置的功率及船舶自动化控制程度等因素。船舶的用途有时决定着船舶是否需要某些职务的船员和需要的数量。如在普通杂货船上需要货运员、理货员,有时还需要有看舱水手来清点货物,避免货损货差事故的发生。船舶航行距离的长短,与船舶连续航行时间的长短密切相关,也决定了所需船员的多寡。如在长航线上,所有船员都要采用三班制工作形式,要配备医生,所需人数就多。船舶的大小,主要影响到甲板部船员的数量,船舶越大,经常性的甲板工作量就要增加,在紧急事态出现时,也需要较多的水手工作、船舶动力装置的功率越大,机械设备越复杂则轮机员、机匠、电匠的名额也就越多,因此就要增加轮机部的人员。如大功率推轮,其轮机部的人员比例比一般船舶就要大。船舶自动化控制的程度越高,船员的工作强度就越小,船员数量也相应地减少,但需要船员有更高的知识水平。工业发达国家的船员编制较少,一方面是由于其船舶自动化程度高,一方面是由于船东通过减少船员来降低高昂的船员工资费用，而且两者是互为条件的。

在发达国家，由于船员工资高昂、船舶自动化控制程度较高，船员素质要求较高等原因，船员编制比我国要少。

2. 客船船员编制要求

我国客船一般分甲板部（包括驾驶部）、轮机部和客运部。甲板部船员包括：船长大副、二副、三副、水手等。主要负责船舶驾驶、甲板作业及通信等。轮机部船员包括：轮机长、大管轮、二管轮、三管轮、电机员、机匠、铜匠、电匠、加油等。主要负责船舶主辅机、锅炉及其他机电设备的正常运行。客运部船员包括：客运主任、服务组长、医生、会计、营业员、广播员、放映员、乘警、服务员、厨工等，主要负责旅客运输及安全。

1）普通客船的最低安全配员（表6-1）

客船最低安全配员 表6-1

	甲板部		
	船舶吨位/总功率	一般规定	附加规定
客船	500GT 及以上	（1）船长、大副、二副各1人，值班水手3人。 （2）配有与救生艇数量相等的持有精通救生艇筏及救助艇操纵证书的人员（不包括船长和大副）。	连续航行时间不超过8小时，可减免三副和值班水手各1人。
	200GT 及以上至未满500GT	（1）船长、三副1人，值班水手2人。 （2）同上。	连续航行时间超过8小时，须增加二副1人。
	100GT 及以上至未满200GT	（1）船长、三副1人，值班水手1人。 （2）同上。	连续航行时间超过16小时，须增加二副1人。 连续航行时间不超过4小时，可减免三副1人。
	未满100GT	（1）船长（机驾合一为驾机员）1人，值班水手1人。 （2）同上。	限白天航行连续航行时间超过2小时，须增加二副（机驾合一为驾机员）1人。
	轮机部		
	3000kW 及以上	轮机长、大管轮、二管轮、三管轮各1人，值班机工3人。	（1）连续航行时间不超过36小时，可减免三管轮和值班机工各1人。 （2）AUT-0 自动化机舱可减免二管轮、三管轮和值班机工2人。 （3）AUT-1 自动化机舱可减免三管轮和值班机工2人 （4）BRC 半自动化机舱可减免值班机工2人。

续上表

<table>
<tr><td rowspan="8">客
船</td><td colspan="3">轮　机　部</td></tr>
<tr><td>750kW 及以上至未满 3000kW</td><td>轮机长、大管轮各 1 人、值班机工 2 人。</td><td>连续航行时间超过 16 小时，须增加三管轮 1 人和值班机工 1 人（自动化机舱及 BRC 半自动化机舱除外）。</td></tr>
<tr><td>220kW 及以上至未满 750kW</td><td>轮机长、三管轮各 1 人，值班机工 2 人。</td><td>连续航行时间超过 24 小时，须增加二管轮 1 人（自动化机舱及 BRC 半自动化机舱除外）。
连续航行时间不超过 8 小时，可减免值班机工 1 人；连续航行时间不超过 4 小时，可再减免三管轮 1 人。</td></tr>
<tr><td>75kW 及以上至未满 220kW</td><td>轮机员 1 人，值班机工（自动化机舱及 BRC 半自动化机舱可减免）1 人。</td><td>连续航行时间不超过 8 小时，可减免值班机工 1 人。</td></tr>
<tr><td>未满 75kW</td><td>值班机工（机驾合一的免）1 人。</td><td></td></tr>
<tr><td colspan="3">客　运　部</td></tr>
<tr><td colspan="3">按船舶载客定额，每 50 名乘客配客运部人员 1 名；航程不超过 40 海里或航行时间不超过 4 小时的，可按每 100 名乘客配客运部人员 1 名；航程不超过 10 海里或航行时间不超过 1 小时的，可按每 150 名乘客配客运部人员 1 名；航程不超过 5 海里或航行时间不超过 0.5 小时的，可按每 200 名乘客配客运部人员 1 名；航程不超过 5 海里或航行时间不超过 0.5 小时，且载客定额不足 50 名的，可不配客运部人员。</td></tr>
</table>

2）高速客船最低安全配员

根据《高速客船管理规则》，沿海、国际航线及内河航线客船船员的安全配员如下：

（1）沿海及国际航线（表 6-2）。

沿海及国际航线客船安全配员　　表 6-2

（T 为单航次航行时间；P 为载客定额）

航行时间（小时）	载客定额	安全配员
$T<2$	$P<200$ 人	船长 1 人，轮机长 1 人，驾驶员 1 人，轮机员 1 人，普通船员 1 人
	$P\geqslant 200$ 人	船长 1 人，轮机长 1 人，驾驶员 1 人，轮机员 1 人，普通船员 2 人
$2\leqslant T<4$	$P<200$ 人	船长 1 人，轮机长 1 人，驾驶员 1 人，轮机员 1 人，普通船员 2 人
	$P\geqslant 200$ 人	船长 1 人，轮机长 1 人，驾驶员 1 人，轮机员 1 人，普通船员 3 人
$T\geqslant 4$	$P<200$ 人	船长 1 人，轮机长 1 人，驾驶员 2 人，轮机员 1 人，普通船员 2 人
	$P\geqslant 200$ 人	船长 1 人，轮机长 1 人，驾驶员 2 人，轮机员 1 人，普通船员 3 人

注：①普通船员中应至少有 1 人为水手。

②客运部和无线电人员的配员参照《中华人民共和国船舶最低安全配员规则》的海船最低安全配员表进行核定。

（2）内河航线。

内河航线的客船安全配员与航次时间和载客定额有关，见表 6-3。

内河航线客船安全配员 表6-3

（T为单航次航行时间；P为载客定额）

航行时间（小时）	载客定额	安全配员
$T<2$	$P<100$人	船长1人，轮机员1人，驾驶员1人
	$P\geqslant100$人	船长1人，轮机长1人，驾驶员1人，普通船员1人
$2\leqslant T<4$	$P<100$人	船长1人，轮机长1人，驾驶员1人，普通船员1人
	$P\geqslant100$人	船长1人，轮机长1人，驾驶员1人，普通船员2人
$T\geqslant4$	$P<100$人	船长1人，轮机长1人，驾驶员1人，轮机员1人，普通船员2人
	$P\geqslant100$人	船长1人，轮机长1人，驾驶员2人，轮机员1人，普通船员2人

注：①普通船员中应至少有1人为水手。

②客运部人员的配员参照《中华人民共和国船舶最低安全配员规则》的内河船舶最低安全配员表进行核定。

二、船员任职条件

（1）一般规定：

①年满18周岁（在船实习、见习人员年满16周岁）但不超过60周岁；

②符合船员健康要求；

③经过船员基本安全培训，并经海事管理机构考试合格。

国际航行船舶船员，还应当通过船员专业外语考试。

（2）参加航行和轮机值班的船员：

①已经取得船员服务簿；

②符合船员任职岗位健康要求；

③经过相应的船员适任培训、特殊培训；

④具备相应的船员任职资历，并且任职表现和安全记录良好。

（3）以海员身份出入国境和在国外船舶上从事工作的中国籍船员，应当申请中华人民共和国海员证。

（4）高级船员特殊规定

中国籍船舶的船长和高级船员应当由中国籍船员担任，确需外国籍船员担任高级船员的，应当报国家海事管理机构批准。

（5）在高速客船任职的船员应符合下列要求：

①经主管机关认可的基本安全培训并取得培训合格证，其中船长、驾驶员、轮机长、轮机员以及被指定为负有安全操作和旅客安全职责的普通船员还必须通过主管机关认可的特殊培训并取得特殊培训合格证。

②船长、驾驶员、轮机长、轮机员按规定持有相应的职务适任证书。

③取得高速客船船员职务适任证书者，在正式任职前见习航行时间不少于10小时和20个单航次。

④男性船长、驾驶员的年龄不超过60周岁，女性船长、驾驶员的年龄不超过55周岁。

⑤船长、驾驶员的健康状况，尤其是视力、听力和口语表达能力应符合相应的要求。

（6）高速客船驾驶人员连续驾驶值班时间不得超过两个小时，两次驾驶值班之间应有足够的间隔休息时间。

三、船员职责

1. 共同职责

(1)携带本条例规定的有效证件;

(2)掌握船舶的适航状况和航线的通航保障情况,以及有关航区气象、海况等必要的信息;

(3)遵守船舶的管理制度和值班规定,按照水上交通安全和防治船舶污染的操作规则操纵、控制和管理船舶,如实填写有关船舶法定文书,不得隐匿、篡改或者销毁有关船舶法定证书、文书;

(4)参加船舶应急训练、演习,按照船舶应急部署的要求,落实各项应急预防措施;

(5)遵守船舶报告制度,发现或者发生险情、事故、保安事件或者影响航行安全的情况,应当及时报告;

(6)在不严重危及自身安全的情况下,尽力救助遇险人员;

(7)不得利用船舶私载旅客、货物,不得携带违禁物品。

2. 船长的职责和权力

船长在船舶处于特殊的领导地位,具有管理和指挥船舶的权力。船长在其职权范围内发布的命令,船舶上所有人员必须执行。高级船员应当组织下属船员执行船长命令,督促下属船员履行职责。

船长管理和指挥船舶的职责:

(1)保证船舶和船员携带符合法定要求的证书、文书以及有关航行资料;

(2)制定船舶应急计划并保证其有效实施;

(3)保证船舶和船员在开航时处于适航、适任状态,按照规定保障船舶的最低安全配员,保证船舶的正常值班;

(4)执行海事管理机构有关水上交通安全和防治船舶污染的指令,船舶发生水上交通事故或者污染事故的,向海事管理机构提交事故报告;

(5)对本船船员进行日常训练和考核,在本船船员的船员服务簿内如实记载船员的服务资历和任职表现;

(6)船舶进港、出港、靠泊、离泊,通过交通密集区、危险航区等区域,或者遇有恶劣天气和海况,或者发生水上交通事故、船舶污染事故、船舶保安事件以及其他紧急情况时,应当在驾驶台值班,必要时应当直接指挥船舶;

(7)保障船舶上人员和临时上船人员的安全;

(8)船舶发生事故,危及船舶上人员和财产安全时,应当组织船员和船舶上其他人员尽力施救;

(9)弃船时,应当采取一切措施,首先组织旅客安全离船,然后安排船员离船,船长应当最后离船,在离船前,船长应当指挥船员尽力抢救航海日志、机舱日志、油类记录簿、无线电台日志、本航次使用过的航行图和文件,以及贵重物品、邮件和现金。

在正常航行情况下,船长不在驾驶室值班,而由大副、二副、三副轮流值班,但在船舶遇到大风浪、雾天、穿过桥梁以及通过狭、险航段等情况下，船长必须亲临驾驶室指挥。在港区航行和靠高码头时，船长也必须亲临指挥，三副在此时协助船长瞭望和传达船长的命令。在发生事故或遭遇危险时。船长应坚守岗位，立即采取一切有效措施，积极抢救，减少损失，并密切保持与企业领导及有关部门领导联系，事后按规定向上级提出事故报告。

船长在保障水上人身与财产安全、船舶保安、防治船舶污染水域方面，具有独立决定权，并负有最终责任。船长为履行职责，可以行使下列权力：

(1)决定船舶的航次计划，对不具备船舶安全航行条件的，可以拒绝开航或者续航；

(2)对船员用人单位或者船舶所有人下达的违法指令，或者可能危及有关人员、财产和船舶安全或者可能造成水域环境污染的指令，可以拒绝执行；

(3)发现引航员的操纵指令可能对船舶航行安全构成威胁或者可能造成水域环境污染时，应当及时纠正、制止，必要时可以要求更换引航员；

(4)当船舶遇险并严重危及船舶上人员的生命安全时，船长可以决定撤离船舶；

在船舶的沉没、毁灭不可避免的情况下，船长可以决定弃船，但是，除紧急情况外，应当报经船舶所有人同意；

(5)对不称职的船员，可以责令其离岗。

船舶在海上航行时，船长为保障船舶上人员和船舶的安全，可以依照法律的规定对在船舶上进行违法、犯罪活动的人采取禁闭或者其他必要措施。

关于船长的其他职责和权力以及其他船员的职责，企业可以根据实际情况和行业惯例，明确包括上述内容的船员职责，将船舶各项工作分配给适任的各岗位船员。

四、船员任职管理

企业应当制定船员招聘、实习、试用、任职的管理制度，明确各项程序和标准，定期对船员进行考核和评估，并对不适岗的船员，及时调整。

企业应制定船员的培训制度，及时组织对船员进行法律法规、管理制度和工作技能方面的培训和考核，提高并保证船员具有相应的任职工作能力。

企业应当建立船员技术档案，内容包括船员证书复印件、船员考证资料、培训情况、实习计划、考核记录、任职经历、事故及违章记录、体检报告、健康证书等。

五、船员证书管理

企业应当分类建立船员证书管理台账，跟踪船员证书的有效期，及时组织船员参加知识更新和培训，及时办理或督促船员办理证书更换手续，确保证书有效。

第四节　应急反应人员

一、国家有关法律法规对事故应急反应的规定

《中华人民共和国安全生产法》第七十条　生产经营单位发生生产安全事故后，事故现场有关人员应当立即报告本单位负责人。单位负责人接到事故报告后，应当迅速采取有效

措施，组织抢救，防止事故扩大，减少人员伤亡和财产损失，并按照国家有关规定立即如实报告当地负有安全生产监督管理职责的部门，不得隐瞒不报、谎报或者拖延不报，不得故意破坏事故现场、毁灭有关证据。

《中华人民共和国海上交通安全法》第三十五条　遇难船舶、设施或飞机及其所有人、经营人应当采取一切有效措施组织自救。

《中华人民共和国航运公司安全与防污染管理规定》第十二条　航运公司应当根据船舶的种类、航区等因素制定相应的岸基、船岸和船舶应急预案，并定期组织训练演习。

《交通运输突发事件应急管理规定》第十四条 交通运输企业应当根据实际需要，建立由本单位职工组成的专职或者兼职应急队伍。

二、应急反应人员

企业应当成立事故应急反应机构，一般应包括应急领导小组、应急指挥中心，以及信息发布、资源保障、善后处理、专业技术等应急专业小组和现场指挥组，应急领导小组组长和应急指挥中心总指挥一般应由企业主要负责人担任，各应急专业小组组长可由企业相关的领导或部门负责人担任，现场指挥组组长一般由船舶船长担任。

企业应为应急反应人员提供相关的技术、通信、物资等后勤保障，组织进行应急知识的培训，定期开展应急训练或演练，提高应急救援人员的应急知识水平和技能。

三、水路货运企业的应急反应人员

企业应急管理机构应根据企业的组织架构进行合理设置，通常企业的应急管理机构包括公司船、岸分别成立消除船舶紧急情况的应急小组。船舶的应急小组由船长、轮机长、大副及船长认为需要参与工作的人员组成；公司的应急小组由总经理、人事主管、海务主管、机务主管、值班员，及组长认为需要参与工作的人员组成。

1. 船舶应急小组基本职责

(1)船长为船舶消除紧急情况的最高指挥，有权决定采取任何必要的措施和要求公司提供支持及请求第三方援助。

(2)及时向公司及有关单位报告，正确描述船舶所面临的紧急情况。

(3)领导、组织船员最大限度的控制、消除船舶紧急情况，尽快恢复正常。

(4)接受公司及有关单位的指令，并认真执行。

(5)组织船员对紧急情况消除后的跟踪、监视，并作出必要的处理。

2. 公司应急小组基本职责

(1)分析研究船舶报告，描述船舶所面临的紧急情况。

(2)备妥并提供为消除船舶紧急情况所需的人力、物力、资源、图纸、资料等。

(3)提出船舶消除紧急情况的措施、方案或/及建议并告知船舶。

(4)24 小时连续值班、跟踪船舶。

(5)完成必要的对外的联系事宜，含对外报告、对外联系、接受有关当局询问及和船员亲属的联系等。

3. 各岗位的应急准备职责

1)总经理

总经理应组织适当的岸基人员进行必要的训练和演习，以提高岸基人员处置船舶紧急情况的能力，通常情况下每年至少进行一次。

总经理应有选择地组织船、岸间应急演习，以提高船、岸间应急通信的畅通能力，检验船、岸间的反应能力，完善公司的反应程序，通常情况下每年至少进行一次。

2）海务主管

始终保持对各船船长应急指挥、组织能力的了解；保持对各船有关抗沉性能、船舶操纵性能的了解；保持对船舶航区特点的了解。备妥船舶航区相关的主要航海图书资料；能随时获取船舶航区的气象信息；保持公司有效值班，保持与船舶通信联络处于畅通状态，掌握对外报告、联系救助的通信细节；掌握各轮的航次货运及相关资料；掌握船舶稳性情况。

3）机务主管

保持对各船轮机长应急指挥、组织排除重大故障能力的了解；保持对各船主要航海仪器设备、机电设备工作状况的了解；知晓各轮主要、应急设备的工作状况，船舶防污器材的存量；保持对各船主要备用设备的数量、性能及工作状况的了解；备妥各轮的图纸、技术资料并能随时取用；应急提供物料备件的联系渠道；

4）人事主管

掌握在船船员的资料，包括与其家庭的联系渠道；了解在船船员的身体状况；掌握医疗咨询途径；保持公司岸基通信设备的正常；能有效地保证公司处置船舶紧急情况时的后勤需求。

5）船员

全体船员应保持对船舶各种可能出现的紧急情况保持高度的戒备状态。主管船员对本岗位所管理的设备及进行的操作应谨慎细致，防止导致船舶紧急情况的出现。

船舶应急设备应始终保持性能良好，满足规定的要求。主管船员按要求进行定期测试、检查，发现故障立即排除。

船舶应急器材的配置在数量、规格上要符合规定的要求，平时存放标识清楚，主管船员经常检查等。

第七章　装备与设施

第一节　船舶基础知识

船舶作为水路运输的重要工具，是构成水上运输的重要环节之一，了解各类运输船舶的技术、经济与营运特点，是我们有效组织、管理航运生产活动的基础。

一、船舶的定义

船舶是指能航行或停泊于水域进行运输或作业的工具，按不同的使用要求而具有不同的技术性能、装备和结构形式。

二、船舶分类

船舶的种类繁多，分类方法也很多，可按航行区域、航行状态、船体数目、推进方式、船体材料及用途等分类。

按船舶航行区域来划分，可分为海洋船舶、内河船舶和港湾船舶。海洋船舶可分为远洋船舶、近洋船舶、沿海船舶三种，航行于湖泊上的船舶一般归入内河船舶类；

按船舶的航行状态通常可分为排水型船舶（包括浮行船和潜水船）、滑行船（快艇、摩托艇、水翼艇）和腾空船（气垫船）；

按船舶的船体数目可分为单体船和多体船，在多体船型中双体船较为多见；

按推进动力可分为机动船和非机动船，机动船按推进主机的类型又分为蒸汽机船（现已淘汰）、汽轮机船、柴油机船、燃气轮机船、联合动力装置船、电力推进船、核动力船等；

按船舶推方式又可分为螺旋桨船、喷水推进船、喷气推进船、明轮船等；

按船体结构材料，有钢船、铝合金船、木船、钢丝网水泥船、玻璃钢艇、橡皮艇、混合结构船等。

常用的是按用途来分类，船舶一般分为军用和民用船舶两大类。军用船舶通常称为舰艇或军舰，如航空母舰、驱逐舰、护卫舰、导弹艇和潜艇等；民用船舶一般又分为运输船、工程船、渔业船、港务船等。民用船舶包括：

（1）运输船：包括客船、客货船、渡船、滚装船、杂货船、散货船、集装箱船、油船、液化气船、运木船、冷藏船等。

（2）工程船：包括挖泥船、起重船、布设船、救捞船、破冰船、打桩船、浮船坞、海洋开发船、钻井船和钻井平台等。

（3）港务船：包括拖船、引航船、消防船、供应船、交通船和助航工作船等。

（4）渔业船：网渔船、钓鱼船、渔业指导船、渔业加工船和捕鲸船。

以上四大类船舶，又称其为营运船舶。

三、主要船型介绍

1. 干散货船(Bulk Cargo Ship)

干散货船也可简称为散货船,是用以装载无包装的大宗货物的船舶。依所装货物的种类不同,又可分为粮谷船(Grain Ship)、煤船(Collier)和矿砂船(Ore Ship)。这种船大都为单甲板,舱内不设支柱,但设有隔板,用以防止在风浪中运行的舱内货物错位。散货船的平均载重量约为 4 万吨,最大可达 30 万吨以上。

根据船舶总载重量和船型尺度,可分为:

灵便型(Handy size bulk carrier):指载重量在 2 ~5 万吨左右的散货船,其中超过 4 万吨的又被称为大灵便型散货船。之所以被称为“灵便型”,这类船舶吨位相对较小,具有较强的对航道、运河及港口的适应性,载重吨量适中,且多配有起卸货设备,营运方便灵活,因而被称之为“灵便型”。

大湖型(Lake bulk carrier):是指经由圣劳伦斯水道航行于美国、加拿大交界处五大湖区的散货船,以承运煤炭、铁矿石和粮食为主。该型船尺度上要满足圣劳伦斯水道通航要求,船舶总长不超过 222.50 米,型宽不超过 23.16 米,载重量一般在 3 万吨左右。

巴拿马型(Panamax bulk carrier):顾名思义,该型船是指在满载情况下可以通过巴拿马运河的最大型散货船,即主要满足船舶总长不超过 274.32 米,型宽不超过 32.30 米的运河通航有关规定,该型船载重量一般在 6 ~7.5 万吨之间。

好望角型(Cape size bulk carrier):指载重量在 15 万吨及以上的散货船,该船型以运输铁矿石为主,由于尺度限制不可能通过巴拿马运河和苏伊士运河,需绕行好望角和合恩角。载重量超过 25 万吨的散货船称为超大型散货船。图 7-1 是一艘载重吨 36.5 万吨散货船。

图 7-1　挪威籍“博格斯坦”轮

目前世界最大散货船是国内造船行业最大民营企业——江苏熔盛重工有限公司与世界最大铁矿石供应商巴西淡水河谷公司签下 12 艘 40 万吨的超大型矿砂运输船,该船船长 360 米,型宽 65 米,型深 30.4 米,目前部分船舶已经交付使用。

干散货船还可以根据承运货物是否单一分为常规型干散货船和专用干散货船。

常规型干散货船主要有三类,包括普通散货船、专用散货船(矿砂船、运煤船、散粮船、散装水泥船等),以及较近发展的兼用散货船(车辆—散货船、矿—散—油船等)。

普通散货船一般为单层甲板、尾机型。因为所运货物货种单一,且是散装,对舱室的分隔要求不高;而尾机型则有利于货物的装载等。不同的散货比重相差很大,为了满足装载轻货的要求,散货船的货舱容积较大,使用中遇装重货时则采用隔舱装载的办法,有的船则采用大小舱相间的布置方式。因此,船体结构较强,可以适应集中载荷的需要。

散货船为保证回程空放航行中的耐波性和稳性,并防止压载航行时发生中拱,中部的一个货舱有时作为压载水舱用,以补双层底和边水舱的不足。此外,在有大吨位散货船航行的航线上的港口码头,都有相应的装卸设备,所以4万吨以上的散货船一般都不设起货设备,尤其在特定港口间进行专线运输的散货船,一般均不设起货设备。

专用干散货船各有如下一些特点:

(1)运煤船:船型最接近于普通散货船,船上设有良好的通风设备,以防止煤发热自燃。

(2)散粮船:散装粮食的积载因数较大,所以舱容系数比普通散货船大。散粮在船舶航行中会逐渐下沉,为了限制自由面效应,目前一般都将散粮船的货舱口围壁加高及缩小货舱口尺度,使货物沉降后的表面积限制在货舱口范围内。

(3)矿砂船:矿砂的积载因数较小,所以对货舱的容积要求不大,而荷载较集中。为了适当提高货物重心,改善船舶性能,有利于货物装卸,常将双层底抬高,且货舱口两侧设纵向水密隔壁,使货船剖面呈较小的矿斗形,船体结构强度亦较强。

(4)散装水泥船:甲板上不开设大的货舱口,也不设吊杆式等起货装置。为装卸水泥,船上设有气动式或机械式的水泥装卸设备。为了防止散装水泥飞扬、水湿结块,船中部设有集尘室或在船盖上装有空气滤器,上甲板和货舱口严格水密,有些船还采用双层船壳或在船舱内设粉密隔壁。

(5)车辆—散货船:在回程有大量汽车可运输的散货航线上发展可载运散货、汽车两类完全不同性质货物的船舶。这种船装有若干层悬挂式或折叠式车辆甲板,配以轻便的舱盖,用于装载汽车。车辆甲板一般为网格式花铁板结构,目的是减轻重量。当装载散货时,可将舱盖吊到甲板上,并将车辆甲板收起悬挂在主甲板下或折叠起来紧贴在横舱壁旁。

(6)矿—散—油船,简称OBO船(Ore-Bulk-Oil船):中间为矿砂或其他散货舱,开有大舱口,能方便抓斗上下。两侧为油舱,能利用回程和矿砂、散货贸易的淡季装油,提高船舶的经济性。目前,载重15万吨以上的散货船绝大多数是OBO型船。此外,根据货源情况,这一类兼用船常见的还有矿—油兼用船(Ore-Oil)和散—油兼用船(Bulk-Oil)。这一类兼用船因其需要满足装载石油、矿砂以及其他散货的要求,设备较复杂,构造有差别,所以造价要比单纯的油船或散货船高。

(7)大舱口散货船:为了提高散货船的使用效率和灵活性,以适应市场变化的需要,1962年9月;世界上出现了第一艘货舱口宽度达船宽的70%并装有起货设备的大舱口散货船。这一类船既能装载散货,也能装载木材、钢材、橡胶、机械设备、新闻纸以至集装箱等,适应性很强,其发展速度也较快。

(8)浅吃水肥大型船:20世纪60年代,散货船的大型化速度加快,而港口和航道的水深不足,因此,开始了对浅吃水肥大型船舶的积极研制。研究的主要方向是增加船宽吃水比 B/T,增大方形系数 C_b,当然,由此就需要研究新的线型和推进操纵系统,从而保证船舶的航行性能和有效地提高船舶的经济性。现在,浅吃水肥大型船舶的 B/T 值已达6以上。

浅吃水肥大型船与常规船相比,在船长与吃水十分相近的条件下,能大幅度提高载重量,从而大大提高其经济性。表7-1以秦沪航线煤炭运输的对比为例,可以看出大致情况。另外,为了发展江海联运,也需要研制浅吃水肥大型船,从而提高经济效益。

秦沪航线煤炭运输各船型经济指标对比表　　表 7-1

船　型	尺度要素					经济指标		
	船长(m)	船宽(m)	型深(m)	吃水(m)	载重量吨	吨利润(元/吨)	吨成本(元/吨)	投资回收期(年)
25000 吨常规型	172	23.2	14.2	9.5	23 110	2.96	3.02	8.75
35000 吨肥大型	175	34.0	14.7	9.5	38 000	3.50	2.48	6.71

2. 杂货船(General Cargo Ship)

杂货船是指载运各种包装、袋装、桶装、箱装或成件货物的运输船舶。一般的远洋货船，船长在 140 ~ 160 米之间，总载重量为 13000 ~ 15000 吨，满载排水量约 20000 吨左右；沿海和内河的杂货船尺度较小，载重量为几百至几千吨。目前杂货船的数量在减少，逐步被其他类型船舶代替。

由于件杂货包装种类较多，一艘船上装有多票货物，为了有利于货物的分隔装载，普通杂货船的货舱具有较大的容积，同时根据船舶大小等因素，有些杂货船舶还有适当的分层及分舱。货舱分层涉及甲板层数及甲板间高。对于杂货船，从使用要求上考虑，因载运土产、杂货(如各种工业成品)和各种包装货，货种多样化，为便于理货分票，不压坏货物，中型以上的船舶常设 2 ~ 3 层甲板；有的小型船舶，排水量仅 500 吨左右的小船，为便于装船，也设双层甲板。至于甲板间高，主要是根据货种及作业条件等使用特点确定。杂货船一般在 2.45 米以上，因为太低而很难充分利用布置地位。具体设计时，是从船的型深、货种、码头下舱机械的高度、货舱口纵桁材高度等因素来综合加以确定。目前甲板间高已逐步加大，有的达到 2.75 米甚至 3 米左右，大型远洋杂货船则增大到 3 米以上，以提高其适应性。杂货船的货舱侧壁一般有木质或钢质护肋设施，以防止污水湿损货物和碰损船体。每个货舱通常设置一个舱口，舱口的宽度大多为船宽的 40% ~ 60%。设在露天甲板上的货舱口都配有水密货舱盖，以防海水和雨水进入舱内，造成货损。关于船舶的货舱划分，除应保证《钢质海船建造规范》所要求的最少水密舱壁数以及有抗沉性要求的船舶对舱长的限制外，其首先考虑的是满足使用要求。例如：载运钢轨和机车的船舶为了适合其载运需求，设置了长达 35 米多的大货舱。其次是考虑起货设备的各种配置、装卸效率及装卸时间的均衡性来划分货舱。在船舶的首、尾货舱和小货舱一般均只在舱口的一端设置起货设备，而大舱(通常又称重点舱)在两端设置起货设备。起货设备为吊杆装置或旋塔型吊车，较大型杂货船上大多还配备有 1 ~ 2 副重型吊杆，用以装卸大件重货。大舱的舱容一般取为小舱(一端起货设备)容积的 1.5 ~ 1.6 倍，这是考虑同样起货能力下两端起货设备之间的干扰。船舶靠码头装卸货时，有些船舶货舱盖需用船吊或岸机吊开，为缩短停港时间，较大的杂货船上货舱盖多做成能自动启闭，其货舱两边设有滑道，货舱盖沿滑道通过液压控制能迅速自动启闭。

根据《钢质海船建造规范》规定，对于货船，除液货船外，应尽可能从防撞舱壁到尾尖舱壁设置双层底，其高度在任何情况下不得小于 700 毫米。《长江钢船建造规范》则规定船长在 40 米以上，常年航行于长江急流航段的机动船应设置双层底，并尽可能由防撞舱壁延伸至尾尖舱壁。双层底可做成阶梯形式，若有困难，可在舭部设置防撞边舱，或机舱外的舱室满足破舱后一舱不沉的要求。双层底高度一般不小于 800 毫米。双层底在船底破损时能防止海水进入货舱，并可增强船体的纵向强度，其空间可用作清水舱和燃料舱，也可作压载舱以调节船舶的重心。船舶分舱能保证船舶在一个舱破损进水时其他舱不进水，增强船舶的抗沉性。

3. 集装箱船(Container Ship)

集装箱船是指专门用以运载集装箱的货船。它的全部货舱(或部分货舱)用来装载集装箱。必要时在甲板(舱盖)上也可堆放集装箱，集装箱船的舱内可堆放三至九层集装箱，甲板上还可堆放三至四层。

集装箱船可分为全集装箱船和半集装箱船两种。前者是船的全部货舱都用于装载集装箱，一般航行在固定的航线上。后者则只有部分货舱用于装载集装箱，其余货舱用于装运件杂货，可说是一种使用灵活和适应性强的多用途杂货船。

1)全集装箱船

又称集装箱专用船。是一种专门用于装载集装箱的船舶，在海上能安全有效地大量运送集装箱，服务于班轮航线，往往定期航行于世界各主要集装箱港口。按照装卸集装箱的方式不同，它又可分为：

(1)吊装式全集装箱船。

其集装箱的装卸方式是吊上吊下，装卸效率高，依靠集装箱码头岸上装卸机械作业，大多数集装箱船不设装卸设备。全集装箱船一般为大开口单甲板船，船舱内设置格栅结构，以固定集装箱，防止集装箱在运输途中发生前、后、左、右方向移动，以保证航行安全和货物质量。一般每一箱格可堆4~7层同一规格的集装箱，最多可达9层。船侧设有边舱，可供装载燃料或作压载用。甲板上设置了能装载多层集装箱的特殊结构。集装箱船多采用尾机型或偏尾机型。

(2)滚装船(滚装式集装箱船)。

滚装式集装箱船是由汽车轮渡发展起来的一种专用船舶。自1957年美国太阳造船公司建造世界第一艘滚装船至今已40年，滚装运输方式发展很快，它具有以下优点：滚装船码头设备简单，投资少；由于带轮滚装，车辆从船上直接开上开下，比吊式集装箱船的装卸效率高；适应各种货物运输，通用性较大等。主要的缺点是舱容利用率低，造价高，运输成本比全集装箱船高等。适用于沿海或近洋短途航线。滚装式集装箱船的主要结构特点是：

①该装船为多层甲板型，在各层甲板上都设有固定集装箱用的栓固装置。为便于滚动方式装卸需要及车辆在舱内运行的方便，上下货舱均不设横舱壁，各层甲板之间的交通采用升降机或斜坡道连通；

②滚装船在船尾或船首，或船侧设有开口，开口处的水密门有的兼作跳板，有的则另设跳板，以实现船岸装卸作业滚上滚下的需要；

③滚装船由于结构及装卸船作业等原因，船舶稳性变化较大，为解决船舶倾斜和摇摆，需设置足够的压载及减摇装置。

2)半集装箱船

所谓半集装箱船，是指把船体中部最适于装载集装箱的货舱安装格栅装置后，作为集装箱专用舱，其余船舱因形状不规则，若用于装载集装箱势必浪费舱容，故作为杂货舱。

由于集装箱与杂货混装于一船，有时既需停靠集装箱码头，又需停靠杂货码头进行装卸作业，因此与全集装箱船相比，半集装箱船营运效率较低，也增加了港口使用费。但是，对于那些适箱货源不足而有大批钢材等重件货的航线，或因港口设施不能装卸全集装箱船的航线，半集装箱船有其独特的优越性。

在世界船队中，半集装箱船的比重逐年下降，仅在某些特殊航线中采用。

集装箱船由于装载的是大小及形状为标准规格的“箱货”，这就使集装箱船具有一些明显的特点：

（1）外形。集装箱船航速要求较高，因此外形狭长，型线瘦削，且常设置球首。机舱设在尾部或中部靠后，以使较为丰满的中部用于装载集装箱。但上层建筑也有的设在船首部，这样驾驶视线好，纵倾调整方便，不影响甲板上装箱，船员居住条件改善。缺点是驾驶室与机舱的距离拉长。

（2）结构。根据集装箱的装载特点，集装箱船的结构采用单甲板、大开口，且常为双船壳。这样的结构形式有利于集装箱的装载和装卸。集装箱船的舱口宽度可达船宽的80%，比普通杂货船大30%～50%，舱口总长则比普通杂货船大60%～80%，双船壳不仅提高船体的纵强度、横向强度、扭曲强度、增大了剖面的抗弯刚度，也有利于提高船舶的抗沉能力。船侧双壳内可设压载舱、燃油舱和空舱等。由于船用集装箱的尺寸已标准化，因此载集装箱的货舱尺度也规格化，其长、宽、深尺度依集装箱尺寸和必要间隙而定。

（3）性能。由于集装箱船装卸效率高，因此航速较高，从而加快船舶周转，经济上有利。集装箱船通常为20～23节，高的达33节，这比普通货船要高。但船舶的航速受能源价格的影响，在石油价格高涨的情况下，船速有所下降。另外，集装箱船对稳性要求较高。为了加大装载，通常在甲板上要堆放货箱，这就引起重心升高，受风面积和风压力臂增大。此外，在港内装卸时，船舶的横倾角应不大于5°（一般在3°以内），否则集装箱在装卸时易被导轨卡住。这都要求船舶有较好的稳性。再是为了减小甲板上集装箱绑扎系统的受力和箱内货物对箱体的作用力，横摇周期要大，摆幅要小。

（4）设备。较大集装箱船在船舱内设有格栅结构以防止由于船舶的摇荡而使集装箱在舱内产生移动。格栅导轨的上口做成喇叭状，集装箱装舱时，只要对准每一格栅，堆装在内即可。集装箱船的甲板和舱口盖上一般也堆放集装箱，多的可达四层。为防止由于船舶的运动而引起集装箱的倾覆或移动，需要有固缚装置。使用比较广泛的是用绑扎方式固缚集装箱，这就需要有索及拉紧装置等。此外，集装箱船上还有集装箱的角配件，以便于集装箱的起吊、堆存和在舱内的固定。为了便于集装箱的流通和操作，ISO制定了国际集装箱标准角配件。

集装箱船航速较快，其平均航速可达18～20节，高的达33节。大多数船舶本身没有起吊设备，需要依靠码头上的起吊设备进行装卸。对码头、港口和装卸设备要求较高，需要专门的集装箱码头。图7-2是一艘可满载14036TEU的集装箱船。

4. 油船（oil tanker）

全球约7000多艘各式各样、大大小小的油轮，是将现代工业社会赖以生存的石油从产地运往各消费国的主要运载工具。世界上最大的船舶也是油轮，“海上巨人”号油轮的载量高达555843吨。

油轮按载重吨位分为：

（1）超级油轮（VLCC，20～30万吨载重吨），超过20万吨的油轮被称为超大型油轮，超过 30 万吨的油轮被称为超级巨型油轮(ULCC),图 7-3 是一艘载重量 56 万吨的世界上最大的超级巨型油轮,该船已于 2010 年在印度 Alang 拆船厂拆卸解体;

(2)苏伊士型油轮(Suezmax,12 ~ 20 万载重吨);

(3)阿芙拉型油轮(Aframax,8 ~ 12 万载重吨),该型船舶可以停靠大部分北美港口,并可获得最佳经济性,又被称为"运费型船"或"美国油轮船";

(4)巴拿马型油轮(6 ~ 8 万载重吨);

(5)灵便型油轮(1 ~ 5 万载重吨);

(6)通用型油轮(1 万吨以下)。

图 7-2 "地中海拉斯佩齐亚"(MSC LASPEZIA)轮

图 7-3 "海上巨人"号超级油轮

5. 滚装船,又称滚上滚下船(Roll on/Roll off Ship)

滚装船主要用来运送汽车和集装箱。这种船本身无须装卸设备,一般在船侧或船的首、尾有开口斜坡连接码头,装卸货物时,或者是汽车,或者是集装箱(装在拖车上的)直接开进或开出船舱。这种船的优点是不依赖码头上的装卸设备,装卸速度快,可加速船舶周转。世界上第一艘滚装船是 1958 年美国太阳造船公司建造的"彗星"号。

6. 冷藏船

冷藏船通常是具有多层甲板的剩余干舷船。因为冷藏货物不宜堆积过高,有些货物还必须悬挂着运输,故宜设置多层甲板,使上下层甲板之间和甲板至舱底之间的高度较小,甲板间高通常在 1.5 ~ 2.0 米之间。冷藏船货舱常隔成若干个舱室,每个舱室是一个独立的封闭的装货空间,舱壁和舱门均为气密,并覆有泡沫塑料、铝板聚合物等隔热材料,形成隔热舱,使相邻舱室互不导热,以满足不同货种对不同温度的要求。为了减小在装卸和航行过程中对舱室温度的影响,冷藏船的货舱口设计得比较小。

冷藏船上通常设有制冷装置,包括制冷机组和各种有关管系。制冷机组一般由制冷压缩机、驱动电动机和冷凝器组成。制冷机组安装在专门的舱室内,要求在船舶发生纵倾、横倾、摇摆、振动时和在高温高湿条件下仍能正常工作。冷藏船上的制冷装置,根据货物对温度的要求,一般可控制冷藏舱的温度为 -25 ~ 15℃。

7. 多用途船

多用途船是指具备多种用途功能的船舶。广义地说,凡能装运两类以上货物的船舶都可称多用途船。不过,一般所讲的多用途船是特指多用途干货船。干货的品种很多,按其对船舶性能及设备等的要求可归纳成五类,即件杂货、散货、集装箱、重大件货及滚装货。所以多用途船的目标，就是高效率地载运这五类货。

多用途船的特点有：大多数多用途船从载运多种类型货物的方便性出发，设置两层甲板；多用途船的型宽常比普通货船要大；多用途船一般均设置舷边舱，且多作压载舱用。

多用途船是20世纪60年代以后世界各主要造船国家竞相发展起来的。目前，多用途船力求向广泛多用性方向发展，按其对货类的载运能力来分析，建造的多用途船主要可划分成四类：

(1)以载运集装箱为主的多用途船。这类船舱口开得尽可能大(或采用双排舱口)，以便能装载尽可能多的集装箱。货舱的划分，考虑集装箱的排列要求，在此基础上，舱室相对比较均匀。船上配有起货设备，主要采用旋转吊车，有1～2个舱配置成对吊车，其最大起重能力可达40～50吨，以备装卸40英尺集装箱以及较重的货物。

(2)以运输重大件、特长件为主的多用途船。这类船货舱舱数较少，货舱长度较长，货舱口宽度并不很大，以留有一定的甲板面积供装载甲板货。船上设有重吊，起重能力40～500吨。这类船除主要载运重大件及特长件外，还考虑载运件杂货，集装箱，以及钢铁制品，煤、矿、谷物等散货。

(3)兼运集装箱及重件货的多用途船。这类船将上述两类多用途船的特点和功能结合在一起。

(4)兼运集装箱及重货、滚装货的泛多用途船。这种船舶一般设有二层甲板，并设有尾跳板，整个甲板间可用于滚装作业，甲板间容积也可用于装载件杂货及集装箱。

多用途船的最基本要求是如何高效率地载运多种货类。由此，构成多用途船相应的一些特点。

(1)大多数多用途船从载运多种类型货物的方便性出发，设置两层甲板。有的船为适应装运汽车和不宜重压货物的需要，设置多层甲板或活动甲板。多用造船的机舱绝大多数在尾部，对于机舱布置在尾部确有困难的船舶，才将机舱适当前移。根据统计，多用途船的主机机型采用中、低速柴油机，航速多为16～18节。

(2)多用途船的型宽常比普通货船要大，因多用途船常装运甲板集装箱或甲板货以提高载货能力，故从稳性要求需取较大的船宽。型深主要从装运的货物对舱容的要求出发，大多数从装运集装箱所需的层数出发确定，亦即考虑集装箱的高度、层数、必要的间隙及舱口围板高度等来确定型深。由于多用途船要适应各种航线，所以设计吃水较多取为9.15米以下，这个吃水适合世界上大多数港口，除设计吃水外，也常考虑较大的结构吃水，以适应装载重货时增大装载量的要求。多用途船的船长一般取得较小一些，用较小的船长，适当配合较大的船宽及方形系数是确定多用途船主要尺度系数的基本倾向。当然，船长涉及的因素较多，需全面考虑确定。

通常认为，多用途船最适宜于在不定期航线及在干线上运输非适箱货及部分集装箱，很有发展前途。随着造船科学的发展，多用途船必将出现更多的新船型。

8. 液化气船

1)液化天然气船(LNG船)

液化天然气船的船型按液货舱的结构可分独立贮罐式和膜式两种。前者是将柱形、筒形、球型等形状的贮罐置于船内，船体构件对贮罐起支持和固定作用，贮罐本身具有一定的强度和刚度;后者是采用双壳结构,船体内壳是液货舱的承载壳体,液货舱衬有一种由镍合金钢薄板制成的膜,膜与船体内壳之间有良好的绝热层,膜仅起屏障作用,它和低温液货直接接触,至于液货施于膜上的载荷则通过绝热层传至船体内壳。两者相比,膜式的载重量利用率和容积利用率都较高,所以早期的液化天然气船为独立贮罐式,自20世纪60年代后期出现了膜式液化天然气船后,新建船舶,尤其是大型的,多采用膜式结构。

液化天然气船设备较复杂,有的船还设有气体再液化装置。

2)液化石油气船(LPG船)

液化石油气船的结构和设备大体与液化天然气船相类似,但由于石油气的理化特性对运输及液化的要求较之天然气为低,所以液化石油气船早在20世纪30年代就出现;比液化天然气船要早得多。

液化石油气船根据液化的方法主要可分为压力式和冷冻式两种类型。压力式液化石油气船是将几个压力贮罐装在船上,液化石油气在高压下维持其液态。这种形式构造简单,至今容量在6000立方米以下的小船仍较多采用。压力式液化石油气船在装货时要设置平衡管,连通岸上的液化石油气库及船上的货舱。这样,装货时库内液面下降不大会引起压力降低,液化气蒸发;货舱内也不大会因液化气的充入而压力增高,气体凝缩,温度升高。相应的,装油泵的工作负荷不会增加,效率不会下降。

9.液体化学品船

专门载运各种散装液化化学品如甲醇、硫酸、醚、苯等的液货船称液体化学品船。由于液体化学品大多具有剧毒、易燃、易挥发和腐蚀性强等特点,因而这类船对防火、防爆、防毒、防腐蚀等有很高的要求,否则,在运输过程中,会对船舶、船员和周围环境产生危害。

国际海事组织(IMO)1977年通过的《散装危险化工产品运输船舶结构及设备规则》从确保运输安全的角度出发,有较具体的规定。注意:化工产品具有品种多而批量小的特点,所以对于运输某类化工产品的专用船舶,一般是吨位较小,运输距离亦较短。

10.客船

1)普通客船

普通客船是指一般所见的排水型客船。客船多为定期定线航行,故内河客船通常称为班轮,海洋客船被称为邮船。客船最显著的特点是上层建筑发达,用以布置旅客居住舱室和各种活动舱室。客船的抗沉、防火、救生等方面的安全要求较严格;减摇、避震、隔声以及各种生活设施等方面的舒适性要求较高;另外,还有航速较快、外形较美、功率储备较大等特点。客船包括以下主要类型:

(1)海洋客船。

可分远洋客船和沿海客船。1620年秋,英国"五月花"号帆船载运100名移民及其行李横渡大西洋到达美洲科德角,可算是近代第一次远洋客运。1818年美国"黑球"轮船公司首次开辟了纽约—利物浦定期航线。我国于1880年由招商局开辟了上海—旧金山定期航线。

沿海客运在波罗的海和北海沿岸国家、澳大利亚、新西兰和日本等国一向很发达,包括短程国际海上客运。20世纪60年代出现一种以运输旅客及其携带自备轿车为主的汽车客船,这种汽车客船多在4000总吨以下,所载汽车数约为旅客数的10%~20%,载客部分有卧舱和娱乐散座舱,兼有旅游功能。这种船:航速多为每小时16~18海里;吃水较浅,可广泛

停靠各港口；船宽较大，可增大甲板面积，多采用双桨单舵；设防摇鳍和侧推装置，以改善船舶摇摆性能和操纵性。船舶在上甲板下设1～2层车辆甲板，前后贯通，汽车多由首尾开门上下船。现今海上运输发达国家的重要中短程定期航线基本上已采用汽车客船，而且随着旅游业的发展，船舶吨位、车客比值、航速，都有所增大，设备亦更加豪华，航速超过每小时20海里。

(2)内河客船。

航行于江河湖泊的传统客船。一般载客量大，舱室等级多，码头停靠频繁。与海洋客船比较，结构强度较弱，安全性要求较低，这是因内河风浪较小，出现事故容易靠岸处理，应变方便。内河客船通常设两层甲板，干舷较低，并采用延伸甲板以增大船舶使用面积。上层建筑很长，几乎延及首尾。为减少空气阻力，上层建筑首尾大都呈阶梯形，使船舶的实体侧面外形包络在一个光顺的流线之内，也给人以快速感。

内河客船的操纵性要求比较高，故多为双桨双舵或三舵。现今江河湖泊的较大客船，航速多在每小时20～30公里。内河客船的航速除考虑经济性，还要考虑航线的具体情况，例如避让小船和保护堤岸或是冲滩过急流等。所以内河客船要针对航线情况选择适宜和合理的航速。

(3)旅游船。

旅游船主要供旅游者旅行游览用。旅游船造型美观，生活设备完善，娱乐设施较全，它既要满足旅游者旅游的要求，同时也可使旅游者达到疗养、度假、文化娱乐、社会活动等目的。所以旅游船振动和噪音都很小，并有防摇装置，使船舶在航行中尽量平稳和舒适。旅客卧室基本上都布置在船的前部，使具有安静的条件；公共场所多种多样，并有广阔的活动场地和良好的视野。旅游船一般吃水较浅、续航力较大，以便停靠许多港口。

旅游船不仅在海上发展，在内河也有所兴建，因为沿江沿河有许多著名的文物古迹和旅游胜地。内河旅游船的基本特点是和海上旅游船相一致的，当然要更密切结合航线的具体情况。目前，内河最大最豪华的旅游船所属于重庆黄金轮船公司，已有3艘“长江黄金号”系列的客船投入营运，该类型船船长149.5米，总吨在15000以上。

2)快速客船

也称高速客船。这里指非单体排水型船，主要介绍水翼船、气垫船、小水线面半潜双体船。

(1)水翼船。

水翼船舶体一般用铝合金和钢材制造，水翼用不锈钢或钛合金制造，动力装置多采用轻型高速柴油机，一般使用水下螺旋桨推进。可收缩全浸式自控双水翼船也有用喷水推进装置推进的。民用水翼船的运行速度每小时多在30～40海里，最高的可达70海里。水翼船在遇到特大波浪情况下，被迫浮航，船底水翼起消摆阻尼作用，提供了很好的稳定性。

水翼艇的缺点是：因船底水翼吃水要较普通排水型船为深，所以浅水航道不适于航行；水翼往往比船宽要宽，因此靠码头时要特别注意；动力装置使用寿命短，对燃、滑油的要求高；因采用铝质船体及有关水翼的要求，船舶的造价较高。

(2)气垫船。

气垫船是航行时利用高压空气在船底和水面(或地面)间形成气垫，使船体部分或全部垫升而脱离支承面(水面或陆面)实现高速航行的船。

气垫船的缺点是耐波性较差,在风浪中航行失速较大。船体一般用铝合金、高强度钢或玻璃钢制造,动力装置的要求亦较高,所以船舶建造成本高。另外,围裙容易磨损,常需更换。

11. 顶推及拖带船队

由一艘推船(拖船)顶推(拖带)一艘或多艘驳船组成的船队称顶推(拖带)船队。推船和拖船是船队的动力部分;驳船本身无动力,是船队中用以装载客货的部分。

1)内河顶推船队

内河顶推船队根据驳船类型的不同,可分为普通驳顶推船队和分节驳顶推船队。普通驳与分节驳的原则区别是:前者从单船考虑,后者从船队的整体性考虑。另外,分节驳与普通驳比较,分节驳船上实现"四无",即无舵(无操纵设备),无上层建筑,无人,无护舷材。美国的分节驳船上还不设锚,实现了"五无"。

船队运输是由推船或拖船与驳船组成,可分为:

(1)推船。

是用于顶推驳船或驳船队的机动船。对于分节驳顶推船队中的推船来说,由于驳船上实现"四无"或"五无",所以推船是整个船队的动力源、操纵台和生活区。

推船要有强大的功率。推船的功率,要求能推动整个船队在一定的速率下航行。同时,要有良好的操纵性能,因为推船担负着操纵整个船队的任务。目前,较常见的推进操纵系统形式有如下两种:

内河推船船型总的可以说是短、宽、扁。短是为了尽量增加驳船队的长度;宽是由于提高船队的操纵性,常设双机双桨(与功率大吃水受限有关);扁是因吃水受限。推船机舱位置多在船中附近,有的甚至还略为中前,这是由于安装外形较大的推进操纵装置,推船尾部切去较多,因而从机舱布置及纵倾调整的要求出发,机舱位置较前。

(2)拖船。

拖船主要指专用于拖带驳船或驳船队的机动船。拖船与推船有不少共同之处。如拖船短而宽、主机功率大、推进和操纵性能要求高、船体结构比较强等。

拖船上装有专门的拖带设备,主要是各种形式的拖钩。从操纵性及稳性的考虑,希望拖钩设置的位置尽可能靠近船中(即靠近船舶的回转中心)及高度较低的位置。由此,拖船的上层建筑较集中于船的前部,尾部甲板上较空旷。拖船的吃水希望较大。除考虑航行性能外以便安装直径较大的螺旋桨。一些水深较小的航区,拖船常采用隧道型尾,使螺旋桨直径大于船舶吃水。为提高拖力,拖船一般采用导管螺旋桨。

(3)驳船。

驳船本身无推进动力装置,依靠机动船带动,专用于载运旅客或货物。本身亦无起货装置。驳船的种类很多,接货驳结构形式分,有下列几种:

舱口驳:设有若干货舱,每一货舱有一货舱口,舱口设有水密舱口盖,主要用于运输件杂货。

敞舱驳:又称大统舱口驳,只设一个货舱且货舱上方全部敞开,这种类型对货物的适应性较强,尤其适宜装运大宗散货和大型机械,舱口盖可考虑货种的需要而是否设置。

甲板驳:不设货舱,全部货物堆装在甲板上,甲板四周设有挡货围板,这种类型的优点是装卸方便。

半舱驳:又称槽形驳,是介于甲板驳与敞舱驳之间的一种中间型驳船,其载货甲板低于强力甲板,四周设有伸出强力甲板与一定高度的舱口围板。

罐驳——在甲板上设置罐等密闭容器以装运液体货物,某些罐驳设有泵设备以装卸货物。

2)上顶推船队

海上风浪大,推船和驳船间的联结问题是发展海上顶推运输的关键。目前世界各国应用于海上顶推船队的联结装置种类很多,分类的方法也不同,通常按两船的相对运动方式分为非整体式、半整体式和整体式三种。

海上顶推船队与同吨位、同主机功率的货船比较,航速和抗风浪能力不及货船,造价也未必低廉,但发展海上顶推船队,根据具体情况,有如下经济意义:

①顶推船队的轮、驳可以分开,在装卸效率较低、航程较短的航线上,可以组织循环搭配运输,提高推船动力的利用率。

②顶推船队对船员的技术等级要求低,人数配备要求少,因而船员工资费用低,这在西方一些国家船员工资占运输成本很大比重的情况下就有较大意义。

③顶推船队的吃水较浅,因此可用于江海直达运输,避免货物在港口的换装转运,从而提高经济效益。

第二节 船舶通用设备

船舶设备(Marine Equipment)系指除船舶备件以外的任何用于船上的可移动但不带消费性质的物品。主要包括:舵设备、锚设备、系泊设备、拖曳设备、通信导航助航设备、日用水系统、起货设备、关闭设备、管系、舾装件、舱底水系统、压载系统、消防设备、救生设备、通风空调制冷设备等。

一、船舶操纵设备

船舶操纵设备包括锚设备、舵设备和系泊设备,在航行中、港内操纵或系泊时都要扮演重要的角色,是保证船舶安全必不可少的组成部分。

1. 起锚机

起锚机(Windlass)起锚机是船舶上的一种大甲板机械,用来收、放锚和锚链。起锚机通常安装在船舶首艉部主甲板上,供舰船起锚,抛锚系缆时用。起锚机通常和绞车配合使用。起锚机主要由基座、支架、锚链轮、刹车、链轮、变速箱、电控系统(手动起锚机除外)等组成,电动起锚机有电动机,液压起锚机有液压泵站。起锚机是根据船舶的大小和锚、锚链的尺寸来选型的。

起锚机按照驱动形式可以分为:手动、电动、液压、气动等,电动锚机的外形如图7-4所示。

起锚机按照锚链直径可以分为12~120mm等若干种规格。

起锚机按照卷筒分布又可以分为单侧和双侧。

起锚机的主要技术指标包括锚链直径、起锚公称速度、额定载荷、支持负载、几级变速、电制等。起锚机在船舶上的安装要保证锚链与链轮的包角为117°~120°。

2. 系泊设备

船舶系泊设备包括系船缆、导览装置、挽缆装置、绞缆机械、卷缆车及属具组成。

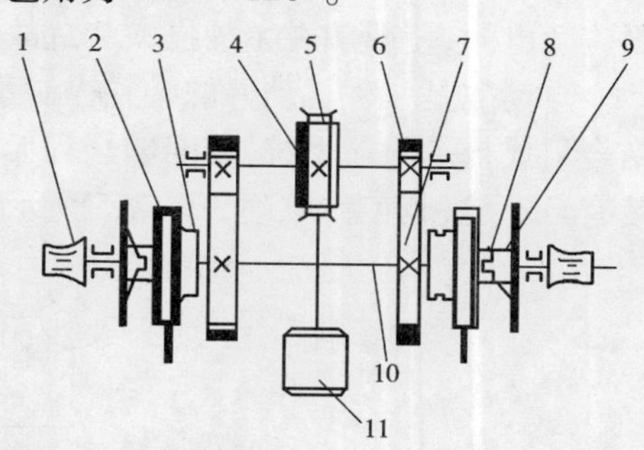

图7-4　电动锚机

1-卷筒;2-制动器;3-链轮;4-蜗杆;5-蜗轮;6-小齿轮;7-大齿轮;8-牙嵌离合器;9-手轮;10-链轮轴;11-电动机

1)系船缆

系船缆,即将船舶系固于码头、船坞、浮筒或邻船用的缆绳。常用的有植物纤维缆(白棕缆)、合成纤维缆、钢缆或复合缆。一般船舶以钢缆为主,而小船、油船和航行于热带的船舶则以植物纤维为主。与钢缆及植物纤维缆相比,合成纤维缆具有质轻、耐腐蚀、强度高、挠性好和不霉蛀等优点,是一种理想的缆绳,近年来应用日趋广泛。靠泊和编组船队用的系船缆根据使用部位、出缆方向和作用,具有各种不同的名称。

①靠泊系船缆:头缆;前横缆;前倒缆;后倒缆;后横缆;尾缆;包头缆;包尾缆。

②船队系船缆:操纵缆;八字缆;长横缆;连接缆;舷边拖缆;包头缆;一尾缆;交叉缆;横缆;拖缆。

2)导缆装置

导缆装置是引导系缆从舷内通向舷外改变系缆走向的装置。常见的有:导缆孔、导缆钳、导缆器、导向滚轮,在这不详细介绍。

3)绞缆机

绞缆机,油称系缆绞车,用于绞收缆绳。一般船首的绞缆机由锚机兼,船尾部的单独设置,其他部位的由就近的起货机代替。

绞缆机按其动力分,有蒸气绞缆机、电动绞缆机和液压绞缆机。按卷筒轴线位置分,有卧式绞缆机和立式绞缆机两种。

近年来,随着船舶的大型化和自动化,不少新造的船在船首、船尾配备了自动系缆绞车。它能根据系缆的受力情况自动调整系缆的长度,减轻了船员的劳动强度,但它在使用时因频繁收放容易磨损系缆。

3. 操舵装置

操舵装置是使舵能够转动的装置,一般多设于船尾尖舱平台甲板上。操舵装置按照规范规定,又分为主操舵装置和辅助操舵装置。所谓主操舵装置是指在正常航行情况下,为驾驶船舶而使舵产生动作所必需的机械、转舵机构、舵机装置动力设备(如设有)及其附属设备和向舵杆施加转矩的部件(如舵柄及舵扇)。所谓辅助操舵装置是指在主操舵装置失效时,为驾驶船舶所必需的设备(这些设备不应属于主操舵装置的任何部分,但可共用其中的舵柄,舵扇或作同样用途的部件)。船舶要求设有两套操舵装置,一套是主操舵装置,另一套是辅助操舵装置。小船的辅助操舵装置可以是人力操纵的,大船必须是动力操纵的。现在较大船舶上的主操舵装置,一般都有两套相同的动力,并且使用其中一套动力就能满足操舵要求,所以它不设辅助操舵装置。

操舵装置的种类和形式较多,规范要求又比较严格。规范要求船舶对于操舵装置要提供应急电源,使船舶在主辅操舵装置故障时,应急操舵装置能后迅速投入使用。

自动舵是一种自动操舵装置控制系统,能模拟并代替人力操舵,还可以和其他导航设备结合组成自动导航系统,使船舶全程无人驾驶成为可能,提高了自动化水平。在海船上一般装有自动舵,其工作原理如图 7-5 所示。

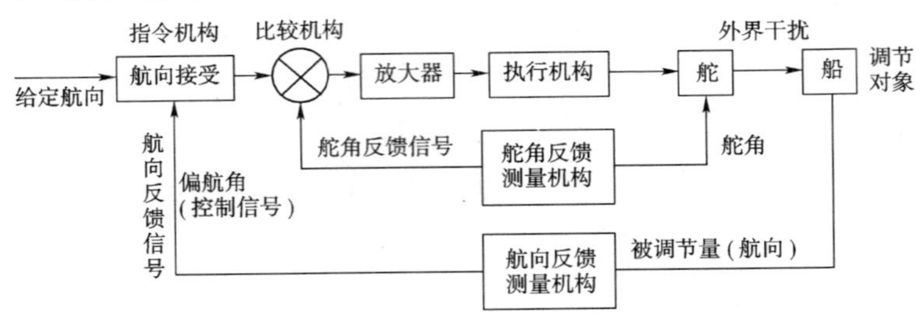

图 7-5　自动操舵系统方框图

二、船舶动力设备

船舶必须配置一整套符合规范要求的动力装置和辅助设备后,才能在水上航行。这些动力装置包括有船舶主动力装置、辅助动力装置、蒸汽锅炉、制冷和空调装置、压缩空气装置、船用泵和管路系统、造水装置和自动化系统等。这些机电动力设备主要集中于机舱,专门管理这些设备的技术部门是轮机部。

1. 主动力装置

船舶主动力装置又称“主机”,它是船舶的心脏,是船舶动力设备中最重要的部分,主要包括:

1)船舶主机

能够产生船舶推进动力的发动机的一种俗称,包括为主机服务的各种泵和换热器、管系等。目前商船的主机是以船舶柴油机为主,其次是汽轮机。

2)轴系和推进器

船舶推进器中以螺旋桨应用最为广泛,大多采用固定螺距或可调螺距的螺旋桨推进器;船舶轴系是将主机发出的功率传递给螺旋桨的装置。船舶主机通过传动装置和轴系带动螺旋桨旋转产生推力,克服船体阻力使船舶前进或后退。

3)传动装置

把主机的功率传递给推进器的设备,除了传递动力,同时还可起减速、减震作用,小船还可利用传动设备来改换推进器的旋转方向。传动设备因主机形式不同而略有差异,总的来说由减速器、离合器、耦合器、联轴器、推力轴承和船舶轴等组成。

2. 辅助动力装置

船舶辅助动力装置又称“辅机”,是指船上的发电机,它为船舶在正常情况和应急情况提供电能。由发动机组、配电盘等机电设备构成了船舶电站。

1)发电机组

原动力主要是由柴油机提供,基于船舶安全可靠和维护管理简便的考虑,大型的船舶配置有不少于两台同一型号的柴油发电机,根据需要可多部同时发电。为了节能,航行中,有的船舶可利用主机的传动轴来带动发电机发电(轴带发电机)或利用主排出气的余热产生低压蒸汽来推动汽轮发电机组发电等。

2)配电盘

它进行电的分配、控制、输送、变压、变流以保证各电力拖动设备及全船生活、照明、信号及通信等的需要。

3. 蒸汽锅炉

以柴油机为主机的船上,都需要设有蒸汽锅炉,它由辅助燃油炉和废气锅炉以及为其配套服务的管系、设备所组成。辅助燃油锅炉是供应船上上些辅助性蒸汽的需要,如加热燃油和滑油、暖气、生活用水、厨房、开水等,并满足一些辅机用蒸汽的需要。为节能,航行中废气锅炉利用柴油机排气中的余热来产生蒸汽,在停泊时只使用辅助燃油锅炉。

4. 制冷和空调装置

船舶安装制冷装置的是冷藏运输货物、冷藏一定数量的食品以及改善船员和旅客的生活工作条件等。空气调节装置的任务在于保持舱室中具有适于人们工作和生活的气候条件,它包括夏季降温、除湿,冬季加热、加湿以及一年四季的通风换气工作。其主要设备有制冷压缩机、蒸发器、冷凝器、空调器及其自动化控制元件等。

5. 压缩空气装置

一般船上配置有多台空气压缩机和多个压缩空气瓶,以供应并存全船所需的压缩空气,如用压缩空气启动主、辅柴油机;主机换向;为汽笛、甲板气动机械等设备提供气源。其主要设备有空气压缩机、贮气瓶、管系及安全、控制元件等。

6. 船用泵和管路系统

船上为了泵送海水、淡水、燃油、润滑油等液体,需要一定数量和不同类型的泵。一般在机舱中就必需设置舱底水泵、燃油和滑油输送泵、锅炉给水泵、冷却水泵、压载水泵、卫生水泵等主要的油泵和水泵。与泵相连接,船上设置了各种用途的管路,按用途不同可分为:

1)动力系统

为主、辅机安全持续运转服务的管系。有燃油、润滑油、海水淡水、蒸汽、压缩空气等管系。

2)船舶系统

为船舶航行、船舶安全及人员生活服务的管系。如压载、舱底水、消防、卫生、通风(空调)以及生活用水等管系。

7. 造水装置

造水装置又称造水机,是在真空状态下对海水进行加热产生蒸汽,然后将蒸汽凝结成淡水的设备。目前远洋海船都安装了造水装置。

8. 自动化系统

随着科学技术的进步以及在船上的广泛的应用,机舱控制系统越来越先进,船舶动力装置的远距离操纵与集中控制,大大改善了船员的工作条件,提高了工作效率,减少了维护修理工作量。对机舱的主、辅机及其他机械设备进行遥控、自动调节、监测、报警等设备所组成的自动化系统，是现代船舶必不可少的组成部分。

三、通信导航设备

目前，随着科技的发展，航运的飞速发展，很多船舶的通信导航设备安装都很齐全，船舶的通信导航设备包过但不局限于以下几种：雷达、陀螺罗径、GPS、计程仪、测深仪、磁罗径、AIS、SSAS、LRIT、VHF、内通及其附属设备等。下面介绍几种常用的通信导航设备。

1. 航海雷达

航海雷达，装在船上用于航行避让、船舶定位、狭水道引航的雷达，亦称船用雷达。航海雷达在能见度不良时为航海人员提供了必需的观察手段。它的出现是航海技术发展的重大里程碑。《1972 年国际海上避碰规则》规定了正确使用雷达和进行标绘的要求，《1974 年国际海上人命安全公约 1981 年修正案》规定了不同吨位船舶安装雷达和自动雷达标绘仪的台数和日期，国际海事组织也先后通过航海雷达和自动雷达标绘仪的性能标准。

1）雷达结构

雷达通常由天线、发射机、接收机、显示器和电源 5 部分组成。

（1）天线。

目前航海雷达天线大部分为波导隙缝天线。发射和接收一般合用一个天线，由双工器（收发开关）转换。天线由马达驱动，作 360°连续环扫。为保证方位测量精度和方位分辨力，天线波束水平宽度要窄，很多 3 厘米航海雷达在 1°以内。为防止船舶摇摆时丢失目标，波束垂直宽度较宽，约为 25°。

（2）发射机。

航海雷达的发射机采用脉冲体制。脉冲宽度约为 0.05 ~ 2 微秒。近距离档用较短脉冲，以提高距离分辨力；远距离档用较长脉冲，以增大作用距离。工作波段以 X 波段（9320 ~ 9500 兆赫）和 S 波段（3000 ~ 3246 兆赫）为主，这两种波段的雷达通常分别称为 3 厘米雷达和 10 厘米雷达。在天线尺寸相同的情况下，前者有较高的方位分辨力，有利于近距离探测，所以 X 波段的雷达也称为搜救雷达；后者受雨雪杂波和海浪杂波的干扰较小，电磁波经过雨区的衰减也小，如果发射功率相同，远距离灵敏度较高，有利于远距离探测。雷达同时安装这两种波段，可取长补短。

（3）接收机。

采用直接混频超外差式，设有海浪干扰抑制电路和雨雪干扰抑制电路。为防止相同波段的雷达干扰，有的雷达设有抗同频异步干扰电路。发射机和接收机组装在同一机柜内，合称收发机。

（4）显示器。

采用距离方位极坐标的平面位置显示，扫描线和天线同步旋转，有若干档距离量程可供选用。测距可用活动距标或固定距标；测方位可用电子方位线或机械方位圈。20 世纪 70 年代出现的高亮度显示器，可不用遮光罩，白天在驾驶台正常光线下供数人同时观察。有的采用彩色显示器，用不同颜色表示不同内容，使屏幕画面更醒目。

（5）电源。

早期用变流机,现已普遍采用逆变器,也有直接用船电的。

2)元件

航海雷达和其他电子设备一样也经历了电子管、晶体管和集成电路三个元件阶段。目前的固态航海雷达,除发射机的磁控管和显示器的阴极射线管外,全部采用固态元件,提高了整机工作的稳定性和可靠性。作为船用电子设备,为适应海上工作条件,在结构、电路和工艺上须考虑振动、摇摆、冲击、电源、电压和频率波动、温度、湿度、盐污、霉菌等各种因素的影响,舱外露天部分(如天线)还要考虑水密性和抗风强度。

3)雷达的性能

主要用来辨别物体的距离和方位。雷达的距离分辨力优于方位分辨力。

(1)距离分辨力。

主要取决于脉冲宽度。当同方位两物标的间距小于或等于 τ 时(τ 为脉冲宽度),两物标回波就连在一起,无法分辨。距离分辨力还与回波光点的直径有关,所以实际距离分辨力为 $(0.8\sim0.9)\tau$,如脉冲宽度为0.01微秒,距离分辨力约为25米。

(2)方位分辨力。

主要取决于波束水平宽度。当同距离两物标的方位差小于波束水平宽度时,两回波就连在一起。所以方位分辨力等于波束水平宽度和光点直径之和,其实际间隔则视距离远近而定。如波束水平宽度为1°,8海里处两物标要相隔260米左右,回波才能分开。

4)雷达的应用

航海雷达主要用于测定船位、引航和避让三个方面。

(1)定位。

雷达测距比测向精度高。按照定位精度顺序,雷达定位方法为:距离定位、孤立目标的距离方位定位和方位定位。如用雷达测距和目测方位结合,定位精度更高。雷达测量距离和方位的准确性受多种因素影响。按照国际海事组织1981年提出的性能标准,要求测距误差不超过所用量程的1.5%或70米,取其大者。物标在显示屏边沿的测方位误差应在±1°以内。

由于雷达本身性能和物标反射特性的影响,雷达图像具有以下特点,需要正确辨认。(a)失真,由于波束水平宽度和光点直径的影响,物标回波往往比实物为大;观测物标回波边沿的方位时,需修正半个波束水平宽度。由于雷达地平以远和受遮挡的地物无回波,所得岸线图形往往与海图上形状不完全一致。(b)有干扰,包括雨雪杂波、海浪杂波、同频杂波等的干扰,轻者影响观察,重者掩没物标回波。(c)可能出现假回波,包括旁辨回波、间接回波、多次反射等。(d)其他如由于船上烟囱、桅杆的遮挡,荧光屏上形成扇形阴影,超折射时出现第二行程回波等。

(2)引航。

在较宽水道航行,最好利用雷达连续在海图上定位进行导航。在狭水道航行,须直接在显示器上进行导航。航海雷达有相对运动显示和真运动显示两种方式。

相对运动显示方式为航海雷达的基本显示方式。其特点是代表本船船位的扫描起始点在荧光屏上(一般在荧光屏中心)固定不动,所有物标的运动都表现为对本船的相对运动。相对运动显示方式分两种:①舷角显示方式:又称“船首向上”显示方式。不管本船航向如何改变,船首标志线始终指向固定方位刻度盘的正上方(零度),便于读取舷角。但物标在屏幕上的位置随本船航向改变而改变,因此在改向或船首由于风浪而发生偏荡时,会使图像不稳,且由于余辉而使图像模糊。②方位显示方式:又称“真北向上”显示方式。将本船陀螺罗经的航向信息输入显示器,使船首标志线随本船航向而改变,其所指固定方位刻度盘读数就是当时本船航向,此时固定方位刻度盘正上方(零度)代表真北,本船改向时,物标在屏幕上的位置不变,保持图像稳定。船舶主要依靠浮标航行,而且航道弯度不大,可选用舷角显示方式;船舶航行转向频繁,而且需要大角度转向时,选用方位显示方式为宜。

真运动显示方式为在荧光屏上能反映船舶运动真实情况的显示方式。实现真运动显示,要将本船罗经的航向和计程仪的速度信息输入显示器。其特点是代表本船船位的扫描起始点以相应于本船的航向和速度在屏幕上移动,海面上的固定物标在屏幕上则固定不动,活动物标按其航向和航速在屏幕上作相应移动,根据活动物标的余辉,即能看出其真实航向和估计其速度。真运动显示方式主要是便于驾驶员迅速估计周围形势。

(3)避让标绘。

为了判别与会遇船有无碰撞危险,应根据雷达观测信息进行标绘作业,标绘内容通常是求最近会遇距离和来船的真航向,真航速。

人工标绘作业可在极坐标图上进行:按一定时间间隔把来船回波的相对位置移标在图上,其连线就是该船的相对运动线。它离中心的垂直距离,称为最近会遇距离。最近会遇距离太近就是有碰撞危险。已知本船真航向、真航速,通过作矢量三角形,就能求出会遇船真航向、真航速。

自动雷达标绘仪是附属于航海雷达的自动标绘装置,一般用电子计算机控制,可与雷达组装在一起,也可以作为单独部件。工作时,需向它输入本船航向、速度、雷达触发脉冲、雷达天线角位置和雷达视频回波信号,由人工或自动录取会遇船,然后自动跟踪。通常用矢量线在屏幕上表示各会遇船的航向和航速,其长短可以设定。矢量线末端代表到设定的时间时各会遇船的位置,可以很容易看出有无碰撞危险。也有用椭圆形或六角形显示预测危险区,其大小取决于所设定的最近会遇距离。如会遇船的航向、航速和本船的航速均不变,本船航向线通过预测危险区时,即有碰撞危险。当电子计算机算出最近会遇距离和到最近会遇点时间小于所设定的允许范围时,会自动地以各种方式(视觉和音响)报警,提醒驾驶员采取避让措施。如果需要,可进行模拟(模拟改向、改速或倒车),以确定所要采取的避让措施。为准确显示各种避碰信息,如选定船舶的方位、距离、航向、航速,最近会遇距离和到最近会遇点时间等,标绘仪中还有数字显示器或字符显示器。

2. VHF 通信设备

目前应用在船舶上的无线通信设备很多,比如包括中高频电台(MF/HF)、单边带(NB-DP)、Inmarsat-A 站(B 站或 C 站)、甚高频电台(VHF)、卫星电话等。海船上这些设备安装齐全,并且配置了专门或者兼职的 GMDSS 操作员,内河船舶一般只配备了甚高频电台(VHF),要求驾驶人员能熟练操作使用该设备。

VHF(Very high frequency)即甚高频电台,是指频带由 30MHz 到 300MHz 的无线电电波。比甚高频无线电频率低的是高频(HF),比甚高频无线电的频率高的是特高频(UHF)。VHF

主要是作较短途的传送，和高频（HF）不同的是，电离层通常不会反射 VHF 的信号，而且甚高频常常会受环境因素（如：地形）影响其信号。

船舶驾引人员应该在当局主管机关规定的频道上守听，并且按照避碰规则要求正确使用 VHF 和其他船舶联系。在紧急情况下，还可以通过 VHF 设备发送遇险信息

3. AIS 系统

AIS 系统技术已经成熟，首先在远洋船舶配置，目前已经推广到内河船舶，AIS 系统可以用来引航，探测物标时跟雷达相比有着不受遮蔽物遮挡等优点。

1）AIS 系统概念

AIS 系统是船舶自动识别系统（Automatic Identification System）的简称，由岸基（基站）设施和船载设备共同组成，是一种新型的集网络技术、现代通信技术、计算机技术、电子信息显示技术为一体的数字助航系统和设备。

船舶自动识别系统（AIS）由舰船飞机之敌我识别器发展而成，配合全球定位系统（GPS）将船位、船速、改变航向率及航向等船舶动态结合船名、呼号、吃水及危险货物等船舶静态资料由甚高频（VHF）频道向附近水域船舶及岸台广播，使邻近船舶及岸台能及时掌握附近海面所有船舶之动静态资讯，得以立刻互相通话协调，采取必要避让行动，对船舶安全有很大帮助。

2）AIS 功能

AIS 的正确使用有助于加强海上生命安全、提高航行的安全性和效率，以及对海洋环境的保护。AIS 的功能有：①识别船舶；②协助追踪目标；③简化信息交流；④提供其他辅助信息以避免碰撞发生。

AIS 能加强了船舶间避免碰撞的措施，增强了 ARPA 雷达、船舶交通管理系统、船舶报告的功能，在电子海图上显示所有船舶可视化的航向、航线、船名等信息，改进了海事通信的功能，提供了一种与通过 AIS 识别的船舶进行语音和文本通信的方法，增强了船舶的全局意识，使航海界进入了数字时代。

第三节 运输与装卸设备

一、杂货船的运输与装卸设备

1. 件杂货的运输与装卸

件杂货的传统运输方法，是将货物一件件地进行装卸和搬运。亦即发货人将货物装车运到港口，再将货物卸下堆存到仓库内，然后由港内各种搬运工具运至船边，用船上起货设备吊运到船舱内码垛装舱。在整个过程中，装、卸码垛都是一件件地进行。到达目的港后，进行相反的流程作业，亦是如此。所以这种传统的散件货运输工艺，在运输过程中各个环节的装卸换装，要投入较多的劳动力，耗费较长的时间及费用。

2. 集装箱的运输与装卸设备

1）集装箱的种类

随着集装箱运输的发展，为适应装载不同种类货物的需要，因而出现了不同种类的集装

箱。这些集装箱不仅外观不同,而且结构、强度、尺寸等也不相同。根据集装箱的用途不同而分有以下几种:

(1)干货集装箱:也称杂货集装箱,这是一种通用集装箱,用以装载除液体货、需要调节温度货物及特种货物以外的一般件杂货。这种集装箱使用范围极广。常用的有20英尺和40英尺两种。其结构特点是常为封闭式,一般在一端或侧面设有箱门。

(2)开顶集装箱:也称敞顶集装箱,这是一种没有刚性箱顶的集装箱,但有可折式顶梁支撑的帆布、塑料布或涂塑布制成的顶篷,其他构件与干货集装箱类似。开顶集装箱适于装载较高的大型货物和需吊装的重货。

(3)台架式及平台式集装箱:台架式集装箱是没有箱顶棚侧壁,甚至有的连端壁也去掉而只有底板和四个角柱的集装箱。

台架式集装箱有很多类型:敞侧台架式、全骨架台架式、有完整固定端壁的台架式、无端仅有固定角柱和底板的台架式集装箱等。

平台式集装箱是仅有底板而无上部结构的载长、重大件的集装箱。

(4)通风集装箱:通风集装箱一般在侧壁或端壁上设有通风孔,适于装载不需要冷冻而需通风、防止汗湿的货物,如水果、蔬菜等。如将通风孔关闭,可作为杂货集装箱使用。

(5)冷藏集装箱:这是专为运输要求保持一定温度的冷冻货或低温货而设计的集装箱。它分为带冷冻机的内藏式机械冷藏集装箱和没有冷冻机的外置式机械冷藏集装箱。适用装载肉类、水果等货物。冷藏集装箱造价较高,营运费用较高,使用中应注意冷冻装置的技术状态及箱内货物所需的温度。

(6)散货集装箱:散货集装箱除了有箱门外、在箱顶部还没有2~3个装货口。适用于装载粉状或粒状货物。使用时要注意保持箱内清洁干净,两侧保持光滑、便于货物从箱门卸货。

(7)动物集装箱:这是一种专供装运牲畜的集装箱。为了实现良好的通风、箱壁用金属丝网制造,侧壁下方设有清扫口和排水口,并设有供食装置。

(8)罐式集装箱:这是一种专供装运液体货而设置的集装箱,如酒类、油类及液状化工品等货物。它由罐体和箱体框架两部分组成,装货时货物由罐顶部装货孔进入,卸货时,则由排货孔流出或从顶部装货孔吸出。

(9)汽车集装箱:这是专为装运小型轿车而设计制造的集装箱可装载一层或两层小轿车。

由于集装箱在运输途中常受各种力的作用和环境的影响,因此集装箱的制造材料要有足够的刚度和强度,应尽量采用质量轻、强度高、耐用、维修保养费用低的材料,并且材料既要价格低廉,又要便于取得。

2)集装箱码头装卸设备

为了有效地提高集装箱码头的装卸效率,加速船、车、箱的周转,缩短其在港停留时间,集装箱码头采用高效专用机械设备,实现装卸作业机械化。

①岸壁集装箱起重机:又称集装箱装卸桥,是集装箱码头前沿机械,承担集装箱装、卸船作业。该机是大吞吐量集装箱码头高效专业化机械,其装卸效率一般为20~35TEU/小时,起重量为30~35吨,外伸距为35~38米左右,内伸距一般为8~16米左右,轨距一般

为 16m。

②多用途桥式起重机:即多用途装卸桥。既可装卸集装箱,又可装卸重件、成组货物及其他货物,一般在多用途码头采用,装卸效率为 20TEU/小时左右。主要缺点是自重大,轮压大,移机不便,造价也较高。

③高架轮胎式起重机:该机类似普通轮胎式起重机,机动性较大,通用性好,可任意行走,配备专用装卸吊具和属具、可装卸集装箱、件杂货等,适用于多用途泊位。主要缺点是自重较大,对码头承载能力要求较高,增加了码头建设投资,而且造价也较高。

④其他机械:如适用于吞吐量较小的港口,主要是内河港口的浮式起重机、多用途门式起重机等。

二、散货船的运输与装卸设备

散装货船在营运过程中遇到的关键问题之一是如何提高货物的装卸效率;从而提高船舶的利用率,降低运输成本。众所周知,散货在岸上可以以各种适用的输送机械以较高的效率向船舱输送,例如装船机,目前世界上最大矿石装船机生产率高达 20000 吨/小时 ,适用 32 万吨船型的外伸距。我国目前现有最大设备生产率为 6000 吨/小时,适用 10 万吨船型的外伸距,但秦皇岛煤五期已提出生产率 8000 吨/小时、适用 15 万吨船型的装船机。

问题相对比较困难的是如何提高卸船效率。传统的散货卸船工艺是采用抓斗,这种卸货方式存在不少缺点,最大的缺点是它的卸货效率无法取得突破性的提高。因为抓斗是周期性的从货舱抓取物料卸至岸上,它的效率主要取决于抓斗往返的周期和抓斗的容量,现在缩短周期的潜力已有限,而要增加抓斗容量就要相应地增加抓斗自重,从而要成倍地增加起重能力。许多中小型船舶也不允许采用过大容量的抓斗。周期性的卸货始终存在着间歇时间。因此,卸船效率无法有突破性的提高。其次,用抓斗卸货,要进行专门的清舱作业,这不仅要配备专门的清舱机械和有关人员,而且也大大影响卸货效率,据统计资料,由于清舱,使整个货舱的平均工作效率降低到抓斗正常工作效率的 70% 左右。另外,用抓斗卸货,在卸货过程中做了许多无用功,最明显的是在空斗运转中对物料的位移毫无作用,无谓的消耗了能量。抓斗卸货工艺的其他缺点还有:容易损坏船舶(主要是抓斗撞击船体);物料损耗大(物料泄漏入港池和散落周围);投料时物尘污染空气;不易实现卸货过程的自动化等。

为了提高效率,多年来人们广泛探索卸船的新工艺,探索的总趋势是如何把周期性的卸货变为连续输送的卸货。这不仅可以提高卸船效率,而且可与码头的连续输送系统相协调,构成连续输送线。在探索中产生了不少新型的连续输送的卸船机械。如设置在港口码头的链斗式卸船机、斗轮式卸船机、绳斗式卸船机等。但这些卸船机械虽然在卸货效率方面有较大的提高,然而还存在不少缺点。当前共同存在的主要缺点是:结构复杂,外形庞大,噪音较重,有冲击力,磨损厉害,投资和维修费用高。所以,它们都还不很理想。

采用连续输送卸船的另一种工艺形式是在船舶本身设置连续卸船机械,于是出现了各种形式的散货自卸船,其中,皮带输送型自卸船应用最为广泛。皮带输送型散货自卸船通常就称自卸船。它是指一种具有特殊货舱结构和带式卸货设备,能以连续输送方式卸货的干散货运输船舶。早在 1908 年,美国就建造了世界上第一艘传送带式的散货自卸船“汪达脱”号,航行于北美大湖区。二次世界大战后,由于散货运量的迅速增加,散货船吨位的逐渐增

大，使用抓斗卸货速度低下的矛盾日益尖锐，散货自卸船受到人们广泛的重视。到20世纪70年代后期，散货自卸船不仅在世界各国的湖区、内河和沿海运输中被采用，而且还向远洋运输发展。例如自卸船“Universe Kure”就专门用来横渡太平洋，在墨西哥与日本之间运盐。自卸船的自卸能力，由于自卸技术的不断研究和发展，也达到了较高水平。如60年代后期设计的“Stewart. J. Core”自卸船，设计卸矿效率高达20400吨/小时。

早在1958年，我国就已开始对散货自卸船的研究，70年代中期以后更有了较大的进展，如1975年，将一艘500吨雪橇型煤驳改装为我国第一艘翻斗式自卸船，并于1977年投产。1979年左右，又设计了1800吨自航自卸运煤船，先后建造了两艘，投入营运。1986年9月我国海上第一条煤炭自卸船航线，秦皇岛港至营口鲅鱼圈港，两艘载重量各为27000吨的自卸船“北极星”号和“南极洲”号正式开始了运营。

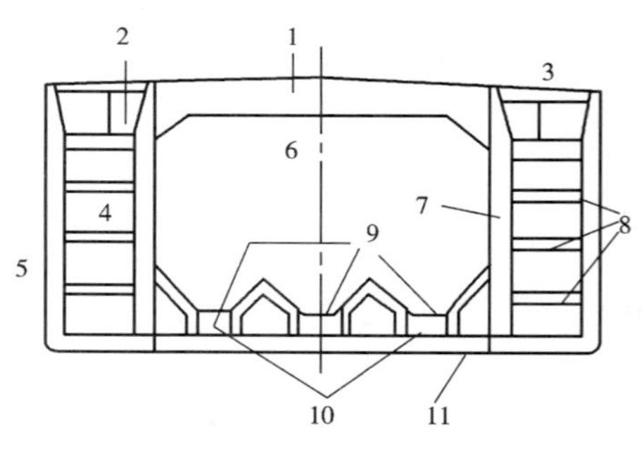

图7-6　散货自卸船货舱区剖面图

1-弓形板结构；2-通道；3-上甲板；4-压载水舱；5-船侧；6-货舱；7-货舱内壁构架；8-支撑构架；9-斗门；10-纵向转送；11-船底板

散货自卸船通常是在舱底设置纵向输送机，舱内物料运过斗门及其他喂料方式喂入输送机并被提升到一定高度经投料输送机卸至码头。图7-6是一艘载重量为5万吨级的散货自卸船货舱区剖面图。

现代散货自卸船的自卸系统有多种形式，各种形式主要表现在自卸系统的各主要环节上。

1. 舱底输送

现代散货自卸船舱底物料输送普遍采用胶带输送机。它的优点是结构简单，动作可靠，生产效率高。

2. 舱内喂料

喂料形式基本上可分为两种：一是全自流喂料。这种方法是藉物料的重力自流至舱底输送机上。其优点是比较简单，所以为大多数自卸船所采用。其缺点是物料舱斗壁倾角要大，亦即要大于物料的自然坡角，防止喂料不畅，因而舱容损失较大。所以这种喂料方法较适用于易流性货物。另外，为了提高舱容利用率，可根据货舱情况，采取增加舱底纵向输送机的办法。据估计，当纵向输送机由二条增至三条时，装货容积可增加10%，只是自卸系统的造价亦将增加10%左右。二是协助喂料。这种方法除部分藉物料重力自流以外，还要采用辅助设备来喂料。如采用甲板起重机、舱内推耙机、螺旋输送机、叶轮喂料器，以及使用翻斗等。其优点是可增大舱容，货舱可设计成类似普通散货船的形式，缺点是增加了辅助设备。这种喂料方法主要适用于轻质或流散性差的货物。

3. 物料提升

物料提升的方法有很多种，主要有：

斜带式：利用胶带斜升的方式来提升物料。由于皮带装料斜升其倾斜角度不能太大，一般光皮带的倾斜角为15°～18°，花纹皮带的倾斜角对小煤粒为28°～35°，对较大煤块23°～25°，因而提升区要损失较大的船容。当然，这种提升方式有其不少优点，如结构简单，维修方便，动作可靠，扬尘少，振动小，效率高。所以在提升高度不大的小型自卸船上较多采用。

护带式：在上述提升皮带上覆一条重皮带，使一直盖住物料到预定高度的卸料点再分开，亦即物料在两条输送带的夹持下进行提升。这种方式可使斜升带的倾斜角度增大到30°

~45°，从而可降低舱容损失，但设备及维修费用增加。

环带式：用两根皮带夹持物料呈圆弧形提升到预定高度。如图 7-7 所示。纵向输送机将物料投入环带式输送机的外圆皮带上，物料在外圆皮带与内圆皮带之间被夹持提升，最后由内圆皮带抛入甲板输送臂的喂料槽内。这种提升方式费用有所提高，但有效地减小了舱容损失，被广泛采用。

物料提升还有其他的方式，如少数国外自卸船还采用一种转轮提升机构来提升物料，这类提升机构对减小舱容损失十分有效，只是其结构较复杂，维修保养费用高，噪声大，所以实际应用不多。

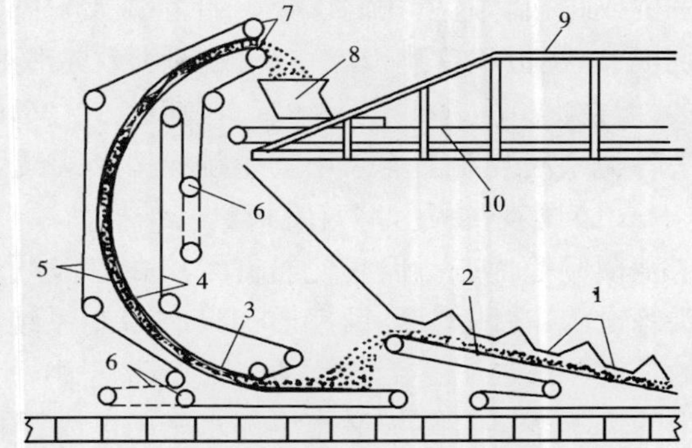

图 7-7 环带式物料提升

1-货舱料斗；2-纵向输送带；3-物料被夹持；4-内圆带；5-外圆带；6-拉紧装置；7-滚筒；8-料斗；9-输送臂；10-输送臂胶带

4. 投料机构

基本上有两种类型：甲板输送臂和伸缩输送机。甲板输送臂可以向左右两舷大角度回转，把物料投送到较远岸上，而且可以在一定角度（一般为 20°）内俯仰，所以适应性较好。缺点是造价高，且因暴露在甲板上，易蚀损，维修费用高，这种类型应用较普遍。伸缩输送机亦称梭式输送机。它固定于一定高度，可向一舷或两舷横向伸缩，伸出舷外的最大距离决定于船宽。伸缩输送机不能变幅，对水位变化比较大的码头不太适应。它的优点是结构简单，造价及维修费用低。

三、滚装客船的运输与装卸设备

滚装船亦称“滚上滚下船”。从广义讲，凡是借助轮子进行滚上滚下装卸的船舶都属于滚装船的范畴。世界上第一艘滚装船是 1958 年美国太阳造船公司建造的“彗星”号。

滚装运输的根本特点，是将船舶垂直方向的装卸改变为水平方向的装卸，它借助于轮子进行滚上滚下的装卸。具体地说，就是把装有集装箱及其他件货的半挂车或装有货物的带轮托盘作为货运单元，由牵引车或叉车直接进出船舶货舱的装卸。

滚装装卸系统可分为带轮运输和不带轮运输两种。前者是将底盘车连同货件（包括集装箱）一起装入舱内进行运输；后者则是货运单元送入舱内后用铲车或跨运车等进行堆放作业，空底盘车拖回码头。带轮运输减少了货物的换装。如果货物是装在拖车或卡车上作为单元装运，则可直接运到目的地，大大加快了运货速度，节省了换装费用，这种方式短程运输尤其明显。但其舱容利用率低，带轮设备投资大。

为了适应货物滚上滚下的装卸运输方式，滚装船的型深较大，船体亦较宽，且上甲板平整全通，上甲板下面按尺度的不同，设有二至六层分舱甲板，货舱内一般不设横舱壁，各层甲板之间用斜坡道或升降机连通。为平稳地安置货物，分舱甲板没有梁拱和脊弧。某些滚装船的分舱甲板间还设有平台，以便放置轻型车辆。滚装船机舱通常设于尾部甲板下面，烟囱位于两舷，上层建筑位于船头或船尾，上甲板不设货舱口和起货机械。

滚装设备是滚装船的关键设备，它直接影响滚装船的使用效果，滚装设备中主要的是船与码头的连接桥梁——跳板，以及各层甲板之间的连通设备——斜坡道及升降机。

1. 跳板

船与码头的连接实际上可有两种方式，即除了通过船舶本身设跳板外，也可通过岸上设吊桥或跳板。这里我们仅介绍船上跳板。目前滚装船采用的跳板，按设置的位置可分为尾跳板、舷跳板和首跳板。首跳板使用较少，仅在沿海一些小型船上可见。舷跳板使用也不很多，但在大、中、小型船上均有，在兼装小汽车的滚装船上较普遍。尾跳板则使用最广泛，几乎各类型滚装船上均采用。尾跳板按形式又可分为：

(1)尾直跳板。尾直跳板具有结构简单、重量轻、造价低、在车辆上下的装卸过程中不会产生横倾等优点。但它使船首无法在一般顺岸码头进行停靠装卸，需要设置有突台或浮码头等设施，在凹槽形，锯齿形和设有专用系缆桩的码头则可以使用，如图 7-8 所示。直跳板的长度一般在 12 ~ 15 米之间，大型船达 20 米左右；宽度一般在 7 ~ 13 米之间，很少超出 13 米的。不少尾直跳板又作尾部水密门。由于长度较短，尾直跳板只适应潮差较小的港口。

(2)尾斜跳板。尾斜跳板与船舶纵向中心线成一定的角度，一般为 35° ~ 45°，通常采用三节铰链结构，见图 7-9。其主要的优点是可停靠顺岸码头装卸，故使用广泛。缺点是结构复杂、重量及造价均比直跳板高，而且只能固定地偏向一舷。这种跳板的长度一般在 20 ~ 50 米之间，宽度在 7 ~ 12 米之间。由于跳板长度较长，可以适应潮差较大的港口。这种斜跳板产生的横倾力矩对小船影响大，且布置上亦较困难，故 3000 吨级以下的船用几乎都不采用。

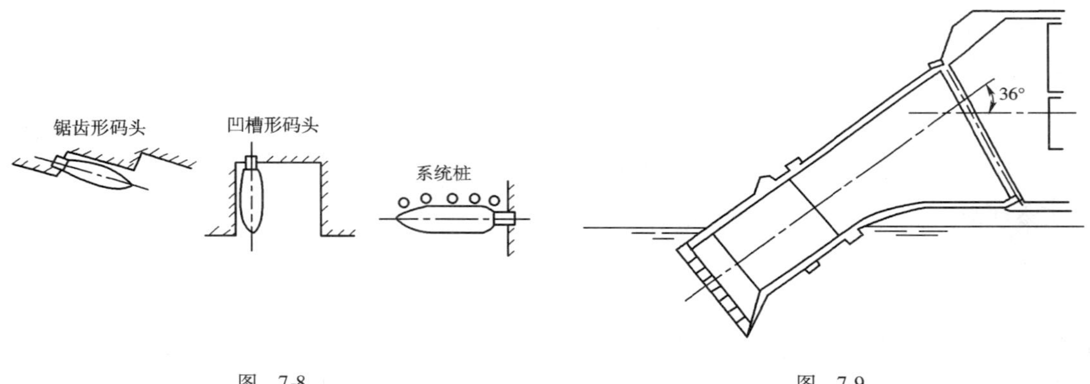

图 7-8　　图 7-9

(3)尾旋跳板。这是一种较新型的尾跳板，它的特点是可向两舷旋转而成斜跳板，也可置于中心位置而成直跳板，具有很大的灵活性。但结构复杂，自重大，容易损坏，价格也较贵，所以采用的不是很多。

(4)尾半旋跳板。这是只能向一舷旋转的跳板。

跳板的使用首先要保证装卸作业的安全，通常跳板的工作坡度应不大于 ±8°，横倾角不大于 ±4°。对码头的负荷不超过 2 ~ 3 吨/米^2。

2. 斜坡道及升降机

斜坡道和升降机，是连通滚装船上下甲板间的常用形式。

斜坡道一般分固定式和活动式两种。两端固定焊牢在上下甲板的为固定式；有一端可以活动升降的坡道称活动式。前者结构简单，造价低，易于保养，使用方便，但占据舱容较大，远洋滚装船上广泛采用。后者由二段或三段组成，可以变换位置，有的可兼作水密盖，舱容损失较小,但结构复杂,造价较高,维修工作量大;故使用并不广泛。坡道的坡度一般为1:8~1:10,专门运输小汽车的坡度可为1:6。坡度若已定,则坡道长度取决于甲板间高;坡道宽度一般为3.5~4.5米,只考虑单行交通线。

升降机所占舱容较斜坡道小得多,在中小型滚装船上较广泛使用。其缺点是装卸速度慢,由于是运动构件,结构和维修复杂,工作中容易出故障。形式有剪式、链式、液缸直顶式等多种。滚装船上的升降机尺寸考虑运送集装箱带拖车,一般长为13~19米,宽为3.5~7米。它可兼作开口的水密盖。

四、特种船舶的甲板装卸设备

1. 液货船货泵

油船、化学品船、LPG、LNG等船舶装载液体货物,在卸载货物时都需要用到货泵,只是不同类型的船舶使用的货泵的种类不一样,但目的都一样,通过货泵把货物从船上移交给收货人指定的存放场所。泵主要用来输送液体包括水、油、酸碱液、乳化液、悬乳液和液态金属等,也可输送液体、气体混合物以及含悬浮固体物的液体。

2. 泵的分类

(1)按工作原理分。

①容积式泵。

靠工作部件的运动造成工作容积周期性地增大和缩小而吸排液体,并靠工作部件的挤压而直接使液体的压力能增加。根据运动部件运动方式的不同又分为:往复泵和回转泵两类。根据运动部件结构不同有:活塞泵和柱塞泵,有齿轮泵、螺杆泵、叶片泵和水环泵。

②叶轮式泵。

叶轮式泵是靠叶轮带动液体高速回转而把机械能传递给所输送的液体。根据泵的叶轮和流道结构特点的不同叶轮式又可分为:离心泵、轴流泵、混流泵、旋涡泵。

③喷射式泵。

是靠工作流体产生的高速射流引射流体,然后再通过动量交换而使被引射流体的能量增加。

(2)按泵轴位置分。

泵按泵轴位置可分为卧式泵和立式泵两种。

(3)按吸口数目分。

泵按吸口数目可分为单吸泵和双吸泵两种。

(4)按驱动泵的原动机来分。

泵按驱动泵的原动机可分为电动泵、汽轮机泵、柴油机泵、气动隔膜泵。

3. 泵的选择和使用

在设计装置设备时,要确定泵的用途和性能并选择泵型。这种选择首先得从选择泵的种类和形式开始。

(1)泵选型原则。

①使所选泵的形式和性能符合装置流量、扬程、压力、温度、汽蚀流量、吸程等工艺参数的要求。

②必须满足介质特性的要求。对输送易燃、易爆有毒或贵重介质的泵，要求轴封可靠或采用无泄漏泵，如磁力驱动泵、隔膜泵、屏蔽泵；对输送腐蚀性介质的泵，要求对流部件采用耐腐蚀性材料，如 AFB 不锈钢耐腐蚀泵，CQF 工程塑料磁力驱动泵；对输送含固体颗粒介质的泵，要求对流部件采用耐磨材料，必要时轴封用采用清洁液体冲洗。

③机械方面可靠性高、噪声低、振动小。

④经济上要综合考虑到设备费、运转费、维修费和管理费的总成本最低。

⑤离心泵具有转速高、体积小、重量轻、效率高、流量大、结构简单、输液无脉动、性能平稳、容易操作和维修方便等特点。

(2)泵的选型。

泵选型应根据工艺流程，给排水要求，从五个方面加以考虑，即液体输送量、装置扬程、液体性质、管路布置以及操作运转条件等。

①流量是选泵的重要性能数据之一，它直接关系到整个装置的生产能力和输送能力。如工艺设计中能算出泵正常、最小、最大三种流量。选择泵时，以最大流量为依据，兼顾正常流量，在没有最大流量时，通常可取正常流量的 1.1 倍作为最大流量。

②装置系统所需的扬程是选泵的又一重要性能数据，一般要用放大 5% ~10% 余量后扬程来选型。

③液体性质，包括液体介质名称、物理性质、化学性质和其他性质。物理性质有温度、密度、黏度、介质中固体颗粒直径和气体的含量等，这涉及系统的扬程，有效气蚀余量计算和合适泵的类型；化学性质，主要指液体介质的化学腐蚀性和毒性，是选用泵材料和选用哪一种轴封形式的重要依据。

④装置系统的管路布置条件指的是送液高度，送液距离，送液走向，吸入侧最低液面，排出侧最高液面等一些数据和管道规格及其长度、材料、管件规格、数量等，以便进行系统扬程计算和汽蚀余量的校核。

⑤操作条件的内容很多，如液体的操作温度、饱和蒸汽力、吸入侧压力(绝对)、排出侧容器压力、海拔高度、环境温度、操作是间隙的还是连续的、泵的位置是固定的还是可移的等。

(3)泵的维护管理

泵要分为电与机两个方面，对于机的方面，主要把以前的维护记录调出来比对一下就知道了。其次就是电的方面了，要了解每台泵电机的功率，对其控制系统有一定的了解。

4. 常用船舶货泵

(1)离心泵。

离心泵是叶轮式泵中的一种，离心泵有立式、卧式、单级、多级、单吸、双吸、自吸式等多种形式。

①离心泵的基本结构。

离心泵的基本构造是由六部分组成的，分别是：叶轮，泵体，泵轴，轴承，密封环，填料函。

叶轮：离心泵的核心部分，它转速高输出力大，叶轮上的叶片又起到主要作用，叶轮在装配前要通过静平衡实验。叶轮上的内外表面要求光滑，以减少水流的摩擦损失。

泵体：也称泵壳，它是水泵的主体。起到支撑固定作用，并与安装轴承的托架相连接。

泵轴：作用是借联轴器和电动机相连接，将电动机的转矩传给叶轮，所以它是传递机械能的主要部件。

轴承：套在泵轴上支撑泵轴的构件，有滚动轴承和滑动轴承两种。

密封环：又称减漏环。为了增加回流阻力减少内漏，延缓叶轮和泵壳的使用寿命，在泵壳内缘和叶轮外援结合处装有密封环，密封的间隙以保持在 0.25～1.10 毫米之间为宜。

填料函：主要由填料、水封环、填料筒、填料压盖、水封管组成。填料函的作用主要是为了封闭泵壳与泵轴之间的空隙，不让泵内的水流流到外面来也不让外面的空气进入到泵内。始终保持水泵内的真空！

轴向力平衡装置：在离心泵运行过程中，由于液体是在低压下进入叶轮，而在高压下流出，使叶轮两侧所受压力不等，产生了指向入口方向的轴向推力，会引起转子发生轴向窜动，产生磨损和振动，因此应设置轴向推力轴承，以便平衡轴向力。

②离心泵的主要工作原理。

离心泵的主要过流部件有吸水室、叶轮和压水室。吸水室位于叶轮的进水口前面，起到把液体引向叶轮的作用；压水室主要有螺旋形压水室（蜗壳式）、导叶和空间导叶三种形式；叶轮是泵的最重要的工作元件，是过流部件的心脏，叶轮由盖板和中间的叶片组成。

离心泵工作前，先将泵内充满液体，然后启动离心泵，叶轮快速转动，叶轮的叶片驱使液体转动，液体转动时依靠惯性向叶轮外缘流去，同时叶轮从吸入室吸进液体，在这一过程中，叶轮中的液体绕流叶片，在绕流运动中液体作用一升力于叶片，反过来叶片以一个与此升力大小相等、方向相反的力作用于液体，这个力对液体做功，使液体得到能量而流出叶轮，这时液体的动能与压能均增大。

离心泵依靠旋转叶轮对液体的作用把原动机的机械能传递给液体。由于离心泵的作用液体从叶轮进口流向出口的过程中，其速度能和压力能都得到增加，被叶轮排出的液体经过压出室，大部分速度能转换成压力能，然后沿排出管路输送出去，这时，叶轮进口处因液体的排出而形成真空或低压，吸水池中的液体在液面压力（大气压）的作用下，被压入叶轮的进口，于是，旋转着的叶轮就连续不断地吸入和排出液体。

（2）螺杆泵。

螺杆泵是容积式泵中的一种，具有两个或两个以上啮合螺杆，可以在壳体中转动以实现吸、排的液压泵。螺杆泵有单螺杆泵、双螺杆泵、多螺杆泵 3 种形式。

①螺杆泵的基本结构。

螺杆泵的基本构造主要由驱动装置、井口装置、井下螺杆泵以及中间油管组成。比如 G 型单螺杆泵结构包括：出料体、拉杆、定子、螺杆轴、万向节或销接、进料体、连接轴、填料座、填料压盖、轴承座、轴承、传动轴、轴承盖、联轴器、底盘、电机。

②螺杆泵的主要工作原理。

螺杆泵是靠空腔排油，即转子与定子间形成的一个个互不连通的封闭腔室，当转子转动时，封闭空腔沿轴线方向由吸入端向排出端方向运移。封闭腔在排出端消失，空腔内的原油也就随之由吸入端均匀地挤到排出端。同时，又在吸入端重新形成新的低压空腔将原油吸入。这样，封闭空腔不断地形成、运移和消失，原油便不断地充满、挤压和排出，从而把井中的原油不断地吸入，通过油管举升到井口。

五、船用起货设备

船舶起货设备(ship's cargo handling gear)是船舶设备的一个组成部分。特别是杂散货船舶自备的用于装卸货物的装置和机械,主要有吊杆装置、甲板起重机及其他装卸机械。液货船在管线接口附近甲板上根据需要会安装吊杆或克令吊。

1. 吊杆装置

由吊杆、起重柱(或起重桅)、索具和绞车(或起货机)等组成。吊杆装置是船上传统的起货设备,虽然绳索繁多,操作麻烦,但因结构简单,制造容易,成本低廉,至今仍被广泛采用。

1)单杆操作和双杆操作

用吊杆装置装卸货物,有单杆操作和双杆操作两种方式。单杆操作是用一根吊杆进行货物的装卸,吊杆吊起货物后,拉动牵索使货物随吊杆一起摆向舷外或货舱口,然后放下货物,再把吊杆转回至原位,如此往返作业。装卸时每次都要用牵索摆动吊杆,所以效率低,劳动强度大。双杆操作用两根吊杆,一根置于货舱口上空,另一根伸出舷外,两吊杆用牵索固定在某一工作位置上。两吊杆的起货索则同连在一个吊钩上。只要分别收、放两起货索,就可把货物从船上卸至码头,或者把货物从码头装到船上。双杆操作的装卸效率比单杆操作高,劳动强度也较轻。

2)双千斤索吊杆装置和埃贝尔吊杆装置

双千斤索吊杆装置是由单杆操作的吊杆装置改进而成的,装置中只有起货索和两组左右分开的千斤索。吊杆由一台起货绞车和两台千斤索绞车操纵,操作方便,装卸效率也高。埃贝尔吊杆装置是由双杆操作的吊杆装置改进而成的,装置中有起货绞车、千斤索和牵索绞车。可以借助绞车很快地把吊杆放在任何位置。同时还可以在吊杆的工作半径范围内定点起吊和落放货物,以提高装卸效率。这是向货物装卸全自动化前进的重要一步。

3)轻型吊杆装置和重型吊杆装置

吊杆装置可分为轻型和重型两类。起重量在10吨以下的为轻型吊杆装置,超过10吨的为重型吊杆装置。吊杆的起重量根据船舶的用途决定。一般干货船的轻型吊杆单杆操作起重量为3~5吨,双杆操作为1.5~3吨;万吨级干货船的单杆操作起重量可至10吨,双杆操作可至5吨。现代多用途船要装卸集装箱,吊杆的起重量至少应能吊得起20英尺的集装箱(20吨)。重型吊杆是用来装卸大型机械、机车车辆等重件大件货物的,一般货船上仅设置1~2根,起重量大多为10~60吨,也有60~150吨的,少数达300吨。一般干货船每个货舱都有两根轻型吊杆;巨型干货船每个货舱往往设置四根轻型吊杆。

2. 甲板起重机

设置在船舶上甲板上的机械。这种起重机结构紧凑,使船舶有较多的甲板面积可利用,对桥楼上视线的影响较小。甲板起重机操作简便,装卸效率高,机动灵活,作业前没有繁琐的准备工作,应用日益广泛。甲板起重机常用的有固定旋转起重机、移动旋转起重机和龙门起重机。传动方式有电力传动和电力—液压传动两种。

1)固定旋转起重机

这种起重机应用最广,可以单独或成对地在左右舷作业。起重量一般为3~5吨。在多用途船上，要求单吊能吊起20英尺集装箱，双吊能吊起40英尺集装箱(30吨)，其起重量可达25～30吨。

2)移动旋转起重机

在装卸货物要求起重机跨距较大，而又希望起重机吊臂不太长的情况下，往往采用移动旋转起重机。移动旋转起重机有沿船舶横向移动和纵向移动两种。

3)龙门起重机

这种起重机为全集装箱船(见集装箱船)和载驳船所广泛采用，通常为四足型或C型。有一根可伸出的吊臂、吊重横档和一个可移动的桥架及驾驶室。桥架的水平主梁高出堆装在甲板上的集装箱，并有自动定位装置，装船时可以把集装箱准确地落放在集装箱分格中或堆放在甲板上。载驳船上的龙门起重机数量比集装箱船上的多，起重量可达几百吨。

3. 其他装卸机器

主要有升降机、提升机和输送机。升降机是船上沿导轨垂直移动的机械，供各层甲板间提升和下降货物用。如滚装船上多采用升降机连接各层甲板以运送货物。滚装船上的升降机有剪式、链式等数种，其长度为9～18.5米，宽度为3～5米。有些载驳船上也安装升降机装卸货驳，不过起重能力比滚装船上的大得多。提升机是在垂直方向或较大的倾斜方向连续输送货物。输送机是在水平方向或坡度不大的方向连续输送货物。这两种机械多用在自卸船上或通过舷门进行装卸的船上。

第四节　消防、防污染与应急设施设备

船舶在水域中航行，不可避免地会发生火灾、碰撞、搁浅以及污染水域等事故。因此，船舶根据国际海事组织和各国的海事机构的要求，必须配备消防、环保和应急设施设备，以保证船员的生命安全，最大限度地减少对水域环境的污染。SOLAS公约、MARPOL 73/78公约、STCW公约等法律法规，对船舶在消防、防污染和应急设备配置方面都有严格的规定。

一、船舶通用应急消防、防污染设备、设施

1. 船舶消防设备

1)概述

船舶消防设备是为了预防船舶火灾而设计安装的保护设施，由灭火介质和介质供应设备、介质传输管道、控制阀门、终端设备组成，当发生火灾以后由动力设备向固定的管道供应灭火介质，然后由终端设备向火源喷射达到灭火目的。

2)分类

船舶消防系统分类方法很多，根据使用介质主要分为惰性气体、化学泡沫、水等几种灭火方式，其中惰性气体灭火方式在船舶上主要采用氮气和二氧化碳两种，而二氧化碳应用较多，常见用于机舱、泵舱、主机灭火；根据主要工作性质分为对内消防和对外消防两种；根据设备器材分为动力式和便携式。

3)船舶消防系统主要设施和构造

(1)船舶消防系统大型动力式灭火系统主要有三种：

①惰性气体灭火系统主要是由气体供应站、控制阀、气体释放阀、主干管道和气体释放喷头组成。

②化学泡沫灭火系统主要由泡沫舱、泡沫泵、比例混合器、泡沫消防炮、主干管道、消火栓、消防水带和消防水枪组成 。

③水基灭火系统主要由应急海水阀、储水舱、消防泵、备用泵(海水泵、压载泵)、主干管道、消防炮、消防水带和消防水枪组成。

(2)便携式灭火器材主要有手提式干粉灭火器、手提式泡沫灭火器、推车式干粉灭火器、推车式泡沫灭火器,手提式卤化烃灭火器。

(3)船舶其他消防设施有喷淋消防系统和消防沙箱。

4)船舶消防主要方面

船舶消防主要涉及三个方面的内容:防火、探火和报警、灭火。

(1)防火。

防火包括四个方面内容:

①防止火灾发生。尽量采用不燃材料并限制使用可燃材料。船上生活区的衬板、地板、天花板等用不燃材料;限制室内使用可燃性镶片、饰片等;客船和油船生活区的甲板敷料使用不易燃烧材料。限制船上燃油的闪点和机电设备的温升;对发热表面如排气烟道等用绝热材料加以包扎。油船的货油舱内通常装设惰性气体系统,使货油舱内气体处于惰性状态,以防发生爆炸。

②限制火灾蔓延。船舶采用防火结构和控制通风。客船用甲级耐火绝缘舱壁和甲板,将船分为若干主竖区,主竖区内又用乙级或丙级耐火舱壁分隔居住或公用舱室。船上安装控制通风的设备,一旦发生火灾,能关闭风道,减少氧气供量。

③设置通向救生甲板的脱险通道,保证旅客和船员在发生火灾时能安全脱险。

④配备灭火系统。在不同区域安放手携式灭火器,便于就近取用。常用的有泡沫灭火器、二氧化碳灭火器、干粉灭火器、卤化烃灭火器等,用于消灭火势不大的火灾。船上安装的固定灭火系统包括:水灭火系统,由消防泵、管系、灭火栓、水龙带和水枪等组成;气体灭火系统,如二氧化碳系统、卤化烃系统;泡沫灭火系统,如油船甲板泡沫系统,机舱内高倍泡沫系统;固定喷淋系统,如居住舱室的自动喷淋系统,机舱内的喷淋雾系统等,用于消灭较大的火灾。液化气体船装有干粉灭火系统。此外,船上还配备有救火用具,如防火衣具、呼吸器、太平斧、火钩、撬棒等。

(2)探火和报警。

为及时发现火灾,发出警报,消灭火灾于初起状态,船上一般设置探火和报警系统。探火和报警系统按工作原理可分为感烟、感温和感光三类。感烟式火灾自动报警器是由装设在被保护舱室顶部的集烟器引起报警的。当起火产生的烟气由集烟器、导管进入装在驾驶台的报警指示箱,通过光学、电阻桥或离子式装置即可发出警报。感温式火灾自动报警器是利用设在被保护舱室天花板上的感温器引起报警的。感温器受起火后高温的影响,将电路接通或切断而使指示器发出可听和可见信号。感光式火灾自动报警器是利用探测器感知起火时的红外线或紫外线引起报警。火灾报警器的指示器一般装在驾驶台和失火控制站。

(3)灭火。

灭火的基本方法有两种。一种是针对燃烧三要素(可燃物、氧气、温度)采取隔离、窒息、冷却的物理方法;另一种是抑制和破坏燃烧连锁反应的化学方法。灭火时,往往兼用这两种方法,并根据火灾的性质采用不同的灭火介质。固体物质燃烧为甲类火,主要用水降温,并使水深入燃烧物的内部灭火,防止复燃;可燃液体物质燃烧为乙类火,采用干粉、泡沫、二氧化碳或卤化烃等灭火剂,或利用喷雾水枪喷洒水雾灭火;电气着火为丙类火,用干粉、二氧化碳等不导电的灭火剂灭火,并且要及时切断电源。

2. 船舶环保防污设备

船舶污染主要是指船舶在航行、停泊港口、装卸货物的过程中对周围水环境和大气环境产生的污染,主要污染物有含油污水、生活污水、船舶垃圾三类;另外,也将产生粉尘、化学物品、废气等,但总的说来,对环境影响较小。

1)船舶污染主要源头

(1)油类。

系指船舶装载的货油和船舶在运营中使用的油品,包括原油、燃料油、润滑油、油泥、油渣和石油炼制品在内的任何形式的石油和油性混合物。船舶油类污染可以分成船舶油污水(压舱水、洗舱水、舱底水、舱底残油)和船舶溢油两类污染。

(2)船舶生活污水。

主要是指人的粪便水,包括从小便池、抽水马桶等排出的污水和废物;从病房、医务室的面盆、洗澡盆和这些处所排出孔排出的污水和废物;以及与上述污水废物相混合的日常生活用水(指洗脸水、洗澡水、洗衣水、厨房洗涤水等)和其他用水。

(3)船舶垃圾。

系指在船舶正常的营运期间产生的,并要不断地或定期地予以处理的各种食品的,日常用品的,工作用品的废弃物和船舶运行时,产生的各种废物,主要有食品垃圾(米饭、菜肴、干点、饮料、糖果等)、塑料制品垃圾(聚氯乙烯制品、合成纤维制品、玻璃钢制品)及其他垃圾(纸、木制品、布类制品、玻璃制品、金属制品、陶器制品等)。

2)船舶防污染设备

船舶在防污染除了常规存放污油的污油水舱等设备外,还有特定的一些特定的防污染设备,比如船舶油水分离器和排油监控装置、船舶生活污水处理装置、船舶垃圾处理装置。

(1)船舶油水分离器和排油监控装置。

①船舶油水分离器:

对含油污水污水,主要用油污分离器进行处理。油水分离器就是将油和水分离开来的仪器,原理主要是根据水和燃油的密度差,利用重力沉降原理去除杂质和水分的分离器,内部还有扩散锥,滤网等分离元件。船舶油水分离器可以通过对船舶上的含各种燃料油、密度极高的残余渣油以及由氧化铁、表面活性剂等配置的乳化液混合物舱底水进行有效处理。

油水分离器的组成:(a)粗粒化芯盖、粗粒化芯、密封垫片和粗粒化芯底板;(b)精滤腔及水管、透明塑料管、精滤芯盖;(c)弯嘴旋塞、不锈钢丝滤网;(d)加热器及温度压力控制器;(e)手动控制的顶杆及电磁阀等。

油水分离器的工作原理和工作流程分2步:(a)油水分离器杂物与液体分离:污水进入系统的过滤腔后,可随液体流动的较大的固型物首先被过滤网筐分离出来,其余较小的杂志物沉降在设备底部，以此来保证后续的油水分离物有效进行；(b)油水分离器油水分离：通过油水分离腔的作用，动植物脂肪和油脂浮到水面表层，当浮于水面的油脂累计到一定量时会平稳地流动到集油槽中，再经排油阀流出，处理后的污水经排出口流出，根本实现油水分离(为防止低温时油脂凝结不利于流出，寒冷环境下使用的设备可选配集油槽和排油阀加温系统)。

②排油监控装置：

用于监控压载水或含油洗舱水的舷外排放的监控装置，所排放的标准严格遵守法律法规。监控装置包括流量测量系统，取样头，采样头，采样泵、回流阀，排放阀，采样泵控制箱，排放阀控制箱，还包括相互连接的计算机控制单元和测量单元。其原理在于其中，计算机控制单元接收来自所述测量单元的信号，并经计算处理反馈所接收的信号，向所述测量单元发送信号；测量单元的一入口与取样头连接，使取样头所取的样水通过所述测量单元的光学测量元件后经过信号转换，将采集到的样水中含油量的变化转换成相应的信号传递给计算机控制单元。排油监控装置主要用于航船中对流动样水进行油分浓度的测量。

(2)船舶生活污水处理装置。

对船舶生活污水来说，主要的处理方法有在船上直接安装生活污水处理装置、安装生活污水收集装置，第一种是达标处理后，直接排入江河，第二种是收集到岸上处理。

国内出现的船舶生活污水处理装置主要有三种，ST 型(活性污泥法)、WCB 型(活性污泥和接触氧化法)及 CSWA 系列(两级生物接触氧化——AB 法)。它们虽几经改进，但都因为装置容积大而不适于人数较多的客货轮。日本在船用生活污水处理器的研究方面，处于世界的领先水平，他们研究的 SBT 型系列船舶污水处理装置，能实现轮船直接达标排污，但价格较贵，对我国的大部分船东来说，很难承担。近年来，厌氧法等生化处理方法的优化组合慢慢取代好氧生物处理方式。

3. 船舶垃圾处理装置

对船上的生活垃圾处理，主要的方法是收集到岸上处理、在船上焚烧、磨碎排放等。收集到岸上处理的方法用得最多，目前已有多种类型的收集装置，这种方法的优点是简单、实用，缺点是食品类垃圾容易腐烂，如果垃圾量大，需要容器的体积大，增加了船体的重量，此外，转运成本高。在船上焚烧，最大的优点是减量比例大，能达到 90% 以上，还能彻底消灭病菌，缺点焚烧炉投资比较高，要产生大气污染，至于焚烧炉的技术设备较成熟。磨碎法，因为只改变了污染物的物理形态，在内河上，只能和其他方法结合使用(对于海船，可以在一定条件下直接排放)。

4. 船舶应急设备

船舶消防、防污染设备很多都属于应急设备，而且船舶应急设备大部分在机舱，由轮机部管理。船舶的应急设备包括：应急发电机、应急操舵装置、应急蓄电池组、应急空气压缩机、应急消防泵、救生艇发动机、燃油速闭阀、机舱应急舱底水吸口和吸入阀、通风筒挡火板、天窗及烟囱应急关闭装置、应急出口(逃生孔)、机炉舱风油应急切断装置及地轴弄水密门等。

1)应急发电机

具有独立的冷却水系统、燃油系统和启动装置的柴油机驱动，布置于经船级社同意的最高一层连续甲板以上和机舱栅以外的处所，以确保当发生火灾或其他灾难致使主电源装置失效时能动作用。应急设备平时不用，一旦需要使用时它对船舶的安危举足轻重，所以平时的维护工作来不得半点马虎。按规范要求应每月运转一次，并且要合电实验。在试运转前，应详细检查燃油柜的油位。冷却淡水位、润滑油位、启动蓄电池的电量（气动的检查其专用空气瓶的压力）是否足够等，启动后要立即检查其冷却海水出水情况。

2）应急操舵装置

每艘船舶应配备主操舵装置和辅助操舵装置，并且两者之一发生故障，不能导致另一装置不能工作。辅助操舵装置独立于主操舵装置的控制系统，规范要求每季度进行一次效用试验。按结构的不同，有的辅助操舵装置在舵机室操作，有的也能在驾驶室操纵，一般是驾驶员指挥，由水手操作。平时效用试验时，一般由大管轮会同当班驾驶员进行。

3）应急照明设备

客船和500总吨及以上的货船均应有独立的应急电源，应急电源的供电范围、时间和功率应满足船级社对不同类型船舶的规定，目前海船一般采用应急发电机来带动应急照明，内河船一般采用应急蓄电池组。应急蓄电池组应设在机舱以外，且在最高一层的连续甲板上，当主电源供电失效时，自动连接至应急配电板。按规范要求，应急蓄电池组应每月进行一次效用试验。平时应注意检查电解液的比重和量，及时补液充电，并经常检查应急照明灯泡灯罩，并正确标示。

4）应急空气压缩机

一般采用手动启动的柴油机或其他有效的装置驱动，以保证对空气瓶的初始充气。它是船舶以“瘫船”状态恢复运动的原始动力，按规范要求每周或每半个月进行一次试运转，以检验其性能。平时管理时应注意按其结构的具体情况，检查和加足润滑油，检查排出管理是否漏气，安全阀是否有效，吸入滤网是否堵塞等。

5）应急消防泵

应急消防泵是当机舱进水、失火或全船失电时，用来提供消防水的设施。根据规范要求，2000总吨以下船舶的应急消防泵可为携带型，2000总吨及以上船舶应设固定式动力泵。固定式应急消防泵应常设在机舱以外，其原动力为才柴油机或电动机。电动应急消防泵有两路独立的电源，分别由主配电板和应急配电板供电，保证主配电站失效时仍能使用。规范要求应急消防泵每周或每半个月效用试验一次。

6）救生艇发动机

按规范要求，一般每周检查试运转一次，并进行正、倒车换向试验。启动前要检查柴油柜油量、冷却水量、曲柄箱滑油油位、离合器油位、电动机的要定期检查并充足电量，保证随时能启动。盘车检查无异常情况后启动，启动后检查注意离合器工作情况。冬季要做好防冻措施。

7）燃油速闭阀

装设在燃油舱出口管理，当该处失火时能从有关处所的外部加以关闭。弃船时，也要关闭此阀。按规范要求一般以季度效用试验一次，进行就地及机舱外遥控关闭试验。

8）机舱应急舱底水吸口和吸入阀

属机舱进水时排水的重要应急设备，它与机舱排量最大的一台海水泵相连，如主海水泵、压载泵、通用泵等。少数船的应急吸口还与舱底水相通。规范规定应急吸口与泵的连接管路上装设截止止回阀，阀杆适当延伸，使阀的开关手轮在花铁板以上的高度至少为460毫米。这规定有两个好处：一是机舱舱底水只能出不能进；二是当机舱舱底水浸过花铁板时，仍能清楚此阀的位置，便于应急操作。每季度应清洁应急舱底水吸口，防止污物堵塞；截止止回阀加油活络，防止锈死。

9）通风筒挡火板及天窗、烟囱应急关闭装置

此项设施在船舶失火时一般能从各处所得外面操纵，关闭通往该处所的一切门道、通风筒、烟囱周围的环状空间。一般每季试验检查一次，加油活络、开关试验。

10）应急出口

每一机舱、轴隧和锅炉舱一般设有两个应急出口，其中一个可为水密门，是船员应急逃生所用。从处所的下部起至该处所外面的一个安全地点，应能提供连续的防火遮蔽，以确保逃生路线安全。平时检查主要是维护其畅通无阻，标明显著的标识及逃生方向路线指示，清除出入口旁的杂物；确保应急逃生通道的照明正常；水密门应标明开关方向，加油活络各转动销及手柄，保持其活络和密封。

11）风油应急切断装置

强力送风机或抽风机、燃油驳运泵和燃油装置泵以及其他类似的燃油驱动机械，应在有关处所的外部装设风油应急切断装置，以便于在这些处所失火时将其工作停止。一般每月对其进行效用试验一次，试验完后要接着复位有关空气开关。

二、普通货物运输船舶的消防、环保与应急设施设备

1. 应急消防设备

在采取灭火措施时，应充分考虑各种火灾及灭火器材的特性，对船舶浮态和稳性及对船舶设备和货物的影响，将损失降低到最小。

1）水灭火系统

船舶的水灭火系统包括通常船舶具备的固定灭火系统。当发生火灾时，船员首先应查明火源，针对火势的大小、火势的区域，合理使用消防器材。当采用水泵进行灭火时，应认识到水对船舶设备、货物的负面影响。一旦有大量的水进入舱内，会形成很大的自由液面，若不及时排出会危及船舶安全。

2）二氧化碳灭火系统

二氧化碳管路系统每两年用空气疏通，钢瓶每两年称重检验，缺少1/10应充加。

使用二氧化碳灭火系统时，应注意：

（1）窒息性强，稍有毒性，浓度为9%时，几分钟内会使人失去知觉；

（2）火灾之后不久重新进入空气，会有复燃的危险；

（3）施放时可能会有静电，诱发火花，所以必须确认现场无人后方可施放；

（4）施放前需关闭水密门、通风通道，以防延误灭火时机。

3）泡沫灭火系统

泡沫适用于扑灭油类火灾，即包括可燃液体或可燃液化固体的火灾。

4）便携式灭火器材

当发现火灾发生时，应立即适用现场附近的便携式灭火器，争取把火灾消灭在萌芽阶段，一旦火势渐强，有必要使用固定灭火系统控制火势。

5)紧急救生呼吸器

紧急救生呼吸器是自给式压缩空气装置，可供处于有毒、有害、烟雾、缺氧环境中的人员逃生使用，是船舶发生火灾等紧急情况下帮助船员逃生的应急设备。

所有船舶在居住场所内至少有两套紧急救生呼吸器，应置于容易看到的位置，一旦发生火灾时能快速到达存放位置。

6)其他设备

包括国际通岸接头、太平斧、铁钩、沙箱、消防桶等，探火员个人保护装置，主要有面罩、头套、防护隔热服、呼吸器等。对各种消防器材和设备应注意平时的维修保养，使其处于随时可用状态。各种器材的存放地点应有明显的标志。

2. 应急救生设备

船上通常配备的救生设备包括救生艇、救生筏、救生浮具、救生圈、救生衣、救生用的抛绳设备和救生信号。

1)救生设备的基本要求

(1)一切救生设备应在船舶离港前及全部航行中处于正常可使用状态；

(2)救生艇、救生筏、救生浮具必须在最短的时间内降落；

(3)救生设备存放地点，应利于迅速操作，以及船上人员迅速集结和登乘；

(4)确保所有人员在通向登乘地点的通道、出口以及救生设备存放地点都有应急照明；

(5)救生设备在有效期内应能防腐烂，耐腐蚀，不因阳光、海水、原油或真菌的侵蚀而影响正常使用。救生设备应涂成橙黄色。

2)应急救生设备

(1)救生艇。

救生艇按结构形式分为开敞式救生艇、部分封闭式救生艇和全封闭式救生艇；按照材质可分为镀锌钢质艇、铝合金艇和玻璃钢艇。

救生艇上应以经久的明显字迹表明其尺度和乘员定额；救生艇所属船名及船籍港应以规定的大小和粗细的字体标明于艇首两侧，国际航行的船舶其名下应加注英文拼音船名；艇尾左右舷写明船籍港，国际航行的船舶应在中文船籍港下加注英文。

(2)救生筏。

救生筏是救生设备之一，能迅速被拖放到水面上，并漂浮于水面供遇险船员登乘。救生筏根据其结构形式，可分为刚性救生筏和气胀式救生筏。

(3)救生浮具。

救生浮具是一个用钢质空气箱、泡沫塑料包以帆布或玻璃纤维增强塑料制成的矩形或圆形浮体，以供遇险人员把扶其上，漂浮水面以等待救援的救生工具。救生浮具通常放在甲板上，可以重叠堆放，做适当的缚牢，使用时解开缚绳用力投入水中，两面均可使用。

(4)救生圈。

救生圈应有不大于800毫米的外径和小于400毫米的内径，能在水中支撑不小于14.5公斤的铁块达24小时之久，被火包围2秒后不应燃烧或熔化。

救生圈分布在船舷两侧容易取拿之处并尽可能布置在所有延伸到船舷的露天甲板上，至少有一个放在船尾附近。救生圈不得做任何方式的永久紧固，以便迅速取用。每个救生圈应以印刷体汉字和汉语拼音字母表明其所属的船名和船籍港。

(5)救生衣。

救生衣被火完全包围5秒后不致燃烧或熔化，救生衣在淡水中浸泡24小时，浮力不应损失5%，船上不能配备两种以上的救生衣。

船舶应为船上每一人员配备符合要求的救生衣，还应配备供值班人员使用和供远置的救生艇筏站使用的足够数量的救生衣。船员的救生衣应存放在居住处或容易取用的地方。

(6)救生抛绳设备。

包括不少于4个抛射体，不少于4根抛射绳，备有简要说明或图解，阐明抛绳设备的用法。抛绳器应装在防水的容器内。

(7)救生视觉信号。

视觉信号包括火箭降落伞信号、手持火焰信号、漂浮烟雾信号灯。

3. 防污染设备

船舶航行可能对水域造成一定的污染，主要的污染原因是：①各种漏油、滴油、跑油、冒油等现象造成的污染；②由于船舶搁浅、触礁、碰撞、爆炸等各种船舶事故导致的污染；③油舱排出的未经符合规定处理的含油压载水或舱底污水；④船上倾倒污油泥渣等；⑤其他有毒物质所造成的污染。

航行水域一旦受到污染，应立即发出油污警报，按照防污染应急部署行动，由防污染指挥分配任务，运用有关器材，如围油栏、吸油毡等进行油污处理，防止扩散，减少对水域的污染。

常用的防污染设备主要油水分离器、污油舱生活污水处理装置、焚烧炉、围油栅，污油吸附器材及材料、打捞器材、盛具、打捞艇筏等。还应备有消油剂(经海事局许可后方可使用)。防污染设备、设施均应保持在立即可用状态。

三、客运船只的消防、防污染与应急设施设备

在采取灭火措施时，应充分考虑各种火灾及灭火器材的特性，对船舶浮态和稳性及对船舶设备和旅客、货物的影响，将损失降低到最小。

1. 应急消防设备

1)水灭火系统

滚装客船的水灭火系统包括通常船舶具备的固定灭火系统，而且车辆舱内还配备了喷淋系统，该系统覆盖了车辆甲板的整个宽度，一般分为几个长度不小于20米的区域。车辆舱内设有排水系统，仅供排出喷水系统工作时在舱内产生的积水。

当发生火灾时，船员首先应查明火源，针对火势的大小、火势的区域，合理使用消防器材。当采用喷淋系统时，应考虑到水雾对周围车辆及货物的影响。有的船舶车辆舱内配置有横向水帘用来阻隔火势的蔓延。

当采用水泵进行灭火时，应认识到水对船舶设备、货物的负面影响。一旦有大量的水进入舱内，会形成很大的自由液面，若不及时排出会危及船舶安全。

2）二氧化碳灭火系统

与货运船只设备无明显差异。

3）泡沫灭火系统（与货运船只设备无明显差异）

4）便携式灭火器材（与货运船只设备无明显差异）

5）紧急救生呼吸器

紧急救生呼吸器是自给式压缩空气装置，可供处于有毒、有害、烟雾、缺氧环境中的人员逃生使用，是船舶发生火灾等紧急情况下帮助船员、旅客逃生的应急设备。

所有船舶在居住场所内至少有两套紧急救生呼吸器。客船上，每个主竖区内至少要有两套紧急救生呼吸装置。36人以上的客船，在满足该要求后还要求每个主竖区内还应放置两套紧急救生呼吸装置，应置于容易看到的位置，一旦发生火灾时能快速到达存放位置。

6）其他设备（与货运船只设备无明显差异）

2. 应急救生设备

客运船只上通常配备的救生设备包括救生艇、救生筏、救生浮具、救生圈、救生衣、海上快速撤离系统、救生用的抛绳设备和救生信号。

1）救生设备的基本要求（与货运船只设备无明显差异）

2）应急救生设备

（1）救生艇（与货运船只设备无明显差异）。

（2）救生筏。

救生筏是救生设备之一，能迅速被拖放到水面上，并漂浮于水面供遇险船员及旅客登乘。救生筏根据其结构形式，可分为刚性救生筏和气胀式救生筏，客船上广泛使用的主要是气胀式救生筏。

（3）救生浮具。

救生浮具是一个用钢质空气箱、泡沫塑料包以帆布或玻璃纤维增强塑料制成的矩形或圆形浮体，以供遇险人员把扶其上，漂浮水面以等待救援的救生工具。浮体当中有绳网或活动格踏脚板，供体弱者乘坐之用；浮体外侧装有连环把手，供水中遇险人员攀附之用。救生浮具通常放在甲板上，可以重叠堆放，做适当的缚牢，使用时解开缚绳用力投入水中，两面均可使用。

（4）救生圈（与货运船只设备无明显差异）。

（5）救生衣。

救生衣被火完全包围5秒后不致燃烧或熔化，救生衣在淡水中浸泡24小时，浮力不应损失5%，客船上不能配备两种以上的救生衣。

船舶应为船上每一人员配备符合要求的救生衣，还应配备供值班人员使用和供远置的救生艇筏站使用的足够数量的救生衣。客船上应至少配备为船上旅客人数10%的适应认同穿着的救生衣。还应配备不少于船上总人数的5%的余量救生衣，这些救生衣应存放在甲板或集合站明显的位置。船员和旅客的救生衣应存放在居住处或容易取用的地方。

（6）海上撤离系统。

海上撤离系统是指将人员从船舶的登乘甲板迅速转移到漂浮的救生艇筏上的设备。海上撤离系统为适合各种年龄、身材和体质，并穿着经认可的救生衣的人员，提供从登乘地点漂浮平台或救生艇筏的安全通道。根据SOLAS公约要求,客船上的海上撤离系统应能由一个人布放,并能使设计的人员总数在发出弃船信号30分钟内从船上撤离到气胀式救生筏上。

海上撤离系统有滑道式和槽座式两种。

①滑道式海上撤离系统。

滑道式海上撤离系统是由单滑道或双滑道与登筏平台合并共同组成的。此装置都是采用气胀式,靠贮放于钢瓶内的气体作为充气气体,一般为氮气。在紧急情况下,可由船舶内部操作,使其充胀成形。

②槽座式海上撤离系统。

槽座式"之"字撤离系统。在垂直的筒内用曲折的材料做接头的方法控制滑行速度。它的启动方式与滑道式一样在客船甲板舷旁装有储存箱,只是在使用时旅客撤离不再用滑道而改用槽座垂直逐节下降。

槽座式螺旋式撤离系统。与槽座式"之"字撤离系统类似在垂直的筒内采用螺旋式滑槽方式控制滑行速度。

海上撤离系统应布置在能安全降落的位置,远离推进器及船体弯曲悬空部分,尽量使海上撤离系统从船舷平直部分降落下水,存放位置应有明显标志。

(7)救生抛绳设备

与货运船舶设备无明显差异。

(8)救生视觉信号

与货运船舶设备无明显差异。

3. 防污染设备

与货运船舶防污染设备无明显差异。

四、特货运输船舶的消防、防污染与应急设施设备

特货运输船舶所载货物多为易燃、易爆、有毒危险物品,对于应急设备和设施的要求更为严格。尤其是对于消防、喷淋降温、货舱透气、探测报警等设施设备要加强定期检查,同时在高温时段要确保货舱降温设施的正常运转。如对危险品船舶消防安全系统、消防用品配备方面诸如船舶压力水雾灭火系统中消防水泵及管路状况、二氧化碳灭火系统中二氧化碳充装情况、固定式甲板泡沫灭火系统中泡沫液容量及泡沫枪/炮配备情况需重点关注;灭火器过期、保养不善,消防水龙枪锈蚀严重,消防皮龙带破损等现象应杜绝出现;同时,危险品运输船舶上应足额配备消防员和消防器材。

第五节　船舶防护器材与设备

船舶是个特定的环境工作,有别于岸上其他工作场所。首先船舶上的设备很多,工作空间很狭小,所以在个人劳动保护方面要做好防护;其次,由于船舶航行的时间长、离岸的距离远,在发生安全事故后能得到有效的外援救助,所以船员自身应该具备更高的安全防护意识;再者,特种船舶载重特种货物需要专业的防护器材与设备,比如,船舶装载有毒物质时,

现场操作人员需要佩戴防毒面具。所以,在船舶上工作相对于陆地上更应该做好劳动防护措施,配备足额的防护器材与设备。

船舶防护器材与设备种类很多,有安全帽、防尘口罩、过滤式防毒面具、自给式空气呼吸器、焊接眼面防护具、防冲击眼护具、阻燃防护服、防酸工作服、防静电工作服、保护足趾安全鞋、防静电鞋、导电鞋、防刺穿鞋、胶面防砸安全靴、电绝缘鞋、耐酸碱皮鞋、耐酸碱胶靴、耐酸碱塑料模压靴、安全带、安全网、救生衣等。下面介绍船舶主要的一些防护器材与设备。

一、船员在船舶维护保养作业时的防护设备

舷外与高空作业是船舶维护保养作业的一个方面。舷外作业即在船舷外侧作业,高空作业指在离工作基面2米以上的地方工作。现场工作的船员需要穿戴工作服、工作鞋、安全帽、安全带及安全绳。

1. 工作服

工作服是为工作需要而特制的服装。它的作用就是保护身体皮肤免于直接被伤害,同时穿工作服有一种心理暗示的作用,那就是现在已经是上班时间,你所有的与工作无关的事情就要放下,在外面的所有不愉快也要忘记,你要全身心地投入到工作中来。

2. 工作鞋

可以根据工作环境不同选择不同的工作鞋。如工作鞋有保护足趾、防刺穿、绝缘、耐酸碱等。

3. 安全帽

主要是为了保护头部不受到伤害。它可以在以下几种情况下保护人的头部不受伤害或降低头部伤害的程度:

(1)飞来或坠落下来的物体击向头部时;

(2)当作业人员从2米及以上的高处坠落下来时;

(3)当头部有可能触电时;

(4)在低矮的部位行走或作业,头部有可能碰撞到尖锐、坚硬的物体时。

4. 安全带

为了防止作业者在某个高度和位置上可能出现的坠落,作业者在登高和高处作业时,必须系挂好安全带。安全带的使用和维护有以下几点要求:

(1)思想上必须重视安全带的作用。无数事例证明,事故发生就在一瞬间,所以高处作业必须按规定要求系好安全带。

(2)安全带使用前应检查绳带有无变质、卡环是否有裂纹,卡簧弹跳性是否良好。

(3)高处作业如安全带无固定挂处,应采用适当强度的钢丝绳或采取其他方法。禁止把安全带挂在移动或带尖锐棱角或不牢固的物件上。

(4)高挂低用。将安全带挂在高处,人在下面工作就叫高挂低用。这是一种比较安全合理的科学系挂方法。它可以使有坠落发生时的实际冲击距离减小。

(5)安全带要拴挂在牢固的构件或物体上,要防止摆动或碰撞,绳子不能打结使用,钩子要挂在连接环上。

(6)安全带绳保护套要保持完好,以防绳被磨损。若发现保护套损坏或脱落,必须加上

新套后再使用。

(7)安全带严禁擅自接长使用。如果使用3米及以上的长绳时必须要加缓冲器,各部件不得任意拆除。

(8)安全带在使用前要检查各部位是否完好无损。安全带在使用后,要注意维护和保管。要经常检查安全带缝制部分和挂钩部分,必须详细检查捻线是否发生裂断和残损等。

(9)安全带不使用时要妥善保管,不可接触高温、明火、强酸、强碱或尖锐物体,不要存放在潮湿的仓库中保管。

(10)安全带在使用两年后应抽验一次,频繁使用应经常进行外观检查,发现异常必须立即更换。定期或抽样试验用过的安全带,不准再继续使用。

5. 安全绳

在高空作业时用于保护人员和物品安全的绳索,一般为合成纤维绳、麻绳或钢丝绳。

安全绳的特点为强度大、耐磨、耐用、耐霉烂、耐酸碱,简易轻便。

安全绳使用时注意事项:每次使用安全绳时,必须作一次外观检查,在使用过程中,也注意查看,在半年至一年内要试验一次,以主部件不损坏为要求;如发现有破损变质情况及时反映并停止使用,以保操作安全;安全绳使用前必须做一次检查,发现破损停止使用,配戴时活动卡子系紧,不可接触明火和化学物品;安全绳经常保持清洁,用完后妥善存放好,弄脏后可用温水及肥皂水清洗在荫凉处晾干,不可用热水浸泡或日晒火烧;用一年后,要做全面检查,并抽出使用过的1%做拉力试验,以各部件无破损或重大变形为合格(抽试过的不得再次使用)。

二、船舶消防救生方面的防护设备

船舶在营运中,难免会遇到些险情或灾难。比如有可能发生火灾或者弃船,使用船舶上应配备一些应急的防护设备。比如消防员装备、救生衣、保温服等。

1. 消防员装备

消防员装备主要是用在船舶发生火灾时,用来探明火情或者在失火场所救助受伤人员所用,它可以保护探火人员免受高温、毒品及其他有害环境的伤害。整套设备包括防火服、头盔、靴帽、眼镜、自给式空气呼吸器、防爆灯、太平斧、安全绳。

在日常维护保养中,消防员装备存放在指定的位置,属具齐全、状态良好,检查自给式空气呼吸器的气密性和钢瓶压力,当压力低于规定值时应及时充装。规范中要求,船员应该在5分钟内穿戴完毕消防员装备。

2. 救生衣

救生衣又称救生背心,是一种救护生命的服装,设计类似背心,采用尼龙面料或氯丁橡胶(NEOPRENE),浮力材料或可充气的材料,反光材料等制作而成。一般使用年限为5~7年,是船上救生设备之一。一般为背心式,用泡沫塑料或软木等制成。当船舶发生海难时,使落水者具有足够浮力头部能露出水面,等待救援。船用救生衣要求救生衣浮力大于113牛,并且救生衣在水中浸泡24小时后,救生衣浮力损失应小于5%。

3. 保温服

保温服,即保温救生衣(Immersion Suit),又称救生服、绝热型浸水保温服、保温救生服,航海服、航海救生服。

当船舶发生紧急情况时，船上人员跳入寒冷的水中，穿着保温服可以保护穿着者体温不会很快流失，而达到延长存活时间，获得更大的救援生存机会。

三、特种船舶货物操作上的防护设备

一些特种船舶载运货物时，需要特定的防护器材和设备。如化学品船，是用于运载各种有毒的、易燃的、易发挥或有腐蚀性化学物质的货船，必须配备防化服、测氧测爆测毒器械，安装紧急喷淋冲洗装置，有些化学品船还需要在货舱安装水封装置；油船一般安装惰气系统，防止货舱内氧气含量过高，起到防爆防护；沥青船需要安装加温系统，防护货物冷却凝固造成船体变形。

1. 防化服

防化服是在有危险性化学物品和腐蚀性物质的工作现场，为保护自身免遭化学危险品或腐蚀性物质的侵害而穿着的防护服装。防化服可以分为全密封防化服、半封闭防化服和重型防化服，分别使用在不同的场合。

(1)全密封防化服

全密封防化服是消防员进入化学危险物品或腐蚀性物品火灾或事故现场，以及有毒、有害气体或事故现场，寻找火源或事故点，抢救遇难人员，进行灭火战斗和抢险救援时穿着的防护服装。规范对它的性能要求很高，见表7-2。

表7-2

序 号	性能指标	性能参数
1	防酸渗透性能	60min 不渗透
2	防碱渗透性能	60min 不渗透
3	阻燃性能	有焰燃烧时间≤2s
4	无焰燃烧时间	≤10s
5	损毁长度	≤10cm(无熔融、滴落现象)
6	重量	<7kg

(2)半封闭防化服

半封闭防化服即轻型防化服，由于织物的独特性，是防护性、耐用性及舒适性最完美的组合；材料本身具有防护性，而并非通过覆膜，覆膜产品的防护性由于刮擦容易被破坏掉；低脱屑，防静电；可以防护有害物质，保护现场工作人员，并且可以保护敏感产品和生产过程，避免遭受来自人体的污染。

(3)重型防化服

重型防化服采用经阻燃增处理的锦丝绸布，双面涂覆阻燃防化面胶，制成遇火只产生炭化，不产生溶滴，又能保持良好强度的胶布作为主材，经贴合—缝制—贴条工艺制成服装主体和手套，并配以阻燃、防化、耐电压、抗刺穿靴构成。

2. 测氧、测爆、测毒设备

进入一些封闭场所之间，先对这些场所通风，能后进行测氧、测爆、测毒合格后方可进入。船用的测氧、测爆、测毒的仪器产品种类很多，有些设备只能检测其中一项，有些可以检测两项，根据现场工作实际需要选择合适的检测仪器。仪器的产品型号不同，操作方法略有不同，但使用的测氧测爆测毒仪都需要使用前在清洁空气中进行零点校正，并能在含量超标时发出声响报警。

3. 紧急喷淋冲洗装置

在化学品船上按规范要求需安装紧急喷淋冲洗装置，用来防护现场工作者。比如，当使用者穿着防化服进入现场工作或者抢救后，需要使用紧急冲淋洗眼器进行喷淋和洗眼。

紧急喷淋冲洗装置由7部分组成：

(1)洗眼喷头：用于对眼部和面部进行清洗的喷水口。

(2)洗眼喷头防尘罩：用于保护洗眼喷头的防尘装置。

(3)淋浴喷头：用于对全身进行清洗用的喷水口。

(4)开关阀：用来打开和关闭水流的阀门装置，分手推和脚踏两种。

(5)通水管：用来引导水流的装置。

(6)滤网：用来过滤掉进入洗眼器的碎片。

(7)底座：固定洗眼器。

4. 惰气系统

液货船在载运危险货物时，需要在货舱内充满惰性系统降低油表面的氧气含量，防止燃烧、爆炸。惰性系统所提供的惰性气体的氧气含量要求在5%以下，油船在卸货和原油洗舱都需要边工作边充，控制舱内的氧气含量始终在8%以下。

5. 加温系统

加温系统一般安装在原油船和沥青船上，通过废气锅炉燃烧给水加热产生蒸汽，蒸汽通过管路对舱内货物加热，为了防止货物凝固，便于卸货，保护船体。

四、其他特定环境下的防护设备

在一些特定的工作环境下需要配备专门的防护设备。如在机舱工作的轮机人员，应该配备防护耳罩，用来减少机器发出的噪声，保护好听力系统；电瓶间应该配备防目镜、防护胶手套、洗眼液，保护维护保养者的身体安全。

第六节　水上交通安全基础设施

为确保水上运输安全，需设立很多安全基础设施。如便于船舶航行的航道、航标，便于船舶靠泊的码头、浮筒，便于船舶定位的AIS基站、雷达站等，便于传播联络的水上信息中心，还有就是水上运输的辅助设施的“六区一渡”。

一、航道

1. 航道的概念

航道是指在内河、湖泊、港湾等水域内供船舶安全航行的通道，由可通航水域、助航设施和水域条件组成，它可以不包括堤防和整个河漫滩，但不能不包括常遇洪水位线以下的基本河槽或者是中高潮位以下的沿海水域。

1）通航水域

就术语的含义而言，船舶及排筏可以通达的水面范围都是通航水域，则沿海、江河、湖泊、水库、渠道和运河内可供船舶、排筏在不同水位期的通航水域即为航道，而具有能让营运船舶和大中型排筏通达条件的水域定为有真正意义的通航水域。

2）助航设施

这里所述的助航设施主要指设施在航道上的航标，在本节第二部分单独介绍。

2. 航道的分类

1）按形成原因分

天然航道：是指自然形成的江、河、湖、海等水域中的航道，包括水网地区在原有较小通道上拓宽加深的那一部分航道，如广东的东平水道、小榄水道等。

人工航道：是指在陆上人工开发的航道，包括人工开辟或开凿的运河和其他通航渠道，如平原地区开挖的运河，山区、丘陵地区开凿的沟通水系的越岭运河，可供船舶航行的排、灌渠道或其他输水渠道等。

2）按使用性质分

专用航道：指由军事、水利电力、林业、水产等部门以及其他企业事业单位自行建设、使用的航道。

公用航道：由国家各级政府部门建设和维护、供社会使用的航道。

3）按管理归属分

国家航道：①构成国家航道网、可以通航500吨级以上船舶的内河干线航道；②跨省、自治区、直辖市，可以常年通航300吨级以上船舶的内河干线航道；③沿海干线航道和主要海港航道；④国家指定的重要航道。

地方航道：是指国家航道和专用航道以外的航道。

4）按所处地域分

内河航道：是河流、湖泊、水库内的航道以及运河和通航渠道的总称。其中天然的内河航道又可分为山区航道、平原航道、潮汐河口航道和湖区航道等。而湖区航道又可进一步分为湖泊航道、河湖两相航道和滨湖航道。

沿海航道：沿海航道原则上是指位于海岸线附近，具有一定边界可供海船航行的航道。

5）按通航条件分

（1）依通航时间长短可分为：

常年通航航道，即可供船舶全年通航的航道，又可称为常年航道；

季节通航航道，即只能在一定季节（如非封冻季节）或水位期（如中洪水期或中枯水期）内通航的航道，又可称为季节性航道。

（2）依通航限制条件可分为：

单行航道，即在同一时间内，只能供船舶沿一个方向行驶，不得追越或在行进中会让的航道，又可称为单线航道；

双行航道，即在同一时间内，允许船舶对驶、并行或追越的航道，又可称为双线航道或双向航道；

限制性航道，即由于水面狭窄、断面系数小等原因，对船舶航行有明显的限制作用的航道，包括运河、通航渠道、狭窄的设闸航道、水网地区的狭窄航道，以及具有上述特征的滩险航道等。

(3)依通航船舶类别可分为：

内河船航道，是指只能供内河船舶或船队通航的内河航道；

海船进江航道，是指内河航道中可供进江海船航行的航道，其航线一般通过增设专门的标志辅以必要的“海船进江航行指南”之类的文件加以明确；

主航道，是指供多数尺度较大的标准船舶或船队航行的航道；

副航道，是指为分流部分尺度较小的船舶或船队而另行增辟的航道；

缓流航道，是指为使上行船舶能利用缓流航行而开辟的航道，这种航道一般都靠近凸岸边滩；

短捷航道，是指分汊河道上开辟的较主航道航程短的航道，这种航道一般都位于可在中洪水期通航的支汊内。

除上述分类方法外，航道还可按所处特殊部位分别定名的，如桥区航道、港区航道、坝区航道、内河进港航道、海港进港航道等。

3. 航道等级

一级航道：可通航 3000 吨；

二级航道：可通航 2000 吨；

三级航道：可通航 1000 吨；

四级航道：可通航 500 吨；

五级航道：可通航 300 吨；

六级航道：可通航 100 吨；

七级航道：可通航 50 吨 ；

等外级航道：可通航 50 吨以下。

二、航标

1. 航标的概念

航标是航行标志的简称，指标示航道方向、界限与碍航物的标志。是帮助引导船舶航行、定位和标示碍航物与表示警告的人工标志。设于通航水域或其近处，以标示航道、锚地、滩险及其他碍航物的位置，表示水深、风情，指挥狭窄水道的交通。永久性航标载入各国出版的航标表和海图。包括过河标、沿岸标、导标、过渡导标、首尾导标、侧面标、左右通航标、示位标、泛滥标和桥涵标等。

2. 航标的分类

1)按设置处所分

按设置处所分海上航标和内河航标两类。

(1)海上航标。

海上航标包括目视航标、音响航标和无线电航标。目视航标靠驾引人员视觉识别，最为方便。航标有一定颜色供白天识别，夜间发射闪光。灯塔、浮标、灯桩、灯船均属此种航标。音响航标按规定发出声响，可在能见度差的天气中助航，包括雾号、雾钟、雾笛和雾哨等。无线电航标是用无线电波为船舶助航，其设施包括无线电指向标、无线电导航台、雷达指向标、雷达应答标、雷达反射器和雷达指向标等。

(2)内河航标。

内河航标用于江、河水域。用于标示航道范围和航线的，有过河标、接岸标、导标、过河导标、首尾导标、桥涵标；用于标示障碍物的，有三角浮标、浮鼓、灯船、左右通航浮标、棒形浮标等；用于指示航道深度、架空与水下管线、预报风情和指挥狭窄航道交通的，有水深信号杆、通行信号台、鸣笛标、界限标、电缆标、横流浮标、风讯信号杆等，各国虽不尽相同，但大体类似。中国内河航标右岸的漆红色，夜发红光；左岸的漆白色，夜发白光或绿光。现代化航标多已实现自动化、电气化和电子化，并采用无线电遥控和监视代替人工现场作业。

2)按工作原理分

按工作原理可分为视觉航标、音响航标和无线电航标三类。

(1)目视航标。

目视航标又称视觉航标，能使驾驶人员通过直接观测迅速辨明水域，确定船位，安全航行，是使用最多、最方便的航标。目视航标常常颜色鲜明，以便白天观测；发光的目视航标可供日夜使用。常见的目视航标有灯塔、立标、灯桩、浮标、灯船和各种导标。灯塔是设置在重要航道附近的塔形发光固定航标，一般有人看守。立标是设置在岸边或浅滩上的固定航标，标身为杆形、柱形或桁架形。发光的立标称灯桩，发光射程比灯塔近得多。浮标是用锚碇泊水中的航标，用以表示航道、浅滩、碍航物等；发光的称灯浮标。灯船是作为航标使用的专用船舶，装有发光设备，作用与灯塔相同，锚碇于难以建立灯塔之处，一般不能自航。导标是由前后两个立标或灯桩组成的一对叠标，经过精确测量定点建立。导标最易观测，在其作用距离内只要看到两标重叠，就是船舶正好位于导标线上。导标用于引导船舶进出港口，通过狭窄航道，进入锚地以及转向、避险、测速、校正罗经等。此外，激光导标也已开始应用。

(2)音响航标。

能发出规定响声的助航标志。它可在雾、雪等能见度不良的天气中向附近船舶表示有碍航物或危险。包括雾号、雾笛、雾钟、雾锣、雾哨、雾炮等。音响航标是指以音响传送信息，引起航海人员注意的助航标志，主要包括雾炮、雾号、雾钟、雾锣等。航行标志指标示航道方向、界限与碍航物的标志，包括过河标、沿岸标、导标、过渡导标、首尾导标、侧面标、左右通航标、示位标、泛滥标和桥涵标等十种。

空中音响航标以空气作为传播介质，是使用最早、最普遍的音响航标。空中音响航标包括有雾钟、雾锣、雾角、雾哨、雾炮和雾号。

水中音响航标以水为传播介质，常用的有水中钟、水中定位系统和水中振荡器。水中音响航标使用极少。

(3)无线电航标。

利用无线电波传播特性向船舶提供定位导航信息的助航设施。无线电航标包括雷达反射器、雷达指向标、雷达应答器、无线电指向标、罗兰 A、罗兰 C、台卡、奥米加、子午仪卫星导航系统、全球导航星系统、全球定位系统和差分全球定位系统。

无线电指向标是供船舶测向用的无线电发射台，有全向无线电指向标和定向无线电指向标两种。无线电导航台是船舶无线电定位和导航系统的地面设备。雷达应答标音译为

“雷康”,被船用雷达波触发时,能发回编码信号,在船用雷达荧光屏上显示该标方位、距离和识别信息。雷达指向标是一种连续发射无方向信号的雷达信标。船用雷达接受机收到这种信号,荧光屏上便显示出一条通过该标的径向方位线。雷达应答标和雷达指向标安装于需要与周围物标回波区别开的航标上。雷达反射器为反射能力很强并能向原发射方向反射雷达波的无源工具,安装在灯船或浮标上,可以增大作用的距离,常见的有两种:一种是用金属板或金属网制成的各平面互相垂直的角反射器;另一种是球形介质透镜反射器,后者反射力大,体质轻小。

为各种水上活动提供安全信息的设施或系统,分视觉航标、无线电航标和音响航标三大类。航标设于通航水域或其近处,以标示航道、锚地、滩险及其他碍航物的位置,表示水深、风情,指挥狭窄水道的交通。

因为航道应当有尺度标准和设标界限,航道位置可以随河床演变或水位变动而随时移动,航道尺度也可以随季节与水位变化以及治理工程的实施而有所调整。除了运河、通航渠道和某些水网地区的航道以外,航道宽度总是小于河槽的宽度。在天然河流、湖泊、水库内,航道的设定范围总是只占水面宽度的一部分而不是全部。用航标标示出的可供船舶航行利用的这一部分水域,受到客观自然条件的制约。在天然条件下,不同水位期能供船舶安全通航的那一部分水域,既有尺度要求,也有水流条件的要求。在某些特定的航段内,还受到过河建筑物如桥梁、过江管道、缆线的限制。因此,狭义的航道是一个在三维空间尺度上既有要求,又有限制的通道。

三、码头

水上运输离不开码头,船舶利用码头乘客上下、货物装卸。

1. 码头的概念

码头又称渡头,是一条由岸边伸往水中的长堤,也可能只是一排由岸上伸入水中的楼梯,它多数是人造的土木工程建筑物,也可能是天然形成的。

码头泊位数根据货种分别确定。除供装卸货物和上下旅客所需泊位外,在港内还要有辅助船舶和修船码头泊位。码头线长度,根据可能同时停靠码头的船长和船舶间的安全间距确定。

2. 码头的分类

我们通常把码头按照其用途分,可以分为以下几类:

1)客运码头

主要是让乘客上下船,小型的客运码头可能只可以供街渡、快艇等小型船舶泊岸,而大型的客运码头,例如:邮轮码头,可供大型邮轮泊岸。

客运码头可分作公众码头、渡轮码头和邮轮码头。公众码头开放给所有船使用(需视乎水深,吃水比码头附近海面的水位深的船不能进入码头);渡轮码头通常由固定的航线专用,多条航线亦可共用同一渡轮码头。某些连接不同国家或地区的渡轮码头,会附设出入境设施,例如:香港港澳码头。

2)邮轮码头

通常用作邮轮泊岸,多数会附有完善的配套设施,例如海关,出入境检验及卫生检疫办事处,行李处理区,票务处,旅游车停泊区及上落客区等。由于邮轮体积和排水量大,邮轮码头需要建在水深港阔的地方。大多数邮轮码头没有指定由何公司使用。

有些公众客运码头,会用作装卸小量货物,例如:黄石码头。

3)货运码头

主要是用作装卸货物,以用途和使用权分类,可分作公众货运码头、货柜码头、油品码头、矿产码头、内河货运码头和普通货运码头等。

4)汽车码头

是供一些特别的船泊岸(多为大型特制船舶),以让在陆上的汽车上船,在船上的汽车下船之用。

5)集装箱码头

专供集装箱装卸的码头。它一般要有专门的装卸、运输设备,要有集运、贮存集装箱的宽阔堆场,有供货物分类和拆装集装箱用的集装箱货运站。由于集装箱可以把各种繁杂的件货和包装杂货组成规格化的统一体,因此可以采用大型专门设备进行装卸、运输,保证货物装卸、运输质量,提高码头装卸效率。所以目前世界各国对件杂货的成组化、集装箱化的运输都很重视。

6)石油码头

装卸原油及成品油的专业性码头。它距普通货(客)码头和其他固定建筑物要有一定的防火安全距离。这类码头的一般特点是货物载荷小,装卸设备比较简单,在油船不大时(如内河系统),一般轻便形式的码头都可适应。由于近代海上油轮巨型化,根据油轮抗御风浪能力大、吃水深的特点,对码头泊稳条件要求不高。目前有四种装卸原油的深水码头(或设施),即:单点系泊、多点系泊、岛式码头和栈桥式码头。前三种一般没有防风浪建筑物,最后一种是否设防风浪建筑物,要视布置形式和当地条件而定。

7)游艇码头

是供游艇泊岸的码头,多数是由某一游艇会所拥有。

8)海军码头

又称军用码头,是海军的军舰停泊、补给的地方,多数守备森严。

3. 码头的结构形式

码头结构形式有重力式、高桩式和板桩式。主要根据使用要求、自然条件和施工条件综合考虑确定。

1)重力式码头

靠建筑物自重和结构范围的填料重量保持稳定,结构整体性好,坚固耐用,损坏后易于修复,有整体砌筑式和预制装配式,适用于较好的地基。

2)高桩码头

由基桩和上部结构组成,桩的下部打入土中,上部高出水面,上部结构有梁板式、无梁大板式、框架式和承台式等。高桩码头属透空结构,波浪和水流可在码头平面以下通过,对波浪不发生反射,不影响泄洪,并可减少淤积,适用于软土地基。近年来广泛采用长桩、大跨结构,并逐步用大型预应力混凝土管柱或钢管柱代替断面较小的桩,而成管柱码头。

3)板桩码头

由板桩墙和锚碇设施组成，并借助板桩和锚碇设施承受地面使用荷载和墙后填土产生的侧压力。板桩码头结构简单，施工速度快，除特别坚硬或过于软弱的地基外，均可采用，但结构整体性和耐久性较差。

四、"六区一渡"

"六区一渡"中六区指：库区、港区、桥区、干支交汇区、施工作业区、锚泊区；"一渡"指的是渡口。

(1)库区：一般的解释为"拦洪蓄水和调节水流的水利工程建筑物，可以利用来灌溉、发电、防洪和养鱼"。它是指在山沟或河流的狭口处建造拦河坝形成的人工湖泊。

库区的建立，可以提高航道的水深，减少水流流速，有利于增大通航船舶的吨位，减少水上运输的成本，缩短了水路运输周转周期，大大提高了航运效率。

(2)港区：港区指港界以内的区域，包括陆域和水域。

(3)桥区。

(4)干支交汇区。

(5)施工作业区。

(6)锚泊区。

(7)渡口。

第八章　航运企业作业现场安全生产管理

第一节　运输与作业流程

航运企业作业流程中，人—机—环境—管理系统各要素处于积极交互过程，各种风险要素处于活跃或运动状态，极易发生风险因素的耦合，导致事故发生，因此，航运企业应加强作业现场的安全生产管理，通过作业流程规范化、标准化来实现事故预防预控。

一、货运企业作业流程

水路运输是指运输主体（人或者是货物）借助水路运输工具，由甲地移动至乙地，实现空间位移的过程，下面以集装箱运输为例了解货物的运输作业流程。

1.集装箱货物出口货运程序

1）订舱

发货人应根据贸易合同或信用证条款的规定，在货物托运之前一定的时间，填制定舱单，向船公司或其代理人或经营运输的其他人申请订舱。

2）接受托运申请

船公司或其代理人，或负责运输的其他人在决定是否接受发货人的托运申请时，首先要考虑其航线、船舶、运输要求、港口条件、运输时间等方面能否满足发货人的要求。一旦接受托运申请后，应着手编制定舱清单，然后分送集装箱码头堆场、集装箱货运站，据以办理空箱及货运交接。

3）发放空箱

通常，在整箱货运输下，空箱由发货人到集装箱码头堆场领取，拼箱货运输则由集装箱货运站负责领取。在由发货人到集装箱码头堆场领取空箱时，发货人与集装箱码头堆场对空箱办理交接，并填制设备交接单。

4）拼箱货装箱

发货人将不足一整箱的货物交由集装箱货运站，并由货运站根据订舱清单的资料，核对货主填写的场站收据，负责整理装箱。

5）整箱货交接

由发货人自行负责装箱并加海关封志的整箱货，通过内陆运输至集装箱码头堆场，并由码头堆场根据订舱清单，核对场站收据及装箱单接收货物。

6）集装箱交接签证

集装箱码头堆场在验收货箱后，即在场站收据上签字，并将签署的场站收据交还给发货人，由发货人据以换取提单。

7）换取提单

发货人凭经签署的场站收据,向负责集装箱运输的人或其代理人换取提单,然后去银行结汇。

8)装船

集装箱码头堆场或集装箱装卸区根据接受待装的货箱情况,制定出装船计划,等船靠泊后即行装船。

2. 集装箱货物进口货运程序

1)传递货运单证

以往主要由出口港在船舶开航后,寄送货运单证至到达进口集装箱管理部门,现在我国主要集装箱码头,已开始采用单证 EDI 来完成。

2)集装箱卸船准备

船舶抵港前几天,船公司或其代理人应将下述单证送交码头业务部门:

(1)货物舱单(Cargo Manifest);

(2)集装箱清单(Container Loading List);

(3)积载图(Stowage Plan);

(4)集装箱装箱单(Container Load Plan/CLP);

(5)船舶预计到港通知书;

(6)装船货物残损报告;

(7)特殊货物表。

码头堆场根据这些单证,结合码头实际情况,安排卸货准备,并制定出集装箱卸船计划、堆场计划、交货安排等。

3)卸船与堆放

码头堆场根据制定的卸船计划、堆场计划从船上卸下集装箱,堆放到堆场指定的箱位,应注意以下事项:

(1)空箱与重箱应分开堆放;

(2)了解重箱内货物的详细情况;

(3)是否要安排中转运输;

(4)在码头堆场交货,还是在货运站交货;

(5)预定的交货日期。

4)交货

根据不同的交货对象,主要业务有:

(1)交付给收货人:当收货人或其代理人前来提取集装箱时,应出具船公司或其代理人签发的提货单,经核对无误后,码头堆场将集装箱交给收货人或其代理人。交货时,码头堆场和收货人双方在交货记录上签字交接,如对所交接货物有批注,应将该批注记入交货记录,交货记录是证明承运人责任终止的重要凭证。

(2)交给集装箱货运站:如系拼箱货,则由集装箱货运站从码头堆场上将集装箱运至货运站,并由其拆箱将货交付给收货人。拼箱货提货前,先由船公司委托的货运站与码头堆场取得联系,凭经海关放行的交货记录从堆场领取集装箱,双方办理交接手续,在集装箱装箱单上签字,作为货箱交接的依据。收货人或其代理凭船公司签发的提货单到货运站提货,经货运站核对无误后，即可交货，双方并在交货记录上签字交接。

(3)交给内陆承运人：如集装箱原封不动运往内地交货地点，码头应与船公司或其代理取得联系后，把集装箱交给内陆承运人。如海上承运人责任终止于码头堆场，则以交货记录进行交接；如内陆承运人作为海上承运人的分包承运人，海上承运人则对全程运输负责，码头堆场和内陆承运人只需办理内部交接手续，在集装箱运至交货地点后再办理交货记录。

5)有关费用收取

码头堆场在将集装箱交给收货人时，应查核货物是否发生了保管费、再次搬运费等费用，如发生上述各项费用，则码头堆场应在收取费用后，再交付集装箱。

6)编制交货报告及未交货报告

码头堆场在交货结束后，编制交货报告送交船公司或其代理，作为船公司在处理收货人提出货物丢失或损坏要求赔偿的依据；如发生收货人不按时提货，应编制未交货报告送交船公司，由船公司据以催提，如收货人长期不来码头堆场提货，则应按有关规定处理。主要进口货运作业单证有：

(1)提货单；

(2)卸箱清单；

(3)理货单证；

(4)集装箱催提单和催提进口货清单；

(5)拆箱单；

(6)交货记录；

(7)到货通知单。

二、客运企业的作业流程

客滚船涉及旅客及车辆运输，是事故发生较为频繁的类别，下面以客滚船为例，介绍客运企业作业流程。

1)船与码头的交通联系

船与码头的交通联系主要是由跳板完成，滚装货物通过跳板来往于码头和船舶之间。

2)船舶内上、下层舱的联系及舱内辅助设施

船舶内上、下层舱的联系主要是由斜坡道或升降机完成。为了更加有效地利用舱容，有的滚装船在舱室内设有活动汽车甲板，以提高装卸能力。

3)货物的绑扎系固

货物的绑扎系固是关系到船舶及货物安全的首要问题。在对滚装船的事故统计分析可以看出，许多事故是由于车辆或货物的固定不适当造成的。因此，货物的绑扎系固在运输过程中必须引起高度的重视。

4)旅客的安全

滚装客船旅客的安全是至关重要的。

(1)当旅客通过跳板时，跳板两侧应设有符合要求的扶手绳和安全网；

(2)当旅客通过汽车舱时，舱内因有强劲的通风，使汽车排放的污染气体的舱室达到要求的标准；

(3)旅客上下船时,汽车舱内应留有足够宽敞的人行通道,便于旅客安全通过;

(4)旅客上船应在装货工作结束之后,而旅客下船应在卸货工作之前;

(5)禁止旅客和汽车、货物交叉作业;

(6)当旅客通过舷梯上下船时,应加强值守,保证旅客安全。

5)上下旅客程序,对残疾人及需要援助人员的特殊照顾

在船舶与码头之间必须提供安全的进出方式,可按要求进行调整,以便在任何时候均可维持通道安全。该区域应保证:

(1)照明良好;

(2)提供安全网;

(3)在进入点提供具有自亮灯和安全绳的救生圈;

(4)斜坡的角度不应超过15°;

(5)轮椅斜坡最大角度为1:20;

(6)残疾人员入口处应用国际符号标注;

(7)通道不应有楼梯和阶梯。

对滚装客船而言,船员应会引导残疾旅客到船上特殊等待区域,提供援助并熟悉轮椅上下船舶的操作。轮椅旅客从等待区域到电梯口及旅客设施的通道应该保持无障碍,对听力障碍者应做到所有的视觉指示和安全信息应该尽可能清楚显示。为了引起具有视觉障碍旅客的注意,可以进行口头传达。在开航前应统计所有旅客的数量。

第二节　作业现场安全要求

作业现场是事故高发的区域,作业现场安全管理是实现安全生产的重点。下面将分别针对水路货运和客运进行介绍。

一、水路货运作业现场安全要求

为规范货物运输过程的各个环节,保证货物运输过程中的船舶和人员安全,应加强船舶运输作业现场的安全管理。

1.船舶装货前的准备和检查

(1)确认装卸港口后,应按要求配齐航次所需航海图书、资料,如发现所配备的图书、资料不够详尽时,应及时向租家或港口代理索取详细的港口资料,配合参考使用。

(2)检查船舶的货舱有无损坏,对损坏的部位要予以修复。对舱内污水应扫干掏净,检查舱底水吸入滤网,保持其干净、有效,防止杂物进入污水管系。

(3)检查拟装货物的甲板、舱口围板及舷墙等结构是否完好,强度是否满足要求,检查立柱及立柱底座是否完好和够用,检查绑扎地令、眼板、羊角、通气管护罩是否有损坏,对损坏的部位应予以修复,对缺少者应予以补齐。

(4)检查装卸机械和索具是否完好,对损坏者应予以修复,对缺少者应予以补齐。

(5)检查货物绑扎用品:绑扎钢丝、绑扎链条、钢丝绳卡子、紧索螺套、扣绳滑轮或开口滑车、卸扣等是否完好并够用,对损坏者应予以废弃,对数量不足者要补充齐全,这些设备应有

经船级社认可的产品质量证书。

(6)检查封舱用品:多数普通货物船的舱盖板为箱形铁盖板,因此每舱要备妥至少三块封舱防水帆布。对舱盖布压条、木楔及防止压坏舱盖布用的木板、胶合板、封舱网等要予以检查,对于缺少的应予以补足,对于损坏的应予以修复。

(7)检查货舱排污水系统:使管系畅通无漏、阀门开启自如,并配有足够功率和扬程的移动式排水泵(多为潜水泵),以备货舱污水系统出现故障时的应急使用。

(8)对设有高边压载水舱的船,应保证高边压载舱放泄阀的开与关都在航海日志中作适当的记录,并应对放卸阀开关进行适当监控;防止意外将水注入这些柜中,导致船舶横倾和甲板货位移或船舶倾覆危险。

以上的准备工作和检查应做好记录。

2. 配载和稳性

船长接到货物运输航次指示后,应指示大副进行配载和稳性计算,作出配载图。配载时,为提高船舶稳性和多装货物,要做到以下几点:

(1)装货前应充分了解本船资料及以前装运相应货物的有关情况,并尽量通过代理、货主等了解拟装货物的状况,合理积载。

(2)应根据港口和航道的吃水限制、船舶状态及稳性要求,适当添加油水。一般情况下装运货物时,由于货物受舱容以及稳性要求的限制,如吃水不受限制,可以适当考虑多储备燃油和淡水,或可以考虑增加压载水(尽量安排在低位舱室),从而可以使甲板多装货,提高船舶货物载运量。

(3)在满足卸港要求的前提下,应要求发货人或货主合理安排供货,减少亏舱,提高船舶稳性,增大装载能力。

(4)在任何时候,包括在装卸货物甲板货的过程中,船舶的稳性都应为正值,并达到主管机关认可的标准。船舶在营运时应尽可能有安全的稳性余量,其稳心高度应符合安全规定,这种稳心高度不允许低于最低推荐值。船长应考虑从船舶稳性手册中获得稳性资料。

在配载及计算稳性时,以下几点会影响船舶的稳性,要充分予以重视:

(1)甲板上的干散货物因上浪、下雨、下雪、吸水或结冰,尤其是冬季航行在高纬度,甲板及甲板上结冰严重,使稳性变差。

(2)燃油、淡水、物料等消耗品的消耗也会引起船舶稳性变差。

(3)液体舱(油、水舱)因消耗而产生的自由液面效应使稳性变差。

3. 货物装载

1) 甲板货物装前应作好的准备工作

(1)货物堆放处的开口,如下舱人孔,油水舱的测量孔,要牢固关闭,作出预留空位标记。

(2)有效的保护好各空气管和通风口,并检查空气管上止回阀的状态,保证其防水性能。

(3)清除甲板上的杂物及冰雪,保持甲板流水孔的畅通。

(4)装货物甲板货前做好舱盖板的封舱工作,对于箱形铁舱盖板,封舱时要用三层帆布,把状态最差的铺在最下层,最好的铺在中层。然后压好压条,打好木楔。帆布上面应垫胶合板、木板等,上面再罩上固定网(铁丝网或绳网)。其他类型的舱盖要按封舱要求封好,要对舱盖上突出部分作好保护,防止装卸货时碰坏。

2）普通货船装卸过程中值班驾驶员、值班水手应注意的事项

(1)在装载过程中，应根据舱型和货物情况，监督指导装卸工人将货物装靠密实，尽量减少亏舱。

(2)经常检查吊货索具的使用情况，发现老化或磨损严重危及安全要立即更换。

(3)货物起吊时要注意是否稳妥，防止滑脱伤人或损坏船上设施。注意起货机声音以判断货重，对超吊杆负荷的大件货物应使用双吊货钢丝。

(4)督促工人慢起(吊)轻放(下)，尤其舱底/盖初装，防止重(快)放砸坏舱底/盖。如有重(快)放，应对舱底/盖进行检查。

(5)监督制止任何人员在货物起吊时在吊杆/货物下通过。

(6)在装卸过程中，发生甲板、货舱、起货等设备的损坏事故，应及时在甲板工作记录本中予以记录时间、损坏原因和处理情况，并保存相关证据。

装货过程中，船员住舱、引航员登船通道、机械处所、消防救生设备等重要处所及船员经常使用的其他通道，不能装货并保持畅通。

为了保证船舶：①有足够的视野，减少盲区；②在整个航程中保持足够的稳性余量；③甲板货物的重量，不能超过甲板及舱盖涉及的最大允许负荷；要控制甲板货物的高度，甲板及舱盖板上货物高度不应超过船舶最大宽度的三分之一。

应尽量控制使舱内货同时装完，以便观测船舶六面吃水来确定舱内的装货数量，再根据舱内的装货数量，预算甲板的装货量和装货高度。

在整个甲板货物装卸货期间，尤其当装卸舱盖板上货物时，严禁在其上拖拉货物，避免损坏封舱帆布。

4. 人员的安全保护

为船员提供合适的保护服装和设备。

装货过程中及装货完毕后应细致检查甲板设施，尤其是水密门、窗、空气管等有无损坏，对损坏的设施要予以修复。

途中下舱检查，货舱要进行充分的通风，并在舱内不同高度测量空气中氧气的含量，防止货舱缺氧使人窒息。

货物的装载不应影响消防，救生设备的正常使用，人员的安全防护设备应存放在容易拿到的处所。

5. 运输途中安全管理措施

船长在做航行计划时要避开潜在的恶劣天气和海况，航行期间每天接收天气预报和气象传真图，及时掌握气象和海况。在不可避免地将要遭遇到恶劣天气时，在恶劣天气到来之前：①应检查并加固绑扎；②为减少冲击应适当减速和调整航向；③应调整燃油及淡水，减少自由液面和吃水差，确保船舶有安全的稳心高度。④应每天两次测量油水舱、货舱，以便尽早发现这些舱是否水密。⑤航行在高纬度要特别注意甲板及甲板货物上大量积水和结冰情况，它将严重影响船舶稳性。

如有机会，应每天至少一次测验船舶摇摆周期来核算船舶的稳性并记入航海日志。

注意观察船舶的横倾情况，遇到船向一侧倾斜，应马上查清原因。根据不同原因及时排除。

6. 卸货

卸货过程中严防吊货索具超过安全负荷。要经常检查吊货索具、吊货设备是否有损坏，对损坏者要及时更换或修理，以免发生安全事故。

货物装、卸货完毕后，船长应组织船员对船舷侧和甲板结构(可见部位)进行一次普遍的检查，以便及时发现存在的结构缺陷。

每次卸完货，应对起重设备、货舱、舱盖、系固设备、装货甲板、立柱等设备和场所进行检查，并将检查情况填报《装卸货设备及场所检查表》，对检查发现的损坏情况作必要的描述，并进行处理。

二、水路客运作业现场安全要求

为规范旅客运输过程的各个环节，保证旅客运输过程中的船舶和人员安全，应加强船舶运输作业现场的安全管理。其主要内容包括：船长、乘客资料、应急及演练、消防设备、救生设备、水密系统、防火防爆、脱险通道、客滚船艏艉跳门的操作和其他安全事项。

1. 船长

(1)船长对旅客、船员、船舶、货物的安全和保护海洋环境负完全责任，船上所有船员和旅客都必须服从船长的指挥。

(2) 船长根据职业判断为了航行安全而做出的任何决定，不受船东、承租人或任何人员的约束，特别是在恶劣气象及严重海况条件下所作的决定。

(3)船长在航次中首先应保证旅客的安全，因此，船长应使驾驶员完全执行《国际海上避碰规则》、驾驶台常规命令和船长特殊命令，保证航行安全；应使船员和通过船员传达到旅客而保证有关旅客安全的规定得到有效的组织和执行。

(4)船长必须保证客船安全证书及所有法定证书和文件的有效，并按法定机构签发的有效乘客定员并注明准许搭乘乘客人数及航区从事营运，严格遵守不应载运乘客处所的有关规定。

(5)船长应在船保存和使用“营运限制清单”(这份清单连同其解释应以主管机关批准的格式予以文件化)。清单应包括如下内容：①免除条款；②营运区域限制；③气象条件和海况限制；④许用负荷、纵倾；⑤航速及其他不论是主管机关，还是设计和建造部门所施加的限制。

2. 乘客资料

(1)所有客船上的人员，在开航前应予点数。

(2)对已申报在紧急状态下需要特殊照顾或需要帮助的人员细节，在开航之前，应进行记录并通知船长。

(3)为了搜索和救助目的，应对船上所有人员的姓名和性别，分为成人、儿童和婴儿记录在册。

(4)上述所要求的资料应保留在公司，以便需要时可随时提供给搜救机构使用。

3. 应急及演练

(1)每位船员在开航前应熟悉自己的应急职责。

(2)应为船上的每个人员配备1份在紧急情况下必须遵循的明确的须知，这些须知应使用中英文书写。

(3)在乘客舱室内及集合站附近应张贴包括下列内容的中英文示意图和应变须知:旅客集合站;旅客在紧急情况下必须采取的重要行动;救生衣的穿着方法。

(4)乘客登船后,应在开航前或开航后立即利用船上公共广播系统以及视频播放系统,用一种或几种易被乘客听懂的语言向乘客作一次第二和第三条款内容的安全介绍。

(5)对于旅客在船航行计划时间超过 24 小时的船舶,应在旅客登船后 24 小时内召集旅客,并向旅客介绍救生衣的使用方法以及在紧急情况下应采取的行动。

(6)在固定航线上航行的客船,应具备有一个在应急情况下同搜救服务中心进行合作的计划——"客船与搜救中心搜救合作计划",这个计划应由双方合作制定,并经主管机关批准,其中还应包括定期操练的规定。

(7)每艘客船应设有旅客集合点,该地点应:设在登乘地点附近,并可使旅客易于到达登乘地点,与登乘地点设在同一处者除外;有集结指挥旅客用的宽敞场地。

(8)应变部署应分派船员的任务除货船的任务外还应:指派船员集合、疏散旅客;向旅客告警;查看旅客穿着是否合适,以及是否正确地穿好救生衣;召集旅客于各集合地点;维持通道及梯道上的秩序,并控制旅客的动向。

(9)为应付海上各种突发事件,应根据客船各自的特点,制定出在各种情况下的各类预案,以供平时演练和应急时操纵。其中应包括:火灾、弃船、人落水、碰撞、触礁、搁浅、船壳破损、污染、人员伤病、非法行为威胁、货物移动、丧失操纵能力、自然灾害。

(10)必须制定应变时疏散旅客的应急方案,并经常演练。船舶应变时,应首先疏散旅客,旅客逃生引领责任人应引领责任区内所有旅客按正确的逃生路线,及时安全地撤离。为保证所有旅客能安全撤离,其责任人应在分管区域内进行彻底搜寻,在确认无遗留旅客后最后撤离。

(11)船上应有固定的破损控制示意图,供高级船员参考;此外,还应给船上高级船员提供载有上述资料的小册子。

(12)客船水密门、舷窗、阀以及泄水孔、垃圾管的关闭机械的操作演习应每周举行一次,对航期超过一周的船舶,在离港前应举行一次全面演习,此后,在航行中至少每周举行一次。

(13)每艘救生艇应至少每三个月进行一次降落下水,并由指定操作的船员进行水上演练。对于从事短程国际航行的船舶,如果由于港口泊位的安排和营运格局不允许救生艇在某一舷降落下水,可准许救生艇不在该舷降落下水,但无论如何,所有这些救生艇应至少每三个月下降一次,并每年降落下水一次。

(14)配有吊架降落的救生筏应不超过四个月的间隔期举行此项设备用法的船上训练。

(15)为船上人员总数弃船所需配备的所有救生艇筏,应能在发出弃船信号后 30 分钟内载足全部乘员及属具后,全部降落水中。

(16)在客船上,至少应指派一名主管机关满意的、能胜任遇险和安全无线电通信的,并持有无线电规则中规定的适任证书的人员,作为在遇险事故发生时只执行无线电通信业务。

(17)在所有客船的驾驶台内,应提供一个处理应急情况的船长决策支持系统,这个决策支持系统应由一个或几个应急计划构成,应急计划中应考虑到在航行中可能产生的应急性情况,并对此提出各种处理方案,提供给船长使用。

(18)在客船上应在指挥位置安装“遇险控制板”,此板用一按钮能发出遇险报警,且它应明显地指示何时已按了按钮,当按下“遇险控制板”上按钮时,船舶位置资料即连续和自动地传送给所有有关的无线电通信设备,包括原始的遇险报警。

(19)客船上应在指挥位置安装“遇险报警控制板”,此板应对船上收到的任何遇险报警信号提供声光显示,并且还应指示出通过何种无线电通信业务接收到该遇险报警。

(20)每艘客船都应设有从船舶正常驾驶位置与现场用航空频率 121.5MHz 和 123.1MHz进行以搜寻和救助为目的双向无线电通信的设备。

(21)紧急情况下的指挥和旅客控制:若遇紧急情况,要尽快控制局面,稳定旅客,确保航行和旅客的安全;全体船员必须服从船长的统一指挥;旅客区域旅客的应急控制,由客运主任根据船长命令进行统一指挥;紧急情况下,广播员必须严守岗位,及时沟通船方和旅客的联系。

(22)紧急情况下的应急措施:船舶发生紧急情况,应由船长统一指挥,视情如有必要可通过广播向旅客公布真相,稳定旅客的情绪;全体客运人员在客运主任指挥下,进入岗位维持旅客秩序;根据船长指示,客运主任指挥,客运服务人员应立即将旅客疏散到安全地点;船舶遇险必须弃船时,在船长指示下,向旅客广播脱险程序和发布弃船命令;并由客运主任组织实施,全体客运人员在各自岗位上稳定旅客情绪;根据船岸应急计划所规定的离船方案及路线,组织旅客有秩序地登上救生艇、筏离开母船;疏散旅客的原则是儿童、妇女优先。

(23)每周应举行一次弃船演习和消防演习。全体船员不必都参与每次演习,但每个船员均必须保证按 SOLAS 公约第Ⅲ章 19 条 3.2 款的要求每月参加一次弃船演习和消防演习。应竭力鼓励乘客参与这些演习。

4. 消防设备

(1)灭火器:每一主竖区或水密舱壁范围内至少 2 具灭火器;舱壁甲板以上每层旅客处所至少 2 具;每一厨房内至少 1 具;每一船用物料间至少 1 具。

(2)紧急逃生呼吸器装置:每一主竖区内应配备至少 2 套;载客超过 36 人的客船,还应在每一主竖区内增配 2 套。

(3)消防员装备:按照同一层甲板的乘客处所和服务处所的合计最大长度,每 80 米(不足 80 米以 80 米计算)应配备两套消防员装备和两套个人装备。载客超过 36 人的客船,每套呼吸器还应至少配备两套备用充气瓶,呼吸器所用的气瓶应能互换,每副呼吸器附近应设有一只水雾枪;每一主竖区内应至少存放两套消防员装备。对载客超过 36 人的客船,每一主竖区应另增加配备两套消防员装备;消防员装备和个人装备应存放在易于到达的位置并随时可用。该位置应有永久性的清晰标志。如所配备的消防员装备或个人配备不止一套时,其存放位置应彼此远离。

(4)两台消防泵同时工作,所有消火栓处应维持的最低压力:4000 总吨及以上0.31MPa;1000 总吨以上但小于 4000 总吨 0.27MPa。

(5)每只消火栓应至少配有一根长度满足 SOLAS 公约第 II 章 C 部分第十条 2.3.1.1 要求的消防水带,这些水带仅供灭火或消防训练和检验时试验灭火设备之用。

(6)载客超过 36 人的客船各内部处所消防水带应一直保持与消火栓相连接。

(7)航行国际航线的客船应设立一至三名经过专业培训的专职或兼职防火员。防火员应配备双向便携式无线电话，实行防火值班巡视制度，以便迅速探知火灾的发生，并加强对旅客的防火宣传，以确保旅客和船舶安全。负有船舶消防的职责，在大副领导下，接受三副的业务指导，必须经过专业培训，熟悉船舶的结构、布置、消防区域的分布及消防设备的位置，掌握各种消防器材以及可能要使用的任何设备位置及操作方法；督促船员和旅客认真执行船舶防火公约，有权制止一切违反防火安全的行为，对全船明火作业进行检查、督促，对违章明火作业者有权制止并及时报告；按照三副对船舶消防器材进行定期检查，使之始终保持良好状态；无论航行、停泊均应进行防火巡回检查，检查必须定点、定时、定路线，发现火警立即报警并采取有效措施扑灭，同时报告领导；发生火情时，在现场指挥人员的指挥下，实施探火扑救和救助旅客的任务。

5. 救生设备

(1)救生衣：除按 SOLAS 公约第Ⅲ章 B 部分第七条 2 款的规定给船上每位人员配备足够的救生衣外，还应配备不少于船上总人数 5% 的救生衣，这些救生衣应存放在甲板上或集合地点附近显眼处；每件救生衣应配备一只救生衣灯和一只用系绳系牢的哨笛，每件应贴反光带(5 × 10cm 至少 8 块)。

(2) 救生服：应为每个被指派为救助艇员或海上撤离系统工作的人员分别配备 1 件合身的、符合 LSA 规则 2.3 要求的救生服或 2.4 要求的抗暴露服，除非船舶一直在主管机关认为无需热保护的温暖气候区域航行。每艘救生艇应配备至少 3 件符合 LSA 规则 2.3 要求的救生服，此外，还应为救生艇内没有配备救生服的每个人配备符合 LSA 规则 2.5 要求的保温用具。但在下列情况下，不必配备这些救生服和保温用具：全封闭或部分封闭救生艇中的人员，或船舶一直在温暖气候区域航行，主管机关认为保温用具为不必要时。

(3)救生圈：救生圈配备数量至少应满足下列标准：$L<60$ 米，8 只；120 米 $>L>$ 60 米，12 只；180 米 $>L>$ 120 米，18 只；240 米 $>L>$ 180 米，24 只；$L>$ 240 米，30 只。每舷至少有一个救生圈应装有可浮救生索；总数一半应设有自亮灯浮，其中不少于 2 只还应设有自发烟雾信号，并能自驾驶台两侧迅速投出(此类救生圈不应是配备救生索的)；船长 60 米以下应配备不少于 6 个设有自亮灯浮的救生圈；救生圈反光带应按四个等距离，沿径向两两对称环绕粘贴；每个救生圈应以粗体罗马字母标明其所属船舶的船名、船籍港。

(4)快速救助艇(客滚船附加要求)：客滚船上的救助艇中应至少有一艘快速救助艇；每艘快速救助艇应使用经主管机构认可的降落设备；每艘快速救助艇应至少配有 2 名经过 STCW 规则第 A-VI/2 节和 IMO A.771(18)决议《快速救助艇船员培训要求建议案》要求进行专业培训并合格的船员。

(5)每艘客滚船应配置有效的设施以从水中迅速救回幸存者并把他们从救助装置或救生艇筏转移到船上。

(6)救生设备每周按规定进行试验和检查，情况记入航海日志。

6. 水密系统

(1)主横舱壁上的一切水密门，不论是动力操作的还是铰链操作的，凡需在航行中使用的，应每天进行操作；水密门及与其连接的所有机械和指示器，为使舱室水密必须关闭的一切阀及为海损控制横贯连通所必须操作的一切阀，应在航行中定期检查，每周至少一次。

(2)水密舱壁上的开口控制：此类水密门要求在航行前关闭，且在航行中保持关闭；航行途中，为便于乘客或船员通行，或因在紧靠水密门的附近作业必须开启该水密门时，可以开启该水密门。当经过该门的通行已经结束或必需开启门的作业已完成，必须立即关闭该门。这些水密门在港口开启的时间和离港前关闭的时间应记入航海日志中。

(3)界限线以下外板上的开口：在此外板上的舷窗在船舶离港前应关闭成水密并紧锁，这类舷窗在船舶抵达下一港前不应开启；此类舷窗在港内开启的时间和离港前将其关闭和上锁的时间应记入航海日志中。

(4)滚装甲板以下处所的水密开口：开航前，应将滚装甲板之间的车辆坡道、滚装甲板通向舱壁甲板以下处所的所有通道关闭，直至抵达下一个停泊地；对这些通道的关闭和开启应进行报告制度，船长应进行监督，确保这些制度能被有效地执行。每次开航前，船长应将这些通道的最后关闭时间记入航海日志。

(5)为保证外部开口的水密完整性，在海上应保持永久关闭的装置，除用螺栓紧固的人孔盖子外，均应有一个通告牌贴于其上，告诫人们必须保持关闭。

(6)所有客滚船在海上航行时，船上流水口排放阀应保持开启位置，这类阀应配备有按国际载重线公约要求而设置的，能从甲板上方某一位置操作的可靠关闭装置，阀的任何操作过程，应记录在航海日志中。在海上时船舶营运或旅客上下船所需使用的任何门的打开和关闭都要记入航海日志。

(7)所有被认为能有效限制聚积于滚装甲板上的海水流动的横舱壁或纵舱壁，在船舶离港前到位并固定，直到船舶抵达下一个港口；但主管机关允许航行期间在这类舱壁的通道可以开启，但仅为供船舶主要工作所必需的时间。

(8)客滚船的驾驶台设有一个对重要水密设备的监视装置，当船舶离开港口时，如首门、内门、尾门或其他任何舷门没有关闭或关闭装置不是处于正确位置时，能给出视觉报警；船上保存有关于这些门是否处于关闭位置的文件化作业程序，且张贴在船上的适当位置。

(9)客滚船滚装甲板内的泄水孔正上方，必须有明显的标志。泄水孔必须保持畅通。

7. 防火防爆

(1)防火防爆工作必须落实到实处，严禁旅客携带和在行李中夹带易燃易爆危险品上船，不得搭载易燃易爆危险品、(《国际海运危险货物规则》及有关规定允许和港务监督部门批准的除外)。

(2)客船明火作业：在港时，由承修单位向主管机关报备；航行时，须报船长批准。作业时必须采取严密的防范措施，同时需指派专人在明火作业现场，监督落实各项安全措施，确保安全。

(3)客滚船严禁上船车辆在燃油箱外夹带燃料，严禁装载易燃易爆危险品、毒害品的车辆上船，燃油箱不得渗漏，制动有效，车辆上船必须绑扎固定，航行中汽车舱实行封闭管理，无关人员不得进入，舱内禁止吸烟。

8. 脱险通道

(1)在所有客滚船上，船长或被指定的高级船员应确保，当船舶在航行时，未经他们的明确许可，不允许任何旅客走到围蔽的滚装甲板上。

(2)整个脱险通道应保持畅通，地板覆盖物之类物品，应固定就位。

(3)客滚船应从船上每一通常有人的处所至集合站均应设有脱险通道，并应用 IMO 制定的符号标出。

(4)在客滚船上,用“你在这里”标出当前位置并用箭头标出脱险通道的简明“模拟”平面图应明显地张贴在每一居住舱门内侧和公共处所内,该图应显示脱险通道的方向并正确地指明其在船上的位置。

(5)居住舱室和高级船员室的门,应做到不用钥匙即可从房间内部打开房门。

9. 客滚船艏艉跳门的操作

(1)艏艉跳门是进行装卸作业的重要组成部分,而且是重要的安全设施,为此,驾驶员必须认真学习按操作规程正确熟练地操作,确保设备和人身安全;

(2)收放艏艉跳门前,应提前30分钟通知机舱,以便机舱提前准备动力;

(3)收放艏艉跳门不能和旅客上下同时进行,避免由于收放艏艉跳造成的船身倾斜而带来的旅客梯子滑脱,以确保旅客上下安全;

(4)收放艏艉跳门时,至少必须有下列人员参加:值班驾驶员,值班领班(水手长、木匠、舵长),值班一水和二水、甲板四轨或值班轮机员,必要时值驾或水手长可随时召集其他人员参加;

(5)放妥艏艉跳门进行作业时,当值人员应随时观测潮水变化及时调整,以免损坏艏艉跳门设备;

(6)收好艏艉跳门后必须全面检查水密状况,紧固锁锁紧情况。

10. 其他安全事项

(1)上下客前:检查服务处所的照明情况;空调运行情况和卫生清洁工作等,确保服务设施的安全;检查食品、商品质量,清除三无商品、过期和变质的物品;按规定对餐、饮器具消毒,生、熟砧板、刀具分开,确保饮食卫生安全;检查各种旅客用活动用品以及方便旅客的物品和工具的完好,确保能安全方便的使用;检查旅客梯子架设情况,安全绳和过板的安全性;确保旅客上下梯安全;每次旅客上船前四小时,应进行一次全船性的安全检查和清洁工作,甲板、舷梯、外走廊、舱壁、各室外梯子、扶手栏杆及室外旅客活动场所,必须用清水清洗和检查其安全性。

(2)上下客时:客运主任必须始终坚守上下客梯口附近,负责上下客的安全工作;客运服务员应切实引导、照顾好旅客上下船,对老、弱、小、特殊旅客要给予特别关注,包括帮助提拿行李等。

(3)在开航前除按要求广播向旅客告知应急须知外,还应包括:不准携带危险品、凶器、易燃、易爆物品上船,也严禁托运易燃、易爆危险品。如果已经带上船,应马上与服务员取得联系,并把危险品交给他们,以便船上统一保管和处理。不要躺在床铺上抽烟,不要随地抛弃烟灰和火柴杆。船上严禁私自使用电炉、电热水棒、电热毯和乱拉乱接电线。带有儿童的旅客,应看管好自己的孩子,不要让他们自己在走廊或甲板上乱跑和玩耍;在甲板上散步时要注意安全。不得随便进入禁止入内的场所,不得乱扔玻璃瓶、金属碎片以及其他对乘客的生命财产、船体和货物有害的物品,不得损伤各种标志、看板等。请各自保管好自己的行李物品,随身行李也不要托不认识的人看管,以免发生不测。

(4)航行中:咖啡厅、歌舞厅和餐厅要及时进行清洁,防止不安全因素出现;要定时定点巡查旅客区域,保障旅客区域安全清洁卫生,并能及时解决旅客的困难和疑难问题。每天在旅客起床前对露天甲板和露天旅客活动场所进行安全检查和清洁，以保证旅客的活动安全。对旅客经常出入的部位，如甲板、外走廊、室外梯子、扶手栏杆；各种警示牌及标志，如甲板碍行标志、逃生标志等应经常保持干净和标志鲜艳。发生旅客暴力等威胁船舶或人员安全时，参照船舶保安计划执行。在船上当发现旅客患有传染病或疑似传染病时，船长应督促船医立即采取各种有效的防疫、隔离措施，及时报告公司，在公司指导下，控制病员的病情恶化，并向抵达港口有关方面报告。

第三节　安全作业环境创建

努力创建一个安全的生产环境是安全工作的根本，因为有了安全环境，安全生产才有保障，安全环境是杜绝安全事故、降低安全成本的前提条件。安全作业环境的创建是指在水路运输过程中所涉及的每一阶段和环节，都有对应的制度、措施和技术来抵御危险的侵害，达到安全操作和作业的目的。

一、货运企业安全作业环境创建

水路运输的生产环节包括到港装货、在途航行和到港卸货三个主要环节，涉及船舶安全生产值班、船舶系泊、船舶进出港、船舶消防安全与防污染、船舶水上交通事故应急管理等活动。确保创建安全的水路运输作业环境，达到安全生产的目的，对生产过程中的每一环节应有相应的制度、措施和技术，规范操作者的行为，消除生产过程中可能存在的安全隐患，创建一个安全的生产环境。

1.船舶安全生产值班管理

船舶安全生产值班管理包括：驾驶航行值班，驾驶停泊值班，航行中轮机值班，停泊中轮机人员值班，船舶值班人员安全。

1）驾驶航行值班

（1）值班人员要认真履行值班职责，严格遵守各种规章制度和安全操作规程，集中精神，在任何情况下，没有正式人员接替，不得离开岗位，确保安全航行。

（2）值班人员不得在操作时擅自离岗位或看书报或做与值班无关的事。

（3）驾驶台操作人员应衣着整齐，不准穿背心穿内裤或穿拖鞋值班。

（4）驾驶人员要随时注意周围环境，做到勤瞭望、勤联系、勤探水、勤检查。

（5）出航前及出航时禁止饮酒；严禁酒后驾驶、疲劳驾驶、违章驾驶。

（6）清楚而详细地填写航行日记。

2）驾驶停泊值班

（1）为保证船舶在停泊中做好安全保卫工作，防止事故的发生，停泊时必须指定足够的留守人员，做好值班工作。

（2）船舶停泊留守人员必须以随时能开航执行任务为原则。

（3）值班人员必须坚守岗位，不得做其他与值班无关的活动。

（4）船舶进厂修理，随船工作人员白天必须在船上工作，晚上安排值班人员不得少于2人。

(5)船舶所在港口悬挂台风信号一号风球时,值班人员不得离船外宿,随时做好防洪和完成其他特殊任务的准备。

(6)停泊值班人必须做到:提高警惕,禁止闲杂人员上船,经常到船舶四周巡视,检查锚链、系统、信号、照明等是否正常;瞭望船舶四周,注意气象、水位、水流、风向等情况的变化及时采取相应的安全措施;雾季中途停泊或锚泊在能见度不良的地方时,要按规章鸣放雾号;做好防毒、防火、防盗、防破坏等工作做好停航过程中的有关情况记录。

3)航行中轮机值班

(1)航行值班时,轮机部必须有轮机长或轮机人员负责当班。

(2)服从值班驾驶员的指挥,及时准确地执行驾驶员的命令。

(3)加强巡回检查,做到勤听、自看、勤摸、勤嗅,经常检查并正确调整使用中的机电设备;保证其转速、压力、温度、电压、电流、油量及水量等工作参数正常。

(4)迅速地排除机电设备的故障,当无法排除时,应立即请技师人员指导解决。

(5)作业、航行过程中,如发现主、副机等有故障时,值班轮机人员应及时通知驾驶部进行临时停机排除故障。

(6)保持机舱、机电设备及工具的整洁。

(7)清楚而详细地填写轮机日志。

4)停泊中轮机人员值班

(1)停泊值班时,轮机部必须留人值班,使各机电设备处于适航状态,并认真填写轮机日记。

(2)按时检查各电器设备及接岸电情况。

(3)按时检查管系、阀门的使用开关情况。

(4)备足燃油料和润滑油料,备齐各种配件以及做好其他的一切作业开航前准备工作。

5)船舶值班人员安全

(1)牢固树立安全优质服务的宗旨,主动热情向船员宣传安全作业的各项规定和水深情况,指挥船舶安全有序作业。

(2)遵守劳动纪律和安全操作规程,自觉执行各项规章制度,集中精神,按规定程序操作机电设备,严密监视船舶、阀门和机械设备运转情况,及时、准确做好各种记录。

(3)用心保养电器、机械设备,使机电设备无灰尘、无油渍,保持机舱内外整洁卫生,做到地面无垃圾、天花板无蜘蛛网。

(4)牢固树立安全第一的观点,上班不准喝酒、不准串岗和擅离工作岗位,严格执行船舶安全管理规定,做好船舶治安保卫工作。

2. 船舶系泊安全管理

船舶系泊安全管理包括:系泊准备、系泊操作、系泊值班和锚泊值班等内容。

1)系泊准备

(1)船舶在进港前,驾驶员应及时与港方联系,获知进港通知后,通知各部门按进港靠泊的有关规定及船长的要求认真做好各自的系泊准备工作。

(2)各负责人员应认真检查本船通信设备、导航设备、操纵设备、动力设备、系泊设备、照明设备、应急设备和保安设备并使之处于正常工作状态之中;按规范和船长的特殊要求,备妥所需系泊索具。

(3)值班驾驶员应负责和布置对引航员登轮位置和登轮设备的检查,并按要求及时备妥引航员登轮设备。

(4)驾机值班人员密切配合,按驾机联系制度,按要求校对船钟、车钟和各种记录仪,按规定试验主机、舵机、内部通信系统、汽笛和号灯等设备,做好系泊准备。

(5)注意获得最新的港口信息,熟悉航道及港区的潮流、潮汐情况,掌握驶往系泊位途中的天气情况,结合本船载重情况和受风面积充分考虑风流对船舶的影响。

(6)了解泊位情况(如泊位长度和方向、码头前沿水深和水流情况等),抵泊位前应注意观察泊位附近有无影响靠泊的障碍物,泊位前后其他靠泊船舶的情况及间距。

(7)熟悉港口规定、规章和航行要求,熟悉港口信号和 VTS 报告系统。

(8)船长应及时与引航员交换船舶操纵信息,主动商讨靠泊的操作程序及有关注意事项,并及时将靠泊要求传达至本船有关人员。

(9)系泊缆绳外表状况应符合要求,并应有一定数量的备用缆绳。要保持各引导滚轮的活络,可根据需要备妥缆绳防磨材料。

2)系泊操作

(1)船长在驾驶台指挥、密切配合和监督引航员的操作,并有责任纠正引航员的错误指令,当发觉引航员不能履行其职责或其操纵可能危及安全时,可终止引航员的操作。

(2)注意本船的操纵特性(旋回圈、冲程等),以及车、舵效应(如右旋单车船进车时船尾向右转,倒车时船尾向左转,船速越慢,车的偏转效应越明显)。

(3)大副在船首指挥,注意船与周围障碍物的距离和船首前方的情况,需抛锚时,先确认锚下无障碍物,注意缆绳及锚链受力情况和人员安全,有情况及时向驾驶台报告。

(4)二副在船尾指挥,要注意有无障碍物影响推进器以及船艉周围情况,注意系缆及人身安全,有情况及时向驾驶台报告。

(5)三副在驾驶台按船长命令操纵车钟,记录船舶动态,传达船长命令,验证各项命令执行情况,监督水手操舵。

(6)在靠泊过程中,大副、二副应互相配合,注意缆绳松紧,防止单根缆绳受力过大,合理调整缆绳使船均匀贴近码头。

(7)根据船舶的吨位、装载情况、风流等因素来决定系缆的根数。在大风急流时应停止使用自动张力绞缆机的自动张力装置(如有此设备时)。

(8)船舶靠妥后应保持缆绳受力均匀。

3)系泊值班

(1)系泊值班应严格执行有关安全的规定,采取适合靠泊港口保安等级的本船保安计划措施,船舶领导及部门长应认真督促全体值班人员做好系泊值班工作。

(2)值班人员要严格履行系泊值班职责,严禁擅离职守,维持船上正常的工作秩序,保障人员、船舶及货物的安全。值班人员应按时按“防火巡视路线图”进行防火检查,并记入航海日志。

(3)在大风、急流,暴风雨及有台风警报等情况下,船长及值班驾驶员应及早采取加缆等措施,空载以防风为主,重载以防流为主。当风大流急或有其他情况将危及本船安全时,全船应在船长的统一指挥下采取紧急应变措施。

(4)正确放置安全网和防鼠挡,值班人员应经常检查放置情况,及时调整,使之符合规定要求。确保上下人员的安全和防止有害生物侵袭。

(5)根据装卸作业和潮汐情况,及时调整舷梯,及时调整系缆使之受力均匀,滚装船要适时地调整尾跳角度,当超过极限时,应立即停止装卸作业并将尾跳收起,注意船舶最大吃水和泊位水深,防止坐浅。

(6)当有他船系靠本船前后时,应在艏艉监守,当有威胁本船情况出现时,应采取有效的安全措施。

(7)当有船并靠时,应征得船长同意后,在双方都无横倾,吊杆和舷外突出物都已收进,备妥大型碰垫,派人带缆等采取一系列措施及确保安全的情况下,方能同意并靠。港作船、交通艇等来靠时,都应有人守候,防止碰损或发生意外。

(8)在主机盘车、冲车、试车前检查推进器周围有否障碍物、舷梯及缆绳的受力情况。

(9)按时正确升降国旗、开关灯、悬挂号旗、号灯、号型。

(10)甲板值班人员要戴安全帽,佩戴值班标志,舷梯口保持有人值守(在任何港口都要控制上下人员并给予登记),做好接待工作,同时注意并警惕闲杂人员或有不良企图的人员登船。

(11)靠码头或带浮筒的船舶,未经港口有关当局同意,不得检修船舶主要动力设备。

(12)系泊浮筒时还应注意:如条件许可,除回头缆外,其他系缆应尽可能从首部、尾部中央导缆孔出缆,并使之均匀吃力。当转流、转风、系于本船前后或并靠的船舶有靠离、调整系缆、锚链的行动后,适时调整本船各系缆,使之受力均衡。船长在风力有增强可能或大潮汛急流来临之前,督促值班人员加强检查,尤其在浮筒连线与流向不一致时更应特别注意。如预测将有可能发生紧迫局面时及时请求有关方协助。

(13)仅锚链系泊浮筒(尾无系缆)时,另一只锚需备妥以便应急使用。值班人员每班至少查看二次系泊情况,当风暴来临时,应适当松长锚链,以达到缓冲作用。如偏荡较大,可将另一只锚抛下,作为立锚以减少偏荡,大风过后要适时绞起,防止绞缠。

(14)大型船舶的系泊值班人员应配备适当的通信器材,保持值班人员间的信息交流。

(15)当系泊于栈桥式码头时,船长应预计到各种不利条件,当各种不利条件相当集中时,应予以特别注意并做出迅速反应,不利条件中危害性最大者是急流与浅水两者同时存在(当预感到势态有可能进一步严重时,应及早采取一切可能采取的措施,包括事先抛立锚,增加系缆、备车舵及侧推器,全船动员,争取岸上支援,请拖轮协助等。在紧急情况下若船艏顶流而部分系缆开始破断又无拖轮支援或其功率不够,则可松解尾缆,以首迎流而减少推开的流压,同时用车、舵、锚等配合操纵,万一断缆漂泊,可用车舵锚稳住船舶或重新靠拢码头)。

(16)船长应每天关注气象信息和预报,根据天气变化布置系泊安全措施;遇大风、强流等特殊情况时,值班驾驶员应及时报告船长,机舱值班人员要按船长的指示做好备车等工作。

(17)船长与值班人员应熟知船舶一旦发生断缆等情况时的应采取的措施,包括:加缆、适当地松缆、使船身与流平行,在条件允许时抛锚,备车、舵、锚、侧推器,用汽笛或 VHF 发出警告与呼叫带缆工人(或派船员自行带缆)、拖轮、请求引航员上船、通知代理等。

(18)船舶在泊位停靠期间留船人数应保证船舶生产安全所需或执行港口当局的有关规定。船长和大副、轮机长和大管轮、水手长和木匠不得同时离船,留船船员人员不少于船员总数的三分之一。

4)锚泊值班

(1)值班驾驶员应利用两种以上有效手段经常核对锚位是否正常,注意来泊船的锚位及其回旋圈是否与本船有足够的安全距离,如过近应鸣笛或用 VHF 通知对方,并报告船长,同时做好记录,必要时应报告港口当局协调解决。

(2)除作业锚地外,值班驾驶员和水手应在驾驶台值班,按规定进行安全防火巡视和检查锚链受力情况,严禁做与值班无关的事,交接班在驾驶台进行。

(3)在大风来临、风力增强、船首偏荡过大及锚链受力过大等情况下,值班人员应立即报告船长并先期采取适当的措施,包括紧急备车。

(4)锚泊期间,值班人员应注意过往船舶和周围锚泊船的动态,尤其是位于上风或上流方向锚泊船的动态,严密注意并经常核对其距离和方位的变化,发现本船或他船走锚,或过往船舶距离过近而出现危险局面时,应根据当时的情况采取适当的措施,这些措施应包括:立即报告船长、派人去船首松锚链或抛另一锚、准备碰垫、通知机舱备车、利用 VHF 呼叫和声光信号等警告对方。

(5)锚泊期间,一旦发生碰撞应将碰撞前后对方船的动态和本船所采取的措施以及受损情况等证据收集、记录和画出碰撞示意图。

(6)在急流区锚泊或遇大风浪天气,应以适当的间隔测定锚位,确定锚位正常与否,值班人员应每小时至少一次去船艏检查锚链、锚机和制链器等锚装置的情况。

(7)锚泊中遇能见度不良时,应遵守《国际海上避碰规则》有关声号和号钟、号锣的规定,还应保持雷达值守,对接近的危险目标及时给予警告。

(8)锚泊装卸作业除应执行锚泊及装卸作业的有关规定外,尤其注意傍靠船和驳船的系缆、碰垫及绳梯等安全情况,发现问题及时采取相应的措施并报告船长或大副,确保作业正常进行。

(9)锚泊期间,值班水手按时或按驾驶员命令及时悬挂各种旗号、号型,开关号灯和灯光等,并经常检查是否处于正常状态。

(10)锚泊期间,船长应书写船长命令,提出对锚泊值班要求和特殊注意事项。如锚泊时间较长,船又朝一个方向调转应每隔 3 ~4 天将锚链绞放一次或者起锚重抛,以免发生链绞接或链缠锚等情况。

3. 船舶进出港安全

船舶进出港安全主要内容包括抵离港准备和进出港口两部分。

1)抵离港准备

(1)抵离港口前,船长要制定好进出港计划,并将相关内容落实到相关人员,做好充分准备。

(2)应详细了解并严格遵守所到港口的有关航行法规。

(3)应认真仔细审阅海图;对与进出港航行安全相关的海图改正、危险障碍物、航道水深、灯塔、灯标、浮筒、潮汐、流向、流速、风向和风速等应了解清楚,并在应用图上标定航线,注明航向，对本船适航深度做出适当醒目的等深线，对重要转向点、危险区标出可利用的目标、方位及距离。

(4)应详细了解引航锚地和等候锚地的特点，如接近锚地的导航目标、通航密度情况、锚地的定位物标、水文、风力、水深和底质等情况。

(5)抵离港前核实船舶吃水、吃水差、浮态等是否符合进出港要求。

(6)应及时召开有轮机长参加的驾驶员抵离港会议，部署抵离港注意事项充分做好到港准备，确保进出港口安全。

(7)抵离港口要遵守沿岸国及所到国家的报告制度。

(8)抵离港前各部门应及时部署安全装卸、安全操作、维修保养、遵章守纪等工作。

(9)抵离港前应指派有关人员对系泊设备、锚设备、吊货设备、应急设备、助航仪器、通信设备、主机、辅机、舵机等进行全面检查或试验，发现问题及时解决并做好记录。

(10)按船长指示备妥双锚，以备使用。

(11)按船长命令及时备好车舵，并对各指示器、显示器、仪表、船钟、助航设备和对讲机等进行全面检查，确保使用可靠，安全无误。使用对讲机下达命令时应冠以船名。

(12)在接近港区前，提前将主机备妥并进行正倒车试验。

(13)根据航道水深、吃水和富余水深的情况通知机舱更换高位海底门。

(14)按船长指示备好引航员梯、扶手绳、救生圈和照明灯并确认完好无损，安全可靠。

(15)船长应指派驾驶员接送引航员，引航员上下之前应进一步检查引航员梯的安全可靠程度，以确保引航员安全。

(16)应及时接收所在港口及附近的航行警告、气象预报。

(17)按规定及时升、降国旗、并显示规定的号灯和号型。

(18)值班驾驶员应勤测船位，加强瞭望，发现异常立即报告船长。

2)进出港口

(1)船舶进出港时，船长应在驾驶台、轮机长应在机舱亲自指挥。

(2)船舶进出港时，值班驾驶员应协助船长、引航员瞭望，监视仪器仪表的工作情况、舵工的操舵情况以及各项指令的执行情况，发现错误及时提醒、纠正。

(3)港口的通航情况复杂时，可实行双驾制度或酌情增加当值人数，以保证驾驶台有足够的值班人员。

(4)港内航行时，按照港口规定的航速行驶。避免不必要的追越和在弯曲和复杂水道会船。

(5)引航员上船后，船长应向他介绍本船船舶水尺、货载、操纵性能、主机转速及本船特点，并主动询问航道水深、进出船舶动态、码头泊位水深、安全靠离要求等必知情况。

(6)进出港口时，当值人员必须使用各种手段，保持正规瞭望，并按引航员要求和船长指示及时加派瞭头人员，瞭头人员应严守职责。值班驾驶员应多注意瞭望信号台或其他船舶挂出的开航、掉头等信号并关注它们的动态，发现情况立即报告。

(7)进出港口时若主机临时故障需减速或停车，必须立即报告驾驶台，由船长根据航道、港区情况，果断决策并通知机舱，避免引起其他事故。

(8)船舶一旦在进出港口时发生险情，船长应保持头脑冷静，设法使船舶摆脱危险，减少损失,同时要如实做好相关记录。

(9)进出港时,应在指定的 VHF 频道守听,保持与港口控制台、导航雷达站、海上交通指挥中心等有关方面的联系;还应与有关船舶协调避让,互相配合,确保证航行安全。

(10)确定引航员上船时间和地点后,在引航员上船之前留有充分的余地。

(11)船舶进出港时,值班驾驶员要提前开启测深仪。

(12)靠离泊前,船长和引航员要共同商定靠离泊计划,船长及时将靠泊计划和执行方案通知船首尾带缆人员和机舱,确定人员分工,提前做好靠离泊的准备工作。

(13)进出港时,遇有下列情况之一时,应根据具体情况,和相关方研究确定具体措施:泊位不符合安全靠离条件;能见度低于本港的安全引航标准;风大流急而无足够拖轮;浪高超过拖轮作业标准;水深不符合要求;引航员明显不称职;其他危及安全情况。

(14)离港前应做好货物、集装箱、移动物件、属具等的绑扎加固工作。

(15)离港前应封好货舱,固定好吊货索具,收妥并加固舷梯。

(16)离港前进行全面的保安检查,严防偷渡。

(17)开航前政委、轮机长、大副等主管人员应按照船长的航次指令做好离港准备。

(18)二副要根据船长的要求及时制定《航次计划》,并由船长审签;保证所用海图、航海资料的齐全并改正到最新,所备图书资料要符合港口国的特殊要求。

(19)编制航次计划后,船长要适时召开由相关人员参加的航前会议,宣布航次任务;落实航次计划的各项内容;提出航行安全措施和开航前工作要求。会议的内容要有记录。

4.船舶消防安全管理

船舶消防安全工作应树立“预防为主、防消结合”的方针。建立防火安全组织结构,船舶应设立防火安全领导小组船长任组长,政委任副组长,大副、三副、轮机长、水手长、机工长任小组成员。船舶实行防火安全责任制船长为船舶防火责任人,对船舶防火安全负全面责任;大副、轮机长对其部门防火安全负责;船员对其工作场所和居住处所防火安全负责;船长有责对船员进行消防安全宣传教育、培训、遵章守纪和消防安全法制宣传教育,提高船员消防知识、灭火技能和安全防范意识。

1)监督、检查

(1)船长、政委对全船的防火安全措施有监督、检查的权力;

(2)大副、轮机长对部门防火安全措施有监督检查的权力;

(3)船舶应接受港口国(PSC)检查官员、公安消防和海事局官员对消防安全的监督检查;

(4)公司消防监督、海务监督、机务监督、劳动安全监督人员有权对船舶的防火安全进行监督检查;公司检查组有权对船舶召集消防、救生演习;对船舶违反消防安全管理规定的行为有责令纠正权和处罚权;

(5)对检查中发现的各类隐患,必须立即整改,整改暂有困难的,要采取安全防范措施,需要岸基支持的缺陷和隐患及时报告公司主管人员,由公司主管人员负责协助安排消除隐患。

2)消防设备、器材的配备和管理

船舶应按《1974 年国际海上人命安全公约》及其修正案和国家主管机关的规范要求配

备消防设备和器材;船舶所配备的消防设备必须符合 SOLAS 等国际公约和船级社的相关要求;对消防设备的管理要求如下。

(1)消防设备、器材由三副负责管理,船长、大副监督检查,并保持随时可用状态;

(2)防火控制图:每一船舶应有一套防火控制图或具有该图小册子的复制品永久的置于甲板室外有醒目标志的风雨密盒子内,以方便岸上的消防人员,防火控制图上的设备标识应与实际相符,所有符号代码均用本国文字和英文标注,船员能够看懂防火控制图;

(3)固定式柴油机应急消防泵燃油柜燃油至少可供使用 3 小时,此外,在机舱外的储备燃油至少可供应急消防泵使用 15 小时。应急消防泵使用 2 根水带时,压力应符合要求;消火栓四周不得堆放杂物;

(4)消防水管与水龙易于衔接,接口处无过量漏水,消防水管阀门活络,手轮转动自如,周围没有任何障碍物;

(5)消火栓应保持活络并无滴漏现象;

(6)消防水带应完好无破损漏水现象,水带表面清洁,卡箍无锈蚀,禁止挪作他用;皮龙箱保持良好,编号、IMO 标识齐全,箱内配有 F 扳手,消防水带盘放正确,水枪、水带放置在一起,接头牢固,水枪应为两用型,保持活络不锈蚀,水带定期做水压试验;

(7)泡沫枪灭火器旁应有中英文操作说明和 IMO 标志,机舱人员、驾驶员应熟悉存放地点并能正确使用,应按期保养换药,并做好记录;

(8)各类手提式灭火器要按期检查保养,称重换药、定期检验,并正规记录在每个灭火器的卡片上,船员应能熟练地使用各种手提式灭火器;

(9)消防员装备:呼吸器面具不漏气,在低压区有报警声;防爆手电电池保持电量充足,船员应懂得消防员装备的使用和保养,消防员能在发出消防报警后 5 分钟,集合后 3 分钟内正确穿好消防服;

(10)国际通岸接头:每船至少配备一个国际通岸接头,其存放位置要与消防控制图相符,并于配套工具存放在一起,由指定船员保管和安装,消防演习时带到现场;

(11)固定气体灭火系统:大型固定灭火系统应处于良好可用状态,释放站内贴有中英文操作程序,船长、驾驶员必须熟悉操作程序和各舱室应释放的数量。每次二氧化碳称重还应包括小型启动瓶、油漆间配备的二氧化碳瓶;CO_2 站的应急灯、照明灯正常(无应急灯可用防爆手电代替),照明灯有防护罩;如无通信设备可用对讲器代替,站内保持清洁无杂物,门上贴有 IMO 标识,门旁有备用钥匙;

(12)船舶应按要求定期对灭火设备进行检查。检查出的问题应尽快纠正,船方无法自行解决的,应立即报告船舶管理部门落实解决。检查完毕填写检查表留船备案;

(13)船舶应定期对通用报警设备进行试验;定期对货舱、机舱、生活区感烟、感温等探测报警设备进行检查;

(14)船舶每三个月应对机舱风、油、电等应急切断装置进行检查;

(15)安全通道、应急通道、逃生孔必须保持畅通,照明、应急照明保持良好;

(16)自闭式防火门必须保持使用状态,禁止人为将其长期固定敞开;

(17)船舶通风筒设备良好,防火挡板开关正常,开关操纵标志明显。

(18)船舶消防设备、设施的维护保养、试验和检查应遵守有关国际公约、公司体系文件的相关要求。

3)火灾预防

(1)日常防火:贯彻、执行政府和主管部门以及港口颁发的消防法令和规章制度;严格遵守公司及船舶的安全操作规程及有关防火安全规定;建立防火巡回检查巡视制度,制定巡视路线图并在驾驶台张贴,每班至少按路线巡视检查一次,检查情况记入航海日志;禁止在货舱、甲板、物料间、机舱吸烟;散装液体危险货物船禁止在指定吸烟场所以外吸烟;禁止躺在床上吸烟;烟头、火柴杆必须放在注水烟缸里,禁止向舷外乱丢烟蒂,航行中不得锁门睡觉;废弃的棉纱头、破布必须放在指定的金属容器内,不得乱丢乱放;潮湿或油污的棉毛织品应及时处理,不能放在闷热的地方,以防自燃;船舶应在货舱、机舱、油漆间、氧气乙炔间、电瓶间等禁烟场所设立明显禁烟标志;船舶应使用不燃垃圾桶,四周不得开口,桶内需注水;垃圾桶必须有盖,垃圾要及时清除,以防自燃。船员不得私存私放易燃易爆物品;船用油漆等易燃、易爆液体应存放在专用油漆间,不得存放其他场所;人员离开居住舱室要随手关灯;禁止燃放烟花爆竹,禁止施放过期救生信号;提高警惕,加强防范,发现火险隐患及时报告;发现违章行为,人人有责制止。

(2)电器防火:电水壶、电暖瓶(限自动恒温型)仅限船舶领导和部门长使用,使用时不得离人;严禁使用明火电炉(封闭式电炉限工作使用);禁止船员携带电热器具上船使用,严禁私自拉接电源线;公司为船舶配备的影碟机、洗衣机、电冰箱、微波炉等电器设备,由专人负责,使用安全专用插座;主管人员定期检测各类动力、电力、电器绝缘状况,并满足船检规范要求;冷藏集装箱电源插座应保持水密,不用时应旋紧插座保护盖,防止受潮、短路引发火灾;各类电源线头必须进行绝缘包扎,不得暴露,防止漏电或短路;室外各类照明灯具应保持水密,防止因上浪、下雨致使电线短路引发火灾,物料仓库照明灯具垂直下方需避开易燃物;为保证马达绝缘良好,使用烘烤灯具对马达进行驱潮,必须对烘烤灯具进行良好固定,防止因船舶摇晃或振动发生碰撞导致事故,灯具四周需避开易燃物;机舱配电板四周应配备绝缘地垫,禁止存放任何物品;不准任意接拆电器线路,不得擅自拉线装灯或乱拉收音机天线。不准用纸或布遮盖电灯,不准在电热器上烘烤衣服;货舱使用的货灯必须妥善保管,使用时要检查灯泡或护罩,如有损坏应及时换新。

(3)明火作业:船舶自修或进厂修理需要动火时,应严格遵守国家主管部门制定的“船舶修理防火防爆管理规定”;船舶氧气、乙炔瓶必须分开存放,禁止存放在机舱、人员居住场所,并远离热源;船舶在港明火作业,必须向主管机关申报,得到批准后方可进行。船方不得擅自扩大明火作业范围,或超过作业时限;船舶在航行中需要明火作业时,必须进行明火作业登记,经过船长审批同意并遵守有关安全规定做好安全防范措施后才可进行;船员进行明火作业,焊工必须持证上岗,指派看火人员,清除作业现场及其周围的可燃、易燃物(包括上、下、左、右、背面相邻舱室),配备合适的消防器材;对明火作业地点有任何怀疑时,禁止进行明火作业;凡能拆卸的管系、机件要进行明火作业时,应在电焊间或工作间进行,无电焊间或工作间的应移至安全地点进行;进入长期封闭或空间狭小的舱室、处所进行明火作业,必须经过足够的通风换气,使作业现场空气达到足以保证施工人员安全的标准;高处部位进行明火作业时,应事先检查作业部位下部环境,清除周围可燃物质,并根据当时风向、风速进行适当维护,防止火花溅落。明火作业完毕,作业人员要清理现场,不得留有火种,并进行防火巡回检查。

5. 船舶水上交通事故应急管理

当船舶发生危及人员、船舶或财产安全和危害环境的紧急情况时,船舶和岸基应立即采取应急行动,旨在最大限度地减少人员伤亡、减少对环境的危害和对船舶或财产的损失。根据《水上交通事故统计办法》(交通部〔2002年〕第5号)船舶发生下列事故属于水上交通事故:碰撞事故、搁浅事故、触礁事故、触损事故、浪损事故、火灾/爆炸事故、风灾事故、自沉事故,其他引起人员伤亡、直接经济损失的水上交通事故。

船舶紧急情况指船舶或船上人员发生紧急的危险或事故,导致人员、船舶或财产面临威胁和船舶对环境构成威胁的情况。根据航海界历年的海事教训和经验,以及船舶运输的特点,标明下列6类船舶紧急情况:

(1)火灾事故:指船舶因各种原因引起的火灾。

(2)船舶损坏:指船舶发生碰撞、搁浅、机器故障/电力中断、恶劣天气情况等致使船舶结构损坏,并危及船舶安全的情况。

(3)污染事故:指船舶将油类、污水、压载水、垃圾或其他有害物质排放入海,或引起空气污染的有害气体的排放的事故。

(4)保安事件/非法行动:指《船舶保安计划》中所描述的内容。

(5)人员事故:指船员和随船人员在船舶发生落水、伤亡、急病、传染病等事故。

(6)货物事故:指船舶因货物泄漏、移动和坠海等原因引起的事故。

1)应急准备

(1)岸基应急小组组成:应急总指挥由公司总经理担任;总经理外出时,由公司总经理指定的其他领导担任。岸基应急小组主要成员为指定人员、安全(海务)监督部门、船舶技术部门、人力资源部门、党委和行政事务部门,以及所属船队等部门领导组成。公司相关部门成员的召集由应急总指挥根据应急抢险需要和职责分工确定。

(2)岸基应急小组职责:负责研究分析船舶的紧急情况,在需要时制定具体应急抢险方案,跟踪船舶应急抢险的效果,协助总指挥为船舶提供技术和物资支持,参与事故的调查分析,制定预防措施。并根据应急总指挥的指示,负责事故的上报和对外界的信息发布等。应急小组职责分工:

①应急总指挥负责抢险方案的审批,指挥船岸的应急行动。负责提供一切可能的资源支持。

②安全(海务)监督部门负责研究制定船舶火灾、货物事故、船舶损坏(碰撞、搁浅、恶劣天气)和人员落水事故的抢险方案;负责提供船舶的动态、受载状况,提供港口、航海图书、气象资料;负责与船东、国内外代理、港方及救助组织的联系、协调等事宜,并为船舶实施抢险方案提供技术指导;负责船舶紧急情况时公司岸基与船舶间的联络,传达应急总指挥的指示,询问和报告船舶紧急情况的细节,并做好应急行动全过程的记录等。

③船舶技术部门负责研究制定船舶损坏(机器故障/电力中断)和污染事故的抢险方案;负责计算船舶有关技术数据,提供燃料情况,备件和物料,并为船舶机械、设备等有关的技术操作提供指导,制定抢修方案。

④人力资源部门负责研究制定人员事故的医疗抢险方案和船舶突发性传染病的应急方

案;安排医疗咨询和指导。负责办理派往出事地点人员的手续和证件。

⑤负责船舶保安的部门负责研究制定保安事件/非法行为威胁的抢险方案;负责与船旗国、港口国主管机关的联系及案情的上报等。

⑥行政事务部门负责提供船舶技术图纸和档案。负责对外宣布相关信息。

⑦船舶管理(船队)部门参与研究制定各类事故的抢险方案、协助制定抢修方案,负责船员替换,负责联系和慰问船员家属等。

(3)船舶应急小组组成:应急总指挥由船长担任,大副是船长的替代人。船舶应急小组成员为政委、轮机长和大副,轮机长的替代人是大管轮,大副的替代人是二副。

(4)船舶应急小组职责:船长负责根据现场情况和本程序的要求,指挥船员采取一切必要措施抢险,或请求第三方援助。负责向公司、港方或代理的报告和联系等。政委是船舶应急副总指挥,协助船长指挥抢险。大副是船舶应急现场指挥(除机舱抢险外)。轮机长是船舶机舱抢险现场指挥。

(5)船员职责:全体船员在紧急情况时按本程序的各种应变部署、《船舶保安计划》、《船上油污应急计划》和船舶“应变部署表”履行职责。

2)应急响应

(1)船舶发生紧急情况时,船长应立即将发生紧急情况的时间、地点、种类、程度、趋势、所受威胁等情况口头报告所属公司相关部门,随后将船舶紧急情况书面报告公司相关部门。调度员或值班员接到报告后,应立即报告公司应急总指挥。

(2)发生上报等级事故,应急总指挥应立即报告上级公司和船东,以及当地的主管机关(海事局)等有关单位,取得支持和配合。

(3)在应急状态终止前,在可能的情况下船岸双方应保持通信联络的畅通。公司船舶调度或岸基值班室负责公司与船舶的通信联络,船舶技术部负责确保岸基通信设施处于正常使用状态。船舶二副负责船舶与岸上的通信联络,并应确保船舶通信设施处于正常使用状态。

(4)船舶紧急情况的通信,船岸双方应按照企业的船舶通信的相关规定进行。

3)岸基应急行动与部署

(1)岸基应急行动:应急总指挥接到报告后,根据紧急情况的程度和性质,确定是否需要召集应急小组成员。如需召集应急小组成员,值班员应根据应急总指挥的指示,立即通知应急小组成员到位。如不召集应急小组成员,则由值班员传达应急总指挥的指示。应急小组成员接到通知后,应立即赶赴公司船舶调度室或岸基值班室或指定地点集中。船舶在抢险过程中遇到困难需要岸基支持时,应急小组成员应仔细研究修订具体抢险方案报总指挥决策。值班员应保持与船舶的联系,并负责紧急情况全过程的记录,行动终止后由应急总指挥审阅并签署。应急小组成员应根据总指挥的指示,提供技术指导(必要时可聘请有关专家),并负责提供物资支持,答复船舶救助请求,联系安排救助事项,了解抢险效果,必要时派员前往事故处理现场,做好后续安排和善后处理工作等。船舶抢险行动结束后,应急总指挥宣布应急行动终止,应急小组成员单位应按公司的规定向有关方报告和进行事故调查。

(2)岸基应急部署:

①船舶火灾:

如自力扑救困难需要外援时，应立即电告消防部门、港口当局或代理，尽力争取外援；如扑救无效，不得已弃船时，应迅速联系代理及有关港口当局，尽力实施人员救助；火灾中若有人员伤亡，应做出后续安排，并按相应的规定处理。

②船舶碰撞：

如碰撞后破损进水，应视情指导船舶选择适当地点抢滩；如碰撞引起人员伤亡或油污时，均应按相应的规定处理；如损失重大，船舶和人命可能受到威胁，应立即电告港口当局或代理请求援助；公司总经理赋予船长在人员或船舶安全受到严重威胁或对环境构成严重危险时可背离安全规定实施弃船的权力；接到船长弃船的请求后，如情况允许，应提醒船长做好弃船时的工作；弃船时应联系代理、驻外机构或港口当局安排救助，并视情派员处理弃船后事宜。

③船舶搁浅：

当船舶自力脱浅有困难时，应仔细研究制定自力脱浅方案供船长参考；当自力脱浅无效时，应及时联系港口当局或代理安排外力脱浅；脱浅后应申请船检局对船舶及有关设备进行检验；应根据船检局的检验情况提出船舶修理的计划，并及时与厂家联系安排修理事项。

④机器故障/电力中断：

发生机器故障或电力中断而无法排除时，应提供技术支持，指导船舶排除故障；如零部件损坏而无备件，应紧急订购或调拨，并设法送船；如需安排急修，应联系厂家或公司驻外机构安排修理事宜；船舶在海上失去动力自力无法恢复时，应联系安排外援拖航；及时了解抢险进展情况，必要时可派人员登轮指导抢险。

⑤恶劣天气：

遇恶劣天气并危及船舶安全时，应全面分析当地气象部门发布的气象预报，正确引导船舶以最快的速度驶离恶劣天气中心；及时为船舶提供气象咨询，建议船舶采取适当的防范措施，并跟踪船舶至危险解除。

⑥污染事故：

发生污染事故，应详细了解污染情况，指导船舶迅速采取有效措施，防止污染范围扩大；联系主管当局协助船舶实施《船上油污应急计划》。必要时及早向船舶提供吸油毡、围油栏等防油污材料；与船舶保持联系，追踪污染处理情况。

⑦保安事件/非法行动：

按《船舶保安计划》的有关要求执行。

⑧人员事故：

根据人员受伤、急病的程度，制定医疗救助和抢救方案；联系最近的港口代理、公司驻外机构或港口救助中心，安排施救伤病员；保持与船舶的联系，并安排医疗专家提供所需的医疗咨询和指导；必要时应联系或通知船员的直系亲属；发生突发性传染病，按船舶突发性传染病和急危病应急相关规定处理。

⑨人员落水：

指导船舶按照国际海事组织《国际航空和海上搜寻救助手册》(第三册)组织搜救行动；联系船舶位置附近国家或地区搜救中心，安排搜寻和救助；天气和海况允许的情况下指导船舶放艇搜救；如人员被救起后，按相关程序执行。

⑩弃船：

当得到船长做出弃船报告时，（或公司通过外界渠道获知已经弃船），公司立即实施应急程序，对遇难船员进行救援；如船舶因其他紧急情况导致弃船，在公司已实施应急程序的情况下，应急小组继续指挥和处理紧急情况，并将重点转移到对遇难人员的搜寻和救助上；应急小组立即报告附近海事搜救中心等有关机构，要求尽一切可能进行搜寻救助。

4）船舶应急行动与部署

（1）船舶应急行动：船舶发生紧急情况时，船长应根据现场情况和本程序的要求指挥船员采取一切必要措施抢险。情况危急时，船长有权要求公司及有关代理等提供一切必要的援助，也可就近向第三方请求援助。船舶在国外港口或海域发生紧急情况时，各项抢险行动应符合当地政府的法律、法规和有关国际公约、规则的要求。船岸双方在应急行动过程中应保持良好沟通和密切配合。抢险行动结束后，船舶应按《不符合项事故险情报告和分析程序》的规定报告公司有关部门。如情况允许，船舶应将紧急情况的全过程记入航海日志或轮机日志。

（2）船舶应变部署：

①船舶火灾：

船员发现火灾应立即发出消防警报，火源明确时应迅速使用就近灭火器材灭火；全体船员听到警报后，应立即按"船舶应变部署表"的职责分工就位；火源不明时，大副或轮机长应指示探火人员（或消防员），迅速查明火源，掌握燃烧物名称、特性、火烧面积、火势蔓延方向等，并报告船长；如有人在火场内受威胁，应立即采取抢救措施。如确定火场无人应关闭通风筒和其他开口停止通风并切断电源，然后控制火势；在港外或航行时，应注意操纵船舶使火区处于下风方向；在港池发生火灾，应立即停止装卸货作业，并视情备车，做好拖带出港准备；船长应根据具体情况决定灭火方案，并对是否可能引起爆炸做出判断；消防人员应根据"货船应变部署表"的分工和船长的指示全力扑救。如有外援帮助救火时，应详细介绍火场情况，并予以配合；机舱火灾的灭火方案见机舱消防应急相关规定，货舱和居住舱室火灾的灭火部署按《船舶应变部署表》执行；如采用封闭窒息方法灭火，必须经过相当长的时间，并组织足够的消防力量做好扑灭再燃的准备，才能逐步打开封闭设施，再视情缓慢予以通风；船舶发生火灾后受损严重，抢救无效，或处于爆炸、沉没等危险情况时，船长有权作出弃船决定。

②船舶碰撞：

发生碰撞后，船长应指示大副（或轮机长）迅速查明碰撞部位、损坏情况及是否进水等，并判明是否需要救助；如发生人员受伤或污染事故，应按本程序相应的要求采取行动；当一船嵌入另一船体时，船长应视情采取倒车或慢车顶推等措施；如船体破损漏水，应立即组织人员排水、堵漏。如进水严重，可选择适当的浅滩抢滩；轮机长应值守机舱，确保主副机正常运转，如机器或设备受损，应组织轮机部人员立即进行检查和抢；当值人员应做好现场抢险的记录，并保存好相关海图和海图作业，便于事故的调查处理；如对方船舶处于危急状态，而本船并无严重危险时，应使用本船救生设备，尽力抢救对方船员；如情况危急，船长可请求第三方的救助；船舶发生碰撞后受损严重，处于沉没、倾覆、爆炸等严重危险情况时，船长有权作出弃船决定。

③船舶搁浅：

船舶发生搁浅后，船长应立即指派有关人员测量船舶前后左右水深。了解搁浅部位情况。测量船体有无倾斜和双层底、污水沟是否进水；如已进水，首先应组织力量堵漏排水；轮机长应立即进入机舱，指挥有关人员检查机器有无异常状态，及车叶艉轴、推力轴承等有无异常，并报告船长；船长应根据具体情况确定脱浅方法。如无法自行脱浅，可请示公司联系代理，申请安排外力脱浅；当值人员应记录船舶搁浅的时间、概位和船舶所触海底结构，涨落潮的艏艉水尺，并按《国际信号规则》和《国际海上避碰规则》的规定显示号灯、号型等；搁浅发生油污，应按《船上油污应急计划》处理。

④机器故障/电力中断：

船舶发生机器设备故障或电力中断时，轮机部全体人员应立即进入机舱。轮机长为现场指挥，迅速组织人员抢修，排除故障，并向船长报告机器设备故障情况；航行中发生电力中断，应立即启动应急电源，确保舵机、消防设施、助航仪器和电台等重要设备的供电；值班驾驶员应按《国际信号规则》和《国际海上避碰规则》的要求显示号灯或号型，并用 VHF 发布通告，加强瞭望，注意来往船舶；自行抢修困难或无效时，船长应立即报告公司设法安排拖航和厂修。

⑤恶劣天气：

船舶遇恶劣天气，应及时收听当地及附近气象台发布的天气预报；船长应综合分析天气情况做出判断，及时调整航向、航速，以减轻恶劣天气对船舶的损害，并采取果断措施驶离灾害中心。必要时可改变航线或驶入避难港；轮机长应在机舱指挥，保证主辅机和舵机的正常运转；大副应安排人员检查并关闭所有水密门窗，以保证水密和排水畅通，并绑扎加固活动物体和重大货物；轮机长应根据船长指示，安排轮机员把各水舱及燃油舱注满或抽空，以减少自由液面对稳性的影响；船舶遇恶劣天气后受损严重，处于沉没、倾覆等严重危险情况时，船长有权作出弃船决定。

⑥污染事故：

船舶发生污染事故时，应按《船上油污应急计划》的规定处理。

⑦保安事件/非法行动：

按《船舶保安计划》的有关要求执行。

⑧人员事故：

船舶发生船员受伤、急病的紧急情况时，不论情况如何，均应首先采取急救措施；如时间允许船长应尽快报告公司，请求医疗咨询或支援；情况危急，除进行抢救外，船长应立即请示公司，安排病员送岸治疗；船员的具体分工按应变部署表执行；发生突发性传染病，按船舶突发性传染病和急危病相关规定处理。

⑨人员落水：

船舶发生人员意外落水时，应立即按"货船应变部署表"展开搜救行动，施放落水警报。在海上时，船长应立即向公司、最近港口国搜救中心、附近船舶报告；在港内时，应向公司、港口当局、当地代理报告；值班驾驶员应向人落水一侧操满舵，并将驾驶台一侧或两侧的带灯光和烟雾信号的救生圈抛下去，鸣放救生信号；加强瞭望，确定落水者位置，主机备车航行，天气和海况允许时组织人员放艇救助；落水者被救上船后，要进行相关的急救护理，必要时可向陆上医疗机构寻求医疗指导和援助;如果不能马上发现落水人员,应按照国际海事组织《国际航空和海上搜寻救助手册》(第三册)组织搜救行动;采取的搜救行动应连续记录在《航海日志》中,并迅速报告公司事故经过。

⑩弃船:

船舶发生紧急情况后受损严重,抢救无效,或处于爆炸、沉没等危险状态时,船长有权作出弃船决定。但如时间和当时情况允许,必须先请示公司;船长下达弃船命令后,二副须在电台值守,按规定发送遇险电文直至必须离开时;全体船员按本船“船舶应急部署表”的弃船分工完成各自的弃船准备工作,离船前应携带国旗、船舶证书、重要文件等,备足食品、毛毯等物品,在船长、政委的统一指挥下登上救生艇筏;船长离船前应检查所带的必备物品,如通信设备、淡水、药物和食品等,并将彼此联络信号通知各艇筏负责人。船长检查全船确无人员后,最后离船;在有外援救助时,船长视情决定取舍。全体船员应在船长、政委的统一指挥下有序地登上外援救助设施。

二、客运企业安全作业环境创建

水上旅客运输的生产环节包括旅客上下船、在途航行和货物装卸三个主要环节,涉及船舶安全生产值班、船舶系泊,船舶进出港,船舶消防安全与防污染、船舶水上交通事故应急管理等活动。确保创建安全的水路运输作业环境,达到安全生产的目的,对生产过程中的每一环节应有相应的制度、措施和技术,规范操作者的行为,消除生产过程中可能存在的安全隐患,创建一个安全的生产环境。

虽然承载对象与货运企业不同,但是在安全作业环境创建所涉及的方方面面与货运企业并没有太大差异。

第四节 现场作业安全管理

船舶运输的作业流程是由起始港装货、在途航行、目的港卸货等环节构成,其作业现场是由人、物(船舶、货物、港口装卸机械等)、环境构成的生产场所。按照系统论观点,交通运输是由人—机—环境要素组成的一个系统。当这些要素中的一种或几种存在不安全状态时,由于一种要素的单独作用或几种要素的相互作用,就会诱发事故隐患,进而引发安全事故。因此,现场作业安全管理应从人的不安全行为、物的不安全状态和作业环境的调节和治理三个方面着手。

一、人的不安全行为

人的不安全行为是指在整个系统中,人作为一个功能主体,未能发挥自身应有的功能,导致系统出现故障或系统功能不能正常发挥的错误行为。

1. 心理素质

心理状态:恐慌、焦虑、人际关系、工作负荷、家庭等,以及过于自信、头脑过热,都会影响人的心理状态,无法正确判断危险程度,以致采取不正确的或是不适当的操作,导致事故的发生。

2. 安全意识淡薄

安全意识淡薄主要表现在以下方面:

(1)认为有经验,认为绝对安全而进行作业;

(2)感到一些危险,但存在侥幸心理而继续进行作业;

(3)实际有危险,但没有感觉到危险的存在而继续进行作业;

(4)意识到有危险,或者没有估计到有危险而进行作业;

(5)作业太简单,只凭过去的经验进行作业;

(6)主观认为自己操作方法是正确的,没有完全按照操作规程而进行作业。安全意识的淡漠为安全管理埋下了隐患。

3. 工作环境压力

工作环境的温度、噪声、振动、卫生等,都会影响人的心理状态和身体健康,还会影响人的工作态度;作息制度不符合人正常的生理特征,也会引发疲劳等影响人的正常工作。

4. 知识技能素质与培训不足

人的知识技能也是影响安全管理的重要方面。人的知识技能水平的高低,影响人在工作中的失误率;人的技能和按规则行动能力,决定了工作的熟练程度和失误率。

船员的业务技术水平达不到要求,缺乏必要的安全和救助知识,没有按照正确的规程进行现场作业,在航行过程中未注意到航道情况(其他船舶的航行情况)和气象水文条件(风、浪、雨、雾)以及船舶的操作性能等因素,盲目操作;在航行中不接收航行警告、不订购航行通告、使用未经改正的海图,没有遵守有关航行规章,没有保持足够的安全距离,未使用安全航速,冒险追越,违章操作;部分船员过分依赖先进的导航设备,而忽视常规的航海技术而部分船员未能熟练运用先进的航海设备,同时存在声响信号、雾号鸣放不当等问题;在港口靠离泊的操纵技能方面存在欠缺等,都会造成安全事故。

随着船舶设备自动化程度的提高,船上所配备的设备对船员的知识技能要求越来越高。如果对船员的在职培训不到位,导致原有的知识和技能难以适应工作的需要。

5. 应急反应能力

船员没有应用适合对当时的环境和情况的一切有效手段判断危险的存在,估计危险的程度,也没有及时采取防范措施。在遇到紧急情况时,船员无法准确、熟练掌握、操作船舶各种应急设备,指挥不当,导致事故发生。

6. 航运企业安全管理工作不到位

航运企业的安全管理主体存在安全意识淡漠的情况,会导致船公司安全管理制度形同虚设。公司未严格按照安全管理体系的要求运行,安全管理水平低下,安全责任制不落实,职责不清。同时船公司对船员缺乏针对恶劣环境情况的安全教育和应急技能培训,对新上岗的船员未能进行严格的岗前培训,致使船员缺乏有关水上安全生产的法律法规知识,安全生产意识不强,实际操作水平偏低。

安全管理体系本身存在缺陷,如组织结构设计不当、功能缺陷、管理流程不当等方面。此外,缺乏有效的制度体系、责任体系和监督体系,是导致安全管理失误的关键因素。

二、船舶和设备因素

船舶作为水路运输的载体,其技术状况也是造成安全事故的重要因素。船舶要素包括船舶结构(船体结构、强度、密封性和分舱布置)、船舶设备(船舶航行操纵设备、助航设备、通信设备及消防设备的性能和状况)、船舶性能(船舶的吃水、稳性、惯性)以及船龄。

船舶因素所造成的事故主要体现在船舶不适航、船舶结构强度不够、船舶设备不可靠、船舶性能不稳定以及船舶老龄化等问题。船舶的不安全因素具体体现以下方面:

(1)船舶的结构性能缺陷方面:船舶在下面的一些结构性能方面的缺陷将会导致交通事故:

①救生设备:包括救生艇、救生艇属具、救生艇筏与回收装置,救生设备的配备直接影响船舶在发生事故后的救生水平。

②消防设备:包括惰性气体系统、消防泵、灭火系统和固定灭火装置等。

③一般安全设备包括船体结构甲板、横梁、船壳、操舵装置是否可靠。

④报警与联络信号设备报警与联络信号设备包括信号灯、声号设备、无人机舱报告装置与锅炉报警装置以及无线电装置。

⑤载重线与系泊设备吃水标志或载重线标志以及系泊设备锚。

⑥主机和辅助装置以及导航装置推进主机、辅机(机器超速、受压器超压、自动关闭装置)与导航设备。

(2)船舶机械设备的好坏直接影响到船舶的操作性能,继而影响到船舶的避碰行为效果,诸如操舵设备、推进器、供电系统重要的船载导航设备等影响船舶适航性的机械设备的损坏或故障,或是直接影响到环境的污染程度(如油水分离器)。70%以上的船舶故障是在航行途中发生的,20%左右发现于船舶停靠码头期间,仅有不到10%的故障于船舶锚泊期间被发现。据统计,散、杂货船发生故障的比例达总数的40%,特别是20年以上故障船舶中,散、杂货船比例更高达其中的85%。中小型船公司特别是个体船公司经营此类船舶比较多,带故障运行就有险情,而险情就有可能导致事故。

(3)船舶老龄化也已成为海上事故的重要诱因之一。随着船龄的增长,船体结构强度下降、船舶设备技术状况下降、故障增加、安全事故发生的概率加大,特别是船龄达15年以上的船舶,一般进入耗损失效期,由于老化、疲劳、蚀耗等原因,故障逐年增多。

(4)船舶维修保养不力。有资料表明,设备故障发生的缘由,因元器件失效约占50%,使用维护不当约占28%,环境影响约占17%。可见维修保养不力对船舶的影响也是不容忽略的。

(5)船舶未按照《中华人民共和国船舶检验局船舶与海上设施法定检验规则》的规定配备足额的设施。尤其是雷达、消防泵、救生(救生筏存在严重缺陷)通信设备等若配备不足,在紧急情况下这些设施的缺乏致使损失的扩大。监视设备不足无法达到随时了解舱内的情况和动态,船舶中无通风设施(运煤船)等严重影响到船舶的航行安全。

三、环境因素

航行环境是指船舶运动所处的空间与条件,包括3个方面:航道条件、自然条件、交通条件。环境的不安全因素具体体现在如下几个方面:

1)航道条件

航道条件因素主要是指航道的水文、地理环境等。航道的水文,比如潮汐、潮流、波浪、水深等；地理环境，如航道宽度、弯曲程度、交叉航线、水下障碍物、禁航区等。

2）自然条件

自然条件是指航行水域的气象、水文、地形和泥沙等条件。气象水文条件包括能见度、风、水深、水流、潮汐、波浪、冰冻等；地形条件表现为水域的宽窄，水底不平，水道弯曲，浅滩礁石等；泥沙条件是指港口与航道内的泥沙来源及其冲淤变化对通航水深的影响。

3）交通条件

交通条件是指水域船舶交通的密集程度和交通量的大小。交通量和交通密度的大小在空间上制约船舶行动且在心理上影响操船者的行为，对驾驶员产生危险压力感。一般来说，船舶流量越多，交通密度越大，交通越拥挤，安全程度越差。

四、现场作业安全管理措施

1. 货运船舶现场作业安全管理的要求

（1）从船员的角度，强化船员的安全意识和技能培训，提高船舶的航行和靠离泊安全。加强安全管理制度建设与实施，严格执行规程、措施，按章操作，强化安全监督、检查和管理；开展职工教育与培训，使员工培训、安全宣传与教育规范化、制度化；规范员工操作行为，提高全员安全意识和安全素质；加强安全技术管理，改善安全生产环境，提升船舶航行和靠离泊安全管理水平，实现安全生产。

（2）从企业的角度，加强航运企业的安全管理，提供对船舶安全管理的支持。航运企业要企业、船舶、部门，以及船舶具体作业的各种制定规章制度和操作规程规范，规范企业的安全管理、生产作业流程。

（3）提高设备的可靠性。现代船舶运输和港口装卸生产广泛实行自动化和连续化，设备和部件如发生故障或失效，不仅会使功能降低，影响生产的稳定，而且还可能危及人身安全甚至导致安全事故的发生。所以，把可靠性、安全性和生产稳定性三者结合起来，是企业进行管理与经营决策中不容忽视的重要原则，设置防止误操作设施的安全装置以及采取预防性维修等措施来提高设备和部件的可靠性，实现设备、装置的本质安全化。

2. 客运船舶现场作业安全管理的要求

客运船舶现场作业安全管理的主要方面与货运船舶类似，但客运船舶有自己的特殊要求。

1）防止碰撞伤害的安全措施

（1）佩戴安全帽：硬壳安全帽的佩戴可防止发生在物件下面或低矮小场地作业的人员在走动和抬头时伤害其头颅；

（2）穿安全鞋：可防止发生汽车移动时挤坏或压伤作业人员脚背的事故；

（3）带劳保手套：可以防止工人的手收到腐蚀或刺伤；

（4）穿着颜色鲜明的反光防护服：滚装作业过程中，工作人员应穿颜色鲜明的反光防护服以便让汽车司机发现，避免发生碰撞事故。

在滚装作业中，最严重的突发事故往往是在一个工人或船员站在一台固定的物件或舱壁与一辆正在移动的或正在倒车的物件之间的时候。

2）限制车辆的运行速度

车速不当往往是造成工人、船员伤亡的主要原因之一。为了在尽可能短的时间内完成装卸,工作人员往往集中精力忙于绑扎和拆卸物件,而汽车驾驶员也设法加快速度往往不顾安全的规定。因此,应严格限制在码头和滚装船上的各种车辆的速度,保障工作人员和船员的安全。

3)保障足够的照明

在滚装作业中,场地人员应使用服饰、颜色、灯光、声响等手段,确保容易被机动车辆驾驶员发现,而驾驶员也应通过上述手段让场地人员警觉车辆的运动。比如,可以采用从任何角度都可以观察到的转动式黄色光柱,使在码头或滚装船上作业的车辆比只会直射灯光的其他交通车辆更加注目警醒。

4)保证切实执行各种规章制度

针对在作业现场出现的各种事故或隐患,管理机构制定多种操作规程的安全标准,船公司也针对作业制定了相应的文件,船员应认真落实有关的安全措施、规定,如限制车速和车载量,在作业场地分隔行车道和人行道,划定装车和卸车范围等;此外,还要考虑升降机周围设立栅栏,控制升降机载人的使用范围等。

第五节　特别规定

一、特殊航段的特别规定

对于一些航行在特殊航段的船舶,还需要针对它们航行区域或者是载运货物的特性,制定一些特殊的操作方案。以实现作业安全。

比如,对于三峡库区航行船舶,公司应该制定山体滑坡险段操作须知、蓄水和水位消落期航行须知,对于航行至长江上游船舶,公司应该制定水位陡涨陡落期航行和停泊作业须知。对于油船、化学品船,公司应该制定货舱洗舱、除气、清舱作业须知(适用时)、货物装卸作业须知、水上过驳作业须知、货舱加温操作须知(适用时)、防火、防爆、防静电操作须知、预防货物中毒须知;对于客船,公司应当制定船舶保安须知(适用时)、旅客上下船作业须知、预防食物中毒须知、旅客应急疏散和撤离须知、巡回检查须知;对于客滚船,公司除了制定船舶保安须知(适用时)、预防食物中毒须知、旅客应急疏散、撤离须知、巡回检查须知等,还应该制定车辆装卸操作须知、升降跳板操作须知;对于液化气船,公司应该制定液化气运输管理和装卸作业须知、防火、防爆、防静电操作须知、预防货物中毒须知。

二、关键性的船上操作

航运企业具体的安全生产管理过程所对应的各项作业活动都应确认关键性的船上操作,公司应当建立制定有关方案和须知包括必要的检查清单的程序。与之相关的各项工作,应当明确规定并分配给适任人员。

首先,公司应该建立一个描述怎样制定船上关键性操作的方案和须知的程序。这是一个制定所有关键性操作方案的通用程序。由于公司的业务范围和船舶状况各有不同,船上关键性操作项目也各有所异,有了规定的程序,相关部门可以依照程序,通过对船舶操作情况的策划及对影响安全和防污染的操作过程的识别，确定关键性船上操作项目（包括随船舶营运情况变化而产生的新的关键性船上操作项目），以便让员工把最大的注意力集中到关键性的船上操作上。

其次，“关键性的船上操作”是指对船舶安全和防污染具有威胁的重要操作。可分为两类，一类是特殊操作，另一类是临界操作。特殊操作系指其错误仅在已造成危险情况或事故已发生时才会明显看出的操作。由于其具有过失显露的滞后性，在制定方案和须知时应强调预防和操作后的检查，要突出防患于未然。如水密检查、重要设备（如舵机）的可靠性检查、货物系固、稳性及应力计算等。临界操作系指其错误会立即导致事故发生、危及人员、环境安全的操作。在制定方案和须知时应强调严格执行和密切监督，确保万无一失。如进出港或交通密集区域航行、视线不良或气象恶劣条件下航行、危险货物装卸和积载、加油和驳油、特种船的货物操作等。公司应根据自身特点确定关键性船上操作的项目。

最后，船上已有的操作手册（其中有些是经主管机关认可的）可直接作为船舶的操作方案或须知予以使用，如船舶操纵手册、货物装卸手册、货物系固手册、专用压载舱操作手册、原油洗舱操作手册、惰性气体系统操作手册、程序和布置操作手册、防火安全操作手册等。

“检查清单”是“方案或须知”的一个组成部分，是为便于操作方案或须知的实施以清单形式列出的检查要点，由公司根据实际需要而定。“与之相关的各项工作”是指与“制定船上操作方案”有关的各项工作。“分配给适任人员”应当在制定操作方案的程序中予以明确。

第九章 预防预控方法与应对措施

事故的发生将可能导致人员及财产损失，并危及环境。减少事故、消除事故是安全生产标准化的主要目标。而避免事故发生的根本途径在于消除风险，降低危险程度，而降低危险程度的有效手段在于事故的预防和控制，即采取技术和管理手段，通过预防预控措施，在既有的技术水平、人力资源基础上，以合理的成本实现最佳的安全水平。船舶营运安全，直接关系着船公司的经济效益，更关系到船员、船舶、货物、港口的安全和人类赖以生存和发展的海洋环境的保护。了解或掌握预防预控方法与应对措施，是保证船舶营运安全的基础。

第一节 安全生产预防预控要点与方法

事故预防与控制包括两部分内容，即事故预防和事故控制，前者是指通过采用技术和管理的手段使事故不发生，而后者则是通过采用技术和管理的手段，使事故发生后不造成严重后果或使损失尽可能地减小。最典型的例子是火灾的预防和控制，通过规章制度和采用不可燃或非易燃材料可以避免火灾的发生，而火灾报警、喷淋装置，应急疏散措施和计划等则是在火灾发生后控制火灾和损失的手段。

从安全生产目标管理的过程来看，事故预防和控制体现在以下三个方面：

(1)消除事故发生的来源，形成“本质安全”体系。从危险源的角度而言，意味着消除危险源，控制危险源，防护和隔离危险源，保留或转移危险源。

(2)显著降低事故发生概率。

(3)改变事故损失性质和减少事故损失规模。

一、事故预防预控的基本原则

事故有其固有规律，除了人类无法左右的自然因素造成的事故(如地震、洪水、泥石流等)以外，在人类生产和生活中所发生的各种事故都是可以预防的。事故的预防工作应该从技术和组织管理两个方面考虑，应当遵循的基本原则是：

1. 技术原则

在生产过程中，客观上存在的隐患是事故发生的前提。因此，要预防事故的发生，就需要针对隐患采取有效的技术措施进行治理。在采取有效技术措施进行治理过程中，应当遵循的基本原则是：

(1)消除潜在危险原则。即从本质上消除事故隐患，其基本作法是，以新的系统、新的技术和工艺代替旧的不安全的系统和工艺，从根本上消除发生事故的可能性。例如，用不可燃材料代替可燃材料(船舱防火门使用钢制门等)，改进机器设备、消除作业环境的危险因素(干散货船舱直梯设置镀锌保护围栏等)，消除噪声、尘毒对员工的影响等，从而最大可能地保证生产过程的安全。

(2)降低潜在危险严重度的原则。即在无法彻底消除危险的情况下,最大限度地限制和减少危险程度。例如,手电钻工具采用双层绝缘措施,利用变压器降低回路电压,在高压容器中安装安全阀等。

(3)闭锁原则。在系统中通过一些元器件的机器联锁或机电、电气互锁,作为保证安全的条件。例如电路中的自动保护器。

(4)能量屏蔽原则。在人、物与危险源之间设置屏障,防止意外能量作用到人体和物体上,以保证人和设备的安全。

(5)距离保护原则。当危险和有害因素的伤害作用随着距离的增加而减弱时,应尽量使人与危害源距离远一些。

(6)个体保护原则。根据不同作业性质和条件,配备相应的保护用品及用具,以保护作业人员的安全与健康。例如,采用安全带、护目镜、绝缘手套等保护用品及用具。

(7)警告、禁止信息原则。用光、声、色等其他标志作为传递组织和技术信息的目标,以保证安全。例如,警灯、警报器、安全标志、宣传画等。

此外,还有时间保护原则,薄弱环节原则,坚固性原则,代替作业人员原则等,可以根据需要,确定采取相关的预防事故的技术原则。

2. 组织管理原则

预防事故的发生,不仅要遵循上述的技术原则,而且还要在组织管理上采取相关的措施,才能最大限度地减少事故发生的可能性。

(1)系统整体性原则。安全工作是一项系统性、整体性的工作,他涉及企业生产过程中的各个方面。安全工作的整体性要体现出:有明确的工作目标,综合地考虑问题的原因,动态地认识安全状况;而且落实措施要有主次,要有效地抓住各个环节,并且能够适应变化的要求。

(2)计划性原则。安全工作要有计划和规划,近期的目标和长远的目标要协调进行。工作方案、人财物的使用要按照规划进行,并且有最终的评价,形成闭环的管理模式。

(3)效果性原则。安全工作的好坏,要通过最终成果的指标来衡量。但是,由于安全问题的特殊性,安全工作的成果既要考虑经济效益,又要考虑社会效益。正确认识和理解安全的效果性,是落实安全生产措施的重要前提。

(4)政府行业组织及企业协调原则。政府主管部门履行安全监察管理职责,科学推进安全生产标准化,突出安全生产重要性,不断改善安全生产体制环境。行业协会联系政府和企业,督促政府和企业把安全工作搞好。企业是安全生产标准化的执行者和实际受益者,在政府引导、监督下,在行业协会的支持下,企业搞好安全生产标准化,努力降低事故率和事故损失,为和谐社会创建提供基础性的支撑。

(5)责任制原则。企事业单位应当实行安全生产责任制,对违反劳动安全法规和不负责任的人员而造成的伤亡事故应当给予处罚,造成重大伤亡事故的应当追究相应责任。只有将安全责任落到实处,安全生产才能得以保证,安全管理才能有效。

综上所述,事故的预防要从技术、组织管理和教育多方面采取措施,从总体上提高预防事故的能力,才能有效地控制事故,保证生产和生活的安全。

二、事故预防预控对策

事故预防与控制以危险源为对象，运用系统工程原理，对风险进行控制。技术手段主要有工程技术措施和管理措施，按措施种类可以分为不同方法，如消除风险因素、预防风险因素、减少风险因素、隔离风险因素和警告等。同时，还可以采取法制手段、经济手段和教育手段。

对于事故的预防与控制，应从安全技术、安全教育、安全管理三个方面入手，采取相应措施。因为技术（Engineering）和教育（Education）、管理（Enforcement），也有三个英文单词的第一个字母均为E，人们称之为“3E”对策。这里，安全技术对策着重解决物的不安全状态的问题；安全教育对策和安全管理对策则主要着眼于人的不安全行为的问题，安全教育对策主要使人知道应该怎么做，而安全管理对策则要求人必须怎么做。

一般地讲，在选择安全对策时应该首先考虑工程技术措施，然后是教育、训练。实际工作中，应该针对不安全行为和不安全状态的产生原因，灵活地采取对策。例如，针对员工的不正确态度问题，应该考虑工作安排上的心理学和医学方面的要求，对关键岗位上的人员要认真挑选，并且加强教育和训练，如能从工程技术上采取措施，则应该优先考虑；对于技术、知识不足的问题，应该加强教育和训练，提高其知识水平和操作技能；尽可能地根据人机学的原理进行工程技术方面的改进，降低操作的复杂程度。为了解决身体不适的问题，在分配工作任务时要考虑心理学和医学方面的要求，并尽可能从工程技术上改进，降低对人员素质的要求。对于不良的作业环境，则应采取恰当的工程技术措施来改进。

即使在采取了工程技术措施，减少、控制了不安全因素的情况下，仍然要通过教育、训练和强制手段来规范人的行为，避免不安全行为的发生。为了防止事故发生，不仅要在上述三个方面实施事故预防与控制的对策，而且还应始终保持三者间的均衡，合理地采取相应措施，综合使用上述措施，才有可能搞好事故预防工作。

1. 安全技术对策

安全技术对策是通过安全技术手段解决安全问题，涉及安全生产各个阶段，各个环节，所有流程，所有人员。通过安全技术对策应能够：①预防生产过程中产生危险和危害因素。②排除作业场所的危险和危害因素。③处置危险和危害物并降低到国家标准规定的限值内。④预防设备设施失灵和操作失误产生的危险和危害因素。⑤发生意外事故时，为遇险人员提供自救和施救条件。

安全技术对策在生产系统设计时，应加以充分考虑。设计过程中，当安全技术对策与经济效益发生矛盾时，宜优先考虑安全技术对策上的要求，并应按安全技术对策优先顺序选择技术措施：

（1）直接安全技术措施。生产设备本身具有本质安全性能，不出现事故和危害。

（2）间接安全技术措施。若不能或不完全能实现直接安全技术措施时，必须为生产设备设计出一种或多种安全防护装置，最大限度地预防、控制事故或危害的发生。

（3）指示性安全技术措施。间接安全技术措施也无法实现时须采用检测报警装置、警示标志等措施，警告、提醒作业人员注意，以便采取相应的对策或紧急撤离危险场所。

（4）若间接、指示性安全技术措施仍然不能避免事故、危害发生，则应采用安全操作规程、安全教育、培训和个人防护用品等来预防、减弱系统的危险、危害程度。

在实际工作中上述措施常常是综合使用的。按安全技术对策优先顺序的要求，生产系统设计时可以考虑通过以下技术方法来实现事故预防：

(1)消除：通过合理的设计和科学的管理，尽可能从根本上消除危险、危害因素，如采用无害工艺技术、生产中以无害物质代替有害物质、实现自动化作业、遥控技术等。

(2)预防：当消除危险、危害因素有困难时，可采取预防性技术措施，预防危险、危害发生，如使用安全阀、安全屏护、漏电保护装置等。

(3)减弱：在无法消除危险、危害因素和难以预防的情况下，可采取减轻危险、危害因素的措施，如局部通风排毒装置、降温措施、避雷装置、消除静电装置、减振装置、消声装置等。

(4)隔离：在无法消除、预防、减弱危险、危害因素的情况下，应将人员与危险、危害因素隔开并将不能共存的物质分开，如遥控作业、安全罩、防护屏、隔离操作室、安全距离、事故发生时的自救装置(如防护服、各类防护面具)等。

(5)连锁：当操作者失误或设备运行达到危险状态时，应通过连锁装置终止危险、危害发生。

(6)警告：在易发生故障和危险性较大的地方，配置醒目的安全色、安全标志；必要时，设置声、光或声光组合报警装置。

2. 安全教育对策

安全教育是事故预防与控制的重要手段之一。包括安全教育和安全培训两大部分。

安全教育是通过各种形式，包括学校的教育、媒体宣传、政策导向等，努力提高人员的安全意识和素质，学会从安全的角度观察和理解要从事的活动和面临的形势，用安全的观点解释和处理自己遇到的新问题。是一种意识的培养，是长期甚至贯穿于人的一生、并在人的所有行为中体现出来，与其所从事的职业并无直接关系。

安全培训主要是一种技能的培训。主要目的是使人员掌握在某种特定的作业或环境下正确并安全地完成其应完成的任务。安全培训是企业为提高员工的安全技术水平和防范事故能力而进行的教育培训工作，也是企业安全生产管理的主要内容。

安全生产管理工作的重要目的之一是保护现场的员工，另一方面安全生产的落实最终要依靠现场员工，因此企业普通员工是安全生产最基础的保障元素。事实表明，发生的事故近80%是由于职工自身“三违”原因造成的，人的安全可靠与人的安全意识、文化素质、技术水平、个性特征和心理状态都有关系，提高职工的安全文化素质是预防事故最根本的措施。

1)安全教育的主要内容

企业安全教育的主要内容有：安全思想教育、安全技术知识教育、安全技能教育。

(1)安全思想教育。

安全思想教育，是安全教育的基础。目的是提高员工搞好安全生产的自觉性、责任心、积极性，意在培养员工的安全素质和安全意识。主要包括安全意识教育、安全生产方针政策教育和法纪教育。

安全意识是人们在长期生产、生活等各项活动中逐渐形成的。

安全生产方针政策教育是指对企业的各级领导和广大职工进行党和政府有关安全生产的方针、政策的宣传教育。

法纪教育的内容包括安全法规、安全规章制度、劳动纪律等。安全生产法律、法规是方针、政策的具体化和法制化。一般包括:安全生产责任制、安全检查制度、安全奖励制度以及安全操作规程等。

在安全思想教育中,还有一种特有的安全思想教育,这就是经常性的思想教育工作,主要指针对生产活动中反映出来的不利于生产的各种思想、观点、想法等所进行的经常性的说服和疏导工作。对员工的经常性思想教育,应贯穿于生产过程之中,根据不同人员、不同时间、不同问题等有针对性地进行教育。目前一些企业在生产过程中坚持班前布置安全、班中检查安全、班后总结安全的制度和职工违章离岗安全教育、工伤事故责任制复工安全教育,都是这种教育的具体形式。

(2)安全技术知识教育。

安全技术寓于生产技术之中,是人们在征服自然的斗争中所总结积累起来的知识的一部分。安全技术知识一般由生产技术知识、一般安全技术知识和专业安全技术知识三部分组成。

生产技术知识涉及企业的基本生产概况,生产技术过程,作业方式或工艺流程,与生产过程和作业方法相适应的各种机器设备的性能和有关知识,工人在生产中积累的生产操作技能和经验及产品的构造、性能、质量和规格等。

一般安全技术知识是企业所有员工都必须具备的安全技术知识。主要包括:企业内危险设备所在的区域及其安全防护的基本知识和注意事项,有关电气设备(动力及照明)的基本安全知识,起重机械和厂内运输的有关安全知识,生产中使用的有毒有害原材料或可能散发的有毒有害物质的安全防护基本知识,企业中一般消防制度和规划、个人防护用品的正确使用以及伤亡事故报告方法等。

专业安全技术知识指从事某一作业的员工必须具备的安全技术知识。专业安全技术知识比较专门和深入,其中包括安全技术知识,工业卫生技术知识,以及根据这些技术知识和经验制定的各种安全操作技术规程等。其内容涉及锅炉、受压容器、起重机械、电气、焊接、防爆、防尘、防毒和噪声控制等。

安全技术知识教育的目的是使员工重点掌握的自己和与己相关的岗位的必须安全知识,提高员工安全素质,增强岗位作业的安全可靠性。这一点,对新员工和转岗员工特别重要。

此外安全管理知识教育也是重要内容,安全管理知识包括对安全管理组织结构、管理体制、基本安全管理方法及安全心理学、安全人机工程学、系统安全工程等方面的知识。

(3)安全技能教育。

安全技术教育的重点是安全技能教育。仅有安全技术知识,并不等于就能够安全地从事操作,还必须把它变成安全操作的本领。安全技能,包括岗位操作的重点、难点、注意事项,危急情况应变措施,安全技能教育不仅要靠书本的讲授,更主要靠演示和练习才能掌握。

技能是人为了完成具有一定意义的任务,经过训练而获得的完善化、自动化的行为方式。技能达到一定的熟练程度,具有高度的自动化和精密的准确性,便称为技巧。技能是个人全部行为的组成部分,是行为自动化了的一部分,是经过练习逐渐形成的。

安全技能形成和变化有 3 个阶段:掌握局部动作的阶段,初步掌握完整动作阶段,动作的协调和完善阶段。在技能形成过程中,各个阶段的变化主要表现在行为的结构的改变,行为的速度和品质的提高及行为的调节能力的增强3个方面。安全技能的形成是有阶段性的,不同阶段显示出不同的特征。

安全技能培训包括正常作业的安全技能培训,异常情况的处理技能培训。安全技能培训应按照标准化作业要求来进行。故进行安全技能培训应预先制定作业标准或异常情况时的处理标准,有计划有步骤地进行培训。在安全技能培训制定训练计划时,一般要考虑以下几个方面的问题:①要循序渐进。②正确掌握练习的速度和质量的要求。③正确安排练习时间。④练习方式要多样化。

2)不同层次的安全教育目的及要求

企业安全教育对策在执行过程中,应涵盖所有员工。按照教育对象的不同,可以分为企业法人及决策层安全教育、管理人员安全教育和生产岗位员工安全教育,甚至可以拓展至员工的家人及利益相关群体。对于不同的对象,教育的目的和内容各不相同。对各级管理者是安全认识和决策技术的教育;对一线员工是安全态度、安全技能和安全知识的教育;对安全管理人员是安全科学技术的教育;对家属则是让其了解员工的工作性质、工作规律及相关的安全知识等。只有准确地掌握了教育的目的,才能有的放矢,提高教育的效果。

(1)企业法人及决策层安全教育。

企业法人及决策层对企业的影响重大,他们即是企业的决策者,又是计划者、经营者、控制者。其管理水平的高低,安全意识的强弱,对国家安全生产方针政策理解的深浅,对安全生产的重视与否,对安全知识掌握的多少,直接决定了企业的安全状态。"管生产必须管安全",企业法人及决策层是本单位安全生产的第一责任者,对本单位的安全生产负全面领导责任。可以采取对企业决策层特别是从事危险品经营的企业决策层的安全教育实行资格认证制度,持证才能上岗。培训目标是:树立"安全第一,预防为主,综合治理"思想,熟悉国家安全生产方针、政策、法规、标准,增强安全意识和法制观念,掌握劳动安全卫生基本知识,具有管理本企业安全生产工作和安全决策的能力。

(2)管理人员安全教育。

管理人员主要是指企业中的中层和基层管理部门的领导及干部。他们既要服从企业决策层的管理,又要管理基层的生产和经营人员,起到承上启下的作用。是企业生产经营决策的忠实贯彻者和执行者。其对企业安全生产的态度,安全意识的强弱,对企业安全生产状况密切相关。企业管理层的安全教育就是要端正其安全意识,提高其安全决策素质。企业管理层包括中层管理干部和基层管理者,对他们的要求各不相同。

对于中层管理者,要求具有除具备必须的生产知识外,在安全方面还应具备一定的知识、技能的安全教育知识体系。如国家的安全安全生产法律、法规及本部门、本岗位安全生产职责,安全技术、劳动卫生和安全文化的知识,有关事故案例及事故应急处理措施等。

而基层管理者班组是企业生产经营的直接完成者,班组安全工作的好坏,直接影响着企业的安全生产和经济效益。安全教育培训要求如下:

①熟悉国家安全生产的方针、政策、法规、制度及不执行上述内容应承担的责任。

②懂得较多安全技术知识、工业卫生知识,并能针对本单位情况提出改进措施。

③懂得怎样支持专兼职技安人员,搞好安全生产工作。

④明确本岗位安全生产责任。熟练掌握与自己工作有关的操作技能,不仅自己操作可靠,还要能帮助班组内员工避免失误。

(3)生产岗位员工安全教育。

生产岗位职工的安全教育一般有:三级安全教育,特种作业人员安全教育,经常性安全教育,“五新”作业安全教育,复工、调岗安全教育。

三级安全教育,它包括厂级教育、车间教育和班组教育。应按规定通过“三级安全教育”并考核合格后方可上岗。考核情况要记录在案,6 个月后一般还应进行复训教育,考试成绩要记录。入厂安全教育是对新入厂的工人(包括到工厂参观、生产实习的人员和参加劳动的学生,以及外单位调动工作来厂的工人)的厂一级的安全教育,包括劳动安全卫生法律法规、通用安全技术、劳动卫生和安全文化的基本知识、本企业劳动安全卫生规章制度及状况、劳动纪律和有关事故案例等项内容;车间教育是新工人或调动工作的工人被分配到车间后所进行的车间一级安全教育,由车间负责人组织实施。教育内容包括本车间劳动安全卫生状况和规章制度,主要危险、危害因素及注意事项,预防工伤事故和职业病的主要措施,典型事故案例,事故应急处理措施等项内容;班组安全教育是新工作或调动工作的人到达生产班组之前的安全教育。由班组长组织实施。班组安全教育内容应包括遵章守纪。岗位安全操作规程,岗位间工作衔接配合的安全卫生注意事项,典型事故案例,劳动防护用品的性能及正确使用方法等内容。

特种作业是指容易发生人员伤亡事故,对操作者本人、他人及周围设施的安全有重大危害的作业。直接从事特种作业的人员为特种作业人员。特种作业人员安全教育是指在独立上岗作业前,必须进行与本工种相适应的、专门的安全技术理论学习和实际操作训练。

经常性安全教育的形式多种多样,如班前班后会、安全活动月、安全会议、安全技术交流、安全水平考试、安全知识竞赛、安全演讲等。不论采取哪种形式都应该切实结合企业安全生产情况,有的放矢,以加强教育效果。必须开展经常性的安全教育,进一步强化人的安全意识与知识技能,保证其安全状态。

“五新”指凡采用新技术、新工艺、新材料、新产品、新设备进行作业。其未知因素多,变化较大。与变化相关联的失误是导致事故的原因,因而“五新”作业中极可能潜藏着不为人知的危险性,并且操作者失误的可能性也要比通常进行的作业更大。对操作者及有关人员进行专门的教育和培训,包括安全操作知识和技能培训反应急措施的应用等,是防止重大事故的有效方法之一。

“复工”安全教育,是针对离开操作岗位较长时间的工人进行的安全教育。离岗 1 年以上重新上岗的工人,必须进行相应的车间级或班组级安全教育。“调岗”安全教育,是指工人在本车间临时调动工种和调往其他单位临时帮助工作的由接受单位进行所担任工种的安全教育。

3)安全教育的形式

安全教育的形式多种多样,如:

(1)广告式:包括安全广告、标语、宣传画、标志、展览、黑板报等形式,它以精炼的语言,醒目的方式,在醒目的地方展示,提醒人们注意安全和怎样才能安全。

(2)演讲式:包括教学、讲座的讲演,经验介绍,现身说法,演讲比赛等。这种教育形式可以是系统教学,也可以专题论证、讨论,用以丰富人们的安全知识,提高对安全生产的重视程度。

(3)会议讨论式:包括事故现场分析会、班前班后会、专题研讨会的形式,使与会者在参与过程中进行自我教育。

(4)竞赛式:包括口头、笔头知识竞赛,安全、消防技能竞赛,以及其他各种安全教育活动评比等。激发人们学安全、懂安全、会安全的积极性,促进职工在竞赛活动中树立安全第一的思想,丰富安全知识,掌握安全技能。

(5)声像式:它是用声像等现代艺术手段,使安全教育寓教于乐。主要有安全宣传广播、电影、电视、录像等。

(6)文艺演出式:它是以安全为题材编写和演出的相声、小品、话剧等文艺演出的教育形式。

(7)学校正规教学:利用国家或企业办的大学、中专、技校,开办安全工程专业,或穿插渗透于其他专业的安全课程。

3. 安全管理对策

安全管理是通过制定和监督实施有关安全法令、规程、规范、标准和规章制度等,规范人们在生产活动中的行为准则,使劳动保护工作有法可依,有章可循,用法制手段保护职工在劳动中的安全和健康。安全管理对策是工业生产过程中实现职业安全的基本的、重要的、日常的对策。用各项规章制度、奖惩条例约束人的行为和自由,达到控制人的不安全行为,减少事故的目的。安全管理对策具体由管理的模式,组织管理的原则,安全信息流技术等方面来实现。

安全管理的措施包括如下几个类别:

(1)法制措施,如监察制度、许可制、审核制等;

(2)行政措施,如制定各种规章制度、操作程序、责任制、检查制度、总监督制度、审核制度、安全奖罚等;

(3)技术措施,如推行风险辨识、安全评价、风险预警、管理体系、目标管理、无隐患管理、危险预知、事故判定、应急预案等;

(4)文化措施,如进行安全培训、安全宣传、警示活动、安全生产月、安全竞赛、安全文艺等;

(5)经济措施,如安全抵押、风险金、伤亡赔偿、工伤保险、事故罚款等。

在安全管理对策中,常见的如安全检查,安全审查和安全评价。下面以安全检查和安全评价为例进行说明。

1)安全检查

企业的任何生产过程都会伴随一定的不安全因素。为减少生产安全事故的发生,就必须预测可能发生事故的各种不安全因素(危险因素),针对这些不安全因素,制定防范措施。而安全检查及检查所使用的安全检查表就是发现不安全因素(危险因素)的手段和工具,是最基础、最简便的识别潜在不安全因素(潜在的危险因素)的方法之一。安全检查是建立良好的安全生产作业环境和秩序的重要手段之一。安全检查的目的在于发现不安全因素(危险因素)的存在的状况,如装置、设备、设施、工具、附件等的潜在不安全因素状况、不安全的作业环境场所条件、不安全的作业职工行为和操作潜在危险,以利采取防范措施,防止或减少伤亡事故的发生。

(1)安全检查的内容。

检查企业是否建立健全了安全生产组织和安全生产责任制,是否贯彻“五同时”(即在计划、布置、检查、总结、评比生产工作的同时,计划、布置、检查、总结、评比安全工作)、“三同时”(即在新建、扩建、改建工程项目时,与安全防范保护措施同时设计、同时施工、同时投产验收)对职工伤亡事故的调查报告和处理中是否坚持了“四不放过”(即找不出原因不放过、本人和职工群众受不到教育不放过、没有制定整改防范措施不放过、整改措施没进行效果评价不放过)的原则、企业各项规章制度(如安全培训、教育制度、各级岗位责任制、各工种安全操作规程等)是否健全完善、是否严格执行企业安全技术措施,经费资金有无保证等。

检查企业生产作业现场环境及设备、物质(原材物料)的状态,即查企业作业环境及劳动条件、生产设备及相应的安全防护设施是否符合安全标准的要求,如查各种设备、设施的安全运行和维修,查材料使用及有毒有害气体、蒸汽、粉尘等引发安全事故的防范措施,查电气、锅炉、压力容器、各种工业气瓶的使用状况,查易燃、易爆、物料和有毒有害物料的贮存、运输和使用情况,查个人防护用品的使用是否符合安全防护标准,以及通风、照明、安全通道、安全出口等作业环境、劳动条件是否符合相关安全防护的标准。

检查企业作业人员是否有不安全行为,如作业人员是否按相关工种的安全操作规程操作,操作时的动作是否符合安全要求等。

从我国近50年来所发生的死亡事故统计资料来看,其中由于作业职工违反操作规程、误操作和环境条件、设备。工具、附件、工艺流程有缺陷造成的伤亡事故占事故总数的60%以上,因此,安全检查的重点应放在不安全的物质状态(含机械设备、设施、使用的原材物料等)和人的不安全行为上,找出其不安全因素(危险因素),进行安全防范措施的整改。

(2)安全检查的形式。

①日常安全检查。

日常安全检查是指按企业制定的检查制度每天都进行的、贯穿生产过程的安全检查。如生产岗位的班组长和作业职工应严格履行交接班检查和班中巡回检查非生产岗位的班组长和作业职工应依据岗位特点,在作业前和作业中进行检查。各级领导和各级安全生产管理人员应在各自业务范围内,经常深入作业现场,进行安全检查,发现不安全问题及时督促有关部门解决。

②专业性安全检查。

对易发生安全事故的特种设备、特殊场所或特殊操作工序,除综合性检查外,还应组织有关专业技术人员、管理人员、操作职工或委托有资格的相关专业技术检查评价单位,进行安全检查。应明确重点、手段、方法,如对电气焊、大型船岸起重设备、运输车辆、及各种压力容器、易燃、易爆场所,人员物资密集场所等。必要时要对某些设备(如船上救生艇、救生筏释放装置等)或操作进行长时间的观察和检查,对相关设备运行情况、作业人员操作情况、调试及维修等情况、安全防护措施及个人防护用品使用情况等进行连续检查,以确保其防护功能。发现问题及时纠正,采取相应的防范措施。

③季节性安全检查。

根据季节特点对企业安全的影响，由安技部门组织相关人员进行的检查。如春节前后以防火、防爆为主要内容，夏季是风、暴雨、洪水、火灾等灾害多发频发时段，应做好各项应对工作，秋冬季节雨、雾、冰、雪天气多发，应落实防火、防寒潮、大风、防冻、防滑、防雾等措施。

④节假日前后的安全检查。

节假日前，要针对职工思想不集中、精力分散，提示注意的综合安全检查。节后要进行遵章守纪的检查，防止人的不安全行为而造成事故。

⑤不定期的特种检查。

由于新、改、扩建工程的新作业环境条件、新工艺、新设备等可能会带来新的不安全因素（危险因素），在这些设备、设施投产前后的时间内进行的检查竣工验收检查及工程项目开工前的“类比”预先安全检查及检修中、检修后的试运转检查。

(3)安全检查的组织。

依据安全检查的范围、规模和内容的不同，安全检查的组织由不同的部门和人员组成，其组织工作大体可分为以下几类：

①综合性安全检查由主管领导组织，由安全、生产、设备、技术、保卫、工会等有关部门组成。

②车间的安全检查由车间领导组织，由本车间的安全、设备、生产、技术等有关职能人员组成。

③专业性安全检查由有关主管部门分别组织，由各专业工程技术人员和安全管理干部组成专业检查组，负责系统和专业安全检查。

④班组安全检查由班组长组织，由班组安全员等有关人员组成。

⑤岗位安全检查由岗位操作者在班前、班中和班后对设备和自身防护进行检查。

(4)安全检查的工具。

安全检查的最有效工具是安全检查表。它是为检查某一系统的安全状况而事先拟好的问题清单。根据安全检查的需要，可以编制各种类型的安全检查表，其中有针对企业综合安全管理状况的检查表，针对厂内主要危险设备设施的检查表，针对各不同专业类型的检查表，还有面向车间、工段、岗位不同层次的安全检查表。对于新设计的工艺设备，还可以制定设计审查用检查表。制定检查表的主要依据是国家的法规和技术标准，企业的安全生产规章制度，同时，还应考虑企业安全生产的实际。制定检查表的人员应当是熟悉系统或该专业工作的安全技术人员、工程技术人员和操作人员。按照安全检查表进行检查，可以提高检查质量，不致漏掉重要的危险因素。安全检查表的制定、使用、修改完善过程，实际是对安全工作的不断总结提高的过程。通过多年实践，可以形成一整套安全检查表标准，提高企业安全管理水平。

为使安全检查达到预期效果，必须做好充分准备，即思想和业务上的准备。

思想上的准备，主要是发动群众，开展群众性的自检自查。通过自检，尽早发现危险隐患，形成自检自改、边查边改的局面。

业务上的准备是指：

①确定检查目的、步骤、方法，建立检查组织，抽调检查人员，安排检查日程。

②针对检查的项目内容，有针对性地学习相关法规、政策、技术、业务知识，提高检查人

员的法规、标准和政策水平。

③分析过去几年(一般是近5~10年)所发生的各种事故(含无伤害事故、损失较小的事故)的资料,并根据实际需要准备一些表格、卡片,记载曾发生的事故的次数、部门、类型、伤害性质、伤害程度以及发生事故的主要原因和采取的防护防范措施等,以提示检查人员注意。

④准备齐全各项事先拟定的安全检查表,以便逐项检查,做好记录,防止遗漏要检查的项目内容。从实际出发,分清主次,力求检查取得实效,便于对一个单位或部门的安全工作进行评价。

(5)船公司安全检查。

船公司依据相关法规、标准对其在航营运或申请营运的船舶进行涉及营运安全的设备,及其操作活动的检查,并通过检查来验证设备和操作是否满足于行业或设备的技术要求,并责令船舶限期对其检查的问题和缺陷进行整改,从而使船舶达到“适航”状态的活动称为船舶安全检查。此类检查也可由海事主管机关或船舶检验机构,或行业组织来实施,与船公司安检在性质上有所区别。

共性:都是依据相关法律、规则及标准所进行的,通过检查发现和纠正缺陷,从而使船舶满足于行业和专业规范或标准,进而保证在航营运活动及其连带活动的安全。

区别:如同安全管理体系审核活动中的外审与内审,主管机关的安检主要侧重于设备功能和活动的结果,而船公司的安检重点在于活动的过程,也就是说通过检查设备的功能或是某个应急演习的结果,反过来验证船舶在设备维护保养或是应急训练的效果。同时也验证了船舶的管理水平。

如船检机构对救生艇的检查,主要看艇的各项技术指标是否满足规范要求,放艇设备是否可靠,艇的技术参数、属具性能等。海事主管机关的检查则侧重于救生安全相关的属件,如:淡水是否足量,口粮是否在有效期内。船公司关注的是:艇的保养、人员对操艇的熟练程度等管理或操作层面的东西。

船公司安全检查目的是使得船舶及设备满足于相关规范要求,保证船舶海上航行和作业的安全,不断提高船员操作及应变能力,最大限度减少或避免恶性事故的发生。

船公司安全检查的主要范围及重点如下:

船体部分:有无大损伤、变形,性能和强度有无重大改变,防腐情况等,后者是重点。

机器设备:外观清洁,运转工况及各技术参数是否正常,维护保养情况,重点是维养。

电气设备:工况参数是否正常,重点是绝缘(清洁、通风、干燥)。

甲板机械设备:含吊、绞盘、锚机、起重设备等工况,防腐,索具传动装置的活络加油,电气部分,操作规则等。重点是电机工况和维护情况。

无线电通信设备:①甚高频无线电话(VHF)工况,应急电源等;②奈夫泰斯接收机(NAVTEX);③甚高频紧急无线电示位标/卫星紧急无线电示位标(VHF-EPIRB/S-EPIRB),电池和静水压力释放器的有效期及试验管理;④中/高频无线电装置(MF/HF)工况、应急电源、操作;⑤船舶地面站(SES)应急电源、操作;⑥救生艇筏双向甚高频无线电话(TWO-WAY VHF)电池管理(除试验电池外,电池正负极封条不能打开);⑦搜救雷达应答器,设备体上的操作说明是否清楚可辨、电池的有效期及有效期内的电池电量及非熟练人员能否容易启动。

⑧CCS/海事主管机关要求的功能。

航行设备:①标准罗经(磁罗经);②操舵罗经;③备用标准罗经;④水平 360°方位圈(300 总吨以下,或已配操舵磁罗经或陀螺罗经的船可免除);⑤陀螺罗经:3000 总吨及以上客船或 5000 总吨货船要求配备,属件(方位和航向分罗经);⑥舵角指示器(≥500 吨以上船舶配备)误差(与机械比对)和照明电源;⑦推进器转数指示器(500 总吨以上配备)误差(与机控制比对);⑧雷达:500 总吨及以上配备标准:显示器有效直径为 180mm;≥1600 总吨配备标准:显示器有效直径为 250mm;≥10000 总吨配备标准:显示器有效直径为 250 ~ 340mm。重点:工况、电源、保养记录;⑨电子定位设备:500 总吨以上船舶配备。重点:工况、电子版更新情况、电源、保养记录;⑩回声测深仪,500 总吨以上船舶配备。重点:工况、保养记录;⑪测深手锤,所有船舶配备(质量为 3 ~ 6kg,52 米纤维绳,绳上应有长度标志,锤底部应有吸泥凹坑)。重点:存放处、绳刻度。

航海资料:①最新版海图;②航路指南;③灯塔表;④航海通告;⑤潮汐表及一切其他航海出版物。检查重点:①配备重点是否满足于规范要求;②使用情况(包括海作业是否规范);③海图是否及时按通告改正、记录。

救生设备:检查重点:①救生艇:艇外观、放艇装置、操作熟练程度、艇属具及其他配置、存放点的标识、艇机启动;②救生筏:外观、释放器连接、周围环境、筏体标识、操作说明;③救生圈:外观、自亮浮灯、浮索、标识;④救生衣:标识、灯、哨、值班处的配备。⑤其他救生设备如救生抛绳器、烟火信号及紧急报警系统:工况、电源、检测功能。

消防设备

①水灭火系统。

a. 消防泵。

对于客船:小于 500 总吨至少 1 台;500 ~ 4000 总吨至少 2 台;对于货船:1000 总吨以上至少 2 台;1000 总吨以下至少 1 台。排水量在任何情况下不得少于 25 立方米/小时,且每台消防泵至少能维持两股所需要的水柱。检查重点:工况;附属件(阀、枪、水带、通岸接头);动力保证;标识。

b. 应急消防泵(2000 总吨以上的船)。

排水量应不少于消防泵总排水量的 40%,且在任何情况下不得少于 25 立方米/小时。检查重点:工况;驱动装置;标识。

②二氧化碳/1211 系统。检查重点:钢瓶间通风情况(温度不能超过 45℃);操作说明;室外钥匙;标识;有效期。

③灭火器。检查重点:认可型;检修记录;压力;完整型;有效期。

④固定式探火与失火报警系统。检查重点:工况;电源(不少于 2 套);标识。

⑤堵漏器材。检查重点:标识;存放处是否易取;使用情况;配备数量;使用状态。

⑥脱险通道。检查重点:应急照明;标识。

2)安全评价

安全评价是利用系统工程方法对拟建或已有工程、系统可能存在的危险性及其可能产生的后果进行综合评价和预测,并根据可能导致的事故风险的大小,提出相应的安全对策措施,以达到工程、系统安全的过程。安全评价应贯穿于工程、系统的设计、建设、运行和退役整个生命周期的各个阶段。对工程、系统进行安全评价既是政府安全监督管理的需要，也是企业、生产经营单位搞好安全生产的重要保证。安全评价，国外也称为风险评价或危险评价，它既需要安全评价理论的支撑，又需要理论与实际经验的结合，二者缺一不可。

(1)安全评价的目的。

安全评价的目的是查找、分析和预测工程、系统存在的危险、有害因素及可能导致的危险、危害后果和程度，提出合理可行的安全对策措施，指导危险源监控和事故预防，以达到最低事故率、最少损失和最优的安全投资效益。安全评价要达到的目的包括以下几个方面：

①促进实现本质安全化生产。

系统地从工程、系统设计、建设、运行等过程对事故和事故隐患进行科学分析，针对事故和事故隐患发生的各种可能原因事件和条件，提出消除危险的最佳技术措施方案。特别是从设计上采取相应措施，实现生产过程的本质安全化，做到即使发生误操作或设备故障时，系统存在的危险因素也不会因此导致重大事故发生。

②实现全过程安全控制。

在设计之前进行安全评价，可避免选用不安全的工艺流程和危险的原材料以及不合适的设备、设施，或当必须采用时，提出降低或消除危险的有效方法。设计之后进行的评价，可查出设计中的缺陷和不足，及早采取改进和预防措施。系统建成以后运行阶段进行的系统安全评价，可了解系统的现实危险性，为进一步采取降低危险性的措施提供依据。

③建立系统安全的最优方案，为决策提供依据。

通过安全评价分析系统存在的危险源、分布部位、数目、事故的概率、事故严重度，预测和提出应采取的安全对策措施等，决策者可以根据评价结果选择系统安全最优方案和管理决策。

④为实现安全技术、安全管理的标准化和科学化创造条件。

通过对设备、设施或系统在生产过程中的安全性是否符合有关技术标准、规范相关规定的评价，对照技术标准、规范找出存在问题和不足，以实现安全技术和安全管理的标准化、科学化。

(2)安全评价内容。

安全评价是一个利用安全系统工程原理和方法识别和评价系统、工程存在的风险的过程，这一过程包括危险、有害因素识别及危险和危害程度评价两部分。危险、有害因素识别的目的在于识别危险来源；危险和危害程度评价的目的在于确定和衡量来自危险源的危险性及危险程度及应采取的控制措施，以及采取控制措施后仍然存在的危险性是否可以被接受。在实际的安全评价过程中，这两个方面是不能截然分开、孤立进行的，而是相互交叉、相互重叠于整个评价工作中。如图9-1所示。

目前国内将安全评价通常根据工程、系统生命周期和评价的目的分为安全预评价、安全验收评价、安全现状综合评价和专项安全评价四类。下面以安全现状综合评价为例加以说明。

安全现状综合评价是针对系统、工程的(某一个生产经营单位总体或局部的生产经营活动的)安全现状进行的安全评价，通过评价查找其存在的危险、有害因素，确定其程度，提出合理可行的安全对策措施及建议。这种对在用生产装置、设备、设施、贮存、运输及安全管理状况进行的全面综合安全评价，是根据政府有关法规的规定或是根据生产经营单位职业安全、健康、环境保护的管理要求进行的，主要内容包括：

①全面收集评价所需的信息资料，采用合适的安全评价方法进行危险识别、给出量化的安全状态参数值。

②对于可能造成重大后果的事故隐患，采用相应的数学模型，进行事故模拟，预测极端情况下的影响范围，分析事故的最大损失，以及发生事故的概率。

③对发现的隐患，根据量化的安全状态参数值、整改的优先度进行排序。

④提出整改措施与建议。

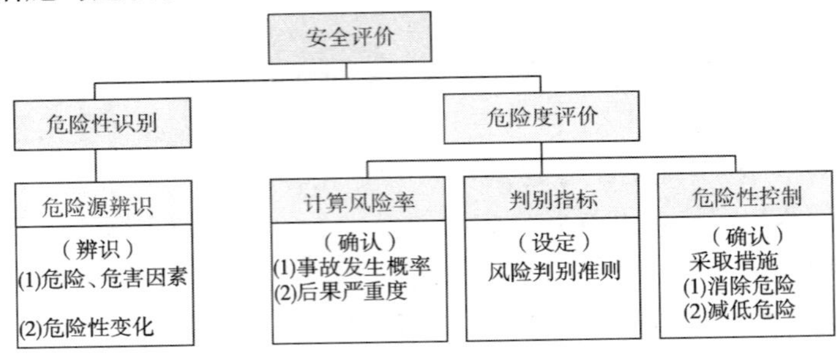

图 9-1　安全评价的内容

评价形成的现状综合评价报告的内容应纳入生产经营单位安全隐患整改和安全管理计划，并按计划加以实施和检查。

(3)安全评价的程序。

安全评价程序主要包括：准备阶段，危险、有害因素识别与分析，定性定量评价，提出安全对策措施，形成安全评价结论及建议，编制安全评价报告，如图 9-2 所示。

①准备阶段。

明确被评价对象和范围，收集国内外相关法律法规、技术标准及工程、系统的技术资料。

②危险、有害因素识别与分析。

根据被评价的工程、系统的情况，识别和分析危险、有害因素，确定危险、有害因素存在的部位、存在的方式、事故发生的途径及其变化的规律。

③定性、定量评价。

在危险、有害因素识别和分析的基础上，划分评价单元，选择合理的评价方法，对工程、系统发生事故的可能性和严重程度进行定性、定量评价。

④安全对策措施。

根据定性、定量评价结果，提出消除或减弱危险、有害因素的技术和管理措施及建议。

⑤评价结论及建议。

简要地列出主要危险、有害因素的评价结果，指出工程、系统应重点防范的重大危险因素，明确生产经营者应重视的重要安全措施。

⑥安全评价报告的编制。

依据安全评价的结果编制相应的安全评价报告。

(4)航运企业安全评价。

航运企业的安全评价可以是对企业的整体风险状况进行评价，也可以针对特定内容如船舶、安全文化或其他方面展开。下面以船舶安全评价为例，来介绍安全评价的具体做法。

①评价指标体系的确定。

从船舶安全缺陷的特点和在不同船公司的分布状况来看，主要的船上安全缺陷集中于消防和救生设备，其次是安全措施、证书、防污染、航行设备和载重线等方面。从统计分析中可以发现，地方和民营船公司所属船舶的安全缺陷明显多于国有航运企业所属船舶。

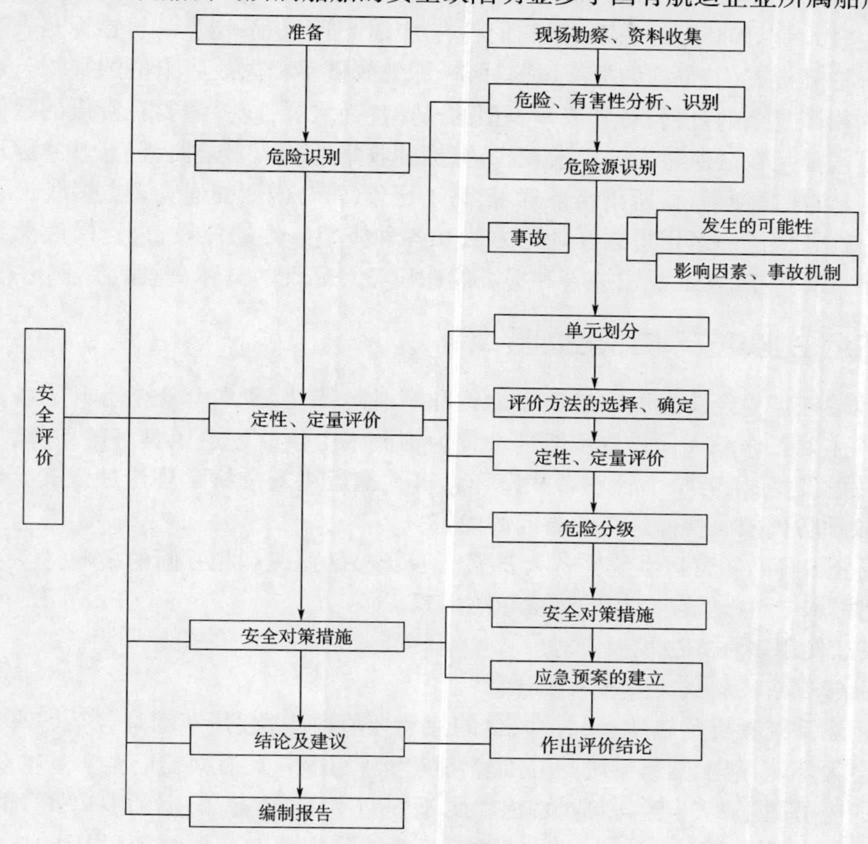

图 9-2　安全评价流程图

②评价指标权重的相对重要程度。

其基本步骤是：对各种要素建立多层次结构模型；对同一层次要素以上一级要素为准则进行两两比较，并根据评定尺度确定其相对重要程度；通过计算，确定各要素相对重要度；通过综合重要度计算，对所有替代方案进行优先排序，从而为决策人员选择最优方案提供科学的决策依据。

③各种安全评价方法的比较。

当前，国内外对于安全评估有不同评价模式和相应的准则，例如，有适用性评价、风险评价和完整性（或称整体性）评价以及可靠性评价等模式。其他领域先进科学的安全评估方法也逐渐在船舶领域里推广。当今船舶的安全评估方法主要有以下几种：

a. 对照规范评价法。逐项检查船舶设计方案是否符合现行船舶规范要求。目前船级社多采用这种方法对船舶进行入级检验和定期检验。其优点是简便易行，对符合现行规范的一般船舶尤为适用。但规范不能代表最新技术成果，且比较死板，船与船千差万别，很难一概而论。

b. 危险指数法。危险指数评价有定性、定量两种。定性评估则要建立一套科学的评估体系，其中主要内容：首先，面向四大安全要素“人、机、环境、管理”。船舶安全评价指标可以是不同类型的工作人员（如有经验的或一般轮机人员、有经验的或一般机工）、机器运行记录（已使用时间/正常寿命、发生故障时间/正常使用时间）、海上环境状况（恶劣、正常）、公司管理水平（一般、良好），进而可以得出它们各自的安全度分值。定量评价指标是表述危险发生强度的一种分析方法，也称为概率风险评价，即失效概率和失效后果值的乘积。这种计算往往是一个相当复杂的过程，对其数学模型的选择甚为重要，同时需要有价值的数值库作为基础。尽管危险指数法所考虑的因素较少，数据的收集处理不太全面，但其基本原理是科学合理的，并且方法简便易行，所得结果直观，易于比较，符合内河交通管理点多线长的特点。

c. 可靠性评价法。运用可靠性理论方法和各种概率条件的假设，进行以故障统计为内容的可靠度计算分析，从而提出改善和提高船舶设备可靠性的具体有效的措施。

三、航运企业事故预防预控的要点

船舶运输在世界经济发展中的重要地位和高风险特性，使水上安全上升为各国政府和IMO的一项主要工作。现代科技和船员教育为抑制水上事故创造了良好的条件，但要有效地防止事故的发生，则需每个管理者和操作者自觉地运用安全科学理论加强安全管理。做好水上事故预防预控需要做好以下方面的内容：

（1）充分了解船舶营运系统中各大要素（子系统）的概况和相互间的影响。

（2）把握水上事故预防预控的关键影响因素。

（3）灵活使用多种方法积极应对。

1. 船舶营运系统构成要素及风险特征

船舶营运系统具有整体性、相关性、目的性和环境适应性，其外围是包括广义的海事业在内的社会大环境，船舶营运系统与外围经济的发展相适应。根据安全科学基本要素结构，该系统中的船员属于“人”要素，船舶、货物属于“机（物）”要素，航道和港口属于“环境”要素，船公司属于“管理”要素，由此构成船舶营运系统的安全四面体结构，如图 9-3 所示。其平面映射即船舶营运系统安全要素关系，如图 9-4 所示。

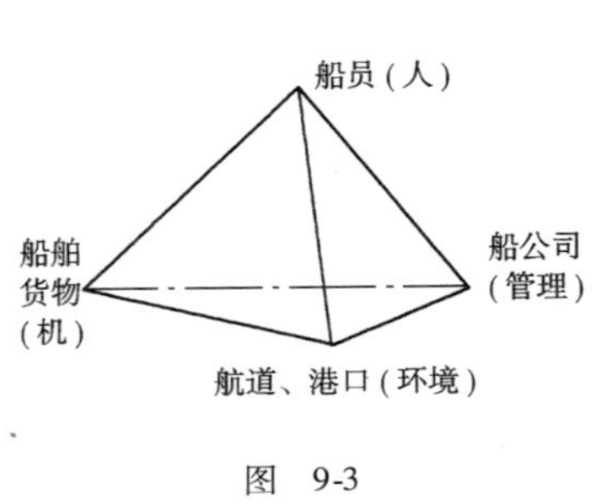

图 9-3

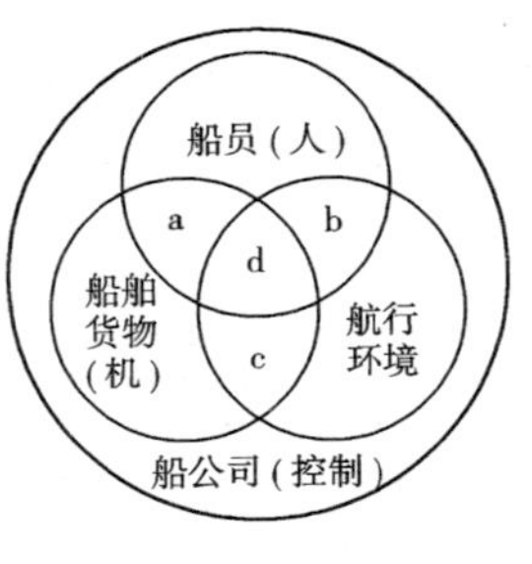

图 9-4

1）船舶与货物

（1）船舶。

船舶由以下主要系统构成：船体系统，操纵系统，导航系统（罗经、雷达、GPS 等），通信系统，动力系统，货物运输系统和安全应急系统。船舶种类有：集装箱船，杂货船，干散货船（矿砂船、散粮船),油船,散装液体化学品船,液化气体船,滚装船,客船,各类高速船等。与安全有关的船舶性能主要有:抗沉性、稳性、强度、浮性、航向稳定性、旋回性和停船性(冲程)等。船内风险源于人、机、能、货拥挤于薄壳系统中,隐患、危险或潜能等事故源点多,易在触发能量和耦合条件作用下发生事故。若不考虑船外环境,则船内的风险和事故类型与陆地工厂相同,包括火灾、爆炸、机器故障、触电、人或物的坠落、机械损伤等。

(2)货物。

货物属于物,在安全理论中“物、机、技术”属于侧重点不同的同一类要素。货物性质包括:重量和硬度;易移动或滚动;忌热、忌湿、忌压、忌倒置、忌气味、忌污染性;扬尘污染、挥发气味;易破碎易腐烂;贵重性;危险性等。这些性质涉及货运质量和人、船、货的安全乃至海洋环境保护,须通过合理配载、衬垫、隔票、堆装、绑固、隔离、防盗、通风、冷藏等措施来保证。

货物的技术风险,在此是指与安全有关的风险。货物技术风险主要是机械性和理化性风险。机械性风险包括货物的翻倒和坠落,货物移动导致船舶横倾和倾覆,稳性、强度受损,撞坏船体、设备和伤害人员等。理化性风险包括火灾爆炸、毒害、腐蚀、污染、放射、感染,具备此类风险的货物绝大多数已归入危险货物,国际海事组织要求各缔约国政府遵照《1974年国际海上人命安全公约》(SOLAS 74)第Ⅻ章规定和《国际海运危险货物规则》实施管辖,以确保安全和防止污染。

2)船员

船员是在船上任职和专门从事船上工作的乘员的总称。海船船员又称为海员。船员是船舶营运系统中最能动的因素,在船公司管理规章体系和航次任务确定后,船员的素质和行为直接关系到能否安全、优质、经济、高效地完成航次任务。船员肩负着保证船舶航行安全、防止本船污染海洋环境的使命,由此受到IMO、船旗国和港口国的共同关注,并通过STCW公约及有关规则,对船员的技术素质和行为实施管辖。船员的工资待遇受到ILO(国际劳工组织)和ITF(国际运输工人联合会)的关注。船员职业受到如此的重视,是船员的重要性所决定的。

SOLAS 74公约要求船舶持有船旗国签发的船舶最低安全配员证书,以保证航行安全和防止污染。配员包括船员适任证书要求和人数要求,使船员能按一定的组织和分工行使职责。国际上货船的船员组织通常如图9-5所示。船舶配员人数,大型货船一般在25人左右,其中包括配员证书未作要求的厨师、服务员和政委等人。STCW公约95修正案,将船上职能分成航行,货物装卸和积载,船舶作业管理和人员管理,轮机工程,电气、电子和控制工程,维护和修理,无线电通信七大职能块。船员分为管理级、操作级和支持级。高级船员可以通过考试和评估取得所需的职能适任凭证从事相应工作。职能发证使传统的部门分工和船员组织体系受到冲击,需要船舶有较高的自动化程度。该发证方式便于一人多职和一职多人,有利于共享人员技术资源,保障船舶的安全营运。

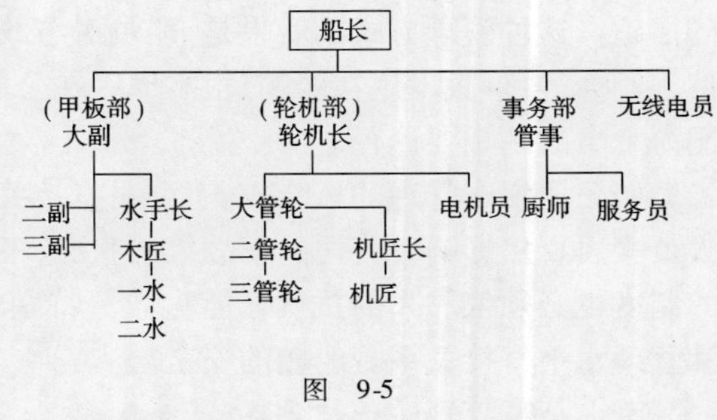

图 9-5

船员对安全的影响,在于职业素质和行为,职业素质包括道德、身心、技术、能力、语言等方面,有良好的素质才能有良好的行为。STCW 公约 95 修正案,给出了国际海员的技术素质和值班行为标准。

3)航行环境

航行环境是指船舶航行所处的自然的和人工的背景,包括航道和港口。航道由航路、航标、气象和海洋环境组成。航路是船舶从始发港驶达目的港的路线。在港口附近表现为自然河道和指定水道,在大洋上表现为以气象和海洋环境为基础的大圆航线和恒向线航线。航标是人为设置的向船舶提供定位、导航信息的地理位置参照物。航标分成近程的视听类和中、远程的无线电类。灯标容易熄灭,浮标常有移位,雾号传播距离仅 1 ~ 2n mile,且易受天气影响。气象和海洋环境属于航海环境学范畴,指气象和海洋对船舶航行的单独影响和综合影响。雾、大风、海浪、流、潮汐对航行安全的影响最大。航道的风险源于浅滩、礁石、航道弯头、狭窄、流向流速多变的急流;江河内及入海口航道的频繁迁移;航标的灭失和移位;雾雨雪等导致的能见度不良,大风及其掀起的风浪和涌浪,潮汐异常导致的潮高、潮流紊乱等。港口是航路的起讫点,是海陆运输的连接点。港章是保证港口正常运作的规范,用以维护船舶航行和作业秩序,确保港口和船舶的安全,防止船舶污染港区水域。港口的风险,首先来自管理混乱和调度失误;其次是搁浅、触礁,抛锚钩坏水下电缆和管道,船舶与船舶碰撞,船舶与码头、装卸机械、浮筒、灯标、桥梁等港口设施的碰撞。

4)船公司

船公司是指船舶所有人、经营人和管理人。船公司是“人—机—环境—控制(管理)”系统中“管理”要素的重要组成部分。“海上事故的 80% 是人为因素造成”,这是国际海事界公认的统计分析结论。人为因素责任主要在于船公司的岸上管理和船上管理。公司在其范围内,直接把握着人、机、环境三大要素的宏观控制。人员如何选择、培训和调配,船舶如何使用、维护和修理,航行什么航线,对于恶劣环境是鼓励规避还是冒险等,都取决于公司。因而船公司是船舶安全管理的重要环节。传统的海上安全管理倾向于从船员角度追查事故原因和责任,即使是船舶和机械破旧不堪、航行环境险恶,也常责备船员没有根据情况采取相应的措施。这种管理方式的后果是,船员对事故防不胜防,事故却依然发生。惨痛的教训终于使人们懂得:事故发生在船舶,根本原因在公司。重视公司的安全管理已成为国际海事界控制海上事故的重要途径。

船公司安全管理的风险,在于公司直接关系着人、机、环境,公司的安全管理体制和岸船人员素质直接影响着公司的事故控制状况,不完善的管理系统难以产生完善的管理,而最好的制度也必须依靠人的执行才能见效。特别地,岸上人员的安全素质,业务水平、激励意识和管理水平直接关系着船舶的安全。

2. 水上事故预防预控要点

船上安全管理的要求是实现“本质化安全”,即运用现代科学技术,尤其是安全科学的成就,从根本上消除形成事故的主要条件,采取尽可能完善的防护措施,形成某种条件下的“绝对安全”,使事故损害减到最小。传统的安全管理偏重于经验式的行政管理和事后控制,总体状况是因人而异,缺乏系统化,安全状况波动大。传统的安全管理,注重于发通知、开会、设部门、设专人;但船况不佳乃至不适航时,往往要求船舶开航,一旦发生事故,就从船员角度查找原因和责任。船员面对大量的安全号召和经验教训,无所适从,或勉为其难,或束之高阁。安全状况始终难以改善,原因在于未能把握其要点。一般说来,船上安全管理的要点在于"组织—素质—响应"。"组织",是指岸上、船上对单船安全管理的系统化,包括科学合理的管理文件体系和相应的人员组织体系,依照文件规定和具体情况对安全事务的妥善处理。"素质",指与安全有关的道德、身心、技术、能力及其语言素质。"响应",是指人员响应安全管理体系的积极程度,为确保船舶安全,"响应"对岸、船人员同等重要。虽然不同的管理理论会强调不同的安全管理侧重点,但都具有本质化安全的特点,都离不开人的努力,最终都得落实于"人、机、环境、管理"系统。人为因素在科技发达的今天,上升为海上船舶事故的首要原因,无疑是船上预防预控的根本要点。

据国际海事界的权威统计,人为因素原因导致的船舶事故比例为:搁浅91%,火灾爆炸70%,碰撞96%,触碰70%。这促使海事界将控制人为因素提到了前所未有的高度;人为因素涉及人、机、环境、管理的各个方面,了解人为因素有利于采取对症控制。

人为因素(Human Factor),在此是指人的行为或使命对一特定系统的正确功能或成功性能的影响。人为因素的不良影响主要是通过人为失误(Human Error)造成,是指人未能发挥自身应有的功能,人为地使系统出现故障或发生机能不良事件的一种错误行为。Human Error 又译为"人为过错"、"人体过错"等。人为因素或人为过失,都是违背设计、操作和管理规程的错误行为。人为因素通常按对象、内容、过程、系统等进行分类。从国内角度来看,人为因素涉及以下方面:

(1)驾驶人员职业道德素质低下,人为造成水上交通紧迫局面

(2)不遵守海上避碰规则;不按规定对船员进行专业及应急培训或训练,特别在遵守规则和防止污染方面意识淡薄。

(3)行业的管理部门(海事和船检部门)的不作为。

(4)船公司决策人的管理理念受限于或屈从于经济实力或经济利益,主要表现在:①船舶设备和装备上的不足;②压缩船舶维修成本,使得船舶技术状况逐渐恶化,事故隐患得不到解决;③降低雇佣船员方面的支出(低工资,少配员),船员素质下降,船舶配员大幅度减少。

(5)通信业的发展,使海运决策权几乎百分之百转移到岸上,船长从以往既是指挥者又是决策者,变成了现在的现场指挥者和决策执行者,决策权所剩无几。使得船长对岸上管理机关的依赖性越来越明显,责任感也越来越差,管理也随之松散。

3. 预防预控的主要方法

1)法制

依法治理安全属于"管理"要素。有利于社会和行业大量消除宏观的和微观的不安全因素。事故对人命和环境、经济和社会具有灾难性,因此对涉及安全的重要关系、行为、状态的管理必须强制。法制,包括立法、执法及其体系。

2)行政

行政是指关于国家政务的管理活动,具有政治、经济、文化、社会等职能。船舶安全管理事务由经济行政部门主管。这些部门有港务监督、交通行业主管机关等。

3)安全系统工程

安全系统工程是系统科学知识和技术在安全领域内的体系化,是系统工程的组成部分。

安全系统工程使船舶安全管理事务的时序、逻辑、相关知识有机地组合，有效地服务于安全管理目标。

4）全面质量管理

全面质量管理由美国费根堡姆博士于1957年提出。1993年其专著将TQC定义为：为了能在最经济的水平上并考虑到充分满足顾客要求的条件下进行市场研究、设计、制造和售后务，将企业内各部门的研制质量、维持质量和提高质量的活动构成为一体的一种有效体系。船舶水上安全的全面质量管理需要通过全公司、全员、全过程的安全质量管理来实现。

5）管理体系标准化

国际标准化组织（ISO）于1994年发布了ISO 9000系列标准——质量管理和质量保证标准。ISO 9000继承了TQC的全部优点，采用了系统工程方法、闭环管理原理和现代管理科学的其他精华。弥补了TQC缺乏外部监控机制的缺陷，使之全面性、系统性、预控性、过程化和程序化要求得以保证。IMO鉴于ISO 9000的优越性，于1987年即运用其原理研制海上安全管理的质量标准，于1993年11月通过ISM规则，对适用船种限时强制执行，否则不能从事国际航行，使从事国际航运的公司和船舶的安全管理统一于ISM规则。大型国际航运企业，则还需要基于1996年问世的ISO 14000（环境管理系列标准）的环境管理体系认证证书。

6）安全行为科学

船员和公司岸上人员对安全的影响，关键在于素质和行为。安全行为科学是行为科学的组成部分，研究人的安全行为的一般规律。安全行为科学的主要任务是解释、预测和控制人的不安全行为。掌握和运用安全行为科学，能够从人的行为原理分析人为失误原因，寻求适当的预测和控制方法；从职业适应性角度设计人员遴选标准和培训标准；用行为激励理论激励安全行为的产生；发挥领导行为、群体行为、人际关系及沟通对安全的积极影响作用。

7）安全教育

安全教育是用教育手段提高人员安全素质的过程，是提高员工管理和操作行为水平的基本途径。安全素质包括职业道德素质、身心素质和技术素质。

8）安全文化建设

安全文化建设主要是用安全文化的渗透力和影响力辅助安全管理。安全文化包括物质安全文化和精神安全文化。物质安全文化即安全物质财富，包括安全系统、设备和装置，安全防护工具、用品和材料，乃至人对自然出于安全目的的改造工程等。精神安全文化即安全精神财富，包含价值规范、精神智能（素质、心态）、管理制度等。安全文化在文化层面上与安全科学四大基本要素相呼应，通过安全文化建设能辅助安全管理。

9）安全经济学

安全经济学，是研究安全的经济意义，经济活动和经济发展与安全生产之间关系的学科。是安全科学与经济学的交叉学科。对于船公司，重在安全投入与经济效益之间的关系。海运是高风险行业，不在技术和管理方面作必要的安全投入，发生事故和不正常状态对经济效益的负面影响是显然的，但如何投入，如何分析与评价，则需要安全经济学的协助。

第二节　隐患排查治理方式与措施

近年来,国家和省出台了一系列关于加强安全生产工作,开展各类事故隐患排查治理政策措施。事故隐患的排查和治理,已经成为提高社会和企业本质安全水平、确保社会经济和谐稳定发展的一项有效措施。随着社会经济快速发展,企业单位迅猛扩张,与此同时,由于人们安全意识淡薄、安全管理制度的缺失、日常监管手段的局限,事故隐患以各种形态大量存在。事故隐患的排查整改显得尤为重要。

一、隐患定义、分类、分级

安全生产事故隐患(以下简称事故隐患),是指生产经营单位违反安全生产法律、法规、规章、标准、规程和安全生产管理制度的规定,或者因其他因素在生产经营活动中存在可能导致事故发生的物的危险状态、人的不安全行为和管理上的缺陷。将各种"违反"的概念规定为事故隐患,为我安全生产管理领域加强对遵守各种规定的"执行力"奠定了坚实的基础。

事故隐患分为一般事故隐患和重大事故隐患。一般事故隐患,是指危害和整改难度较小,发现后能够立即整改排除的隐患。重大事故隐患,是指危害和整改难度较大,应当全部或者局部停产停业,并经过一定时间整改治理方能排除的隐患,或者因外部因素影响致使生产经营单位自身难以排除的隐患。

事故隐患的分级是以隐患的整改、治理和排除的难度及其影响范围为标准的。根据这个分级标准,在企业中通常将隐患分为班组级、车间级、分厂级直至厂(公司)级,其含义是在相应级别的组织(单位)中能够整改、治理和排除。其中的厂(公司)级隐患中的某些隐患如果属于应当全部或者局部停产停业,并经过一定时间整改治理方能排除的隐患,或者因外部因素影响致使企业自身难以排除的隐患应当列为重大事故隐患。

二、水运交通危险隐患分析

概括起来,水运交通事故的发生,与外界条件、技术(人机控制)故障、不良的航行条件、导航失误等因素密切相关。

1. 外界条件

(1)视距降低。由于气象条件的影响,如雾、雨雪和夜间引起的视距降低,目测距离的受限,导致船舶发生事故的概率增大。

(2)气象恶劣给船舶带来不可抗拒的自然灾害。热带飓风、台风,中纬气旋和寒潮带来的强风、风浪,均给船舶海上航行造成不可抗拒的自然灾害。

(3)海上礁石、浅滩及水中障碍物必给船舶航行带来影响。如近年来在我国青岛中沙多次发生搁浅事故,但在加设了航标后,事故已大为减少。

(4)航路的自然条件和交通密度的影响。这主要指狭窄航道和交通密集水域,其航道宽度、弯曲度、深度、危险物的分布、航路标志的设置,船舶活动的密度和频度,船舶遭遇态势(对遇、横交和追捕)和概率等因素,均增加了船舶导航的难度。船舶的碰撞事故与这些因素有着很重要的关系。

(5)海上灯塔、航路标志出故障、海上航行资料失效。这主要指海上灯塔、浮标、岸标等助航设施出故障,如电源中断及遭破坏等,均可导致船舶误航概率增大。

(6)外部因素引起船舶导航设备失效。

2. 技术(人机控制)故障

(1)船舶的动力装置、电力系统技术故障。由于船体强度减弱或船体、机械有严重缺陷,造成船舶航行事故。

(2)操舵及螺旋桨遥控装置失控。由于船桥遥控的舵机和主机系统故障,使得船桥对车、舵的操纵失去控制,导致船舶事故发生。

(3)惰性气体系统故障。主要对油轮而言,在装卸原油或清洗油舱过程中,惰性气体系统对降低原油防爆上限温度及防止油料的爆炸起着重要作用。实践证明,90%以上的油轮爆炸事故是由于未装或因该系统出故障而发生的。

(4)导航设备故障。因导航设备本身性能不稳定,出现了技术故障,使其失去了导航性能(指向、定位和计程)应有的作用,使航线、船位的准确度和可靠性受到影响。

(5)通信设备故障。因船舶通信设备本身的性能不稳定,出现了技术故障,使船、岸或船与船之间的通信中断,彼此情况不能及时沟通,在港区或不良视距条件下,易造成船舶之间发生碰撞事故。

3. 不良的航行条件

(1)船桥人员配备不齐全、组织混乱。船上值班人员擅离职守,航海驾驶人员工作不认真不严肃,缺乏应有的工作责任心,无视安全航行规章。船长过分依赖引航员,对其错误行动未能及时纠正等。这些不良的人为因素,均是出现海事的主要因素。

(2)人员理论知识和实践经验贫乏。船员航海知识浅薄,技术素质低劣以及海上经验不足,均是导致海损事故发生的因素。对多起海事原因的分析表明,约有2/3以上的海事是由人为因素造成的,说明船员条件是水运安全的直接重要因素。

(3)航海图、资料失效。航海图及资料是保证航行安全的基本工具之一。航海图资料的及时性和完整性是航行安全的起码保证。在使用过程中,未能及时按航行通告、警告修正海图和航海资料,使这些资料陈旧,降低了实用价值,可给航行带来不可估量的损失。

(4)船桥指挥部位工作条件的影响。船桥指挥部位工作条件的优劣,可直接或间接地影响驾驶人员的操作。船桥视野的受限,影响了船上对外界的观察瞭望;内部通信的不畅通可阻碍航行指令及时下达;光线、通风的不充分,都可使船员疲劳和不适。

4. 导航的失误

(1)航行计划不符合“安全”和“经济”的原则。“安全”和“经济”是计划航线的主要原则,两者不能有所偏废。船在起航前,由于对航区海情了解不够、思考不周,忽略了障碍航行的不利因素,制定了不周密的航行计划,进而导致船舶的海事。如在航线设计过程中,片面地为了达到“经济”效益,而将航线设计得距离危险物较近;在转向点处没有设置可供测定船位的物标;没有考虑特殊海区风流对航行的影响;对船上的导航仪器表误差估计不足等,都是形成航线设计错误的重要因素。

(2)船舶避让操纵失误。错误的避让行动是造成海事的重要因素之一。在海上遇有可能与他船相碰时,驾驶人员专事于对他船的避让,忽略了对本船位置的掌握,迫使船舶离开了预定航线，错失了避离浅滩或危险障碍物的时机，导致事故的发生。

(3)识别海上助航标志的失误。驾驶人员因对海上助航标志或测位物标辨认错误，引起的搁浅、触碰事故，在海事案例中占有很大的比例。

(4)导航设备使用失误。准确地推算船位，是保持船舶按预定航线航行的基本保证。驾驶人员在使用导航设备时，不掌握设备的误差及其变化规律，不进行误差校正，不核对船位，就会使推算的船位与实际船位不符。实践中，因陀螺罗经、计程仪、测向仪的误差和无线电导航装置受夜间效应、天波干扰的影响，没有及时地校正，造成推算船位失误的情况很多，它是船舶发生海损事故的重要潜在因素。

(5)他船航行的失误。在航行受限制的水域，因邻近船舶出现操纵上的故障或航行的失误，造成本船错误地评价周围的交通动向，难以及时地采取正确避让措施，也是置本船陷于困境的因素之一。

三、隐患排查治理的法规要求

《安全生产法》第十七条规定企业主要负责人有"督促、检查本单位的安全生产工作，及时消除生产安全事故隐患"的职责；《国务院办公厅关于在重点行业和领域开展安全生产隐患排查治理专项行动的通知》(国办发明电〔2007〕16号)指出。经国务院同意，决定在全国重点行业和领域开展安全生产隐患排查治理专项行动，通过开展隐患排查治理专项行动，进一步落实企业的安全生产主体责任和地方人民政府的安全监管主体责任，全面排查治理事故隐患和薄弱环节，认真解决存在的突出问题，建立重大危险源监控机制和重大隐患排查治理机制及分级管理制度，有效防范和遏制重特大事故的发生，促进全国安全生产状况进一步稳定好转。生产企业应该根据相关要求，认真吸取本单位和其他同类企业以往发生事故的教训，结合本单位实际情况，认真组织隐患排查工作，对排查出的隐患进行分析评估，确定隐患等级，分类建档，及时采取有效措施进行消除治理。

国家安全生产监督管理总局令(2008)第16号中要求：

(1)生产经营单位应当建立健全事故隐患排查治理制度；

(2)生产经营单位主要负责人对本单位事故隐患排查治理工作全面负责；生产经营单位是事故隐患排查、治理和防控的责任主体；

(3)生产经营单位应当建立健全事故隐患排查治理和建档监控等制度，逐级建立并落实从主要负责人到每个从业人员的隐患排查治理和监控责任制；

(4)生产经营单位应当保证事故隐患排查治理所需的资金，建立资金使用专项制度；

(5)生产经营单位应当定期组织安全生产管理人员、工程技术人员和其他相关人员排查本单位的事故隐患；

(6)对排查出的事故隐患，应当按照事故隐患的等级进行登记，建立事故隐患信息档案，并按照职责分工实施监控治理；

(7)对于重大事故隐患，生产经营单位应当及时向安全监管监察部门和有关部门报告；

(8)生产经营单位及其主要负责人未履行事故隐患排查治理职责，导致发生生产安全事故的，依法给予行政处罚。

国务院关于进一步加强企业安全生产工作的通知(国发〔2010〕23号)中要求：

企业要经常性开展安全隐患排查，并切实做到整改措施、责任、资金、时限和预案“五到位”。建立以安全生产专业人员为主导的隐患整改效果评价制度，确保整改到位。对隐患整改不力造成事故的，要依法追究企业和企业相关负责人的责任。对停产整改逾期未完成的不得复产。

国家安全监管总局、工业和信息化部关于危险化学品企业贯彻落实《国务院关于进一步加强企业安全生产工作的通知》的实施意见中强调：企业的主要负责人（包括企业法定代表人等其他主要负责人）是企业安全生产的第一责任人，对安全生产负总责。企业安全生产管理部门要加强对企业安全生产的综合管理，组织贯彻落实国家有关安全生产法律法规和标准；定期组织安全检查，及时排查和治理事故隐患；监督检查安全生产责任制和安全生产规章制度的落实。

四、隐患排查措施与方法

隐患排查是指生产经营单位组织安全生产管理人员、工程技术人员和其他相关人员对本单位的事故隐患进行排查的行为。

生产经营单位是隐患排查工作的责任主体，方法是定期组织安全生产管理人员、工程技术人员和其他相关人员排查本单位的事故隐患和鼓励、发动职工发现事故隐患，鼓励社会公众举报。此项工作通常与生产经营单位的各种安全生产检查工作相结合。对排查出的事故隐患，应当按照事故隐患的等级进行登记，建立事故隐患信息档案。根据上述要求，隐患排查的过程就是生产经营单位定期组织所属人员主动、全面地查找并发现隐患、确定其等级、建立事故隐患信息档案，同时鼓励社会公众举报。

隐患治理就是指消除或控制隐患的活动或过程。

《安全生产事故隐患排查治理暂行规定》第十条规定：“……对排查出的事故隐患，应当按照事故隐患的等级进行登记，建立事故隐患信息档案，并按照职责分工实施监控治理。”对于一般事故隐患，由于其危害和整改难度较小，发现后应当立即整改排除。《安全生产事故隐患排查治理暂行规定》第十五条规定：“对于一般事故隐患，由生产经营单位（车间、分厂、区队等）负责人或者有关人员立即组织整改。”对于重大事故隐患，《安全生产事故隐患排查治理暂行规定》第十五条规定：“……重大事故隐患，由生产经营单位主要负责人组织制定并实施事故隐患治理方案”；第十六条规定：“生产经营单位在事故隐患治理过程中，应当采取相应的安全防范措施，防止事故发生。”

1. 隐患排查治理与安全生产标准化的关系

（1）隐患排查治理是安全生产标准化工作的重要组成部分。

安全生产标准化工作是我国安全生产领域在当前一段时间内的重点工作，其实施的主要依据是以《企业安全生产标准化基本规范》为主的各行业的安全生产标准化评定标准。在“基本规范”中提出了十三项核心要求，其他行业的相关标准也大体相似。其中第八项核心要求即为隐患排查和治理，对隐患排查、排查范围与方法、隐患治理和预测预警等四个方面做出了原则性规定，与本节第三部分的“安全生产法”、“暂行规定”和地方性规定一起共同构成了隐患排查治理工作的主要依据。

（2）隐患排查治理是安全生产标准化有关内容的具体化。

在“基本规范”中以隐患排查和治理方面只提出了基本要求和原则性规定，而隐患排查治理则能够成为一个具有依据明确、结构完整、内容充实和可操作性强的独立运行的系统，是安全生产标准化的进一步细化和深化，也为安全生产标准化其他部分的核心要求开创了一个深入和具体化的先例。

(3)突出了企业是隐患排查治理工作的责任主体。

安全生产标准化工作所涉及的部门和单位比较多，如安全监管部门、评审组织单位、评审单位还有专业技术服务机构等，尽管企业仍是安全生产标准化的责任主体，但还需要其他部门和单位的具体动作和参与才能共同完成此项工作。而隐患排查治理工作则突出了企业的主体责任，自建体系、自查自改以及自己上报等工作均是其职责，还要接受政府有关监管部门的监督管理以及核查，充分体现了“安全生产法”所规定的企业对其安全生产工作负主体责任的精神。

(4)隐患排查治理体系有更强的及时性。

建立隐患排查治理体系的主要目的是为了更好地促进企业做好隐患排查治理工作，使政府有关监管部门能及时、准确地掌握其安全生产状况。《安全生产事故隐患排查治理暂行规定》第十四条对隐患排查治理的上报有明确规定：“生产经营单位应当每季、每年对本单位事故隐患排查治理情况进行统计分析，并分别于下一季度15日前和下一年1月31日前向安全监管监察部门和有关部门报送书面统计分析表”。“对于重大事故隐患，生产经营单位除依照前款规定报送外，应当及时向安全监管监察部门和有关部门报告”。这就保证了企业隐患排查治理情况的及时上报，为政府及其有关部门有效掌握情况和为企业做好服务工作提供了保证。而安全生产标准化工作通常要求企业每年至少进行一次自评，安全生产标准化企业证书和牌匾有效期为3年，到期时企业可按有关规定申请延期，换发证书、牌匾。

2. 企业隐患排查治理工作

企业是隐患排查治理工作的最直接和最重要的主体，是隐患排查治理工作的直接实施者。企业隐患排查治理工作主要包括三个方面：自查隐患、治理隐患和自报隐患。自查是为了发现自身所存在的隐患，保证全面而减少遗漏；治理是为了将自查中发现的隐患控制住，防止引发后果，尽可能从根本上解决问题；自报是为了将自查和治理情况报送政府有关部门，以使其了解企业在排查和治理方面的信息，提供监管和帮助，从企业的外部获得相关的服务。

企业在政府及其部门的统一安排和指导下，确定自身的分类分级的定位，采用其适用的隐患排查治理标准，通过全面准备、制度建设、实施排查、分析改进等步骤形成完整的系统的企业自查机制。

1)全面准备

为保证隐患自查工作从一开始就能够打下坚实的基础，企业必须做好与之相关的全面准备工作。隐患排查治理是涉及企业所有部门、所有生产流程、所有人员的一项系统工程，如果不做好全面的准备，那么所建立的隐患排查治理机制肯定缺乏系统性并且可操作性差，结果必然是“一阵风”式的开展一次“运动”，不能做到深入和持久地开展自查工作。

2)制度建设

制度是企业管理的基本依据，需要企业将法律法规和标准规范以及上级和外部的其他要求全面掌握，吃透其精神和实质，将其各项具体的规定结合自身的实际情况，通过编制工作将外部的规定转化为企业内部的各项规章制度，再经过全面地执行和落实，变成企业的管理行动。隐患排查治理工作也不例外，也基本上按这一思路展开。

3）实施排查

排查的实施是一个涉及企业所有管理范围的工作，不能是“一窝蜂”式的运动式排查，需要有计划、按部就班地开展。

排查的实施阶段主要工作包括：排查计划、首次会议、实施排查、总结分析、末次会议和隐患治理等。

4）上报

企业隐患排查治理主管部门将有关排查记录等材料整理后，在企业信息管理部门的配合下，应用隐患排查治理信息管理系统，向上级单位和有关政府监管部门的上报规定的信息。

5）改进

全面总结分析隐患排查治理工作的情况，重点关注实际工作中的情况与隐患排查治理制度所规定的内容不相符合的地方，对制度文件进行修订，为隐患排查治理工作的常规化奠定基础。

3. 隐患的日常自查

企业通过前一阶段的隐患排查治理初期工作已经初步形成了一个隐患排查治理工作框架，但还需要通过更多的日常工作才能建立比较完善、正常运转的隐患排查治理工作的实施机制，以保证此项工作的常态化和持续改进。

1）组织机构

形成从主要负责人到一线员工的隐患排查治理工作网络，确定各个层级的隐患排查治理职责。

领导层：主要负责人是隐患排查治理工作的第一责任人，通过安委会、办公会等形式，将隐患排查治理工作纳入到其日常工作的范围中，亲自定期组织和参与检查，及时准确把握情况，发出明确的指令。确定主管负责人，当然常见的就是主管安全生产工作的副职，要在其职责中明确有关隐患排查治理的内容，将有关情况上传下达，做好主要负责人的帮手。其他有关领导也要在各自管辖范围内做好隐患排查治理工作，至少要知道、过问、督促、确认。

管理层：安全生产管理机构和人员是隐患排查治理工作的骨干力量，编制有关制度、培训各类人员、组织检查排查、下达整改指令、验证整改效果等是主要的工作内容，还要通过监督方式对各级管理人员在隐患排查治理工作方面的履职情况进行了解，纳入考核，避免将隐患排查治理工作只限于安全部门的范围，而是要全力推动全方位和全员化。

操作层：在责任制和操作规程中明确隐患排查治理是其工作内容的不可或缺的重要组成部分，在日常的各项工作中，要有高度的隐患意识，随时发现和处理各种隐患和事故苗头，自己不能解决的及时上报，并采取临时性的控制措施，并注意做好记录，为统计分析隐患问题留下一手资料。

2）规章制度

与隐患排查治理工作相关的内容应包含在安全生产责任制中，并有专门的隐患排查治理制度，还要在操作规程中有所体现。

3）隐患排查的主体

隐患排查的主体是企业的所有人员，从领导到一线员工直到在企业工作范围内的外部人员。因为隐患的存在是广泛的，而所有人员能够在各自工作岗位上及时发现之，才能保证排查的全面性和有效性。所有人员能不能或者会不会隐患排查是有前提的，必须对其进行有针对性和有效果的教育培训，在各种安全生产教育培训工作中要将隐患排查的内容纳入，并根据需要做专门的培训，还要确认培训的效果，以保证所有人员有意识、有能力地开展隐患排查。

隐患排查的主体重点在专业技术人员和班组的一线员工。

4. 隐患排查的方式方法

排查隐患前要制定《隐患排查方案》，明确排查的目的、范围，选择合适的排查和方法。排查方案应根据：有关安全生产法律、法规要求；涉及规范、管理标准、技术标准，行业安全生产目标。

隐患排查方式是由其组织方式决定的，主要的隐患排查方式如下：

（1）综合检查：综合性安全检查是以落实岗位安全责任制为重点、各专业共同参与的全面检查。企业至少每年组织检查或抽查一次，基础单位、班组可以增加综合检查的频次。

（2）专业检查：专业性检查主要是对压力容器、电器设备、机械设备、安全装备、监测仪器、危险物品等系统分别进行的专业检查，及在船舶开航前、新装置竣工及试运转等时期进行的专项安全检查。

（3）季节性检查：季节性检查是根据各季节特点开展的专项检查。春季安全大检查以防雷、防静电、防解冻跑漏为重点；夏季安全大检查以防暑降温、防食物中毒、防台风、防洪防汛为重点；秋季安全大检查以防火为重点；冬季安全大检查以防火、防爆、防冻、防滑为重点。

（4）节假日检查：节假日检查主要是节前对安全、保卫、消防、生产设备、应急预案等进行的检查，特别是对节日干部、检维修队伍的值班安排和材料、备品备件、应急预案的落实情况等应进行重点检查。

（5）日常检查：日常检查包括班组、岗位员工的交接班检查和班中巡回检查，以及基层单位领导和生产、设备、安全等专业技术人员的经常性检查。各岗位应严格履行日常检查制度，特别应对关键装置要害部位的危险点、源进行重点检查和巡查。

事故隐患排查方法有很多，有群查、点查、循章排查和类比复查等，实际排查中，可以将这几种方法组合运用。

（1）群查。群查是指调动员工预防事故的积极性和能动性，同心协力查找生产（工作）中的事故隐患，它包括船舶、班组内的自查互查、基层工会的监督检查等形式。群查的优点是把排查事故隐患的视线从身边逐步向远处延伸，既要做好自身岗位设备设施以及周边作业环境中事故隐患的排查，又要以此为基本依据，撒开“大网”，把平时那些司空见惯、习以为常的问题都网在其中，逐一排查，防止出现漏洞。

（2）点查。点查是采取抽样的方式、不定期的“突袭排查”，也可以针对容易形成重大事故隐患的重要部位组织专人进行排查。“点查”能够发现一些平时不容易暴露或预先检查中被“掩饰”的事故隐患，掌握其真实情况，有利于纠偏和事故隐患的治理；也可以突出重点，强化地重要部位的控制和防范。

(3)循章排查。循章排查是遵循法律、法规、标准、条例和操作规程等规定，排查生产过程中的事故隐患，凡不符合法规、标准规定的，都是事故隐患，都是可能出现事故或导致伤亡，必须立即制止，坚决纠正。“循章排查”能提高企业遵纪守法的自觉性，使排查内容“合规合法”。

(4)类比复查。类比复查是借鉴事故案例，复查本单位有没有类似情况，确定事故隐患。企业应善于吸取其他单位的事故案例，将导致事故的原因“对号入座”，排查本单位是否存在这类情况，是否构成了事故隐患。同时，企业要“借题发挥”，要及时将事故案例当作一面镜子，衍射到安全生产的方方面面，反复进行排查。

“群查”与“点查”相结合的事故隐患排查方法，既可以扩大排查的面，又能突出排查中的重点：无论是“群查”还是“点查”，都应针对生产工艺和作业方式的实际，编制事故隐患排查标准，其基本内容为：排查时间、排查内容、执行人、信息交流和反馈的方式和程序等。“循章排查”和“类比复查”相结合的事故隐患排查方法，可以提高排查的科技含量和排查的合规性及针对性。

5. 隐患治理与持续改进

隐患排查的目的不仅是要发现隐患，更要消除隐患，并不断改进企业安全生产水平。针对隐患排查结果，企业应采取合理的隐患治理措施进行应对。

(1)制定隐患治理方案。

制定隐患治理方案主要针对重大事故隐患来讲的。对于一般事故隐患，由生产经营单位或船舶负责人或者有关人员立即组织整改。对于重大事故隐患，由生产经营单位主要负责人组织制定并实施事故隐患治理方案。重大事故隐患治理方案应当包括以下内容：

①治理的目标和任务；

②采取的方法和措施；

③经费和物资的落实；

④负责治理的机构和人员；

⑤治理的时限和要求；

⑥安全措施和应急预案。

(2)采取隐患治理措施。

在事故隐患治理过程中，应当采取相应的安全防范措施，防止事故发生。事故隐患排除前或者排除过程中无法保证安全的，应当从危险区域内撤出作业人员，并疏散可能危及的其他人员，设置警戒标志，暂时停产停业或者停止使用；对暂时难以停产或者停止使用的相关生产储存装置、设施、设备，应当加强维护和保养，防止事故发生。

重大事故隐患在治理前应采取临时控制措施并制定应急预案。

一般而言，隐患治理措施应包括：

①工程技术措施；

②管理措施；

③教育措施；

④防护措施和应急措施。

(3)自然灾害的预防。

对于因自然灾害可能导致事故灾难的隐患,应当按照有关法律、法规、标准和本规定的要求排查治理,采取可靠的预防措施,制定应急预案。在接到有关自然灾害预报时,应当及时向下属单位发出预警通知;发生自然灾害可能危及生产经营单位和人员安全情况时,应当采取撤离人员、停止作业、加强监测等安全措施,并及时向当地人民政府及其有关部门报告。

(4)验证和评估。

隐患治理情况验证和评估。治理完成后,应对治理情况进行验证和效果评估,验证治理的措施是否得当,是否达到了预期效果,隐患是否已经消除,是否满足生产安全运行,是否产生新的安全隐患等。

隐患排查治理机制的各个方面都不是一成不变的,也要随着安全生产管理水平的提高而与时俱进,借助安全生产标准化的自评和评审、职业健康安全管理体系的合规性评价、内部审核与认证审核等外力的作用,实现企业在此工作方面的持续改进。另外隐患排查治理也为整体安全生产管理提供了持续改进的信息资源,通过对隐患排查治理情况的统计、分析,能够为预测预警输入必要的信息,能够为管理的改进提供方向性的资料。这种资源在当前还没有得到充分的认识和重视,应当给予特别的关注。

第三节　危险源界定与监管

一、危险源简介

1. 危险源定义及构成要素

危险源,顾名思义,危险的根源或者来源,目前在学术领域或者法规标准层面并没有统一的定义。一般认为,危险源指可能导致伤害或疾病、财产损失、工作环境破坏或这些情况组合的根源或状态。也有学者认为危险源是指系统中存在着导致伤害、疾病或财物损失等可能性的情况或变化着的环境状态以及可能产生不良结果或有害结果的活动、状态或环境的潜在的或固有的特性。从安全生产标准化的角度来看,危险源是指整个生产系统中能造成人身伤害及设备、财产受损失的各种危险因素,这种危险因素不是静止的、不变的,而是随着各种因素的不断改变而变化的。

危险源是指一个系统中具有潜在能量和物质释放危险的、可造成人员伤害、财产损失或环境破坏的、在一定的触发因素作用下可转化为事故的部位、区域、场所、空间、岗位、设备及其位置。它的实质是具有潜在危险的源点或部位,是爆发事故的源头,是能量、危险物质集中的核心,是能量从那里传出来或爆发的地方。危险源存在于确定的系统中,不同的系统范围,危险源的区域也不同。例如,从全国范围来说,对于危险行业(如石油、化工等)具体的一个企业(如炼油厂)就是一个危险源。而从一个企业系统来说,可能是某个车间、仓库就是危险源,一个车间系统可能是某台设备是危险源;因此,分析危险源应按系统的不同层次来进行。一般来说,危险源可能存在事故隐患,也可能不存在事故隐患,对于存在事故隐患的危险源一定要及时加以整改,否则随时都可能导致事故。在生产活动中为了利用能量让能量按人们的意志在系统中传递、转换和做功必须采取限制和屏蔽措施控制能量逸散即控制危险源。

实际中，对事故隐患的控制管理总是与一定的危险源联系在一起，因为没有危险的隐患也就谈不上要去控制它；而对危险源的控制，实际就是消除其存在的事故隐患或防止其出现事故隐患。所以，在实际中有时不加区别也使用这两个概念。

根据上述对危险源的定义，危险源应由三个要素构成：潜在危险性、存在条件和触发因素。危险源的潜在危险性是指一旦触发事故，可能带来的危害程度或损失大小，或者说危险源可能释放的能量强度或危险物质量的大小。危险源的存在条件是指危险源所处的物理、化学状态和约束条件状态。例如，物质的压力、温度、化学稳定性，盛装压力容器的坚固性，周围环境障碍物等情况。触发因素虽然不属于危险源的固有属性，但它是危险源转化为事故的外因，而且每一类型的危险源都有相应的敏感触发因素。如易燃、易爆物质，热能是其敏感的触发因素，又如压力容器，压力升高是其敏感触发因素。因此，一定的危险源总是与相应的触发因素相关联。在触发因素的作用下，危险源转化为危险状态，继而转化为事故。

2. 重大危险源的定义

20 世纪 70 年代以来，预防重大工业事故引起国际社会的广泛重视。随之产生了"重大危害(major hazards)"、"重大危害设施(国内通常称为重大危险源)(major hazard installations)"等概念。

英国是最早系统地研究重大危险源控制技术的国家。英国卫生与安全委员会设立了重大危险咨询委员会(ACMH)并在 1976 年向英国卫生与安全监察局提交了第一份重大危险源控制技术研究报告。英国政府于 1982 年颁布了《关于报告处理危害物质设施的报告规程》，1984 年颁布了《重大工业事故控制规程》。

1993 年 6 月第 80 届国际劳工大会通过的《预防重大工业事故公约》将"重大事故"定义为：在重大危害设施内的一项活动过程中出现意外的突发性的事故，如严重泄漏、火灾或爆炸，其中涉及一种或多种危险物质，并导致对工人、公众或环境造成即刻的或延期的严重危险。对重大危害设施定义为：不论长期地或临时地加工、生产、处理、搬运、使用或储存数量超过临界量的一种或多种危险物质，或多类危险物质的设施(不包括核设施、军事设施以及设施现场之外的非管道的运输)。

1)中国国家标准的定义

GB 18218—2000《重大危险源辨识》中把"重大危险源"定义为长期地或临时地生产、加工、搬运、使用、或贮存危险物质，且危险物质的数量等于或超过临界量的单元。单元指一个(套)生产装置、设施或场所，或同属一个工厂的且边缘距离小于 500 米的几个(套)生产装置、设施或场所。GB 18218—2009《危险化学品重大危险源辨识》中将"重大危险源"定义为长期地或临时地生产、加工、使用或储存危险化学品，且危险化学品的数量等于或超过临界量的单元。单元指一个(套)生产装置、设施或场所，或同属一个生产经营单位的且边缘距离小于 500 米的几个(套)生产装置、设施或场所。

2)中国法律法规中的定义

"安全生产法"第九十六条：重大危险源，是指长期地或者临时地生产、搬运、使用或者储存危险物品，且危险物品的数量等于或者超过临界量的单元(包括场所和设施)。《突发事件应对法》中，重大危险源拓展为"危险源、危险区域"，规定"县级人民政府应当对本行政区域内容易引发自然灾害、事故灾难和公共卫生事件的危险源、危险区域进行调查、登记、风险评估,定期进行检查、监控,并责令有关单位采取安全防范措施。"

有了上述危险源的概念,我们也可以将重大危险源(major hazards)理解为超过一定量的危险源。另外,从重大危险源另一英文定义"major hazard installations"中的来看,还直接引用了国外"重大危险设施"的概念。确定重大危险源的核心因素是危险物品的数量是否等于或者超过临界量。所谓临界量,是指对某种或某类危险物品规定的数量,若单元中的危险物品数量等于或者超过该数量,则该单元应定为重大危险源。具体危险物质的临界量,由危险物品的性质决定。重大危险源分为生产场所重大危险源和贮存区重大危险源两种。

二、重大危险源控制系统简介

控制重大危险源是企业安全管理的重点,控制重大危险源的目的,不仅仅是预防重大事故的发生,而且是要做到一旦发生事故,能够将事故限制到最低程度,或者说能够控制到人们可接受的程度。重大危险源总是涉及易燃、易爆、有毒的危害物质,并且在一定范围内使用、生产、加工、储存超过了临界数量的这些物质。由于工业生产的复杂性,特别是化工生产的复杂性,决定了有效地控制重大危险源需要采用系统工程的理论和方法。具体而言,重大危险源监控系统涉及以下几个方面:

1. 重大危险源的辨识

要想有效地预防和控制重大工业事故的发生,首先是辨识确认高危险性的工业设施(危险源)。一般由政府主管部门和权威机构在物质毒性、燃烧、爆炸特性的基础上,制定出危险物质及其临界量标准,确定哪些是可能发生事故的潜在危险源。国际劳工组织(ILO)认为,各国应根据具体的工业生产情况制定合适的危险物质及其临界量标准。这个标准应能代表本国优先制定的危害物质,并便于根据新的知识和经验进行修改和补充。

2. 重大危险源的安全评价

重大危险源的安全评价是一项复杂的技术工作,需要系统收集设备、设施的设计、运行与重大危险源的有关资料和信息。对危险源的关键部位进行分析和评价,找出工艺过程的缺陷,人机失误的因素和安全预防的重点。按危险源分级标准对危险源的风险分析应包括以下几个方面:

(1)辨识各类危险因素及其原因和机制。这是对重大危险源辨识的主要工作,其目的就是要搞明白危险因素的整个过程,分析出产生危险因素的真正原因,并建立预防和控制重大危险源的运行机制,以求使工业生产达到本质安全化。

(2)依此评价已辨识的危险事件发生的概率。评价危险事件发生的概率,就是要做到有的放矢,做到心中有数,进而制定一系列的防范措施,并定期检查这种防范措施的可行性。

(3)评价危险事件的后果。这是对重大危险源安全控制的超前设计,在危险事件未发生前,企业的决策者、管理者、执行者就已掌握产生后果的严重性,在工作过程中就能格外小心,时时处处把重大危险源作为安全控制的重点。

(4)进行风险评价,即评价危险事件发生概率和发生后果的联合作用。这是运用安全系统工程的原理和方法,在当代安全科学技术、信息科学技术的基础上指明企业发生重大危险事件时的应急方案,从企业人员、装备、技术、管理环境条件、地理位置等诸多方面去考虑问题,把有限的人财物用到关键的地方。

(5)风险控制,即将上述评价结果与安全目标值进行比较,检查风险值是否达到可接受的水平,否则,需进一步采取措施,降低危险程度。这是对重大危险源进行安全控制的核心,控制的目的就是降低危害程度,千方百计达到可接受的水平,从真正意义上达到安全生产。

3. 危险源分级

根据有关标准或管理制度,对于重大危险源据其危险程度,分为一级、二级、三级和四级,一级为最高级别。对不同等级重大危险源应采取差异化的措施进行有效管理。

4. 危险源的安全管理

在对生产经营单位险源进行辨识和评价后,应对每一个重大危险源制定一套严格的安全管理制度,通过一定的安全技术措施,如设施的安全设计、建造、运转、维修以及有计划的安全检查等,再通过一定的安全生产组织措施,如对人员的安全知识培训和安全技能指导,提供保证其安全运行的设备、工作人员的安全素质、工作时间的安排、安全职责的确定,以及对外部用工和现场临时用工的安全管理等,对重大危险源进行严格的控制和管理。

5. 重大危险源的安全报告

按照国际惯例,要求企业应在规定的期限内,对已经辨识和评价的重大危险源向主管当局提交安全报告。如果属于新建的有重大危险源的设施,则应在其投运之前提交安全报告。安全报告里要详细说明重大危险源的情况,可能引发事故的危险因素及前提条件,安全操作和预防失误的控制措施,可能发生事故的类型,事故发生的可能性及后果,限制事故后果的措施,现场应急救援计划等。这些均是重大危险源安全报告所必须涉及的内容。

6. 重大危险源的应急计划

应急计划是重大危险源控制系统的重要组成部分。企业必须制定生产现场应急计划,并且经常检验和评价现场应急计划和程序的可靠程度,以便在必要时进行修订和更改。场外应急计划(有可能造成社会灾害的)由主管当局根据企业提供的安全报告和有关资料制定。场内应急计划由企业制定。制定应急计划的目的是抑制突发事件,减少事故对人员、居民和环境的危害。因此,应急计划应提出详尽、实用、有效的安全技术与安全组织措施。主管当局应保证将事故发生要采取的安全措施和正确的救援方法以及有关资料散发给可能受到事故影响的公众,并使公众能充分了解发生重大事故时的安全措施,一旦发生了重大事故,应尽快报警。企业主管当局制定的场外应急计划和企业制定的场内应急计划每隔适当的时间应修订和重新散发应急计划宣传资料,以唤起全体公民的安全防范意识。

7. 重大危险源登记备案

《安全生产法》第三十三条规定:生产经营单位对重大危险源应当登记建档,进行定期检测、评估、监控,并制定应急预案,告知从业人员和相关人员在紧急情况下应当采取的应急措施。生产经营单位应当按照国家有关规定将本单位重大危险源及有关安全措施、应急措施报有关地方人民政府负责安全生产监督管理的部门和有关部门备案。相关管理条例及管理暂行规定也对于重大危险源提出报备案要求。企业应注意报备的内容、备案方法及程式表格。

8. 隐患整改

对安全评估机构或生产经营单位日常检测、监控工作中发现的存在事故隐患的重大危险源,生产经营单位要确保隐患整改资金,及时消除事故隐患,这是重大危险源监督管理制度的最重要的任务,是预防和减少事故发生的工作重点,要进一步完善法规,建立起重大危险源缺陷和事故隐患的立项、整改、验收和消项的监督管理工作制度。对不能保证安全的，应根据具体情况责令限期整改，整改期间不能保证安全的，必须撤离危险区域内的作业人员。整改验收不合格的要责令停止使用。

三、国内重大危险源监管制度建设概况

2000 年，我国颁布了重大危险源监督管理方面的第一个国家标准《重大危险源辨识》(GB 18218—2000)。随后《安全生产法》、《突发事件应对法》、《危险化学品安全管理条例》、《国务院关于进一步加强安全生产工作的决定》等法律法规都对重大危险源的安全管理与监控提出了明确要求。2009 年，《重大危险源辨识》修订为《危险化学品重大危险源辨识》(GB 18218—2009)。

国家安全监管总局于 2004 年相继印发了《关于重大危险源申报登记试点工作的指导意见》、《关于开展重大危险源监督管理工作的指导意见》、《关于规范重大危险源监督与管理工作的通知》和《关于认真做好重大危险源监督管理工作的通知》等四个文件，并通过七省一市试点单位的积极探索，不断推进重大危险源监督管理工作。

2009 年 5 月，国家应急指挥中心起草《重大危险源监督管理规定》的同时，也着手起草相关的配套标准，主要包括：《煤矿重大危险源分级与辨识标准》、《金属与非金属矿山重大危险源分级与辨识标准》、《尾矿库重大危险源分级与辨识标准》、《重大危险源安全评估导则》四个标准。在地方层面，经过多年努力，重大危险源监督管理立法工作有了一定的进展。目前，国内 15 个省份和 30 多个地市的地方政府或安全生产监督管理部门已发布了重大危险源监督管理暂行规定或办法。例如：浙江省发布了《浙江省重大危险源登记备案管理办法》；福建省印发了《福建省重大危险源监督管理暂行规定》；河南省出台了《河南省重大危险源监督管理办法》，并制定了《河南省重大危险源安全评估导则(试行)》；湖北省制定了《湖北省重大危险源安全监督管理暂行规定》；江苏省印发了《江苏省重大危险源监督管理指导意见(暂行)》、《重大危险源监管等级评估分级实施导则》、《江苏省移动危险源监督管理办法》等文件；福建省印发了《福建省重大危险源监督管理暂行规定》；贵州省印发了《省人民政府办公厅关于转发省安全监管局贵州省重大危险源安全监督管理规定的通知》；山西省出台了《山西省重大危险源监督管理制度》；无锡、深圳、鞍山、杭州、沈阳等市均下发了重大危险源监督管理工作和相关评估分级办法。

2012 年交通运输部起草了《港口危险货物重大危险源监督管理办法(征求意见稿)》，随附《 港口重大危险源分级方法》和《可容许风险值》2 个附件。规定危险货物港口经营人(以下简称港口经营人)是本单位港口重大危险源安全管理的责任主体，其主要负责人对本单位港口重大危险源管理工作全面负责。

目前部分地方政府、行政部委或安全监管部门出台了重大危险源监督管理规定或办法，但是还有不少省份没有出台。已经出台监督管理规定或办法的省份，在执行过程中还存在重大危险源分级标准不统一、监管范围难界定等问题。

四、航运企业重大危险源监督管理的内容

1. 一般企业重大危险源监督管理对策

在生产、使用、贮存和运输中涉及大量的易燃、易爆、活性化学物质和有毒物质。这些物

质的大量存在就构成了潜在的危险源。当这些物质的量达到一定数量后就构成重大危险源,就可能发生重大事故。为贯彻"安全第一,预防为主,综合治理"的方针,防止重大、特大事故的发生,保障人民群众生命和财产安全,生产经营单位作为本单位重大危险源安全管理的责任主体,对相关的重大危险源的安全负全面责任。企业应制定完善危险源监管对策,做好事故防范。

1)危险源监控对策

要有效控制重大事故,必须从防止隐患条件和激发条件产生入手,对危险源进行全面监控,严密监视重要危险以上的危险源的安全状态,以及向事故临界状态转化的各种参数的变化趋势,及时发出预警信息或应急指令,把事故隐患消灭在萌芽状态。达到这样目的需要采取:

(1)危险源现场设置明显的安全警示标志,并加强重大危险源的监控和有关设备、设施的安全管理。

(2)对危险源的工艺参数危险物质进行定期的检测,对重要的设备、设施进行经常性的检测、检验,并做好检测、检验记录。

(3)在生产、储存过程中可能引起火灾、爆炸及毒害的部位,应充分设置温度、压力、液位等检测仪表、报警(声、光)和安全连锁装置等设施。

(4)根据可能引起火灾、爆炸及毒害部位、场所,设置必要的可燃气体、毒害气体检测报警器。

2)危险源控制对策

危险源控制管理是一项系统工程,主要任务是对危险源的普查辨识登记,进行检测评估,实施监控防范,对有缺陷和存在事故隐患的危险源实施治理。通过对危险源的控制管理,强化内部管理,落实措施,自主保安,实现危险源监督管理工作的科学化、制度化和规范化。具体做好几下 9 项工作:

(1)普查辨识,做好重要危险以上的危险源登记建档工作。

(2)建立健全本单位重要危险以上的危险源安全管理规章制度,落实安全管理和监控责任,制定危险源安全管理与监控的实施方案。

(3)保证重要危险以上的危险源安全管理与监控所必需的资金投入。

(4)对从业人员进行安全教育和技术培训,使其掌握本岗位的安全操作技能和紧急情况下应当采取的应急措施。

(5)对重要危险以上的危险安全状况进行定期检查,并建立重要危险以上的危险源安全管理档案;对存在事故隐患和缺陷的重要危险以上的危险源认真进行整改,不能立即整改的,必须采取切实可行的安全措施,防止事故发生。

(6)生产经营单位应将重要危险以上的危险源可能发生事故的应急措施信息告知相关单位和人员。

(7)制定重要危险以上的危险源应急救援预案,落实应急救援预案的各项措施。每年进行一次事故应急救援演练。

(8)当重要危险以上的危险源的生产过程、材料、工艺、设备、防护措施和环境等因素发生重大变化,或者国家有关法规、标准发生变化时,应当对危险源重新进行安全评估。

(9)贯彻执行国家、地区、行业的技术标准,推动技术进步,不断改进管理手段,提高监控管理水平,提高重要危险以上的危险源的安全稳定性。

2. 航运企业重大危险源监控措施

航运企业不论是否涉及危化品,都面临着重大危险源安全管理的挑战。营运船舶所携带的各种油料,数量巨大,一旦发生爆炸或油料泄漏,势必产生重大损失或严重的环境污染;如果船只承运货物中包括危险化学品,后果将更加严重。因此,不论目前国家已有重大危险源标准是否能够应用于航运企业,也不论交通运输部作为行业主管部门是否已制定航运企业重大危险源相关管理制度规范,航运企业都应重视重大危险源的监督管理。

(1)航运企业应对本单位的重大危险源应当登记建档,进行定期检测、评估、监控,并制定应急预案,告知从业人员和相关人员在紧急情况下应当采取的应急措施。

(2)应当对重大危险源的安全状况进行定期检查,建立重大危险源安全管理档案,并按照国家和地方有关部门重大危险源申报登记的具体要求,在每年 3 月底前将有关材料报送所在地(市、区)安全生产监督管理部门备案。对新构成的重大危险源,应当及时报告所在地(市、区)人民政府安全生产监督管理部门备案;对已不构成重大危险源的,应及时报告核销。

(3)应当至少每三年委托有法定资格的中介机构对本单位的重大危险源进行一次安全评估,并出具安全评估报告。按照国家有关规定,已经进行安全评价并符合重大危险源安全评估要求的,可不必进行安全评估。重大危险源的生产过程、材料、工艺、设备、防护措施和环境等因素发生重大变化,或者国家有关法规、标准发生变化时,以及因重大危险源导致事故或危及公共安全时,应当对重大危险源重新进行安全评估,并及时报告所在地(市、区)人民政府安全生产监督管理部门。以交通运输部港口危险货物重大危险源监督管理办法(征求意见稿)为例,安全评估报告应包括的内容如下:

①港口重大危险源基本情况;

②辨识、分级的符合性分析;

③事故发生的可能性及危害程度;

④个人风险和社会风险值(采用定量风险评价方法时);

⑤可能受事故影响的周边单位、人员状况;

⑥安全管理措施和安全技术措施;

⑦事故应急措施;

⑧评估结论与建议。

安全评估报告应当数据准确,内容完整,方法科学,建议措施具体可行,结论客观公正。安全评估报告所依据的检测检验数据必须由有国家或省检测检验资质的机构提供,检测检验机构应当对其检测检验的结论负责。

(4)航运企业的决策机构、其主要负责人和个人经营的投资人应当保证重大危险源安全管理与检测监控必要的设备、设施资金投入。应当建立健全重大危险源安全管理规章制度,制定重大危险源安全管理与监控的实施方案。

(5)航运企业应当对从业人员进行安全生产教育和培训,使其熟悉重大危险源安全管理制度和安全操作规程,掌握本岗位的安全操作技能等。其中,负责重大危险源登记建档工作的人员应参加专项业务培训,并掌握相应的工作技能。

(6)应当在重大危险源现场设置明显的安全警示标志,并加强重大危险源的现场检测监控和有关设备、设施的安全管理。

(7)应当对重大危险源的安全状况以及重要的设备设施进行定期检查、检测、检验,并做好记录。

(8)应当制定重大危险源应急救援预案,配备必要的救援器材、装备,每年进行一次事故应急救援演练。重大危险源应急救援预案必须报送所在地县(市、区)安全生产监督管理部门备案。重大危险源应急救援预案应具备的内容如下:

①企业危险源基本情况及周边环境概况;

②应急机构人员及其职责;

③危险辨识与评价;

④应急设备与设施;

⑤应急能力评价与资源;

⑥应急响应、报警、通信联络方式;

⑦事故应急程序与行动方案;

⑧事故后的恢复与程序;

⑨培训与演练。

(9)应当将重大危险源可能发生事故时的危害后果、应急措施等信息告知周边单位和人员,扩大社会知情权和监督权。

第四节　突发事件应对要求与措施

一、突发事件及其应对

1. 突发事件的定义

突发事件就是意外地突然发生的重大或敏感事件,简言之,就是天灾人祸。前者即自然灾害,后者如恐怖事件、社会冲突、重大事故、丑闻包括大量谣言等,专家也称其为“危机”。任何一个社会、国家、组织和个体,都不能避开它的影响。因为所有的组织都是由组织内部成员与内外部环境的交互行为所构成的动态平衡系统。在这个系统中,广泛的个体差异、组织特性的差异和外部环境的变化都会使得不同的行为主体之间发生分歧、摩擦、对抗以及整体性的失衡,造成危机事件的发生。而人类生存的自然界更是有着无穷的奥秘和风险,往往在人们最不在意的时刻,给你以致命的袭击。究竟如何看待危机,如何准确把握危机的类型,如何认识危机背后形形色色的诱因,都是需要研究回答的问题。

2. 突发事件特征

突发事件一般具有以下四个特征:

1)突发性和紧急性

事件的演变达到了一个临界值,要求管理者快速做出决策,但往往缺乏必要的训练有素的人员、物质资源和时间。如1987年英国伦敦的皇家十字勋章地铁站的火灾,从第一个火苗出现到形成火灾仅有10分钟的时间,这次火灾共造成31人死亡,20人重伤。

2)高度不确定性

事件的开端无法用常规性规则进行判断,而且其后的衍生和可能涉及的影响也没有经验性知识可供指导,一切似乎都是在瞬息万变,并且极可能产生各种"涟漪效应"。典型的例子就是环境的污染案件。如1971年的意大利塞文索发生的化学危险品不慎泄漏对周围的农场和社区造成长期污染,使该地区面临着居民迁移和重建的压力。1986年发生的前苏联切尔诺贝利核电站泄漏事故也是如此。

3)影响的社会性

对一个社会系统的基本价值和行为准则架构产生严重威胁,其影响和涉及的主体具有社会性。2008年5月12日的汶川地震属于自然灾害。经过长时期的调查和利用遥感资料,以及地方政府的统计资料,国家汶川地震专家委员会制定了一套表格,分成了13类、25张表、229项指标进行统计。指标分为三类,第一类是人员伤亡问题,第二类是财产损失问题,第三类是对自然环境的破坏问题。人员伤亡中,死亡的69000多人和失踪的18000多人,加在一起是87000多人。关于财产损失的数据,根据近期的调查评估,这次造成的直接经济损失为8451亿元人民币。

4)决策的非程序化

管理者必须在有限的信息、资源和时间条件下寻求"满意"的处理方案。迅速地从正常情况转换到紧急情况的能力是危机管理的核心内容。

3. 突发事件分期

突发事件通常遵循一个特定的生命周期。每一个级别的突发事件。都有发生、发展和减缓的阶段,需要采取不同的应急措施。因此,需要按照社会危害的发生过程将每一个等级的危机事件进行阶段性分期,以此作为政府采取应急措施的重要依据。根据社会危害可能造成的威胁、实际危害已经发生、危害逐步减弱和恢复三个阶段,可将危机事件总体上划分为预警期、爆发期、缓解期和善后期四个阶段。

(1)预警期:主要是指危机事件发生之初,危机征兆已经出现的时期。此时危机管理任务是防范和阻止危机事件的发生,或者把危机事件控制在特定类型以及特定的区域内,其关键在于预警预备能力。

(2)爆发期:此时危机事件进入紧急阶段,突发性事件已经发生,危机管理主要任务是及时控制危机事件并防止其蔓延,其关键在于快速反应能力。

(3)缓解期:此时危机事件进入相持阶段,仍然有可能向坏的方向发展,危机管理主要任务是保持应急措施的有效性并尽快恢复正常秩序。

(4)善后期:此时危机事件得到有效解决。危机管理主要任务是对整个事件处理过程进行调查评估并从事件中获益,其关键在于善后学习能力。

当然,由于危机事件演变迅速,各个阶段之间的划分有时不一定很容易确认,而且很多时候是不同的阶段相互交织、循环往复,从而形成危机事件应急管理特定的生命周期。

4. 突发事件应对与管理

1)突发事件管理的概念及特征

突发事件管理指的是为避免或减少危机所造成的损害而采取的危机预防、事件识别、紧急反应、应急决策、处理以及应对评估等管理行为,目的是为了提高对危机发生的预见能力、危机发生后的救治能力以及事后的恢复能力。航运企业突发事件管理是在应对航运生产突发事件的过程中,为了降低事件的危害,达到优化决策的目的,基于对安全生产突发事件的原因、过程及后果进行分析,有效集成社会各方面的相关资源,对突发事件进行有效预警、控制和处理的过程。

一般而言,突发事件管理需要面对三个事实要素:

(1)事件的发生、发展具有突发性和破坏性。

(2)可供管理者利用的时间、信息等资源非常有限。

(3)事态发展的后果很难预料。

因此,突发事件管理是一种特殊类型的管理,具有显而易见的不可逆转性,它要求在相当有限的时间里做出重大决策和反应。突发事件具有特定的生命周期,因此,需要在突发事件发生的每一阶段制定出相应的对策(包括突发事件管理的准备、预警、处理及恢复等几个阶段)。从最广泛的意义上说,突发事件管理包含对突发事件事前、事中、事后所有事务的管理。突发事件管理的任务是尽可能控制事态,在突发事件发生后把损失控制在一定的范围内,在事态失控后要争取重新控制住。就其本质而言,突发事件管理是一种非程序化决策,这类决策极为复杂而困难,往往关系到组织的安危。有效的突发事件管理需要做到以下几个方面:移转或缩减事件来源、范围和影响;提高初始管理的地位;改进事件冲击的反应管理;完善修复管理,以能迅速有效地减轻事件造成的损害。传统的危机管理着重强调对危机反应的管理,而不重视危机的前因后果。但高效的突发事件管理要求通过寻找事件根源、本质及表现形式,并分析它们所造成的冲击,就能够通过降低风险和缓冲管理来更好地进行应对。

出现突发事件后,大多数管理者过于将注意力集中于资源管理上,对外界的沟通却重视不够,精力投入基本为零,其结果表现为沟通贫乏,甚至不准备与利益相关者和外界协调关系,其结果可想而知。从某种角度上说,突发事件管理的过程就是组织维护、巩固或重新设计、重新塑造自身公众形象的过程;同时,获得了良好形象的组织又反过来强化组织突发事件管理的能力。

2)突发事件管理过程

从突发事件发生过程来看,突发事件管理体系包括预警及准备、识别、隔离、管理危机以及善后处理等阶段,各个过程之间体现了突发事件发展的一个循环周期。从应急组织网络来看,突发事件管理体系包括敏感的危机意识、健全的制度框架、完备的突发事件应对计划和综合性的社会应对网络。

从时间序列的角度分析,突发事件演变遵循一个特定的进程或是发展周期。紧急状态是不可能一下子形成的,人们也不可能将失衡状态一下子就拉回到正常秩序,危机的形成与最终解决都需要时间。如前所述,我们可以将突发事件分为预警期、爆发期、缓和期以及善后期。

根据发展周期,突发事件管理过程可以划分为以下几个阶段:预警及准备、识别、隔离、处置以及善后处理阶段。每一个具体的阶段都要求管理者采取相应的应急管理策略和措施,准确地估计形势的发展变化,尽可能把事态控制在某一个特定的阶段,以免进一步恶化。

(1)预警及准备。

突发事件预警及准备是整个过程的第一个阶段,目的是有效地预防和避免突发事件的发生。在某种程度上,突发事件的发生及其升级的预防比单纯的某一特定突发事件的解决显得更加重要,如果能够在突发事件未能发生之前就及时消除产生的根源,就可以节约大量的人力、物力和财力。因此,防患于未然是最好的突发事件管理。

第一,防范和避免突发事件的发生:避免突发事件的发生作为花费最少、最简便的方法,显然是最好的选择。但是,由于许多管理者将突发事件看作是一种不可预测的现象。因此,避免突发事件经常被管理者疏忽,甚至完全忽略,成为管理过程中最不受重视的一环。当被氰化物污染的胶囊引发一系列死亡事件后,强生公司迅速回收了3100万个胶囊,并重新设计包装,通过各种媒介大做广告,令公众的不满逐渐平息,公司不仅挽回了声誉,还提高了在消费者心中的地位。因此,要从根源上杜绝突发事件、有效避免其发生,必须动态预测各种不稳定因素,避免过分自信。

第二,建立应对预案。并不是所有的突发事件都能在事先通过预警得以避免,很多往往是无法准确预测的,因此,必须做好准备,包括战略规划、物资储备、管理预案的制定,通信计划以及重要关系的建立等。

第三,建立组织系统。突发事件发生后企业的快速、及时、高效的应对有赖于建立具有综合会商决策功能的应急管理决策体系,建设应急平台,进行危机预见性治理,以提高企业在紧急状态下非常规决策和紧急救助的效率和质量。

第四,开展演习演练。情景模拟练习是在为突发事件所做的准备中必不可少的一个极其重要的环节。通过模拟特殊情势,未雨绸缪,防患于未然,不仅可以不断完善突发事件发生的预警与监控系统,也能够使企业员工培养敏感的应急意识和成熟的危机应对能力。

(2)识别。

在这个阶段,突发事件已经进入了前兆阶段,企业能够及时获取、准确分析、按需监控和适时发布信息,对正确判断、全面掌控局势具有重要意义,特别是在处理突发事件和应对复杂局面时更具有至关重要的作用。识别阶段的关键工作,是监测系统或信息监测处理系统是否能够认识和辨别出危机潜伏期的各种症状。这个阶段要求做好搜集信息、多维度识别工作。企业监测和扫描到各种突发事件发生的信息后,下一步马上要采取的行动就是要对这些信息进行多方面、多角度的整理、分析,从中发现那些具有最有可能恶化并对组织造成严重伤害的事件症状,争取把它们控制在较小的范围内。

(3)隔离危机。

此时突发事件已经进入紧急阶段,关键的事件已经发生,但事态尚未蔓延到整个组织。为了避免事态的逐步升级,要求企业必须发挥启动突发事件管理机构"防火墙"的作用,控制突发事态的蔓延,保证组织其他部门的正常运转。

第一,构筑"防火墙"。借助于组织在日常运转中建立的应急管理计划和应急管理小组,有时还必须根据事态发展决定企业主要领导人的介入程度,使这些专职的应急管理机构和人员在危机爆发时真正起到"防火墙"的作用,保证企业内其他部门正常运转。

第二,确立取舍原则。管理者要有效地做出决策,必须要建立一个有效的思考框架去迅速掌握正在发生的危机的实际情况,并迅速地进行评估。突发事件构成人员伤亡和生产生活设施、基础建设、服务等各方面财产的破坏、损失,破坏了正常的工作秩序,打破了正常的组织界限，使生产生活体系正常运转受到了严重妨碍，安全和救助成为人们的第一需要。

第三，做好内部沟通。突发事件发生后，信息便成为决定性的因素。与突发事件相关的各种信息的及时收集、反馈和相关数据的分析效果，往往都会影响到突发事件管理的成效。因此，要建立健全突发事件报告制度，建立信息反馈网络，完善信息保证系统，健全预警预报责任制，确保决策者所必需的动态、信息渠道的畅通。为确保危机信息发布的连续性、一致性，企业应当建立稳定的发言人，不仅可以让谣言止于权威渠道，同时，让更多人知情也意味着更多人因有所预防而免受伤害。

(4)处置。

突发事件深化到一定的程度，将使企业结构和运行机制遭受严重破坏，生产秩序趋于瘫痪和混乱，企业正常运转受到严重影响。如果问题一直得不到解决，有可能出现紧急状态再次升级。

第一，处置科学。因工业技术而引起的危机（如危险物品泄漏、辐射事故、资源短缺和大面积设施着火等），在处理过程中应当特别注意科学性、技术性，切忌盲目性，这就需要大批专家的参与。

第二，决策模式应当适时。由于突发事件发展急剧变化性和潜在的巨大破坏性，紧急状态下很多事情都是不确定的，都要在特别短的时间内决定，而时间是稀缺资源，机会稍纵即逝。因此，无论是安排企业工作的优先次序，还是主要人物亲赴现场，都必须强调快速决策，尽量避免过度分析，争取时间尽快控制事态，解决危机。

第三，媒体沟通应当及时有效。要有目的、有选择地控制信息源和信息传播渠道，这就涉及妥善利用新闻媒体力量的问题。企业要妥善使用新闻媒体的力量，必须把握以下几个原则：

一是要和媒体合作，做媒体的盟友和合作者。

二是发挥舆论监督的作用，保障公众的知情权和表达权。

三是要防止谣言的误导，保持突发事件管理的统一基调和上下共识。

(5)善后处理

突发事件管理阶段的结束，并不意味着管理过程已经完结，只是突发事件管理进入了一个新的阶段——善后处理。在善后处理阶段，各企业不仅需要圆满处理善后，即以突发事件的解决为中心和契机，配套地解决和控制一些与突发事件问题相关的、可能导致局势再度发生的各种问题，巩固突发事件管理的成果；而且还要从突发事件中获益，即通过对突发事件发生的原因、处理过程的细致分析，总结经验教训，提出在技术、管理、组织机构及运作程序上的改进意见，进行必要的调整。

5. 一般企业突发事件管理的主要内容

1)应急预案体系的构建

根据《生产安全事故应急预案管理办法》（国家安全监管总局令第 17 号）规定，企业应当根据有关法律、法规和《生产经营单位安全生产事故应急预案编制导则》（AQ/T 9002—2006），结合本单位的危险源状况，危险性分析情况和可能发生的事故特点，制定相应的应急预案。

生产经营单位的应急预案按照针对情况的不同，分为综合应急预案，专项应急预案和现场处置方案。企业应当区别不同情况和需求,分别制定,形成安全生产应急预案体系。

企业风险种类多,可能发生多种事故类型的,应当组织编制本单位的综合应急预案。综合应急预案应当包括本单位的应急组织机构及其职责、预案体系及响应程序、事故预防及应急保障、应急培训及预案演练等主要内容。

对于某一种类的风险,企业应当根据存在的重大危险源和可能发生的事故类型,制定相应的专项应急预案。专项应急预案应当包括危险性分析、可能发生的事故特征、应急组织机构与职责、预防措施、应急处置程序和应急保障等内容。

对于危险性较大的重点岗位,生产经营单位应当制定重点工作岗位的现场处置方案。现场处置方案应当包括危险性分析、可能发生的事故特征、应急处置程序、应急处置要点和注意事项等内容。

企业编制的综合应急预案、专项应急预案和现场处置方案之间应当相互衔接,并与所涉及的其他单位的应急预案相互衔接。

做好应急预案的报备工作。中央管理的总公司(总厂、集团公司、上市公司)的综合应急预案和专项应急预案,报国务院国有资产监督管理部门、国务院安全生产监督管理部门和国务院有关主管部门备案;其所属单位的应急预案分别抄送所在地的省、自治区、直辖市或者设区的市人民政府安全生产监督管理部门和有关主管部门备案。其他生产经营单位中涉及实行安全生产许可的,其综合应急预案和专项应急预案,按照隶属关系报所在地县级以上地方人民政府安全生产监督管理部门和有关主要部门备案;未实行安全生产许可的,其综合应急预案和专项应急预案的备案,由省、自治区、直辖市人民政府安全生产监督管理部门确定。

企业申请应急预案备案,应当提交以下材料:

(1)应急预案备案申请表;

(2)应急预案评审后者论证意见;

(3)应急预案文本及电子文档。

生产经营单位,应当组织专家对本单位编制的应急预案进行评审。评审应当形成书面纪要并附有专家名单。参加应急预案评审的人员应当包括应急预案涉及的政府部门工作人员和有关安全生产及应急管理方面的专家。应急预案的评审应当注重应急预案的实用性、基本要素的完整性、预防措施的针对性、组织体系的科学性、相应程序的操作性、应急保障措施的可行性、应急预案的衔接性等内容。应急预案在演练或者实施过程中发现存在问题,要及时进行评审、修订。生产经营单位的应急预案经评审或者论证后,由生产经营单位主要负责人签署公布。

及时修订和完善应急预案。企业制定的应急预案应当至少每三年修订一次,预案修订情况应有记录并归档。有下列情形之一的,应急预案应当及时修订:

(1)生产经营单位因兼并、重组、转制等导致隶属关系、经营方式、法定代表人发生变化的;

(2)生产经营单位生产工艺和技术发生变化的;

(3)周围环境发生变化,形成新的重大危险源的;

(4)应急组织指挥体系或者职责已经调整的;

(5)依据的法律、法规、规章和标准发生变化的;

(6)应急预案演练评估报告要求修订的;

(7)应急预案管理部门要求修订的。

企业应当及时向有关部门或者单位报告应急预案的修订情况,并按照有关应急预案报备程序重新备案。

2)应急设施、装备、物资的配置

(1)按规定建立应急设施、配备应急装备、储备应急物资。这些规定主要包括:相关行业的建设工程设计规范;相关行业和企业的作业规程、操作规程;有关安全生产和应急的规程、规范、标准;生产经营单位的应急预案;应急救援队伍装备配备的有关标准等。

(2)对应急设施、装备、物资进行经常性的检查、维护和保养。这些设施、装备、物资由于种类较多,使用和管理的主体不一,企业应当澄清底数,按照有关规定分门别类建立健全管理制度,明确管理责任和措施,并严格依制度进行检查、维护、保养、确保其完好、可靠,满足有关应急预案实施的需要。

3)组织开展应急演练

(1)组织应急演练。《生产安全事故应急预案管理办法》规定,生产经营单位应当制定本单位应急预案演练计划,根据本单位事故预防重点,每年至少组织一次综合应急预案演练,每半年至少组织一次现场处置方案演练。

(2)评估应急演练效果。应急预案演练结束后,应急预案演练组织单位应当对应急预案演练效果进行评估,撰写应急预案演练评估报告,分析存在的问题,并对应急预案提出修订意见。

二、船舶突发事件应对的主要措施

船舶发生火灾、爆炸、碰撞或搁浅海事后,为最大限度减少损失,遇险船舶应不失时机地采取限制损害和救船的行动。

1. 船舶自救的基本原则

(1)不同种类的海事采取不同的自救措施。对于碰撞、触礁等海事导致船体破损进水,进而有沉船危险时,首先应将主要精力放在堵漏和排水,以保证船舶有足够稳性、浮力及抗沉能力。如进水速度较快难以控制时,即应考虑适当场所实施抢滩。

对于火灾或爆炸等海事,应立即按照应变部署表,组织船员自力灭火,并尽可能驶离会危及邻近船舶和设施的区域。

(2)船舶自救重点因船而异。客船的自救重点永远是旅客安全;而油船及液化气船的自救重点则在于灭火,防止进一步的爆炸,控制油料外泄,防止船体断裂和沉船。

(3)船舶自救组织工作,应以迅速而准确地调查船舶受损情况为基础。情况不清盲目地实施自救,可能会招致损失的扩大与险情的增加。

(4)抓紧时机,按应变部署施救。在迅速准确调查的基础上,船舶自救是否能够有效实施,往往取决于能否抓紧有利时机。船舶自力救助的实施组织,应按应急部署表进行。这是有条不紊地做好该项工作的保证;但不妨碍根据船舶实际受损情况临时做些局部的人员调整。

2. 船舶自救行动

船舶发生海事,应尽最大努力采取自救行动,以确保船舶、人员的安全。这是每个船员应尽的责任与义务。船舶是海上人命生存的良好基地，在尚未严重危及人身安全时，船员必须采取一切有效行动保全船舶；当确认无法避免船舶的沉没或灭失时，船长应果断下令弃船求生，以保证旅客、船员的安全。

通常，船舶自救保全应急措施包括：碰撞后应采取的行动；渗漏的临时堵塞；紧急情况下旅客和船员的安全措施及救护；火灾与爆炸后的损害控制及人员救护；搁浅后应采取的措施，抢滩时的注意事项；不论发生任何海事，应想方设法保护螺旋桨和舵设备，尽力保持船舶动力机械设备正常运转；制作、装配和使用应急舵；救助落水人员。

3. 争取救援

船舶遇险时，船长若对本船自救保全的可能性持怀疑态度，则应在尽力自救的同时，争取其他船舶的救援。通常可采取：

(1)发送遇险求援电文遍告外界。

(2)择机发送救生火箭等视觉求救信号，直到确认已引起邻近航空器或船舶的注意为止。

(3)当遇险船获悉有众多他船前来救助本船时，应及时选定救援船舶和通知这些船舶，并立即明确谢绝无需来救助的他船。

4. 基本应急措施

船舶在海上或港内发生的事故和紧急情况，可按其性质分为下列四类：

(1)火灾、海损事故：碰撞；搁浅；触礁；火灾；爆炸；船体破损；进水；严重横倾；恶劣天气损害；弃船。

(2)机损、污染事故：主机失灵；舵机失灵；供电故障；机舱事故；船舶溢油；船上海洋污染物的意外排放。

(3)货物损害事故：货物移动；海难自救抛货；危险货物事故。

(4)人身安全紧急事件：严重伤病；进入封闭场所；人员落水；搜寻救助；海盗；暴力行为；战区遇险；直升机操作。

当船舶发生海难事故时，首先应该考虑的是人身安全。但是，对其事故的处理是否得当，特别是最初几分钟所采取的应急措施，将对人命、船舶及货物的损失程度，以及救助投入和费用产生重大影响。正确熟练地指挥和处理应急事项，是高级船员的基本职责。这里以碰撞、搁浅触礁、机器故障为例对应急措施进行介绍。

1)船舶发生碰撞后的应急措施

由于各种原因，船舶碰撞事故的发生很常见。发生碰撞事故后，船长首先应根据碰撞船舶的受损程度，采取以下应急措施：

①救助人员和对方船舶。

两船发生碰撞，如撞人对方船体，不宜立即退出，应设法采取能争取时间，减少对方损失的措施。如果本船在人员生命受到严重威胁时，应迅速采取人员救助措施；若本船无重大危险，则应尽力救助对方人员和船舶。如经判断必须请求救援时，应迅速发出呼救信号。

②损坏调查。

应对本船损坏部位及有无进水进行调查，并根据具体情况，采取防水或排水等紧急措施。调查对方船的损坏情况并作记录。

③确认对方船舶。

碰撞事故发生后，应立即查清对方船舶的船名、国籍和船籍港、船东、航线等基本情况(对方船也会了解我方船舶的上述情况)。

④有意搁浅。

虽然船舶本身采取了各种防水和排水措施，但有沉没的危险时，只要情况允许，应考虑选择附近合适的浅滩，实施抢滩搁浅。

2)船舶搁浅/触礁应急措施

①船舶发生搁浅/触礁事故，应立即发警报召集船员，报告船长和通知机舱。

②在船长指挥下，现场指挥大副率水手长等了解搁浅和触礁部位情况，木匠测量淡水舱、压载舱、污水沟等的液位，二管轮等测量油舱液位，三副率水手测量和记录船舶四周(尤其是船艉)水深，二副在驾驶台协助船长测定船位和估算潮水等，所有探测结果必须及时报告船长供判断决策。一水应及时按《国际海上避碰规则》显示号灯号型。

③发现船舶进水，应立即按堵漏应变部署和进水应急计划，组织排水、水密隔离和堵漏，同时判断可否立即动车脱浅。

④轮机长指挥机舱人员检查主机、舵机和辅助机械有无损害并告知船长。根据需要换用高位海水吸入阀，以防被搅起的淤泥和沙子吸入机械设备。根据船长指示备妥主副机。

⑤船长应根据各方反馈信息，并结合外界的风流和潮汐情况，进行综合分析和估算自力脱浅所需拉力，采取适当行动，使船舶重新起浮或保持安全状况。

若船舶在低潮时搁浅触礁，应积极采取调整前后吃水、减少压载水或淡水、转移燃油或压载水、转移部分货物或物料等起浮措施，在下一高潮到来前做好一切起浮准备。

当船舶或人员安全受到严重威胁，可以采取抛货措施控制局面，但应尽可能请示公司和报告当局，并及时宣布共同海损。

⑥大型船舶在非低潮时搁浅触礁，通常难以自行脱浅。运用本船主机和锚具自力脱浅，若不成功，船长应立即申请外力脱浅和救援。候援期间，船方应尽力固定船位，包括调整载荷和使用锚具等。应警惕潮水和风流对船舶强度和稳性的不良影响，防止船舶破损和断裂、打横、被风浪推上高滩、严重横倾乃至倾覆。必要时，应放下高舷救生艇，以防过度横倾而无法放艇。

⑦二副或值班驾驶员应详细记录船舶搁浅/触礁情况。

⑧搁浅/触礁后发生油污，应按船上油污应急计划处理。

3)机器故障应急措施

①机器故障主要包括主机、舵机、供电等系统的失灵和损坏。驾驶员、轮机员不论是否当值，都必须听从船长、轮机长的统一指挥。

②机器发生故障，轮机长应立即组织抢修。当该故障影响或可能影响航行时，应立即报告驾驶台和船长，驾驶台应立即采取紧急措施控制本船动态，用规定信号和 VHF 通知附近来船，避免碰撞和搁浅。船长应亲自指挥。如果船舶在狭水道或通航密集区，应尽快驶离主航道并择地锚泊。等待修复。

③船长应迅速将机器故障种类和严重程度、发生时间、船位、海况、抢修措施和修复的可

能性、是否需要援助等情况报告本公司；并履行法律规定的报告职责。

④因主机、舵机、电力供应失灵，船舶在大风浪中漂航抢修时，船长应坚守驾驶台指挥。采用船锚或简易海锚避免船舶横浪谐摇，复查货物和属具的系固状况，复查和紧闭水密门窗，谨防货物移动导致船舶横倾和进水而濒临倾覆。

⑤自行抢修困难或无效时，轮机长应立即报告船长，说明情况。船长应即电告公司安排拖航；情况紧急时，船长有权立即请求第三方救助。

⑥对故障原因、抢修过程、紧急措施和事态发展等情况，驾驶台和机舱须作相应的详细记录，谨慎正确地记录航海日志和轮机日志。

⑦船上 SMS 中有具体应急计划的，应按计划行动。

三、航运企业突发事件管理能力评估及改善

水上交通突发事件的发生具有不确定性、突发性、紧急性，其成因带有复杂性和综合性，对于船舶、岸上设施、航道、货物、相关主体生命以及环境可能带来严重的损害，带有一定的公共性，需要重点关注。企业应针对特定水域特定类型突发事件（如碰撞、沉船，溢油、化学品污染等）采取有效应对措施，例如设置机构、组织人员、制定预案，对风险因素采取有效手段进行监测、预报，突发事件发生时，及时启动、执行预案，减少损失和危害，突发事件发生后进行合理善后等。而突发事件管理则是对此目标、过程、行为和效果进行有效的计划、组织、控制、协调及反馈，以确保安全生产目标的实现。而从航运企业角度而言，突发事件管理体系是否有效，需要进行合理评估，以发现薄弱环节，并有针对性地采取措施，加强演练，不断改善，提高突发事件应对能力。

1. 突发事件管理能力评估

突发事件管理能力的评估可从多个阶段进行，有事前、事中、事后三种类型，或者三者结合进行。而进行突发事件管理能力现状总体评估，可能更多采取事前的角度，结合部分事后的内容来进行，如果条件许可，也可以采取演练或系统仿真的方式进行事中角度的评估。评估从现实的角度来看，主要基于以下三个方面：

（1）由于突发事件应对预案和相关规定、程序等的内容在很大程度上反映了组织、授权、手段、措施、沟通及协调的正式安排，预案评估成为应急管理体系评估的重要方面。

（2）制定的应急预案只有在资源得到满足的情况下才有意义，因此在制定过程中需要对企业拥有或可动用资源情况进行评估。由于突发事件可能出现各种级别，并且给定的资源布局对于不同级别事件的处置效果不同，因此资源评估是在当前资源布局条件下对本企业可能发生的各种级别事件造成损失的评估，损失越大说明现有资源布局对本企业突发事件应急需求的保障程度越低，当低到一定程度时则需要进行布局调整。

（3）突发事件典型案例分析是企业突发事件管理能力实际发挥效果的历史回顾和短板分析。因此，也是企业突发事件管理能力评估的重要依据。

评估基本上基于预案（组织安排、权限安排、涉及事故灾害种类、程序、手段、措施的规范化、标准化、沟通与协调等）+资源（人力资源、资金预算、设施、设备、物资等）+历史数据的模式。不同的评价项目使用不同的评价原则和评价准则：预案评价主要在于完整性（体系完备，内容要素完整）；科学性（合法性、针对性、职责清晰性、程序明确性、危险辨识和风险评价

的科学性、应急资源分配的合理性）；有效性（可操作性，快速性，经济性，灵活性，联动预案的协调性）。资源评价主要在于资源是否种类合理、规模足够，状态良好，所处位置合理，资源使用、移动有序、便利、有效等。历史数据评价主要在于过去突发事件应急反应体系启动、执行、终止的效率及效果评价。相关项目的指标设置存在不同角度，不同侧重点，需要结合具体情况来进一步细化。

突发事件应对能力评估可以采取自评结合专业机构评估的方式来实施。对航运企业而言，自评具有更现实的意义。

自我评价，即自我研究（self-study），是组织依据自身的定位与功能，自己分析组织的结构，运作机制以及人员条件是否符合既定标准的一种自发性评价活动。自我评价的过程一般包括：成立规划小组，分析组织内外条件，确认组织资源的优势和不足，测试组织内部流程是否通畅，涉及信息传递，资源调配等，在评价基础上确定组织目标，制定长期战略和实施计划，并持续改进。自我评价或研究是一种内部自发性，经常性的评价活动，具有主动、积极、持续的特征，重点在于发现组织自身内部的优势和不足，在根据评价结果研究出自我改善，实现卓越的有效策略，以符合外界预期。

必须指出，自我研究或评价应该在特定的框架下进行，也就是对于自我研究或评价所产生的资源需求或准备采取的相关措施应能够得到相关部门的支持，否则，自我研究或评价所输出的结果或准备采取的策略都是空谈，流于纸面；另一方面，对于自我研究或评价应采取特定的监督模式，并能对组织产生一定的压力，否则自我研究或评价没有动机进行，或者自我研究或评价的结论可信度低。

2. 突发事件应对能力改善的重要手段——加强演练

交通运输部在水路交通突发事件应急预案中对于演练有较为明确的规定，和先进国家和地区的做法相比仍然存在差距。英国和日本非常重视演练、演习，这使得其水上交通应急队伍在执行任务时，表现出良好的素质，效果显著。而国内水运企业由于资源、体制等的限制，演练、演习次数远远无法满足需要。

突发事件应急演练是检验、评价、保持和改善突发事件应急能力的一个重要手段。可以在事故真正发生前暴露预案和程序的缺陷；发现应急资源的不足（包括人力和设备等）；改善各应急部门、机构、人员之间的协调；增强员工及社会公众应对突发事件救援的信心和应急意识；提高应急人员的熟练程度和技术水平；进一步明确各自的岗位与职责；提高各级预案之间的协调性；提高整体应急反应能力。对突发事件应急预案的完整性和周密性进行评估，可采用多种应急演练方法，如桌面演练、功能演练和全面演练等。突发事件应急演练，并没有预设的正确答案，每个人都可以通过应急演练得出自己的答案。在演练中，明晰自己的职责，熟悉应急流程和环节，学会在灾难发生时如何应对、如何反应才是最重要的。

由于特定体制和资源的限制，再加上大规模的实战演习对于正常的工作和秩序将造成干扰，在确保每年有限次数实战演练的条件下，可以考虑比较多的采取桌面演练的方式。桌面演练是指由突发事件应急部门的代表或关键岗位人员参加的，按照应急预案及其标准工作程序讨论紧急情况时应采取行动的演练活动。桌面演练的主要特点是对演练情景进行口头演练，一般是在会议室内举行。主要目的是锻炼参演人员解决问题的能力，以及解决应急组织相互协作和职责划分的问题。由于不受场地限制，业务运行不受影响，桌面演练是最常见的演练形式。尽管桌面演练有可取之处,但企业应尽可能采用合乎符合实际情况的应急演练方式,可包括对事件进行全面的模拟,使应急计划有效。需要指出的是:航运企业应对应急演练结果进行评审,必要时,修改应急计划。具体而言,需要注意以下几个方面:

1)重视沙盘或桌面演练

英国方面所采取的频繁的沙盘演练措施中,把船员,船公司都纳入其中,体现了突发事件应急体系与对象及相关主体之间的互动关系,使演练具有很好的针对性。而国内的航运应急体系包括搜救体系对于演练的互动没有做到位。大规模实战演习中可以看到互动的特征比较明显,但是次数有限,涉及面有限,资源动用更加受限,而成本低,开展条件限制少的沙盘或桌面演练开展次数就可以增加一些,同时涉及面也可以更广。

2)建设电子演练系统

在条件具备的情况下,利用电子演练系统,应用现代计算机技术模拟训练各种预案,利用现有信息资源和应急资源,通过计算机模拟进行多次、反复训练,使训练人员掌握应急组织、协调、指挥方案和技术措施,达到掌握技术、科学处置海上突发事件的最终目的。

3)演练的制度化、经常化

加强演练,不仅意味着增加次数,扩大范围,加强互动,方式更加灵活,最主要的是在预案或应急计划中应该包括应急演练或应急演习计划,或者应该制定单独的应急演练或演习制度,使演练或演习常抓不懈。

4)强化演练评价

突发事件应对演练或演习过程应进行详细记录,或进行标准化的信息采集,并对演练或演习效果进行评价并提出改进措施,应有专人负责执行、监督这些工作及对采取措施后的效果进行后续评价。

第十章　事故调查与处理

第一节　事故信息报告

随着世界经济与贸易的快速发展，运输船舶数量不断增多，航行密度不断加大，通航环境日益恶化，船舶事故发生的风险也不断增加。就航运企业而言，完全消除安全生产事故是不现实的，航运安全生产管理标准化的目的是不断减少事故发生的频率，减少事故损失程度，从而实现航运企业的可持续发展。但是就企业来说，发生安全生产事故必然牵涉事故原因的调查和责任的追究，事故当事人可能存在隐瞒事故或谎报事故的动机，在航运安全生产事故方面制定必要规范，以确保事故报告、事故调查、事故处理、责任追究的规范性。

1990 年交通部第 14 号令发布了《中华人民共和国海上交通事故调查处理条例》，1990 年交通部第 16 号令发布了《船舶交通事故统计规则》，而后在此基础上，2002 年依据《中华人民共和国统计法》、《中华人民共和国海上交通安全法》和《中华人民共和国内河交通安全管理条例》，交通部制定《水上交通事故统计办法》，2007 年国务院颁布了《生产安全事故报告和调查处理条例》，这些相关条例是航运企业制定、执行安全生产事故管理制度的基础。同时，航运企业应重视安全生产事故档案和安全生产台账管理。

一、水上事故险情定义

水上事故险情是指在水上发生的造成或可能造成危及人员生命、财产安全和水域环境的事件。亦称为水上突发事件。水上事故险情通常以不同种类的水上交通事故和（或）水上不安全状态所产生的危害形式来体现，一般包括船舶、设施和航空器在水上发生事故，水上保安事件，油类物质或危险化学品等物质在水上泄露，以及其他造成或可能造成危及人员生命、财产安全和水域环境的事件。《水上交通事故统计办法》中，船舶发生下列事故，都属于水上交通事故。[1] 统计范围包括碰撞事故；搁浅事故；触礁事故；触损事故；浪损事故；火灾、爆炸事故；风灾事故；自沉事故；其他引起人员伤亡、直接经济损失的水上交通事故。

---

[1] 《交通运输安全生产事故统计报表制度》规定的统计对象为交通运输安全生产事故，统计范围包括中华人民共和国境内及管辖水域内（不含香港、澳门、台湾）交通运输安全生产事故，以及交通运输中央企业所属运输船舶在境外发生的安全生产事故。

安全生产事故是生产经营单位在生产经营（包括与生产经营有关的活动）中突然发生的，伤害人身安全和健康，或者损坏设备设施，或者造成经济损失的，导致原生产经营活动（包括与生产经营有关的活动）暂时中止或永远终止的意外事件。

交通运输安全生产事故是指道路客货运输企业、道路运输站场运营企业、城市客运企业、水路客货运输企业、港口生产企业、交通运输建设施工企业在生产、经营过程中所发生的安全生产事故，主要包括营运车辆道路交通事故、道路运输站场安全生产事故、水上交通安全生产事故、港口安全生产事故、交通运输建设施工安全生产事故、城市客运安全生产事故六类。

二、水上事故险情分类

水上事故险情主要包括以下几种：

(1)碰撞：指船舶之间、船舶与水上设施或其他水上漂浮物之间发生碰撞，造成财产损失或人员伤亡的事件。

(2)搁浅：指船舶搁置在浅滩上，造成停航或损坏。

(3)触礁：指船舶触碰或搁置在礁石上，造成停航和损害。

(4)触碰(损)：指船舶触碰岸壁、码头、航标、桥墩、闸坝、防洪丁坝等固定物或沉船、沉物、木桩、鱼栅等障碍物。

(5)浪损：指船舶余浪冲击其他船舶、排筏、设施等造成损失的。

(6)火灾：指船舶在航行、停泊、作业过程中，因自然的或人为的因素致使船舶、船上物品、船载货物失火或爆炸，造成船舶、人员和环境的损害。

(7)沉没：船舶沉没是指船舶不论何种原因，由于舱内进水，失去浮力而致货舱或驳船的甲板、机动船最高一层连续甲板浸没二分之一以上的一种状态。

(8)进水：是指船舶由于水密缺陷、船体破损等原因，导致船舶舱室进水，使船舶浮性、稳性和抗沉性下降，甚至存在沉没危险，威胁船舶和人员、环境安全的情况。

(9)失控：指船舶本身由于某种异常情况，导致主动力、电力、操舵等系统故障，驾驶人员不能按其意图操作和控制船舶的运动状态。

(10)安保事件：是指船舶、水上设施受到非法劫持或扣留、恐怖袭击等，船舶、设施及其人员的安全受到威胁，并可能影响到其他船舶、设施及人员或公共安全的事件。

(11)阻航事件：系指因水上交通事故或航道条件变化等原因导致通航不畅，船舶出现一定程度滞留、积压的事件。

(12)断航事件：系指因水上交通事故或航道环境变化等原因导致上下行船舶不能航行，运输中断，船舶出现滞留、积压的事件。

(13)风灾：指船舶遭受强风袭击造成事故。

(14)机损：主机或发电机等辅机发生故障，或燃料系统、空气系统和电子系统受到损伤而妨碍船舶运转。

(15)伤亡：不属于其他事故的而与船舶运营相关的船员、旅客等死亡或下落不明。

(16)山体滑坡：指长江沿岸山体受河流冲刷、地下水活动、地震及人工切坡等因素影响，在重力作用下，整体或者分散顺坡向下滑动，大量山体可能或已经滑入江中，对船舶及人员生命、财产安全构成威胁的事件。

(17)其他：船舶溢油、遭遇海盗或武装抢劫及其他妨碍海上船舶、人命和环境安全的事件。

三、事故信息报告与应急处置程序

航运安全生产事故报告制度制定的依据主要来自《海上交通事故调查处理条例》和《水上交通事故统计办法》,《国家海上搜救预案》,《交通突发事件报告办法》以及《生产安全事故报告和调查处理条例》。事故报告规范应规定报告主体，报告时间，报告方式，报告内容及后续补报等。

1. 事故险情报警途径

(1)VHF 电话 6 频道呼叫;

(2)拨打“区号 +12395”水上专用搜救电话和各级搜救机构值班电话;

(3)GPS 监控系统报警;

(4)当地 110 报警台等其他有效途径。

2. 信息的核实与分析

接收水上险情信息时,初始信息应至少掌握以下主要内容:

(1)事件发生的时间、地点;

(2)险情的基本状况(含水域污染情况);

(3)实际在船人数,是否有人员失踪和伤亡情况;

(4)遇险船舶和设施的名称及种类、所载货物种类和数量;

(5)联系方式、初步的救助要求等。

要求报警者尽可能提供下列信息:

(1)遇险船舶的主要尺度、所有人、经营人;

(2)险情的初步原因;

(3)险情造成的损失、已采取的措施以及下步的救助请求;

(4)事发现场的气象和水文信息,包括风力、风向等。

根据不同险情类别还应尽可能了解以下详细信息:

(1)船舶碰撞:两船或多船的碰撞态势、碰撞受损部位、是否导致进水、是否有沉没危险、是否导致燃润料泄漏污染水域等。

(2)船舶进水:船舶破损进水部位,水量及遇险船舶浮态、已采取的堵漏和排水措施,是否存在沉没危险。

(3)船舶搁浅(触礁):是否碍航、搁浅(触礁)部位及周围实测水深、船舶吃水、基线以下附加装置、货物积载、燃油舱和压载舱的分布及数量、河床底质、是否破损进水、有无断裂或倾覆的可能、是否导致燃润料泄漏污染水域等。

(4)船舶火灾(爆炸):了解火灾部位、火灾类型,所载货物(危险货物、绑扎系固情况)/车辆种类、数量和舱室分布,船舶稳性和浮态情况、船体结构特点,逃生通道布局等,船上可以使用的救生艇筏等救生设备情况,有无燃油泄漏,造成污染的可能性及对通航环境的影响程度。

(5)船舶失控:目前船位、船速、失控原因、周围通航环境等。

(6)集装箱落水:落水集装箱的数量和尺寸、船舶及落水集装箱浮态、所装载货物的种类和数量等。

(7)客渡船险情:包括船名、遇险时间和地点、遇险人数(船员和乘客人数)、人员伤亡、落水情况、所载车辆及货物、已采取的行动、救助要求等。

(8)撞桥碰坝险情:遇险船舶、设施或水上漂浮物基本资料、遇险原因及状态、目前与桥坝的距离、已采取的措施、救助要求等;已经发生碰桥撞坝的,还应了解碰撞桥坝的位置、桥坝受损情况、船舶受损情况和状态、人员伤亡、对通航的影响等。

(9)山体滑坡险情:地质部门发布的预警信息包括山体滑坡所处的阶段、及遇险船舶、目击者或知情者的报告、山体滑坡水域水文气况、通航密度等。

(10)船舶沉没:沉没后的态势及沉船位置、是否碍航、是否漂移等。

3. 事故险情评估和报告

应采取必要的手段对所获得的信息进行分析和评价,对水上险情信息确认后,应从遇险船舶的种类和遇险性质、遇险或伤亡失踪人数、船舶受损情况、船舶所载货物、沉船碍航阻航、水域污染角度对事故或险情造成或可能造成的危害后果进行初步评估,确定危险程度和遇险等级,制定先期处置措施。

(1)事故险情评估内容。

应考虑以下因素:

①遇险人数和危险程度;

②对通航环境、通航安全的影响程度;

③造成水域环境污染或大气污染的可能性及程度;

④对救援船舶、人员可能造成的危害性;

⑤险情进一步扩大的可能性及程度,次生或衍生其他险情;

⑥对岸基人命财产安全和陆域环境的影响程度等。

(2)事故险情等级确定。

对事故险情信息核实确认后,应根据当时气象海况等资料全面分析,按照事故险情等级划分标准,确定事故险情等级,按照规定的程序和要求及时组织施救。根据国家海上搜救预案海上突发事件险情分级,并结合突发事件的可控性、严重程度、影响范围和发展趋势,水上突发事件事故险情分为特大事故险情信息、重大事故险情信息、较大事故险情信息、一般事故险情信息四级。

①特别重大事故险情信息(Ⅰ级)。

a. 造成30人以上死亡(含失踪)的突发事件;

b. 危及30人以上生命安全的突发事件;

c. 客船、化学品船发生严重危及船舶或人员生命安全的突发事件;

d. 载员30人以上的民用航空器在水上发生突发事件;

e. 单船10000总吨以上船舶发生碰撞、触礁、火灾等对船舶及人员生命安全造成威胁的突发事件;

f. 急需交通部协调有关地区或部门共同组织救援的突发事件;

g. 其他可能造成特别重大危害、社会影响的突发事件。

②重大事故险情信息(Ⅱ级)。

a. 造成10人以上、30人以下死亡(含失踪)的突发事件;

b. 危及10人以上、30人以下生命安全的突发事件;

c. 载员30人以下的民用航空器在水上发生突发事件;

d. 总吨3000及以上、10000总吨以下的非客船、非危险化学品船发生碰撞、触礁、火灾等对船舶及人员生命安全造成威胁的突发事件;

e. 危及10人以上、30人以下生命安全的水上保安事件;

f. 其他可能造成严重危害、社会影响的突发事件。

③较大事故险情信息（Ⅲ级）。

a. 造成3人以上、10人以下死亡（含失踪）的突发事件；

b. 危及3人以上、10人以下生命安全的突发事件；

c. 总吨500及以上、3000总吨以下的非客船、非危险化学品船发生碰撞、触礁、火灾等对船舶及人员生命安全造成威胁的突发事件；

d. 危及3人以上、10人以下生命安全的水上保安事件；

e. 其他可能造成较大社会影响的突发事件。

④一般事故险情信息（Ⅳ级）。

a. 造成3人以下死亡（含失踪）的突发事件；

b. 危及3人以下生命安全的突发事件；

c. 总吨500以下的非客船、非危险化学品船发生碰撞、触礁、火灾等对船舶及人员生命安全造成威胁的突发事件；

d. 其他可能造成一般危害后果的突发事件。

《水上交通事故统计办法》中，事故分级标准则如表10-1所示。

水上交通事故分级标准表 表10-1

	重大事故	大事故	一般事故	小事故
3000总吨以上或主机功率3000千瓦以上的船舶	死亡3人以上；或直接经济损失500万元以上	死亡1～2人；或直接经济损失500万元以下，300万元以上	人员有重伤；或直接经济损失300万元以下，50万元以上	没有达到一般事故等级以上的事故
500总吨以上、3000总吨以下或主机功率1500千瓦以上、3000千瓦以下的船舶	死亡3人以上；或直接经济损失300万元以上	死亡1～2人；或直接经济损失300万元以下，50万元以上	人员有重伤；或直接经济损失50万元以下，20万元以上	没有达到一般事故等级以上的事故
500总吨以下或主机功率1500千瓦以下的船舶	死亡3人以上；或直接经济损失50万元以上	死亡1～2人；或直接经济损失50万元以下，20万元以上	人员有重伤；或直接经济损失20万元以下，10万以上	没有达到一般事故等级以上的事故

注：(1)凡符合表内标准之一的即达到相应的事故等级。

(2)本规则及本表中的“以上”包含本数或本级；“以下”不包含本数或本级。

此外，国务院《生产安全事故报告和调查处理条例》中则是根据人员伤亡或者直接经济损失对于事故等级进行如下划分：

(1)特别重大事故，是指造成30人以上死亡，或者100人以上重伤（包括急性工业中毒，下同），或者1亿元以上直接经济损失的事故；

(2)重大事故，是指造成10人以上30人以下死亡，或者50人以上100人以下重伤，或者5000万元以上1亿元以下直接经济损失的事故；

(3)较大事故，是指造成3人以上10人以下死亡，或者10人以上50人以下重伤，或者1000万元以上5000万元以下直接经济损失的事故；

(4)一般事故，是指造成3人以下死亡，或者10人以下重伤，或者1000万元以下直接经济损失的事故。

水上交通事故的重大事故标准比国务院条例中重大事故标准更为严格，甚至比国务院条例中较大事故标准更为严格。此外，特大水上交通事故的统计，按照国务院有关规定执行。水上交通事故损失大小的计算办法按照《水上交通事故统计办法》第七条至第二十条的规定来具体执行。

4. 事故险情的报告

航运企业安全生产事故报告制度制定的依据主要来自《海上交通事故调查处理条例》和《水上交通事故统计办法》，以及《生产安全事故报告和调查处理条例》。事故报告规范应规定报告主体，报告时间，报告方式，报告内容及后续补报等。

(1)船舶、浮动设施无论在何时何地发生事故，船长必须果断采取有效措施，组织抢救，防止事故扩大，减少人员伤亡、财产损失和污染事件的发生，以挽救危局。同时亲自或委托大副立即用最有效的方式向公司报告。

(2)船舶、浮动设施发生事故后，船长应立即采取一切有效手段(甚高频、无线电话、电台等)向事故发生地的海事管理机构报告事故险情情况。

(3)报告的主要内容包括：船舶、浮动设施的名称，事故发生的时间和地点，事故发生时水域的水文、气象、通航环境情况，船舶、浮动设施的损害情况，船员、旅客的伤亡情况，水域环境的污染情况以及事故简要经过等内容。

(4)随着紧急情况的应急处理、事态的变化，船舶应随时向公司报告最新情况。

(5)公司接到报告后应根据事故情况立即启动应急方案。由总经理或指定值班人员通知指定人员及其应急小组人员、所有必须参加应急行动的人员立即进入应急状态，总经理根据事态的严重程度决定应急人员是否派人赶往事故现场指导船舶应急处置。

公司值班人员在后续的联系中应对事故现状及时跟踪查询详细情况，并随时向总经理报告。

(1)查询原则：抓住要点，言简意赅。

(2)查询方式：公司可以利用一切可以利用的手段。

(3)任何船员均有责任就所发现的事故向船长报告，船长应就事故性质、发生时间、地点、原因、损害程度、伤亡情况、应变措施以及与事故相关的其他信息、改进建议等及时报告公司。

(4)在事故险情得以控制后，船长应按照相关规定和要求填写《船舶海损事故报告》，递交公司相关部门和人员；同时，应在24小时内向事故发生地的海事管理机构提交《交通事故报告书》和必要的证书、文书资料。

(5)特殊情况下，不能按上述规定的时间提交材料的，经海事管理机构同意，可以适当延迟。[1]

《交通事故报告书》应当包括下列内容：

(1)船舶、浮动设施概况(包括其名称、主要技术数据、证书、船员及所载旅客、货物等)；

---

[1] 如果在港区水域以外的沿海水域发生海上交通事故，船舶必须在到达中华人民共和国的第一个港口后48小时内向港务监督提交；设施必须在事故发生后48小时内用电报向就近港口的港务监督报告《海上交通事故报告书》要求的内容。如因特殊情况不能按规定时间提交《海上交通事故报告书》的，在征得港务监督同意后可予以适当延迟。

(2)船舶、浮动设施所属公司情况(包括其所有人、经营人或者管理人的名称、地址、联系电话等);

(3)事故发生的时间和地点;

(4)事故发生时水域的水文、气象、通航环境情况;

(5)船舶、浮动设施的损害情况(附船舶、设施受损部位简图。难以在规定时间内查清的,应于检验后补报);

(6)船员、旅客的伤亡情况;

(7)水域环境的污染情况;

(8)事故发生的详细经过(碰撞事故应当附相对运动示意图);

(9)船舶、浮动设施沉没的,其沉没概位;

(10)与事故有关的其他情况。

《交通事故报告书》内容必须真实,不得隐瞒事实或者提供虚假情况。根据事故险情等级、性质等情况,相关企业还应按《中华人民共和国突发事件应对法》、《生产安全事故报告和调查处理条例》等法律法规要求,将事故险情情况报当地政府、主管部门。[1]

第二节　事 故 处 理

发生水上交通事故后,为防止事故等级恶化,缩小事故波及范围,及时开展事故自救和救援,将能显著减少事故所带来的人员伤亡和财产损失。船舶发生水上事故后,根据事故发生的海域范围,事故应急救援涉及方方面面。如事故发生在国内海域,将涉及附近区域海事部门、港口、渔政、大型航运企业乃至海军、空军等多种搜救力量。对出险船舶而言,既需要搜救力量的支持,也需要自身及时开展自救措施(执行船舶安全应急部署与应急反应),以争取搜救力量及时抵达出事海域,展开救援。

一、一般事故处置要求

按照船舶安全管理体系的要求,航运企业应当确保管辖范围内船舶针对各种意外事故和紧急情况,制定船舶紧急处置方法和措施。涉及海事应急、机电应急、涉货应急、海洋污染应急和人身安危应急。如果按照预案层次分类标准来分析,则属于现场处置方案的范围。应急处置措施应包括:

---

[1] 《生产安全事故报告和调查处理条例》则规定,事故发生后,事故现场有关人员应当立即向本单位负责人报告;单位负责人接到报告后,应当于1小时内向事故发生地县级以上人民政府安全生产监督管理部门和负有安全生产监督管理职责的有关部门报告。情况紧急时,事故现场有关人员可以直接向事故发生地县级以上人民政府安全生产监督管理部门和负有安全生产监督管理职责的有关部门报告。事故报告应当包括下列内容:

(一)事故发生单位概况;

(二)事故发生的时间、地点以及事故现场情况;

(三)事故的简要经过;

(四)事故已经造成或者可能造成的伤亡人数(包括下落不明的人数)和初步估计的直接经济损失;

(五)已经采取的措施;

(六)其他应当报告的情况。

(1)应急部署职责的明确化:一般而言,高级船员应作为应急部署指挥的主要力量。船长应作为应急总指挥,有权采取措施和请求救援,在驾驶台指挥应急和操作船舶;大副担任应急现场指挥,(除机舱外),总指挥替代人;轮机长则作为机舱应急现场指挥,负责保障船舶动力;二副应负责在驾驶台协助船长,通信联络,执行船长指令,记录应急过程;三副现场协助大副,并担任具体职务。应急部署意图,应于船舶开航前编制,经大副审核,船长批准签署后公布实施。❶ 除此之外,每个船员应有一份根据应急部署内容的个人应急须知和应急任务卡;应急设备、设施显著部位或附近应附有操作须知。

(2)船舶应急信号的发布:船舶应根据险情种类,采取多种通信手段发布应急信号。

(3)及时展开船舶自救:船舶发生水上交通事故,应尽最大努力采取自救行动。船舶是海上人命生存的良好基地,在尚未严重危及人身安全时,船长、船员必须采取保全船舶。当确认无法避免船舶的沉没或灭失时,船长应果断下弃船求生,以保证旅客、船员的安全。不同种类的水上交通事故采取不同的自救行动。船舶自救组织工作应当在准确地查清当时船舶所在的环境、受损情况以及可能面临的危险等基础上进行。一旦开始自救,应抓紧时机,按事先拟定的应急部署进行。船舶自救是否能够有效实施,往往取决于能否抓住有利时机。而按事先拟定的应急部署进行自救,是有条不紊地做好自救工作的保证,但不妨碍根据船舶实际受损情况以及可以参加应急的船员情况,临时调整应急方案。不论船舶发生哪种紧急情况需要应急,船舶在应急时不论采取哪种具体的应急方案,其应急行动的基本程序大体相同。❷❸❹

船舶遇险时,船长若对本船自救保全的可能性持怀疑态度,则应在尽力自救的同时,争取其他船舶的救援。船舶在紧急情况下,最优先的措施是保证人命安全,因此应当遵循下列原则:首先检查是否有人员伤亡,然后判断是否需要救助,最后决定是否需要撤离船舶或弃船。

(4)应对营运船舶举行消防、救生演习、堵漏演习的时间间隔做出明确规定。

具体而言,事故处理包括以下三个大的方面,即:事故现场应急处置、事故处理分析、事故整改与预防。

二、事故现场应急处置

事故现场应急处置是指船舶发生紧急情况后,水路运输企业和船舶针对不同情况所采取的紧急应急处置措施,旨在使船舶能有效控制事态,避免或减少可能造成的损失。

---

❶ 应急部署编制原则:中国籍200GT及以上的运输船舶,都必须配备海事局认可的格式和要求,根据本船设备和人员情形,编制货船或客船应变部署表和应变须知。编制原则是:(1)结合本船的船舶、船员、客货、航区等条件;(2)关键部位,关键动作派得力人员;(3)根据本船情况,可以一职多人或一人多职;(4)人员编排应最有利应变任务的完成;(5)通信手段达到最有效。

❷ 初始阶段的应急行动基本程序:(1)发现险情者报警;(2)对险情进行初步控制;(3)确定紧急情况的性质;(4)通过一定手段获得与险情有关的信息以及应急所需要的信息;(5)组建应急反应小组,准备应急设备和器材;(6)确定应急方案;(7)召集船员按应急预案或商定的应急方案进行应急活动。

❸ 应急阶段的应急行动基本程序:(1)实施应急方案;(2)对实施应急方案的效果予以评估;(3)必要时调整应急方案;(4)必要时寻求外部援助;(5)必要时,为保护人命安全而采取某些特别行动(如弃船等)。

❹ 善后阶段的行动程序:(1)现场检查,消除隐患;(2)记录与报告;(3)恢复船舶的正常航行或停泊状况。

1. 船舶碰撞

是指船舶与船舶之间、船舶与水上排筏、移动式平台之间、大桥、船舶与坚硬的坡岸等之间,由于人为操作或机械事故导致两者零距离接触而造成的危险局面,致使船舶受损的一种事故。应视情况,及时采取下列应急处置措施:

(1)船舶发生碰撞后,船长应立即赶赴驾驶台,判明情况,同时指挥大副到事故现场迅速查明碰撞部位,受损情况,是否出现人员伤亡等情况,如实慎重地将事故发生时间、船位、地点,损失记于《航行日志》和《轮机日志》。

(2)大副在勘查现场的同时,指派水手长对被碰部位周围的各船舱进行测深,查看是否进水。

(3)轮机长应立即下机舱组织轮机部人员参加抢修并保证主、副机、舵机正常运转,检查机舱各设备。

(4)轮机长立即下机舱组织轮机部人员保证主副机正常运转,检查机舱各设备的受损情况,同时如实地记入《轮机日志》中。

(5)当一船嵌入另一船,船长组织施救中充分考虑到不能盲目倒车,应谨慎操作,尽量减少损失,防止船舶破损进水增大失去浮力而沉没,宜适当用车顶往浅区搁浅措施;如他船正快速下沉,危急本船安全时,应快速将对方船舶人员转移至本船后,再采取倒车退出,采取其他抢救措施。在条件许可确保安全时,使用倒车过程中应充分考虑本船所载货物的危险性而采取相应措施,防止在倒车过程中产生火花发生火灾或爆炸。

(6)如船舶进水,立即根据情况采取堵漏,排水等措施;如船舶下沉,立即驶往浅区搁浅。

(7)如对方船舶处于危急状态,应在不危及自身安全的前提下先抢救他船。

(8)当与小机船发生碰撞时,还应视小机船受损情况,采取相应的救助措施,以防他船造成人员伤亡。夜间还应用探照灯,跟踪被碰小机船,以免因黑暗造成慌乱。

(9)当碰撞导致船舶搁浅、触礁、污染等紧急情况时,应启动相应应急预案按相应的应急须知处置。

(10)按规定将碰撞时间、地点、原因、损失等一切情况,立即告知公司和当地海事主管机关。

2. 船体进水

是指由于碰撞或触礁造成船体破损,江水涌入船舱内的现象称之为船体进水,如采取的紧急应变措施不当,将导致船毁人亡。应视情况,及时采取下列应急处置措施:

(1)船员发现船舶进水后,应立即报告驾驶室和船长,船长立即启动应急方案。

(2)驾驶员获悉船舶进水后,应立即报告船长,同时发出堵漏警报(两长一短声,连续发出一分钟),通知全船船员。

(3)船长接到报告应立即指挥船员进行抢救,了解船舶进水原因及进水情况,根据船舶结构决定抢救方案。

(4)若是船体损坏,立即按"应变部署表"组成堵漏队,由大副任现场指挥,水手长任副指挥,船员数名任队员,堵漏队应按"应变部署表"中各职责规定携带堵漏器材、工具奔赴现场集合,听从大副指挥,进行堵漏施救。

(5)机舱加派值班人员,及时按船长命令执行压载操作和排水操作,密切注意机器的运转情况,保证能提供船舶需要的各种动力。

(6)派专人监视船舶干舷的变化,掌握船舶下沉和进水的速度及船舶稳性情况并不断向船长报告。

(7)停车并将漏损部位置于下游以减少水流、风浪的冲击,减少进水量。

(8)迅速关闭水密门、窗和开口,已防止进水蔓延,并启动全部排水泵排水。

(9)进水严重时,应就近抢滩后再行处置。

(10)向公司、附近港口报告及联系过往船舶,以便求援。

3. 船舶搁浅

是指由于操作不当而使船体与浅滩搁浅是由于操作不当而使船体与浅滩碛坝礁石接触而造成的一种事故,它将导致船体受损进水等危险局面。应视情况,及时采取下列应急处置措施:

(1)船舶发生搁浅触礁后,船长应立即进驾驶台了解情况,判断搁浅部位,通知大副到现场、轮机长进机舱以防止出现混乱局面。指派有关人员测量船舶四周水深,查看吃水,了解搁浅部位情况。检查各水舱、污水舱、空气舱、油舱液面高度,检查船体、车舵,以避免损坏车舵扩大损失。如船体进水或漏油,应立即执行堵漏或溢油应急方案。

(2)值班驾驶员应指派舵工按《内河避碰规则》显示灯号或号型,立即用甚高频通报周围船舶并向就近主管机关报告。

(3)船长要综合考虑船体、货物、潮汐、水位、水深、底质情况及周围通航环境,掌握、评估船舶安全状态,并采取措施尽量保持船体平衡,防止船舶破损、断裂、严重横倾乃至倾斜。

(4)轮机长指派有关人员检查机器、管系、轴系、舵机装置及海底阀等有无异常,并报告船长。

(5)为防止因船舶严重倾斜无法放艇,应先放下救生艇以备急需。

(6)船长根据实测记录和机舱报告,结合当地天气、海况、潮汐情况,作出船舶能否自行脱浅的判断,部署脱浅操作方案和安全措施。

(7)船舶低潮且搁浅不严重时,可采取调整首尾吃水改变纵倾、转移燃油或压载水改变横倾,以及排除压载水、淡水、抛货减小吃水等措施,争取在下个高潮时自力脱浅。

(8)大型船舶在高潮前后搁浅,难以自力脱浅或自力脱浅无效果时,船长应立即考虑并经公司同意,申请外援脱浅。

(9)在等候自力脱浅时机或外援脱浅期,应根据天气、海况及等候时间长短,适当采取固定船位措施,包括用锚或向舱室灌水方法,防止船体打横、严重横倾、断裂、被推上高滩,甚至倾覆。

(10)走沙期搁浅时,因航槽变动剧烈,应迅速采取果断措施脱浅,防止出现新的淤积而导致船舶倾斜甚至翻覆。

(11)值班驾驶员应将船舶搁浅的时间、地点、航速、船艄向、搁浅位置、气象水文和周边情况、涨落潮的船舶水尺、施救方案及其全部操作过程和脱浅时间及损失情况记入《航行日志》中。

4. 船舶触礁

指船舶触碰或搁置在礁石上,造成船舶停航和损害。应视情况,及时采取下列应急处置措施：

(1)船舶发生触礁后，立即慢车或停车稳船，检查有无破损及进水情况，车舵有无。

(2)根据进水情况，迅速组织排水，堵漏。如破洞太大，排水堵漏困难，应立即关闭水密隔舱门，如船舶浮力损失大，有沉没危险时应迅速驶往浅区搁浅。

(3)如船体触搁礁石上，本身无行动能力，切不可盲目动车，应设法固定船位，防止风流影响使破洞扩大或船体断裂。

(4)如触礁情况严重，十分危险，又无自救器材，应立即报告就近主管机构和就近船舶援助。

(5)船队中的驳船或拖轮发生触礁，如其中一船进水倾斜，应迅速加强系缆，防断缆而扩大损失。如进水船无挽救的可能，应迅速撤离船员，解缆弃船，避免更大的损失。

(6)若情况危急需采取弃船行动时，转入弃船应急部署。

(7)如实将事故发生的时间 地点，采取的措施及损失情况记入《航行日志》中。

5. 火灾或爆炸

是指由各种明火、烟火、电气火、摩擦火、自燃火、静电释放、化学作业等情况，造成船舶发生火灾事故、爆炸事故的情况。应视情况，及时采取下列应急处置措施：

(1)发现有火灾迹象的船员，应立即用最近的火灾手动报警器，向驾驶台发出报警信号，同时应大声呼喊救火，务必及时发出信号报警。

(2)接到报警后的船长，立即发出救火信号。首先派大副赶赴现场，并尽快判明火情，根据火灾的类别、着火部位及严重程度，决定总体灭火方案。

(3)减速并尽可能使着火部位处于下风位置，并选择锚地，抛锚施救。

(4)向公司及主管机关准确报告本船船位及现场状况，并尽力保证通信畅通。

(5)选择正确的灭火器材。

(6)采用正确的扑救方法。

(7)制定防止火灾蔓延扩大的措施。

(8)船舶在使用水灭火系统进行扑救时，应充分考虑船舶的稳性，务必不要盲目射水，以免危及船舶安全。

(9)当扑救火灾时，应立即采取措施转移或保护其他未被引燃的物质。

(10)当机舱失火时，应立即切断油的来源，隔离机舱附近油柜，做好施放固定式泡沫灭火系统或二氧化碳灭火系统的准备工作，若火情危及机舱安全时，立即封舱并使用固定灭火系统进行灭火。

(11)如火势不易扑灭和控制，应不间断将火灾情况及时报告主管机关，请求调派附近船舶援助灭火，必要时将船舶迅速驾驶往浅水区域触坡进行抢救。

(12)在扑救火灾的整个过程中，各部门当班人员应自始至终坚守岗位，参加扑救火灾的船员听从统一指挥，直至火灾扑灭。

(13)火灾扑灭后应组织人员对火场进行监护，以避免复燃。

(14)火灾扑灭后，应组织人员对现场进行保护，严禁无关人员进入现场，并注意观察现场情况。

(15)除扑救余火需要进行必要翻动，任何人不得随意翻动现场任何物品和设施。

(16)火灾扑灭后,应当按规定鸣放解除信号。如实将事故发生的时间、地点、采取的措施及损失情况记入《航行日志》。

6. 弃船

是指船舶遇到海损事故,船长组织全船船员或外力施救无效后,命令全体人员携带好相关文件、技术资料等撤离全船。应视情况,及时采取下列应急处置措施:

(1)船舶因发生事故造成船体进水,船长应立即发出警报并发出抢险命令,同时通知备锚。必要时操纵船舶至浅水区搁浅或抵岸。

(2)指派值班驾驶员组织人员查明破损位置,进水速度和进水量。

(3)船舶所有人员按照《应急部署表》中相关职责和船长指令,全力抢险。

(4)通知轮机长组织和指挥轮机部人员检查机舱排水系统主辅机运转是否正常,并负责提供泵水设备,现场操作排水。如机舱进水,造成主机或舵机失灵,则实施主机失灵应急反应部署或舵机失灵应急反应部署,同时关闭所有水密舱口,尽力排水。

(5)若进水量大,立即关闭所有水密舱口,液货船关闭所有液货舱阀门、主阀及其他相关阀门,避免船舶发生泄漏造成污染,操纵船舶至浅水区冲滩搁浅。

(6)如无法就近抢滩或经抢滩也无法避免船舶下沉或人员面临重大危险时,船长应当机立断发布弃船命令。

(7)各级值班人员在船长下令弃船之前应坚守岗位,不得擅自离开;弃船令下达后,指令相关人员在船舶上层主甲板最高处系牢带足够牢实和长度的绳索,另一端系上彩色浮具,来确定船舶沉没的位置,以便今后打捞。船员按职责分工携带国旗、《航行日志》、《轮机日志》、《车钟记录》、船舶印章、账簿、现金、电台执照、船舶图纸、急救药品、船舶和船员证书证件、票据等离船,并尽可能抢救贵重物品和货物。

(8)如是客船,应优先疏导旅客离船。船长发布弃船命令后,巡视全体船员撤离情况并最后离船。

(9)将弃船原因、地点和应变措施报告就近主管机关和公司。

(10)如实将事故发生的时间 地点,采取的措施及损失情况记入《航行日志》中。

7. 油品/化学品溢出污染

是指船舶在装卸货作业过程中,由于操作不当产生溢出流入江中,或是加装润燃油不慎将油流入江中,或是船舶碰撞、触礁导致船体破损使货物及燃润油流入江中而造成的污染。

(1)船舶装卸货或航行过程中,如果出现货品溢出,应立即按《船上污染应急计划》实施应急操作,本计划已经主管机关批准。

(2)船舶在装卸液体化学品或是船舶碰撞、触礁导致船体破损,进而造成化学品溢出。它会迅速散发大量的有毒气体,污染水域和空气。

(3)散装化学品溢出是危险的,它会迅速地气化,散发出大量的有毒气体,很快形成可燃混合气,从而污染水域和空气。在航行或港内,当货物溢出时所应采取的措施有所不同。

应视情况,及时采取下列应急处置措施:

①在航行中货物溢出时:

a. 加强与外界船舶联络。向周围其他船舶发出应急报警信号(应注意气体扩散),并在船舶与船舶之间、船舶与主管机关之间连续依次联络。

b.在碰撞情况下,应要求碰撞的其他船舶尽快熄灭火种,同时劝其离开,到无货物气体出现的区域去。

c.船内处理。通知全船已发出应急情况,用本船所有的设备指挥采取行动,并迅速报告公司。佩戴呼吸器,在船的几个部位测出货物蒸气的浓度,并考虑货物的蒸气扩散和风向,要防止货物蒸气进往起居空间。

d.如果必须的话,熄灭所有火种并暂在上风头躲避或离开等待,直到货物蒸气的浓度变得不再能够燃烧为止。

e.检查破损,如果可能,制止货物在破损处外流。在处理时,防止发生任何火灾。

f.避免由于货物泄漏而产生污染。

②货物溢出时着火:

a.当与其他船舶碰撞时,要求他船采用适当方法撤离至安全区,如有可能和必要,可使船搁浅,船的前后安排拖缆(当作这一准备时,要测量气体浓度,以确保安全)。

b.向船东和有关部门报告此意外事故。

c.报告公司已发生应急情况并用本船所拥有的设备指挥采取行动。安排救援的所有人员灭火、救火人员应穿好防护服和佩戴呼吸器。

d.在着火的周围喷水,以免着火邻近处温度上升,并向由于火焰辐射可能使温度升高的地方喷水。

e.判断火灾发生的部位。如果可能,停止补给货物。

f.如果可能,应使用与货物相适应的灭火方法。

g.防止热空气进入起居空间。

h.考虑失火的情况,离船等待,直至火和热减弱或风向改变(在此情况下应连续喷水)。注意:灭火时,因辐射热很强,任何时候都应穿防火服和佩戴呼吸器。

i.采用适当方法致使无关船舶不靠近本船。

j.检查破损处。如有可能,制止货物外流,并应小心避免发生接踵而来的意外事故。

k.在暂时离船时,所有人员应穿好防护服和佩戴呼吸器,如果不能拿到这些设备,要穿白色衣服并尽可能用这些衣服遮盖皮肤。

l.如果可能,在离船时应安排好防火缆绳,以便拖船。

③当船舶在装卸货期间货物溢出时:

a.立即停止货物装卸,并关闭应急出口阀。

b.在船内发报警信号,并唤起人们的关注。

c.穿好防护服和佩戴呼吸器并在周围检测气体。

d.向港口和有关部门报告事故状况。

e.货物着火时:立即停止货物装卸,并关闭应急出口阀;向船舶内外发应急信号,所有人员被告之处于应急状态;穿好防护服和佩戴呼吸器并进行灭火;为了保护邻近空间,在必要的部位喷水。

f.进入泵舱,应做好预防措施防止人员中毒和窒息。

④有毒货物溢出:

a.当有货物大量溢出时,装卸工作应立即停止,并向主管机关报告。

b. 包括处理溢出物的所有人员在内应穿好呼吸器和佩戴防护服，无此装备的人员应被禁止进入该区域。

⑤腐蚀货物溢出：

a. 立即用大量的水冲洗。

b. 如果为了一些理由溢出物必须暂时局限起来，那么应该使用黄砂或其他不起化学反应的材料。不能使用诸如棉布或木头之类的纤维材料。

8. 人员伤亡

是指船舶航行、停泊、作业中人员落水，或外力因素造成意外伤害、严重疾病，或是被装运的化学品直接接触而造成的人体伤害，或是意外的烧伤、烫伤等现象。应视情况，及时采取下列应急处置措施：

(1)船舶在航行中发生人员落水或失踪，应立即停车按船舶救生应变部署表中的相关规定进行。若有困难则电告公司，请求抢救方案。

(2)外力造成人员意外伤害时，伤员必须采取就近抢救，转运迅速，运送时应严格按照应急抢救的要求，尽量让伤员平卧，出血部位要抬高或加压包扎，离断肢体清洁包好低温处理一并送医院，尽最大可能为伤员争取宝贵的抢救时间及创造有利的抢救条件。

(3)船员患严重疾病时，船舶应根据病情采取必要的施救措施，就近送医院抢救治疗；如系传染病，应速报船长，设法隔离及施行消毒预防工作，并通知防疫部门上船检查，以免传染其他船员。

(4)船舶若遇上述危急情况，且实施抢救无效，发生人员死亡时应保护好现场，如保护现场有困难，要进行现场拍照，尸体就近送地方殡仪馆保存，申请法医检验，鉴定死亡原因，出具死亡证明，并将情况报给公司。

(5)船舶应将上述情况记录完整，必须保证将事故的真实情况详细记录备案，主要内容：报告时间、来往电话或电报、采取的措施、有关方面的援助、受伤者的病情、其他有关事项，并妥善保存如下有关证据和资料：

航行日志、安全活动记录本、有关航行图、因他船原因造成伤害的有关资料、医疗报告、诊断记录、治疗记录。

(6)几种情况的紧急处理：

①溺水：对于溺水所致的呼吸、心跳俱停的伤员现场急救包括疏通呼吸道和人工心肺复苏两个步骤。首先，清除口中的杂物，并把溺水者的腹部俯卧在抢救者的大腿和肩上，使其臀高头低，拍击溺水者的背部，使其肺内和胃内的水流出，在1~2分钟内完成上述操作后，随即把溺水者仰卧在平地上，头偏向一侧，立即进行人工呼吸和胸外心脏按压，一直到有关人员确认死亡后方可放弃。

②外伤：要注意伤口防止感染，不经消毒的东西不能接触伤口，伤口上有不清洁物可用双氧水清洗。外伤出血时，可用止血带、三角巾、绷带等包扎，用橡皮管止血也好，如止血时间较长，则每隔60分钟暂时放松止血带5分钟，上肢上止血带不宜超过90分钟，下肢最多不宜超过120分钟，松止血带时伤口用纱布覆盖压迫止血，缓慢松止血带。

③触电：立即切断电源，用干燥的木棒、竹竿等绝缘工具将电线挑开。伤员被救后应迅速观察其呼吸、心跳情况，如呼吸与心跳停止，则应立即做人工呼吸与胸外心脏按压。在处

理电击伤时，还应注意有无其他损伤并作相应处理。

④中暑：迅速将患者移至阴凉通风处，解开衣服脱掉鞋子，让其平卧，头部不垫高。降温：用凉水或50%酒精擦其全身，直到皮肤发红，血管扩张以促进散热。冰浴足温是最有效的措施，有条件的可在患者头部、腋下和腹股沟等处放置冰袋。必要时也可将其放在凉水沟或水盆中浸浴降温。同时用力按摩患者四肢，以防止周围血循环的停滞。降温过程中必须加强护理，密切观察体温，以免发生虚脱，体温下降下来后立即送医院治疗。补充水分，能饮水的患者，应鼓励其喝足凉开水。

⑤骨折：肢体受伤如伤处出现畸形，活动时有骨擦以及在没有关节的部位出现异常活动，这些都是确诊骨折的指标。但如骨折无移位或动不明显，或脊柱、肋骨、骨盆等特殊部位的骨折，表现不明显，但伤者表现疼痛、肿胀、活动障碍也应怀疑骨折，急救时应将伤肢临时固定在发现时的位置，以减少运送时骨折端移动损伤血管与神经或刺激周围组织引起疼痛或休克。

⑥中毒：救护人员戴上氧气呼吸器尽快将中毒者从中毒地点移到空气流通的地方。用氧气瓶在中毒者的鼻子附近排放氧气，使患者充分吸氧，在使用氧气时严禁烟火。当中毒者停止呼吸时，还需采用人工呼吸进行抢救。注意对中毒者保暖，并把患者的头部侧放，以便充分呕吐。

⑦烧伤：烧伤后不能立即用冷水冷却，在处理较重的部位时，如水泡破裂，要包纱布以免感染。在大面积烧伤的情况下，应尽快送医院治疗。

9. 航行中人落水

是指船舶在航行中，由于船员不小心导致落水，或是船舶碰撞，导致人员落水现象。应视情况，及时采取下列应急处置措施：

(1)发现人落水后，立即大声呼叫“左(右)舷有人落水”。驾驶室发出人落水警报，同时就近取下救生圈投向落水者上游(抛投救生圈时不可对准落水者，以免伤人)。

(2)当班驾驶员听到呼叫后应立即命令停车并向落水者一舷操舵摆开船尾，以免船尾和螺旋桨打伤落水者。

(3)报告船长，并发出人落水警报(三长声)，本船右舷落水三长一短声，左舷三长两短声，有关人员必须立即按“应变部署表”各就各位。船长要在第一时间报告公司及当地主管机关，请求协助施救。

(4)立即派人登高瞭望落水者的位置，不断报告落水者的方位，夜间应打开探照灯，照亮落水者周围水域，以便搜救。如果落水者的方位不清，则应使用一切有效的方法寻找落水者。

(5)如果下游有船舶驶向落水者水域，应立即通过甚高频无线电话或其他任何通信方式迅速与他船取得联系，请求协助搜救。

(6)船长视当时的情况，运用最合适的操纵方法尽快接近落水者。

(7)在安全地带，应尽早放下救生艇。

(8)如本船在锚泊，系浮筒等停泊时发现人落水，应及时放下救生艇进行救助。

(9)救起落水者，应做好获救人员的保护、急救盒治疗工作，包括：确保幸存者不被单独留下，特别是受伤或体温过低、生理或心理出现衰竭症状时；尽快送获救人员到医院接受检查和治疗，直到落水者脱离危险。

(10)如果经过长时间搜寻，仍不能找到落水者，由船长决定是否继续搜救，并报告公司和当地主管机关。

10. 遭遇台风

是指船舶在航行停泊中，由于大气层气流温度不平衡影响，产生运动，突发性形成大风，危及船舶航行，停泊安全，它将导致偏离航路、断缆、链、走锚，甚至形成大浪，使船舶进水沉没。应视情况，及时采取下列应急处置措施：

(1)值班驾驶员应立即报告船长，船长进入驾驶室合理操纵船舶，使船向与风浪成适当夹角而顶风顶浪，避免正横受浪而发生倾覆。

(2)关闭水密门、窗、孔等。船队加强系缆，宜用弹性较强的化纤缆，并使各缆均衡受力。

(3)固定可能移动的物件。加强巡查，定时测深。

(4)采用安全航速，将船舶驶至风浪较小的水域，防止船舶大幅纵摇发生中垂或中拱。

(5)尽量靠上风岸或浅水区航行，但必须注意防扫碰浮标或偏离航道造成搁浅。

(6)采用"Z"形航法，尽量顶浪航行，用小舵角转向。

(7)必要时增加压载水，加深船舶吃水，降低重心高度。

(8)需要掉头时，选择好浪小的地点和时机，快速进行，防止船舶受横浪冲击而倾覆。

(9)风浪过大，应选择锚地避风或在风浪较小的浅水区抛锚扎风锚泊后，船舶应按航行规定值班，驾驶台值班人员必须昼夜守听甚高频电话，移动电话置于开机状态，保持船岸通信畅通。密切注意泊位、锚链、缆绳、油布、船舶等情况。

(10)备好潜水泵随时准备应急抢险。

(11)在港船舶收到本地台风信息时，全体船员必须在船留守，驾驶值班和检查，泊港船舶必要时备好主机待令。

(12)船舶船长、大副担任本船现场正、副总指挥，负责船舶抢险现场方案的拟订、实施。

(13)船舶遇险，船长应立即启动相应应急方案，全力组织抢险自救，并向就近海事机关、港务局或船舶求助，同时向公司报告船位、当地风力、风向、船舶损失部位及自救方案和抢险要求，并保持不间断联系，直至脱离险情。

(14)如实将事故发生的时间、地点，采取的措施及损失情况记入《航行日志》中。

三、事故处理分析

事故发生后的认真检查，确定起因，明确责任，并采取措施避免事故的再次发生，这一过程即为"事故调查"(Accident Investigation)。通过事故调查分析，对事故现场进行复原解剖，目的在于总结"血的教训"，强化员工的安全意识，增强自我防护应急能力，避免类似事故重演。采取这种方法强化安全生产，其作用和意义是无可非议的。调查水上事故，应首先运用勘查、拍照、查询、鉴定、检验等手段搜集证据，然后分析包括人为因素在内的与事故有关的所有因素、研究水上事故发生的各个细节、查明事故原因、判明当事各方及有关人员责任。

事故调查处理通过对事故的调查，查清事故发生的经过，科学分析事故原因，找出发生事故的内外关系，总结事故发生的教训和规律，提出有针对性的措施，防止类似事故的再度发生，以警示后人。它包括事故原因分析、事故责任划分、事故责任追究等环节。

事故调查与事故处理，是两个相对独立而又密切联系的工作。事故调查的任务，主要是查明事故发生的原因和性质，分清事故的责任，提出防范类似事故的措施；事故处理的任务，主要是根据事故调查的结论，对照国家有关法律、法规，对事故责任人进行处理，落实防范重复事故发生的措施，实现贯彻“四不放过”的原则要求。因此，事故调查是事故处理的前提和基础，事故处理是事故调查目的之实现和落实。

根据《安全生产法》的规定，事故调查处理应当遵守以下原则：

(1)实事求是、尊重科学的原则。事故调查处理必须以事实为依据，以法律为准绳，严肃认真地对待，不得有丝毫的疏漏。

(2)“四不放过”的原则。即事故原因没有查清楚不放过，事故责任者没有受到处理不放过，群众没有受到教育不放过，防范措施没有落实不放过。

①把事故原因分析清楚，找出导致事故发生的真正原因，不能在尚未找到事故主要原因时就轻易下结论，不能把次要原因当成真正原因，未找到真正原因决不轻易放过，找到事故发生的真正原因，并搞清各因素之间的因果关系；

②对事故责任者要严格按照安全事故责任追究规定和有关法律、法规的规定进行严肃处理；

③必须使事故责任者和员工了解事故发生的原因及所造成的危害，并认识到航运安全生产的重要性，从事故中吸取教训，在今后工作中更加重视安全工作；

④必须针对航运安全生产事故发生的原因，在对事故必须进行严肃认真的调查处理的同时，提出防止相同或类似事故发生的切实可行的预防措施，并督促事故发生单位或部门加以实施；

(3)公正、公开的原则。公正，就是实事求是，以事实为依据，以法律为准绳，既不准包庇事故责任人，也不得借机对事故责任人打击报复。更不得冤枉无辜；公开，就是对事故调查处理的结果要在一定范围内公开。

(4)分级管辖的原则。事故的调查处理应依照事故的分类级别来进行。

1. 事故调查取证

应本着公开、公平、合法的原则，采取下述方式进行事故调查取证。

(1)对事故现场进行勘察、取证；

(2)询问事故当事人、责任人员、在场人、船舶部门负责人、船长以及公司相关部门和人员；

(3)证人证言(包括事故船舶船员、事故发生时附近船舶船员的证词证言)；

(4)客观证据(从 GPS、AIS 等途径获取的图像及数据)；

(5)走访主管机关(海事机关、航道部门、交管中心等)取得的相关证据；

(6)事故船舶提供的《事故报告书》；

(7)调查小组应指定专门人员作好调查记录，复印或者抄录各种法定记录和日志等。

2. 事故原因分析

事故原因分析就是在调查取证的基础上，对所有证据进行分析、审查和判断，以掌握事故发生的过程和结果，查明事故原因。深入分析典型的个案事故和群案统计事故原因，能够得出本质化和普遍化的安全建议和事故预防措施。

1)事故原因分析的基本思路

为了搞好事故原因的分析,我们通常采用事故统计分析和事故个案分析两种形式。事故统计分析是指对所有或某类事故这一整体的原因分析,一般采用数理统计方法;事故个案分析是指对每一起具体事故的原因作出分析,一般采取逻辑推理方法。两者是辨证的关系,即个案分析是统计分析的基础,反之,统计分析对个案分析具有指导意义。

(1)运用因果关系理论来分析事故原因。

辩证唯物主义认为,世界上的一切事物的因果关系具有客观的、普遍的性质,即万事有因。一般来说,原因在先,结果在后。因果关系不是孤立存在的,它与周围的许多条件有着密切的联系。有时一种原因可以产生多种结果,一种结果也可以来自多种原因。因此,把握客观事物的因果关系,对于正确总结经验,很好地吸取教训,科学地预见未来具有十分重要的意义。分析事故的原因,实际上就是探求事物的因果关系。只有认识了事物的因果关系,才能正确地总结经验,很好地吸取教训,有针对性地采取预防措施。就认识因果关系的思维活动来说,基本上有两大步骤:第一步,确定可能的原因或结果;第二步,从可能原因或结果中探求真正的原因或结果。这需要对被研究的现象出现或不出现的各种场合进行比较,以排除不是真正原因或结果的现象,从而辨认出真正的原因或结果来。

(2)运用系统论观点来分析事故原因。

系统论的观点是指对事故这一事物或现象不能单从该事物或现象的某一侧面去认识,而应把它当做一个整体或系统来加以考察。水上运输是一个系统工程,为水上运输服务的安全管理也是一个系统工程。为此,在分析事故的原因时,应从预防事故这一角度出发,放开眼界,避免过去注重船员过失和违章的单纯观点,运用系统论的观点分析或查明事故原因,全方位地吸取事故教训,提出全方位的事故预防措施。

按照系统论的观点来看,水上交通运输是由人员、船舶、货物、环境和管理等要素组成的一个系统,同时又是一个动态变化的系统,因为这五种要素随船舶航行会发生变化。当这五种要素中的一种或几种存在不安全状态时,由于一种要素的单独作用或几种要素的相互作用,就会诱发事故隐患,从而引发水上交通事故。

①人员要素:在事故中,人员因素往往是触发因素,其中船员又是最主要的因素。船员的身体状况、知识水平,包括对专业知识、航行规则、有关法律法规的掌握和理解等;驾驶技能,包括判断能力、应变能力、操作能力等;思想意识,包括职业道德安全意识、工作态度、责任心等,以及驾引经验等,都直接影响船员的行为对事故起决定性作用。其他的人员如引航员、管理人员、码头工人等,也会在履行各自职责时出现差错或过失,在某些事故中成为事故发生的因素。

②船舶要素:有时会成为事故的主要因素,特别是船舶倾覆或沉没的事故,以及在船舶失控的情况下发生的事故。船舶要素包括船舶航行操纵设备、助航设备的性能和状况、船舶材料及质量、船体结构、强度、密封性和分舱布置、船舶的吃水、稳性、惯性等。

③货物要素:虽不是造成事故的主导因素,但如果人们对货物特有的属性不了解,如货物的挥发性、易燃易爆、毒性、易移动等特性,或在货物分类、处置。堆装、固定、运输保管等方面处理不当,则容易引发事故。

④环境要素:除不可抗力外,环境因素很少成为事故的主导因素,但常常是人为错误的

诱导因素。特别是触礁、搁浅、自沉和触损事故，由于船员对环境估计不足，加之操作不当，而引发事故。环境因素分为自然环境和通航环境，自然环境包括气象（风、雪、雨、雾），水文条件（流速、流态、涨水、退水），航道条件（航道宽度、深度、曲率半径）、水下障碍物、助航标志等；通航环境包括通航密度、交通秩序、靠锚泊条件、桥梁及架空电缆高度、背景灯光、港口设施的状况、安全信息等。

⑤管理要素：虽不是引发事故的直接原因，但通常是事故深层次的原因，为达到预防水上交通事故的目的，就应从管理的角度来剖析事故的原因。包括船公司管理：船公司进行安全管理的机制是否健全、制度是否完善、人员是否具有专业资格、职责是否清楚、责任有无落实到位等是船舶安全运作的关键。如船员的配备是否足够、合格，设备是否完善，船舶是否适航，装载是否合理合法等；运管部门管理：交通运输主管部门的管理，运管法规建设是否跟上航运发展的需要，是否存在管理漏洞或不足，是否有人为疏忽或违反政规定的情况等；海事机构管理：海事机关在船员管理、船舶管理、通航管理、航行安全保障等工作中，是否存在管理漏洞，海事法规建设是否跟上航运发展的需要，以及是否存在人为疏忽或违反规定的情况等；其他部门的管理：如引航、港口、船检、航道等部门的管理，是否存在不足，是否有违反操作、违反规定的情况等。

（3）采用事故致因理论方法来分析事故原因。

我们在分析事故原因时，也可采用比较成熟的事故致因理论方法。这些分析事故原因的主要理论有事故链理论、多米诺理论和事故结构理论等。

①事故链理论，是指任何一个事故的发生都经历一个过程，水上交通事故也不例外。不同类型、不同性质的事故过程都要经历所谓萌生期、发展期、形成期或初期、中期、后期各个阶段。在事故发生的整个过程中，随着时间的推移，发生了一系列事件，最后一个事件就是事故结果。有人将事故过程概念归纳为事故链或事件链的概念。该理论为揭示事故发生的过程及直接原因提供了指导。

②多米诺理论，是美国学者 Heinrich 提出了事故因果关系理论。Heinrich 将事故因果关系用五个多米诺骨牌按图顺序排列。如果从这五个多米诺骨牌中抽出某一个，则事故多米诺骨牌的连锁反应在该个停止，以后的多米诺骨牌就不会倒下。该理论为消除事故隐患，提出安全建议和制定预防措施有很大帮助。

③事故结构理论，是指事故基本致因条件可归纳为自然条件、航运条件、船舶条件、交通条件和船员条件这五方面。这些条件的单独作用，相互间的作用以及在防止事故中所处的地位，即事故发生条件的作用机制，通常称之为海事结构。上述五方面的事故致因条件导致事故友生的组合类型可分为三大类情况，并可构成 31 种事故。该理论研究事故发生条件的作用机制，不但可以了解一般的事故致因条件，而且还可以了解条件怎样起作用和如何相互作用，从中得到重要启迪，抓住关键环节，对事故发生条件实施最佳控制，以达到预防事故的目的。

2）分析事故原因的基本步骤

分析事故原因就是在调查取证的基础上，从人员、船舶、货物、环境和管理等各要素进行综合分析，查明各要素在事故中所起作用的重要程度，并根据各要素的重要程度及其成因，找出事故的真正原因。一般按如下步骤进行：

(1)汇总调查材料,审核各种证据。

收集整理所有调查材料,对证据进行分类、整理、归纳,通过对各种证据的审查、判断及分析来确定能反映事故事实的证据,为全面分析事故原因做好准备。

(2)根据事实证据,进行全面分析。

根据经审核的各种事实证据,从以下方面进行分析,找出导致事故发生的相关要素:船员的不安全行为;事故行为;受损部位、损伤程度;船舶的技术状态;货物种类及装卸情况;事故发生的自然环境和通航环境;船公司管理,航运相关部门管理;其他不安全因素等。

(3)运用因果理论,分析因果关系。

分析各种事实的因果关系,找出可能引起事故发生的因素。任何事故友生的原因和结果之间的联系是多样的、复杂的。因此,分析事故发生的因果关系时,必须进行具体分析。如两艘航行船舶在航行中发生碰撞事故,其直接原因一般是不安全行为,具体说就是船员在瞭望、对动态的判断、航路选择、采取的避让行动和挽救紧迫危险局的措施等方面存在不足的结果。

(4)进行层次分析,查明直接原因。

由浅及深地进行分析。先查明事故的直接原因,再查明间接原因。此外,如果由于种种条件限制或工作中的失误,搜集不到或没有搜集到充分的、直接的证据来证实事故的原因,则应根据不充分的、间接的证据来推断事故的可能原因。

(5)进行综合分析,作出调查结论。

在上述分析的基础上,再次审核收集到的各类证据和事实,并进一步分析引发事故的相关因素,召开事故分析会或专家鉴定会,作出事故原因调查结论。

3)事故原因的表述形式

事故原因分析完毕后,可能会找出多种多样的具体原因。但是,为了抓住事故原因的关键方面,有针对性地提出预防事故再次发生的各种措施和安全建议,以及能恰当地根据事故原因确定当事人的法律责任,通常按事故原因的性质分类,采用以下几类表述形式:

(1)直接原因和间接原因。

直接原因是指事故原因中不经过中间事物而起作用的原因;间接原因是指事故原因中经过中间事物才起作用的原因。直接或间接不是指构成事故原因的事物在空间或时间上与发生事故的远近关系,而是指该事物在对事故发生上起作用的大小强弱。

(2)主要原因和次要原因。

主要原因是指导致事故发生的数个原因中最重要的原因,次要原因是指这数个原因中次重要的原因。区分主要原因和次要原因,不仅有利于掌握吸取事故教训的重点,确定事故引起的法律责任的大小,而且有利于抓住防范事故的关键。

(3)主观原因和客观原因。

主观原因是指人的自我意识方面的原因;客观原因是指人的意识之外不依赖意识而存在的原因。从系统论的观点出发,发生事故有两种原因,一是人的原因;二是大自然的原因。主观原因可称为人的原因。而客观原因则包括船舶原因和环境原因。

4)水路运输典型事故的常见原因

(1)碰撞事故的常见原因:

①人员方面:瞭望疏忽、麻痹大意;双方避让行动不协调,避让迟缓;判断对方船位错误,对来船动态演变估计不足;随意改变会让意图;不熟习航道;避让操作技术差,会船时紧张过度或漫不经心;休息不足,疲劳驾驶;车舵使用不当;不使用或不正确地使用雷达和 VHF;未做到交清接明,交接班出错;违反航行规则或避碰规则;使用安全航速不当,引航员操作失误等。

②船舶方面:舵机、主机突然失灵等。

③环境方面:航道环境、自然环境异常、船舶流量大、交通秩序混乱等。

④管理方面:船员配备不足;值班安排不当;没有按规定维护保养船舶等。

(2)搁浅/触礁事故的常见原因:

①人员方面:船员技术水平低,值班时注意力不集中,不熟悉航道状况和水性,休息不足,疲劳驾驶,导航设备故障或使用不当,航线选择不当,避让他船时船位操作不当,通过危险航段的时机选择不当,瞭望不正规,迷失船位,贪旺走扣,贪走缓流,对浅水效应所需增加的船舶吃水估计不足等。

②船舶方面:主机、舵机、供电故障等。

③货物方面:超载、船舶装载不当等。

④环境方面:自然环境异常;航标不发光、移位或流失等。

(3)火灾/爆炸事故常见原因:

火灾/爆炸事故的主要由明火、烟火、电气火、摩擦火、自然火、静电释放、化学作用等引起。常见起火原因有:电器设备起火,例如:线路老化、电器漏电;易燃易爆气体被明火或静电火点爆,例如烟囱火星点燃油气,空油舱内油气因静电释放而爆炸,锅炉超压爆炸,机件润滑、冷却不当而过热起火,机件摩擦起火,锅炉或油管漏油起火,植物类货物等因通风不良而积热自燃等。

人为原因有:非法吸烟、滥用火源;违章明火作业;乱拉电线和违章使用电器,维修保养操作不当产生火花或过热起火,在油气场所穿着易产生静电的衣服和带铁钉的鞋引发火花而爆炸;油船违章装卸,油船碰撞或触礁引发火灾和爆炸等。

3. 事故责任划分与追究

《中华人民共和国安全生产法》第十三条明确规定:"国家实行生产安全事故责任追究制度,依照本法和有关法律、法规的规定,追究生产安全事故责任人员的法律责任"。

为了准确地实行处罚,必须根据事故调查所确认的事实,分清事故责任。事故责任分为:

(1)直接责任:指其行为与事故的发生有直接关系的。

(2)主要责任:指对事故的发生起主要作用的。

有下列情况之一时,应负直接责任或主要责任:

(1)违章指挥或违章作业、冒险作业造成事故的;

(2)违反安全生产责任制和操作规程,造成伤亡事故的;

(3)违反劳动纪律、擅自开动机械设备或擅自更改、拆除、毁坏、挪用安全装置和设备,造成事故的。

有下列情况之一时,有关领导应负领导责任:

(1)由于安全生产责任制、安全生产规章和操作规程不健全,职工无章可循,造成伤亡事故的;

(2)未按规定对职工进行安全教育和技术培训,或职工未经考试合格上岗操作造成伤亡事故的;

(3)机械设备超过检修期限或超负荷运行,或因设备有缺陷又不采取措施,造成伤亡事故的;

(4)作业环境不安全,又未采取措施,造成伤亡事故的;

(5)新建、改建、扩建工程项目的安全设施不与主体工程同时设计、同时施工、同时投入生产和使用,造成伤亡事故的。

按照有关法律法规,依据事故责任的性质和大小,对事故责任者进行不同程度的处罚,处罚的形式有行政处罚、经济处罚和刑事处罚等。

四、事故整改与预防

1. 事故教训吸取

前车之鉴,后事之戒的道理,说明了总结事故教训的科学性。通过对事故、事件原因的分析,找出引以为戒的教训,再制定有针对性的整改措施,达到防止事故发生的目的。尤其是对防止同类事故发生的作用更有效,比一般性的预防措施更有实用价值。实践证明,这是杜绝事故最直接的做法。

应当着重从以下几个方面吸取事故教训:

(1)是否贯彻落实了有关的安全生产的法律、法规和技术标准;

(2)是否制定了比较完善的安全管理制度;

(3)是否制定了合理的安全技术防范措施;

(4)安全管理制度和技术防范措施执行是否到位;

(5)安全培训教育和宣传及贯彻是否到位,职工的安全意识是否到位;

(6)有关部门的执法力度是否到位;

(7)企业负责人是否重视安全生产工作;

(8)是否存在官僚和腐败现象,因而造成了事故的发生;

(9)是否落实了有关"三同时"的要求;

(10)是否有合理有效的事故应急救援预案。

2. 事故预防

1)事故预防基本理论

根据海因里希理论,事故发生的直接原因是人的不安全行为和物的不安全状态,而基本原因可以归结为技术、教育、身体和管理四个方面。因此,可以采取以下3种基本对策,强化下列5个环节。

(1)3E对策:

Engineering:技术对策,即运用工程技术的手段消除生产设备和作业环境存在的不安全因素;

Education:教育对策,即提供各种层次各种形式的教育和训练,使全体员工掌握安全生产的基本知识和技能，树立安全的基本观念；

Enforcement：法治对策，即利用法律、规程、标准和制度等一系列的强制手段约束人们的行为，避免事故的发生。

(2)5 环节模型：

①建立健全事故预防工作组织，形成由企业领导牵头的，包括安全管理人员和安全技术人员在内的事故预防工作体系，并切实发挥其效能。

②通过实地调查、检查、观察及对有关人员的询问，加以认真的判断、研究，以及对事故原始记录的反复研究，收集第一手资料，找出事故预防工作中存在的问题。

③分析事故及不安全问题产生的原因。它包括弄清伤亡事故发生的频率、严重程度、场所、工种、生产工序、有关的工具、设备及事故类型等。找出其直接原因和间接原因，主要原因和次要原因。

④针对分析事故和不安全问题得到的原因，选择恰当的改进措施。改进措施包括工程技术方面的改进、对人员说服教育、人员调整、制定及执行规章制度等。

⑤实施改进措施。通过工程技术措施实现机械设备、生产作业条件的安全，消除物的不安全状态；通过人员调整、教育、训练，消除人的不安全行为。在实施过程中要进行监督。

2)事故整改与预防措施

(1)安全技术整改与预防措施。

针对不同的事故及其原因采取相应的安全技术整改与预防措施。

(2)安全管理预防与整改措施。

与安全技术对策措施处于同一层面上的安全管理对策措施，其在企业的安全生产工作中与前者起着同等重要的作用。

①建立安全管理制度。

按照《安全生产法》等法律、法规要求，建立健全企业安全管理规章制度和应急预案，有效落实安全生产主体责任。

②建立并完善生产经营单位的安全管理组织机构和人员配置。

按照《安全生产法》规定，危险物品的生产、经营、储存单位，应当设置安全生产管理机构或者配备专职安全生产管理人员，其他生产经营单位，从业人员超过300人的，应当设置安全生产管理机构或者配备专职安全生产管理人员；从业人员在300人以下的，应当配备专职或者兼职的安全生产管理人员，或者委托具有国家规定的相关专业技术资格的工程技术人员提供安全生产管理服务。同时，应明确各级安全生产负责人。

③建立健全生产经营单位安全生产投入的长效保障机制。

应当具备的安全生产条件所必需的资金投入，由生产经营单位的决策机构、主要负责人或者个人经营的投资人予以保证，并对由于安全生产所必需的资金投入不足导致的后果承担责任。

新建、改建、扩建工程项目(以下统称建设项目)的安全设施，必须与主体工程同时设计、同时施工、同时投入生产和使用。安全设施投资应当纳入建设项目概算。

在日常运行过程中应该安排用于安全生产的专项资金，进行安全生产方面的技术改造增添安全设施和防护设备以及个体防护用品。

(3)安全培训和教育。

生产经营单位的安全培训和教育工作分3个层面进行：

①单位主要负责人和安全生产管理人员的安全培训教育,侧重面为国家有关安全生产的法律法规、行政规章和各种技术标准、规范,了解企业安全生产管理的基本脉络,掌握对整个企业进行安全生产管理的能力,取得安全管理岗位的资格证书。

②从业人员的安全培训教育在于了解安全生产知识,熟悉有关的安全生产规章制度和安全操作规程,掌握本岗位的安全操作技能。

③特种作业人员必须按照国家有关规定经专门的安全作业培训,取得特种作业操作资格证书。

五、事故台账与档案管理

1. 事故台账管理

事故台账是事故档案的重要内容之一。事故台账是反映一个单位对安全生产事故全过程整体情况的资料记录。作用在于:①在台账资料的记录、整理和积累过程中起到自我督促、强化安全生产管理的作用。②企业规范管理上档次,提高企业管理水平的需要。③对单位和安全管理人员起到了自我保护的作用。安全生产事故台账是企业安全生产台账的重要内容,是企业安全生产事故发生后对相关人员进行调查访谈的资料记录及分析,也是对事故采取归责、预防等措施的系统总结。

航运企业如已建立、实施并保持安全管理体系,则按体系文件规定的要求设立相关事故管理台账。如尚未建立或实施安全管理体系,在设立安全管理台账时应注意:航运公司事故管理台账基本内容应包括以下方面：

①准确记录:水上交通事故发生时间,发生地点,事故类别,事故等级,直接经济损失(万元),伤亡人员情况,伤害程度;

②客观描述和记载:事故经过;救援情况;事故教训;事故原因分析;事故预防措施;事故责任人处理;相关人员受教育情况。

2. 安全生产事故档案管理

事故档案是事故统计、事故调查、事故处理过程的如实记录,是事故报告的不断累积,也是今后进行典型事故分析或事故统计的基础资料,应当认真归档,妥善管理。航运企业事故档案管理规定参照《生产安全事故档案管理办法》的有关规定来执行,同时也要注意符合《水上交通事故统计办法》有关条款的规定。《生产安全事故档案管理办法》指出：

(1)事故档案管理是参与事故调查处理单位档案工作的组成部分。

(2)事故档案的管理应与事故报告、事故调查和处理同步进行。

(3)参加事故调查处理的有关单位及个人都有维护事故档案完整、准确、系统、安全的义务。任何单位和个人都不得将事故档案据为己有或拒绝归档。

(4)事故调查组组长或组长单位应指定人员负责收集、整理事故调查和处理期间形成的文件材料。事故调查组成员应在所承担的工作结束后10日内,将工作中形成的事故调查文件材料收集齐全,移交指定人员。

(5)负责事故处理的部门在事故处理结束后30日内向本单位档案部门移交事故档案。

(6)参加事故调查的其他单位可保存与其职能相关的事故调查文件材料的副本或复制件。

(7)事故文件材料的收集归档,有关法律、行政法规或我国参加的国际公约、协定、条约另有规定的,依照其规定办理。

《生产安全事故档案管理办法》对于需要归档的文件材料范围做了明确规定:

(1)事故报告及领导批示;

(2)事故调查组织工作的有关材料,包括事故调查组成立批准文件、内部分工、调查组成员名单及签字等;

(3)事故抢险救援报告;

(4)现场勘查报告及事故现场勘查材料,包括事故现场图、照片、录像,勘查过程中形成的其他材料等;

(5)事故技术分析、取证、鉴定等材料,包括技术鉴定报告,专家鉴定意见,设备、仪器等现场提取物的技术检测或鉴定报告以及物证材料或物证材料的影像材料,物证材料的事后处理情况报告等;

(6)安全生产管理情况调查报告;

(7)伤亡人员名单,尸检报告或死亡证明,受伤人员伤害程度鉴定或医疗证明;

(8)调查取证、谈话、询问笔录等;

(9)其他有关认定事故原因、管理责任的调查取证材料,包括事故责任单位营业执照及有关资质证书复印件、作业规程及矿井采掘、通风图纸等;

(10)关于事故经济损失的材料;

(11)事故调查组工作简报;

(12)与事故调查工作有关的会议记录;

(13)其他与事故调查有关的文件材料;

(14)关于事故调查处理意见的请示(附有调查报告);

(15)事故处理决定、批复或结案通知;

(16)关于事故责任认定和对责任人进行处理的相关单位的意见函;

(17)关于事故责任单位和责任人的责任追究落实情况的文件材料;

(18)其他与事故处理有关的文件材料。

同时,航运企业在制定本企业生产安全事故档案管理制度时,应注意在事故档案整理、归档、保管、借阅及审批流程、销毁、移交等方面做出明确规定。

第十一章　考评执业规范

第一节　概　　述

一、企业安全生产标准化考评工作的背景

企业安全生产标准化是安全生产工作的重要手段和抓手，目的是通过建立安全生产责任制，制定安全管理制度和操作规程，排查治理隐患和监控重大危险源，建立预防机制，规范生产行为，使各生产环节符合有关安全生产法律法规和标准规范的要求，并持续改进、完善和提高，使企业的人、机、物始终处于良好的安全状态下运行，从而提升企业安全管理水平，促进企业在安全的前提下健康快速发展。

企业安全生产标准化建设工作的提出最早可追溯到2004年国务院文件《关于进一步加强安全生产工作的决定》（国发〔2004〕2号）。国发2号文件明确提出了在全国所有的工矿、商贸、交通、建筑施工等企业普遍开展安全质量标准化活动的要求。但当时标准化工作还处于探索阶段，重点是安全质量环节，没有形成通过规范安全生产各个环节使人、机、物、环处于良好的生产状态，并持续改进，不断提升企业安全生产综合管理水平全面、系统的要求。

国务院关于企业安全生产标准化工作是以国发〔2010〕23号和国发〔2011〕40号文件在全国范围内进行部署的。23号和40号文件明确要求要深入开展以岗位达标、专业达标和企业达标为内容的安全生产标准化建设，对在规定期限内未实现达标的企业，要依据有关规定责令停产整顿；对整改逾期仍未达标的，要依法予以关闭。国务院安委会安委〔2011〕4号文件《关于深入开展企业安全生产标准化建设的指导意见》则对全国企业安全生产标准化工作作了进一步细化和部署，要求以工矿商贸、交通运输等行业（领域）为重点深入开展安全生产标准化建设。

为贯彻落实国务院关于开展企业安全生产标准化建设工作部署，交通运输部在国务院安委〔2011〕4号文件下发后，迅速制定了《关于印发交通运输企业安全生产标准化建设实施方案的通知》（交安监发〔2011〕322号），对交通运输企业安全生产标准化建设工作进行了全面部署，要求从事客运、危险化学品和烟花爆竹等重点运输企业在2013年底前实现达标，其他交通运输企业在2015年前实现达标。交通运输企业安全生产标准化建设工作正式启动。

二、企业安全生产标准化考评工作的管理

根据国务院《关于进一步加强企业安全生产工作的通知》（国发〔2010〕23号）、《关于坚持科学发展安全发展促进安全生产形势持续稳定好转的意见》（国发〔2011〕40号）精神和《关于深入开展企业安全生产标准化建设的指导意见》（安委〔2011〕4号）的部署，交通运输部起草了《交通运输企业安全生产标准化考评管理办法》和《交通运输企业安全生产标准化

达标考评指标》。

2012 年 4 月 20 日,《交通运输企业安全生产标准化考评管理办法和达标考评指标》(交安监发〔2012〕175 号)颁发,标志着旨在通过规范企业安全生产管理及行为,提升企业安全生产能力和水平的交通运输企业安全生产标准化建设工作进入了全面实施阶段。

为规范交通运输企业安全生产标准化考评发证、考评机构和考评员的管理,根据《交通运输企业安全生产标准化考评管理办法》(交安监发〔2012〕175 号),交通运输部制定了《交通运输企业安全生产标准化考评发证实施办法》、《交通运输企业安全生产标准化考评机构管理实施办法》、《交通运输企业安全生产标准化考评员管理实施办法》(见交通运输部办公厅文件(厅安监字〔2012〕134 号)《关于印发交通运输企业安全生产标准化相关实施办法的通知》)。这些办法对交通运输企业安全生产标准化和考评员的管理进行了规范与安排。

本章主要针对交通运输企业安全生产标准化考评员管理和执业规范进行论述,有关考评发证和考评机构的管理将在第十三～十四章说明。

考评员是指在规定职业工种、等级和类别范围内,按照统一考核方法、职业标准及考核要求,对鉴定对象进行考核、评审的人员。安全生产考评员则是在规定的安全生产培训类别范围内,按照国家有关部门考核大纲要求,对安全生产培训对象进行考核后的人员。

为保证交通行业安全生产标准化考核工作的科学性、公正性、客观性,建设一支政策水平高、业务能力强的职业安全生产考评员(以下简称考评员)队伍,以规范交通行业安全生产考核工作,根据《中华人民共和国安全生产法》、《关于坚持科学发展安全发展促进安全生产形势持续稳定好转的意见》(国发〔2011〕40 号)及其他有关规定和要求,明确考评员的职业道德、作用和地位、具备条件、完善考评员注册制度等,以加强对考评员的管理及考评执业规范。

第二节　考评员的职业道德

一、职业道德概述

职业道德是随着社会分工的深化而逐渐形成和发展起来的特殊的道德规范体系,它的社会功能,在于改善企业员工的工作态度,调节员工之间及其与社会各方面的人际关系,使企业运营能够朝着有利于改善个人福利、推动企业发展、促进社会进步的目标努力。

现代职业道德,则以有效协调群体活动中个人与组织的关系为基本前提。对于企业内部一个岗位上的员工来说,基本的作业技能是他必备的能力,此时,能否正确地做事就看他的态度了,这个态度也就是我们这里所强调的"职业道德"。职业道德的好与坏,直接决定了工作绩效的优与劣,决定了企业的成败。我们常说,"干得怎么样是能力问题,干不干是态度问题",说到底,还是在强调职业道德的重要性。

作为安全生产标准化考评员,无论身在何处,行在何时,其言行举止都应该符合现代社会、现代企业和现代员工的行为操守。现代职业道德集中体现为员工的责任观念,下面三种职责是其代表:

(1)对自己的职责:要尽其所能履行分内工作的任务和责任,你的一生都成就于你工作中的每一时刻。

(2)对企业的职责:在完成既定目标过程中,要时刻牢记尽力增强企业实力,以保持企业持续发展。

(3)对社会的职责:时刻不要忘记你的工作正关系着他人的生命健康和人生幸福,关系着人类繁荣和社会进步。

二、现代职业道德建设的基础

由于文化传统、社会制度和发展程度的差异,决定我国的现代职业道德建设,不能完全照搬西方的观念和规范,而应立足于本国文化传统,结合企业实际情况、符合社会经济发展规律、借鉴别人成熟的先进经验,逐步形成和完善具有中国本土特色、符合现代经营理念和企业自身特点的独特的职业道德体系。

1. 忠于职守、合作敬业

敬业乐业是任何历史时期的任何一个在岗从业人员都必须秉持的职业道德精神,它是所有在岗人员做好本职工作的基本前提。对此,我国传统道德观念早就给出了一系列相应的道德规范,大力提倡敬业、乐业、勤业、精业意识。在传统儒家思想中,很早就提出了“敬业乐群”的主张。所谓“敬业”指的是聚精会神、全心全意地做好自己的本职工作。这正是从业人员搞好本职工作所应具备的基本的思想品格。

2. 遵纪守法、诚实守信

“诚实守信”是任何社会成员安身立命的道德准绳,是一切从业人员做好本职工作的道德前提,更是我们中华民族代代相传的美德。诚实是指对人对事要真实无欺;守信是指不食言、不违约,坚守诺言,说到做到。“诚信”二字合起来,就是要求人们在相互交往中,做到真诚实在,不失信誉。这是我们从事任何职业都应有的道德意识。

3. 坚持原则、顾全大局

“办事公道,顾全大局”是从事任何职业,既要对社会尽义务,享有社会赋予的权力,又要遵纪守法。例如,法官有审判案件的权力,医生有开处方、拿手术刀的权力,等;但从职业道德规范来说,作为从业人员就要办事公道,顾全大局,遵纪守法。我们古代思想家们对此有许多精辟的论述,提倡正直无私的道德规范。“正直”,就是办事持平,不偏不倚;“无私”,就是要出以公心。为此,我们在行使职业权力时,一定不能以权谋私、假公济私、枉法徇私,要顾全大局、办事公道、遵纪守法。

4. 以义取利、开拓创新

职业作为一种谋生的手段,不能不讲利益。但是,从业人员要取利,又必须受道德制约,这就是要遵循“以义制利”或“见利思义”的原则。富裕和尊贵,是每个人都渴望得到的,但如果是靠不择手段得来的,宁愿不要。贫穷与低贱,是所有人都厌恶的,但如果不是靠正当手段去改变它,还不如安于贫贱好。所以,以义取利早已成为我们民族的道德价值取向。这种道德价值取向告诉我们,对于“利”要有一种理性的制约,不苟取,不妄得,拒受不义之财。这对于目前社会转型期出现的许多贪赃枉法、巧取豪夺的不正当风气更是一种警醒和匡正。但是,单单讲以义取利是不够的,会导致顾小利而失大义。在守法经营的同时,更要具备开拓创新,着眼长远的职业精神,否则只能是个人修养,称不上职业道德。

综上所述，我们可以看到，现代职业道德的内涵，不是传统伦理道德观念所能完全涵盖的，还蕴含着与现代市场经济运营密切相关的全新内容，不仅要从民族传统的道德土壤中汲取养分，还要努力吸收全人类的优秀品质。现代职业道德的建设，是造就具有现代市场视野、法律意识、伦理情操和时代精神的一代代新人的伟大事业。

三、行业职业道德的表现形态

职业道德是一种针对职业行为的社会化角色道德，它与行业有非常密切的关系，它的深刻基础在于从业人员与其职业利益的关系。同时，职业道德的基本精神作为时代精神的一个组成部分，必然反映时代的内容。在改革开放和市场经济条件下，职业结构的调整和职业内容的变化也会提出与其相适应的职业道德精神。最后，在市场经济条件下，职业道德精神的培养还必须注意层次性。基于上述考虑，针对现代交通运输业，职业道德的基本精神都应该包括责业守则精神、精业求实精神、创业拼搏精神、敬业爱岗精神。

1. 责业守则精神

所谓的责业守则精神，就是从业人员对于其所从事的职业要有一定的责任心，要有对本职工作认真负责的态度和精神，要能够充分理解、正确执行职业规则，包括经济的、行政管理的和业务技术方面的规则，这些规则通常表现为必要的规章制度和程序等。责业守则是维系职业和岗位正常实现其功能的基本条件，也是职业道德对从业人员的最起码的要求。责业守则精神是每个职业组织，每一个从业人员所应有的最起码的职业道德精神。在高度规范的市场经济中，如果从业人员和职业组织连这点最起码的职业道德精神都没有的话，那么就根本谈不上什么发展社会主义市场经济了。

2. 精业求实精神

精业求实精神，就是从业人员在责业守则精神的基础上，对本职工作精益求精，不断开拓创新，讲究效率，达到业务纯熟，以至于把它当作一门学问，力求精通，遵循工作对象本身的客观规律，求真务实，努力钻研科学知识，依靠科技进步来提高工作效率。也就是“钻研业务，讲究效率”。精业求实精神是实现职业的社会职能和效益的保证。

3. 创业拼搏精神

所谓创业拼搏精神，是指面对职业上的困难和挑战时，不是被困难和挑战所吓倒，而是敢于面对它，通过艰苦奋斗，顽强拼搏去克服它、战胜它，在不断开创新事业、创造崭新价值的过程中去实现职业价值，实现从业人员的个人利益。

4. 敬业爱岗精神

敬业爱岗精神，就是从业人员在责业、精业、创业的基础上，在职业生活中逐渐形成的一种对自身职业崇敬、热爱的心理。它表现为职业的尊严感和荣誉感，表现为从业人员将自身的价值和名誉与自身职业的价值和名誉结合在一起，在职业活动中，不仅不允许自己有有损于本职业的行为，也不能容忍他人做有损于自身职业的事情。

敬业爱岗精神的形成，首先是责业守则精神、精业求实精神、创业拼搏精神长期实践并逐渐同化的结果。从业人员最初在职业活动中，其责业守则、精业求实、创业拼搏，主要是由于职业规范的约束、市场竞争的压力、职业所面对的困难和挑战而自然生发的反应，这种思想行为在这个阶段上本质上不是自己真心愿意的行为，而是只有在外在的压力和奖惩制度的保障下才表现出来和继续下去。随着外在压力和奖惩制度的继续，从业人员渐渐在职业活动中被责业守则、精业求实、创业拼搏精神所同化。进入这个阶段后，从业人员对责业守则、精业求实、创业拼搏精神能够自愿地接受和履行，已经感受到这些职业道德精神是作为一个从业人员本应具备的基本精神，使外部要求与自己的要求趋于一致。

四、企业安全生产考评员职业道德守则

考评员职业道德的学习有利于考评员人生价值的实现；有利于促进安全生产标准化考核工作的发展；有利于改善社会道德风尚；有利于高技能人才队伍建设。

1. 爱岗敬业

考评人员应热爱自己的工作岗位，敬重自己所从事的职业，尽职尽责对待考评工作，要树立职业荣誉感和强烈的职业责任感。要有奉献精神，奉献是考评员职业道德的内在精神体现；在社会主义职业道德中，奉献社会是其中的重要内容，也是职业道德的最高境界。

2. 诚实守信

考评人员应诚实守信，通过获取客观证据，给出公正客观的考评分值和评价，信守承诺，讲求信誉。技术要精湛，考评员的知识（技能）结构是考评员自身的知识结构，也是考评员的考核鉴定技术和能力。

3. 办事公道

考评人员在考评过程中应做到公平、公正，不谋私利，不徇私情，不以权损公，不以私害民，不假公济私。其核心就是公正。公正是考评员最基本的行为特征。考评员公正与否取决于四个方面的素质：一是法制观念；二是道德素质；三是专业素质，即技术水平；四是考评员的心理素质，即考评员心态对鉴定误差的控制能力。

4. 优质服务

考评人员在考评过程中应尽量减少企业负担，对企业提出的合理请求应酌情予以考虑，考评过程应尽量做到务实、有序、高效，为企业安全标准化建设提供良好服务。要强化服务意识，由被动式服务变为主动式服务。同时要做到文明礼貌，仪表端庄，语言规范，举止得体。

五、企业安全生产考评员廉政准则

考评员廉政准则就是要求其在考评过程中做到“廉洁公正”。所谓廉洁，就是清白不贪；所谓公正，就是公道正直，不徇私情。要做到廉洁公正，考评员必须做到如下几点：

（1）思想素质过硬，要经得起考验；

（2）实事求是，坚持原则；

（3）公平公正，公私分明；

（4）按程序办事，刚正不阿。

禁止考评人员利用考评权利和影响谋取不正当利益。不准有下列行为：

（1）索取、接受或者以借为名占用管理和服务对象以及其他与行使职权有关系的单位或者个人的财物；

（2）接受可能影响公正考评的礼品、宴请以及旅游、健身、娱乐等活动安排；

(3)在考评活动中接受礼金和各种有价证券、支付凭证;

(4)以交易、委托理财等形式谋取不正当利益;

(5)利用知悉或者掌握的内幕信息谋取利益。

第三节　考评员的权利与义务

一、考评员的作用与地位

(1)考评员在经主管部门批准成立的考评机构或咨询机构中,依据《中华人民共和国安全生产法》及其他有关规范和要求,对交通运输企业安全生产情况进行评价与鉴定。

(2)考评员是安全生产标准化活动的主导因素,其考核行为直接影响考核质量,考评员素质的高低是安全生产标准化考核工作成败的关键。

(3)考评员是实施安全生产标准化考核的技术力量,由交通运输部统一进行资格管理和实施业务指导。

二、考评员的权利与义务

1. 权利

(1)独立实施考评权。考评员应在考评规定的范围内独立实施考评活动,有权拒绝任何单位和个人更改考核结果的非正当要求。

(2)独立处置权。考评员对考评现场发生的违纪行为,应视情节轻重给予警告或终止考核,考评员对可能发生人员伤害和设备毁损的行为有采取紧急处置的权力。

(3)保护自身合法权益。各级主管机关应维护考评员的合法权益;考评员自身权益受到侵害时,可以向上级行政主管部门进行申诉。

2. 义务

(1)核查场地义务。考评员应严格执行考评员工作守则和考核规则。按照安全生产标准化指标和相关规定的要求,对考核场地、设备、材料、工具和检测仪器等进行核查和检验。对不符合安全生产标准化指标或不能满足考核要求的,应通知考评机构予以调整或更换场地。考评机构不予采纳的,考评人员有权拒绝执行考评任务,并在考评报告中予以记录。

(2)评分义务。考评员应严格按照规定的考核方式、方法和评分标准,完成评分任务,填写考评记录。考评组长负责考评工作的组织、协调和最终裁决。每次考评工作完成后,在规定的时间内向考评机构提交考评报告。

(3)回避义务。考评员在执行考评任务时,实行回避制度。考评员与考核对象存在近亲属关系或其他利害工作关系的,考评员应主动向考评机构申请回避或由考核对象及其他人员提出回避申请。

(4)接受监督义务。考评员执行考评任务,必须佩带考评员资格证卡,并接受考核对象、考评机构督导人员、考评机构和主管机关的监督。

(5)业务提升义务。考评员应加强业务知识和考评技术与方法的学习及研究,提高自身的安全生产理论知识、法律法规知识和实际业务操作技能的水平。

(6)自律义务。考评员应加强职业道德修养，廉洁自律、公平公正，自觉维护考评的公正性、严肃性和权威性。

(7)接受培训考核义务。考评员应参加主管机关组织的培训和考核活动，接受考评机构的派遣，执行考评任务，不得无故缺席。

三、考评员的职责

考评员的主要职责如下：

(1)熟悉许可考评范围内的考核内容、考核要求及评分标准。

(2)负责对申请考核企业提交的材料进行审查，并进行现场考评或咨询服务。

(3)对考评结果或咨询服务质量负责，并对聘用单位负责。严格遵守聘用单位制定的考评员工作守则，执行考核纪律，工作认真负责，坚持公平、公正、公开的原则，不弄虚作假，不滥用职权，不徇私舞弊。考核结束后，要如实填写考核记录。

(4)不接受企业或任何相关方的回扣、佣金、礼品或其他任何形式的好处，也不应在知情时允许同事接受。

(5)遵守法律法规及相关规章制度，忠于职守，客观公正。除非有法律要求或经企业和考评机构书面授权，不透露任何有关考评或咨询服务的信息。

(6)每年至少参加2次以上的考评服务项目。

(7)考评员在注册有效期内，每年应接受至少15学时的再教育培训。

(8)考评员被考评机构聘用后尚无特殊情况不得变更考评机构。

(9)考评员有权对考核工作中存在的问题向考评机构提出改进的意见或合理化建议。

第四节　考评员的培训、考核、办证与登记

一、考评员培训

1.参加考评员培训的人员应具备的条件

(1)热爱安全生产工作，具有良好的职业道德和工作责任心，廉洁奉公、办事公道、作风正派；

(2)熟悉交通运输企业安全生产标准化有关法律、法规、规章和政策，掌握安全生产标准化考评标准指标和安全生产相关技术；

(3)具有大学专科以上学历，相关专业技术职称，且从事交通运输相关工作5年以上；

(4)身体健康，年龄原则上不得超过60周岁，能够胜任安全生产标准化考评工作；

(5)有较强的组织协调能力和文字语言表达能力；

(6)报考考评员的人员应由本人提出，通过交通运输企业安全生产标准化管理信息系统向户籍所在地或常住地主管机关提交申请。

2.培训目的

通过培训使学员熟悉《交通运输企业安全生产标准化考评管理办法》、《交通运输企业安全生产标准化达标考评指标》的具体要求等，掌握安全生产标准化考评的依据、原则和方

法;选聘安全生产标准化考评员。

3. 培训形式与内容

1)培训形式

专家讲授,集中培训和考试,通过考试选拔水路普货运输企业安全生产标准化考评员。

2)培训内容

考评人员培训内容包括公共知识要求和专业技能两部分。公共知识要求以国家法律法规、政策、考评人员道德规范、工作守则等为主要内容。专业技能培训以相关的行业标准、新工艺、新技术、新的考试方法为主要内容。具体如下:

(1)交通行业安全生产标准化评审办法、考评员职业道德、考评员的权利与义务等基本要求和考评员管理等通用要求;

(2)基础管理规范要求及考评方法;

(3)通用安全技术和现场规范考评方法;

(4)交通运输企业安全生产标准化考评管理办法;

(5)交通运输企业安全生产标准化达标考评指标;

(6)交通运输企业安全生产标准化考评员考试。

二、考评员的资格考核与办证

考评员的考核应按照国家有关法律、法规和培训考核的要求,由省交通运输主管部门组织。根据需要,也可委托专业考评机构进行培训,省交通运输主管部门组织考核。

考评人员的考核分为公共理论知识和专业技能两个部分进行。公共理论知识的考核,由交通运输部统一命题,采取笔试方式进行。专业技能的考核由省交通运输主管部门或其委托机构组织命题,结合行业和个人实际进行。

经培训考试合格的人员,由省级交通运输主管部门、长江航务管理局、珠江航务管理局核发交通运输企业安全生产标准化考评员资格证。

直接从事交通运输安全生产行政管理工作10年以上,熟练掌握交通运输安全生产相关法规和企业安全生产标准化规定,身体健康,经本人申请、所在单位推荐、发证主管机关核准,可直接颁发考评员资格证。

三、考评员信息登记

考评员的信息由省级交通运输主管部门和长江航务管理局、珠江航务管理局在管辖范围内进行登记,并报交通运输部。

考评员有下列行为之一的,主管机关应当撤销考评员资格:

(1)隐瞒企业重大安全问题的;

(2)考评工作中弄虚作假的;

(3)泄露企业技术和商业秘密的;

(4)收受企业财物或者为企业谋取不正当利益的;

(5)不服从主管机关监督管理的;

(6)资格证逾期不申请换证的;

(7)其他不能胜任考评工作的。

因上述(1)、(2)、(3)、(4)原因被撤销资格证的,终身不得从事考评工作;因上述其他原因被撤销资格证的,2 年内不得申请考评员资格。

考评员常住地发生省际间变更的,应申请换发资格证。

第五节 考评员的执业规范

考评员应当遵守下列规定:

(1)严格执行国家有关法律法规,客观公正,实事求是,保证考评工作质量和真实性。

(2)遵守考评纪律,恪守职业道德,保守考评企业技术和商业秘密。

(3)对考评工作负责。

(4)对考评结论持有异议的,可向考评机构报告,如对考评机构的认定仍有异议的,可向相应的主管机关报告。

(5)与申请考评的企业存在利害关系的,应当主动回避。

(6)自觉接受主管机关、考评机构的监督管理。

(7)年度继续教育时间不少于 8 学时。

考评员职业资格管理:

(1)未取得考评员资格证书的人员不得独立承担考评任务或咨询工作。

(2)各省交通运输主管部门或其委托机构负责全省考评员的资格申报受理与材料审核、培训、考核和日常管理工作。

(3)考评机构要与考评员签订劳动合同,明确双方的职责和权利。考评机构应依法维护考评员的合法权益。

(4)考评员只能在一家安全生产考评机构任职。

(5)考评员资格证卡不得转借给其他机构或者个人。

(6)各考评机构应对聘用(任)的考评员进行上岗前培训和定期业务培训,使考评员熟练掌握考核方法、评分标准以及考场组织管理等规定。

(7)考评员应服从考评工作安排,因故不能参加考评工作的,应提前告知并说明原因。

(8)考评员在执行考评任务时,应佩带考评员资格证卡,主动执行亲属、师生、师徒回避制度。

(9)考评员应接受交通运输主管部门和考评机构委派的督考员(或巡考员)监督检查。

(10)各考评机构要建立考评员档案管理制度,并按年度向交通运输主管部门备案。其内容包括;考评员资格申报相关材料、考评员资格证卡复印件、考评员劳动合同或聘任协议、考评员工作记录等。

(11)考评员有下列行为之一者,各考评机构可予以解除劳动合同或聘任协议,并上报省、市交通运输主管部门:①有违法违纪行为,玩忽职守,不能履行职责者;②业务水平低,能力不胜任者;③经常无故不参加考评或长期未参加考评的;④不服从主管部门和聘用单位监督管理的。

(12)考评员出现严重违法违纪行为构成犯罪的,由司法机关依法追究其法律责任。

(13)对在考评工作中作出突出贡献的考评员,交通运输主管部门将予以表彰。

第十二章　交通运输企业安全生产标准化达标考评指标

第一节　概　　述

根据《关于进一步加强企业安全生产工作的通知》(国发〔2010〕23号)、《关于坚持科学发展安全发展促进安全生产形势持续稳定好转的意见》(国发〔2011〕40号)精神和《关于深入开展企业安全生产标准化建设的指导意见》(安委〔2011〕4号)的部署,交通运输部起草了《交通运输企业安全生产标准化考评管理办法》和《交通运输企业安全生产标准化达标考评指标》。

交通运输企业安全生产标准化达标等级分为一级、二级、三级,其中城市轨道交通企业安全生产达标标准等级分为一级、二级。评为一级达标企业的考评分数不低于900分(满分1000分,下同)且完全满足所有达标企业必备条件;评为二级达标企业的考评分数不低于700分且完全满足二、三级达标企业必备条件;评为三级达标企业的考评分数不低于600分且完全满足三级达标企业必备条件。

交通运输部主管全国交通运输企业安全生产标准化工作并负责一级达标企业的考评工作。省级交通运输主管部门负责本管辖范围内交通运输企业安全生产标准化工作和二、三级达标企业的考评工作。长江航务管理局、珠江航务管理局分别负责长江干线、西江干线跨省航运企业安全生产标准化工作和二、三级达标企业的考评工作。

交通运输企业安全生产标准化达标考评指标根据经营内容差异，分为五个类别,分别是水路运输企业、道路运输企业、港口企业、公交企业及交通设施建设企业,每个类别根据其业务特点,进一步细分,如水路运输企业细分为水路普货运输企业、水路旅游客运企业和水路危险品运输企业,每一类企业的安全生产标准化达标考评指标都明确了考评内容、考评要点以及分值。

第二节　考评系列指标构成与特点

考评系列指标由包括安全目标、管理机构和人员、安全责任体系、法规和安全管理制度、安全投入、装备设施、科技创新与信息化、队伍建设、作业管理、危险源辨识与风险控制、隐患排查与治理、职业健康、安全文化、应急救援、事故报告调查处理、绩效考核与持续改进等十六项内容构成,其中每一项内容又分解为若干子项,以针对考评对象的特性及行业安全生产要求,细化每一个考评要点,并赋予一定分值,各项考评得分的总和为企业安全生产标准化达标考评得分。

本评分标准共有16项一级要素、55项二级要素及135条企业达标标准。如“水路普通货物运输企业安全生产标准化达标考评指标”、“水路旅客运输企业安全生产标准化达标考评指标”和“水路危险货物运输企业安全生产达标考评指标”的一级要素及各要素分值分配分别见表12-1～表12-3。

安全生产标准化达标等级共分为一级、二级、三级，其中一级为最高级。

评为一级达标企业的考评分数不低于900分（满分1000分，下同）且满足所有必备条件，评为二级达标企业的考评分数不低于700分且满足二、三级必备条件，评为三级达标企业的考评分数不低于600分且满足三级必备条件。

考评指标中部分考评要点被标注为相应等级达标企业必须完全满足的指标项：“★”为一级必备条件；“★★”为二级必备条件；“★★★”为三级必备条件。必备条件为考评指标中申请相应达标级别的企业。

水路普货运输企业安全生产标准化达标考评指标一级要素及各要素分值分配　表12-1

一级要素	分　值
一、安全目标	35分
二、管理机构和人员	30分
三、安全责任体系	45分
四、法规和安全管理制度	65分
五、安全投入	45分
六、装备设施	125分
七、科技创新与信息化	40分
八、队伍建设	100分
九、作业管理	175分
十、危险源辨识与风险控制	45分
十一、隐患排查与治理	65分
十二、职业健康	30分
十三、安全文化	30分
十四、应急救援	90分
十五、事故报告调查处理	50分
十六、绩效考核与持续改进	30分
合　计	1000分

水路旅客运输企业安全生产标准化达标考评指标一级要素及各要素分值分配　表12-2

一级要素	分　值
一、安全目标	35分
二、管理机构和人员	30分
三、安全责任体系	55分
四、法规和安全管理制度	65分
五、安全投入	45分
六、装备设施	100分

续上表

一级要素	分　值
七、科技创新与信息化	45分
八、队伍建设	100分
九、作业管理	185分
十、危险源辨识与风险控制	45分
十一、隐患排查与治理	65分
十二、职业健康	30分
十三、安全文化	35分
十四、应急救援	85分
十五、事故报告调查处理	50分
十六、绩效考核与持续改进	30分
合　计	1000分

水路危险货物运输企业安全生产达标考评指标一级要素及各要素分值分配 表12-3

一级要素	分　值
一、安全目标	35分
二、管理机构和人员	40分
三、安全责任体系	45分
四、法规和安全管理制度	70分
五、安全投入	40分
六、装备设施	90分
七、科技创新与信息化	55分
八、队伍建设	90分
九、作业管理	190分
十、危险源辨识与风险控制	45分
十一、隐患排查与治理	70分
十二、职业健康	25分
十三、安全文化	35分
十四、应急救援	85分
十五、事故报告调查处理	50分
十六、绩效考核与持续改进	35分
合　计	1000分

企业安全生产标准化内审人员应认真学习交通运输企业安全生产标准化达标指标和指标释义，根据考评指标释义的相关要求，针对企业实际情况，如实进行得分及扣分点说明、描述，并在自评扣分点及原因说明汇总表中逐条列出。安全生产标准化达标考评员应从考评指标体系出发，依据释义内容，对提出安全生产标准化达标考评申请的企业进行客观考评。

第三节 考评评分基本原则与要点

交通运输企业安全生产标准化考评以国家有关安全生产的方针、政策和法律、法规、标准为依据，运用定量和定性的方法对交通运输企业存在的隐患、危险源等有害因素进行辨识、分析和评价，提出预防、控制、治理对策措施，为交通运输企业减少事故发生的风险，为政府主管部门进行安全生产监督管理提供科学依据。考评工作不但具有较复杂的技术性，而且还有很强的政策性，做好这项工作，必须以申请考评企业的具体情况为基础，以国家安全法规及有关技术标准为依据，用严肃的科学态度，认真负责的精神，强烈的责任感和事业心，全面、仔细、深入地开展和完成考评任务。

考评机构人员在对交通运输企业进行考评时，应秉持客观、公正、公开、透明的基本原则，全面了解并掌握企业安全生产总体状况，可采用资料核对、人员询问、现场考评等方法，对照考评内容及要点，逐一详细检查企业内部安全管理目标和应急预案的制定、各项安全管理制度和操作规程的执行情况、相关工作台账以及档案的记录与存档、安全生产责任落实情况等。每项检查要点得分达到满分分值的60%为合格，未通过考评的或经主管机关审核不合格的，企业应采取纠正措施并可在3个月后重新申请考评。

考评工作过程中，应注意以下几个方面的问题。

一、考评目的的把握

交通运输安全生产标准化达标考评的根本目标不仅是为了取得达标证书，而是通过安全生产标准化考评来发现交通运输企业安全生产管理中存在的不足，并通过有效整改措施，完善制度，消除隐患，有效监控应对重大风险源，实现安全生产管理水平的提升。简而言之：不断改进安全生产管理、提高安全管理效益，推动安全生产管理的良性循环。

交通运输安全生产标准化考评活动的开展是针对交通运输行业安全生产工作存在的问题和不足，考评指标和等级划分标准体现了交通运输部对于交通运输企业安全生产管理工作改进的方向和目标。考评指标的展开和具体化服务于交通运输部安全生产“十二五”规划的总体目标。考评过程应牢牢把握这一基本原则。

二、考评过程的客观、公正、公开、透明

考评过程每一项工作都要做到客观和公正，既要防止评价人员主观因素的影响，又要排除外界因素的干扰，避免出现不合理、不公正的评价结论。

客观考评：真实、准确地反映被考评企业安全生产标准化工作中的成绩和缺点，有利于被考评企业改进管理、提高安全管理的质量和水平；遵循客观性原则，注重对安全生产标准化绩效的考核，有利于激励先进、教育后进，提升交通运输企业参与安全管理的热情，起到积极向上的作用。

公正考评：安全生产标准化达标证书将逐步成为行业准入的门槛，如果考评过程违背公正原则，将极大损害交通运输安全生产标准化工作的权威性和严肃性，使得愿意改进安全生产管理，努力实现安全生产标准化达标的企业信心受挫，最终阻碍交通运输行业安全生产标

准化建设的深入。在涉及一些部门、集团、个人的某些利益时，应以国家和交通运输行业整体利益为重，以企业员工的安全与健康为重，以旅客安全、环境安全、货物安全等为重，依据有关法规、标准、规范做出考评结论，确保考评指标体系的一致性和有效性。

考评应做到公开、透明，不搞暗箱操作，对于考评过程中发现的问题应及时指出，对于考评的结果应及时公布。公开透明的考评，将有助于企业安全生产标准化考评过程接受社会监督，取得考评对象及政府部门的信任；公开透明的考评，对不达标企业形成一定压力，有助于达标企业提升企业信誉，获得市场客户、合作伙伴及相关者更多信任，提高市场竞争力。通过安全生产标准化达标工作实现合理的市场淘汰机制，提升整个交通运输行业的安全生产管理水平。

因此，对于考评流程的管理、考评机构的管理以及考评员管理也应遵循这样的思路。

三、考评的科学性

企业安全生产标准化达标考评涉及学科范围广，影响因素复杂多变。为保证考评结果和达标等级能准确地反映被考评企业的客观实际，确保结论的正确性，在开展安全生产标准化达标考评的全过程中，必须采用科学的方法、程序，以严谨的科学态度全面、准确、客观地进行工作，提出科学的对策措施，作出科学的结论。

确保考评的科学性，首先要求考评机构和考评员具备相应的专业资质和能力，对安全生产管理的客观规律有一定程度的掌握，了解特定交通运输细分行业的营运特征，对相关领域隐患、危险源的种类、程度、产生的根源及出现事故险情、突发事件的条件及其后果有深入认识，才能为考评的科学性提供坚实基础。其次需要考评机构和考评员对各种考评方法的局限性有清醒认识。评价员应全面、仔细、科学地分析各种考评方法的原理、特点、适用范围和使用条件，必要时，还应采用多种方法进行分析综合，互为补充，互相验证，提高考评的准确性；考评时，切忌生搬硬套、主观臆断、以偏概全。同时还需要考评机构和考评员从收集资料、调查分析直至作出考评结论，提出对策措施、与建议要求等。每个环节都必须用科学的方法和可靠的数据，按科学的工作程序一丝不苟地完成各项工作，努力在最大程度上保证考评结论的正确性和对策措施的合理性、可行性和可靠性。

四、考评的权威性和严肃性

企业安全生产管理是国家法律提出的强制性要求。随着安全生产标准化工作的逐步深入，企业安全生产标准化也会成为强制性要求。考评机构和考评员在考评过程中，应在国务院安委会、交通运输部安监司及省市交通运输主管部门的指导、监督下，严格执行国家、行业及地方颁布的有关安全生产的方针、政策、法规和标准，在评价过程中主动接受主管部门的监督和检查，确保考评结果合法、合规，具有科学性和可验证性，为企业安全生产管理提供科学建议。从而体现交通运输企业安全生产标准化达标考评的权威性。

企业安全生产标准化达标考评对于交通运输企业的正常营运和可持续发展意义重大，更牵涉企业员工的安全健康，相关者的安全，以及环境的安全，是一项十分严肃的工作，考评机构和考评员必须以强烈的责任心和事业心来进行考评工作。

考评过程中，为确保考评结论完整反映被考评企业的实际情况，考评机构和考评员应认真细致地对所有必须的各种书面材料进行逐一核对和查验,对相关安全生产台账和档案进行仔细分析,对相关应急预案进行全面考察;对书面材料无法确认的情况应积极采取人员询问和现场查验方式进行进一步验证,确保考评工作的严肃性。

第十三章　考评流程与监督管理

第一节　考 评 管 理

根据交通运输部《交通运输企业安全生产标准化考评管理办法》和《交通运输企业安全生产标准化达标考评指标》要求。从事道路水路运输(含客货运输企业、客货运站场、港口经营企业)、城市客运(含公交、轨道交通、出租汽车企业)、交通运输建设施工、机动车维修等企业必须进行交通运输企业安全生产标准化考评。

交通运输企业安全生产标准化达标等级分为一级、二级、三级,其中城市轨道交通企业安全生产达标标准等级分为一级、二级。

评为一级达标企业的考评分数不低于900分(满分1000分,下同)且完全满足所有达标企业必备条件,评为二级达标企业的考评分数不低于700分且完全满足二、三级达标企业必备条件,评为三级达标企业的考评分数不低于600分且完全满足三级达标企业必备条件。

交通运输部主管全国交通运输企业安全生产标准化工作并负责一级达标企业的考评工作。省级交通运输主管部门负责本管辖范围内交通运输企业安全生产标准化工作和二、三级达标企业的考评工作。长江航务管理局、珠江航务管理局分别负责长江干线、西江干线跨省航运企业安全生产标准化工作和二、三级达标企业的考评工作。以上部门和单位统称为主管机关。

交通运输企业安全生产标准化考评包括初次考评、换证考评和附加考评等三种形式。

交通运输企业安全生产标准化考评工作应坚持客观、公正、公开、透明的原则,由主管机关按照《交通运输企业安全生产标准化考评管理办法》组织实施。主管机关应向社会公告交通运输企业安全生产标准化考评结果。

第二节　考 评 流 程

交通运输企业安全生产标准化建设流程包括策划准备及制定目标、教育培训、现状梳理、管理体系文件制修订、实施运行及整改、企业自评、考评申请、考评实施与管理等八个阶段。

1. 策划准备及制定目标

策划准备阶段首先要成立领导小组,由企业主要负责人担任领导小组组长,所有相关的职能部门的主要负责人作为成员,确保安全生产标准化建设组织保障;成立执行小组,由各部门负责人、工作人员共同组成,负责安全生产标准化建设过程中的具体问题。

制定安全生产标准化建设目标,并根据目标来制定推进方案,分解落实达标建设责任,明确在安全生产标准化建设过程中确保各部门按照任务分工,顺利完成各阶段工作目标。

2. 教育培训

安全生产标准化建设需要全员参与。教育培训首先要解决企业领导层对安全生产标准化建设工作重要性的认识，加强其对安全生产标准化工作的理解，从而使企业领导层重视该项工作，加大推动力度，监督检查执行进度；其次要解决执行部门、人员操作的问题，培训评定标准的具体条款要求是什么，本部门、本岗位、相关人员应该做哪些工作，如何将安全生产标准化建设和企业日常安全管理工作相结合。

同时，要加大安全生产标准化工作的宣传力度，充分利用企业内部资源广泛宣传安全生产标准化的相关文件和知识，加强全员参与度，解决安全生产标准化建设的思想认识和关键问题。

3. 现状梳理

对照相应专业评定标准（或评分细则），对企业各职能部门及下属各单位安全管理情况、现场设备设施状况进行现状摸底，摸清各单位存在的问题和缺陷；对于发现的问题，定责任部门、定措施、定时间、定资金，及时进行整改并验证整改效果。现状摸底的结果作为企业安全生产标准化建设各阶段进度任务的针对性依据。

企业要根据自身经营规模、行业地位、工艺特点及现状摸底结果等因素及时调整达标目标，注重建设过程，真实有效可靠，不可盲目一味追求达标等级。

4. 管理体系的修订

安全生产标准化对安全管理制度、操作规程等要求，核心在其内容的符合性和有效性，而不是对其名称和格式的要求。企业要对照评定标准，对主要安全管理文件进行梳理，结合现状摸底所发现的问题，准确判断管理文件亟待加强和改进的薄弱环节，提出有关文件的制修订计划；以各部门为主，自行对相关文件进行修订，由标准化执行小组对管理文件进行把关。

5. 实施运行及整改

根据制修订后的安全管理文件，企业要在日常工作中进行实际运行。根据运行情况，对照评定标准的条款，按照有关程序，将发现的问题及时进行整改及完善。

6. 企业自评

企业在安全生产标准化系统运行一段时间后，依据评定标准，由标准化执行小组组织相关人员，开展自主评定工作。申请达标等级的交通运输企业应对照《交通运输企业安全生产标准化达标考评指标》进行自评，逐项给出自评分值，形成自评报告。企业对自主评定中发现的问题进行整改，整改完毕后，着手准备安全生产标准化评审申请材料。

7. 考评申请

企业完成自评后，通过“交通运输企业安全生产标准化管理信息系统”向相应的主管机关提出考评申请（申请表格式见附件），并根据经营类别分别申请达标等级；主管机关收到企业申请后确定考评机构，受理考评。

8. 考评实施与管理

考评机构应在5个工作日内完成对企业申请材料的真实性和符合性的核查，对核查通过的企业启动考评；核查不通过的，应及时告知主管机关和企业，并说明原因。

考评机构应组织3名以上（含3名）具有相应资质的考评人员成立考评组，制定具体考评计划，告知企业后实施。考评机构应在接到申请后25个工作日内完成对企业的考评。

企业在考评过程中，应积极主动配合，由参与安全生产标准化建设执行部门的有关人员参加考评工作。企业应对考评报告中列举的全部问题，形成整改计划，及时进行整改，并配合考评机构上报有关考评材料。考评机构考评时，可邀请属地安全监管部门派员参加，便于安全监管部门监督考评工作，掌握考评情况，督促企业整改考评过程中发现的问题和隐患。

考评工作流程如图13-1所示。

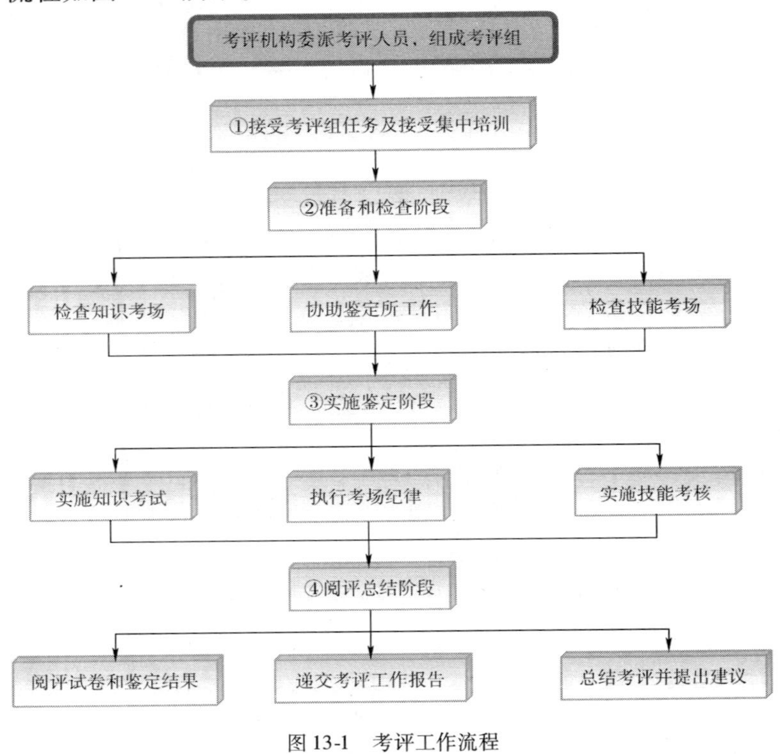

图13-1　考评工作流程

第三节　考评申请与发证

一、考评申请

申请考评的企业应向主管机关提交申请。企业安全生产标准化达标考评申请表（见本章附件）。

交通运输部主管全国交通运输企业安全生产标准化工作并负责一级达标企业的考评工作；省级交通运输主管部门负责本管辖范围内交通运输企业安全生产标准化工作和二、三级达标企业的考评工作；长江航务管理局、珠江航务管理局分别负责长江干线、西江干线跨省航运企业安全生产标准化工作和二、三级达标企业的考评工作。

不同级别的达标考评企业分别向上述相应的主管机关提出申请；主管机关审核合格后由考评机构组织考评。

企业安全生产标准化考评包括初次考评、换证考评和附加考评等三种形式。

企业安全生产标准化考评工作应坚持客观、公正、公开、透明的原则，由主管机关按照本办法组织实施。主管机关应向社会公告交通运输企业安全生产标准化考评结果。

在接受考评过程中，企业应提供所需的工作便利，以确保考评员充分有效地实施考评；如实提供相关资料和证据；与考评员合作，以保证考评工作顺利完成。

二、初次考评和发证

申请初次考评的企业应具备以下条件：

(1)具有企业法人资格(含分公司)，并直接从事交通运输生产经营建设行为的实体；

(2)具有与其经营管理相适应的安全生产管理机构和人员，并建有相应的安全生产管理制度；

(3)已进行安全生产标准化建设自评。

初次考评应提交申请报告，并附以下材料：

(1)企业法人营业执照、经营许可证等；

(2)企业基本情况和安全生产组织架构；

(3)企业安全生产基本情况；

(4)企业安全生产标准化建设自评报告。

主管机关收到初次考评申请及所附材料后，应审查以下内容：

(1)是否属于本管辖范围；

(2)是否满足申请条件；

(3)申请材料是否齐全。

申请材料不符合要求的，应告知企业补充、修改或重新提交申请。

对满足申请要求的企业，主管机关应结合企业的申请确定考评机构。考评机构应按照主管机关的要求和本办法的规定对企业安全生产情况进行考评。

企业通过考评的，由考评机构报主管机关审核同意后，向该企业签发安全生产标准化达标证书。未通过考评的或经主管机关审核不合格的，企业应采取纠正措施并可在 3 个月后重新申请考评。

企业安全生产标准化达标证书有效期为 3 年。

已取得相关机构颁发的安全生产管理体系证书(证明)的企业，连续 3 年未发生重特大事故的，经主管机关对必备条件审核后，可颁发二级或三级安全生产达标证书。

企业申请高一级别安全生产标准化达标考评，考评及发证的内容、范围和方法按照初次考评的有关规定执行。

新组建企业应于正式运营 6 个月后提出初次考评申请。

三、换证考评与发证

换证考评申请应在企业安全生产标准化达标证书有效期届满之日前 3 个月内提出。

换证考评申请应附送以下材料：

(1)企业法人营业执照、经营许可证等；

(2)安全生产标准化达标证书;

(3)企业基本情况和安全生产组织架构;

(4)企业安全生产管理情况。

换证考评及发证的内容、范围和方法参照初次考评的有关规定执行。

换证考评和发证应在现有企业安全生产标准化达标证书有效期届满前完成。

换证考评未通过的,企业应在原证书期满后3个月内提出重新考评申请。

企业安全生产标准化达标证书遗失的,可以向原考评发证机构申请补发。

企业法人代表、名称、地址等变更的,应在变更后1个月内,向相应的主管机关提供有关材料,申请对企业安全生产标准化达标证书的变更。

主管机关向企业、考评机构、考评人员发放证书不得收取任何费用。

四、附加考评

有下列情况之一的,主管机关或其指定的考评机构应对持有企业安全生产标准化达标证书的企业实施附加考评:

(1)企业发生重大及以上安全责任事故;

(2)企业一年内连续发生二次及以上较大安全责任事故;

(3)企业被举报并经核实其安全生产管理存在重大安全问题;

(4)企业发生其他可能影响其安全生产管理的重大事件或主管机关认为确实必要的。

上述事故等级按照《生产安全事故报告和调查处理条例》(国务院第493号令)确定。

附加考评应针对引发附加考评的原因进行。在考评中发现有严重问题的,可扩大考评范围,直至实施全面考评。

通过附加考评并经主管机关审核合格的,维持企业安全生产标准化达标证书的有效性。

未通过附加考评或经主管机关审定认为其安全生产管理存在重大问题的,主管机关应责令其整改,整改合格的,企业应在3个月内再次申请初次考评。

第四节　后期监督与管理

一、达标后企业的监督与管理

考评机构应严格按照相关安全生产标准化评定标准的要求开展考评的相关工作,确保安全生产标准化考评工作的质量,并对考评结果负责。

取得安全生产标准化证书后,企业应每年对本单位安全生产标准化的实施情况至少进行一次自我评定,并形成自评报告,及时发现和解决生产中的安全问题,持续改进,不断提高安全生产水平。

安全生产标准化企业证书和牌匾有效期3年,有效期满后应按交通运输部《交通运输企业安全生产标准化考评管理办法》的规定重新申请。

二、证书撤销条件

对获得安全生产标准化称号的企业,各级安全生产监督管理部门视情况组织日常检查、抽查，并对检查、抽查情况进行通报。企业在考评过程中弄虚作假、申请材料不真实的，不接受检查或抽查的，发生生产安全事故符合下述情况的，撤销其安全生产标准化企业称号。

取得安全生产标准化证书的企业，在证书有效期内发生生产安全事故累计造成的人员伤亡或经济损失符合下列规定，或发生其他造成较大社会影响的生产安全事故、存在隐瞒事故行为的，由原考评机构撤销其安全生产标准化企业称号：

一级达标企业，大型企业集团发生较大以上生产安全事故，或集团所属成员企业 20% 以上发生死亡生产安全事故；上市公司或行业领先企业发生人员死亡生产安全事故；

二级达标企业生产安全事故死亡超过 2 人；

三级达标企业生产安全事故死亡超过 3 人。

被撤销安全生产标准化称号的企业，应向原发证机构交回证书和牌匾。

附件

交通运输企业安全生产标准化达标考评

申

请

表

申请日期：　　年　月　日

中华人民共和国交通运输部制

交通运输企业安全生产标准化达标考评申请表

<table>
<tr><td>企业名称</td><td colspan="3"></td></tr>
<tr><td>经营范围</td><td colspan="3"></td></tr>
<tr><td>法人代表</td><td></td><td>注册地</td><td></td></tr>
<tr><td>注册时间</td><td></td><td>申请记录</td><td>有□　　年　月　　无□</td></tr>
<tr><td>申请类别</td><td></td><td>申请等级</td><td></td></tr>
<tr><td>主管机关</td><td colspan="3"></td></tr>
<tr><td rowspan="7">相关附件</td><td colspan="3">1. 企业法人营业执照、经营许可证等　□</td></tr>
<tr><td colspan="3">2. 企业基本情况和安全生产组织架构　□</td></tr>
<tr><td colspan="3">3. 企业安全生产基本情况　□</td></tr>
<tr><td colspan="3">4. 相关安全生产管理体系证书（证明）及近3年安全事故情况　□</td></tr>
<tr><td colspan="3">5. 企业自评报告　□</td></tr>
<tr><td colspan="3"></td></tr>
<tr><td colspan="3"></td></tr>
<tr><td>主管机关
意　　见</td><td colspan="3">（电子签名）　年　月　日</td></tr>
<tr><td>备　　注</td><td colspan="3"></td></tr>
</table>

说明：如有申请记录请在该栏填写最近一次申请时间。

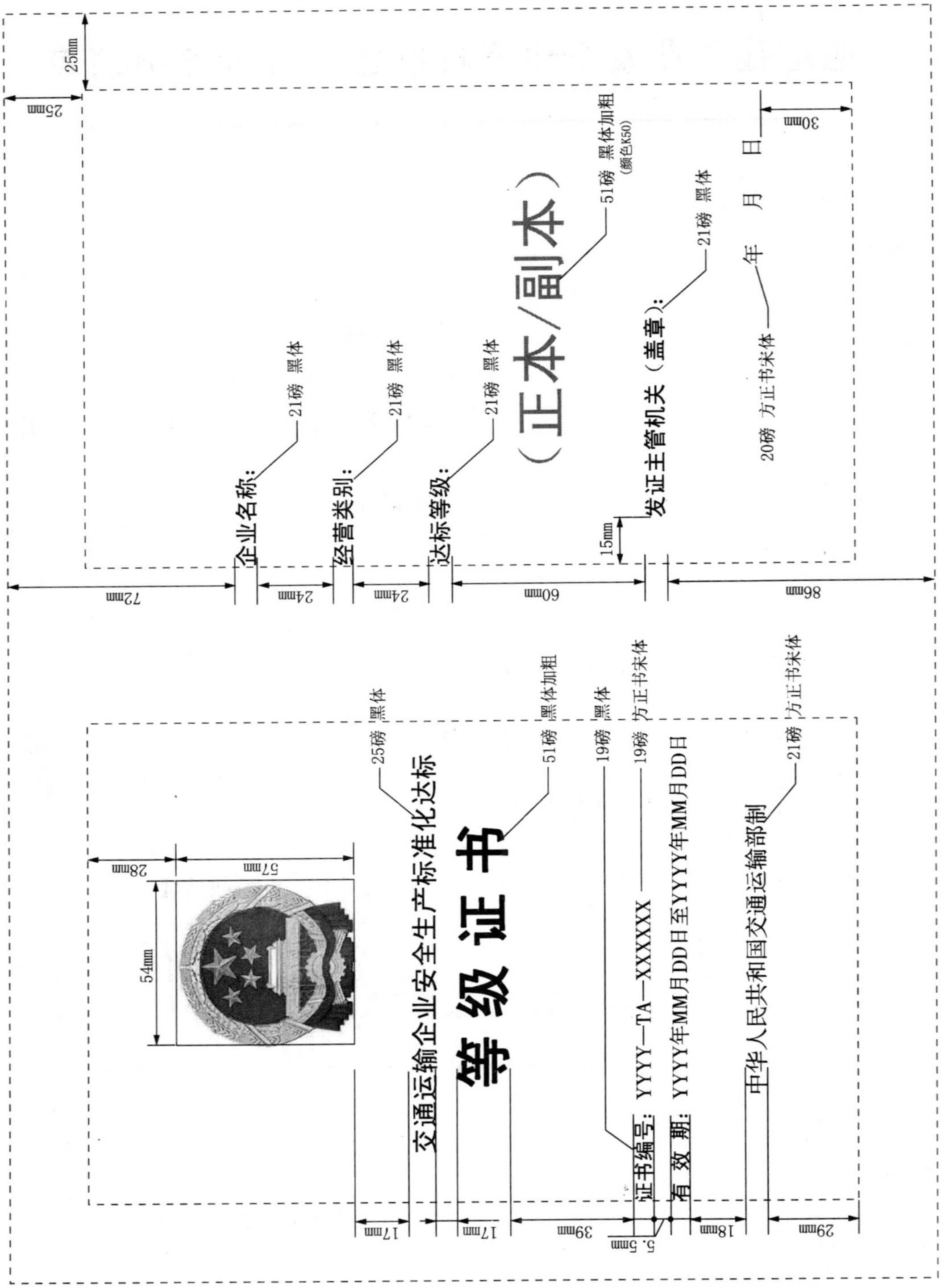

25mm
25mm
28mm
54mm
57mm
17mm
交通运输企业安全生产标准化达标
25磅 黑体
17mm
等级证书
51磅 黑体加粗
39mm
19磅 黑体
5.5mm
证书编号：YYYY—TA—XXXXXX
19磅 方正书宋体
有 效 期：YYYY年MM月DD日至YYYY年MM月DD日
18mm
中华人民共和国交通运输部制
21磅 方正书宋体
29mm

72mm
企业名称：
21磅 黑体
24mm
经营类别：
21磅 黑体
24mm
达标等级：
21磅 黑体
（正本/副本）
51磅 黑体加粗
(颜色K50)
60mm
15mm
发证主管机关（盖章）：
21磅 黑体
年 月 日
20磅 方正书宋体
30mm
86mm

证书说明

1. 等级证书纸张大小为420mm×297mm(A3),带底纹。

2. 证书编号格式为YYYY—TA—XXXXXX。YYYY表示年份;TA表示发证主管机关(0 1表示交通运输部,0 2表示北京市,0 3表示天津市,0 4表示河北省,0 5表示山西省,0 6表示内蒙古自治区,0 7表示辽宁省,0 8表示吉林省,0 9表示黑龙江省,1 0表示上海市,1 1表示江苏省,1 2表示浙江省,1 3表示安徽省,1 4表示福建省,1 5表示江西省,1 6表示山东省,1 7表示河南省,1 8表示湖北省,1 9表示湖南省,2 0表示广东省,2 1表示海南省,2 2表示广西自治区,2 3表示重庆市,2 4表示四川省,2 5表示贵州省,2 6表示云南省,2 7表示西藏自治区,2 8表示陕西省,2 9表示甘肃省,3 0表示青海省,3 1表示宁夏自治区,3 2表示新疆自治区,3 3表示新疆生产建设兵团,3 4表示长江航务管理局,3 5表示珠江航务管理局);XXXXXX表示序列号。

3. 经营类别分为城市公共汽车客运、城市轨道交通运输、出租汽车营运、道路旅客运输、道路危险货物运输、道路普通货运、道路货物运输场站、机动车维修、汽车客运站、港口客运(滚装码头、渡船渡口)、港口普通货运、港口危险货物营运、水路旅客运输、水路普通货物运输、水路危险货物运输、交通运输建筑施工16个类别。

4. 达标等级分一级、二级、三级3个级别。

5. 国徽图案的制作及使用应遵守国家相关法律和规范。

6. 发证主管机关印章使用圆形封口章,名称统一为"＊＊＊企业安全生产标准化达标专用章","＊＊＊"为发证主管机关名称,"达标专用章"封口。例:"＊＊省交通运输厅企业安全生产标准化达标专用章"、"＊＊省＊＊市交通运输局企业安全生产标准化达标专用章"。

7. 证书电子模板可在交通运输企业安全生产标准化管理信息系统下载。

8. 证书正本1份,副本3份。

第十四章　现 场 考 评

第一节　考评机构和考评员的资质

一、考评机构的资质

1. 概述

根据《交通运输企业安全生产标准化考评管理办法》等有关规定，为做好交通运输企业安全生产标准化考评工作，规范交通运输企业安全生产标准化考评机构（以下简称：考评机构）考评行为，各级交通运输主管部门及长江航务管理局、珠江航务管理局（简称：主管机关）对考评机构以及考评活动进行监督管理。

考评机构是指经主管机关认定，从事企业安全生产标准化达标考评的单位。主管机关或其认定的考评机构负责对交通运输企业实施考评。

2. 考评机构类别与资质

考评机构资质类型分为道路运输、水路运输、港口营运、城市客运、交通运输工程建设五类。

道路运输资质类型含道路旅客运输、道路危险货物运输、道路普通货运、道路货物运输站场、机动车维修、汽车客运站等经营类别；水路运输资质类型含水路旅客运输、水路普通货物运输、水路危险货物运输等经营类别；港口营运资质类型含港口客运（滚装码头、渡船渡口）、港口普通货运、港口危险货物营运等经营类别；城市客运资质类型含城市公共汽车客运、城市轨道交通运输、出租汽车营运等经营类别；交通运输工程建设资质类型含交通运输建筑施工经营类别。

考评机构的资质分为一、二、三级。同一级别考评机构最多只能申请两种专业类型。

一级考评机构由交通运输部认定，二级、三级考评机构由各省市交通运输主管部门和长江航务管理局、珠江航务管理局认定，并报交通运输部。一级、二级、三级考评机构分别负责相应交通运输企业的达标考评工作。

考评机构应取得主管机关颁发的交通运输企业安全生产标准化考评机构资质证书（以下简称“资质证书”，样式见本章附件1）。资质证书包含考评机构的资质类型和资质等级，有效期5年。已认定的考评机构由主管机关向社会公布。

资质证书有效期满需要换证的，应于期满前3个月内向主管机关提出换证申请，经主管机关审查合格的可以换发证书；不合格的，不予换发证书。

3. 考评机构资质条件

考评机构应具备的一般条件：

（1）交通运输事业单位或经批准注册的交通运输系统社团组织；

（2）具备固定办公地点和必要的设备；

(3)具有一定数量从事相关领域考评工作需要的管理人员及考评员；

(4)建有相应的管理制度。

考评机构应经主管机关认可，接受主管机关的监督管理，并按照主管机关赋予的权限开展工作，建立企业考评档案。

一级考评机构应当具备下列条件：

(1)从事交通运输业务的事业单位或经批准注册的交通运输社团组织；

(2)具有相适应的固定办公场所、设施和必要的技术条件；

(3)从事专职管理和取得相应类别考评资格且未在其他考评机构从事考评工作的人员不少于7名(其中具有高级技术职称的不少于3名)；

(4)从事相关业务领域管理、咨询、服务工作；

(5)制定了完善的考评管理制度。

二级、三级考评机构应当具备下列条件：

(1)从事交通运输业务的事业单位或经批准注册的交通运输社团组织；

(2)具有相适应的固定办公场所、设施和必要的技术条件；

(3)从事专职管理和取得相应类别考评资格且未在其他考评机构从事考评工作的人员，二级不少于5名(其中具有高级技术职称的不少于2名)，三级不少于3名(其中具有高级技术职称的不少于1名)；

(4)从事相关业务领域管理、咨询、服务工作；

(5)制定了完善的考评管理制度。

4. 监督管理

主管机关应当根据其管辖范围内交通运输企业数量、经营类别以及具备开展安全生产标准化考评条件的机构等情况，合理认定考评机构。

申请考评机构资质的应按照相关规定，通过交通运输企业安全生产标准化管理信息系统向相应的主管机关提交电子申报材料(申请表格式见附件)。

考评机构应当建立考评员档案，并将下列材料汇总后报主管机关：

(1)考评员汇总表、登记表；

(2)专职考评员聘用证明；

(3)考评员培训合格证明；

(4)其他相关材料。

考评机构应对企业考评工作资料、现场审查记录、音像资料及相关证明材料及时归档，妥善保管，不得泄露被考评企业的技术和商业秘密。档案存档时间不得低于5年，并至少包括下列材料：

(1)被考评企业的基本情况；

(2)被考评企业安全生产相关文件目录；

(3)现场抽查情况；

(4)考评组及考评员对企业的考评意见和相关整改意见；

(5)考评员资格证复印件。

考评机构应当依照相关法律、法规、标准的规定，独立开展考评工作，如实反映被考评企业的安全生产状况,严禁弄虚作假,并对考评结论承担责任。与申请考评的企业存在利害关系的,应当回避。

考评机构有下列情形之一的,应当申请变更:

(1)机构名称和法定代表人变更的;

(2)停业、破产或有其他原因终止业务的;

(3)从事专职管理和考评工作的人员发生重大变化的。

考评机构对企业进行考评前,应告知企业所在省市主管机关。考评机构的考评工作不得以盈利为目的,不得利用考评工作谋取其他利益。考评机构应进行年度考评工作总结,并于次年1月底前报主管机关。

主管机关及其工作人员应当坚持公开、公平、公正的原则,严格按照法律法规和本办法规定,对考评机构和考评员进行监督管理。主管机关应当采取专家评议、征求被评审企业意见、抽查考评文件等方式,对其认定的考评机构的考评活动进行监督、检查和指导。主管机关发现考评机构存在问题的,应向考评机构下达整改通知书,要求考评机构及时整改。整改结束后,考评机构应向主管机关提交整改报告。

任何单位和个人有权向主管机关实名举报考评机构。主管机关应当及时受理、组织调查处理,并为举报人保密。

考评机构有下列情形之一的,原发证主管机关应当撤销其考评资质,并收回资质证书:

(1)违反有关考评规定和违法违规行为,不宜继续从事考评工作的;

(2)考评机构未按照主管机关整改通知书要求整改或整改不合格的;

(3)资质证书有效期满未申请换证或申请换证但未获得认可的;

(4)按照有关法规、规定,应予以撤销的。

二、考评员的任职条件

1. 概述

根据《交通运输企业安全生产标准化考评员管理实施办法》(厅安监字〔2012〕134号)的规定,企业安全生产标准化考评员是指经专业培训并考试合格、取得资格证书的人员。也就是说,考评员在参加考评工作之前,首先需要经过主管部门的考核和资格认定;只有通过了主管部门安排的学习培训、考试和资格认定,获得由省级交通运输主管部门、长江航务管理局、珠江航务管理局核发交通运输企业安全生产标准化考评员资格证,才能从事考评员工作。

考评员按照专业分为道路运输、水路运输、港口营运、城市客运、交通运输工程建设五种类型,每位考评员最多只能申请两种专业类型的资格。

交通运输部负责指导全国考评员的管理,省级交通运输主管部门、长江航务管理局、珠江航务管理局负责其管辖范围内的考评员管理工作。

为加强交通运输企业安全生产标准化考评员的管理,规范其考评行为,交通运输部制定了《交通运输企业安全生产标准化考评员管理实施办法》。本办法所称考评员是指经专业培训并考试合格、取得资格证书的人员。考评员的分类、资格认定、考评活动以及对考评员的监督管理适用本办法。

2. 考评员的资格条件

考评员应具有交通运输相关学历和工作经历,并经专业培训、考试合格取得资格。主管机关负责考评员适任条件的审核、考试发证、注册登记等管理工作，并建立档案。考评机构应建立考评员日常管理档案，并按年度向主管机关备案。

凡中华人民共和国公民，遵守法律、法规和规章，恪守职业道德，符合下列条件的，均可报考考评员：

(1)具有大学专科以上学历，相关专业技术职称，且从事交通运输相关工作5年以上；

(2)熟悉交通运输安全生产法律法规及相关规定；

(3)有较强的组织协调能力和文字语言表达能力；

(4)年龄原则上不得超过60周岁，身体健康。

报考考评员的人员应通过交通运输企业安全生产标准化管理信息系统向户籍所在地或常住地主管机关提交申请，并附下列材料：

(1)申请表(见本章附件2)；

(2)相关证明文件(包括身份证明、学历证明、培训合格证明等的电子文档)。

考评员资格最多只能申请两种专业类型。

3. 考评员的培训考试与登记

交通运输部负责组织制定考试大纲和编写培训教材。省级交通运输主管部门、长江航务管理局和珠江航务管理局按管辖范围负责组织实施培训、考试工作。

培训和考试应包含以下内容：

(1)安全生产相关法律法规；

(2)交通运输企业安全生产标准化相关规定；

(3)相关专业技术知识和考评技能；

(4)其他相关知识。

取证培训时间不少于24个学时。

经培训考试合格的人员，由省级交通运输主管部门、长江航务管理局、珠江航务管理局核发交通运输企业安全生产标准化考评员资格证。

直接从事交通运输安全生产管理工作10年以上，熟练掌握交通运输安全生产相关法规和企业安全生产标准化规定，身体健康，经本人申请、所在单位推荐、发证主管机关核准，可直接颁发考评员资格证。

从事交通运输企业安全生产标准化考评工作的考评员应受聘于考评机构开展考评活动。

省级交通运输主管部门和长江航务管理局、珠江航务管理局应将管辖范围内的考评员登记信息报交通运输部。

4. 考评员资格证的管理

交通运输部统一规定考评员资格证样式(见本章附件2)，省级交通运输主管部门、长江航务管理局和珠江航务管理局负责资格证的印制和发放等工作。

考评员个人信息变动应及时向发证主管机关报告。

交通运输部建立全国统一的资格证书管理信息系统。该系统包括考评员基本信息、证书信息和其他电子文档内容。

考评员资格证有效期为5年。有效期满继续从事考评工作的，应在有效期满前3个月内向发证主管机关提出换证申请。

考评员申请换证应提交以下材料：

(1)申请表(见本章附件2)；

(2)继续教育证明；

(3)所在考评机构出具的工作业绩证明。

考评员应妥善保管考评员资格证，不得损毁、涂改或转借他人。考评员资格证遗失者，应及时向主管机关申请补发。

5. 考评员管理

考评员应当遵守下列规定：

(1)严格执行国家有关法律法规，客观公正，实事求是，保证考评工作质量和真实性；

(2)遵守考评纪律，恪守职业道德，保守考评企业技术和商业秘密；

(3)对考评工作负责；

(4)对考评结论持有异议的，可向考评机构报告，如对考评机构的认定仍有异议的，可向相应的主管机关报告；

(5)与申请考评的企业存在利害关系的，应当主动回避；

(6)自觉接受主管机关、考评机构的监督管理；

(7)年度继续教育时间不少于8学时。

考评员在考评企业时，应当出示考评员资格证。

考评员从事考评工作，应认真做好考评记录，保证考评工作规范、有序开展。

主管机关应对考评员的考评活动进行监督检查，其方式可采取现场检查、企业反馈意见搜集、询问等。

考评员有下列行为之一的，主管机关应当撤销考评员资格：

(1)隐瞒企业重大安全问题的；

(2)考评工作中弄虚作假的；

(3)泄露企业技术和商业秘密的；

(4)收受企业财物或者为企业谋取不正当利益的；

(5)不服从主管机关监督管理的；

(6)资格证逾期不申请换证的；

(7)其他不能胜任考评工作的。

因上述第(1)至(4)条原因被撤销资格证的，终身不得从事考评工作；因上述其他原因被撤销资格证的，2年内不得申请考评员资格。

考评员常住地发生省际间变更的，应申请换发资格证。

第二节　现场考评内容与方法

一、现场考评的一般要求

主管机关或其认定的考评机构负责对交通运输企业实施考评。

申请考评的企业应向主管机关提交申请,考评机构应在接到申请后25个工作日内完成对企业的考评。

考评组实施考评可采取提问、交谈、查阅文件和记录、资料核对、现场检查与抽查等方式。若有必要,可以进行现场检测与测量。考评组在企业从事考评活动,按下列程序进行:

(1)考评启动。考评组应提前与企业协调确认考评计划及考评进度表,考评前应介绍考评流程、考评方法及保密承诺等。企业应向考评组介绍企业的组织构架和安全生产工作等情况。

(2)实施考评。考评组成员按照考评计划和任务分工实施考评,获取真实数据,给出公正客观的考评分值和评价。

(3)考评组内部评议。考评组应进行内部评议,具体审核汇总各考评人员提交的考评依据和考评结果,研究确定综合考评结论。

(4)交换意见。考评组应向企业通报考评情况,交换考评结果,并就考评过程中发现的问题向企业提出整改建议。

企业对考评机构提出的整改意见,1个月内能按要求整改到位的,经考评机构核实后,可视为达到考评要求。

企业对考评结论存有异议的,可向同级主管机关、直至上级主管机关提出复核申请。主管机关应及时组织复核。

考评组考评工作结束后,应向考评机构提交考评报告,考评报告包含下列内容:

(1)考评组人员组成;

(2)考评综述;

(3)考评材料(含考评员考评结果原件等);

(4)考评结论;

(5)对企业的相关整改建议;

(6)其他需说明的问题。

考评机构收到考评组的考评报告并按程序审查后,向主管机关提交考评结论及达标等级意见。

二、现场考评程序

现场考评工作是考评工作的重要组成部分,考评机构可采取召开首次会议、现场考评、内部会议及沟通、末次会议等程序进行。现场考评前,按照申请企业所涉及评定标准中的管理、技术、工艺等要求,配足相应的考评人员,组成现场考评组。

1. 首次会议

在企业开展现场考评前,需召开首次会议。首次会议应包括介绍现场考评的目的、依据、介绍考评组成员、听取企业基本情况及安全生产标准化建设情况的介绍、确定现场考评的方法与具体安排等内容。首次会议要求考评组全体成员和企业主要负责人及相关人员参加,并进行签到。同时有必要时可以邀请所在地安全监管部门负责人参加首次会议。

考评组要做好首次会议的相关记录。

2. 现场考评

现场考评组至少由3名以上(一般不超过7名)考评人员组成,其中至少包括1至2名由考评机构备案的考评专家;指定1名考评员担任考评组长,负责现场考评工作;按照企业规模、生产工艺情况及考评人员专业情况,进行考评分组,至少分为资料组和现场组,现场组应配有至少2名考评专家。在分组确定后,要求考评人员在考评分组表上进行签字。

现场考评采用资料核对、人员询问、现场考核和查证的方法进行。现场考评时各考评小组应由企业相关人员进行陪同或见证。

现场考评前,应由申请单位相关人员对考评组人员进行进入现场前的相关安全培训或安全告知,并提供相应的安全防护装置。

3. 内部会议及沟通

现场分组考评结束后,考评组需要独立召开内部会议。各小组分别召开碰头会,完成小组考评意见;各小组将意见汇总后,对照适用的评定标准及有关规定,对得分点、扣分点、不符合项等进行汇总,形成一致的、公正客观的考评组意见,并给出现场考评结论和等级推荐意见。企业须为考评组提供独立的会议场所。

在考评组内部会议形成了现场考评结论后、末次会议前,根据需要,考评组可就现场考评结论与企业主要负责人进行沟通;若在现场考评中发现存在较大原则性问题而导致无法通过现场考评时,由考评组组长与接受考评企业主要领导充分沟通后,达成一致意见。

4. 末次会议

末次会议主要是由各小组组长宣布小组考评意见及考评组组长宣读现场考评结论以及对下一步工作安排。参加首次会议的人员应全部参加。

宣读现场考评结论后,考评组全体成员须在现场考评结论上签字,并要求企业在规定时间内制定整改计划报考评机构备案。

考评组应对整改计划的有关内容是否满足整改效果进行材料验证。

三、现场考评报告和总结

现场考评全部结束后,由考评组向考评考评机构提交考评报告、考评工作总结、考评结论原件、考评得分表、考评人员信息及企业整改计划等考评相关材料。

1. 考评报告

考评报告应按照有关要求,如实进行编写,包含考评报告表和考评报告。考评报告应对考评企业概况、考评内容等进行描述:考评企业概况应包含企业基本情况、年经营收入、主体工艺流程、从业人员数量等内容;考评内容应表述企业安全生产标准化建设工作的内容、成效,将每个一级要素进行有针对性的概括描述。

2. 考评工作总结

考评工作总结包括考评情况概况、资料考评综述、现场考评综述、其他需说明的问题等内容。

3. 考评结论

考评结论应能体现企业是否通过申请等级的现场考评,企业不符合评定标准要求的扣分项及建议项。

4. 考评得分表

考评得分表为企业实得分数和扣除分数的汇总表,根据各评定标准制定。

5. 考评人员信息

考评人员信息为实际参加现场考评人员基本信息及分工情况，考评人员应为由相应考评组织单位进行备案的有关人员，并按照其专业情况从事考评工作。

6. 企业整改计划

企业整改计划为企业针对安全生产标准化现场考评末次会议中提出的扣分项及建议项的整改计划。

四、考评发证与日常管理

1. 初次考评和发证

申请初次考评的企业应具备以下条件：①具有企业法人资格（含分公司），并直接从事交通运输生产经营建设行为的实体；②具有与其经营管理相适应的安全生产管理机构和人员，并建有相应的安全生产管理制度；③已进行安全生产标准化建设自评。

初次考评应提交申请报告，并附以下材料：①企业法人营业执照、经营许可证等；②企业基本情况和安全生产组织架构；③企业安全生产基本情况；④企业安全生产标准化建设自评报告。

主管机关收到初次考评申请及所附材料后，应审查以下内容：①是否属于本管辖范围；②是否满足申请条件；③申请材料是否齐全。申请材料不符合要求的，应告知企业补充、修改或重新提交申请。

对满足申请要求的企业，主管机关应结合企业的申请确定考评机构。考评机构应按照主管机关的要求和本办法的规定对企业安全生产情况进行考评。

企业通过考评的，由考评机构报主管机关审核同意后，向该企业签发安全生产标准化达标证书。未通过考评的或经主管机关审核不合格的，企业应采取纠正措施并可在3个月后重新申请考评。

已取得相关机构颁发的安全生产管理体系证书（证明）的企业，连续3年未发生重特大事故的，经主管机关对必备条件审核后，可颁发二级或三级安全生产达标证书。

企业申请高一级别安全生产标准化达标考评，考评及发证的内容、范围和方法按照初次考评的有关规定执行。

新组建企业应于正式运营6个月后提出初次考评申请。

2. 换证考评与发证

换证考评申请应在企业安全生产标准化达标证书有效期届满之日前3个月内提出。

换证考评申请应附送以下材料：①企业法人营业执照、经营许可证等；②安全生产标准化达标证书；③企业基本情况和安全生产组织架构；④企业安全生产管理情况。

换证考评及发证的内容、范围和方法参照初次考评的有关规定执行。换证考评和发证应在现有企业安全生产标准化达标证书有效期届满前完成。

换证考评未通过的，企业应在原证书期满后3个月内提出重新考评申请。

企业安全生产标准化达标证书遗失的，可以向原考评发证机构申请补发。

企业法人代表、名称、地址等变更的，应在变更后1个月内，向相应的主管机关提供有关材料，申请对企业安全生产标准化达标证书的变更。

主管机关向企业、考评机构、考评人员发放证书不得收取任何费用。

3. 附加考评

有下列情况之一的，主管机关或其指定的考评机构应对持有企业安全生产标准化达标证书的企业实施附加考评：(1)企业发生重大及以上安全责任事故；(2)企业一年内连续发生二次及以上较大安全责任事故；(3)企业被举报并经核实其安全生产管理存在重大安全问题；(4)企业发生其他可能影响其安全生产管理的重大事件或主管机关认为确实必要的。上述事故等级按照《生产安全事故报告和调查处理条例》(国务院第493号令)确定。

附加考评应针对引发附加考评的原因进行。在考评中发现有严重问题的，可扩大考评范围，直至实施全面考评。

通过附加考评并经主管机关审核合格的，维持企业安全生产标准化达标证书的有效性。

未通过附加考评或经主管机关审定认为其安全生产管理存在重大问题的，主管机关应责令其整改，整改合格的，企业应在3个月内再次申请初次考评。

4. 公示与发证

主管机关收到考评机构提交的考评结论后，应对企业拟达标的等级进行公示(公示期7天)，公示期间没有实名举报的应向企业颁发安全生产标准化达标等级证书，并向社会公布。公示期间如有实名举报，主管机关应进行核查，举报不属实和举报属实但不影响考评结论的应予以发证；举报属实且影响考评结论的不予发证。企业安全生产标准化达标证书有效期为3年。

省级交通运输主管部门和长江航务管理局、珠江航务管理局应将二、三级达标企业发证情况报交通运输部。

企业安全生产标准化达标证书应按照交通运输部规定的统一样式(见附件)制发。

获得安全生产达标等级证书的企业每年应进行自评，并在次年1月底前将年度自评报告报发证主管机关。上级主管机关应对下级主管机关和考评机构的考评工作进行监督检查。

附件 1

交通运输企业安全生产标准化考评机构

申

请

表

申请日期：　　年　月　日

中华人民共和国交通运输部制

交通运输企业安全生产标准化考评机构申请表

<table>
<tr><td>单位名称</td><td colspan="3"></td></tr>
<tr><td>业务范围</td><td colspan="3"></td></tr>
<tr><td>何时成立</td><td></td><td>批准单位</td><td></td></tr>
<tr><td>法人代表</td><td></td><td>单位类别</td><td></td></tr>
<tr><td>申请类别</td><td></td><td>申请级别</td><td></td></tr>
<tr><td>拟从事考评人数</td><td></td><td>其中高级职称人数</td><td></td></tr>
<tr><td>从事相关业务经历</td><td>年</td><td>申请从事业务地域</td><td></td></tr>
<tr><td>主 管 机 关</td><td colspan="3"></td></tr>
<tr><td>主要业绩</td><td colspan="3"></td></tr>
<tr><td rowspan="5">相关附件</td><td colspan="3">1. 单位基本情况 □</td></tr>
<tr><td colspan="3">2. 考评管理制度______个 □</td></tr>
<tr><td colspan="3">3. 拟从事专职考评人员情况(含劳务意向协议) □</td></tr>
<tr><td colspan="3"></td></tr>
<tr><td colspan="3"></td></tr>
<tr><td>主管机关
意　　见</td><td colspan="3">(电子签名)　　年　月　日</td></tr>
<tr><td>备　　注</td><td colspan="3"></td></tr>
</table>

说明:拟从事考评人数,应填写已获取考评员培训、考试资格,并与本单位签订专职劳务意向协议的人员数量。拟从事专职考评人员情况,应含其个人关键信息。

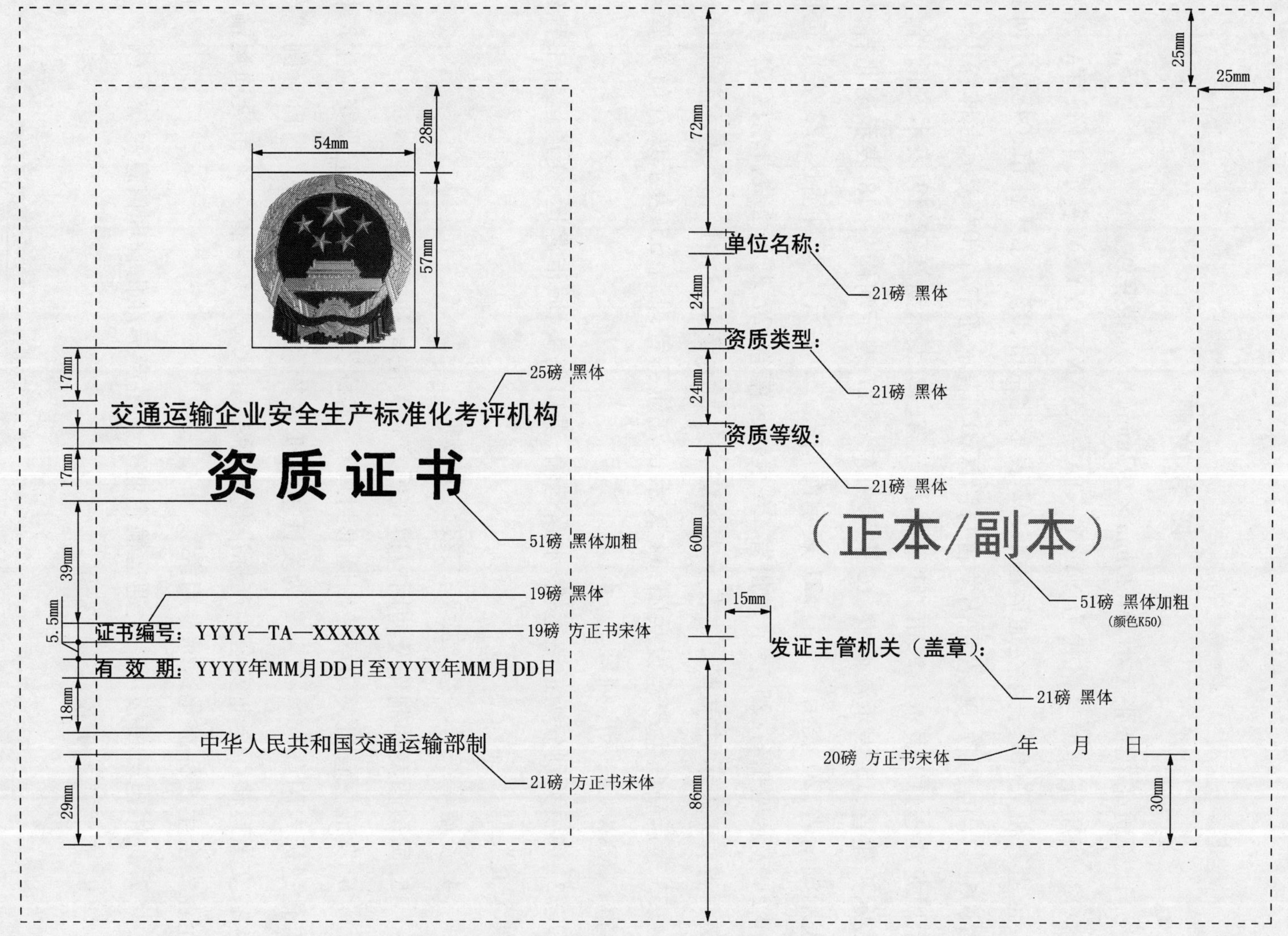
54mm
28mm
57mm
交通运输企业安全生产标准化考评机构
25磅 黑体
资质证书
51磅 黑体加粗
19磅 黑体
证书编号：YYYY—TA—XXXXX
19磅 方正书宋体
有 效 期：YYYY年MM月DD日至YYYY年MM月DD日
中华人民共和国交通运输部制
21磅 方正书宋体
17mm
17mm
39mm
5.5mm
18mm
29mm
25mm
25mm
72mm
单位名称：
21磅 黑体
24mm
资质类型：
21磅 黑体
24mm
资质等级：
21磅 黑体
（正本/副本）
51磅 黑体加粗
(颜色K50)
60mm
15mm
发证主管机关（盖章）：
21磅 黑体
年 月 日
20磅 方正书宋体
86mm
30mm

证书说明

1. 资质证书纸张大小为420mm×297mm(A3),带底纹。

2. 资质证书编号格式为 YYYY—TA—XXXXX。YYYY 表示年份；TA 表示发证主管机关(01 表示交通运输部,02 表示北京市,03 表示天津市,04 表示河北省,05 表示山西省,06 表示内蒙古自治区,07 表示辽宁省,08 表示吉林省,09 表示黑龙江省,10 表示上海市,11 表示江苏省,12 表示浙江省,13 表示安徽省,14 表示福建省,15 表示江西省,16 表示山东省,17 表示河南省,18 表示湖北省,19 表示湖南省,20 表示广东省,21 表示海南省,22 表示广西自治区,23 表示重庆市,24 表示四川省,25 表示贵州省,26 表示云南省,27 表示西藏自治区,28 表示陕西省,29 表示甘肃省,30 表示青海省,31 表示宁夏自治区,32 表示新疆自治区,33 表示新疆生产建设兵团,34 表示长江航务管理局,35 表示珠江航务管理局);XXXXX 表示序列号。

3. 资质类别分为道路运输、水路运输、港口码头、城市客运、交通运输工程建设 5 个类型。

4. 资质等级分一级、二级、三级 3 个级别。

5. 国徽图案的制作及使用应遵守国家相关法律和规范。

6. 发证主管机关印章使用圆形封口章,名称统一为"＊＊＊企业安全生产标准化达标专用章","＊＊＊"为发证主管机关名称,"达标专用章"封口。例:"＊＊省交通运输厅企业安全生产标准化达标专用章"、"＊＊省＊＊市交通运输局企业安全生产标准化达标专用章"。

7. 证书电子模板可在交通运输企业安全生产标准化管理信息系统下载。

8. 证书正本 1 份,副本 3 份。

附件 2

交通运输企业安全生产标准化考评员

申

请

表

申请类别:□道路运输　□水路运输　□港口码头
□城市客运　□交通运输工程建设

主管机关:____

申请日期:____

中华人民共和国交通运输部制

交通运输企业安全生产标准化考评员申请表

<table>
<tr><td>姓　　名</td><td></td><td>性别</td><td></td><td>出生年月</td><td></td><td rowspan="5">照　片(电子版)</td></tr>
<tr><td>身份证号</td><td colspan="5"></td></tr>
<tr><td>工作单位</td><td colspan="3"></td><td>职务/职称</td><td></td></tr>
<tr><td>常住地址</td><td colspan="3"></td><td>邮　　编</td><td></td></tr>
<tr><td>联系电话</td><td colspan="3"></td><td>传真号码</td><td></td></tr>
<tr><td>手机号码</td><td colspan="3"></td><td>电子邮箱</td><td colspan="2"></td></tr>
<tr><td>文化程度</td><td></td><td colspan="2">所学专业</td><td></td><td>现从事专业</td><td></td></tr>
<tr><td>申请类别</td><td colspan="6"></td></tr>
<tr><td>主要学习（培训）经历</td><td colspan="6"></td></tr>
<tr><td>主要工作简　　历</td><td colspan="6"></td></tr>
<tr><td>主管机关意　　见</td><td colspan="6">（电子签名）　年　月　日</td></tr>
<tr><td>备　　注</td><td colspan="6"></td></tr>
</table>

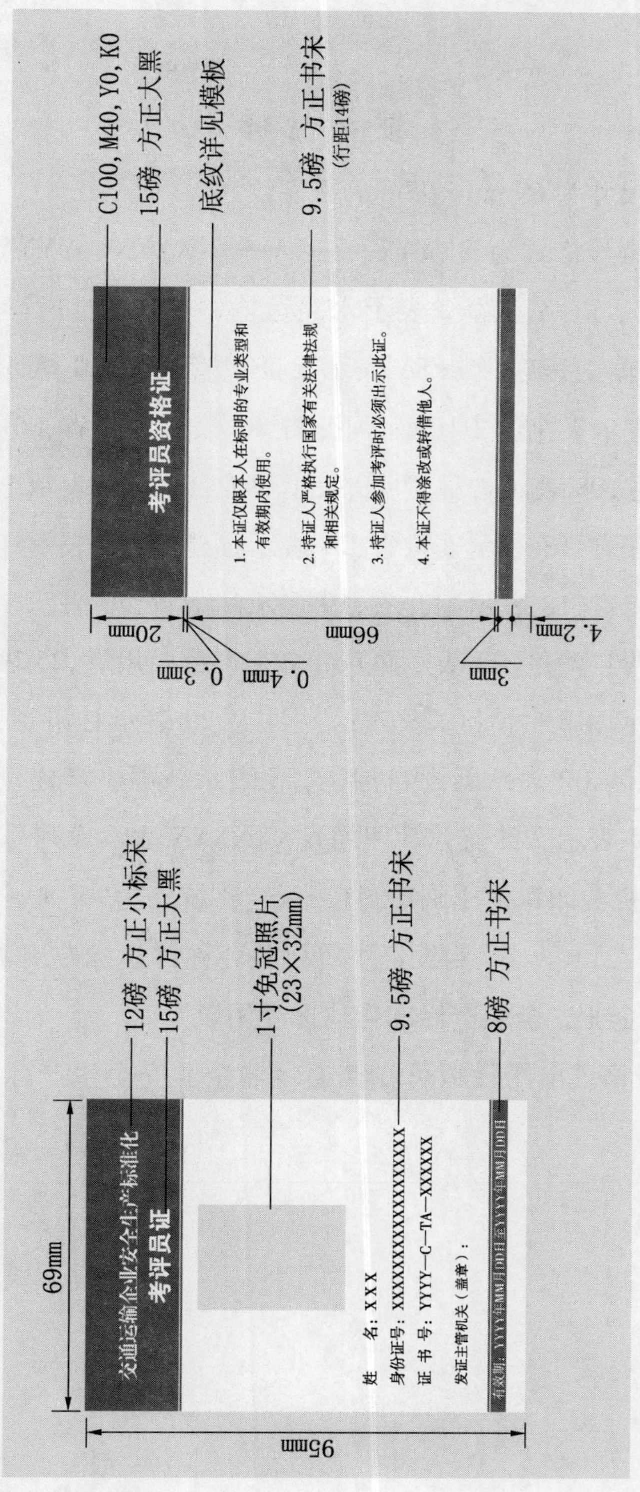
69mm
95mm
交通运输企业安全生产标准化
考评员证
12磅 方正小标宋
15磅 方正大黑
1寸免冠照片
(23×32mm)
姓 名：XXX
身份证号：XXXXXXXXXXXXXXXXXX
证 书 号：YYYY—C—TA—XXXXXX
发证主管机关（盖章）：
有效期：YYYY年MM月DD日至YYYY年MM月DD日
9.5磅 方正书宋
8磅 方正书宋
考评员资格证
1.本证仅限本人在标明的专业类型和有效期内使用。
2.持证人严格执行国家有关法律法规和相关规定。
3.持证人参加考评时必须出示此证。
4.本证不得涂改或转借他人。
C100, M40, Y0, K0
15磅 方正大黑
底纹详见模板
9.5磅 方正书宋
(行距14磅)
20mm
0.3mm
0.4mm
66mm
3mm
4.2mm

证书说明

1. 考评员证尺寸为69mm×95mm,带底纹。

2. 考评员证编号格式为YYYY—C—TA—XXXXXX。YYYY表示年份;C表示资质类型(1表示道路运输,2表示水路运输,3表示港口营运,4表示城市客运,5表示交通运输工程建设);TA表示发证主管机关(01表示交通运输部,02表示北京市,03表示天津市,04表示河北省,05表示山西省,06表示内蒙古自治区,07表示辽宁省,08表示吉林省,09表示黑龙江省,10表示上海市,11表示江苏省,12表示浙江省,13表示安徽省,14表示福建省,15表示江西省,16表示山东省,17表示河南省,18表示湖北省,19表示湖南省,20表示广东省,21表示海南省,22表示广西自治区,23表示重庆市,24表示四川省,25表示贵州省,26表示云南省,27表示西藏自治区,28表示陕西省,29表示甘肃省,30表示青海省,31表示宁夏自治区,32表示新疆自治区,33表示新疆生产建设兵团,34表示长江航务管理局,35表示珠江航务管理局);XXXXXX表示序列号。

3. 发证主管机关印章使用圆形封口章,名称统一为"＊＊＊企业安全生产标准化达标专用章","＊＊＊"为发证主管机关名称,"达标专用章"封口。例:"＊＊省交通运输厅企业安全生产标准化达标专用章"。

4. 考评员资格证电子模板可在交通运输企业安全生产标准化管理信息系统下载。

参考文献

[1] 张瑞艳,陈璐,闫浩春,张雪中,赵敦. 企业推行安全生产标准化的作用和意义[J]. 中国建材科技,2011,(6):9-10.

[2] 王嘉振. 安全生产综合防范体系理论与实践[M]. 济南:山东大学出版社,2006:169-173.

[3] 邓学钧,刘建新. 交通运输工程导论[M]. 北京:清华大学出版社,2009:241-249.

[4] 中国标准化研究院. 中国标准化发展研究报告[M]. 北京:中国标准出版社,2009:50-62.

[5] 王俊. 安全评价在中小企业现代安全管理中的运用[J]. 工业安全与环保,2005,(7):31-33.

[6] 田水承,景国勋. 安全管理学[M]. 北京:机械工业出版社,2009.

[7] 马小明, 田震,甄亮. 企业安全管理[M]. 北京:国防工业出版社,2007.

[8] 王新泉, 邬燕云. 安全生产标准化教程[M]. 北京:机械工业出版社,2011.

[9] 余明阳,张慧彬,等. 危机管理战略[M]. 北京:清华大学出版社,北京交通大学出版社,2009.

[10] 周宁,郑士君,陈正杰,王伟彬. 航运企业安全文化建设[J],中国航海,2005(4).

[11] 方芳. 船舶营运管理学[M]. 北京:人民交通出版社,2004.

[12] 祁风志,王涛,等. 客船安全管理与操作实务[M]. 大连:大连海事大学出版社,2011.